Fahrradlust Deutschland

100 Traumtouren

für Pedalritter und eBike-Entdecker

GPS-Daten zum Download

www.kompass.de/gps

Kostenloser Download der GPS-Daten der im Fahrradbuch enthaltenen Fahrradtouren.

SMART UNTERWEGS

Touren bequem in der App

Freischalt-Code:

978-3-99154-199-8

Folge dem Link und erfahre, wie die Touren in der KOMPASS-App freigeschaltet werden.

https://link.kompass.de/lskjejnu

UNSER AUTORENTEAM

Ralf Enke
Dr. Wolfgang Frey
Monika Göbl
Karin Hornberg
Peter Ibrügger
Wolfgang Neumann
Christian Nowak
Bernhard Pollmann †
Günther Rieger
Heinz-Egon Rösch
Walter Theil
Kay Tschersich
Hans-Peter Vogt

Zwischen der Nordsee und den Bayerischen Alpen besteht ein Radwegenetz mit einer Gesamtlänge von rund 75.000 Kilometern. Keine Frage also, dass eine Präsentation der schönsten Fahrradrouten Deutschlands nur im Teamwork möglich ist. Verlag und Redaktion danken jenen Damen und Herren, die ganz Deutschland mit dem Fahrrad erkundet und beschrieben haben, sehr herzlich für die gute Zusammenarbeit. Ohne ihr Wissen und ihre Erfahrung wäre die Realisierung des vorliegenden Werkes nicht möglich gewesen!

SCHWIERIGKEITSBEWERTUNG UND LEGENDE

- Schwierigkeitsgrad (leicht)
- Schwierigkeitsgrad (mittel)

Die farbliche Einteilung der einzelnen Routen erleichtert eine erste Einschätzung der zu erwartenden Touren-Anforderungen.

- Länge
- Höhenmeter (Auffahrt)
- Höhenmeter (Abfahrt)
- Übernachtung
- Einkehr
- Bademöglichkeit
- Fahrzeit
- Kinderfreundlich
- Wichtige Information
- Kultur-Highlight
- Natur-Highlight
- Autoren-Highlight

INHALT UND TOURENÜBERSICHT

Schwierig-keitsgrad	Dauer (in Std.)	Länge (in km)	Höhenmeter Auffahrt	Höhenmeter Abfahrt	Parkplatz	Öffentliche Verkehrsmittel	Einkehr	Übernachtungs-möglichkeit	Kinder-freundlich	Kultur-Highlight	Bade-möglichkeit	Rennradtauglich	Panoramatour	Autoren-Highlight
🔵	5:30	58	47	46	✓	✓	✓	✓	✓	✓	✓	–	✓	✓
🔵	3:30	37	4	2	✓	✓	✓	✓	✓	✓	✓	–	(✓)	✓
🔵	2:00	18	12	52	✓	✓	✓	✓	✓	✓	✓	–	✓	–
🔵	3:00	29	57	57	✓	✓	✓	✓	✓	✓	✓	–	✓	–
🔵	2:15	23	97	97	✓	✓	✓	✓	✓	✓	✓	–	✓	✓
🔵	2:30	27	156	156	✓	✓	✓	✓	✓	✓	✓	–	✓	✓
🔵	2:30	26	5	5	✓	✓	✓	✓	✓	✓	✓	–	✓	–
🔵	2:30	26	18	18	✓	✓	✓	✓	✓	✓	✓	–	✓	✓
🔵	4:45	50	182	156	✓	✓	✓	✓	✓	✓	✓	–	✓	✓
🔵	3:15	37	200	198	✓	✓	✓	✓	✓	✓	✓	✓	✓	–
🔴	4:30	45	110	100	✓	✓	✓	✓	–	✓	–	–	✓	–
🔵	4:10	43	45	65	✓	✓	✓	✓	(✓)	✓	–	–	✓	–
🔵	2:00	22	70	70	✓	✓	✓	✓	✓	✓	✓	–	–	✓
🔵	3:30	36	228	228	✓	✓	✓	✓	✓	✓	✓	–	✓	✓
🔵	5:45	58	27	27	✓	✓	✓	✓	✓	✓	✓	–	–	–
🔵	3:00	29	32	0	✓	✓	✓	✓	–	✓	✓	(✓)	✓	✓
🔵	4:00	38	6	8	✓	✓	✓	✓	–	✓	✓	–	✓	✓
🔵	2:30	30	0	0	✓	✓	✓	✓	✓	✓	✓	✓	✓	✓
🔵	2:00	21	5	5	✓	✓	✓	✓	–	✓	✓	–	✓	–
🔵	3:00	35	10	10	✓	✓	✓	✓	–	✓	✓	–	✓	✓
🔵	3:30	38	100	100	✓	✓	✓	✓	(✓)	✓	✓	✓	✓	✓
🔵	2:15	27	10	10	✓	✓	✓	✓	–	✓	✓	✓	✓	–
🔵	3:30	37	20	20	✓	✓	✓	✓	(✓)	✓	–	(✓)	✓	–
🔵	3:15	33	30	30	✓	✓	✓	✓	–	✓	✓	(✓)	✓	✓
🔵	5:00	53	155	319	✓	✓	✓	✓	✓	✓	✓	–	✓	✓
🔵	4:00	48	180	170	✓	✓	✓	✓	✓	✓	✓	✓	✓	✓
🔵	3:00	32	280	280	✓	✓	✓	✓	✓	✓	✓	✓	✓	✓
🔵	3:15	39	5	55	✓	✓	✓	✓	✓	✓	✓	✓	✓	✓
🔵	2:30	28	60	80	✓	✓	✓	✓	✓	✓	✓	✓	✓	✓
🔵	2:40	40	80	80	✓	✓	✓	✓	✓	✓	✓	–	–	✓
🔵	2:30	34	42	42	✓	✓	✓	✓	✓	–	✓	–	–	–

✓ Ja – Nein (✓) Bedingt

INHALT UND TOURENÜBERSICHT

Schwierigkeitsgrad	Dauer (in Std.)	Länge (in km)	Höhenmeter Auffahrt	Höhenmeter Abfahrt	Parkplatz	Öffentliche Verkehrsmittel	Einkehr	Übernachtungsmöglichkeit	Kinderfreundlich	Kultur-Highlight	Bademöglichkeit	Rennradtauglich	Panoramatour	Autoren-Highlight
● blau	2:50	39	56	56	✓	✓	✓	–	✓	✓	✓	–	–	–
● rot	2:40	35	290	290	✓	✓	✓	✓	–	✓	✓	–	✓	–
● blau	2:15	22	43	355	✓	✓	✓	✓	✓	✓	✓	–	✓	✓
● blau	4:15	44	46	190	✓	✓	✓	✓	–	✓	✓	–	✓	✓
● blau	3:00	33	41	82	✓	✓	✓	✓	✓	✓	✓	–	✓	✓
● blau	3:15	38	116	222	✓	✓	✓	✓	✓	✓	✓	(✓)	✓	✓
● blau	3:30	43	177	158	✓	✓	✓	✓	✓	✓	✓	✓	✓	✓
● blau	3:45	44	22	25	✓	✓	✓	✓	✓	✓	–	(✓)	–	✓
● blau	3:45	38	8	18	✓	✓	✓	✓	✓	✓	✓	–	✓	✓
● blau	3:30	50	40	3	(✓)	✓	✓	✓	✓	✓	✓	(✓)	–	✓
● blau	4:15	55	18	15	✓	✓	✓	✓	✓	✓	✓	(✓)	(✓)	✓
● blau	2:45	32	60	60	✓	✓	✓	✓	✓	✓	–	–	–	✓
● blau	2:15	27	45	45	✓	✓	✓	✓	(✓)	✓	(✓)	–	–	✓
● blau	2:30	30	80	80	✓	✓	✓	✓	✓	–	✓	–	✓	✓
● blau	2:00	26	90	90	✓	✓	✓	✓	✓	✓	✓	–	–	✓
● blau	4:00	47	27	37	✓	✓	✓	✓	✓	✓	✓	✓	✓	✓
● blau	3:45	44	45	65	✓	✓	✓	✓	✓	✓	✓	–	✓	✓
● blau	3:00	30	220	220	✓	✓	✓	✓	✓	✓	✓	–	✓	–
● blau	4:00	50	122	122	✓	✓	✓	✓	✓	✓	✓	–	(✓)	✓
● blau	4:15	45	248	248	✓	–	✓	✓	(✓)	✓	✓	–	✓	✓
● rot	3:30	38	250	280	✓	✓	✓	✓	(✓)	✓	✓	–	✓	✓
● rot	2:00	22	170	170	✓	✓	✓	✓	✓	✓	✓	–	(✓)	–
● blau	3:00	35	210	210	✓	✓	✓	(✓)	(✓)	✓	–	✓	(✓)	–
● blau	4:00	53	12	12	✓	✓	✓	✓	(✓)	✓	✓	(✓)	–	–
● blau	1:15	20	6	6	✓	✓	✓	✓	✓	✓	✓	–	✓	–
● blau	3:00	43	38	38	✓	✓	✓	✓	✓	✓	✓	✓	✓	–
● blau	5:15	55	189	274	✓	✓	✓	✓	✓	✓	✓	–	✓	✓
● blau	4:00	40	265	287	✓	✓	✓	✓	✓	✓	✓	–	✓	✓
● rot	3:30	37	662	619	✓	✓	✓	✓	(✓)	✓	✓	✓	✓	✓
● blau	2:30	27	10	15	✓	✓	✓	✓	✓	✓	✓	–	✓	✓
● blau	4:30	55	21	35	✓	✓	✓	✓	✓	✓	✓	–	✓	✓
● blau	3:35	38	547	547	✓	✓	✓	✓	✓	✓	✓	–	✓	✓
● rot	2:50	31	748	748	✓	–	✓	–	(✓)	✓	✓	–	✓	✓
● rot	4:00	41	713	713	✓	✓	✓	✓	(✓)	✓	✓	–	✓	✓

✓ Ja – Nein (✓) Bedingt

INHALT UND TOURENÜBERSICHT

Schwierig-keitsgrad	Dauer (in Std.)	Länge (in km)	Höhenmeter Auffahrt	Höhenmeter Abfahrt	Parkplatz	Öffentliche Verkehrsmittel	Einkehr	Übernachtungs-möglichkeit	Kinder-freundlich	Kultur-Highlight	Bade-möglichkeit	Rennradtauglich	Panoramatour	Autoren-Highlight
🔵	3:00	30	162	162	✓	✓	✓	✓	✓	✓	✓	–	✓	✓
🔵	1:50	16	336	336	✓	✓	✓	✓	✓	✓	✓	–	✓	✓
🔵	4:30	54	64	118	✓	✓	✓	✓	✓	✓	✓	–	–	✓
🔵	4:30	55	163	229	✓	✓	✓	✓	✓	✓	✓	–	–	✓
🔵	3:30	51	162	191	✓	✓	✓	✓	✓	✓	✓	–	–	✓
🔵	2:30	41	124	124	✓	S1	✓	✓	✓	✓	✓	–	✓	✓
🔵	2:30	36	25	25	✓	S1	✓	✓	✓	✓	✓	–	✓	✓
🔵	3:00	41	214	214	✓	S4	✓	✓	✓	✓	✓	–	✓	✓
🔵	2:30	44	84	84	✓	S8	✓	✓	✓	✓	✓	✓	–	✓
🔵	2:30	36	164	164	✓	S8	✓	✓	✓	✓	✓	–	–	✓
🔵	2:30	36	304	304	✓	S6	✓	✓	✓	✓	✓	–	–	✓
🔵	4:00	49	71	71	✓	S6	✓	✓	✓	✓	✓	–	–	✓
🔵	2:30	36	71	131	✓	✓	✓	✓	✓	✓	✓	–	–	✓
🔴	4:00	44	355	355	✓	✓	✓	✓	(✓)	✓	✓	–	✓	✓
🔵	3:20	42	5	50	✓	✓	✓	✓	✓	✓	✓	–	✓	✓
🔵	4:00	49	20	60	✓	✓	✓	✓	✓	✓	✓	–	✓	–
🔵	4:15	52	10	40	✓	✓	✓	✓	✓	✓	✓	–	✓	✓
🔵	1:30	18	30	40	✓	✓	✓	✓	✓	✓	✓	–	✓	✓
🔵	2:00	30	109	109	✓	✓	✓	✓	(✓)	–	✓	✓	✓	–
🔵	2:30	31	90	90	✓	✓	✓	✓	✓	✓	✓	–	✓	–
🔵	2:40	40	110	110	✓	✓	✓	✓	✓	–	✓	–	✓	–
🔵	2:20	35	88	88	✓	✓	✓	✓	✓	✓	✓	–	✓	–
🔵	2:15	33	149	149	✓	✓	✓	✓	✓	–	✓	–	✓	–
🔵	3:30	34	168	265	✓	✓	✓	✓	✓	✓	✓	–	–	✓
🔵	4:00	43	10	110	✓	✓	✓	✓	✓	✓	✓	–	–	✓
🔵	3:00	45	198	198	✓	✓	✓	✓	(✓)	✓	✓	✓	–	–
🔵	3:00	44	244	244	✓	✓	✓	✓	✓	✓	✓	✓	–	–
🔵	2:30	37	112	112	✓	✓	✓	✓	✓	✓	✓	✓	✓	✓
🔵	3:00	40	276	276	✓	✓	✓	✓	✓	✓	✓	✓	✓	✓
🔴	4:00	45	603	603	✓	✓	✓	✓	–	✓	✓	✓	✓	✓
🔵	3:45	46	281	281	✓	✓	✓	✓	✓	✓	✓	–	–	–
🔴	4:30	52	252	252	✓	✓	✓	✓	–	✓	✓	–	–	✓
🔵	3:30	42	157	157	✓	✓	✓	✓	✓	✓	✓	–	✓	✓
🔴	4:30	53	142	142	✓	✓	✓	✓	–	✓	✓	–	✓	✓
🔵	4:15	50	165	165	✓	✓	✓	✓	✓	✓	✓	–	✓	✓

✓ Ja – Nein (✓) Bedingt

FAHRRADLUST DEUTSCHLAND

„Beim Radfahren lernt man ein Land am besten kennen, weil man dessen Hügel emporschwitzt und sie dann wieder hinuntersaust." (Ernest Hemingway, 1899 –1961)

Fast jeder hat eins, immer mehr Menschen benützen es immer öfter. Doch wer weiß schon, dass die Erfolgsstory des Fahrrads in Deutschland – genauer in Mannheim – begann? Im Jahre 1817 startete Karl Friedrich Christian Ludwig Freiherr Drais von Sauerbronn (1785–1851) in der kurpfälzischen Residenzstadt zur einer Fahrt auf seiner selbst gebauten „Laufmaschine" mit einem Holzrahmen und zwei Rädern, die ihn ins 15 Kilometer entfernte Schwetzingen und wieder retour führte. Er hatte dabei, wie das Badwochenblatt berichtete, „den steilen, zwey Stunden betragenden Gebirgsweg von Gernsbach hieher in ungefähr einer Stunde zurückgelegt, und auch hier mehrere Kunstliebhaber von der großen Schnelligkeit dieser sehr interessanten Fahrmaschine überzeugt."

Das später nach seinem Erfinder „Draisine" genannte Ding gilt als der Urvater des Fahrrads. Es waren vermutlich der Franzose Pierre Michaux und sein nach Amerika ausgewanderter Landsmann Pierre Lallement, die diese Konstruktion um 1866 erstmals mit einem Pedalkurbelantrieb an der Achse des Vorderrades ausstatteten. In der Folge kamen Hochräder in Mode, die jedoch wegen ihrer Sturzanfälligkeit rasch von „safety bicycles" (Niederrädern) abgelöst wurden. 1885 wurde das Modell „Rover II" mit seinem Kettenantrieb am Hinterrad und einer Tretkurbel zwischen den beiden Rädern zur Standardkonstruktion für den Pedalantrieb des Fahrrads. Diese Technik beflügelte in den 1880er bis 1890er Jahren sogar die Entwicklung früher Automobile. Das weitaus billigere Fahrrad etablierte sich am Ende des 19. Jahrhunderts zum ersten massentauglichen Individualverkehrsmittel und verhalf damit vor allem den Arbeitern zu mehr Unabhängigkeit. Die amerikanische Frauenrechtlerin Susan B. Anthony hielt jedoch einen weiteren Aspekt fest: „Das Fahrradfahren hat mehr für die Emanzipation der Frauen getan als alles andere. Es gibt Frauen ein Gefühl der Freiheit und der Selbstbestimmtheit." Und ganz nebenbei revolutionierte es die Damenmode: Zähneknirschend musste die Männerwelt Hosenrock und Pumphose als praktikable Kleidung für Radfahrerinnen akteptieren.

Heute werden weltweit pro Jahr über 132 Millionen Fahrräder verkauft. Allein die deutsche Fahrradbranche setzt per anno 5,6 Milliarden Euro um, was fast 300.000 Vollzeitarbeitsplätze garantiert. Dank neuer Technologien (E-Bike!) und digitaler Innovationen ist auch kein Ende des Bikebooms in Sicht. So verfügen laut dem Statistischen Bundesamt schon jetzt mehr als 80 % der privaten Haushalte in Deutschland über mindestens ein Fahrrad – mit rund 70 Millionen

Auch am Rand der Bayerischen Alpen findet man wunderbare Fahrradrouten

Herrlich flach ist es im Norden der Bundesrepublik

Stück ist der Drahtesel hierzulande stärker verbreitet als das Auto. Das Bundesministerium für Verkehr beziffert die Gesamtlänge der Radwege entlang von Bundes-, Landes- und Kreisstraßen mit 53.700 Kilometern – insgesamt dürfte das Radwegenetz zwischen der Nordsee und der Zugspitze um die 75.000 Kilometer umfassen. In den Städten gilt das Radfahren zunehmend als Mittel gegen Stau und Parkplatzmangel – ganz besonders im Ostseeort Greifswald, der mit einem Fahrradanteil von 44 Prozent am Gesamtverkehr als die „Radhauptstadt" Deutschlands gilt. Freiburg und Münster bringen es auf mehr als 30 % und selbst München kommt schon auf 17 %.

Etwa 800 Kalorieren verbraucht man im Durchschnitt während einer Stunde Radfahren. Wer dies auch nur einmal pro Woche tut, erspart sich selbst so manches Zipperlein und dem Staat Krankheitskosten in Höhe von 2000 Euro pro Jahr. Und tatsächlich geben 38 Prozent der Deutschen an, das Fahrrad täglich bis mehrmals die Woche in Betrieb zu setzen und dabei im Schnitt 30 Kilometer zu fahren. So addierten sich 2015 in Deutschland gigantische 24.800.000.000 Personenkilometer, die mit dem Rad zurückgelegt wurden – das entspricht etwa der 64-fachen Entfernung zwischen Erde und Mond.

Dies ist natürlich kein Wunder, denn die Bundesrepublik Deutschland bietet ein wahres Füllhorn höchst vielfältiger, aber gleichermaßen landschaftlich großartiger Radstrecken – entlang der Nord- und Ostseeküste und von den Quellen der großen Flüsse bis zu ihrer Mündung, von Straßen durch die waldgrünen Mittelgebirge über die Bodensee-Umrundung bis zu knackigen Mountainbikestrecken zwischen dem Berchtesgadener Land und dem Allgäu. Selbst von den Großstädten kommt man auf guten Radwegen rasch in ihr Umland. Auf den folgenden Seiten finden Sie eine Auswahl der 100 schönsten Touren, von denen sich die allermeisten für die ganze Familie empfehlen. Endecken und genießen Sie also die Landschaft und die Kulturschätze im Herzen Europas aus der Sattelperspektive – frei nach dem amerikanischen Schriftsteller Mark Twain (1835–1910): „Besorg Dir ein Fahrrad. Wenn Du lebst, wirst Du es nicht bereuen."

GEBIETSÜBERSICHTSKARTE
DANMARK
Nordfriesische Inseln
Sylt
Flensburg
Husum
Schleswig-
Helgoland
Neumünster
Itzehoe
Cuxhaven
Holste
Ostfriesische Inseln
Norden
BREMER-
HAVEN
Emden
Wilhelms-
haven
GRONINGEN
NEDERLAND
OLDENBURG
Delmenhorst
BREMEN
Emmen
Niedersachs
OSNA-
BRÜCK
HANNOVER
ENSCHEDE
BIELEFELD
MÜNSTER
PADERBORN
DORTMUND
ESSEN
Nordrhein-
DUISBGURG
DÜSSELDORF
KASSEL
Westfalen
KÖLN
Hessen
Marburg
AACHEN
BONN
Gießen
Fulda
14
KOBLENZ
FRANKFURT

Nyborg
Trelleborg
Rønne
Bornholm (Dan.)
Vordingborg
Møn
Falster
Nykøbing F.
Nakskov
Ostee
Rügen
6
Bergen a. R.
5
Stralsund
3
4
Kołobrzeg
7
Usedom
Greifswald
ROSTOCK
8
Wismar
Güstrow
Mecklenburg-
POLSKA
Neubrandenburg
SCHWERIN
10
14
Vorpommern
13
SZCZECIN
Prenzlau
15
Neustrelitz
Stargard Szczeciński
Ludwigslust
Schwedt/Oder
Wittenberge
Eberswalde
11
12
20
GORZÓW Wielkopolski
Stendal
21
16
BERLIN
WOLFS-BURG
24
22
23
Frankfurt (Oder)
Brandenburg an der Havel
17
POTSDAM
18
19
MAGDEBURG
Brandenburg
Cottbus
Sachsen-
Dessau-Roßlau
Lutherstadt Wittenberg
Finsterwalde
Anhalt
Hoyerswerda
29
LEIPZIG
Sachsen
26
25
Görlitz
28
DRESDEN
Zittau
Weimar
27
GERA
CHEMNITZ
JENA
Zwickau
Ústí nad Labem
Suhl
Plauen
15
Hof
Karlovy
Kladno

ENSCHEDE
BRÜCK
HANNOVER
12
32
33
BIELEFELD
MÜNSTER
PADERBORN
DORTMUND
ESSEN
GÖTTINGEN
Nordrhein-
35
36
DUISBGURG
DÜSSELDORF
KASSEL
34
Westfalen
KÖLN
37
Hessen
Marburg
AACHEN
BONN
Gießen
Fulda
39
38
KOBLENZ
FRANKFURT
AM MAIN
Rheinland-
40
WIESBADEN
44
Schweinfurt
53
45
43
MAINZ
52
46
LUXEM-
BOURG
54
48
47
TRIER
49
Pfalz
55
WÜRZBURG
Worms
56
LUDWIGSHAFEN
A. RHEIN
MANNHEIM
Saarland
60
41
50
42
51
METZ
SAARBRÜCKEN
HEILBRONN
57
KARLSRUHE
63
PFORZHEIM
STUTTGART
59
64
58
STRASBOURG
Offenburg
65
REUTLINGEN
Baden-
ULM
Württemberg
Colmar
69
Memmingen
66
67
68
FREIBURG
IM BREISGAU
96
MULHOUSE
100
Ravensbg.
Schaffhausen
Konstanz
97
BASEL
98
99
Bregenz
ZÜRICH
St.Gallen
Biel/

an der Havel
POTSDAM
18
19
13
MAGDEBURG
Brandenburg
Cottbus
ZIELO
GÓR
Sachsen-
Dessau-
Roßlau
Lutherstadt
Wittenberg
Finsterwalde
Anhalt
Hoyerswerda
29
LEIPZIG
Sachsen
ngem
26
25
Görlitz
28
DRESDEN
Zittau
Weimar
27
RT
GERA
CHEMNITZ
JENA
Zwickau
Ústí nad Labem
Suhl
Plauen
Hof
Karlovy
Vary
Kladno
PRAHA
Bayreuth
amberg
ČESKO
PLZEŇ
NBERG
Tábor
Klatovy
ČESKÉ
BUDĚJOVICE
51
ayern
Straubing
REGENSBURG
62
Deggendorf
70
INGOLSTADT
Passau
83
Landshut
AUGSBURG
82
72
71
81
90
MÜNCHEN
85
78
73
75
77
84
74
88
89
76
Rosenheim
87
86
ten
Bad Tölz
80
SALZBURG
93
Garmisch-
Partenkirchen
Kufstein
79
Leoben
NSBRUCK
ÖSTERREICH

DEUTSCHLANDS FAHRRADFREUNDLICHER NORDEN

„Gegenwind formt den Charakter."

Der alte Radfahrerspruch hat im Norden Deutschlands schon einige Berechtigung. Dafür ist das Land zwischen dem Wattenmeer an der Nordseeküste der Deutschen Bucht und der Ostseeinsel Rügen, zwischen Flensburg, Berlin und Hannover eher weit und breit und auf jeden Fall recht flach, also ideal fürs Radeln geeignet. Hügel stören kaum den Ausblick in die endlose Weite und vielleicht sogar bis zum Meer – es sei denn, es schüttet wieder einmal in Strömen. Merke: Das norddeutsche Klima ist nicht immer so trocken wie der norddeutsche Humor. Doch das Erlebnis der einzigartigen Natur- und Landschaft wiegt alle Widrigkeiten beim Dahinradeln auf.

Promenade oder Powertrail

Ganz besonders auf dem Elberadweg, der laut Umfragen des Allgemeinen Deutschen Fahrrad-Clubs (ADFC) seit Jahren in der Gunst der Zweiradfans ganz vorne liegt. Die stabile Pole-Position unter den deutschen Rad-Fernwegen ist aber ganz einfach zu erklären: Die 1220 Kilometer lange Strecke zwischen der Špindlerův Mlýn (Spindlermühle) im tschechischen Riesengebirge, der Sächsischen Schweiz, Dresden, Magdeburg, Hamburg und Cuxhaven an der Elbemündung in die Nordsee ist in jeder Hinsicht phänomenal.

Etwa 1200 Kilometer lang ist auch die deutsche Küstenlinie zwischen Emden und Sylt, Flensburg und Usedom. Dort vermitteln der Nordseeküsten-Radweg und der Ostseeküsten-Radweg einzigartige Landschaftseindrücke. Ersterer ist Teil der fast 6000 Kilometer langen „North Sea Cycle Route", die als längster durchgehender, beschilderter Radweg der Welt durch Dänemark, Schweden, Norwegen, Großbritannien, die Niederlande und über ca. 900 Kilometer auch durch Deutschland verläuft – oft auf Deichen und im Bereich von Nationalparks. Weite Marsch- und Moormarschflächen prägen das Bild, zahlreiche Sehenswürdigkeiten laden unterwegs zu einem Zwischenstopp ein. Man findet weite Sandstrände und Salzwiesen, Ebbe und Flut am Wattenmeer, Robben und Seehunde und bei jeder Begegnung mit Einheimischen einen kräftigen Schalk im Nacken, historische Hansestädte und bewundernswerte Backsteinbauten, idyllische Seen und jede Menge Inseln.

Auch der mehr als 1000 Kilometer lange Ostseeküsten-Radweg ist nur ein Abschnitt eines internationalen Radprojekts, nämlich der ungefähr 8000 Kilometer langen Baltic Sea Cycle Route, die auch Hansa Circuit genannt wird, rund um die gesamte Ostsee. Auch diese meist flache Route ist auf deut-

Strand, Fahrräder und ein prallgefüllter Picknickkorb – was könnte es Schöneres geben?

schem Boden durchgehend markiert, allerdings in unterschiedlicher Qualität, weswegen sich bei einer Tour entlang der Kieler und der Mecklenburger Bucht die Mitnahme der entsprechenden KOMPASS-Fahrradkarten empfiehlt. Die größte landschaftliche Besonderheit an der deutschen Ostseeküste ist die Insel Rügen, die mit einer Fläche von 986 Quadratkilometern Deutschlands größtes Eiland bildet. Sie ist nicht nur wegen ihrer Kreidefelsen und ihrer Rotbuchenwälder berühmt, sondern auch aufgrund gleich zweier Nationalparks (Vorpommersche Boddenlandschaft und Jasmund) sowie dem Biosphärenreservat Südost-Rügen.

Die zweitgrößte Gunst der deutschen Radfahrzunft erreicht jedoch seit Jahren der Weser-Radweg von Hann bis zur Nordsee – eine gut 500 Kilometer lange Strecke weitgehend abseits großer Straßen, durch eine abwechslungsreiche Flusslandschaft und vorbei an zahlreichen Sehenswürdigkeiten. Besonders schön sind seine Abschnitte im burgenreichen Weserbergland und beim Finale vor den Seeschiffen der Weltmeere in Bremerhaven.

Als Zubringer zu und Verbindungsstrecken zwischen diesen großen überregionalen Radwegen erweisen sich u. a. der Nord-Ostsee-Kanal-Radweg, der Emsradweg oder der Oder-Neiße-Radweg. Südlich des Müritz-Nationalparks mit seinen tausend Seen erstrecken sich die Radreviere rund um die deutsche Hauptstadt Berlin. Zwischen dem Havelland und der Oder, dem Krummensee und dem Großen Müggelsee findet man dort unzählige tolle Bikestrecken, von denen dieses Buch einige der schönsten präsentiert. Herausragend dabei: Der geschichtsträchtige Berliner Mauerweg und der Spreeradweg, aber auch die großen Verbindungslinien nach Norden – die Radroute von Berlin nach Usedom und nach Kopenhagen.

Das radfreundliche Gebiet um Hannover und die Lüneburger Heide ist zur Zeit der Heideblüte zwischen Anfang August und Ende September, wenn hier ganze Landstriche mit bunter Erika geschmückt sind, ganz besonders schön. Es schließt westwärts auf zum Ruhrgebiet, das zur Gänze von der 240 Kilometer langen Vierstern-Qualitätsroute des Ruhrtal-Radwegs durchzogen wird. Kein anderer Fluss in Deutschland verbindet (Industrie-)Kultur und Natur auf so engem Raum – von der Ruhrquelle bei Winterberg bis zur 25 Meter hohen Skulptur „Rheinorange“ in Duisburg.

BREMERHAVEN – DORUM-NEUFELD – CUXHAVEN

Von der Weser- zur Elbmündung

58 km 5:30 Std. 47 hm 46 hm

STARTORT | Bremerhaven, 1 m
START | Anleger der Fähre Blexen–Bremerhaven an der Straße An der Geeste. [GPS: UTM Zone 32 x: 472.250 m y: 5.932.060 m]
ZIEL | Cuxhaven, 2 m
CHARAKTER | Leichte, aussichtsreiche Küstenfahrt in der Hauptwindrichtung auf Asphalt- und Klinkerwegen.
VERKEHR | Die Verteidigungswege am Seedeich sind mit Ausnahme der Ortslagen fast durchgehend autofrei.

TIPP: Zwischen Bremerhaven und Cuxhaven besteht direkte Bahnverbindung, sodass sich die Fahrt problemlos als Tagestour mit Rückkehr zum Ausgangspunkt organisieren lässt.

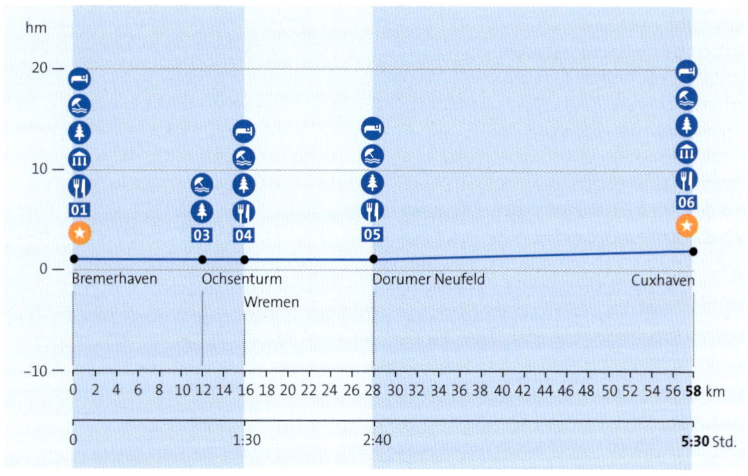

Der Wechsel aus ruhigen, aussichtsreichen Grünlandpassagen, Nordseebädern, bis ans Meer reichendem Wald und Heidegebieten am Nationalpark Niedersächsisches Wattenmeer macht die Etappe längs der Wurster Seeküste ins Nordseeheilbad Cuxhaven an der Mündung der Elbe zum Hochgenuss, zudem hat man hier meist Rückenwind. Den Auftakt bilden die sehenswerten Havenwelten Bremerhavens und die Kulisse der Container- und Überseehäfen.

Bremerhaven – Wremen / 16 km / 1:30 Std.

Start Die von Blexen kommende Weserfähre macht in **Bremerhaven** 01 an der Geeste fest. Während der Überfahrt fällt der Blick auf viele Sehenswürdigkeiten der Havenwelten, alle liegen nördlich der Geeste. Die Geeste entspringt bei Bremervörde und mündet als letzter Nebenfluss in die Weser. Die grüne Gitterbake des **Leuchtfeuers Geestemole Süd** auf der Steuerbordseite der Hafen-

einfahrt wurde 1924 errichtet, das rote **Leuchtfeuer Geestemole Nord** zeigt seit 1914 den einfahrenden Schiffen die Backbordseite. Nördlich erstrecken sich die Sandstrände des **Weserstrandbads,** während auf der Südseite der Geestemündung die Autofähre festmacht: Vom Schiff fahren und geradeaus aufwärts und links über die Geeste, bis die Routenschilder an der Fährstraße links zum **Radarturm** zeigen; der 107 m hohe Richtfunkturm verfügt in 59 m Höhe über einen Besucherraum mit Blick auf Bremerhaven.

Vom Radarturm bewegt man sich immer möglichst nahe am Wasser entlang, hier ist alles neu gestaltet, Promenaden, Radwege, Zugänge zu den Sehenswürdigkeiten, Restaurants, Kaufhäuser usw. Dieser ganze Komplex heißt „Havenwelten" und ist eine Welt zum Schauen und Genießen. Die **Havenwelten** sind das maritim geprägte Museums- und Erlebnis-Viertel Bremerhavens zwischen der Geestemündung und der Kaiserschleuse. Zu den Herzstücken zählen der **Museumshafen** mit dem **Deutschen Schifffahrtsmuseum** und die Weserdeichpromenade mit der Seebäderkaje, dem Zoo am Meer und dem **Auswanderermuseum,** der Badestrand befindet sich an der Mündung der Geeste.

Nördlich des Museumshafen befindet sich das Einkaufs- und Erlebniszentrum **Mediterraneo;** eine gläserne Fußgängerbrücke verbindet das Mediterraneo mit den drei Hochhaustürmen des Einkaufs-, Restaurant- und Wohnkomplexes **Columbus-Center.** Neben dem Mediterraneo erhebt sich das 2009 mit einem Konzert Bob Geldorfs eingeweihte **Klima-Haus 8° Ost,** das den menschengemachten Klimawandel thematisiert. Auf der Seite der Weserpromenade ist ihm das Vier-Sterne-**Atlantic Hotel Sail City** vorgelagert; mit 140 m Höhe einschließlich der Spitze ist es das höchste Gebäude im Bundesland Bremen; das Hotel ist verbunden mit dem **Conference Center Bremerhaven,** die **Aussichtsplattform Sail City** in der 20. und 21. Etage (Aufzug bis zur 20. Etage) ermöglicht in 86 m Höhe einen erstklassigen Panoramablick über die Seestadt Bremerhaven, die Havenwelten, die Überseehäfen und den Fischereihafen sowie auf die Wesermündung.

Der auch von Kühen bevölkerte Nordseeküsten-Radweg am Ochsenturm

Vom Sail City führt der Weserdeich am Restaurant **Strandhalle** vorbei zum Willy-Brandt-Platz mit der **Seebäderkaje,** dem rot-weiß gestreiften **Unterfeuer Bremerhaven** („Minarett") und dem **Zoo am Meer.** Deutschlands kleinster Zoo beherbergt knapp 300 Tiere, darunter Eisbären, Basstölpel, Robben und Humboldtpinguine. An der Seebäderkaje starten Ausflugsschiffe nach Bremen, Helgoland und zu den Seehundsbänken.

Zwischen Neuer Schleuse und Neuem Vorhafen erhebt sich am **Neuen Hafen** der 1854 in Backstein errichtete Simon-Loschen- oder **Große Leuchtturm,** der älteste erhaltene Leuchtturm an der deutschen Nordseeküste.

Die **Kommodore-Ziegenbein-Promenade** folgt dem Lehmanndeich aussichtsreich nordwärts zum **Pingelturm;** der 15 m hohe Bau von 1900 verfügt außen über eine Nebelglocke. Nördlich davon fällt der Blick über den Auslauf der Kaiserschleuse hinweg zum Kreuzfahrtterminal **Columbuskaje,** dem historischen „Kai der Tränen", dem Ablegeplatz der Transatlantikverkehr-Dampfschiffe wie den weltbekannten Schiffen mit dem Blauen Band, darunter „Europa" (1928), „Bremen" (1929) und „United States" (1952). 1900 hielt Kaiser Wilhelm bei der Verabschiedung des Expeditionskorps zur Niederschla-

gung des ausländerfeindlichen Boxeraufstands in China die berühmte Hunnenrede „Pardon wird nicht gegeben"; 1959 stieg aus einem Truppentransporter der Sänger Elvis Presley an Land, um seinen 18-monatigen Wehrdienst in der Bundesrepublik anzutreten.

Die **Kaiserschleuse** wurde während der Herrschaft Kaiser Wilhelms II. 1897 als größte Schleuse der Welt erbaut (222 m Länge, 45 m Breite). Von 2007 bis 2011 wurde sie auf 305 m Länge und 55 m Durchfahrtsbreite erweitert.

Während der Fahrt durch das **Stadtbremische Überseehafengebiet** – es gehört zum Bezirk Bremen Mitte, obwohl die Hansestadt viele Meilen weit entfernt liegt – und die Containerhäfen muss immer mit Umleitungen gerechnet werden, da hier permanent etwas verändert wird.

Die Fahrt längs des Deichs im Grünen beginnt am ersten Dorf, **Weddewarden** 02. Informationstafeln am Parkplatz vor dem historischen Gasthof **Schloss Morgenstern** erläutern den Stand des Landschaftsumbaus. Jenseits des **Grauwallkanals** erstreckt sich das Gelände des **Container Terminals 4.** Als Ausgleich für die Errichtung des Terminals werden Naturschutzflächen geschaffen.

Der Nordseeküsten-Radweg folgt dem grünen Deich auf einem autofreien Verteidigungsweg, überquert beim Gehöft Weddewardener Büttel die Grenze zu Niedersachsen, rechts fällt der Blick über alte Bäume und Wiesen zum Kirchturm von Weddewarden, zwischen Bäumen ragt geradeaus der stumpfe **Ochsenturm** 03 vor **Imsum** auf. Es geht nun immer am Seedeich entlang durchs Grüne, steigt man zwischendurch auf den Deich, sucht man vergeblich einen Asphaltweg außendeichs, das Deichvorland ist ein schmaler Gürtel aus Salzwiesen und vorgelagertem Brackwasserröhricht aus Schilf und Strandastern: Der Süßwassereintrag der Weser beeinflusst das Pflanzenleben an der Wurster Küste bis etwa auf die Höhe von Dorumer Neufeld. Der Windkraftindustriepark Schottwarden wurde 1990 als eine der ersten Windfarmen am Wattenmeer-Nationalpark errichtet.

Bald nach Passieren der Häuser von Schottwarden ist das viel besuchte Wremertief mit dem Hafen und den Stränden des Seebads **Wremen** 04 erreicht.

Wremen – Dorumer Neufeld / 12 km / 1:10 Std.

Vom Wremertief folgt der Radweg dem begrünten Deich aussichtsreich nordwärts auf einem Deichverteidigungsweg, der kaum von Autos befahren wird.

Der begehbare ehemalige Leuchtturm Eversand-Oberfeuer

An der Stelle, wo der Deichverteidigungsweg für jeglichen Motorverkehr gesperrt ist (Weidegebiet), kann man geradeaus neben dem Deich weiterfahren (ausgeschildert als Variante), während die Hauptroute der schmalen Straße durchs Landesinnere folgt; in Dorumer Neufeld treffen beide Varianten wieder zusammen. Auf Höhe des Dorfs **Misselwarden,** dessen Kirchturm zum Deich herübergrüßt, wird bei Unterweser km 85,248 die seewärtige Begrenzung zur Nordsee angesetzt. Die Sand- und Schlickbank **Robbenplate** teilt den Mündungsbereich der Weser hier in den östlichen **Wurster Arm** und das **Fedderwarder Fahrwasser;** bis 1923 verlief das Fahrwasser durch den Wurster Arm, danach wurde es aufgrund von Veränderungen des Flussbetts und aufgrund von Sandverlagerungen in das Fedderwarder Fahrwasser verlegt, 1924 wurde auf der Robbenplate der rote Backsteinbau des **Leuchtturms Robbenplate** in Betrieb genommen.

Nach schöner Fahrt im Grünen kann man in **Dorumer Neufeld** 05, pausieren. Der Radweg folgt einer wenig befahrenen Straße binnendeichs weiter zu den wenigen Häusern von **Cappel-Neufeld.** Das Freizeit-, Sport- und Familiengelände Cappel-Neufeld mit Bade- und Grünstrand, Liegewiesen, Strandkörben und Campingplatz liegt außendeichs am Nationalpark Niedersächsisches Wattenmeer. Zwischen Bremerhaven und Cuxhaven gibt es hier den einzigen offiziellen FKK-Bereich (Naturistenverein „Wattenfreunde“). Von jedem der Strände führt ein Holzsteg durch das unter Naturschutz stehende Deichvorland ins Wattenmeer.

Dorumer Neufeld – Cuxhaven / 30 km / 2:50 Std.

Der Sielhafen im wenig später erreichten **Spieka-Neufeld** dient einer kleinen Flotte von Krabbenkuttern als ständiger Liegeplatz. Er kann bei Tidehochwasser von 132 Fahrzeugen bis ca. 1,5 m Tiefgang angelaufen werden.

Ebenso wie in Cappel-Neufeld gibt es hier einen Campingplatz. Die Benutzung des Grünstrands ist kostenlos. Kurz nach Verlassen von Spieka-Neufeld beginnt in **Berensch-Arensch** ein weiterer Höhepunkt der Radtour. Der Radweg folgt mit bestechender Aussicht über das Deichvorland hinweg zur Insel Neuwerk dem Waldrand, Sitzbänke laden zur Rast ein. Nach Passieren des Weilers **Arensch** taucht der Radweg in den **Wernerwald** ein und erreicht dann die Strände von **Sahlenburg.**

Vom Strandzugang und Ausgangspunkt der Wattwanderungen beim Nationalpark-Zentrum führt der autofreie „Dünenweg“ zwischen Stränden, Wäldern und Heideflächen nordwärts, stets in Sicht ist die Hamburger Insel Neuwerk vor der Mündung der Elbe. Rechts erstreckt sich das **Naturschutzgebiet Duhner Heide,** eine seltene Krähenbeerenheide mit 2.000 Jahre alten Hochäckern. An der ausgeschilderten Abzweigung gleich zu Beginn und nach etwa 1 km erneut besteht die Möglichkeit, dem „Entdeckungspfad Duhner Heide“ parallel zum Dünenweg zu folgen bzw. diesen 2 km langen Naturlehrpfad ganz zu durchwandern.

Wo sich am Ende des Sahlenburger Watts die Salzwiese **Duhner Anwachs** ins Wattenmeer schiebt, wechselt der Dünenweg zur Aussichtsplattform auf dem 8 m hohen Kliffrand. Hinter dem Duhner Anwachs erreicht der Dünenweg das Kurbad Duhnen, das größte Seebad Cuxhavens. Dort unternimmt der Radweg einen kurzen Abstecher durch den Ortskern, ehe er am Kreisverkehr wieder auf die autofreie Küstenpromenade wechselt.

In Duhnen führt die Promenade am Erlebnisbad „ahoi!“ vorbei, links liegt der FKK-Strand. Von Duhnen führt der Weg an den Stränden von Döse entlang. Rechts der Promenade liegen das beheizte Meerwasser-Freibad „Steinmarne“, die Lesehalle und das Strandhaus Döse, nach Passieren des Strandbads Kugelbake erreicht die Promenade die Kugelbake an der Mündung der Elbe. Von der Kugelbake folgt der Weg dem begrünten Döser Seedeich am Kurpark vorbei elbaufwärts längs der Grimmershörnbucht mit Blick auf die 15 km breite Elbmündung zur Aussichtsplattform Alte Liebe.

Südlich liegt der Hauptbahnhof  **Cuxhaven** 06 **Ziel**.

Neufeld
05
der Lieth
Midlum
Cappel
Midlumer Specken
Nordseeküste
Padingbütteler
Wurster
Altendeich
Padingbütteler
Niederstrich
Kransburg
Watt
Padingbüttel
Alsum
Dorum
Land Wursten
Misselwarden
Mulsum
Wierde
Wremen
04
Wremertief
SIEVERN
Geestland
03
Ochsenturm
WEDDEWARDEN
LANGEN
Insum-
02
WESER
plate
Speckenbüttel
Schierholz
BREMERHAVEN
Spaden
01
Buschkämpen
212
E234
27
Start

01
CUXHAVEN
06
DÖSE
SAHLENBURG
WESTER-
WISCH
Ziel
RITZE-
BÜTTEL
73
ARENSCH
Altenbruch-
27
E234
BERENSCH
ALTENWALDE
Lüdingw
Spieka-
Kösters-
weg
-Neufeld
Nordholz
Wursterheide
W u r s t e r
Cappel-
Cappeler
-Neufeld
Alten-
deich
Knill
Nordholz-
Süd
Spieka
Wanhöden
Hartingspecken
Northum
Hinter
der
Lieth
Midlum
Dorum
Neufeld
05
Midlumer
Specken
Cappel
N o r d s e e k ü s t e
Kransburg
Padingbüttel
Alsum
Dorum
0
1110 m

BÜSUM – SANKT PETER-ORDING

Eidersperrwerk, Katinger Watt, Pfahlbauten, Sandstrände

37 km 3:30 Std. 4 hm 2 hm

STARTORT | Büsum, 2 m
START | Büsum, Nordseestraße an der Perlebucht
[GPS: UTM Zone 32 x: 489.790 m y: 5.998.380 m]
ZIEL | Sankt Peter-Ording, 4 m
CHARAKTER | Leichte Fahrt auf überwiegend asphaltierten, teils auch geschotterten, teils naturbelassenen Wegen.
VERKEHR | Der Radweg folgt fast durchgehend autofreien Asphaltwegen am Seedeich.

TIPP: Mit Umsteigen in Husum und Heide sind Büsum und Sankt Peter-Ording durch die Bahn verbunden, sodass sich die Streckentour im Rahmen einer Tagestour unternehmen lässt.

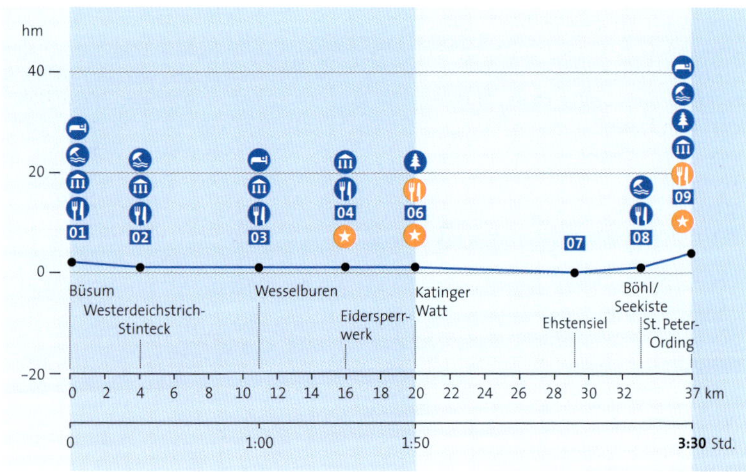

Zwischen den Seebädern Büsum in Dithmarschen und Sankt Peter-Ording auf der Halbinsel Eiderstedt ist der Nordseeküsten-Radweg ein Glanzlicht, auch ist er nur hier seinem Namen treu: Ohne Abstecher ins Binnenland folgt er durchgehend dem grünen Seedeich an der Küste, wobei sich auf weiten Strecken je nach Windrichtung die Deichverteidigungswege außendeichs zur Fahrt anbieten. Für Technikinteressierte ist das Eidersperrwerk, für Naturinteressierte das Katinger Watt ein Höhepunkt. Das Nordseebad Sankt Peter-Ording am Etappenziel wartet mit 13 km langen Sandstränden auf sowie mit der Dünen-Therme, in der man relaxen kann.

Büsum – Katinger Watt / 20 km / 1:50 Std.

Start Von der Perlebucht, dem Familienstrand des Seebads **Büsum** 01, folgt der Nordseeküsten-Radweg dem begrünten Seedeich nordwärts, hinter dem Ende der Bebauung ist rechts das nahegelegene Freilicht-Deichmuseum ausgeschildert. Der Seedeich

Katinger Watt

gibt weiter die Route nordwärts vor, auch der aussichtsreiche Deichverteidigungsweg an der Wasserlinie ist für Fahrräder geeignet, beschildert ist der Radweg jedoch nur binnendeichs.
Landeinwärts zeigt sich das Flügelkreuz der **Windmühle Margaretha** (1845), des Wahr- und Wappenzeichens von **Westerdeichstrich** 02, dessen grüne Strände und das Panorama-Café am Strand Stinteck bald erreicht sind; in Westerdeichstrich logierende Feriengäste haben mit der Gästekarte freien Strandzugang, andere zahlen eine geringe Gebühr. Der Seedeich führt am FKK-Strand Stinteck vorbei weiter nordwärts, über den vorgelagerten Priel Ossengoot flitzen Speed-Surfer. Ab der Naturbadestelle Hirtenstall am Rand des Hedwigenkoogs vergrößern sich die Salzwiesen, die dem Seedeich vorgelagert sind, weit draußen liegt die Sandbank Blauortsand.
Ab hier fährt man nur noch im Grünen, Schafe blöken, Möwen schreien, weit landeinwärts zeigt sich der russische Zwiebelturm der auf einer Warft errichteten Kirche der Hebbelstadt **Wesselburen** 03, auch das Eidersperrwerk ist unübersehbar. Vor der Dithmarscher Seite der Eidermündung entstanden im 18./19. Jh. zwei Erhöhungen, die zusammenwuchsen und das Kernland der Gemeinde Wesselburenerkoog bilden. Bereits 1819 wurde hier die Viehtränke „Die Burg" angelegt. Heute befinden sich hier der Campinglatz Wesselburenerkoog, Gasthof und Badestelle sowie der Ausgangspunkt für geführte Wattwanderungen zum **Blauortsand.**
Gleich darauf erreicht der Radweg das **Eidersperrwerk** 04. An der Mündung der Eider gibt es außer dem Sperrwerk mehrere Verweilpunkte, der erste nördlich des Sperrwerks ist der hölzerne Vogelbeobachtungsturm in den Wiesen rechts der Eiderdammstraße; er ist architektonisch der Bake der Hallig Süderoog nachempfunden, die offene obere Aussichtsplattform liegt auf 13,5 m über NN.

Wattwanderziel Blauortsand

Die geführte Wattwanderung von Büsum bzw. vom Wesselburenerkoog zum Blauortsand zählt zu den herausragenden Wattwanderungen im Nationalpark Schleswig-Holsteinisches Wattenmeer. Der durch die Blauortbake markierte, vegetationslose Außensand liegt etwa 6 km vor der Dithmarscher Küste, auf die er sich jährlich mehrere dutzend Meter zubewegt. Die 1.200 x 500 m große Sandbank erhebt sich knapp 2 m über der mittleren Hochwasserlinie und wird auch von Seevögeln und Seehunden gern aufgesucht.

Blick vom Seedeich auf Vollerwiek

An der Straßenkreuzung weiter nördlich befindet sich rechts das **Naturschutz-Infozentrum** ✪ **Katinger Watt** 06, von dem aus der Abstecher in das gleichnamige Naturschutzgebiet lohnt.

Katinger Watt – St. Peter-Ording / 17 km / 1:40 Std.

Der Nordseeküsten-Radweg zweigt an dieser Kreuzung links zum Süderdeich der Halbinsel Eiderstedt ab und folgt dem grünen Deich zur Seebadestelle **Vollerwiek** am Campingplatz „Olendiek".

Der Böhler Leuchtturm wurde 1892 erbaut und ist 18,4 m hoch

Eine Treppe führt zur Lebensrettungsstation auf der Deichkrone mit Blick auf die kleine Bucht mit der Badestelle; hier muss eine geringe Eintrittsgebühr entrichtet werden, da Annehmlichkeiten wie der gepflegte Rasen, Sitzbänke, Duschen, Sanitäranlagen, ein Sandkasten, das Aufstellen der Strandkörbe usw. finanziert werden wollen. Blickfang links ist das Eidersperrwerk, das aus dieser Perspektive schon klein wirkt, südwestwärts fällt der Blick auf die offene Nordsee. Der Name „Purrenstrom" für den Prielstrom im Mündungstrichter der Eider kommt von „Porren": Krabben. Landseitig fällt der Blick auf das idyllische Land von **Vollerwiek** mit alten Bäumen, Einzelgehöften und dem Spitzhelm der Martinskirche, einem romanischen Gotteshaus, das von Garding aus 1113 gegründet wurde. Der Radweg folgt nun durchgehend dem Seedeich nach Sankt Peter-Ording, wobei wiederum die weitaus attraktivere Variante der Asphaltweg an der Wasserlinie ist, bei starkem Südwest allerdings dankt man dem Seedeich für Windschutz und radelt binnendeichs. Ein schöner Rastplatz ist der kleine Hafen **Ehstensiel** 07, und kurz nach Passieren des Nordsee-Golfclubs Sankt Peter-Ording ist in **Böhl** 08 der erste Pfahlbau von Sankt Peter-Ording erreicht. Ein Deichübergang führt zur Seekiste, einem auf Pfählen errichteten Restaurant am Böhler Strand; die

Multimar Wattforum Tönning

Das Multimar Wattforum in Tönning ist die größte Ausstellung zum Nationalpark Schleswig-Holsteinisches Wattenmeer. Zwölf Großaquarien mit einem Wasservolumen von insgesamt 150 m³ sowie 17 Sonderaquarien zur Darstellung kleinerer Meerestiere dokumentieren die Lebensräume der einheimischen Meeresbewohner. Die Dauerausstellung „Wale, Watt und Weltmeere" im Walhaus lässt die Besucher in die Welt der Wale eintauchen und Whale-Watching im Trockenen erleben. Die Aquarien fungieren zudem als Aufzuchtstellen für bedrohte Meerestiere; so wurde mit im Wattenmeer gefangenen Seepferdchen der Gattung Hippocampus guttulatus, die in der Nordsee eigentlich als ausgestorben galt, erfolgreich eine Nachzucht erreicht; auch die Vermehrung von Katzenhaien ist erfolgreich gelungen.
www.multimar-wattforum.de

Badegäste fahren im Sommer mit Pkws auf den Strand, Rad- und Autospur sind getrennt. Auf der Außenseite des Teerdeichs geht es weiter zum 18,4 m hohen **Böhler Leuchtturm,** dem 1892 auf dem Deich errichteten Wahrzeichen von Böhl. Auf der Landseite befindet sich der Kurpark, während der Radweg außendeichs weiter nordwärts führt, wo bald darauf ein Rad- und Fußweg zum auf Pfählen errichteten Restaurant Strandburg am Südstrand abzweigt. Wenig später ist die Seebrücke nahe des Freizeit- und Erlebnisbads Dünen-Therme in **Sankt Peter-Ording** 09 erreicht. Am Beginn der wellenförmig geschwungenen Brücke lädt das Panoramarestaurant Gosch, eine Filiale des Sylter „Fischkönigs" Jürgen Gosch, zur Einkehr ein. 1.059 m lang ist die aussichtsreiche Seebrücke, an der eine zweite Einkehrmöglichkeit Sylter Provenienz liegt: Das Pfahlbau-Restaurant „Sansibar Arche Noah", eine Filiale der Sylter Kultrestaurants „Sansibar" am gleichnamigen Dünenstrand **Ziel**.

Pfahlbaurestaurant am Strand von Sankt Peter-Ording

Tømlaus Kog
202
Tating
St. Peter-Ording
Ziel
09
U t h o l m
Grothusenkoog
Grothusen Kog
07
Süderhöft
Böhl
08
Ehstensieler
Plate
N O R D S E
Norderpiep
Süderpiep

Tetenbøl
Kotzenbüll
Katharinenheerd
Katrineherd
ARDING
TÖNNING
TØNNING
Kremp
Welt
Velt
KATIENGSIEL
Groven
Eider
Eidersperrwerk
Strübbel
Wesselburener-koog
Schülp
Neuenkirche
Hillgroven
Norddeich
WESSELBUREN
Oesterwurth
-Heringsand-
Süderdeich
Hellschen-
-Unterschaar
Reinsbüttel
Hedwigenkoog
Wesselburener
Deichhausen
Wöhrden
Friedrichs-
gabekoog
Westerdeich-
strich
Oesterdeichstrich
Büsum
Warwerort
Büsumer
Deichhausen
Büsumer
Watt
Start
Meldorfer
Bucht
0 1250 m

PUTBUS – MORITZDORF – BAABE

„Rasender Roland“ im Biosphärenreservat Südost-Rügen

 18 km  2:00 Std.  12 hm  52 hm

STARTORT | Putbus, 50 m
START | Südseite des kreisförmigen Platzes „Circus“ in der Ortsmitte von Putbus; der Bahnhof des Rasenden Roland befindet sich an der Bahnhofstraße. [GPS: UTM Zone 32 x: 400.850 m y: 6.023.940 m]
ZIEL | Baabe, 3 m
CHARAKTER | Zu einem großen Teil naturbelassene Wege mit gelegentlich holprigen Passagen in leicht hügeligem Wald- und Wiesengelände, verschiedener Belag.
VERKEHR | Mit Ausnahme der Orte autofreie Wege.

TIPP: Rückkehr per Bahn. Der Bahnhof Putbus liegt an der Bahnstrecke Bergen auf Rügen – Lauterbach Mole sowie an der Strecke der dampfbetriebenen Schmalspurbahn „Rasender Roland“.

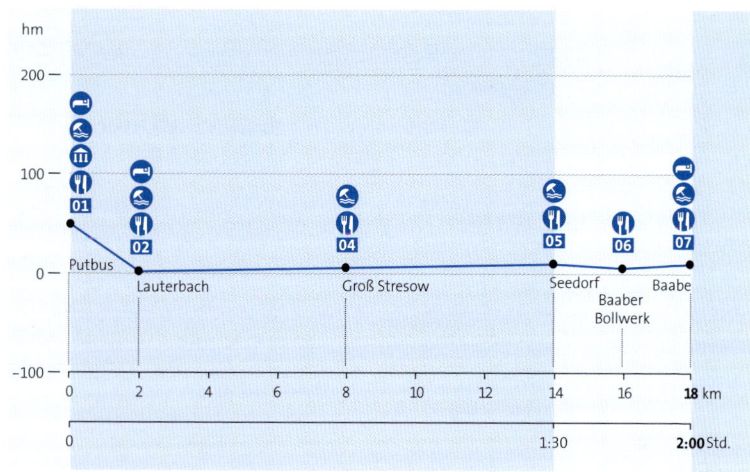

Die abwechslungsreiche Fahrt von der „weißen Stadt“ Putbus durch das Biosphärenreservat Südost-Rügen in das Seebad Baabe lässt sich mit der Rückfahrt in der Schmalspurbahn „Rasender Roland“ kombinieren.

Putbus – Seedorf / 14 km / 1:30 Std.

Start Vom kreisrunden „Circus“-Platz, in dessen Mitte sich der Obelisk (1845) zur Erinnerung an die Gründung der Stadt **Putbus** 01 erhebt, folgt der Ostseeküsten-Radweg kurz der Straße Richtung Göhren/Binz und zweigt gleich darauf rechts in die Lauterbacher Straße zum Hafen von **Lauterbach** 02 ab: Hier starten die Ausflugsschiffe zur **Naturschutzinsel Vilm** 03 im Rügischen Bodden.
Von Lauterbach führt die Fürst-Malte-Allee weiter zum klassizistischen **Haus Goor** (Hotel), dahinter taucht der Weg in einen Traubeneichen-Buchenwald ein, wendet sich an der kleinen Straße dahinter rechts, passiert aussichtsreich

Im Hafendorf Seedorf

die Badestelle **Muglitzer Ort,** verlässt an der Badestelle von **Groß Stresow** 04, wo ein Kiosk Erfrischungen anbietet, die Küste und erreicht am Rand der **Stresower Tannen** das Großsteingrab **Zeegensteine** (Ziegensteine). Die wenig später erreichten bronzezeitlichen Gräber bei Lancken-Granitz zählen zu den am besten erhaltenen auf Rügen.

Weiter geht es auf einem Betonplattenweg in den Weiler **Burtevitz** und auf Kopfsteinpflaster nach **Preetz,** ehe der **Neuensiener See** und über eine Brücke das Hafendorf **Seedorf** 05 erreicht werden.

Seedorf – Baabe / 4 km / 0:30 Std.

Hier muss man sich kurz rechts, dann wieder links durch die Feldflur zur Zufahrt nach **Moritzdorf** halten. Ein Fährmann mit Muskelkraft besorgt das Übersetzen von Personen und Fahrrädern von Moritzdorf über die Baaber Bek zum **Baaber Bollwerk** 06. Von dort führt die schmale Bollwerkstraße in das Ostseebad **Baabe** 07 **Ziel**.

Bäderbahn „Rasender Roland“

Die 750-mm-Bahn „Rasender Roland“ verbindet auf einer Länge von 24,1 km fahrplanmäßig die Putbus mit den Seebädern Binz, Sellin, Baabe und Göhren. Knapp eineinhalb Stunden dauert die reizvolle Fahrt durch das Biosphärenreservat Südost-Rügen zum bedeutendsten Seebad Rügens an der Ostküste der Insel und am Jagdschloss Granitz vorbei zur Halbinsel Mönchgut. Da die Nostalgiebahn auch Fahrräder befördert, eignet sie sich hervorragend für eine Streckenwanderung mit dem Rad. 1895 wurde der erste Abschnitt des „Rasenden Roland“ von Putbus nach Binz eröffnet. Binz mit seiner erlesenen Seebäderarchitektur war damals ein vor allem von „Industriekapitänen“ wie Thyssen und Krupp und anderen Wirtschaftslenkern besuchtes Seebad. Bis 1899 wurde die von der Rügenschen Kleinbahn-Aktiengesellschaft (RüKB) betriebene Bahn in die Seebäder Sellin, Baabe und Göhren verlängert. www.ruegensche-baederbahn.de

Kleiner
Jasmunder
Bodden
Buschvitz
Prora
Museums-
meile
Prora
Naturerbezentrum Rügen
Prorer W
BERGEN
auf Rügen
196
Lubkow
Seehotel Binz-
Therme
FKK
RÜGEN
Zirkow
Serams
196
PUTBUS
01
Start
Haus-Kopf-
Über
LAUTERBACH
02
04
Groß
Stresow
Puppenmuseum
Gremmin
Kasnevitz
Hafenhotel
FKK
03
Erlebnisgastronomie
Nautilus
Internat.
Naturschutzakademie
INSEL VILM
Redde
FKK
Rügischer Bodde

OSTSEE
Ostseebad Sellin
Forsthaus
Ostseebad Baabe
Cliff-Hotel
07
Ziel
06
196
FKK
Moritzburg
Seedorf
Baaber Bollwerk
Ostseebad Göhren
FKK
Museumsschiff "Luise"
Middelhagen
Having
Reddevitz
Mariendorf
Lobbe
Lobber Ort
Hagensche Wiek
Gager
Groß Zicker
Klein Zicker
Seebad Thiessow
0 1000 m

BAABE – GÖHREN – THIESSOW

Badetour auf der Halbinsel Mönchgut

 29 km  3:00 Std.  57 hm  57 hm

STARTORT | Baabe, 3 m
START/ZIEL | Bahnhof Baabe an der Göhrener Chaussee (B 196). Kleinbahn „Rasender Roland“ Putbus – Baabe – Göhren.
[GPS: UTM Zone 32 x: 415.880 m y: 6.024.700 m]
CHARAKTER | Wege mit unterschiedlichem Belag in leicht hügeligem Gelände.
VERKEHR | Nach Thiessow deutlich von der Straße abgesetzter Radweg, ansonsten Radwege neben wenig befahrenen Straßen.

TIPP: An klaren Abenden lassen sich auf dem 37 m hohen Berg von Klein Zicker wundervolle Sonnenuntergänge beobachten, zugleich bietet sich hier ein exzellentes Panorama auf den Greifswalder Bodden.

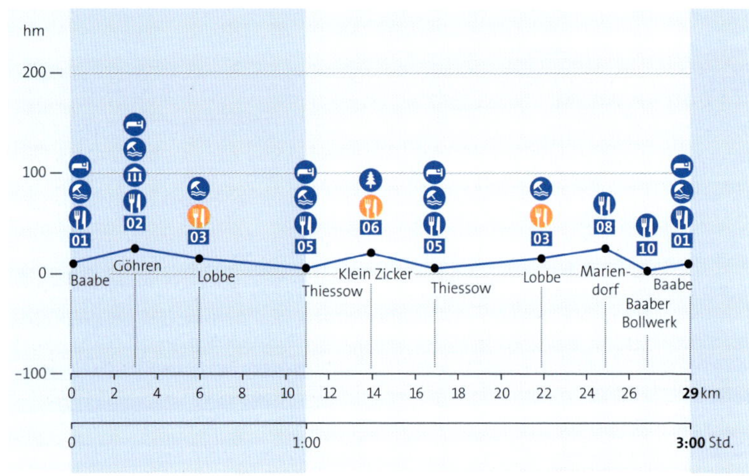

Vom Ostseebad Baabe führt der Ostseeküsten-Radweg in einer Strand- und „Bergtour“ durch die Wälder der Baaber Heide in das Ostseebad Göhren und das Ostseebad Thiessow im äußersten Süden des Biosphärenreservats Südost-Rügen. Dort lohnen die Abstecher auf den Aussichtsberg von Klein Zicker am „Ende der Welt“ sowie in die Zickerschen Alpen.

Baabe – Thiessow / 11 km / 1:00 Std.

Start Der Bahnhof der Kleinbahn **„Rasender Roland“** in **Baabe** 01 liegt an der Göhrener Chaussee (B 196) in unmittelbarer Nähe des **Mönchgrabens,** der die Halbinsel Mönchgut vom Rest der Insel Rügen trennt. Das hölzerne **Mönchguttor** überspannt an dieser Stelle die Göhrener Chaussee. Der Ostseeküsten-Radweg folgt der Göhrener Chaussee kurz südwärts, bis der Göhrener Weg in die Wälder der **Baaber Heide** abzweigt. Bald nach Queren der nach Göhren führenden Trasse der Eisenbahn mündet er vorübergehend in die Deutsche Alleenstraße (B 196), längs lohnt sich der Abstecher in das **Ostseebad Göhren** 02 mit dem **Mönchgutmuseum**.

Bei Thiessow

Der Ostseeküsten-Radweg mündet südlich von Göhren in den Göhrener Weg und folgt ihm in das alte Winkelzeilendorf **Lobbe** 03 mit schönem Sandstrand.
Am südlichen Ortsausgang wechselt der Radweg links auf einen geklinkerten Rad- und Wanderweg, der bald Asphaltbelag erhält und kilometerweit durch Gehölze und Dünen längs der Strände zum **Großen Strand** von **Gager** im Vorfeld der **Zickerschen Alpen** 04 führt und dann das Ostseebad **Thiessow** 05 mit dem aussichtsreichen Südperd sowie dem ebenso aussichtsreichen „Ende der Welt“ bei **Klein Zicker** 06 erreicht.

Aussicht bei Klein Zicker

Mönchgut

1252 erhielten die Zisterzienser des Klosters Eldena bei Greifswald das Land Reddevitz im Norden der Halbinsel von den Herren zu Putbus; dieser Klosterbesitz wurde in einer Urkunde um 1295 „dat Mönke Guedt“ (Mönchgut) genannt. Die Halbinsel Mönchgut mit den Seebädern Göhren, Baabe und Thiessow, der sichelartig in den Greifswalder Bodden ragenden Landzunge Reddevitzer Höft und den aussichtsreichen Zickerschen Alpen führte auf Rügen mehr als ein halbes Jahrtausend ein Eigenleben, das erst mit dem Aufkommen des Bädertourismus im ausgehenden 19. Jh. endete.

Thiessow – Baabe / 18 km / 2 Std.

Von Thiessow geht es auf derselben Route zurück bis Lobbe, wo sich der Ostseeküsten-Radweg verzweigt: Links führt er nach **Middelhagen** 07 und nach **Mariendorf** 08, wo bei guter Sicht der Abstecher zum **Reddevitzer Höft** 09 lohnt. Danach geht es über das **Baaber Bollwerk** 10 zurück in das Ostseebad **Baabe** 01 **Ziel**.

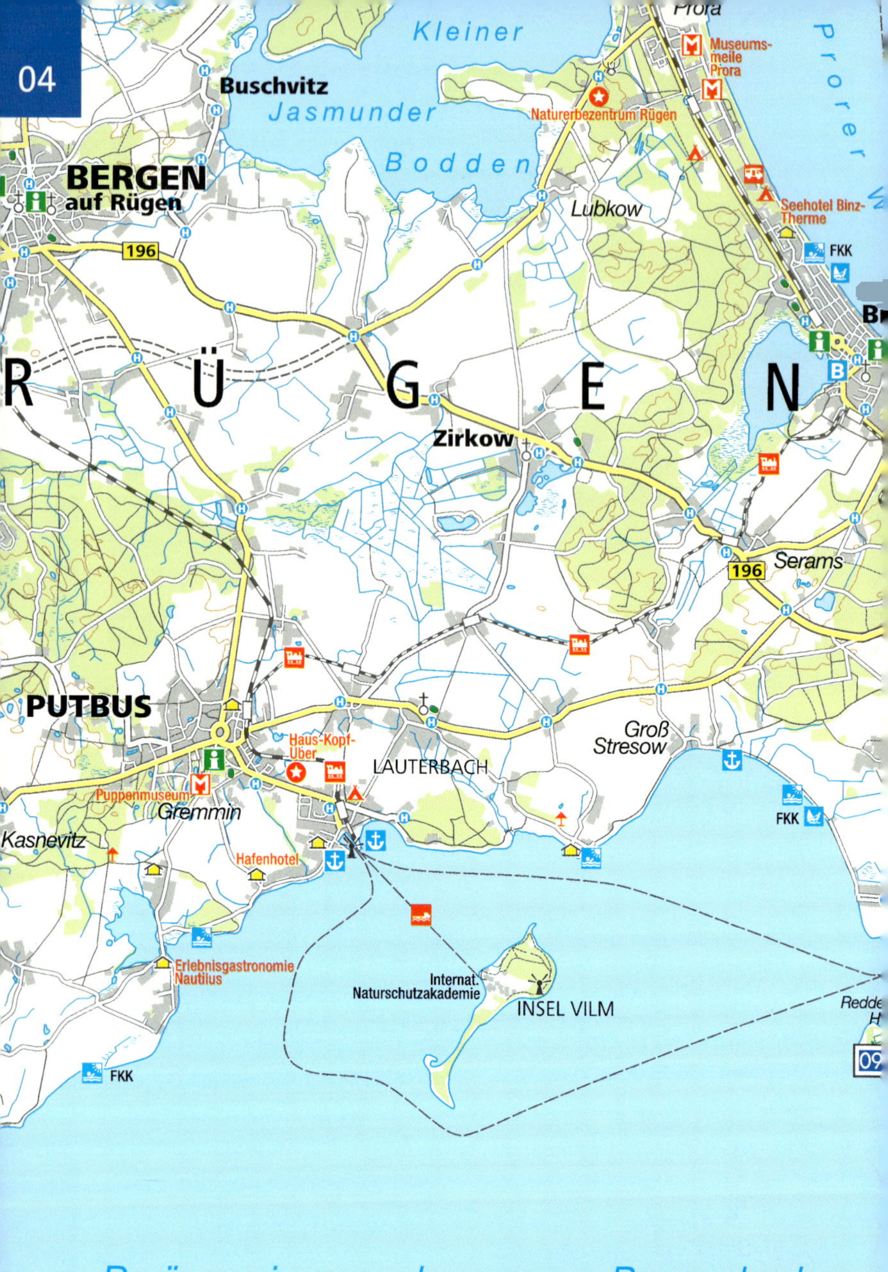
Prora
Kleiner
Jasmunder
Bodden
Buschvitz
Museums-meile Prora
Naturerbezentrum Rügen
BERGEN auf Rügen
196
Lubkow
Seehotel Binz-Therme
FKK
RÜGEN
Zirkow
Serams
PUTBUS
Haus-Kopf-Über
LAUTERBACH
Groß Stresow
Puppenmuseum
Gremmin
Kasnevitz
Hafenhotel
FKK
Erlebnisgastronomie Nautilus
Internat. Naturschutzakademie
INSEL VILM
FKK
09
Rügischer Bodde

OSTSEE
Ostseebad Sellin
Forsthaus
Ostseebad Baabe
Cliff-Hotel
01
Start/Ziel
196
FKK
Ostseebad Göhren
02
FKK
Museumsschiff "Luise"
Moritzburg
Seedorf
Baaber Bollwerk
10
Middelhagen
07
Having
Reddevitz
Mariendorf
08
Lobbe
Lobber Ort
03
Hagensche Wiek
Gager
04
Groß Zicker
Klein Zicker
06
Seebad Thiessow
05
0 1000 m

05

BAABE – SELLIN – GRANITZ

Rund um den Selliner See und zum Jagdschloss Granitz

 23 km  2:15 Std.  97 hm  97 hm

STARTORT | Baabe, 3 m
START/ZIEL | Bahnhof Baabe an der Göhrener Chaussee (B 196). Kleinbahn „Rasender Roland" Putbus – Baabe – Göhren.
[GPS: UTM Zone 32 x: 415.880 m y: 6.024.700 m]
CHARAKTER | Die Runde um den Selliner See ist leicht, während in der Granitz einige, allerdings wenig anstrengende Anstiege zu bewältigen sind.
VERKEHR | Autofreie Wald- und Seeuferwege, innerorts Radweg neben der Straße.

TIPP: Das Westufer des Selliner Sees steht unter Naturschutz, es ist ein bedeutendes Nahrungs-, Rast- und Brutgebiet zahlreicher Vogelarten sowie von Amphibien.

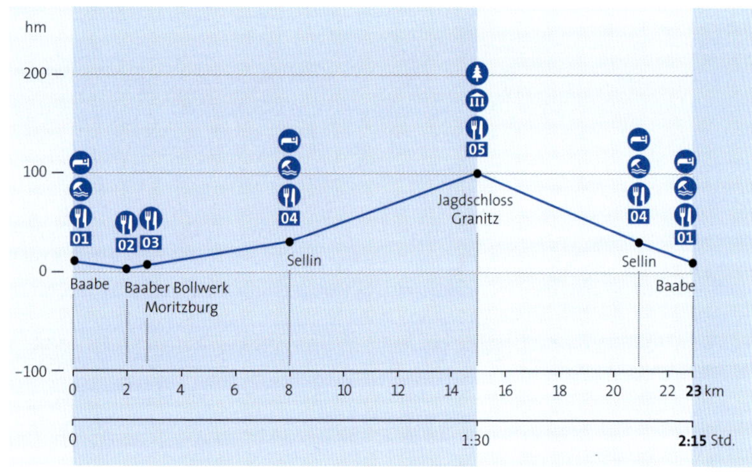

Vom Ostseebad Baabe führt der Ostseeküsten-Radweg rund um den Selliner See und weiter durch die Granitz-Wälder, wo der Abstecher zum Jagdschloss Granitz auf dem Tempelberg lohnt.

Baabe – Granitz / 15 km / 1:30 Std.

Start Der Bahnhof der Kleinbahn **„Rasender Roland"** in **Baabe** 01 liegt an der Göhrener Chaussee (B 196) in unmittelbarer Nähe des Mönchgrabens, der die Halbinsel Mönchgut vom Rest der Insel Rügen trennt. Das hölzerne Mönchguttor überspannt an dieser Stelle die Göhrener Chaussee. Der Ostseeküsten-Radweg folgt der Göhrener Chaussee kurz südwärts und wechselt gegenüber der Einmündung der Strandstraße rechts in die Dorfstraße und folgt am Ende der Bollwerkstraße zum **Baaber Bollwerk** 02. Ein Fährmann besorgt das Übersetzen von Personen und Fahrrädern über die Baaber Bek nach **Moritzdorf;** dort lädt auf einem Hügel das Ausflugsrestaurant **Moritzburg** 03 zur Rast ein. Vom Restaurant genießt man einen sehr schö-

Radelfähre Moritzdorf

nen Ausblick auf den Selliner See und die Halbinsel Mönchgut.
Von der Moritzburg folgt der Ostseeküsten-Radweg zunächst dem Westufer des **Selliner Sees** und führt dann nach Osten in das Seebad **Sellin** 04. Hier wechselt dann der Radweg von der Seestraße (B 196) links in die Hauptstraße, in deren Verlängerung (August-Bebel-Straße) die längste Seebrücke Rügens erreichbar ist. Der Ostseeküsten-Radweg verlässt dann die Bebel-Straße auf der Kirchstraße und taucht in die willkommenen Schatten spendenden Buchenwälder der Granitz ein. Nach einer herrlichen und insgesamt nur leicht ansteigenden und kaum anstrengenden Fahrt durch den schattigen Wald ist das **Jagdschloss Granitz** 05 ausgeschildert.

Granitz – Baabe / 8 km / 0:45 Std.

Vom Jagdschloss Granitz aus führt die Auffahrt „Blieschow" talwärts in Richtung der Haltestelle der Kleinbahn „Rasender Roland", doch am Waldrand biegen wir nun links ab und gelangen so wieder zurück in das **Ostseebad Sellin** 04. Dort folgt der Ostseeküsten-Radweg der B 196 zurück zum nahen Ausgangspunkt, dem **Bahnhof** des „Rasenden Roland" in **Baabe** 01 Ziel.

Deutsche Alleenstraße

Die Deutsche Alleenstraße von Rügen zum Bodensee ist eine der eindrucksvollsten Ferienstraßen der Bundesrepublik. Den nördlichen Auftakt bildet das Alleenparadies Rügen mit mehr als 250 km Alleen, der offizielle Startpunkt ist das Seebad Sellin, ein Nebenstrang führt zum Kap Arkona, der Nordspitze von Deutschlands größter Insel.
Neben die beidseitigen Alleen gibt es auf Rügen 50 km einseitiger Baumreihen, seit der deutschen Wiedervereinigung wurden 80 km Alleen neu gepflanzt, beispielsweise zwischen Nipmerow und Lohme auf der Halbinsel Jasmund sowie zwischen Gustow und Altefähr im Südwesten der Insel.
Überwiegend werden Berg- und Spitzahorn gesetzt, da diese Baumarten sehr widerstandsfähig sind. Im Südwesten Rügens befindet sich eine der Kostbarkeiten der Deutschen Alleenstraße: Der Abschnitt zwischen Garz und Kasnevitz ist auf einer Länge von rund 3 km mit den in Mitteleuropa seltenen Krimlinden bepflanzt.
www.alleenstrasse.com

Prora
Kleiner
Jasmunder
Bodden
Prorer W
Museumsmeile Prora
Naturerbezentrum Rügen
Buschvitz
BERGEN auf Rügen
196
Lubkow
Seehotel Binz-Therme
FKK
RÜGEN
Zirkow
05
Serams
196
PUTBUS
Haus-Kopf-Über
LAUTERBACH
Groß Stresow
Puppenmuseum
Gremmin
Kasnevitz
Hafenhotel
FKK
Erlebnisgastronomie Nautilus
Internat. Naturschutzakademie
INSEL VILM
FKK
Rügischer Bodde

OSTSEE
Ostseebad Sellin
04
Forsthaus
Cliff-Hotel
Ostseebad Baabe
01
Start/Ziel
03
196
Moritzburg
Seedorf
Baaber Bollwerk
02
FKK
Ostseebad Göhren
FKK
Museumsschiff "Luise"
Middelhagen
Having
Reddevitz
Mariendorf
Lobbe
Lobber Ort
Hagensche Wiek
Gager
Groß Zicker
Klein Zicker
Seebad Thiessow
0 1000 m

SASSNITZ – HERTHASEE – KÖNIGSSTUHL

Durch den Nationalpark Jasmund zum Wahrzeichen Rügens

 27 km  2:30 Std.  156 hm  156 hm

STARTORT | Sassnitz, 2 m
START/ZIEL | Parkplatz am Buswendeplatz Wedding an der Weddingstraße im äußersten Nordosten der Stadt Sassnitz an der Grenze zum Nationalpark Jasmund.
[GPS: UTM Zone 32 x: 413.550 m y: 6.042.350 m]
CHARAKTER | Waldwege mit einigen Steigungen, vor allem am Beginn und am Ende der aussichtsreichen Rundfahrt.
VERKEHR | Fast durchgehend autofreie Waldwege mit „Naturbelag", daher ist auch mit holprigen Passagen zu rechnen.

TIPP: Der für Fahrräder gesperrte Hochuferweg von Sassnitz zu den Wissower Klinken im Nationalpark Jasmund zählt zu den schönsten und beliebtesten Spazier- und Wanderwegen auf Rügen.

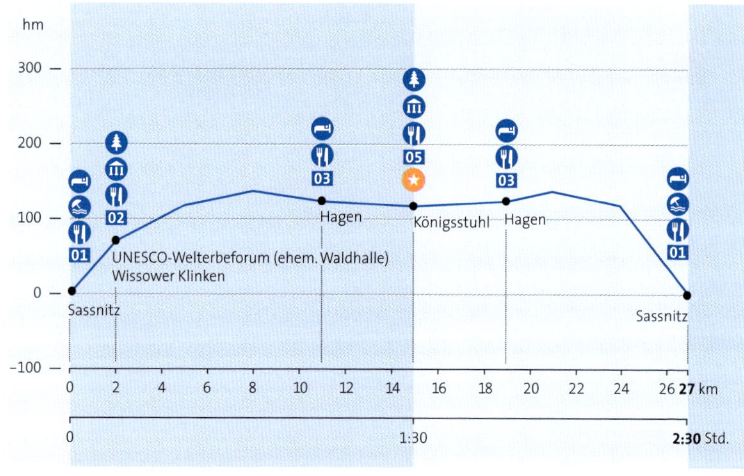

Die über 100 m aus der Ostsee aufragenden Kreideklippen der Stubbenkammer mit dem Königsstuhl (118 m) sind das Wahrzeichen Rügens. Auch das Informationszentrum des Nationalparks Jasmund befindet sich am Königsstuhl, der eine überragende Aussicht auf die Steilküste mit den Felsen der Kleinen und der Großen Stubbenkammer sowie hinaus aufs Meer bietet. Der Einstieg in den Ostseeküsten-Radweg befindet sich am Bahnhof Lancken (eine Station vor Sassnitz).

Unsere Tour beginnt in Sassnitz, führt zu den Wissower Klinken, einem weiteren Wahrzeichen Rügens, und mündet dann nahe des Forsthauses Werder in den Ostseeküsten-Radweg.

Sassnitz – Königsstuhl / 15 km / 1:30 Std.

Start Vom Buswendeplatz **Wedding** am Ortsrand von **Sassnitz** 01 führt ein für Fahrräder zugelassener Waldweg aufwärts Richtung UNESCO-Welterbeforum, schwingt an der Ver-

Die Felsformation Wissower Klinken an der Kliffküste des Nationalparks Jasmund vor dem Felssturz 2005

zweigung links (geradeaus nur Wanderweg) ein und kurvt wenig später rechts durch ein Bachtal. Kurz dahinter mündet er in die Zufahrt zum unter Bäumen gelegenen UNESCO-Welterbeforum (ehem. Waldhalle): 200 m küstenwärts bildet hier die zu Fuß erreichbare Felsformation **Wissower Klinken** (teilweise abgebrochen) 02 ein Wahrzeichen Rügens. Vom Gasthaus geht es kurz auf der Zufahrt zurück, in der Kurve geradeaus und gleich links schwingend aufwärts auf dem auch für Fahrräder zugelassenen Waldweg Richtung „Rusewase" und oben an der Verzweigung links zum Forsthaus Werder. Die Forsthaus-Zufahrt „Werder" führt zur Landstraße, dahinter geht es geradeaus („Buddenhagen"), bis an der nächsten Kreuzung 400 m weiter auf mittlerweile 119 m über NN der Ostseeküsten-Radweg erreicht ist. Er führt rechts in sachtem Auf und Ab Richtung Rusewase, mündet in eine alte Chaussee und folgt ihr kurz rechts, bis die Schilder links Richtung „Hagen" zeigen. Der stille Waldweg senkt sich in ein Bachtal und leitet dann durch die Buchenwälder am **Piekberg,** der höchsten Erhebung Rügens, nach **Hagen** 03. Dort folgt der Radweg der Landstraße kurz rechts, bis in einer unübersichtlichen Rechtskurve beim Hotel **Baumhaus** der autofreie Zufahrtsweg abzweigt, der am malerischen **Herthasee** 04 vorbei zum Nationalparkzentrum am **Königsstuhl** 05 führt.

Königsstuhl – Sassnitz / 12 km / 1:00 Std.

Auf dem Rückweg ist man versucht, auf der Straße zurück nach Sassnitz zu fahren: Das ist wegen des Verkehrs jedoch meist eine gefährliche Alternative! Es ist am besten, denselben ruhigen Waldwegen wie beim Hinweg zurück zur Wegkreuzung bei Buddenhagen zu folgen; hier geht es geradeaus und auf der Alten Stubbenkammerstraße zurück nach **Sassnitz** 01 **Ziel**.

Am sagenumwobenen Herthasee

Lohme
Paggelowberg
55
Nipmerow
04
Dinosaurierpark
Hagen
Hagen
03
Kreidemuseum Rügen
161
Piekberg
Jasmund-Therme
Neddesitz
J A S M U N D
Trenze
Boner Berg
147
Neuer Kreidebruch
Kreidebruch
Boxsport-museum
Bickbeerberg
Sagard
96
E251
Lancken
Solarpark
.92
Drosevitz
Schmetterlings-park
96b
E22
E251
E251
E22
96
Fährhafen Sassnitz-Mukran

OSTSEE

0 700 m

WOLGAST – PEENEMÜNDE – ZINNOWITZ

In Usedoms Norden

 26 km  2:30 Std.  5 hm  5 hm

STARTORT | Wolgast, 5 m
START | Bahnhof Wolgast Hafen, Am Speicher 5; Usedomer Bäderbahn. [GPS: UTM Zone 32 x: 420.130 m y: 5.989.960 m]
ZIEL | Zinnowitz, 5 m
CHARAKTER | Asphalt- und autofreie Landwirtschaftswege, keinerlei spürbare Steigungen.
VERKEHR | Nach Überqueren der Peene beginnen die autofreien Wege, die zuweilen holprige Wegpassagen einschließen.

TIPP: Rückkehr per Bahn. Die Bahnhöfe Wolgast und Zinnowitz liegen an der Usedomer Bäderbahn, sodass problemlos die Rückkehr zum Ausgangspunkt möglich ist.

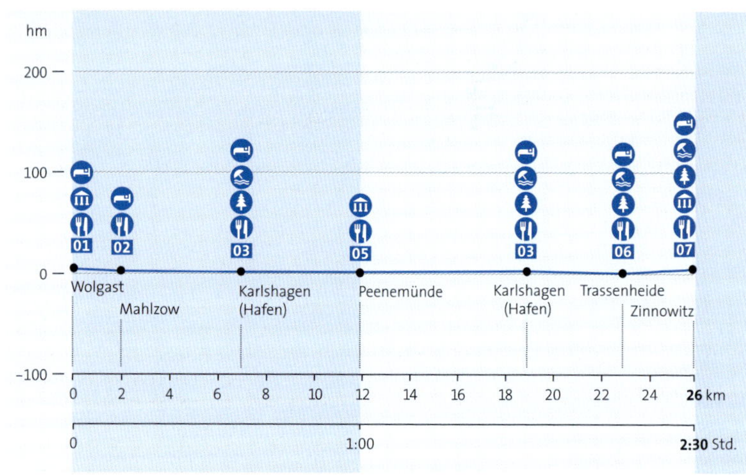

Von der Hansestadt Wolgast führt der Ostseeküsten-Radweg über die Peenebrücke nach Usedom und folgt dem Peenestrom zum Raketenmuseum von Peenemünde, ehe er die Seebäder Karlshagen, Trassenheide und Zinnowitz erreicht.

Wolgast – Peenemünde / 12 km / 1 Std.

Start Vom Hafen-Bahnhof der Usedomer Bäderbahn in **Wolgast** 01 führt die Kronwiekstraße am **Rungehaus** vorbei zur Bundesstraße, die rechts am Museumshafen vorbei über die Schlossinsel zur **Peenebrücke** leitet; der Radweg überquert den Peenestrom auf der linken Seite der Brücke.
Dahinter winkelt er links ab und führt längs des von Schilf gesäumten Peenestrom-Ufers (Am Peeneufer) in das Dorf **Mahlzow** 02 und nun immer am Strom entlang zum Hafen Zecherin. Der Radweg verlässt das Dorf auf einem Feldweg, draußen im Peenestrom liegt die Insel Rohrplan, die bis 3,2 m hohen Heidberge umgeht der Radweg östlich. Östlich des Wegs erstreckt sich ein großes Niedermoorgebiet: Auf dem Seesand ist hier in Jahrtausenden Torf gewachsen,

Die Sandinsel Ruden

Im Norden des Naturparks Usedom liegt die 2000 m lange und etwa 300 m breite Sandinsel Ruden am Übergang zwischen Ostsee und Greifswalder Bodden. In schwedischer Zeit fungierte sie ab dem 17. Jh. wegen ihrer strategischen Lage zeitweise als Zollstation, traditionell war sie eine Lotseninsel, da das Gebiet mit seinen Untiefen gerade im östlichen Revier schwer zu befahren war und ist. Als bedeutendes Vogelrückzugsgebiet wurde die zum Teil bewaldete Insel bereits 1925 Teil des Naturschutzgebiets „Peenemünder Haken, Struck und Ruden", einer Salzwiesen- und Strandwall-Landschaft im Mündungsbereich des Peenestroms mit ausgedehnten Flachwasserbereichen vor der Nordspitze Usedoms. Besucht werden kann die Insel im Rahmen eines Landgangs mit einem der im Hafen von Karlshagen startenden Ausflugsschiffe. Der einzige Bewohner ist der Naturschutzbeauftragte. Er gewährt Einlass in den ehemaligen Funk- und Messturm, der eine Ausstellung zur Geschichte und zu Flora und Fauna der Insel enthält und als Aussichtsturm dient: Er bietet Blick über den Greifswalder Bodden, bei klarer Sicht sind die Kirchtürme von Greifswald, der Leuchtturm der Insel Oie und das Jagdschloss Granitz auf Rügen zu sehen. Der sagenhaften Überlieferung zufolge war Ruden „einst" mit Rügen verbunden. Tatsächlich haben Wind- und Wellenabtragungen die Insel in den letzten drei Jahrhunderten um zwei Drittel verkleinert. In der preußischen Landeskunde von 1901 heißt es: „Die Sandscholle Ruden wurde von der Sturmflut im Jahr 1872 fast ganz vernichtet. Eine künstliche Strandbedeckung schützt heute das kleine Ländchen, auf dem vier Lotsenfamilien wohnen. Die Männer sollen das Leuchtfeuer unterhalten und in Sturmesgefahr den strandenden Schiffen Rettung bringen". (Infos: www.meer-usedom.de/insel-ruden)

der Große See bei Trassenheide liegt als Rest des alten Peenestroms inmitten der Wiesen; dort befinden sich Brutplätze des Großen Brachvogels. Am Ende des Moorgebiets erreicht der Radweg den Yacht- und Fischereihafen von **Karlshagen** 03, wo Ausflugsschiffe zur Naturschutzinsel Ruden starten. An einem Tief entlang führt der Radweg weiter zum **Cämmerer See** 04 und nach **Peenemünde** 05.

Rast in Peenemüde

Peenemünde – Zinnowitz / 14 km / 1:30 Std.

Auf zum Teil abenteuerlich anmutenden Betonstraßen führt der Radweg durch das ehemalige Militärgelände nördlich von Peenemünde am Kölpiensee, folgt dann der Autozufahrt am Rand eines waldreichen Sperrgebiets und erreicht das **Ostseebad Karlshagen** 03. Die von Boutiquen und Restaurants gesäumte Strandstraße führt seewärts, beim Hotel „Dünenschloss" weisen die Schilder des Ostseeküsten-Radwegs und des Mecklenburgischen Seen-Radwegs rechts in die Zeltplatzstraße, während wenige Meter geradeaus bei der Konzertmuschel die Strandpromenade beginnt; links liegt an der Dünenstraße 1 das Naturschutzzentrum der Insel Usedom. Durch Kiefernwälder führt der Radweg ins Seebad **Trassenheide** 06. Ab hier kann man auf dem Mecklenburgischen Seen-Radweg über Mölschow nach Wolgast zurückfahren. Der Ostseeküsten-Radweg führt weiter nach **Zinnowitz** 07, das größte Seebad im Norden von Usedom **Ziel**.

Ehemaliges
Raketen-
versuchsgelände
Flugplatz
Peenemünde
Rundflüge
Fallschirmspringen
Go-Kart-Bahn
Museums-
flugplatz
Kölpiensee
Historisch-Technisches
Museum
Peenemünde
05
Cämmerer
See
04
Freest
Kröslin
03
Rubenow
Peenestrom
Tierpark
Tannenkämp
Netzeband
WOLGAST
01
02
Start
Wolgaster
Katzow
111
Neustadt

Hundestrand
OSTSEE
Naturschutz-
zentrum
La Fortuna
FKK
Hundestrand
Dünencamp
Surf- und Kiteschule
Usedom-Schöne Freizeit
FKK
Ostseebad
Trassenheide
06
Waldhof
FKK
Ostseebad
Zinnowitz
07
Tauchgondel
Primavera
Ostseebühne
Ziel
Schmetterlingsfarm
u. Erlebnispark
Piraten der Ostsee
Abenteuer-Minigolf
Hundestrand
FKK
ow
Bannemin
111
Krummin
Jagdstübchen
Gutskaten
0 700 m

KÜHLUNGSBORN – HEILIGENDAMM – WARNEMÜNDE

Ältestes Seebad und Strände von Warnemünde

 26 km  2:30 Std.  18 hm  18 hm

STARTORT | Kühlungsborn, 15 m
START | Schiffsanleger in Kühlungsborn Ost, 1 m.
[GPS: UTM Zone 32 x: 680.340 m y: 6.004.180 m]
ZIEL | S-Bahnhof Warnemünde, 1 m
CHARAKTER | Fast völlig flache Etappe zu einem großen Teil in Küstenwäldern über Steilufern.
VERKEHR | Nur zwischen Heiligendamm und Nienhagen muss man mit Straßen vorlieb nehmen, ab Rethwisch auf separatem Radweg, nahezu der gesamte Rest der Tour ist autofrei.

TIPP: Rückkehr per Bahn. Von Warnemünde zum Hauptbahnhof Rostock fährt die S 1, vom Hauptbahnhof Rostock nach Bad Doberan fährt die Ostsee-Recknitz-Bahn, die Bäderbahn Molli verbindet Bad Doberan, Heiligendamm und Kühlungsborn.

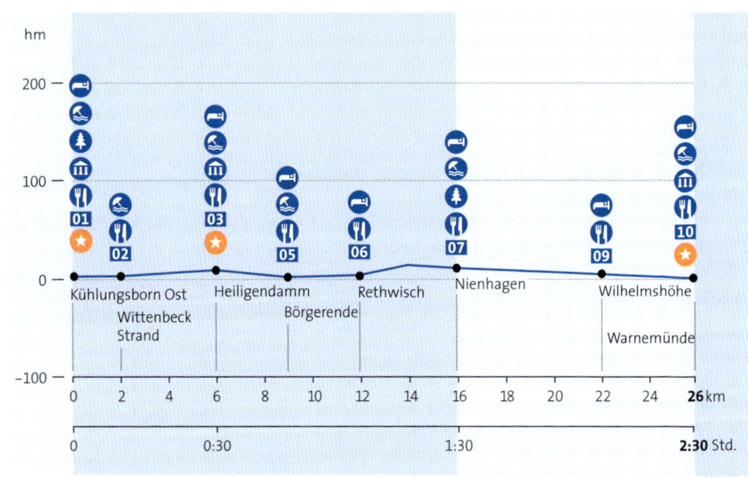

Die autofreien Küstenpassagen von Kühlungsborn ins weiße Seebad Heiligendamm sowie vom Nienhäger Strand zum Kap Stoltera und nach Warnemünde sind Höhepunkte des Ostseeküsten-Radwegs. Wenn die Etappe recht kurz ausfällt, so deshalb, weil die 20-km-Fahrt von der Münsterstadt Bad Doberan durch eine der schönsten Alleen Mecklenburgs längs der Trasse der Bäderbahn Molli einen schon fast unverzichtbaren Abstecher am Ostseeküsten-Radweg bildet.

Kühlungsborn – Nienhagen / 16 km / 1:30 Std.

Start Von der Seebrücke im Ostseebad ★ **Kühlungsborn** 01 folgt der Ostseeküsten-Radweg der autofreien Promenade an den Stränden und am Yachthafen vorbei und

Kühlungsborner Seebrücke

bewahrt auch hinter dem Yachthafen eine wundervolle Autofreiheit teils im Küstenschutzwald, teils aussichtsreich zwischen Wald und Strand; auch landeinwärts folgt dem Rad- und Wanderweg keine Straße, sondern die Trasse der Bäderbahn Molli. Auf Höhe des Molli-Haltepunkts Wittenbeck Steilküste gibt es einen großen Parkplatz, an der Steilküste befindet sich der **Strand Wittenbeck** 02.

Der Rad- und Wanderweg führt weiter ostwärts durch den Küstenwald, schwingt vor dem ersten größeren Waldstück, dem Kleinen Wohld, landeinwärts zu einer Schutzhütte vor der Trasse der Mollibahn und kurvt nach dem Eintritt in den Kleinen Wohld zum Parkplatz des Strandes Kleiner Wohld. Der früher „Kinderstrand" genannte Badestrand vor der Steilküste ist auf einer Stufenanlage erreichbar, oben befindet sich das Restaurant „Deck".

Vom Parkplatz folgt der Radweg der Zufahrt „Kinderstrand" durch den Wald zur Mollibahn-Haltestelle **Heiligendamm** 03.

Umrahmt von dichten Buchenwäldern, hält die Bäderbahn jeweils zur vollen Stunde, um sich eine Verschnaufpause zu gönnen. Während des Sommerfahrplans lässt sich hier das Schauspiel der

Beginn des Seebädertourismus

Als der mecklenburgische Hofrat und Leibmedicus Samuel Gottlieb Vogel seinem Herzog Friedrich Franz I. von Mecklenburg-Schwerin riet, das Baden im Meer könne bei vielen „Schwachheiten und Kränklichkeiten" heilsam sein, und der Herzog diesem Rat folgend am 8. September 1793 im Meer am Heiligen Damm badete, war dies die Geburtsstunde des Seebädertourismus an der Ostseeküste. Heiligendamm war das erste Ostseebad, in dem gezielt alle Einrichtungen aufgebaut wurden, die die Zielgruppe erwartete: Das Baden im Meer war die Grundlage, hinzu kamen medizinische Betreuung, komfortable Unterkünfte, architektonisch anspruchsvoll gestaltete Bauwerke, erlesene Gastronomie und Unterhaltungsstätten zum Sehen und Gesehenwerden wie die Galopprennbahn. Dieses Konzept wurde zunächst in allen Seebädern ähnlich verwirklicht. Ob Heiligendamm, Boltenhagen, Putbus, Heringsdorf, Travemünde oder Swinemünde: Durch den Seebädertourismus entstanden neue Arbeitsplätze, und auch die ortsansässigen Fischer und Bauern profitierten von dieser Entwicklung.

Das Kloster in Rostock

sich kreuzenden Dampfzüge beobachten. Vom Bahnhof führt der Ostseeküsten-Radweg durch den Kurpark zur Professor-Doktor-Vogel-Straße und folgt ihr rechts zum Strandparkplatz zwischen der „Coco Eismilchbar" und dem „Café im alten Golfhaus". Der Radweg folgt dem Seedeich auf der Deichstraße ostwärts zum Heiligendamm: Links reihen sich Sandstrände, rechts liegt hinter der Jemnitzer Schleuse die **Vogelfreistätte Conventer See** 04. Hinter der Jemnitzer Schleuse führt die

Warnemünde, Alter Strom

Deichstraße wieder durch Wald, unterbrochen von mehreren Strandparkplätzen, dann sind die ersten Häuser des Straßendorfs **Börgerende** 05 erreicht, auch hier: Strände und Einkehrmöglichkeiten.

An der Abzweigung in Börgerende besteht die Möglichkeit, weiter den Stränden am Seedeich ostwärts zu folgen (passagenweise holprig), während der Ostseeküsten-Radweg auf der ziemlich langen Seestraße landeinwärts schwingt, vorbei an der Tourist-Information und später am Restaurant „Ostseeperle", an der Ampelkreuzung im Kirchdorf **Rethwisch** 06 vor dem Gasthof „Kiebitz" links der alleeartigen Nienhäger Straße (separater Radweg links der Straße) in das **Ostseebad Nienhagen** 07 am **Gespensterwald** 08 folgt, an der Ampelkreuzung am „China Imbiss" links und am Ende der Strandstraße am Nienhäger Strand wieder die Küste erreicht.

Nienhagen – Warnemünde / 10 km / 1:00 Std.

Es folgt wieder eine erstklassige Autofrei-Passage: Den Wind im Rücken rollen die Räder durch den Küstenwald, zweimal laden Schutzhütten zur Rast ein, vor den Windkrafträdern am Technologiepark bieten Stufen die Möglichkeit, zum Strand abzusteigen

Warnemünde: Die Erfindung des Strandkorbs

Der Strandkorb als Windschutz, Schattenspender und Kuschelecke ist ein Symbol für das Strandleben an deutschen Küsten, während es ihn an holländischen, dänischen oder US-amerikanischen Stränden mit wenigen Ausnahmen nicht gibt, die Franzosen unter Strandschirmen sitzen und auch die Ägypter das Strandleben nicht in Körben, sondern in Strandzelten genießen. Erfunden wurde dieses typisch deutsche Möbelstück 1882 in Warnemünde: Die von Rheuma geplagte Rostockerin Elfriede Maltzahn wollte trotz Krankheit nicht auf ihre Ausflüge an die Ostsee verzichten und ließ sich von dem mecklenburgischen Hof-Korbmacher Wilhelm Bartelmann einen „Strand-Stuhl" anfertigen, der Schutz vor dem Wind bot. Aus dem Möbel von 1882, das einem aufgestellten Wäschekorb glich, sind Zweier- und Dreier-Sitzgelegenheiten geworden, in die Luxusmodelle sind Stereoanlagen und ein kleiner Kühlschrank integriert, Sondermodelle gibt es für Kinder und Hunde. Auch wenn der Strandkorb das Wahrzeichen deutschen Strandlebens von Borkum bis Usedom ist: Die Strandkörbe an Ost- und Nordsee unterscheiden sich, Strandkörbe an der Nordsee sind kantig und geradlinig, die Ostseestrandkörbe sind rundlicher und wirken gemütlicher.

und eine Pause einzulegen, dann ist die eindrucksvolle Kliffküste von Kap Stoltera erreicht, in dessen Wäldern das Ausflugsrestaurant **Wilhelmshöhe** **09** zur Einkehr und Übernachtung einlädt.

Weiter geht es nun am Waldrand zur Parkstraße, die geradeaus ins nahe **Warnemünde** **10** führt: Am Ende der Parkstraße geradeaus durch die Mühlenstraße zum Kirchenplatz und geradeaus über den Alten Strom zum **Bahnhof Warnemünde** **Ziel**.

Vor der Brücke über den Alten Strom kann man links den Abstecher zum Leuchtturm Warnemünde unternehmen. Die Westseite des Alten Stroms ist Warnemündes Flaniermeile.

In Richtung Westmole und Leuchtturm befinden sich viele liebevoll renovierte Kapitänshäuser mit Geschäften und Gaststätten. Von den Freibereichen der Restaurants und Cafés lassen sich die ein- und auslaufenden Fischkutter, Ausflugsschiffe und Yachten beobachten. Das Rostocker Ratsarchiv verrät, dass der Alte Strom bereits im Jahr 1423 ausgehoben und mit Bollwerken befestigt wurde und bis 1903 die einzige Schiffszufahrt von der Ostsee zum Hafen Rostock war.

Hanse-Sail Rostock

O S T

M e c k l e n b u r

E E
er Bucht
WARNEMÜNDE
10
09
Wilhelmshöhe
Ziel
DIEDRICHSHAGEN
07
Gespensterwald
08
Ostseebad
Nienhagen
Elmenhorst-
-Lichtenhagen
gerende-
06
-Rethwisch
Admannshagen-
Hägerort
-Bargeshagen
ROSTOCK
Langenort
Unterwarnow
Lambrechtshagen
Buchenberg
BAD DOBERAN
Bartenshagen-
-Parkentin
Kritzmow
103
105
0 1000 m

BRUNSBÜTTEL – BURG – ALBERSDORF

Elbmarschen, Hochbrücken, Steinzeitdorf

STARTORT | Brunsbüttel, 4 m
START | Brunsbüttel Tourist Information, Gustav-Meyer-Platz 2.
[GPS: UTM Zone 32 x: 489.790 m y: 5.998.380 m]
ZIEL | Brutkampstein, Albersdorf, 30 m
CHARAKTER | Leichte Kanalufer- und Feldflurfahrt in der Hauptwindrichtung.
VERKEHR | Am Kanal fast durchgehend autofreie Schotterwege (Kanaluferwege), ansonsten wenig befahrene Nebenstraßen.

TIPP: Rückkehr per Bahn. Brunsbüttel hat keinen Bahnhof, der nächste ist Burg an der Linie Altona–Westerland auf Sylt. Alternativ gelangt man vom Bahnhof Glückstadt auf dem Nordseeküsten-Radweg nach Brunsbüttel. Der Zielort Albersdorf hat einen Bahnhof an der Linie Neumünster–Heide–Büsum.

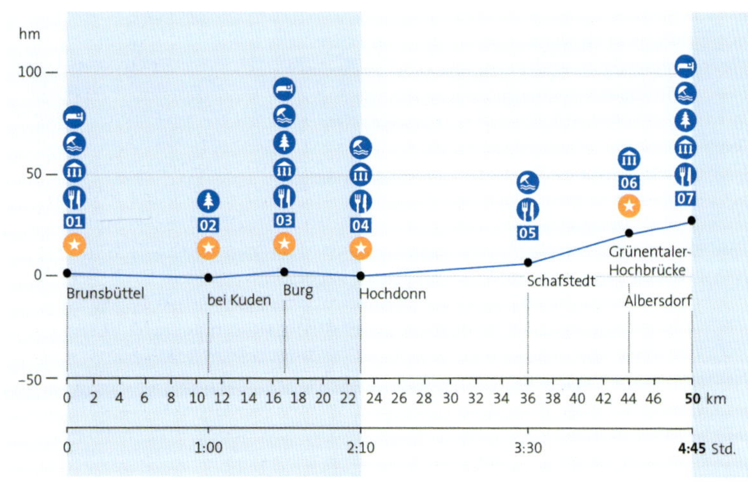

Der Auftakt der Nord-Ostsee-Kanal-Route (NOK-Route) verbindet die Hafen- und Schleusenstadt Brunsbüttel an der Unterelbe mit dem Luftkurort Burg am Übergang von der Wilstermarsch zur Geest und dem Luftkurort Albersdorf auf der Geest. Zu den Höhepunkten zählen neben der wunderschönen Landschaft – besonders malerisch die Passage am Kudensee und längs der Burger Au – die Brunsbütteler Schleusenmeile am Beginn des Kanals, die kaiserzeitliche Hochbrücke Hochdonn, der Kanalblick von der Grünentaler Hochbrücke und am Ziel der Luftkurort Albersdorf am Gieselautal.

Brunsbüttel – Hochdonn / 23 km / 2:10 Std.

Start Die Tourist-Information **Brunsbüttel** 01 befindet sich am Gustav-Meyer-Platz am kanalseitigen Ende der Koogstraße, der Hauptgeschäftsstraße und Flaniermeile der Hafen- und Schleusenstadt. Sie liegt direkt neben dem Yachthafen und den Schleusenanlagen, auf die das Café „Torhaus" an der Kreystraße 1 Panoramablick gewährt.

Angler am NOK-Beginn in Brunsbüttel

Von hier aus können Schleusenführungen unternommen und das Schleusenmuseum Atrium (Eingang durch die Tourist Information) besucht werden; es dokumentiert die Entstehungsgeschichte des Nord-Ostsee-Kanals. Die Tourist Information ist zugleich Ausgangspunkt der Brunsbütteler Schleusenmeile, des Erlebniszentrums am Beginn des Nord-Ostsee-Kanals einschließlich des Elbufers. Auch die 2012 eröffnete Baustelle der 5. Schleusenkammer ist in dieses touristische Großprojekt einbezogen.

Vom Gustav-Meyer-Platz führt die von Einkehrmöglichkeiten gesäumte Kreystraße autofrei am Yachthafen entlang nordwärts zum Anleger der kostenlosen Kanalfähre Brunsbüttel. An zwei Kanalfährstellen transportieren in Brunsbüttel kostenlose Fähren Autos, Fahrräder und Passagiere zwischen den Ufern des Nord-Ostsee-Kanals. Der immer stärker werdende Bäder- und Berufsverkehr machte die Fährstellen zum Nadelöhr, bis 1983 die Brunsbütteler Hochbrücke eröffnet wurde. Bei Kanal-Kilometer 2,1 verbindet die Kanalfähre Brunsbüttel die Fährstraße am östlichen mit der Kautzstraße am westlichen Ufer direkt nördlich der Schleusenanlagen. Diese Kanalfähre ist Teil des Nordseeküsten-Radwegs, des Elbe-Radwegs und der Nord-Ostsee-Kanal-Route.

Am östlichen (= südlichen) Anleger geht es ganz kurz landeinwärts auf der Zufahrt „Fährstraße“ und die erste scharf links zum Südufer, dem die NOK-Route nun autofrei zum Fähranleger Ostermoor folgt. Der nördlich gelegene Industriehafen Ostermoor macht hier eine erneute Fährüberfahrt erforderlich: Bei Kanalkilometer 4,36 pendelt die kostenlose Kanalfähre Ostermoor zwischen dem Ostermoorweg am östlichen und der Fritz-Staiger-Straße am westlichen Kanalufer. Autofrei geht es am westlichen Ufer zwischen Wald und Wasser unter der Hochbrücke Brunsbüttel her. Sie ist mit 2.831 m die längste Brücke über den Nord-Ostsee-Kanal und zugleich eine der längsten Brücken in Deutschland.

Nord-Ostsee-Kanal-Eröffnung

Kaiser Wilhelm II. eröffnete am 21. Juni 1895 in Kiel den Nord-Ostsee-Kanal unter dem Namen „Kaiser-Wilhelm-Kanal“; im internationalen Sprachgebrauch wird die bedeutendste künstliche Schifffahrtsstraße der Erde jedoch „Kiel Canal“ genannt. Die Planer hatten 156 Millionen Goldmark für den Bau veranschlagt, dieser Etat wurde in den acht Jahren Bauzeit nicht überschritten. Bis zu 8.000 Arbeiter aus dem Deutschen Reich, Italien, Österreich-Ungarn und Russland/Polen waren mit dem Bau beschäftigt. Der Kanal befand sich im Eigentum des Deutschen Reiches und war die erste Reichswasserstraße. Der regelmäßige Betrieb wurde am 1. Juli 1895 aufgenommen.

Brunsbüttel – Aussichtsplattform an der Schleuse

Die 1979–83 errichtete Stahlfachwerkbrücke, Bestandteil der Bundesstraße 5, überspannt östlich der Stadt mit vier Fahrstreifen den Nord-Ostsee-Kanal bei Kanal-Kilometer 6,12 in einer maximalen Höhe von 44 m, die lichte Durchfahrtshöhe für Schiffe beträgt 42 m.

Die Kanalfähre Kudensee verbindet bei Kanal-Kilometer 7,4 die Gemeinde Kudensee in der Wilstermarsch mit der Gemeinde Averlak in Dithmarschen.

Der NOK-Radweg bleibt noch ein Stück auf der Dithmarscher Seite des auf beiden Seiten von Wäldern begleiteten Kanals, wechselt urplötzlich links in die Feldflur und führt zum Rastplatz Kahnschifferhafen Kuden vor dem Naturschutzgebiet Kudensee und mit Blick auf den aussichtsreich an der Geest-Kliffkante gelegenen Ort **Kuden** 02; hier ist gut der Unterschied zwischen der einst von der Nordsee bedeckten Marsch und der hoch gelegenen Geest zu sehen.

Der Kudensee ist mit 38,9 ha der größte See Dithmarschens (ausgeschilderter Zugang nur zu Fuß). Der von ausgedehnten Röhrichtzonen, Bruchwaldresten und Weidengebüschen gesäumte, fischreiche Flachwassersee in der Elbmarsch steht unter Naturschutz und ist als Europäisches Vogelschutzgebiet auch international geschützt. Durch den Bütteler Kanal wird sein Wasser zum Nord-Ostsee-Kanal abgeleitet, seinem Zufluss, der Burger Au, folgt der NOK-Radweg vom Kahnschifferhafen (Schutzhütte) rechts durch das Buchholzer Moor in Richtung **Burg** 03 in landschaftlich herrlicher Fahrt vor dem Geestrand. Auf der Burger Au werden in Spreewaldkähnen Fahrten veranstaltet. Die Burger Au war einstmals mit der Wilster Au verbunden, durch den Nord-Ostsee-Kanal wurden die beiden Wasserläufe getrennt.

Am Ortsrand von Burg folgt der Radweg der Hafenstraße zurück Richtung Kanal, wechselt bald rechts auf die ruhigere Straße am Hafen und erreicht am Hotel-Restaurant Burger Fährhaus wieder den Nord-Ostsee-Kanal. Die Burger Kanalfähre verbindet bei Kanal-Kilometer 14,8 die Wilstermarsch in Dithmarschen und im Kreis Steinburg.

Der NOK-Radweg folgt dem bewaldeten Westufer des Kanals nordwärts zum ehemaligen Burger Auhafen am Kattenstieg. Dieser Hafen war vor dem Bau des Nord-Ostsee-Kanals der wichtigste Warenumschlagplatz Süddithmarschens. Da die Moore auf dem Landwege nur beschwerlich zu durchqueren waren, hatten die Wasserwege eine wichtige Transportfunktion. Die Burger Au stellte über die Holstenau und die Wilster Au die Verbindung zur Elbe her und war der wichtigste Transportweg für die umliegenden Gemeinden. An der Burger Au existierten bis Ende des 19. Jahrhunderts Werften, eine Schleuse, Schiffsliegeplätze, eine Badeanstalt sowie Gaststätten. Der Kanal brachte die Wende, auch die Errichtung einer Schleuse, die am Liegeplatzhafen Kattenstieg die Burger Au mit dem Nord-Ostsee-Kanal verband, konnte den Wandel nicht aufhalten. Die Schleuse wurde deshalb Mitte der dreißiger Jahre zugeschüttet. Der Kanalhafen am Kattenstieg wurde 1971 mit einem Damm vom Nord-Ostsee- Kanal getrennt, heute ist er ein idyllisches, ruhiges, abgelegenes Gewässer, an dem sich Angler und Spaziergänger erholen.

Hochdonn – Albersdorf / 27 km / 2:35 Std.

Unübersehber ist als nächstes Ziel während der Fahrt zwischen Wald und Kanal die **Hochbrücke Hochdonn** 04, die drittälteste NOK-Brücke. Neben der Hochbrücke besorgt die kostenlose Hochdonner Kanalfähre bei Kanal-Kilometer 19,4 den Wechsel ans „Südufer" (Ostufer). Nach dem Übersetzen folgt die NOK-Route der Straße kurz ostwärts und zweigt dann links in die Feldflur ab (Langenklint), rechts liegt Wacken, Austragungsort des Wacken Open Air, mit 75.000 Zuschauern jährlich das größte Metal-Festival der Welt. Vor dem Gehöft Langenklint führt der Radweg rechts in den Ort Gribbohm, folgt der Durchgangsstraße links nach Holstenniendorf und wechselt kurz hinter dem

Hochdonner Hochbrücke

Ortsende links auf einen autofreien Weg in der Feldmark, der zur Alten Landstraße führt; hier links zur Kanalfähre Hohenhörn, die bei Kanal-Kilometer 24 nach Dithmarschen zurückfährt. Am westlichen Kanalufer geht es unter der Hochbrücke Hohenhörn her; die Hochbrücke überspannt den Nord-Ostsee-Kanal bei Kanal-Kilometer 24,88 als Teilstück der Bundesautobahn A 23 Hamburg–Heide. Die 390 m lange Vouten-Balkenbrücke wurde 1989 eröffnet und kann nicht begangen werden. Auf der Ostseite befinden sich jedoch in beiden Fahrtrichtungen der Autobahn Pkw-Rastplätze, von denen aus Wege zu Aussichtspunkten direkt unter der Brücke führen.

Nach Unterqueren der Hochbrücke führt der Nord-Ostsee-Kanal-Radweg im Wald links hinauf parallel zur Hochbrücke und mündet in die Hohenhörner Straße, die rechts nach **Schafstedt** 05 weiterleitet und führt dann durch die Feldmark westlich des Kanals auf dem Alten Landweg zur Motorsport-Trainingsanlage Grünthalring westlich der Grünentaler Hochbrücke. Während die NOK-Route hier kurz der Landstraße rechts Richtung Hochbrücke folgt und sofort wieder links abzweigt auf die Fortsetzung des Alten Landwegs parallel zum Bahnkörper, lohnt es sich bei klarer Sicht, die Aussichtspunkte beidseits der **Grünentaler Hochbrücke** 06 zu besuchen.

Von der Hochbrücke wieder zurück zum Bahnparallelweg Alter Landweg: Er verlässt vor der Linkskurve des Bahnkörpers die Eisenbahnlinie und führt dann links in den Wald an den Rand des naturschönen Gieselautals nahe der historischen Fallohfurt – hier lohnt es sich zu verweilen.

An der großen Verzweigung zwischen den Teichen wechselt er rechts auf den Forstweg Breedenhoop im gleichnamigen Waldstück. An der „Rückseite" des umzäunten Steinzeitparks Albersdorf entlang führt der Forstweg zu einem Waldspielplatz und erreicht gleich darauf nahe des Kaiserberg-Aussichtsturms die Bebauung von Albersdorf: Breedenhoop mündet links in den Brutkampsweg, an dem rechts nach wenigen Pedaltritten der Brutkampstein ausgeschildert ist, das Wappen- und Wahrzeichen des Luftkurorts **Albersdorf** 07 **Ziel**.

Krumstedt
Eggstedt
Süderhastedt
Windbergen
Frestedt
udendorf
Hochdonn
04
Großenrade
Quickborn
Brickeln
Burg (Dithmarschen)
03
Buchholz
Stubben-
berg
Buchholzer
Moor
Aebtissin-
wisch
Kuden
02
Dingen
Nord-Ostsee-Kanal
Ecklak
Eddelak
Averlak
Kudensee
W i l
Landscheide
5
BRUNSBÜTTEL
01
431
Büttel
Start
St. Margarethe
23

Arkebek
Ziel
Albersdorf
07
Steenfeld
Wennbüttel
Beldorf
Hochbrücke
Grünen-
tal
06
431
Tensbüttel
Bornholt
Schafstedt
05
Bendorf
Nord-Ostsee-Kanal
23
Eggstedt
Dückerswisch
Besdorf
Bokelrehm
Holstenniendorf
Gribbohm
Hochdonn
04
Wacken
Hochbrücke
Burg (Dithmarschen)
03
Vaale
Nutteln
Stubben-
berg
Vaalermoor
Aebtissin-
wisch
0 1000 m
Kanal

KRATZEBURG – ANKERSHAGEN – WAREN

Havelquelle und Müritz-Nationalpark

 37 km  3:15 Std.  200 hm  198 hm

STARTORT | Kratzeburg, 68 m
START | Bahnhof Kratzeburg
[GPS: UTM Zone 32 x: 363.290 m y: 5.921.980 m]
ZIEL | Waren/(Müritz), 70 m
CHARAKTER | Leichte Fahrt in der Hauptwindrichtung auf überwiegend asphaltierten, passagenweise auch geschotterten Wegen.
VERKEHR | Nahezu durchgehend autofreie Wege bzw. Radwege neben Straßen.

TIPP: Rückkehr per Bahn. Der Bahnhof Kratzeburg liegt an der Strecke Neustrelitz – Waren – Warnemünde, sodass sich die Tour problemlos als Tagesfahrt mit Rückkehr zum Ausgangspunkt organisieren lässt.

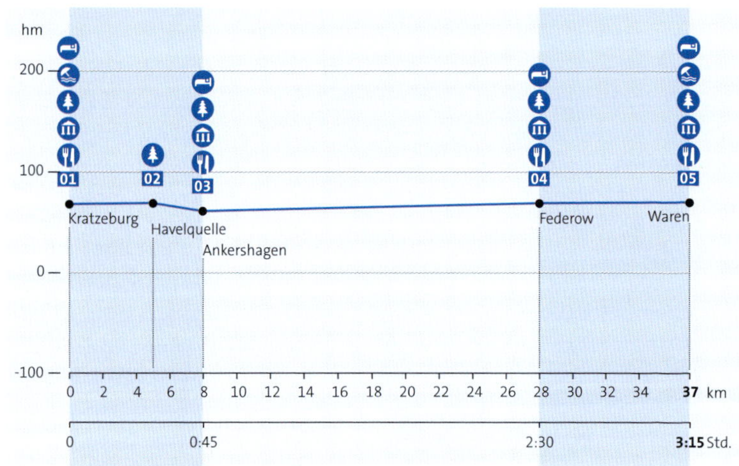

Die Etappe von Kratzeburg an der Havelquelle durch den Müritz-Nationalpark nach Waren an Deutschlands größtem See ist ein Natur-Höhepunkt am Radfernweg Berlin – Kopenhagen.

Kratzeburg – Ankershagen / 8 km / 0:45 Std.

Start Vom Bahnhof **Kratzeburg** 01 am Nordufer des von der Havel durchflossenen Käbelicksees geht es ortseinwärts und auf der Durchgangsstraße rechts am **Müritz-Nationalpark-Infohaus** und dem Friedhof vorbei, bis der Radweg beim Café Piccolino am Ortsende links auf eine für den öffentlichen Verkehr gesperrten Straße im Nationalpark Müritz abzweigt. Links liegt der von der Havel durchflossene **Röthsee**, der nächste ist der **Dambecker See** mit dem Rastplatz am germanischen Burgwall. Der Burgwall am Ostufer des Sees stammt aus der Bronzezeit und zählt zu den größten Anlagen jener Zeit in Mecklenburg-Vorpommern. Die 1170 urkundlich erwähnte slawische Burg von Kratzeburg (castrum Zcarnitz) liegt 350 m südwestlich des bronzezeitlichen Burgwalls auf einer Anhöhe. Im Kratze-

Gutshaus Ankershagen

burger Ortsteil **Pieverstorf** mit seiner denkmalgeschützten Friedhofskapelle und einer schönen Ulmenallee geht es links weiter auf einem Betonspurweg, am nächsten Parkplatz ist links die nahe **Havelquelle** 02 südlich des Mühlensees ausgeschildert, während der Radweg rechts durch die Feldflur nach **Ankershagen** 03 führt.

Ankershagen – Federow / 20 km / 1:45 Std.

Vom Museumscafé folgt der Radweg der Wendorfer Straße westwärts zum **Gutshaus Schloss Wendorf**, auf den Feldern in der Umgebung halten sich oft Kraniche auf. Vom Gutsbezirk führt die Freidorfer Straße durch Felder südwestwärts durch den Weiler **Freidorf** und in den 400-Einwohner-Saatzuchtort **Bocksee**, der ebenfalls zur Gemeinde Ankershagen gehört. In Bocksee wurde 1956 eine Stätte zur Züchtung neuer Pflanzensorten gegründet. Seither ist das auf einem Hochplateau gelegene Dorf durch die Arbeiten in der Zuchtstation international bekannt geworden. Das Hochplateau entstand während der Pommerschen Eiszeit vor etwa 15.000 Jahren, als das Eis von Skandinavien aus bis hier vorrückte. Über viele Jahrhunderte hinweg schmolz das Eis und entließ den mitgeführten Sand. Auf diese Weise bildete sich ein mächtiges Plateau heraus, das nach Süden in das Waldgebiet des Müritz-Nationalparks übergeht. Da

Abstecher: Schwarzenhof

Die kleine Siedlung Schwarzenhof liegt inmitten der Wälder des Müritz-Nationalparks und ist Ausgangs- und Endpunkt attraktiver Wander- und Radwandertouren. Das Gebäude des ehemaligen Forstamts beherbergt die Nationalparkinformation mit Ausstellungen über den Müritz-Nationalpark. Schwarzenhof ist Haltestelle des Nationalparkticketbusses (mit Fahrradanhänger), auch das familiär geführte Hotel in Schwarzenhof wurde mehrfach ausgezeichnet. Zur rustikalen Erlebnisgastronomie im Gartenrestaurant gehören Schwein/Wildschwein am Spieß oder frisch geräucherter Fisch aus dem hauseigenen Fischräucherofen.

Zauberbäume im Nationalpark Müritz

das Wasser im Sandgebiet um Bocksee sofort versickert, gibt es hier keine Bäche. Dafür fließt das Wasser unterirdisch sowohl in die Havel und in die Müritz als auch in die Peene ab.
Vom Ort folgt der Radweg der Rethwischer Straße nordwärts in Richtung des gleichnamigen Dorfs und winkelt vor der **Kiesgrube Rethwisch** links ab. Der in der Umgebung von Bocksee lagernde grobkiesige Sand ist gut als Baustoff geeignet und wird deshalb industriell abgebaut. Etwa 800 m nördlich von Bocksee liegt die riesige **Kiesgrube Rethwisch**. Der Radweg führt westwärts durch das hügelige, von der Landwirtschaft geprägte Gebiet. Im Juni blühen auf den Feldern die Lupinen, die Phazelia und die Serradella, dann mischen sich alle Farben von Gelb über Rot, Violett bis Blau in den verschiedensten Nuancen und bilden eine fesselnde Farbensymphonie. Zu jeder Jahreszeit zeigt die Landschaft ein neues

Warnker See und Rederangsee

Am Warnker See wenige Hundert Meter südlich des Radwegs bietet sich auf einer Beobachtungsplattform die Möglichkeit, etwa 12–15.000 Enten auf ihrem Rastgewässer zu beobachten. Zehn Radminuten weiter östlich liegt der Landschaftspflegehof Müritzhof zwischen Spukloch und Rederangsee.
Gotlandschafe und Fjällrinder beweiden die zum Hof gehörenden Flächen und erhalten den Landschaftstyp „Hudeweide“. Im Gasthof werden Wild- und Fischspezialitäten serviert. Die Umgebung, vor allem die Spuklochkoppel und der Rederangsee, bildet einen der größten Kranichrastplätze im Binnenland Mecklenburg-Vorpommern: Einer der besten Kranichbeobachtungspunkte befindet sich am Nordufer des Rederangsees. Der Weg im Bereich des Rederangsees ist im Herbst ab 14 Uhr gesperrt; Umleitungen sind ausgeschildert.

Das Müritzeum am Herrensee in Waren

...ist das Info- und Naturerlebniszentrum des Müritz-Nationalparks und der Mecklenburgischen Seenplatte. Der Bau ist vollständig mit angekokeltem Lärchenholz verkleidet und beherbergt ein aus mehreren Becken bestehendes Süßwasseraquarium sowie eine Erlebnisausstellung.
Als Welcome Center informiert es seit der Eröffnung 2007 Besucher über die kulturellen und touristischen Angebote der Mecklenburger Seenplatte und den Müritz-Nationalpark. Zu der im Müritzeum aufbewahrten Naturhistorischen Landessammlung von Mecklenburg-Vorpommern gehören ca. 275.000 Exponate, vor allem Mollusken, Insekten, Eier, Vogelpräparate, Geweihe sowie die geologische Sammlung.

Info: Zur Steinmole 1, 17192 Waren (Müritz), Tel.03991/633680
www.mueritzeum.de

Gesicht, im Frühjahr mit dem frischen Birkengrün, im Sommer mit den reifenden Getreidefeldern und im Herbst mit den neuen Saaten. Die Kirche von **Groß Dratow** stammt aus dem 13. Jahrhundert. In der ehemaligen Dorfschmiede in Groß Dratow aus dem Jahr 1860 lädt eine Gaststätte zur Einkehr ein. Im benachbarten Schwastorf lenken die Ruinen eines Gutshauses den Blick auf sich, die neugotische Friedhofskapelle von **Schwastorf** wurde um 1900 erbaut. Von Schwastorf führt der Radweg parallel zur Bahnlinie südwestwärts nach Kargow mit dem Nationalparkhotel „Kranichrast“. Hier erreicht er wieder die Wälder des Nationalparks und führt südwärts ins Hörspiel- und Adlerdorf **Federow** 04.

Federow – Waren / 9 km / 0:45 Std.

Südlich von Federow taucht der Radweg in die Wälder des Nationalparks ein, hier sollte man, wenn Zeit bleibt, auf Abstecher-Ausschilderungen achten. Abstecher lohnen ins nahe Schwarzenhof sowie zum **Rederang-** und zum **Warnker See**.
Der Radweg hingegen führt am **Feisnecksee** entlang, einem glazialen Rinnensee am Stadtrand von Waren im Nordwesten des Müritz-Nationalparks. Eine nur 150 m breite Landbrücke trennt ihn von der Binnenmüritz. Das Seeufer ist von einem Schilfgürtel umgeben und im Süden bewaldet, am Nordteil des Sees befindet sich eine Badestelle. Die offenen Uferbereiche an der Feisneck zählen zu den schönsten Sonnenuntergangsstellen im Müritz-Nationalpark und sind viel besuchte textilfreie Badeparadiese, zu den Badenden gesellen sich neuerdings Schafe, die als natürliche Landschaftspflegerinnen angeflogene Bäume verbeißen und die Verwaldung stoppen. Der Radweg führt über den Landrücken zwischen Feisnecksee und Binnenmüritz und erreicht gleich darauf den Hafen des Soleheilbads Müritz in **Waren** 05 an der Binnenmüritz **Ziel**.

Am Warnker See

Alt Schönau
Groß Gie
Vielist
Torgelow
am See
108
Tief-
waren
Schl
WAREN
(Müritz)
Draisinenfahrten
192
Ziel
05
Kargow
Binnenmüritz
Feisneck-
see
Krummer
See
Nationalpark-
Adlerinformationspunkt
Hofsee
Federow
04
Müritz
Zähner-
lank
Boek

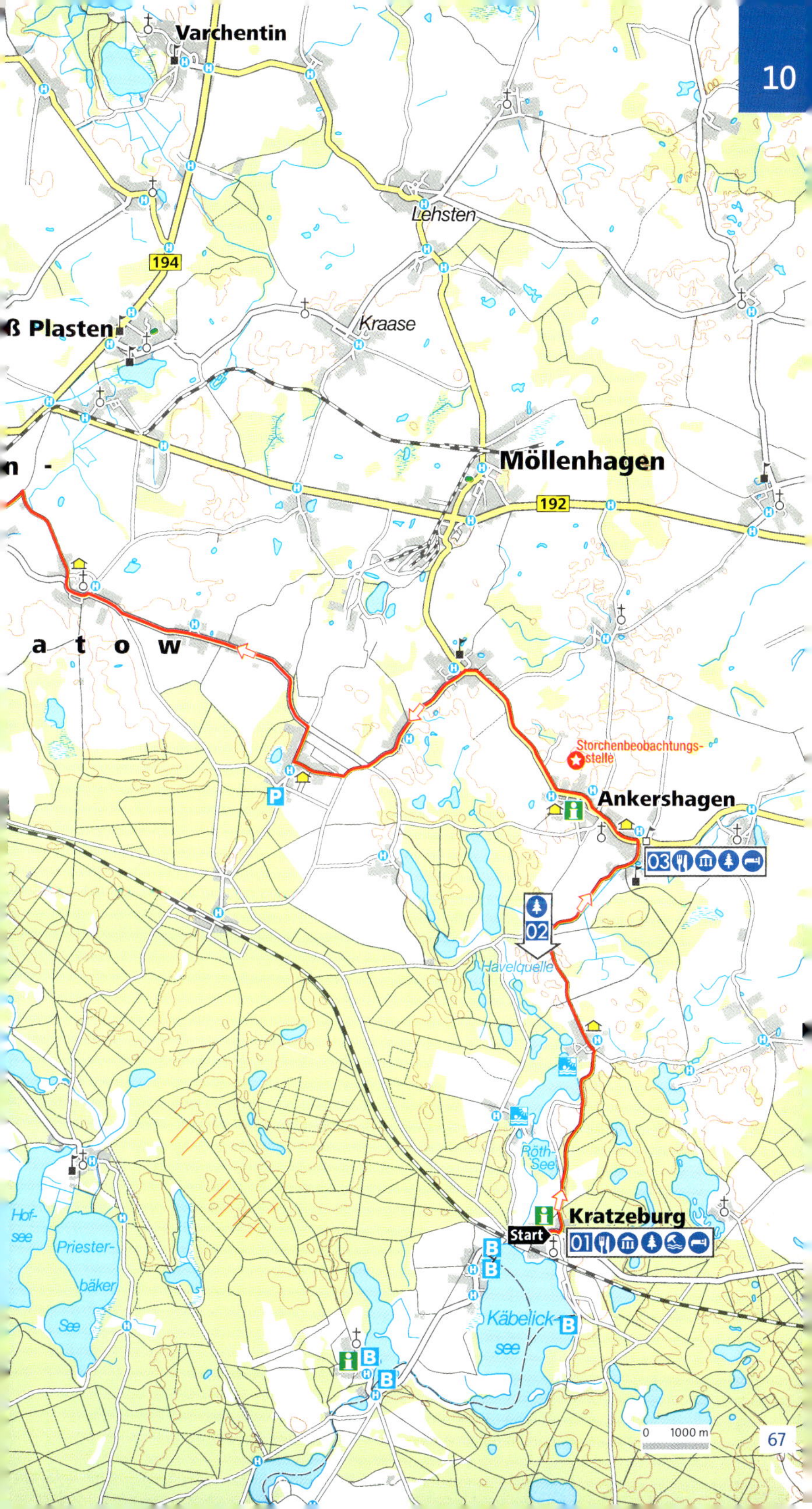
Varchentin
Lehsten
194
ß Plasten
Kraase
Möllenhagen
192
n -
a t o w
Storchenbeobachtungs-
stelle
Ankershagen
03
02
Havelquelle
Röth-
See
Kratzeburg
Start
01
Hof-
see
Priester-
bäker
See
Käbelick-
see
0 1000 m

ORANIENBURG – LÖWENBERG (MARK) – LINDOW (MARK)

Durch das Löwenberger Land nach Lindow

 45 km  4:30 Std.  110 hm  100 hm

STARTORT | Oranienburg
START | Oranienburg, Bahnhof, 37 m
[GPS: UTM Zone 32 x: 381.780 m y: 5.846.410 m]
ZIEL | Lindow (Mark), Bahnhof, 50 m
CHARAKTER | Über weite Strecken angenehme Radtour auf Radwegen, ruhigen Seitenstraßen und Fahrradstraßen. Der Radweg vor Strubensee ist noch nicht fertiggestellt. Auf- und Abfahrten zwischen Großem Lankensee und Neulöwenberg und zwischen Löwenberg und Hoppenrade.
VERKEHR | B 167 bei Liebenberg (1 km ohne Radweg), stark verkehrsbelastet.

TIPP: Rückkehr per Bahn.

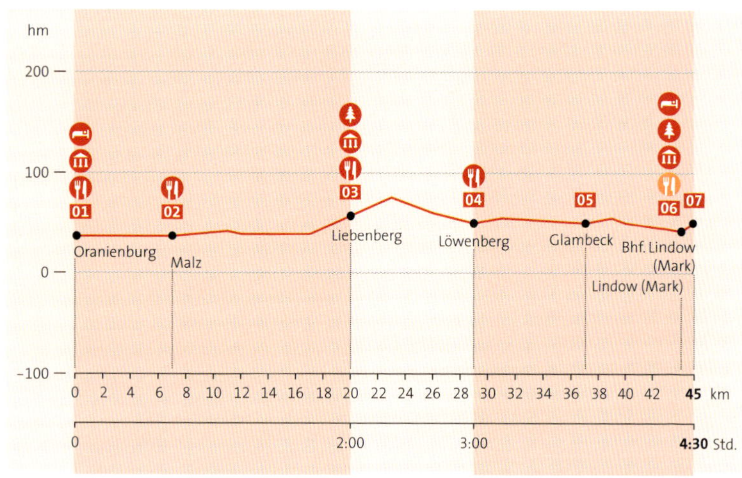

Der Bahnhof **Oranienburg** ist unser Ausgangspunkt für die Radtour durch das Löwenberger Land nach Lindow (Mark), das im Ruppiner Land liegt.

Oranienburg Bahnhof – Liebenberg / 20 km / 2:00 Std.

Start Vom Bahnhofsvorplatz des **Bahnhofs Oranienburg** 01 geht es nach rechts (Stralsunder Straße) zur Bahnbrücke, nach rechts unter dieser hindurch und der Bernauer Straße folgend vorbei an der Abzweigung Gedenkstätte Museum Sachsenhausen bis vor die Brücke über den Oder-Havel-Kanal. Hier treffen wir auf den Radfernweg Berlin – Kopenhagen und den Havel-Radweg. Der Radweg führt links am Kanal entlang, zuerst an der Lehnitzschleuse vorbei zur Rad- und Fußgängerbrücke bei Friedrichsthal. Hier fahren wir geradeaus weiter (RWW LLR/RWW Lindow/Friedrichsthal) zum Ortsbeginn von **Malz** 02. Wir queren die Schleuse Malz, dann folgen 200 m Pflasterstraße, die sich vor dem Ortsende wiederholen. Am Ortsende be-

Lehnitzschleuse (Havelkanal) bei Oranienburg

ginnt der Radweg durch das Waldgebiet und nach einer Linkskurve entlang der Überlandleitungen zur Straße Nassenheide – Neuholland. Wir überqueren die Straße (RWW Gransee/Liebenberg). Die Fahrt führt auf dem Sträßchen ohne Höhenunterschiede durch die Grünlandflächen, am Bergemannhof vorbei, zur Abzweigung Richtung Neuholländer Konsum/Liebenberger Damm. Geradeaus (ohne RWW) geht es auf dem Plattensträßchen etwa 300 m weiter, dann nach links (RWW LLR/Lindow), in Hertefeld nach links, über den Fließgraben und dann durch den anschließenden Mischwald (Liebenberger Bruch) zur B 167 vor Liebenberg. Es folgt nun 1 km auf der Bundesstraße nach links (RWW Lindow) (ohne Radweg, Vorsicht!), rechts liegen Schloss und Park **Liebenberg** 03. Ein Besuch der Parkanlage lohnt sich.

Liebenberg – Löwenberg (Mark) / 9 km / 1:00 Std.

Von der Bundesstraße zweigen wir in **Liebenberg** in Richtung Bergsdorf ab (RWW), folgen der Bergsdorfer Straße in einem Linksbogen zum Ortsausgang. Vor diesem beginnt links (RWW Lindow) die Fahrradstraße, die am Weißen See vorbeiführt. Am Ende der Fahrradstraße führt der asphaltierte Weg nach links bergan. Wir fahren geradeaus weiter (kein RWW!) auf dem unbefestigten Waldweg zum Wegkreuz (RWW) und hier nach links am Großen Lankensee entlang bis zum Beginn der Fahrradstraße, die nach rechts ansteigt. Nach einem kurzen Anstieg führt diese im Auf und Ab über den Endmoränenbogen am Waldrand entlang und nach links zur B 167. Nach rechts (RWW LLR/Lindow)

Der Oder-Havel-Kanal

…ist 54 km lang. Der Oder-Havel-Kanal verbindet die Oder (Oderberger Gewässer bei Liepe) mit der Havel südlich von Oranienburg und wurde am 17. Juni 1914 eröffnet. Er ersetzt den früheren Malzer Kanal und den Finowkanal mit seinen vielen Schleusen. Eine technische Meisterleistung stellt in seinem Verlauf das 1927–1934 errichtete Schiffshebewerk Niederfinow dar. Es werden hier 36 m Höhenunterschied überwunden.

Feldlandschaft bei Löwenberg

folgen wir dem Radweg durch Neulöwenberg, über den Bahnübergang – nach links geht es zum Bahnhof Löwenberg (Mark) – und weiter dem Radweg nach **Löwenberg** 04.

Löwenberg (Mark) – Lindow (Mark) Bahnhof / 16 km / 1:30 Std.

Weiter geht es ohne Radweg und am Karl-Marx-Platz nach rechts in Richtung Großmutz ansteigend und im leichten Auf und Ab nach **Hoppenrade** (im Ort Schloss Hoppenrade) und geradeaus weiter nach **Großmutz.** In Großmutz führt unsere Weiterfahrt in Richtung Glambeck und am Ortsende von Großmutz halblinks (RRW Lindow) nach **Glambeck** 05. In Glambeck fahren wir durch den kleinen Ort (RRW), am Ortsende folgt zunächst ein schönes Asphaltsträßchen bis zum Wegkreuz in der Nähe des Glambecksees. Geradeaus weiter zeigt uns der Radwanderwegweiser LLR den Weiterweg nach Lindow an. Es folgt ein etwa 2 km langes schlecht zu befahrendes Wegstück (teilweise sandig) zum kleinen Kreisverkehr am Ortsbeginn von Stru-bensee (ggf. am Wegkreuz am Glambecksee dem RWW Lindow folgen, über Seebeck jedoch kein Radweg!). Wir fahren halblinks durch Strubensee und weiter zur Landstraße Seebeck – Lindow, hier nach rechts nach Lindow zur Bahnhofstraße. Nach rechts geht es in das Städtchen **Lindow (Mark)** 06, das vom Gudelack- und Wutzsee umgeben ist, schon im Ruppiner Land liegt, und einen Besuch wert ist. Nach links erreichen wir durch die Bahnhofstraße, über die Verbindung zwischen Gudelack- und Vielitzsee (Rhin) ansteigend den **Bahnhof** von **Lindow (Mark)** 07 **Ziel**.

Löwenberger Land

Seit etwa 1200 durch die Kolonisierung eine historische Landschaft mit dem Zentrum Löwenberg.

Havelland

Historische Landschaft; geografisch das U-förmig von der Havel umflossene Gebiet zwischen Oranienburg im Nordosten und Rhinow im Nordwesten.
Den nördlichen Abschluss bilden das Flüsschen Rhin und der Rhinkanal, im Zentrum liegt das Havelländische Luch.
Das Havelland wurde von Fontane in seinen „Wanderungen durch die Mark Brandenburg" in einem eigenen Band „Havelland – Die Landschaft um Spandau, Potsdam, Brandenburg" unverkennbar beschrieben.
Fontanes „Herr von Ribbeck auf Ribbeck im Havelland" hat dem Havelland zu einer immerwährenden Bekanntheit verholfen.

Idylle an der Havel

Straße des Friedens in Lindow (Mark)

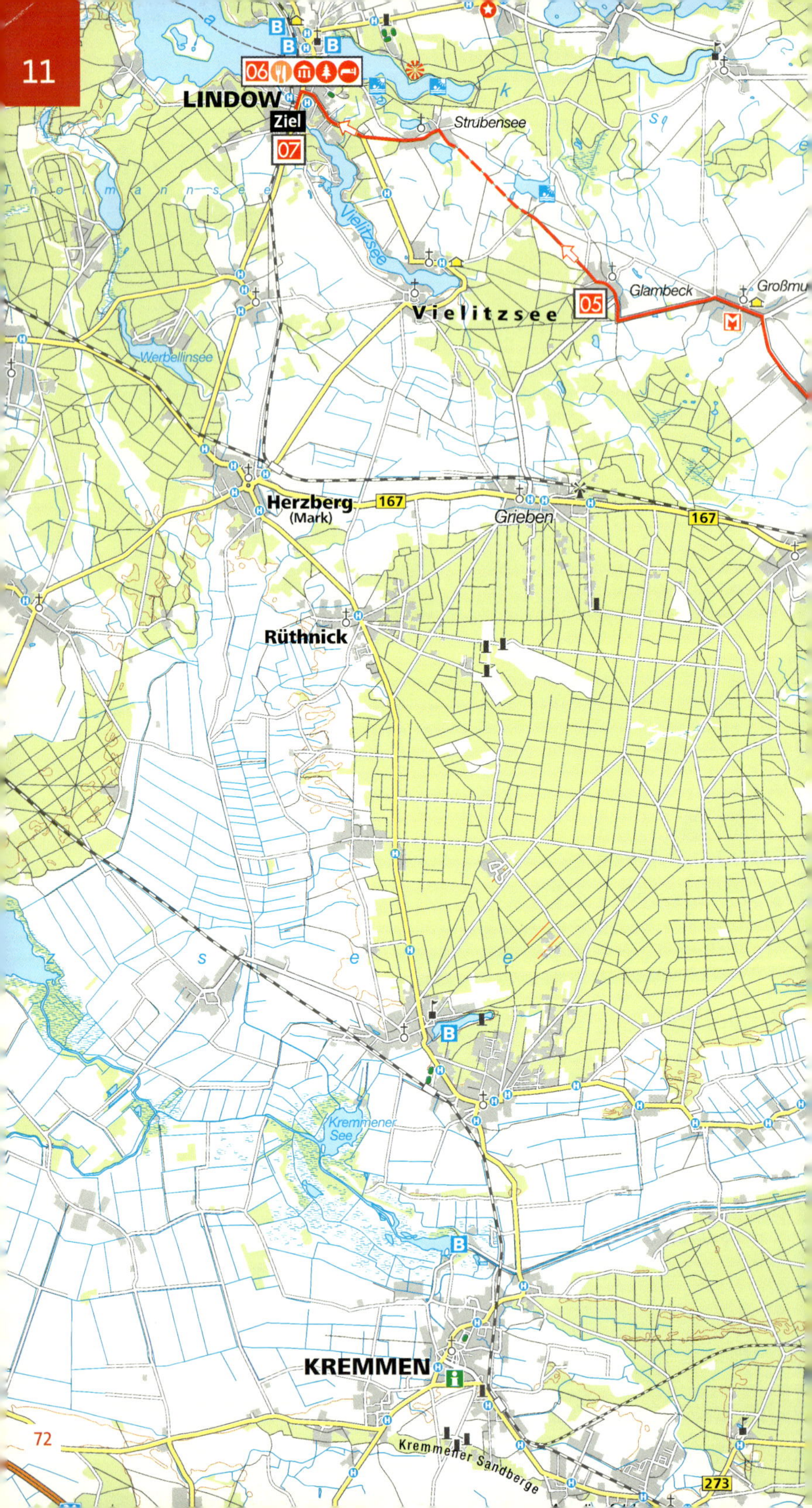

LINDOW
Ziel
07
06
Strubensee
Vielitzsee
Glambeck
Großmu
05
Werbellinsee
Herzberg
(Mark)
167
Grieben
167
Rüthnick
Kremmener
See
KREMMEN
Kremmener Sandberge
273

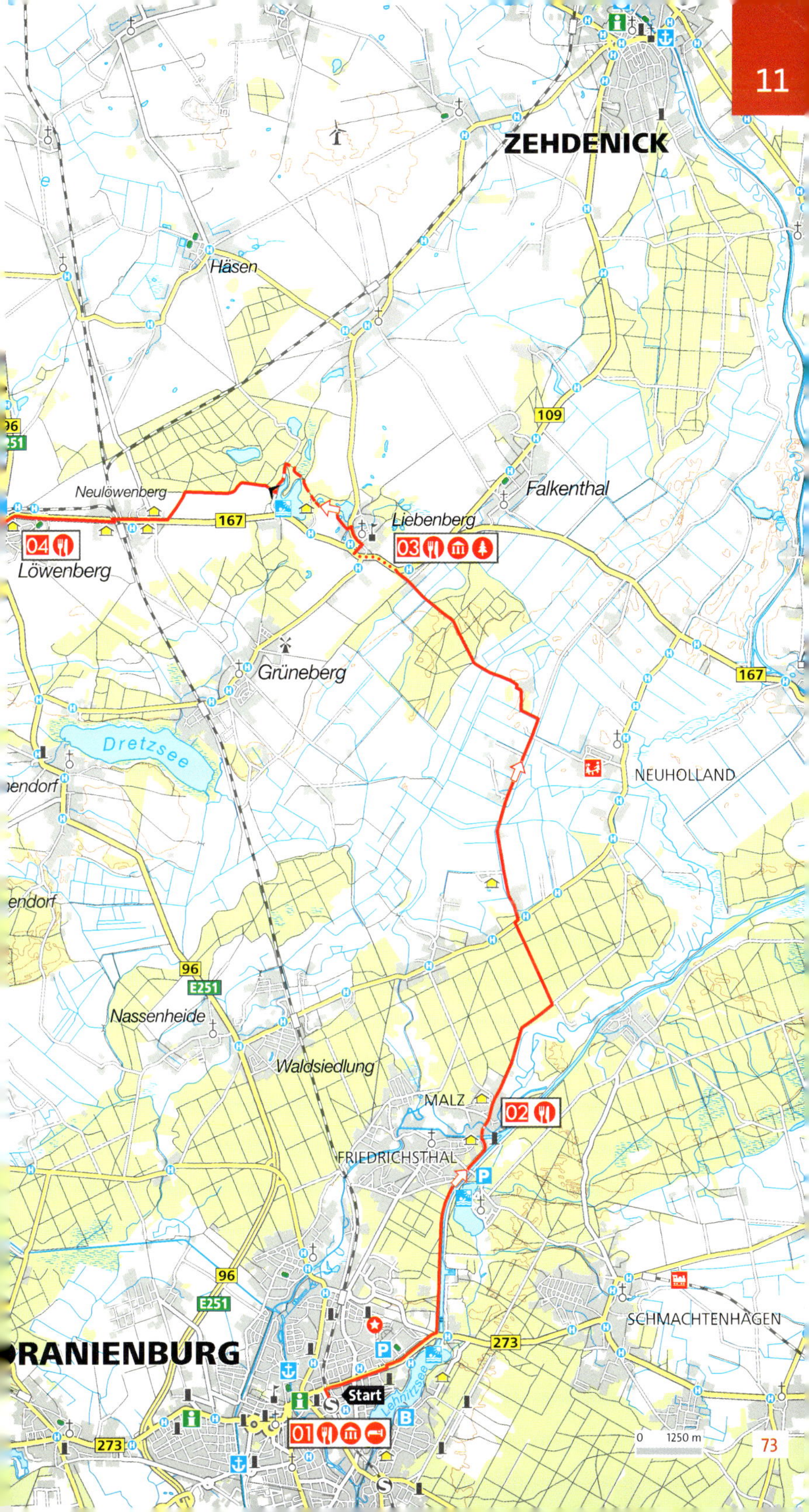
ZEHDENICK
Häsen
109
Neulöwenberg
167
04
Löwenberg
Liebenberg
03
Falkenthal
Grüneberg
167
Dretzsee
NEUHOLLAND
96
E251
Nassenheide
Waldsiedlung
MALZ
02
FRIEDRICHSTHAL
P
96
E251
273
SCHMACHTENHAGEN
RANIENBURG
Start
Lehnitzsee
01
273
0 1250 m

EBERSWALDE – NIEDERFINOW – ODERBERG – BAD FREIENWALDE

Eberswalder Urstromtal, Oder und Neuenhagener Oderinsel

 43 km 4:10 Std.  45 hm 65 hm

STARTORT | Eberswalde
START | Eberswalde, Hauptbahnhof, 27 m
[GPS: UTM Zone 32 x: 418.980 m y: 5.854.380 m]
ZIEL | Bad Freienwalde, Bahnhof, 5 m
CHARAKTER | Abwechslungsreiche Tour. Nur geringfügige Höhenunterschiede. Die Tour ist als kinderfreundlich nur zu empfehlen, wenn die Variante Schiffshebewerk – Liepe genommen wird, jedoch Streckenlänge beachten.
VERKEHR | Der Straßenabschnitt Niederfinow – Liepe ist stark verkehrsbelastet, Alternative beachten.

TIPP: Rückkehr per Bahn.

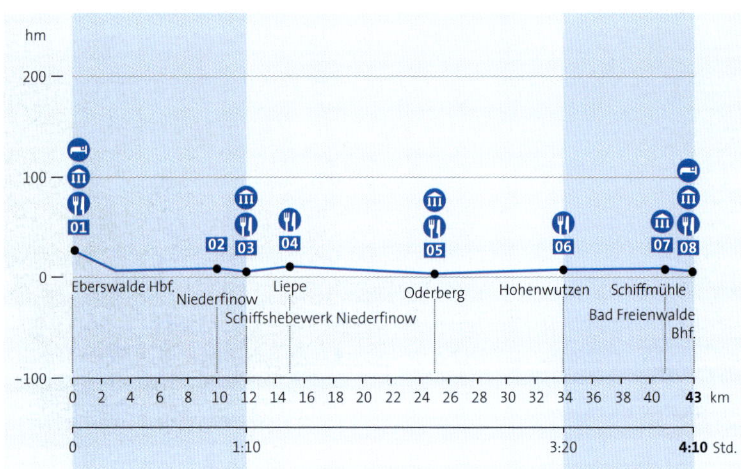

Für unsere Fahrt entlang des Finowkanals, zum Schiffshebewerk Niederfinow, in das Oderbruch und entlang der Neuenhagener Oderinsel wählen wir den Hauptbahnhof von **Eberswalde** als Ausgangpunkt.

Eberswalde – Schiffshebewerk Niederfinow / 12 km / 1:10 Std.

Start Vom Bahnhofsvorplatz in **Eberswalde** 01 erreichen wir etwas ansteigend die B 167 (Eisenbahnstraße), dann geht es in Richtung Frankfurt/O. bis zum Straßendreieck am Finowkanal. Nach links (Richtung Angermünde) überqueren wir die Brücke über den Finow-Kanal und fahren nach etwa 100 m nach rechts durch die Schleusenstraße zur Eberswalder Schleuse, wo der Oder-Havel-Radweg erreicht wird. Es geht etwa 50 m nach links, dann nach rechts zum Treidelweg und auf dem Treidelweg am beschaulichen Finowkanal entlang in schöner Fahrt zur Ragöser Schleuse. Hier fließt das kleine „Flüsschen" Ragöse in den Finowkanal. Wir gelangen zu einem

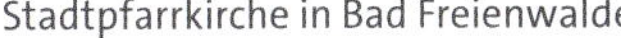
Stadtpfarrkirche in Bad Freienwalde

Wegstern, fahren geradeaus weiter (RWW), dann folgt ein Radweg durch den südlichen Zipfel der Mönchsheide. Nach dem Waldstück bietet sich uns ein weiter Blick über die Finow-Niederung (Eberswalder Urstromtal) hinüber zu den Hängen des Barnim. Der Radweg endet am Ortsbeginn von **Niederfinow** 02. Es geht auf der Dorfstraße/Finowstraße durch den lang gezogenen Ort, an der Stecherschleuse vorbei, fallend zur Vorfahrtsstraße (rechts Zugbrücke über den Finowkanal). Wir fahren geradeaus weiter in Richtung Liepe/Schiffshebewerk (RWW Oderberg) aus dem Ort. Vor uns liegt das NSG Niederoderbruch, im Süden sind die nördlichen Barnim-Hänge zu sehen, im Osten die Neuenhagener Oderinsel. Dann erscheint das imposante **Schiffshebewerk Niederfinow** 03, dessen Besichtigung sich lohnt.

Hier lebte der Dichter

Schiffshebewerk Niederfinow – Hohenwutzen / 22 km / 2:10 Std.

Zwischen dem **Schiffshebewerk Niederfinow** und Liepe gibt es keinen Radweg. Der Oder-Havel-Radweg ist hierüber ausgeschildert. **Dieser Straßenabschnitt ist verkehrsmäßig hoch belastet.**
Die ruhige Alternative: Vor dem Schiffshebewerk nach rechts (Rad- und Wanderweg 1 km/ Lieper Schleuse; über etwa 600 m gesperrt für Fahrzeuge aller Art, **Rad schieben**), über zwei Brücken (Schleuse und Finowkanal), dann nach links auf dem unbefestigten Weg (WW Oderberg, für Rad freigegeben) bis zur Querstraße. Diese Stelle erreicht man bei der Fahrt auf der Straße von der Ortsmitte **Liepe** 04 in Richtung Lieper Schöpfwerk (RWZ nach rechts) über den Oder-Havel-Kanal mit Blick auf das Schiffshebewerk.
Vom unbefestigten Weg kommend geht es geradeaus in Richtung Lieper Schöpfwerk (RWZ). Das Sträßchen führt am Lieper Schöpfwerk vorbei, überquert die Alte Finow und durchquert das Niederoderbruch. Wir folgen den RWZ, überqueren die Alte Oder und kommen nach Bralitz. Dort geht es auf der Hauptstraße nach links (RWZ), an der Kirche vorbei und auf der Oderberger Straße aus dem Ort, dann an der Vorfahrtsstraße nach links nach **Oderberg** 05. In Oderberg führt unsere Weiterfahrt vor der Brücke über die Alte Oder geradeaus weiter (RWW Wriezen), am Museum für Binnenschifffahrt vorbei, auf dem Sträßchen an der Alten Oder entlang zum Stahlbau, dann folgt ein etwa 500 m langes gepflastertes Stück, dann ein Asphaltsträßchen (teilweise in schlechtem Zustand), auf dem wir das Ende des Oder-Havel-Radweges vor Hohensaaten an der „Fischerklause" erreichen. Wir queren die Landstraße zum Oderdeich (Oder-Neiße-Radweg). Auf der Deichkrone geht es nach Süden (RWW Küstrin-Kietz) mit Blick auf die Oder und auf die bis zu 117 m hohen Berge nordwestlich von Oderberg nach **Hohenwutzen** 06, jedoch nicht nach rechts in den Ort, sondern der Oderstraße folgend (RWW Frankfurt/O., rechts Hinweistafeln auf das Oder-Hochwasser 1997 und auf das Oderbruch).

Oder

Die 866 km (898 km bis Swinemünde; davon 717 km schiffbar) lange Oder entspringt in Tschechien (SW Ostrava) und fließt durch Polen. Sie bildet ab Ratzdorf die Grenze zwischen Polen und Deutschland und mündet in das Stettiner Haff/Ostsee.

Alte Oder

Durch die Oderregulierung (ab 1753) im Oderbruch stillgelegte Oderteile (Güstebieser und Wriezener Alte Oder). Heute Altarme zwischen Güstebieser-Loose, Wrietzen und Oderberg. Rückzugsgebiete für Fauna und Flora.

Schiffshebewerk Niederfinow

Hohenwutzen – Bad Freienwalde / 9 km / 0:50 Std.

An der Oderbrücke in Hohenwutzen überqueren wir die B 158 und fahren weiter auf der Oderstraße bis ans Ortsende (Neuglietzen), nach rechts (RWW Bad Freienwalde) und nach rechts ansteigend auf die Ebene mit gutem Blick in das Oderbruch und auf die nördlichen Hänge des Barnim. In Altglietzen geht es hinab auf den Radweg, der an den Südosthängen des Granitberges (75 m, benannt wegen seiner zahlreichen Findlinge) entlang nach Gabow führt. Es geht geradeaus durch Gabow (RWZ), weiter auf der Straße durch Neutornow/ **Schiffmühle** 07 an der Alten Oder entlang, vorbei am Fontane-Haus, zur B 158. Nach links über die Alte Oder erreichen wir dem Radweg folgend (rechts haltend, B 167) den Bahnübergang und den Bahnhof von **Bad Freienwalde** 08 **Ziel**. Nur etwa 600 m sind es in die Stadtmitte mit Marktplatz und Stadtpfarrkirche.

Oderbruch

60 km lang und 12–20 km breit, zwischen Lebus im S und Bad Freienwalde/Oderberg im NW und N, im W begrenzt durch den Barnim, im S durch das Land Lebus, im O durch die Oder. Ursprünglich das Überschwemmungsgebiet der „Alten Oder", heute „eine Landschaft aus Menschenhand". 1747–1762 wurde unter Friedrich dem Großen der Oderkanal gebaut, dadurch entstanden das Oderbruch („Ich habe ein Land ohne Krieg gewonnen"). Die planmäßige Besiedlung begann 1753 in neu angelegten Straßendörfern. Gefährdet durch Hochwasser (Hochwasserkatastrophen 1785, 1838, 1947, 1981/82, 1997, 2010).

Oder bei Hochwasser

Golzow
Chorin
Britz
erfelde
Oder-Havel-Kanal
01
03
EBERSWALDE
Eisenspalterei
Start
Finowkanal
Stecherschleuse
167
02
168
Hohenfinow
Broichsc
Falke
Trampe
Breydin
Karlshof
Gersdorf
Krummenpfahl
Klobbicke
Kruge
Tuchen
Heckelberg-
-Brunow
Wöl
Beerbaum

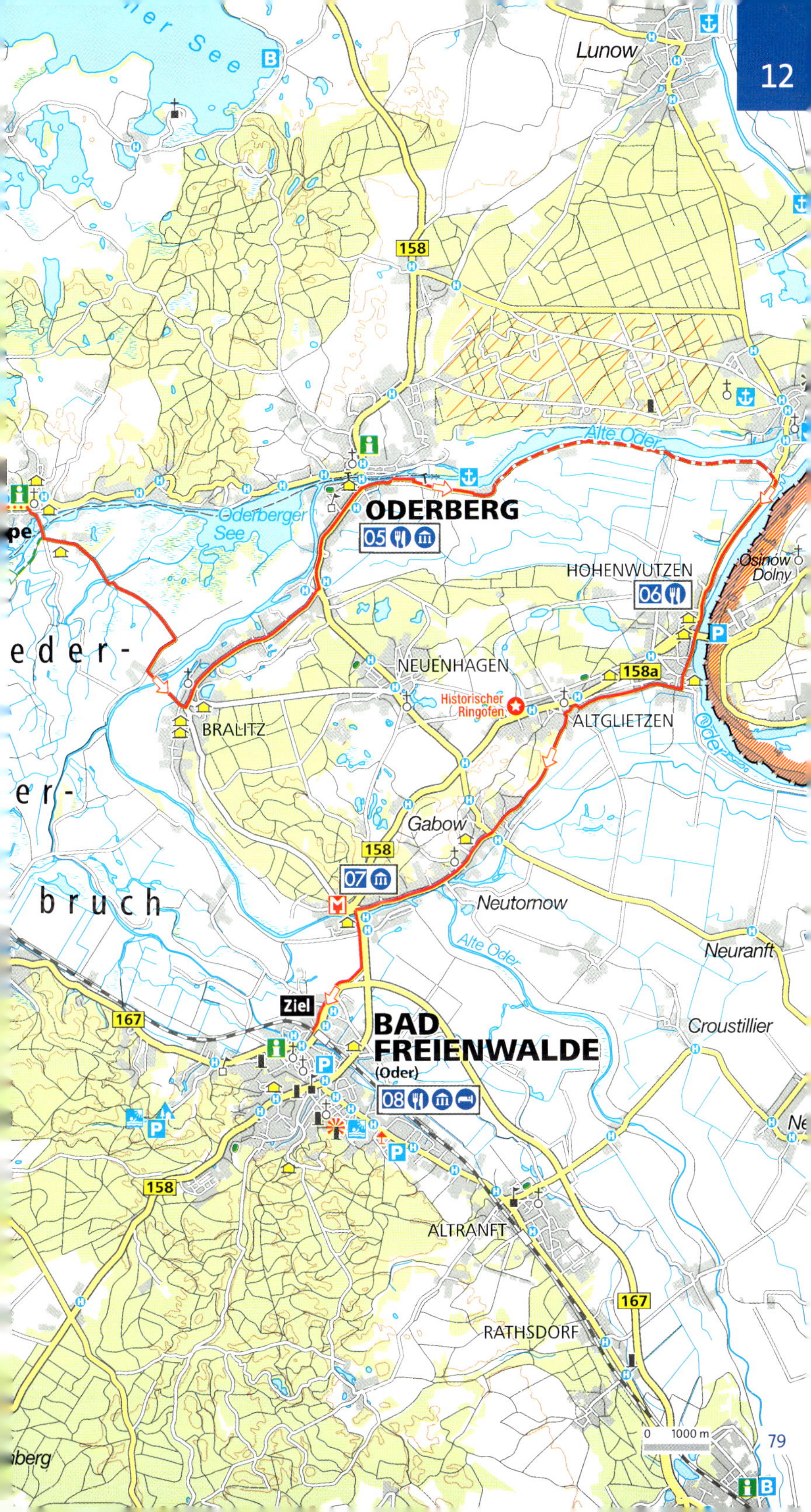

Lunow
158
Alte Oder
ODERBERG
05
Oderberger See
HOHENWUTZEN
06
Osinów Dolny
NEUENHAGEN
158a
Historischer Ringofen
ALTGLIETZEN
BRALITZ
Oder
Gabow
158
07
Neutornow
Alte Oder
Neuranft
Ziel
BAD FREIENWALDE (Oder)
08
Croustillier
167
158
ALTRANFT
167
RATHSDORF
0 1000 m

FELDBERG – HEILIGE HALLEN – CANTNITZER SEE

In der Feldberger Seenlandschaft

 22 km  2:00 Std.   70 hm  70 hm

STARTORT | Feldberg, 90 m, Ortsteil der Gemeinde Feldberger Seenlandschaft
START/ZIEL | Ehemaliger Bahnhof, 108 m, an der Bahnhofstraße; Parkplatz am Supermarkt.
[GPS: UTM Zone 32 x: 395.720 m y: 5.910.110 m]
CHARAKTER | Hügeliges Moränengelände mit vielen guten Aussichtsstellen. Die Tour verläuft überwiegend auf Schotter- und Asphaltwegen; im Waldgebiet der Heiligen Hallen auch auf Waldwegen.
VERKEHR | Meist autofreie Wege, nur wenige Nebenstraßen.

TIPP: Der Findlingsgarten Carwitz/Thomsdorf ist Teil des Aktionszentrums „Eiszeit- und Naturerlebnis Feldberger Seenlandschaft“. Das Kirch- und Windmühlendorf Carwitz liegt auf einem schmalen Bergrücken zwischen den Seen Schmaler Luzin, Zansen, Carwitzer See und Dreetz.

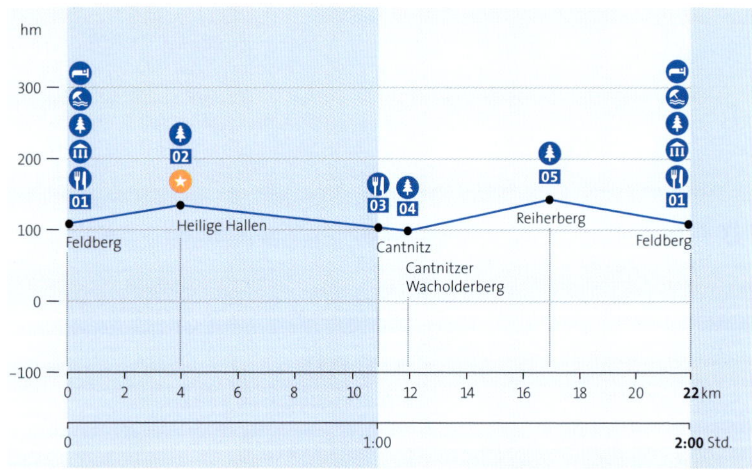

Im Naturpark Feldberger Seenlandschaft führt diese abwechslungsreiche Rundtour durch einen der ältesten Buchenwälder Deutschlands und zum Wacholderberg am Cantnitzer See.

Feldberg – Cantnitz / 11 km / 1:00 Std.

Start Startpunkt in der Flächengemeinde Feldberger Seenlandschaft ist der ehemalige Bahnhof an der Bahnhofstraße in **Feldberg** 01; gut parken kann man auf dem Großparkplatz vor dem Supermarkt südlich des Kreisverkehrs. Die mit dem Zeichen „Blaustrich“ markierte Bahnhofstraße, eine in die Neuhofer Straße übergehende Stichstraße, führt aufwärts über die aussichtsreichen Rosenberge in den Ortsteil Neuhof und wechselt dort halb rechts auf einen alleeartig gesäumten Forstweg (Zu den Schäferteichen), an der Gabelung nach Passieren des Friedhofs links in den Wald und dort an der ersten Forstwegekreuzung rechts

Das Märchenschloss in Eberswalde

zum Naturschutzgebiet Heilige Hallen 02 mit einem der ältesten Buchenwälder Deutschlands. Der Weg durchquert den Wald von Süd nach Nord und folgt dann einem wiederum von Bäumen flankierten Forstweg nordwärts in das Kirchdorf Lüttenhagen, wo das Waldmuseum Lütt Holthus über Wesen und Leben der Wälder informiert. Auf dem Friedhof wächst neben der Fachwerkkirche eine mehrhundertjährige Stieleiche mit einem Stammumfang von 8 m. Von Lüttenhagen führt die schmale, passagenweise alleeartige Weitendorfer Straße („keine Wendemöglichkeit") nordwärts durch die Feldflur in den Herrenhaus-Weiler Weitendorf, dort geradeaus An der Hauptstraße, übergehend in die weiter nordwärts führende Bredenfelder Straße, bis am Ortsrand des Kirchdorfs **Cantnitz** 03

Cantnitz – Feldberg / 11 km / 1:00 Std.

Kurz nach Passieren von Kirche und „KulturCafé" zweigt rechts der Wiesenweg zum Cantnitzer See mit dem **Wacholderberg** 04 ab.

Die unbefestigte Straße durchquert ostwärts den Wald und führt in aussichtsreicher Feldflur zu den Häusern von **Schlicht** auf einer allseits von Wäldern umgebenen Rodung. Dort führt die als Allee bepflanzte Lindenstraße südwärts zurück Richtung Feldberg. Am Waldparkplatz am nächsten Waldrand ist links der **Reiherberg** 05 ausgeschildert: Er bietet einen hervorragenden Blick auf den Haussee und die Stadt Feldberg. Vom Reiherberg führt ein Forstweg kurz und steil hinab Richtung Haussee. An der ersten Wegekreuzung zeigen die Radwegeschilder rechts und führen im Waldhang oberhalb des Sees zum Kneippbecken an der Marienquelle, zur Nymphenquelle und weiter zum Waldhotel „Stieglitzenkrug", dort kurz links längs der Straße der Jugend am Wasserwerk vorbei zum Wiesen- und Kurpark von **Feldberg** 01 am Haussee. Am Ende des Kurparks – links befindet sich der Boots- und Fahrradverleih – rechts (Strelitzer Straße) und die erste links (Alter Landweg) zurück zum Ausgangspunkt am ehemaligen **Bahnhof Ziel**.

Feldberger Seenlandschaft

Die Gemeinde Feldberger Seenlandschaft umfasst den gleichnamigen Naturpark im Südosten der Mecklenburgischen Seenplatte; sie ist mit fast 200 km² die flächengrößte Gemeinde Mecklenburg-Vorpommerns.

198
Watzkendorf
Möllenbeck
(bei Neustrelitz)
Cantnitz
03
04
Cantnitzer See
126
120
Weitendorf
Grünow
Lüttenhagen
Feldb
02
Seenlan
Laeven

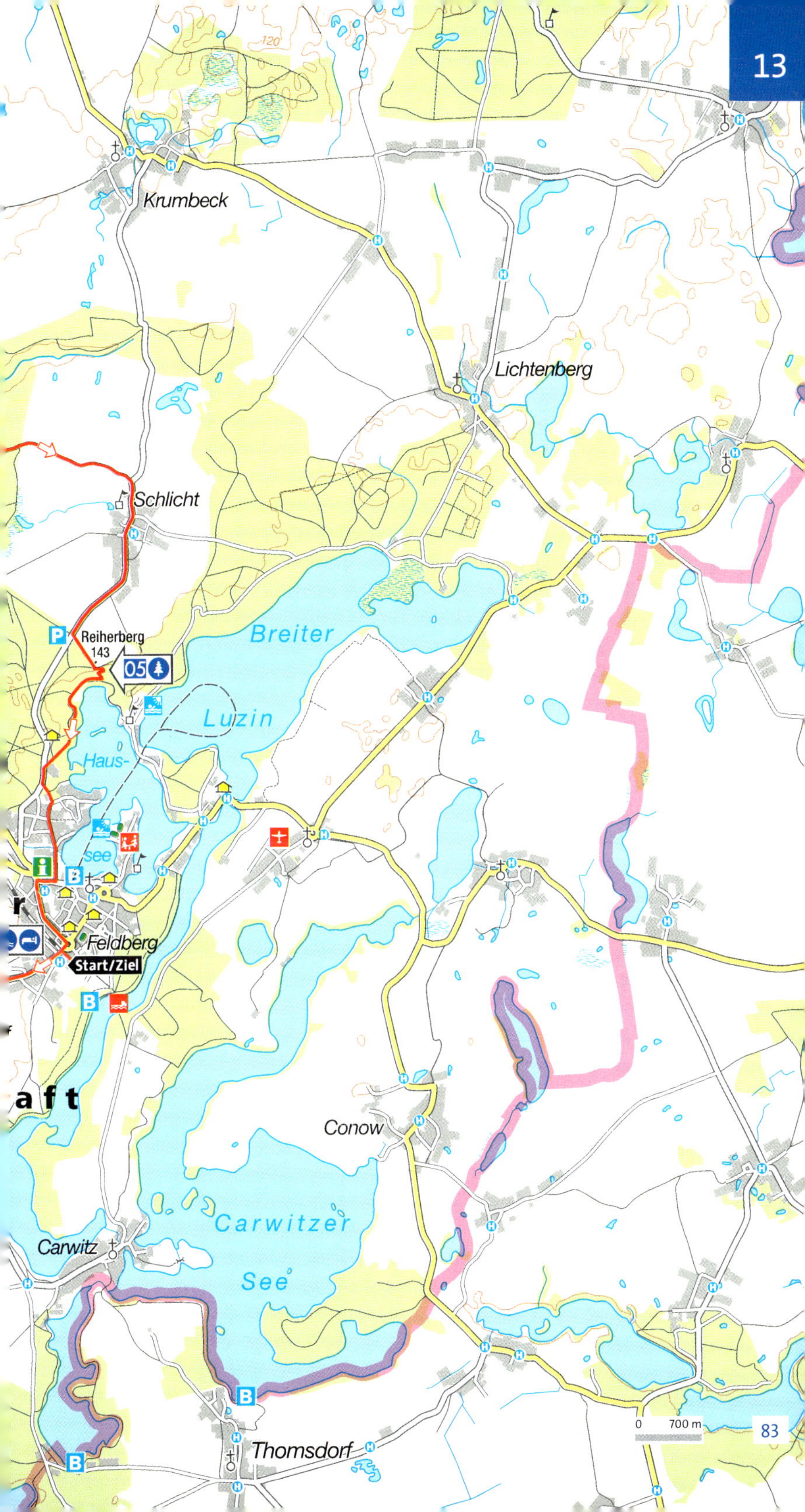
120
Krumbeck
Lichtenberg
Schlicht
Reiherberg
143
05
Breiter
Luzin
Haus-
see
Feldberg
Start/Ziel
aft
Conow
Carwitzer
See
Carwitz
Thomsdorf
0
700 m

NEUBRANDENBURG – KLEIN NEMEROW – PRILLWITZ

Rund um Tollensesee und Lieps

 36 km  3:30 Std.  228 hm 228 hm

STARTORT | Neubrandenburg, 20 m
START/ZIEL | Radlertreff Neubrandenburg an der Oberbachbrücke an der Nordbucht des Tollensesees in unmittelbarer Nähe von Kulturpark, Bootshafen und Stadthalle; wer am Bahnhof startet, folgt der Radroutenbeschilderung des Mecklenburgischen Seen-Radwegs via Oberbach-Promenade zum Radlertreff. [GPS: UTM Zone 32 x: 383.850 m y: 5.934.920 m]
CHARAKTER | Stärker hügeliges Moränengelände mit guten Aussichtsstellen.
VERKEHR | Autofreie Schotter- und Asphaltwege, wenige Nebenstraßen.

TIPP: Parkplätze in unmittelbarer Nähe des Radlertreffs befinden sich am Ende der Schillerstraße am Skatespot und am „Venezia am See“ sowie am Ende der Parkstraße am Badehaus. Zwischen Schiller- und Parkstraße erstreckt sich das Gelände des Kulturparks.

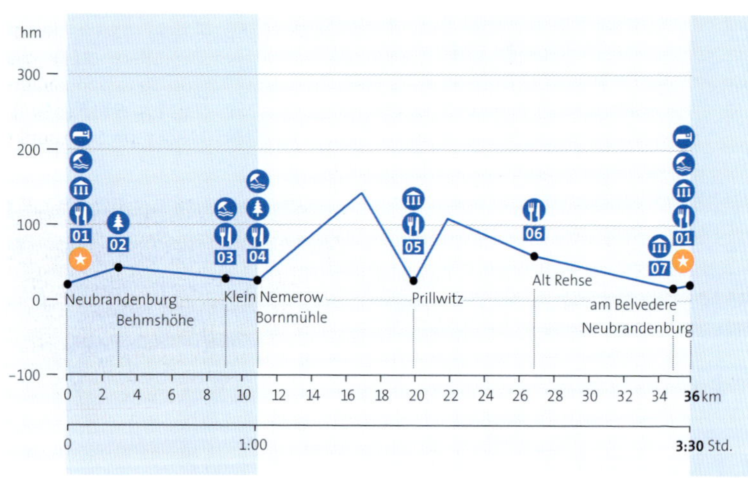

Unzählige Marathonläufer umrunden die Seen Tollensesee und Lieps alljährlich beim Internationalen Tollenseseelauf, für Radwanderer wurde der 35 km lange Tollensesee-Rundweg angelegt: Ein ausgesprochen attraktiver Rundkurs um eine Perle der Mecklenburgischen Seen – dichte Buchenwälder, idyllische Badeplätze, Moränenkuppen mit prachtvoller Aussicht auf den 17 km² großen See, alles autofrei in einer wunderschönen Natur.

Neubrandenburg – Bornmühle / 11 km / 1:00 Std.

Start Vom Radlertreff von **Neubrandenburg** 01 an der Oberbachbrücke an der Nordbucht des Tollensesees folgt der Tollensesee-Radrundweg der autofreien Seeufer-Promenade im Uhrzeigersinn am Rand des Kulturparks mit Blick auf den zwischen bewaldeten Hügeln eingebetteten See. Am Ausflugsschiffsanleger

Mudder Schulten vorbei geht es zum Yachthafen am Wassersportzentrum Stargarder Bruch und zum Augustabad, mit dessen Anlage (1894) Neubrandenburgs Aufstieg zum Kurbad begann. Am „Waldportal" hinter dem Augustabad taucht der Rundweg in die Buchenmischwälder des Nemerower Holzes ein und führt zur **Behmshöhe** 02, deren Aussichtsturm in einem kurzen Abstecher erreichbar ist.

Von der Behmshöhe folgt der Radweg weiter dem Ufer am Rand des Lemerower Holzes mit schönen Ausblicken auf den Tollensesee, zahlreiche Sitzbänke und zwischendurch die Schutzhütte „Alte Jagdhütte" laden zur Rast ein. Am Ende des Waldgebiets erreicht der Rundweg den Ausflugsort **Klein Nemerow** 03 mit Badestrand, Ausflugsschiffsanleger und Einkehrmöglichkeit im Seehotel „Heidehof".

In Klein Nemerow entfernt sich der Rundweg auf der für den öffentlichen Verkehr gesperrten Straße Am Damm ein wenig vom Ufer und folgt einem Naturlehrpfad über Hügel mit exzellenter Aussicht: Heimchenberg und Gnagelberg, 24 bzw. 57 m über dem Seespiegel, zählen zu den vorzüglichsten Aussichtsstellen am Tollensesee. Hinter diesen aussichtsreichen Hügeln liegt das Golfhotel-Restaurant **Bornmühle** 04; von hier ist der Abstecher zu Fuß zur Badestelle am Naturschutzgebiet Nonnenhof zu empfehlen; dieses Feuchtgebiet liegt zwischen Tollensesee und Lieps.

Bornmühle – Neubrandenburg / 25 km / 2:30 Std.

Von der Bornmühle führt der Rundweg auf der Zufahrt zur Bundesstraße 96 und folgt ihr auf separatem Radweg rechts zu den Häusern von Krickow. Dort rechts versetzt geradeaus weiter am Waldrand und später im Wald zur Nonnenmühle, von der ein unbefestigter Fahrweg zurück zur Bundesstraße führt. Wieder auf separaratem Radweg rechts geht es weiter zum Gutsdorf Usadel, an den ersten Häusern rechts auf dem Liepser Weg mit schönen Ausblicken auf das Naturschutzgebiet Lieps. Am Ortsende biegt man scharf rechts auf den Prillwitzer Weg, der in herrlicher ufernaher Fahrt an den Prillwitzer Tannen vorbeiführt. In **Prillwitz** 05 mit kleinem Jagdschloss (18. Jh., Hotel-Restaurant), Park und Badestelle mündet der Tollensesee-Rundweg in den Mecklenburgischen Seen-Radweg (Markierung Doppelradler).

Nach Verlassen des Dorfs geht es an den Verlandungszonen in der Westbucht des Lieps-Sees entlang zu den wenigen Häusern des Weilers Zippelow, am letzten Haus rechts in nun sanft hügeliger Aussichtsfahrt sowie durch Gehölze in den Weiler Neu Wustrow und zuletzt auf einer Allee in das malerische Fachwerk- und Reetdach-Kirchdorf **Alt Rehse** 06, wo der Landgasthof „Rethra" zur Einkehr einlädt. Von Alt Rehse führt der Radweg an der Bade-Landzunge Alt Meierhof vorbei zum Seeufer am Rand des Brodaer Holzes. Am Campingplatz Gatsch Eck vorbei leitet der Weg dann durch Buchenmischwälder zur Badestelle Buchort. Dort passiert der Radweg kurz vor Verlassen des Waldes den Jahnstein und erreicht schließlich hinter dem **Belvedere** 07 das Strandbad Broda und dann den Radlertreff **Neubrandenburg** 01 an der Oberbachbrücke am Startpunkt **Ziel**.

Treptower Tor

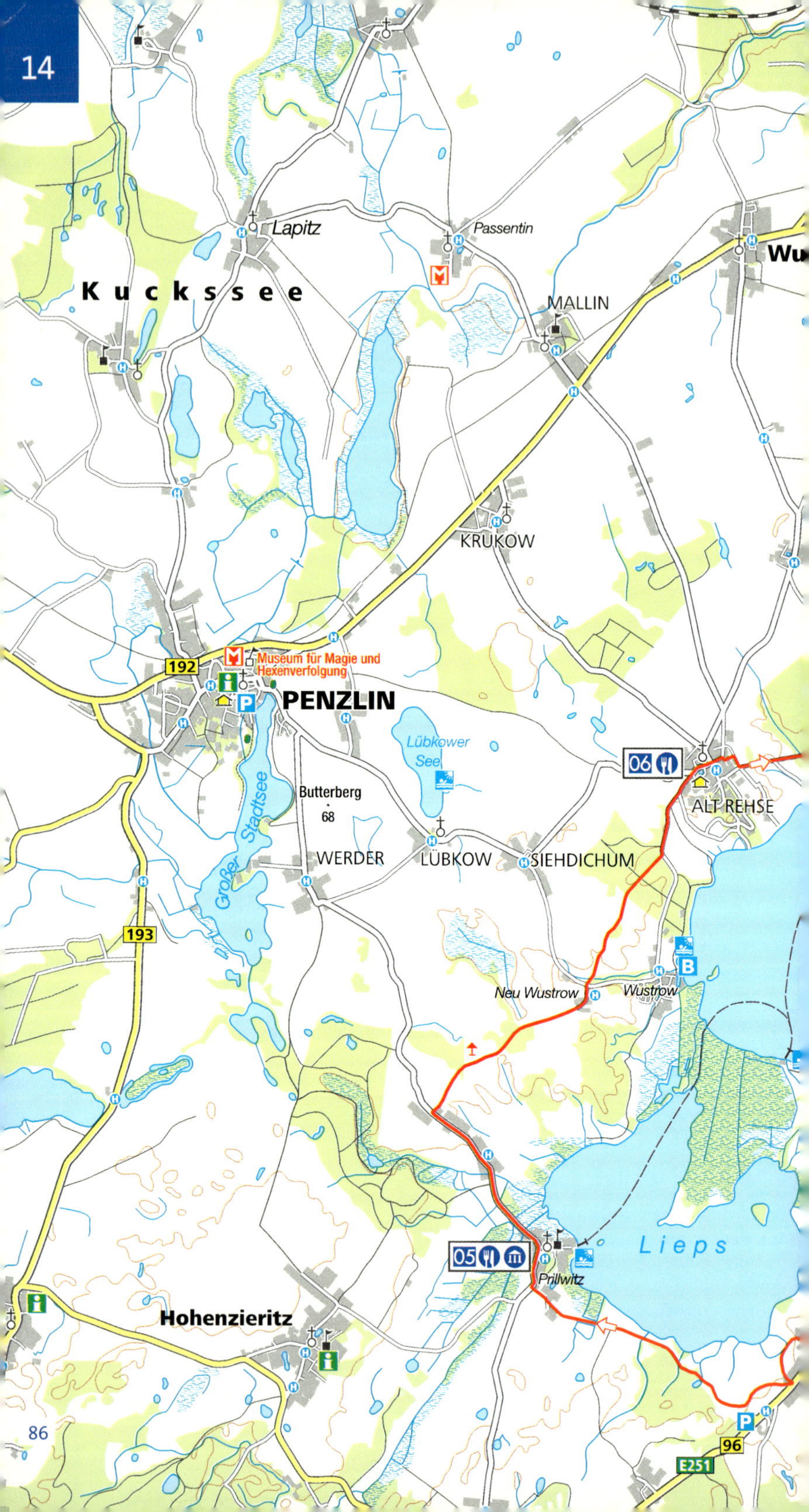
Lapitz
Passentin
Wu
Kuckssee
MALLIN
KRUKOW
192
Museum für Magie und
Hexenverfolgung
PENZLIN
Lübkower
See
06
ALT REHSE
Butterberg
68
Großer Stadtsee
WERDER
LÜBKOW
SIEHDICHUM
193
B
Neu Wustrow
Wustrow
Lieps
05
Prillwitz
Hohenzieritz
P
96
E251

NEUBRANDENBURG
01
104
192
BRODA
Tempel Belvedere
Start/Ziel
Neuendorf
07
Lindensee
Behmshöhe
02
LINDENBERG
TANNENKRUG
96
E251
BURG STARGARD
Klein Nemerow
03
Rowa
Groß Nemerow
Bomshof
Holldorf
Krickow
Cammin
0 700 m

NEUSTRELITZ – KRATZEBURG – ANKERSHAGEN

Seentour zur Havelquelle im Müritz-Nationalpark

  5:45 Std.   27 hm

STARTORT | Neustrelitz, 75 m
START/ZIEL | Hauptbahnhof Neustrelitz, Rudi-Arndt-Platz 2
[GPS: UTM Zone 32 x: 371.840 m y: 5.914.000 m]
CHARAKTER | Hügeliges Moränen- und Waldgelände mit mehreren größeren und kleineren Seen und vielen Einkehrmöglichkeiten auf meist autofreien Schotter- und Asphaltwegen, nur wenige Nebenstraßen.
VERKEHR | Wechsel aus Nebenstraßen und langen autofreien Passagen.

TIPP: Der Bahnhof Kratzeburg liegt an der Linie Neustrelitz–Rostock, sodass eine Rückkehrmöglichkeit nach Neustrelitz auch mit der Bahn möglich ist.

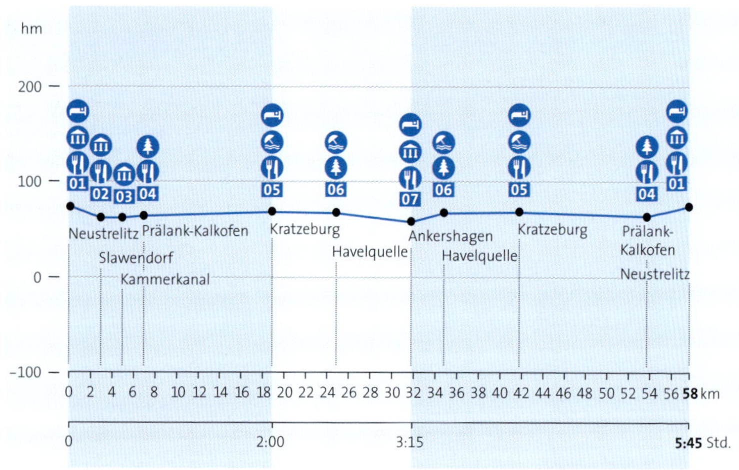

Die Havel entspringt im Norden des Müritz-Nationalparks beim Heinrich-Schliemann-Dorf Ankershagen. Von der Barockstadt Neustrelitz führt eine abwechslungsreiche Rundfahrt zur Quelle.

Neustrelitz – Kratzeburg / 19 km / 2:00 Std.

Start Aus dem Hauptbahnhof **Neustrelitz** 01 auf den Rudi-Arndt-Platz tretend, geht es kurz geradeaus zur Friedrich-Wilhelm-Straße, die links (südwestwärts) zum Kreisverkehr an der Bundesstraße 96 führt. Hier befindet sich der Einstieg in den Mecklenburgischen Seen-Radweg, der schräg rechts der Tiergartenstraße vor dem Tiergarten zum Schlosspark folgt – beide Parks bilden ebenso lohnenswerte Abstecher wie die rechts gelegene Neustrelitzer Altstadt. Vom Platz, auf dem bis 1945/48 das Schloss stand, bietet sich ein wunderbarer Blick über den zum Zierker See hin abfallenden Landschaftspark. Am Ende des Schlossgartens wechselt der Seen-Radweg links in die Useriner Straße und verlässt sie an der Südwestecke des Schlossgartens. Rechts befindet sich der Neustrelitzer Stadthafen mit der Anlegestelle der Ausflugsschiffe, der Seen-Radweg (zugleich Radroute

Müritz-Nationalpark-Rundweg) führt links am **Slawendorf** 02 vorbei, anfangs in etwa parallel zur Eisenbahnlinie, die jedoch bald links abwinkelt. Nach Überqueren des **Kammerkanals** 03 im Bereich ehemaliger Kalköfen zweigt der Mecklenburgische Seen-Radweg links ab, während der mit dem blauen M markierte Müritz-Nationalpark-Rundweg dem weitflächig verlandeten Ufer rechts zum Landhotel „Café Prälank" in **Prälank-Kalkofen** 04 am Buteberg folgt. Weiter geht es zur Badestelle an der Südbucht des Großen Prälanksees. Nach Passieren der wenigen Häuser von Prälank Dorf am Westufer des Sees taucht der Rundweg in die Wälder des Müritz-Nationalparks ein, führt durch das Waldgebiet Torwitzer Tannen zu den Häusern von Langhagen am zweigeteilten Langhäger See und zweigt hier rechts ab zum Käbelicksee; er ist der größte unter den zahlreichen Seen, die die Havel in ihrem Quellgebiet durchfließt, und der oberste Havelsee, ab dem Wasserwandern möglich ist; die Insel im Südosten trägt den Namen Zeckeninsel. An der Nordbucht des Sees befindet sich das Strandbad Kratzeburg. Östlich des Strandbads kann man über die Bahnlinie geradeaus fahren, doch wir folgen dem Seeufer vor der Bahnlinie kurz westwärts am Bahnhof vorbei, bis die Schilder des Havelradwegs und des Radfernwegs Berlin–Kopenhagen auftauchen und rechts in das Fledermausdorf **Kratzeburg** 05 leiten.

Kratzeburg – Ankershagen / 13 km / 1:15 Std.

Von Kratzeburg folgen Havelradweg und Radweg Berlin–Kopenhagen einer unbefestigten Straße am Waldrand nordwärts zum Röthsee und am Dambecker See vorbei nach Pieverstorf mit germanischem Burgwall, denkmalgeschützter Friedhofskapelle und einer schönen Ulmenallee sowie einer Badestelle am Dambecker See. Von Pieverstorf folgen die Radwege einer Allee zur Alten Müllerscheune, wo links die nahe **Havelquelle** 06 südlich des Mühlensees ausgeschildert ist; am Mühlensee befindet sich eine Badestelle. Neugierig geworden auf die alten Havelquellseen folgen wir dem Weg westwärts ab Trinnensee vorbei und biegen beim Ulrichshof am Waldrand rechts ab zum Bornsee („Quellsee"), dem eigentlichen Havelquellsee. Nach Passieren der Agraranlage Bornhof geht es am nächsten Waldrand rechts durch den Wald ins Schliemann-Dorf **Ankershagen** 07, wo sich wieder die bekannten Routenschilder des Radfernwegs Berlin–Kopenhagen und Havelradweg begegnen und zurück Richtung Kratzeburg leiten.

Ankershagen – Neustrelitz / 26 km / 2:30 Std.

Anstatt ihnen bis Kratzeburg zu folgen, biegen wir an der Alten Müllerscheune wieder zur **Havelquelle** 06 ab und folgen nun dem Müritz-Nationalparkweg rechts der Havel und der Seen, die sie durchfließt. Vor dem Tannensee befindet sich ein schöner Rastplatz, der Radweg führt südwärts weiter nach Dambeck mit Badestelle am Dambecker See und dem Schlosspark Dambeck und erreicht wieder das Fledermausdorf **Kratzeburg** 05; vom dortigen Bahnhof besteht direkte Zugverbindung zum Hauptbahnhof Neustrelitz, allerdings ist es auch angenehm, auf derselben Waldroute zurück zum Zierker See und nach **Neustrelitz** 01 zu radeln **Ziel**.

Heinrich-Schliemann-Haus in Ankershagen

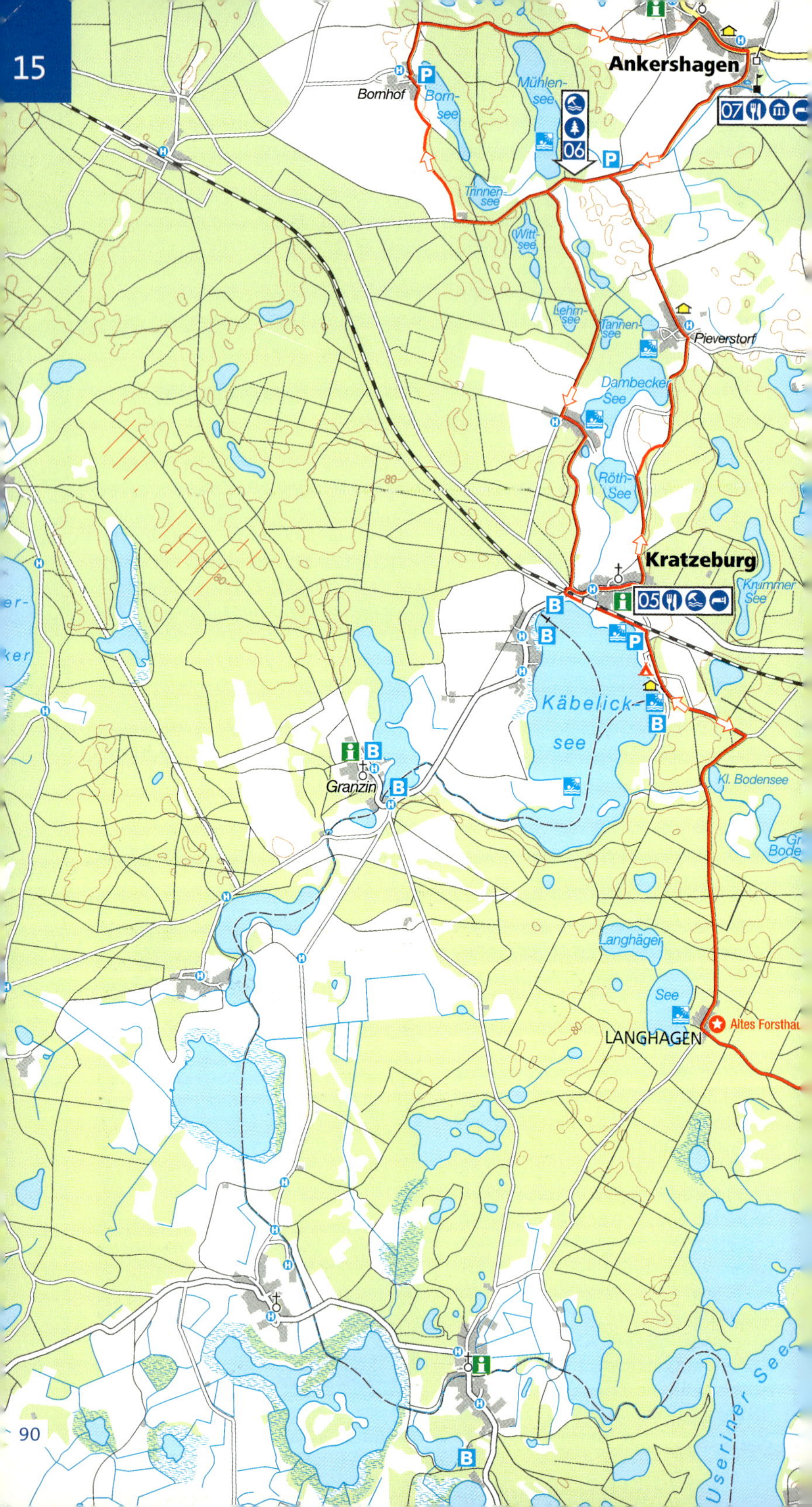
Ankershagen
Bornhof
Born-
see
Mühlen-
see
06
07
Trinnen-
see
Witt-
see
Lehm-
see
Tannen-
see
Pieverstorf
Dambecker
See
Röth-
See
Kratzeburg
05
Krummer
See
Käbelick-
see
Kl. Bodensee
Granzin
Langhäger
See
LANGHAGEN
Altes Forsthau
Useriner See

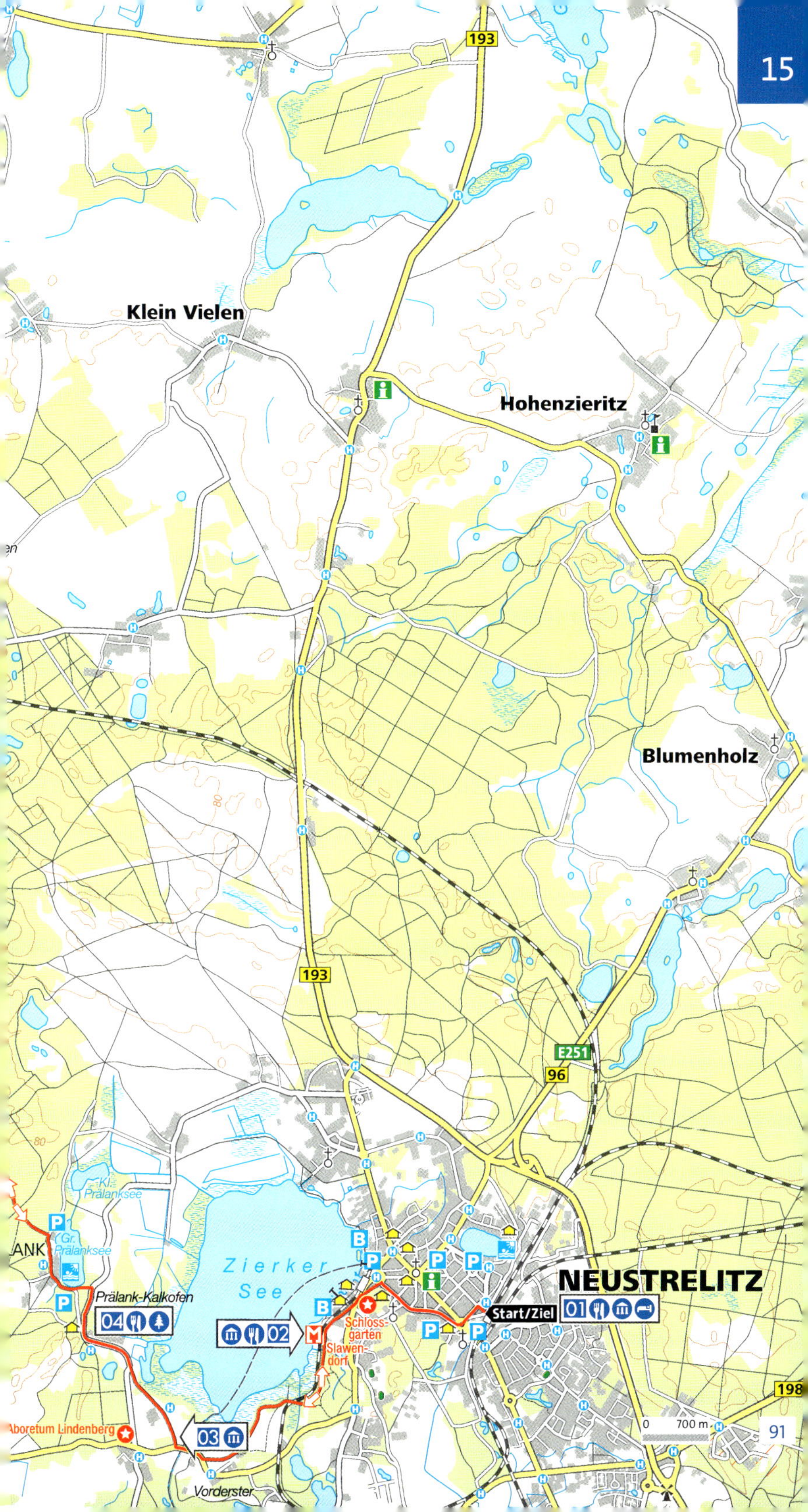

193
Klein Vielen
Hohenzieritz
Blumenholz
80
193
E251
96
Kl. Prälanksee
Gr. Prälanksee
ANK
Prälank-Kalkofen
04
Zierker See
02
03
Schloss-garten
Slawen-dorf
Aboretum Lindenberg
Vorderster
NEUSTRELITZ
Start/Ziel
01
198
0 700 m

16

BERLIN – BERNAU

Von der City ins grüne Panketal

 29 km 3:00 Std.  32 hm  0 hm

STARTORT | Berlin
START | Berlin-Mitte, Berliner Dom, 35 m
[GPS: UTM Zone 32 x: 391.500 m y: 5.819.900 m]
ZIEL | Bernau, Bahnhof (Verbindung mit dem RE 3 nach Berlin und Stralsund), 67 m.
CHARAKTER | Gut ausgeschilderte Route durch das Berliner Stadtgebiet, im weiteren Verlauf auch ländliche Abschnitte, vor allem im Panketal; bedingt rennradtauglich.
VERKEHR | In der Berliner City überwiegend Anwohnerstraßen, es gibt aber auch Passagen mit stärkerem Autoverkehr. Schon in den Stadtrandbezirken wird es deutlich ruhiger; man fährt überwiegend auf Fahrradstraßen und durch ruhige Einfamilienhausgebiete.

TIPP: Rückkehr per Bahn.
Der kurze Abstecher zum Hackeschen Markt mit den Hackeschen Höfen, einem der touristischen Aushängeschilder Berlins, lohnt ungemein wegen der Szenekneipen, Clubs, Restaurants, Galerien und Kulturveranstaltungen.

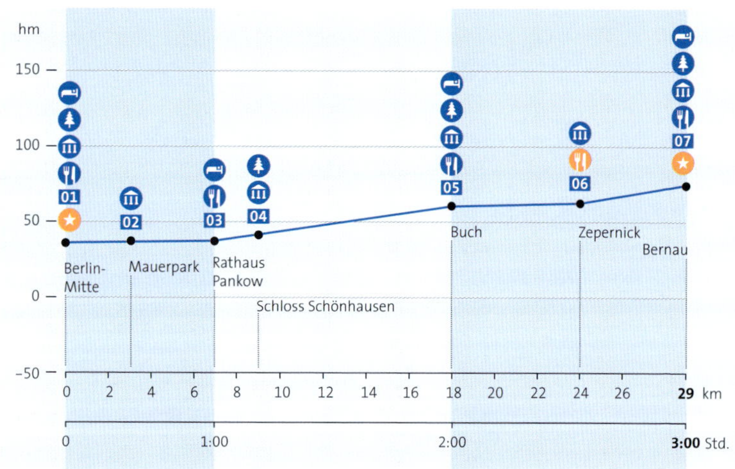

Berliner Dom – Rathaus Pankow / 7 km / 1 Std.

Start Nach einer ausgiebigen Besichtigung der vielen Sehenswürdigkeiten von **Berlin-Mitte** 01, wozu in jedem Fall Museumsinsel, Gendarmenmarkt, Rotes Rathaus, Fernsehturm und Alexanderplatz gehören, beginnt man die Radtour am **Berliner Dom.** Am östlichen Ende des Boulevards Unter den Linden zweigt die kleine Straße Am Lustgarten ab. Sie führt ein kurzes Stück in nördlicher Richtung, den Berliner Dom zur Rechten und den **Lustgarten** sowie das **Alte Museum** zur Linken. Bald darauf an der **Alten Nationalgalerie** rechts in die Bodestraße einbiegen und auf der Fußgängern vorbehaltenen Friedrichsbrücke die Spree überqueren. Hier gibt es eine Anlegestelle für Ausflugsdampfer, die regelmä-

Leierkastenmann in Berlin – Unter den Linden

ßig zu Stadtrundfahrten ablegen. Nach der Brücke, nun wieder mit Autoverkehr, weiter geradeaus auf der Anna-Louisa-Karsch-Straße. Linker Hand liegt der **Hackesche Markt,** eines der meistbesuchten Berliner Touristenziele.
In einem leichten Linksbogen nun der Rochstraße folgen, unter den S-Bahngleisen hindurch, danach die Dircksenstraße und die Münzstraße überqueren. Die Verlängerung in nördlicher Richtung ist die Max-Beer-Straße, eine relativ ruhige Anwohnerstraße. An deren Ende links und gleich darauf an der Alten Schönhauser Straße rechts halten. Nach dem Überqueren der viel befahrenen Torstraße geht es auf dem Radfahrweg der Schönhauser Allee leicht bergauf bis zum Senefelder Platz. Hier zweigt die Schwedter Straße links ab, die von zahlreichen Restaurants, Cafés und Kneipen gesäumt wird und nach einem Knick nach rechts bis zur Eberswalder Straße führt. Diese an der Ampel überqueren und in den **Mauerpark** 02 fahren. Auf einer Kopfsteinpflasterstraße geht es durch den Park, der mit seinen Rasenflächen, Freilichtbühnen, Spielplätzen und dem Flohmarkt einen beliebten Treffpunkt bildet. Am Ende des Mauerparks weiter auf der Schwedter Straße, die hier ein Stück als Fahrradstraße ausgewiesen ist, dann auf einer Fußgängerbrücke, die über zahlreiche Bahngleise führt, bis zur Behmstraße. Hier rechts abbiegen, nach wenigen Metern gleich

Hinweis

Da längere Passagen ohne Radweg sind und mit Autoverkehr in Berührung kommen, ist diese Etappe nicht für Kinder geeignet. Wegen kurzer Kopfsteinpassagen und kurzer gekiester Abschnitte ist sie auch nur bedingt rennradtauglich.

wieder rechts halten und auf dem Fußgänger- und Radweg unter der Behmstraße hindurchfahren.
Nun der wenig befahrenen Norweger Straße entlang der Schienen in nördlicher Richtung folgen, dann unter der Bösebrücke hindurch und auf dem Radweg an Kleingartenkolonien vorbei weiter geradeaus bis zur nächsten T-Kreuzung. Am Ende der Fahrradstraße rechts halten, gleich darauf links in die Dolomitenstraße einbiegen, bis zur Maximilianstraße fahren, dort links unter der S-Bahnbrücke hindurch. Wenige Meter danach hält man sich halb rechts und folgt der Heynstraße, die in die Neue Schönholzer Straße übergeht und bis zum stattlichen Klinkerbau des Rathauses Pankow führt. Am Ende der Straße rechts halten, auf einem Radweg am Rathaus in **Pankow** 03 vorbeifahren.

Rathaus Pankow – Berlin-Buch / 11 km / 1 Std.

Nach der Ampel führt die stark befahrene Breite Straße durch das Zentrum von Pankow. Nach dem Passieren der alten Dorfkirche links abbiegen, einige Meter die Breite Straße zurückfahren und dann nach rechts in die Ossietzkystraße einbiegen. Bald darauf kommt man zum Schlosspark Schönhausen. Für einen kurzen, lohnenden Abstecher zum **Schloss Schönhausen** 04 fährt man weiter geradeaus auf der Ossietzkystraße bis zum Eingang. Wer direkt weiterfahren möchte, folgt der Fahrradstraße durch den Park, die im spitzen Winkel von der Ossietzkystraße abzweigt. Im Schlosspark bald den asphaltierten Radweg verlassen und halbrechts in eine Allee einbiegen. Linker Hand stehen zwei Rotbuchen,

Der Mauerpark in Berlin

die als Naturdenkmäler ausgewiesen sind. Es geht an dem kleinen Fluss Panke entlang bis zur Schlossallee, die an der Pasewalker Straße endet. An der Ampel überquert man die stark befahrene Straße, nimmt den Radweg auf der linken Seite der Autobahnabfahrt, überquert den Fluss und biegt nach wenigen Metern links auf eine Fahrradstraße ab. Diese führt zwischen Panke und Fischteichen bis zu einer Kleingartenkolonie und zur Bahnhofstraße, hier links abbiegen. Auf der Bahnhofstraße bis zur Pankstraße fahren und rechts abbiegen. Nach wenigen Metern links in die Straße Nr. 59, an der nächsten T-Kreuzung biegt man nach rechts in die Ferdinand-Buisson-Straße ein.

An der nächsten Gabelung links halten und der Ludwig-Quidde-Straße weiter durch ein Einfamilienhausgebiet folgen. An der nächsten T-Kreuzung rechts in die Straße Nr. 74 abbiegen und auf einer Fußgängerbrücke Autobahn und Panke überqueren. Nach wenigen Metern erreicht man die Flaischlenstraße, in die man nach links einbiegt, an der nächsten T-Kreuzung dann links in die Krontaler Straße fahren, die nach einer Rechtskurve wieder zur Panke führt. Unter den Bahngleisen hindurch geht es zum Ortsschild **Karow**. Nach wenigen Metern links halten und auf einer kleinen Brücke über die Panke. Das Flüsschen zur Rechten und Wiesen zur Linken fährt man auf einem gut befestigten Kiesweg weiter Richtung Norden und passiert bald das **Naturschutzgebiet Karower Teiche.** Nach dem Überqueren der Autobahn erstrecken sich, bevor man zum **S-Bahnhof Berlin-Buch** 05 kommt, linker Hand Maisfelder.

Berlin-Buch – Bernau / 11 km / 1 Std.

Beim S-Bahnhof an der T-Kreuzung rechts halten, in die Wiltbergstraße einbiegen und unter der Brücke hindurchfahren. Gleich darauf links in den Röntgentaler Weg und nach wenigen Metern rechts in den Schlosspark Buch fahren. Weiter auf dem asphaltierten Pankeradweg entlang des Flüsschens, dann den Pöllnitzweg überqueren und weiter bis zu einer kleinen Brücke, hier rechts halten. Ein kurzes Stück auf der Straße Nr. 7 fahren. Am Ende der Straße geradeaus weiter dem Radweg durch die Pölnitzwiesen folgen. Am Ende der Wiesen ist die Grenze zwischen Berlin und Brandenburg erreicht. Nun bis zur Bahnhofstraße fahren, links abbiegen, die Panke überqueren und gleich darauf nach rechts in die Triftstraße. Auf dem Radweg bis zur Straße der Jugend fahren, rechts halten, wieder die Panke überqueren und gleich darauf nach links abbiegen. Die Schönerlinder Straße überqueren und nach wenigen Metern

Bernau – Denkmal für Wilhelm I

links in die Eisenbahnstraße, vor den Gleisen rechts abbiegen und bis zum S-Bahnhof **Zepernick** 06 fahren. Dann kreuzt man die Schönower Straße und fährt weiter entlang der Bahnlinie bis zur Ernst-Moritz-Arndt-Straße, dort biegt man rechts in die Eichendorffstraße ein.

An der nächsten T-Kreuzung links in die Theodor-Körner-Straße, dann geradeaus weiter auf dem Pankeradweg. Auf diesem unter der Autobahn hindurch, nun nähert man sich der Bahnlinie wieder an. An der stark befahrenen Weißenseer Chaussee rechts halten und gleich wieder nach links in den Hesselweg einbiegen, der in den Radweg Neue Gärten übergeht. Links ist nun schon das Zentrum von Bernau zu sehen, es geht noch an einer Kleingartenkolonie vorbei. Am Ende des Weges dann links halten, durch die Bahnunterführung kommt man zum S-Bahnhof **Bernau** 07 **Ziel**.

Vorderfront des Barockschlosses Schönhausen

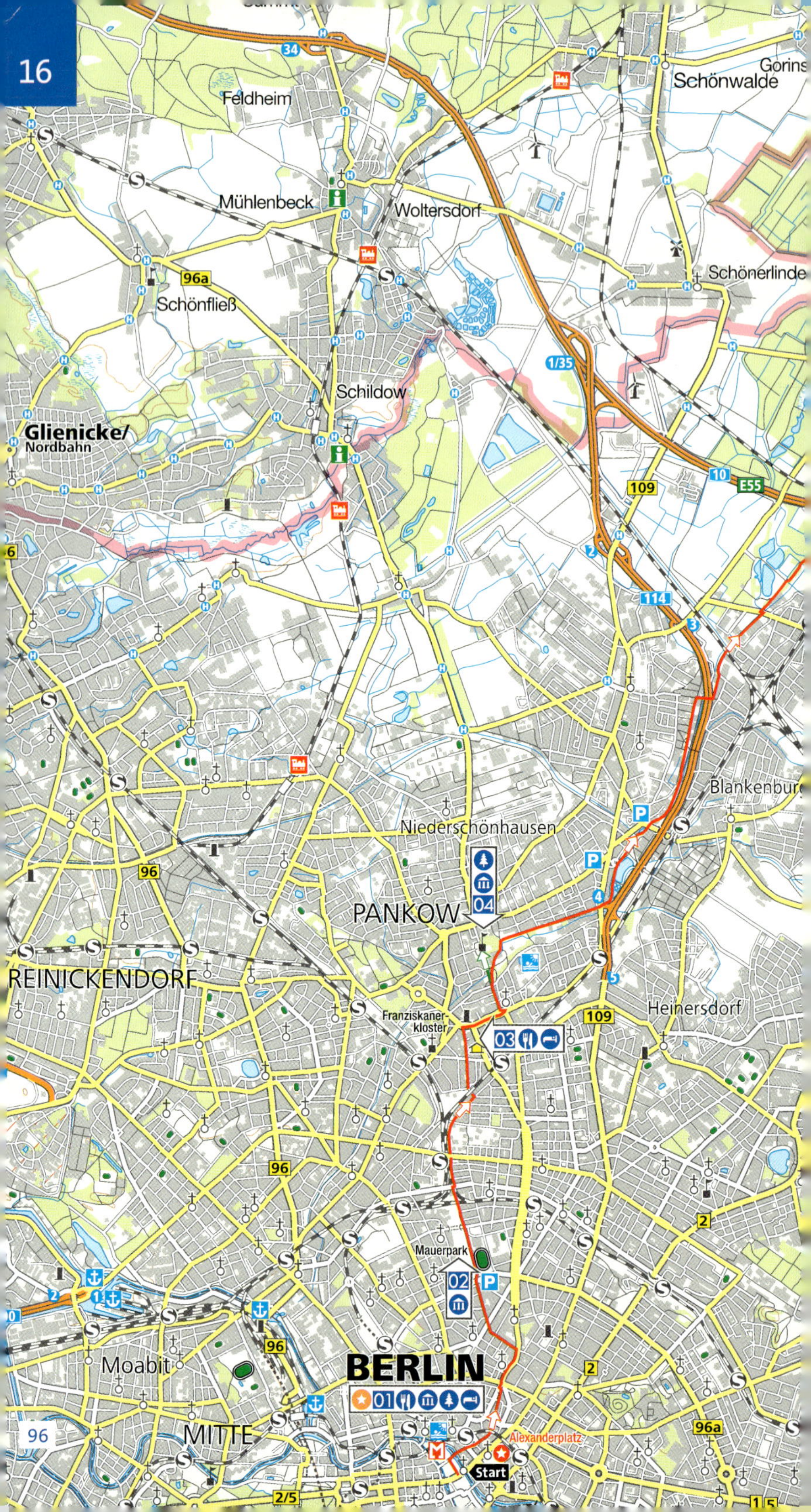
Feldheim
Schönwalde
Mühlenbeck
Woltersdorf
Schönfließ
Schönerlinde
Schildow
Glienicke/
Nordbahn
Blankenburg
Niederschönhausen
PANKOW
REINICKENDORF
Franziskaner-
kloster
Heinersdorf
Mauerpark
BERLIN
Moabit
MITTE
Alexanderplatz
Start

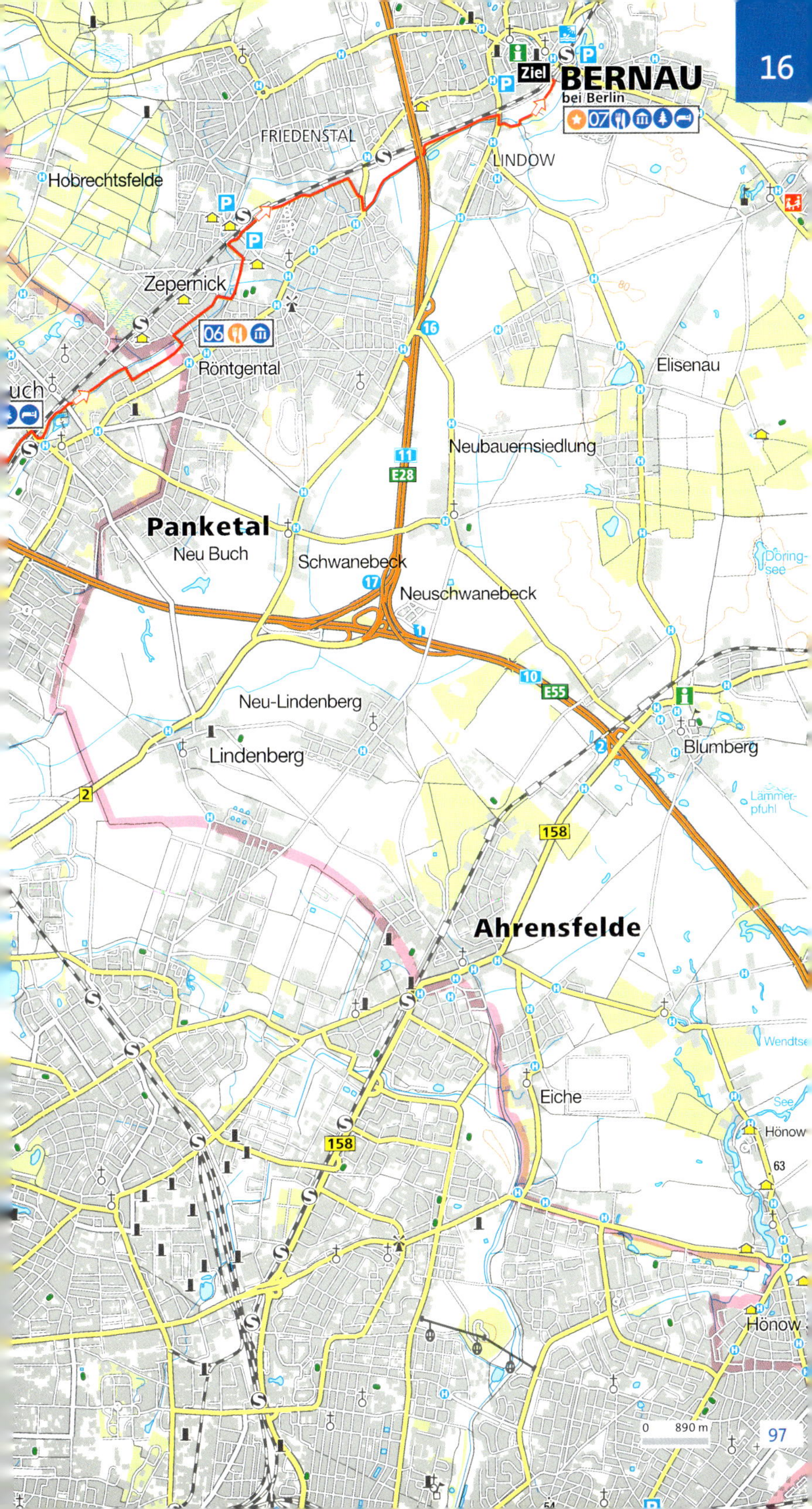

Ziel
BERNAU
bei Berlin
07
FRIEDENSTAL
LINDOW
Hobrechtsfelde
Zepernick
06
Röntgental
Elisenau
Neubauernsiedlung
Panketal
Neu Buch
Schwanebeck
Neuschwanebeck
Döring-
see
Neu-Lindenberg
Lindenberg
Blumberg
Lämmer-
pfuhl
E28
E55
158
Ahrensfelde
Eiche
Wendtsee
See
Hönow
Hönow
0 890 m

HENNIGSDORF – SPANDAU – POTSDAM

Auf grünen Wegen durch die Hauptstadt

STARTORT | Hennigsdorf (S-Bahn nach Berlin), 35 m
START | Ruppiner Straße (Brücke über die Oder-Havel-Wasserstraße) [GPS: UTM Zone 32 x: 391.500 m y: 5.819.900 m]
ZIEL | Potsdam (S-Bahn nach Berlin), Regionalbahn nach Berlin und Brandenburg an der Havel, 33 m.
CHARAKTER | Die Tour führt zum großen Teil durch Berlin sowie die angrenzenden Orte. Durch die langen Passagen am Wasser sieht man erstaunlich viel Grün. Der Havel-Radweg ist zwar gut ausgeschildert, trotzdem erfordert die Orientierung Zeit und Konzentration.
VERKEHR | Überwiegend Uferwege und Sträßchen durch Einfamilienhaus-Gebiete. An verkehrsreichen Straßen gibt es fast immer Radwege.

TIPP: Rückkehr per Bahn.
Lassen Sie das Rad an der Fähre stehen und machen Sie einen Ausflug auf die Pfaueninsel. Im gepflegten Landschaftspark gibt es nicht nur Pfauen, sondern auch ein kleines Schloss.

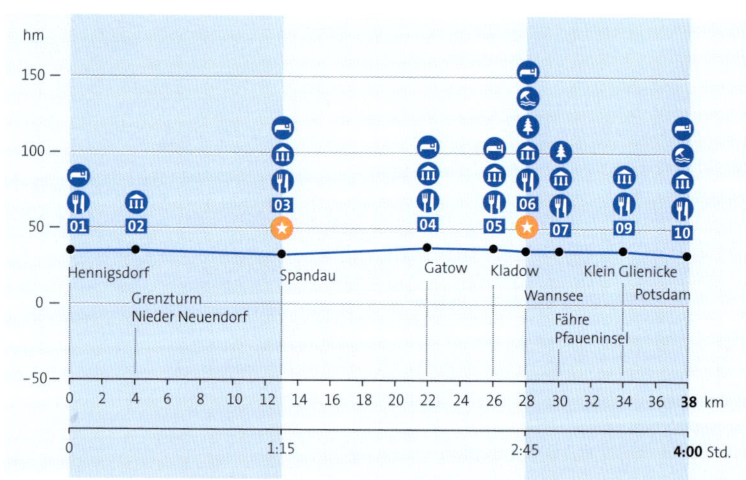

Henningsdorf – Spandau / 13 km / 1:15 Std.

Start Kurz hinter der Brücke in **Hennigsdorf** 01 über die Oder-Havel-Wasserstraße links in die Hafenstraße einbiegen, durch eine Kleingartensiedlung zum Stadthafen, in dem auch einige Ausflugsschiffe vor Anker liegen. Nach dem Überqueren eines kleinen Kanals links halten und in Kurven weiter auf der Uferpromenade und dem Berliner Mauerweg. Unter der S-Bahnbrücke hindurch und um den Bombardier-Hafen herum, die Havel immer zur Linken.
Rastplätze am Wasser und Informationstafeln zum Geschehen an der Berliner Mauer begleiten den Radweg, bis er sich mit einem scharfen Knick vom Wasser entfernt und zur stark befahrenen Spandauer Allee führt. Nach links abbiegen und auf dem straßenbeglei-

Ehemaliger Grenzturm Nieder Neuendorf

tenden Radweg die Havel überqueren. Nach einer kurzen Abfahrt nicht den Abzweig nach links zur geschotterten Uferpromenade verpassen. An der Dampferanlegestelle **Nieder Neuendorf** vorbei zum ehemaligen **Grenzturm** 02.

Einige Hundert Meter nach dem Grenzturm ist die Uferpromenade dann wieder asphaltiert.

An der Havel gibt es Badeplätze, in den Grünanlagen zahlreiche Rastplätze. Nach einer kurzen, welligen Fahrt durch ein Waldstück wird am Ortsschild **Berlin-Hakenfelde** die Stadtgrenze erreicht. Weiter zu einer kleinen Düne mit Badestrand, kurz darauf folgt das **Ausflugslokal Jagdhaus Spandau** mit Biergarten und großer Badestelle mit Sandstrand.

Ab jetzt nicht mehr dem Berliner Mauerweg folgen, der führt nach rechts in den Wald hinein. Um das Jagdhaus herumfahren, den Campingplatz passieren und danach weiter am Wasser radeln. Nun auf Brücken über **Teufelsseekanal** und **Aalemannkanal**, danach links halten und weiter am Ufer der Havel entlang. Dann rechts in den Elkartweg einbiegen und in mehreren Kurven durch eine Kleingartenkolonie bis zur Werderstraße, hier rechts halten. Bis zur Goltzstraße vorfahren, nach links abbiegen, bis zur Rauchstraße fahren, dort wieder links und an der ersten Kreuzung rechts in die Bamihlstraße. Nach links (ausgeschildert) in eine Grünanlage und gleich wieder rechts halten (nicht nach links über die kleine Brücke). Am Stichkanal rechts und fast bis zur Streitstraße vorfahren, dort um die Spitze des Kanals herum, einige Meter in südliche Richtung bis zur **Havelschanze,** hier links abbiegen. Am Ende der Havelschanze nach rechts dem Radweg am Havelufer zur Eiswerderstraße folgen, in diese rechts einbiegen. Gleich darauf links in den Brauereihof, an der nächsten T-Kreuzung ebenfalls nach links. Auf das Uferpalais zufahren, aber vorher rechts abbiegen, danach links zum Havelufer und nach rechts weiterfahren. An der Triftstraße rechts halten, bis zur T-Kreuzung fahren und nach links in die Neuendorfer Straße einbiegen. Dieser bis zum Wöhrmännerpark folgen und dort, wo die Bismarckstraße einmündet, die Straße überqueren und geradeaus weiterfahren (ebenfalls Neuendorfer Straße). Auf einer Fußgängerbrücke über den Kanal, danach die stark befahrene Straße Am Juliusturm queren, nach links fahren und nach rechts in die Breite Straße einbiegen. Von hier sind es nur wenige Schritte in die **Spandauer Altstadt** 03.

Spandau – Wannsee / 15 km / 1:30 Std.

Von der Breite Straße gleich wieder links und dann rechts ins Lindenufer einbiegen. Unter der ersten Brücke durch, einen kleinen Kanal überqueren, unter

Havelufer in Berlin-Spandau

Keimzelle von Berlin-Spandau – Kolk und Behnitz

der zweiten und dritten Brücke durch, an den Lastkähnen vorbei, dann nach rechts in die kleine Straße Ziegelhof einbiegen. An der T-Kreuzung links in die Straßburger Straße, die in die Krowelstraße übergeht, die Weißenburger Straße überqueren und rechts in die Götelstraße fahren. Beim Rechtsbogen der Götelstraße geradeaus ein kurzes Stück durch den Park, dann weiter auf dem Tharsanderweg, der zur Pichelsdorfer Straße führt. Hier links halten und gleich darauf die Heerstraße an der Ampel überqueren, geradeaus in die Straße Alt-Pichelsdorf, rechts in die Bocksfeldstraße, dann links halten und weiter auf der Uferpromenade Scharfe Lanke. Die Scharfe Lanke führt an zahlreichen Wassersportclubs und Marinas vorbei. Nach einem Stück durch den Wald mit Blick auf die Havel am Rothenbücherweg links abbiegen, gleich darauf rechts in den Bardeyweg und links in den Pfirsichweg. Der führt zur Gatower Straße, hier nach links auf den straßenbegleitenden Radweg. Die Gatower Straße führt im weiteren Verlauf nach **Gatow** 04 und Kladower Damm. Nachdem rechts der Groß-Glienicker-Weg abgezweigt ist, noch ca. 500 m weiter bis zur Bushaltestelle Am Graben. Nach der Brücke links abbiegen, bergab bis zur Havel und dort nach rechts. Auf dem großteils unbefestigten Uferweg an einer großen Badewiese, einer kleinen sandigen Badestelle und einem Campingplatz vorbei. Dann durch den Gutspark Neukladow fahren. Am Ende des Parks durch das Tor in der Mauer und nach links in die Imchenallee einbiegen. Die führt zum Sportboothafen und der Promenade von **Kladow** 05. Hier befindet sich die Anlegestelle der **BVG-Fähre** über den Großen Wannsee, die ca. 20 Minuten bis nach Berlin-Wannsee benötigt.

Wannsee – Potsdam / 10 km / 1:15 Std.

Nach Verlassen der BVG-Fähre rechts halten (links lohnender Abstecher nach **Wannsee** 06), durch den kleinen Park bis zum Kronprinzessinnenweg, dann an der Ampel nach rechts. Nach dem Überqueren der Brücke zwischen **Kleinem** und **Großem Wannsee** auf dem straßenbegleitenden Radweg der Königstraße leicht bergauf. Nach einer Abfahrt rechts in die Pfaueninselchaussee einbiegen, die für den allgemeinen Autoverkehr gesperrt ist. Bergauf, bergab durch dichten Wald hinunter zum Ufer der Havel. Hier befinden sich das Wirtshaus zur **Pfaueninsel** sowie die Anlegestelle der **Fähre zur Pfaueninsel** 07. Hier links halten und weiter auf dem schattigen Uferweg, am Wirtshaus Moorlake mit großem Biergarten an einer T-Kreuzung rechts abbiegen. Bald

Fachwerkhaus in der Altstadt von Berlin-Spandau

erscheint linker Hand das Eingangstor zum Glienicker Schlosspark, am gegenüberliegenden Ufer bietet die **Sacrower Heilandskirche** 08 einen besonders schönen Blick in der Vormittagssonne. Nach Schloss Glienicke und **Klein Glienicke** 09 linker Hand rechts abbiegen und über die Glienicker Brücke nach Potsdam. Der straßenbegleitende Radweg der Berliner Straße führt in Richtung Potsdamer Zentrum. Am Rechtsknick der Berliner Straße vor der Straßenbahninsel nach links in die Burgstraße einbiegen, nach wenigen Metern an einer T-Kreuzung bei der Josefinenwohnanlage nach links, das Gebäude umfahren und vor der Brücke nach rechts in die unbefestigte Uferpromenade. Vor der nächsten Brücke rechts halten und zur Friedrich-Ebert-Straße hochfahren. Von hier sind es nur wenige Schritte ins **Potsdamer Zentrum** 10 mit Nikolaikirche und Filmmuseum **Ziel**.

Blick auf das Strandbad Wannsee

Pausin
Wansdorf
HEN
-Glien
Schönwalde Dorf
Schönw
Brieselang
Eiskeller
Zeestow
Finkenherd
FALKENS
Elstal
Dyrotz
Dallgow-Döberitz
Rohrbeck
Priort
Seeburg
Kartzow
Paaren
Uetz
Kladow
Krampnitz
Hottengrund
Schlänitzsee
Nedlitz
Sacrow
Bornim
Sacrow Heilandskirche
Wannsee
POTSDAM
Klein Glienicke
Ziel
WERDER (Havel)
102

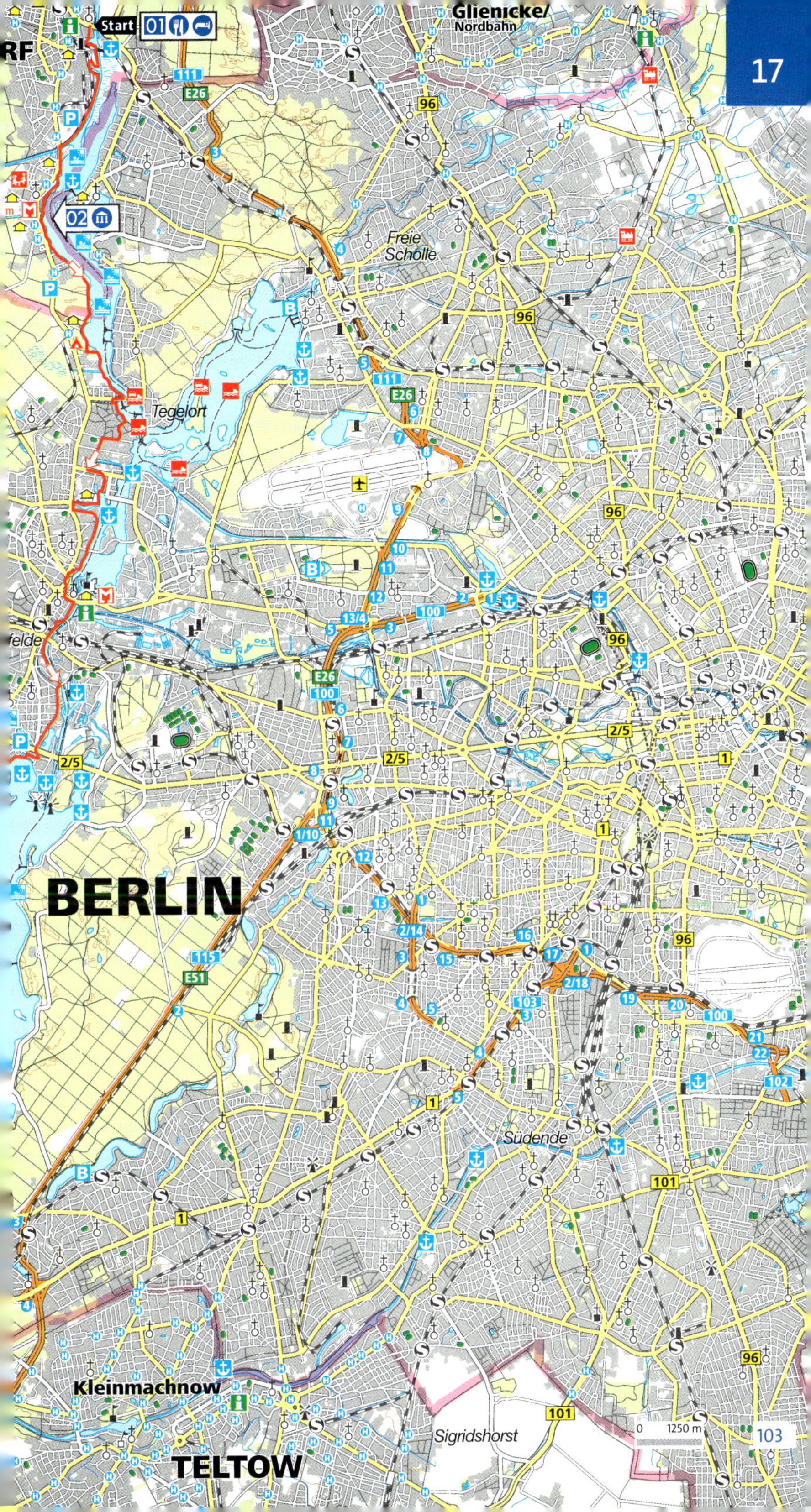
Start
01
02
Glienicke/
Nordbahn
Freie
Scholle
Tegelort
BERLIN
Südende
Kleinmachnow
TELTOW
Sigridshorst
0 1250 m

POTSDAM – SCHWIELOWSEE – POTSDAM

Rundtour um Schwielowsee und Templiner See

  2:30 Std.  0 hm 0 hm

STARTORT | Potsdam, Zugverbindung nach Berlin
START/ZIEL | Potsdam, Hauptbahnhof, 36 m
[GPS: UTM Zone 32 x: 368.350 m y: 5.806.260 m]
CHARAKTER | Radwege und Landstraßen, die durch mehrere kleine Orte führen, Stadtverkehr im Bereich Potsdam.
VERKEHR | Unter der Woche relativ ruhig, an Sommerwochenenden viel Ausflugsverkehr, kurze Passagen am Anfang und Ende durch den Potsdamer Stadtverkehr.

TIPP: Genügend Zeit in Potsdam einplanen, vor allem für einen Besuch des Krongutes Bornstedt. Ab Ferch kann man die Tour mit der Fähre abkürzen.

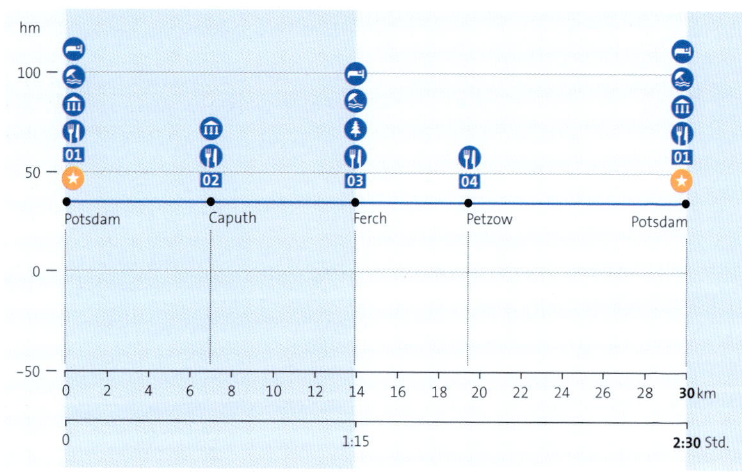

Potsdam – Ferch / 14 km / 1:15 Std.

Start Mit dem Rücken zu den Gleisen wendet man sich auf dem Vorplatz des Potsdamer Hauptbahnhofs nach rechts und fährt auf der Friedrich-Engels-Straße wenige Meter bis zur Ampel und überquert dann die Brücke. Geradeaus folgt man der Leipziger Straße, passiert das Wasserwerk, biegt an der nächsten Ampel rechts in die Templiner Straße ein und folgt den Schildern nach Hermannswerder und Templin. Auf einer recht stark befahrenen Straße mit Radfahrweg bis zum Ortsende von **Potsdam** 01 fahren. Danach ist schon der Templiner See durch die Bäume zu sehen. Auf der Uferstraße mit Radweg fährt man bis zum Eisenbahndamm, der den Templiner See ungefähr in der Mitte überquert. Wegen dichtem Bewuchs ist der Damm allerdings kaum als solcher zu erkennen. Kurz hinter dem Damm liegt ein kleiner Jachthafen, außerdem das Strandbad Templin und die Brau-Manufaktur, ein Restaurant mit großem Biergarten. **Caputh** 02 ist ein viel besuchter Ausflugsort am Seeufer mit traumhaften Wassergrundstücken. Auf

Der Schwielowsee – ein beliebtes Freizeitrevier

der Hauptstraße ein gutes Stück durch den lang gestreckten Ort fahren, nach dem Schloss rechts zur Fähre abbiegen. Weiter geht es auf der Straße der Einheit und zum Fähranleger. Hier kann man mit Blick aufs Wasser einkehren, wer die Fähre nimmt, kann die Tour abkürzen. Wer weiterradeln möchte, folgt der Weinbergstraße nach links in Richtung Ferch. An der nächsten größeren Kreuzung rechts halten und in die Schwielowseestraße einbiegen. Diese führt weiter in Ufernähe nach **Ferch** 03, die Bäume versperren leider oft den Blick aufs Wasser.

Ferch – Potsdam / 16 km / 1:15 Std.

Am Landhaus Ferch gibt es ein kleines Strandbad, hier von der Hauptstraße abbiegen und weiter auf der Uferpromenade um den Südzipfel des Schwielowsees fahren. Am Fähranleger Haus am See verlässt man die Uferpromenade nach links, biegt nach wenigen Metern nach rechts in die Fercher Straße ein und folgt dem Hinweisschild zum Bonsaigarten. Weiter auf der Fercher Straße, die meist ein Stück vom Ufer des Schwielowsees verläuft. In **Petzow** 04 geht es zwischen Glindower See und Haussee hindurch. Kurz darauf geht die Fercher Straße in die Straße am Schwielowsee über. Dieser folgt man bis sie auf die Bundesstraße 1 trifft, hier rechts halten und auf einer Brücke die Havel überqueren. Nach der Brücke rechts hinunter zur Gaststätte Baumgartenbrück und der Uferstraße folgen. Am Ende der Straße kann man einen kurzen Abstecher nach rechts zum Fähranleger machen oder gleich links in die Caputher Chaussee einbiegen. Nach wenigen Hundert Metern biegt man rechts ab, hier beginnt der Ort Geltow, der direkt am Petzinsee liegt. Nun fährt man ohne Orientierungsprobleme direkt am Seeufer entlang und folgt der ausgeschilderten Fahrradroute R 1. Unter der Bahnlinie hindurch geht es nach **Potsdam** 01 hinein, vorbei am modernen Kongresshotel Potsdam. Dann geht es wieder unter der Bahnlinie hindurch, beim **Dampfmaschinenhaus** im **Park Sanssouci** 05, das wie eine Moschee aussieht, trifft man schließlich auf die Breite Straße. Hier nach rechts abbiegen und zum nahen **Potsdamer Hauptbahnhof** radeln **Ziel**.

Schloss Petzow liegt direkt am Schwielowsee

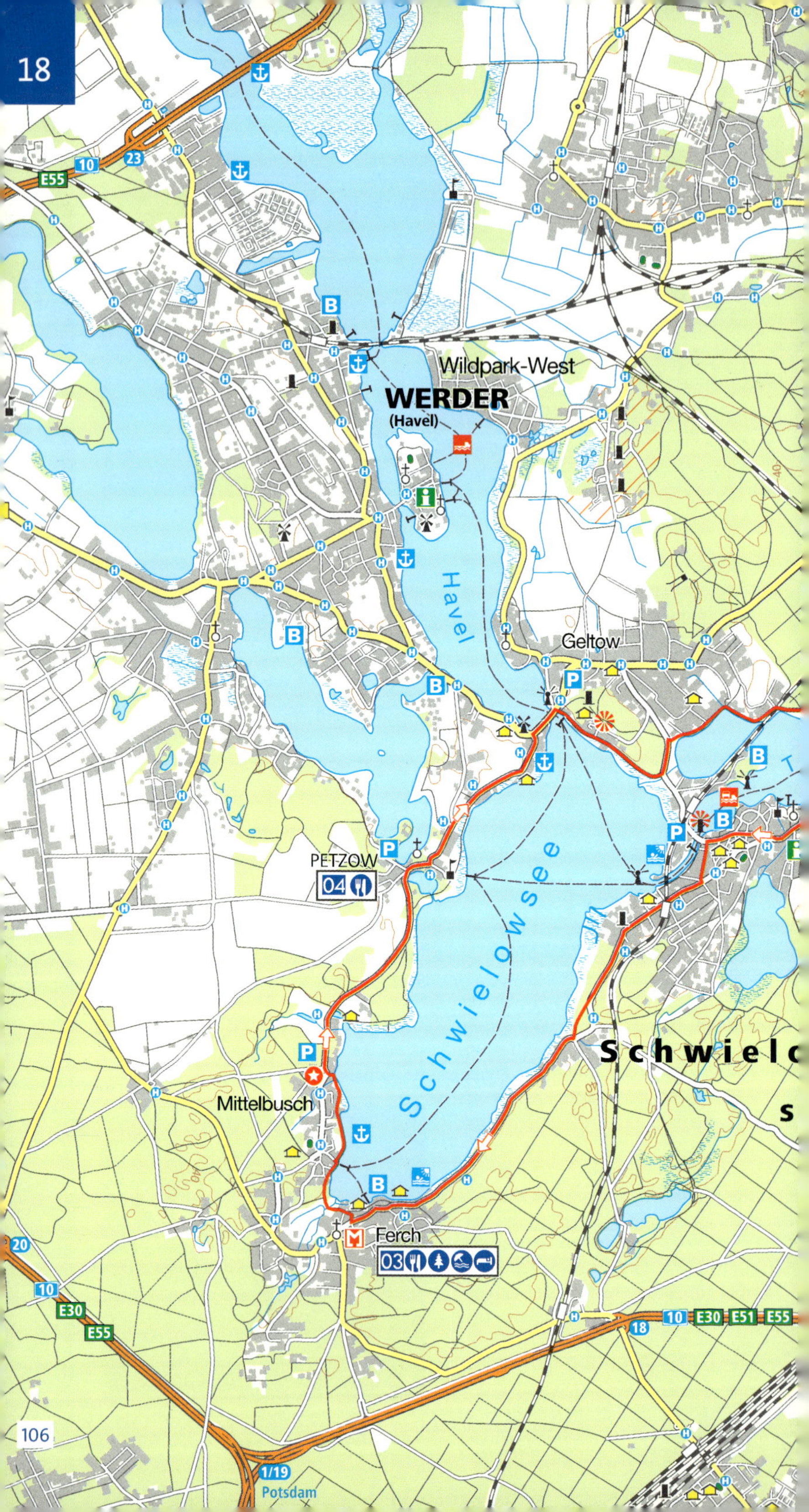

WERDER
(Havel)
Wildpark-West
Havel
Geltow
PETZOW
04
Schwielowsee
Mittelbusch
Ferch
03
Schwielo
s
E55
10
23
20
E30
1/19
Potsdam
18
E51

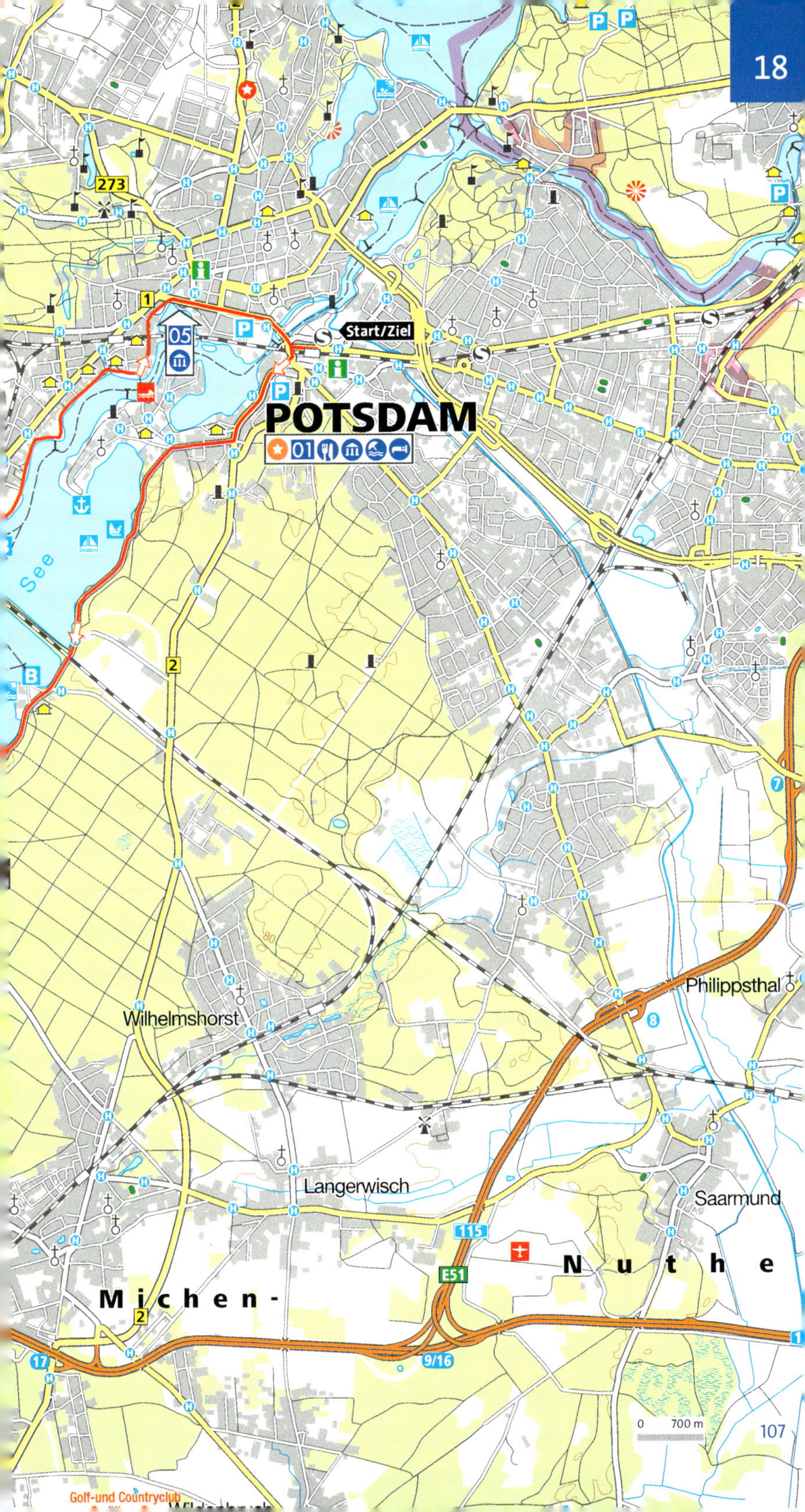

Start/Ziel
POTSDAM
See
Wilhelmshorst
Philippsthal
Langerwisch
Saarmund
N u t h e
Michen-
Golf-und Countryclub
0 700 m

WANNSEE – POTSDAM – WANNSEE

Schlösser und Seen zu beiden Seiten der Berliner Stadtgrenze

 21 km  2:00 Std.  5 hm  5 hm

STARTORT | Berlin-Wannsee
START/ZIEL | S-Bahnhof Berlin Wannsee, 43 m
[GPS: UTM Zone 32 x: 391.500 m y: 5.819.900 m]
CHARAKTER | Uferwege, Waldwege, Straßen durch ruhige Villenviertel.
VERKEHR | Überwiegend autofreie Waldwege und Fahrradstraßen, ruhige Nebenstraßen durch Villenviertel. Wer einen Abstecher in die Potsdamer Innenstadt macht, muss mit mehr Verkehr rechnen.

TIPP: Genügend Zeit für einen Abstecher zur Pfaueninsel einplanen. Das Rad abschließen, in wenigen Minuten zur Insel, die unter Naturschutz steht und zum Weltkulturerbe gehört, übersetzen und diese zu Fuß erkunden.

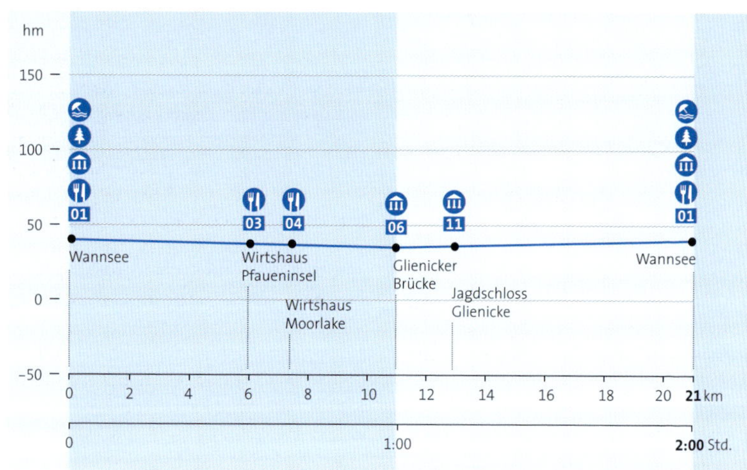

Wannsee – Glienicker Brücke / 11 km / 1:00 Std.

Start Mit dem Rücken zum **S-Bahnhof Wannsee** 01 schaut man auf den See und fährt die wenigen Schritte bis zum Kronprinzessinnenweg. Hier links halten und bei der nächsten Ampel rechts in die Königstraße einbiegen. Diese überquert nach wenigen Metern auf einer Brücke die Verbindung zwischen Kleinem und Großem Wannsee. Nach wenigen Hundert Metern zweigt rechts die Straße Am Großen Wannsee ab. Sie führt durch eine der teuersten Berliner Wohngegenden mit stattlichen Villen und Bootsliegeplätzen. Vorbei an der **Liebermann-Villa** und dem **Haus der Wannseekonferenz** fährt man in die Sackgasse hinein und biegt dort, wo die Straße einen Knick nach links macht, rechts in einen unbefestigten Weg ein. Der führt hinunter zum Uferweg (Tiefhornweg), in den man nach links einbiegt. In Ufernähe fährt man mit immer wieder schönem Blick auf die Havel und vorbei an mehreren Badestellen zur Anlegestelle der Fähre zur **Pfaueninsel** 02 und zum **Wirtshaus zur Pfaueninsel** 03. Danach weiter

Voll im Trend – mit dem Floß über die Brandenburger Seen

dem Uferweg folgen, der jetzt Berliner Mauerweg heißt. Vorbei an zwei beliebten Ausflugslokalen, dem Blockhaus Nikolskoe und dem **Wirtshaus Moorlake** 04 geht es weiter auf dem großteils asphaltierten Uferweg. Am anderen Ufer der Havel ist die **Sacrower Heilandskirche** 05 zu sehen. Zur Linken bietet der Eingang zum Volkspark Glienicke eine Möglichkeit für einen Abstecher. Voraus liegt die **Glienicker Brücke** 06, die die Grenze zwischen Berlin und Brandenburg bildet.

Glienicker Brücke – Wannsee / 10 km / 1 Std.

Über die Brücke bietet sich ein Abstecher nach **Potsdam** 07 an, **Schloss Cecilienhof** 08 und das **Marmorpalais** 09 im Neuen Garten sind in wenigen Minuten zu erreichen. Wer gleich weiterfahren möchte, hält sich an der Glienicker Brücke links und fährt auf der Königstraße zum **Schloss Glienicke** 10. Am Schloss Glienicke rechts abbiegen und auf dem Berliner Mauerweg zum **Jagdschloss Glienicke** 11 und zum S-Bahnhof Griebnitzsee. Auf der Waldmüllerstraße am **Restaurant Bürgershof** 12 vorbeifahren, danach rechts in die Lankestraße einbiegen und kurz darauf die Brücke überqueren, die die Verbindung zwischen Glienicker Lake und Griebnitzsee überspannt.

Voraus ist **Schloss Babelsberg** 13 zu sehen. Jetzt geht es einige Meter bergauf, an der Allee nach Glienicke biegt man rechts ab und fährt bis zur Karl-Marx-Straße, der man nach links folgt. Von dieser zweigt links die Virchowstraße ab, die durch ein ruhiges Villenviertel führt und hin und wieder den Blick auf den Griebnitzsee freigibt.

Die Virchowstraße mündet wieder in die Karl-Marx-Straße, der man nach links folgt. An deren Ende links in die Rudolf-Breitscheid-Straße einbiegen, die zum **S-Bahnhof Griebnitzsee** führt.

Einige Hundert Meter nach dem Bahnhof durch die Unterführung nach rechts (Bäkestraße) und dann weiter den Schildern des Berliner Mauerradweges folgen. Bald danach biegt man nach links in den Königsweg ab, überquert den **Teltowkanal**, hält sich gleich danach rechts und fährt weiter auf einem breiten Waldweg (Kurfürstenweg), der bis zum Stahnsdorfer Damm führt.

Hier links halten, ein kleines Stück an den Bahnschienen entlangfahren, dann links in den Königsweg einbiegen. An der Ampel rechts halten und noch wenige Meter auf dem Kronprinzessinnenweg bis zum **S-Bahnhof Wannsee** 01 fahren **Ziel**.

Krampnitz
Nedlitz
Bornim
Sacrow
Sacrower Lanke
Sacrow Heilandskirche
Moorlake
POTSDAM-NORD
08
05
04
Schloss Cecilienhof
06
Havel
Marmorpalais
NÖRDL. VORSTADT
09
10
Berliner Vorstadt
11
Jagdschloss Glienicke
Klein Glien
Schloss Babelsberg
Tiefer See
Hirschberg
12
13
Griebnitzsee
07
-NORD
BABELSBERG-
POTSDAM
Brauhausberg
88
POTSDAM-SÜD
Havel
See
273

BERLIN
Havel
Strandbad Wannsee
Großer Wannsee
Wannsee
Start/Ziel
Kreuz Zehlendorf
Nikolassee
Kleinmachnow
Teltowkanal
TELTOW
Stahnsdorf
Güterfelde
ladow
ken
115
E51
0 800 m

BERNAU – BIESENTHAL – LIEPNITZSEE – BERNAU

Rundtour zu einem klaren Badesee im Wald

 35 km  3:00 Std.  10 hm  10 hm

STARTORT | Bernau; Bahnverbindung nach Berlin
START/ZIEL | Bernau, S-Bahnhof, 66 m
[GPS: UTM Zone 32 x: 404.850 m y: 5.837.090 m]
CHARAKTER | Landstraßen durch Felder, Radstraßen durch Felder und Wälder, streckenweise unbefestigte aber gut befahrbare Waldwege.
VERKEHR | Mäßig befahrene Landstraßen, überwiegend mit Radwegen, autofreie Radstraßen, kürzere Ortsdurchfahrten.

TIPP: Badesachen nicht vergessen. Mit der Fähre „Frieda" können Sie von April bis Oktober auf die Liepnitzinsel „Großer Werder"übersetzen. Mo.–Do. 10–17, Fr.–So. 10–19 Uhr.

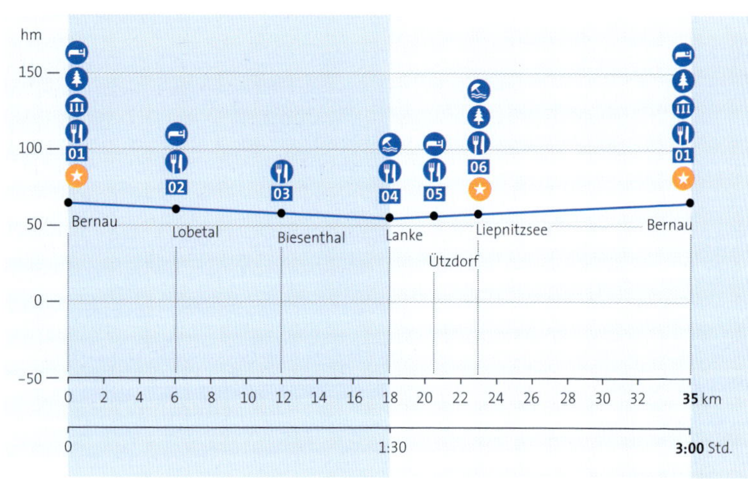

Bernau – Lanke / 18 km / 1:30 Std.

Start Auf dem Vorplatz des S-Bahnhofs **Bernau** 01 biegt man rechts in die Breitscheidstraße ein. Nach wenigen Hundert Metern kommt man zur Börnicker Straße, in die man nach links einbiegt. Diese geht in die August-Bebel-Straße und Jahnstraße über bis man zur Ladeburger Chaussee kommt, in die man nach rechts einbiegt. Weiter geht es in nördlicher Richtung nach **Ladeburg,** wo man kurz vor dem Ortsende auf den halb rechts abzweigenden Biesenthaler Weg trifft. Ab hier folgt man den Schildern des Radweges Berlin–Usedom über **Lobetal** 02 bis nach **Biesenthal** 03. Über die Berliner Straße erreicht man den Marktplatz von Biesenthal, hier biegt man links ab in die Lanker Straße, die nach Lanke führt. In **Lanke** 04 hält man sich an der ersten großen Kreuzung links und gelangt so zur Ortsmitte.

Lanke – Bernau / 17 km / 1:30 Std.

Von der Ortsmitte von Lanke fährt man auf der Dorfstraße zum Obersee und

Ehemaliger Grenzturm Nieder Neuendorf

dann am Südufer entlang bis zur Autobahnbrücke. Hier ist das Ende des Sees erreicht und es geht auf der Wandlitzer Straße durch Buchenwald nach **Ützdorf** 05. Beim **Restaurant Jägerheim** nicht der Hauptstraße nach rechts folgen, sondern halb links in Richtung Bahnhof Wandlitz abbiegen. Kurz hinter dem Campingplatz am **Liepnitzsee** 06 zweigt von der Betonstraße nach links ein Waldweg mit einem Hinweisschild zum Liepnitzsee und zur Fährstelle Nord ab. Bald gelangt man zum Uferweg und sieht die Fähranlegestelle. Hier gibt es die Möglichkeit, in wenigen Minuten auf die Insel im See überzusetzen. Nun geht es auf dem unbefestigten Uferweg mit kleinen Steigungen und Abfahrten weiter, vorbei an sandigen Badestellen. Etwas später fährt man am Waldbad Liepnitzsee mit schönen Liegewiesen vorbei, ab hier ist der Weg wieder asphaltiert. Nach wenigen Hundert Metern verlässt man nun das Seeufer und folgt dabei nicht den Schildern zum Bahnhof Wandlitz, sondern hält sich links und fährt in Richtung Bernau.

Das wuchtige Steintor erhebt sich am östlichen Ende der Bernauer Straße

Der asphaltierte Waldweg trifft auf die Wandlitzer Chaussee (B 273), hier biegt man links ab und fährt auf einem guten Radweg weiter. Am nächsten Kreisverkehr die B 273 verlassen und nach rechts auf eine Radstraße durch den Wald abbiegen. Weiter den Schildern nach Bernau folgen und die Autobahn kreuzen. Immer weiter geradeaus über Wandlitzer Chaussee, Oranienburger Straße und Mühlenstraße ins Zentrum von **Bernau** 01 und weiter bis zum Bahnhof fahren **Ziel**.

Stolzenhagen
109
Bogensee
13
Wandlitz
Wandlitzer See
Ützdorf
Obersee
Lanke
04
05
06
Liepnitz-see
273
14
11
E28
Bernauer
Heide
Basdorf
109
15
Gorinsee
Schönwalde
Hobrechtsfelde
Schönerlinde

Vorwerk
BIESENTHAL
03
Streesee
see
Langerönner See
Plötzensee
LOBETAL
02
Schulzenaue
Rüdnitz
Siedlung
Kühle Kaveln
Albertshof
01
Start/Ziel
0 700 m

STRAUSBERG – BUCKOW – STRAUSBERG

Von Strausberg in die Märkische Schweiz

 38 km  3:30 Std.  100 hm  100 hm

STARTORT | Strausberg, Bahnanschluss nach Berlin vorhanden
START/ZIEL | S-Bahnhof Strausberg-Stadt, 70 m
[GPS: UTM Zone 32 x: 424.600 m y: 5.825.800 m]
CHARAKTER | Welliges Profil mit einigen kurzen, steileren Anstiegen auf Landstraßen und Radstraßen, so dass sich insgesamt einige Höhenmeter summieren.
VERKEHR | Überwiegend mäßig befahrene Landstraßen, einige Fahrradstraßen, am Wochenende um Buckow verstärkter Ausflugsverkehr.

TIPP: Unbedingt Badesachen mitnehmen, unterwegs ergeben sich mehrere Möglichkeiten zum Baden.

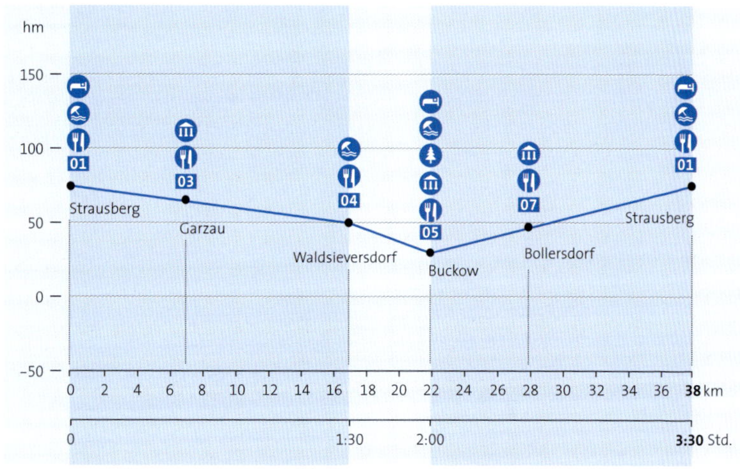

Strausberg – Waldsieversdorf / 17 km / 1:30 Std.

Start Vom S-Bhf. **Strausberg-Stadt** 01 rechts abbiegen in die Hohensteiner Chaussee. Die Straße ist recht stark befahren, es gibt aber einen Radweg. An der nächsten Ampel wieder rechts halten, auf der Garzauer Chaussee weiterfahren und dem Schild **Rehfelde** 02 folgen. Auch hier gibt es wieder einen Radweg. Vom Ortsende an fährt man auf einer mäßig befahrenen Allee, die von Feldern gesäumt ist. Am Ortsschild **Garzau** 03 macht die Straße eine leichte Rechtskurve, hier nach links in Richtung Garzin abbiegen. Leicht ansteigend und wellig geht es auf einem neuen Radweg nach **Garzin.** Kurz vor dem Ort wird der Lange See passiert, schon von der Straße aus ist die kleine Badestelle mit Wiese und Sandstrand zu sehen. In dem kleinen Ort Garzin an der Kirche rechts halten und dem Schild nach **Waldsieversdorf** 04 folgen. Weiter ansteigend geht es nach Liebenhof, die Kopfsteinpflasterstraße hat hier auf beiden Seiten einen gepflasterten Randstreifen, auf dem es sich gut radeln lässt. An der Bus-

Verkauf von lokalen Produkten am Straßenrand

haltestelle nicht der Straße nach halb links folgen, sondern geradeaus weiter auf dem R 1 in Richtung Buckow fahren. Nun geht es auf einer Fahrradstraße mitten durch den Wald, durch das Gefälle kann man es gut rollen lassen. Kurz vor dem Ortsschild Waldsieversdorf wird die Hauptstraße gekreuzt, man fährt aber weiter auf der Fahrradstraße. In Waldsieversdorf am Kreisverkehr halb links halten und dem Wegweiser in Richtung Ortsmitte folgen.

Waldsieversdorf – Buckow / 5 km / 0:30 Std.

Im Ort rechts halten und am Schwimmbad vorbei bis zum Bahnhof fahren. Dort links abbiegen und den Bahngleisen und dem Schild in Richtung Buckow folgen. Bald trifft man wieder auf den R 1 und fährt bergab bis zum Ortsbeginn von **Buckow** 05. Nach dem Ortsschild gibt es einen kurzen Anstieg zum Bahnhof. Weiter geradeaus, dann rechts auf der Hauptstraße in Richtung Stadtmitte und Badesee. Durch den touristisch gut erschlossenen Ort, linker Hand den Buckowsee, radelt man weiter.

Buckow – Strausberg / 16 km / 1:30 Std.

Dort, wo sich die Straße gabelt, rechts halten und der Wriezener Straße in Richtung Strausberg folgen, die zum **Schermützelsee** 06 führt. Hier gibt es ein Strandbad mit schönem Sandstrand. Kurz hinter dem Strandbad geradeaus weiterfahren und kräftig ansteigend durch den Hagener Forst in Richtung Bollersdorf. An der nächsten Kreuzung links halten und nun bergab nach **Bollersdorf** 07 fahren. Auf der Hauptstraße durch den Ort, vorbei an der Feldsteinkirche. Auf einer asphaltierten, mäßig befahrenen und welligen Landstraße geht es nach **Ruhlsdorf** 08 und Hohenstein. In Hohenstein an der Gabelung halb rechts halten und weiter auf der Hohensteiner Chaussee fahren. Diese führt bis zu den ersten Häusern von **Strausberg** 01. Hier dem Schild zum Zentrum folgen, am Kreisverkehr geradeaus. Kurz dahinter beginnt der Radweg, der bis zum Bahnhof Strausberg-Stadt führt **Ziel**.

Garzau-Garzin-Imkerei

Mitbringsel aus den Ferien gesucht? Nach einem Urlaub in Brandenburg bietet sich eigentlich nur eines an: Naturprodukte. Wo gibt es heute noch einen Kornblumenhonig? Bei der Bioland Ökologischen Imkerei Lahres. www.imkerei-lahres.de

Wilkendorf
Klosterdorf
Straussee
STRAUSBERG
Start/Ziel
01
HOHENSTE
-Garzin
Garzau-
03
Rehfelde
02
Werder
Rehfelde-Dorf
Hennickendorf
Zinndorf

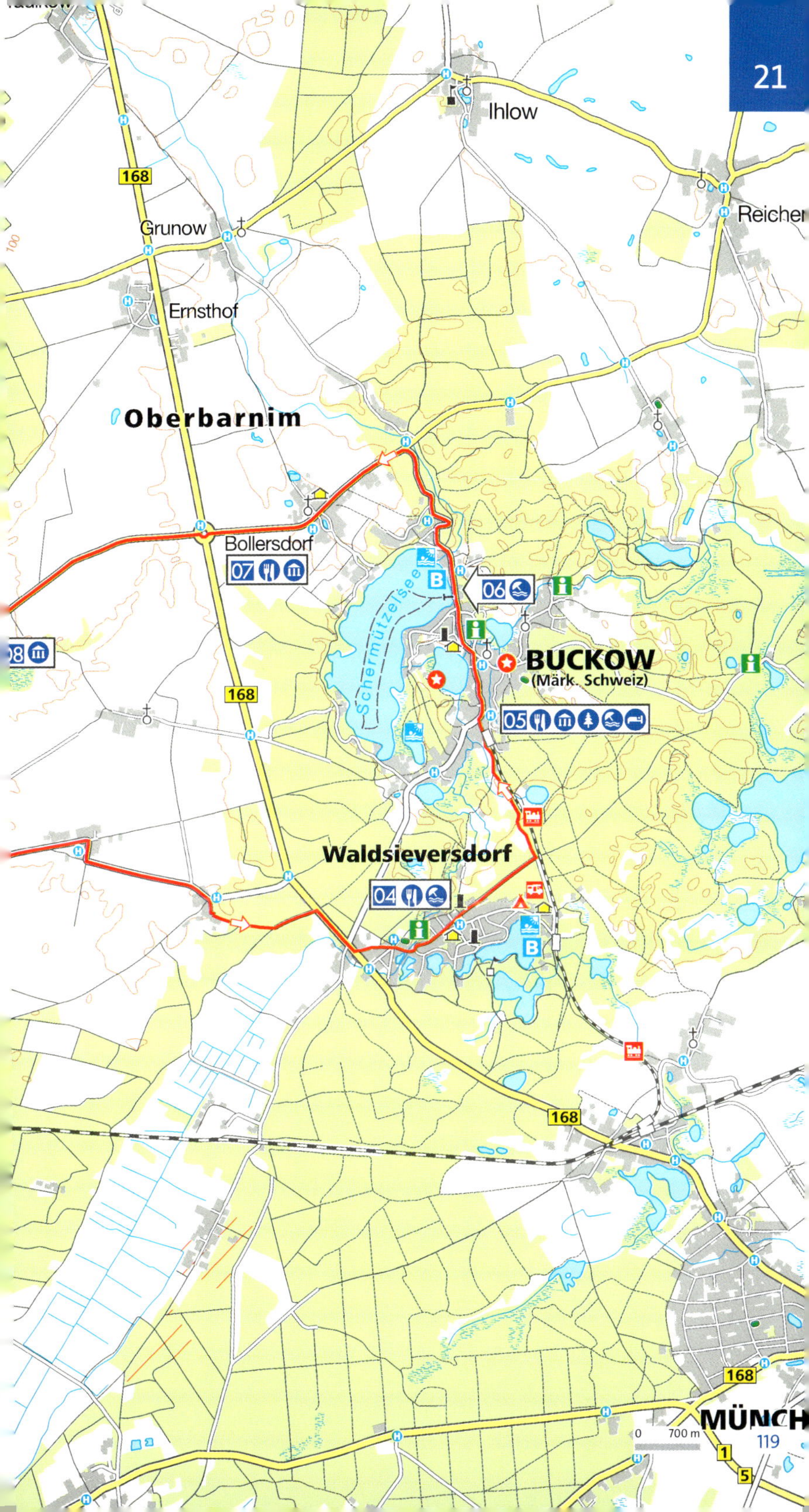
Ihlow
Reichen
Grunow
Ernsthof
Oberbarnim
Bollersdorf
07
06
08
Schermützelsee
BUCKOW
(Märk. Schweiz)
05
Waldsieversdorf
04
168
1
5
0
700 m
MÜNCH

ERKNER – MÜGGELSEE – ERKNER

Rund um Berlins größten See

27 km | 2:15 Std. | 10 hm | 10 hm

STARTORT | Erkner, Zugverbindung nach Berlin
START/ZIEL | Erkner, Bahnhof, 38 m
[GPS: UTM Zone 32 x: 415.150 m y: 5.809.420 m]
CHARAKTER | Radwege und Radstraßen zum großen Teil am See entlang und durch Wald, kurze Schotterpassage am Müggelsee bei Friedrichshagen.
VERKEHR | Zum Teil relativ stark befahrene Straßen mit Radweg, zum Teil autofreie Radstraßen. Am Beginn und Ende der Tour im Stadtgebiet von Erkner ist mit größerem Verkehrsaufkommen zu rechnen.

TIPP: Badesachen mitnehmen und sich am längsten Berliner Sandstrand im Strandbad Müggelsee sonnen.

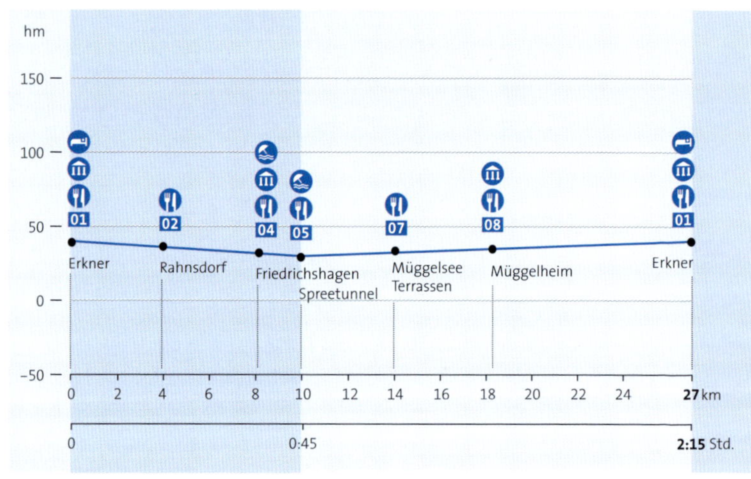

Erkner – Spreetunnel / 10 km / 0:45 Std.

Start Man verlässt den **Bahnhof Erkner** 01 in Fahrtrichtung Norden nach links, kommt auf die Bahnhofstraße und folgt dieser wenige Meter bis zum Kreisverkehr. Hier rechts halten, in die Berliner Straße einbiegen und dem Hinweisschild in Richtung Rahnsdorf folgen. Die Straße ist relativ stark befahren, hat aber einen guten Radweg. Man erreicht bald die Berliner Stadtgrenze, fährt weiter geradeaus, nun auf der Fürstenwalder Allee durch den Stadtteil **Rahnsdorf** 02.

Wo der Wald beginnt ändert die Straße wieder ihren Namen, es ist nun der Fürstenwalder Damm, der zum **Strandbad Müggelsee** 03 führt.
Gut 7 km nach dem Start zweigt linker Hand, noch vor dem Müggelseedamm, der Uferweg nach **Friedrichshagen** 04 ab (Hinweisschild). Es ist ein geschotterter Weg durch den Wald, der zum Ufer des Müggelsees führt. Im weiteren Verlauf gibt es mehrere kleine Badestellen. Nach ca. 1,5 km trifft der Uferweg auf den Müggelseedamm, in den man links einbiegt. Vorbei am **Museum im Alten Wasserwerk Friedrichshagen,**

Bier wird hier nicht mehr gebraut, aber immer noch getrunken

weiter bis zur Scharnweberstraße fahren, in diese links einbiegen. Bald darauf kommt man zum **Spreetunnel** 05. Hier gibt es mehrere Ausflugslokale und einen kleinen Kurpark.

Spreetunnel – Erkner / 17 km / 1:30 Std.

Der Tunnel führt unter der **Müggelspree** 06 hindurch, auf der anderen Seite setzt man die Fahrt am Ufer des **Müggelsees** weitgehend ohne Autoverkehr fort. Mit schönem Blick zurück auf Friedrichshagen hält man sich nach dem Tunnel links und folgt dem Uferweg. Nach einigen Hundert Metern entfernt man sich etwas vom Seeufer und fährt auf einer Fahrradstraße durch den Wald. Vorbei an den **Müggelsee Terrassen** 07 mit Bootsanlegestelle passiert man **Müggelheim** 08 und auf dem gut ausgeschilderten Fahrradweg R 1 geht es weiter in Richtung Dämeritzsee und Erkner. Am Ende des Kleinen Müggelsees liegt eine sehr schöne sandige Badestelle. Im Ortsteil **Rahnsdorf** 02 überquert man die Müggelspree, biegt dann gleich links ab und fährt über die Triglawbrücke. Über Kanalstraße, Lindenstraße und Lutherstraße erreicht man ohne Orientierungsprobleme (den Schildern R 1 folgen) die Fürstenwalder Allee. Hier hält man sich nun rechts und fährt bis zum nächsten Kreisverkehr, der schon in Sichtweite vom Bahnhof **Erkner** 01 liegt **Ziel**.

Sandstrand am Strandbad Müggelsee

Dahlwitz
Waldesruh
Kiekemal
Wolfsgarten
Friedrichshagen
04
05
06
07
08
Großer
Müggelsee
-KÖPENICK
Spree
Dahme
Müggelsee-
Terrassen
Langer
See
Hubertus
117
E36
122
Siedlung Eichberg
Eichwalde

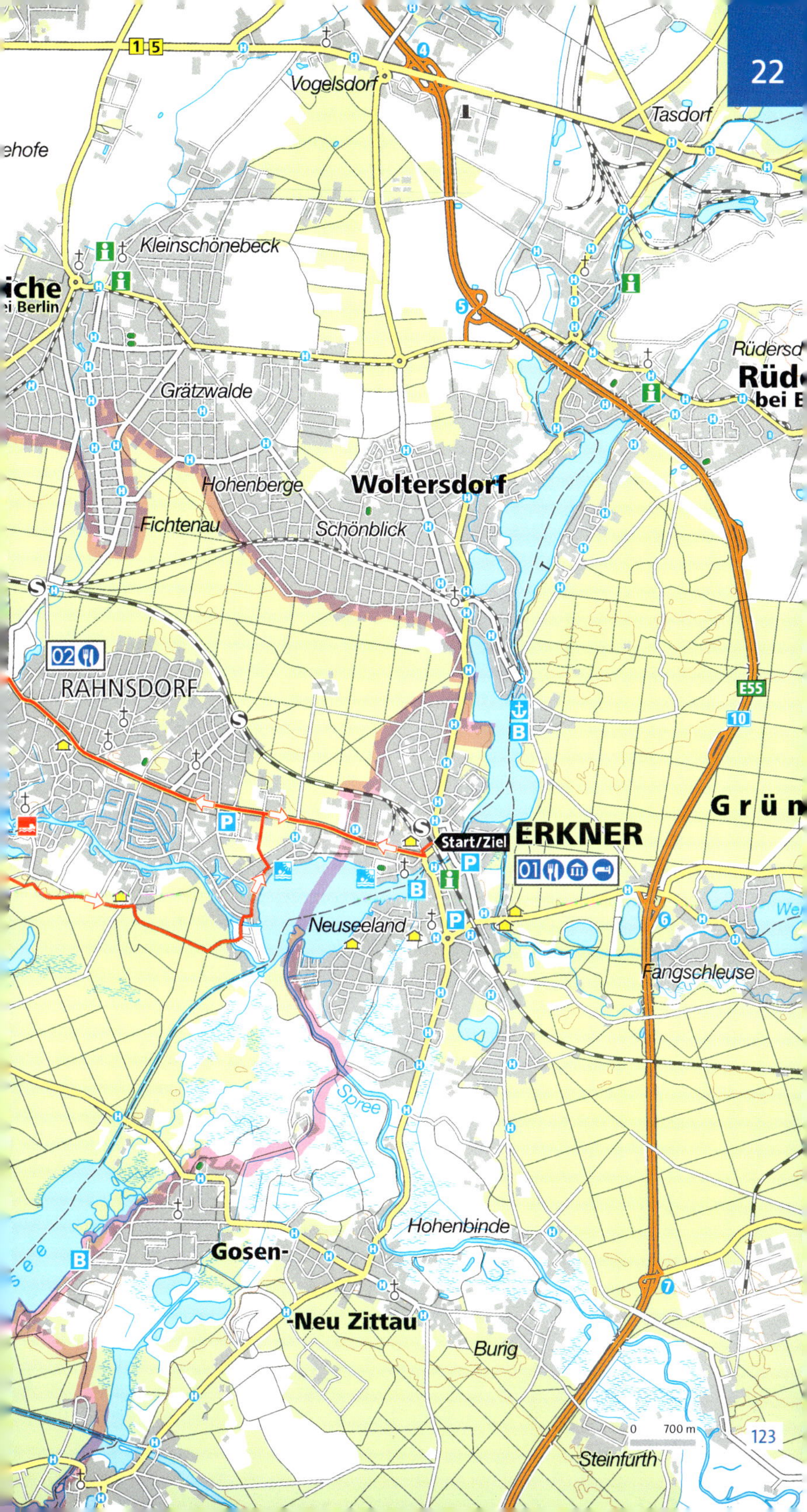
Vogelsdorf
Tasdorf
Kleinschönebeck
Grätzwalde
Rüdersd
Hohenberge
Woltersdorf
Fichtenau
Schönblick
02
RAHNSDORF
E55
10
ERKNER
Start/Ziel
01
Neuseeland
Fangschleuse
Spree
Hohenbinde
Gosen-
-Neu Zittau
Burig
Steinfurth
0 700 m

ERKNER – SPREEAUE – FÜRSTENWALDE (SPREE)

Eine Fahrt durch das Berliner Urstromtal

 37 km  3:30 Std.  20 hm  20 hm

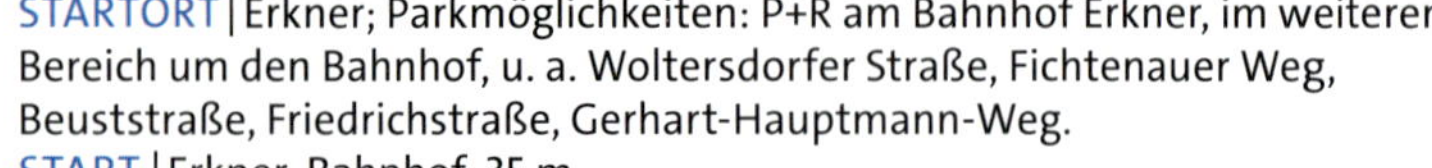

STARTORT | Erkner; Parkmöglichkeiten: P+R am Bahnhof Erkner, im weiteren Bereich um den Bahnhof, u. a. Woltersdorfer Straße, Fichtenauer Weg, Beuststraße, Friedrichstraße, Gerhart-Hauptmann-Weg.
START | Erkner, Bahnhof, 35 m
[GPS: UTM Zone 32 x: 391.500 m y: 5.819.900 m]
ZIEL | Fürstenwalde (Spree), Bahnhof, 42 m
CHARAKTER | Ruhige Tour durch ein Urstromtal ohne große Höhenunterschiede. Für Rennradfahrer: Abschnitt in Fürstenwalde auf nicht befestigtem Untergrund.
VERKEHR | Auf Radwegen und auf ruhigeren Landstraßen.

TIPP: Rückkehr per Bahn.

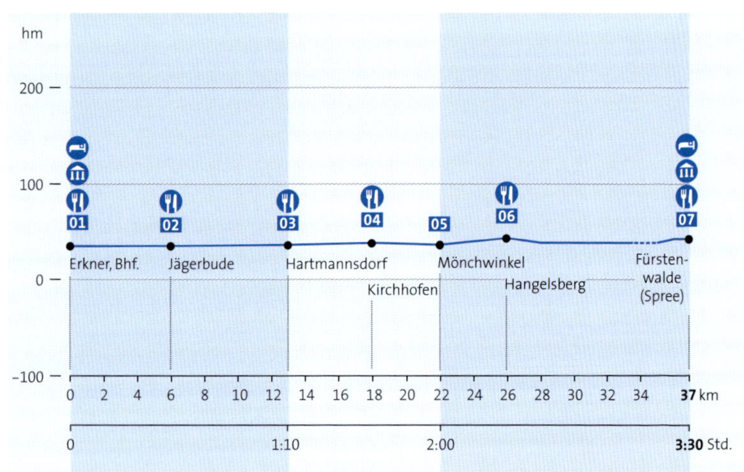

Das Spree-Tal zwischen Erkner und Fürstenwalde (Spree), ein Teil des Berliner Urstromtals und ein Abschnitt des Spreeradweges, wählen wir für diese Radtour.

Erkner – Hartmannsdorf / 13 km / 1:10 Std.

Start Vom S- und Regionalbahnhof **Erkner** 01 fahren wir nach rechts zum nahen Friedensplatz (Kreisverkehr), hier nach links in Richtung Königs Wusterhausen (RWW Buckow/Märkische Schweiz/R1) über das Flakenfließ und entlang der Friedrichstraße zum Kreisverkehr. Wir folgen der Gerhart-Hauptmann-Straße (RWW Fürstenwalde) und Hohenbinderstraße (Karutzhöhe) zum Stadtende, dann dem Radweg über etwa 700 m, und fahren weiter auf dem Sträßchen nach **Hohenbinde.** Mit einem Rechtsknick beginnt der Radweg (RWW Fürstenwalde) und führt durch das Waldstück nach Jägerbude. Es geht bei den wenigen Häusern von **Jägerbude** 02 nach rechts, dann weiter über die Spree und an der Autobahn entlang, die Spreeaue durchquerend, zur Straße

Die Spree bei Jägerbude

Neu Zittau – Hartmannsdorf. Nach links folgen wir der Straße (kein RWW, RWZ!) über die Autobahnbrücke, entlang der Spreeaue und durch Kiefernwald über Steinfurt und in die Spreeaue hinein nach Hartmannsdorf 03.

Hartmannsdorf – Mönchwinkel / 9 km/ 0:50 Std.

Unser Weg führt in **Hartmannsdorf** weiter nach links (RWW Fürstenwalde) nach Neu-Hartmannsdorf an der Spree. Hier müssen wir etwa 500 m nach rechts ohne Radweg ans Ortsende fahren, dann geht es nach links (RWW Fürstenberg) auf die Fahrradstraße und auf dieser zu einem Spree-Altarm und in einem Rechts-Bogen (Röthen) in das Waldgebiet entlang einer mit Kiefern bestandenen kaltzeitlichen Düne zum Ende der Fahrradstraße. Hier knickt der Spree-Radweg scharf nach links ab (RWW Fürstenwalde) und führt durch den Kiefernforst nach **Kirchhofen** 04. Durch den Ort fahren wir geradeaus (RWW Mönchwinkel), und dann weiter auf dem Sträßchen und über die Spree nach **Mönchwinkel** 05.

Mönchwinkel – Fürstenwalde (Spree) / 15 km / 1:30 Std.

Der Straße (Mittelweg) in Mönchwinkel folgen wir nach rechts (RWW Fürstenwalde), an der Spree entlang und weiter auf der Straße zur Landstraße Grünheide – Hangelsberg. Hier nach rechts (RWW Fürstenberg) auf dem Radweg nach **Hangelsberg** 06. Etwa 700 m nach dem Ortsende von Fürstenwalde West führt der Spreeradweg von der Straße weg, dann an der Spree entlang, an der Großen Tränke vorbei, weiter am Oder-Spree-Kanal entlang und über die Pintsch-Brücke am ehemaligen Pintsch-Hafen (1930, J. Pintsch AG). Nach der Brücke fahren wir nach rechts (kein RWW!, gelber Balken) auf dem unbefestigten Weg und dem RWZ folgend am Kanal (kurzes Stück Radweg) entlang, weiter auf der Straße „Altstadt“ und „Goetheplatz” in die Stadt **Fürstenwalde (Spree)** 07), am Goetheplatz rechts und links, dann in Richtung Bahnhof (Eisenbahnstraße) zum **Bahnhof Fürstenwalde (Spree)** **Ziel**.

Spree

Der 403 km lange Nebenfluss der Havel (ungefähr 182 km davon sind schiffbar), entspringt im Oberlausitzer Bergland bei Ebersbach-Neugersdorf (390 m ü.NN), fließt durch Sperenberg, Cottbus, durch den Ober- und Unterspreewald, Fürstenwalde (Spree) und mündet in Berlin-Spandau in die Havel (34 m ü.NN).

Rüdersdorfer Grund
Rüdersdorf bei Berlin
Alt-Rüdersdorf
Hortwinkel
Woltersdorf
Schönblick
Möllensee
Finkenstein
Grünheide (Mark)
Alt Buchhorst
Start
ERKNER
Fangschleuse
Spree
Hohenbinde
Neu Zittau
Burig
Steinfurth
Siedl. Spreetal
Siedl. Wulkow
Mönchwinkel
Neu Mönchwinkel
Hange
Spreewerder
Storkowfurt
Kirchhofen
Spreeau
Hartmannsdorf
Latzwall
Spreenhagen
Dannenreich
Friedersdorf
Bindow
E55
E30

168
Schönfelde
Liebenberg
Kienbaum
Jänickendorf
Beerfelde
Fürstenwalde West
168
07
Ziel
Spree
FÜRSTENWALDE / Spree
Rauen
Langewa
Markgrafpieske
12
E30
Kolpin
Bad Saarow
Dorf
0
1000 m

BRANDENBURG an der Havel – PLAUE (HAVEL) – HAVELSEE

Die Havel als Kette ineinaner übergehender Seen

 33 km  3:15 Std.  30 hm  30 hm

STARTORT | Brandenburg a. d. H.; Parkmöglichkeit am Bahnhof von Brandenburg a. d. H.
START | Brandenburg, Hauptbahnhof, 30 m
[GPS: UTM Zone 32 x: 334.500m m y: 5.808.510 m]
ZIEL | Fohrde bzw. Pritzerbe (Stadt Havelsee), Bahnhof Pritzerbe, 30 m.
CHARAKTER | Ohne nennenswerte Auf- und Abfahrten. Zwischen dem Ortsende von Plaue und Fohrde ist kein Radweg vorhanden.
500 m Pflasterstraße in Plaue.
VERKEHR | Verkehrsbelastete Straße zwischen Plaue und Fohrde.

TIPP: Rückkehr per Bahn.
Schöne Sicht über die Seen bei Malge, Kirchmöser Dorf, Plaue (Park) und Pritzerbe.

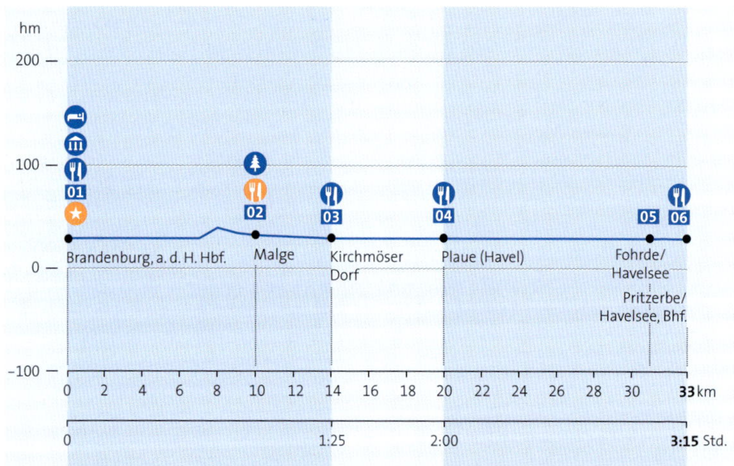

Wir beginnen unsere Radtour um die Havelseen bei Bandenburg an der Havel und fahren entlang der Havel nach Pritzerbe/Havelsee am Hauptbahnhof Brandenburg a.d.H.

Brandenburg an der Havel – Kirchmöser Dorf / 14 km / 1:25 Std.

Start Vom Vorplatz des Hauptbahnhofs von **Brandenburg an der Havel** 01 queren wir als erstes die Straße „Am Hauptbahnhof", fahren nach links entlang der Otto-Sidow-Straße zur großen Kreuzung, an der nach links die Wilhemsdorfer Straße in Richtung Ziesar abzweigt. Es geht ein ganzes Stück auf dem Radweg durch Vororte (Siedlung Eigene Scholle), über zwei Bahnübergänge bis zum Ortsbeginn von Wilhelmsdorf, wo sich links das Naturschutzzentrum Krugpark befindet. Hier zweigen wir nach rechts in den Schmöllner Weg ab (RWW Kirch-

Rast in Malge

möser), fahren über den Bahnübergang und dann weiter bis zur Planebrücke. Der Radweg (RWW Kirchmöser/Malge) führt von hier nach links am Südostufer des Breitlingsees (Bademöglichkeit) nach **Malge** 02 mit eindrucksvollen Blicken über den See und zu den Inseln Kiehnwerder, Buhnenwerder und Kanincheninsel, weiter über die Buckau und zwischen Bahn und Möserscher See entlang nach **Kirchmöser Dorf** 03.

Kirchmöser Dorf – Plaue (Havel) / 6 km / 0:35 Std.

Rechts haltend kommen wir zur Uferstraße und auf dem Radweg am Heiligen See entlang und weiter zur Straße „Unter den Platanen". Es geht nach rechts in Richtung Genthin/Brandenburg (kein RWZ/RWW), am Industriepark vorbei und über die Brücke zwischen Wendsee und Plauer See (Beginn des Elbe-Havel-Kanals), dann etwa 80 m nach der Brücke nach rechts in den Schlosspark. Der Weg führt am See entlang. Vor dem Teich fahren wir nach links (ohne RWZ), dann den RWZ folgend und am Eingang zum Plauer Schloss nach links zum Plauer Bornufer (500 m Pflasterstraße) in **Plaue (Havel)** 04.

Plaue (Havel) – Pritzerbe/Havelsee / 13 km / 1:15 Std.

Wir überqueren die Plauer Brücke (Alte Havelbrücke, RWW Pritzerbe) und folgen der Plauer Landstraße zur B 1. Auf dem Radweg geht es ca. 200 m (RWW Pritzerbe/Briest) weiter, dann überqueren wir die B 1, wobei besondere Vorsicht angebracht ist. Die Wegführung des Havel-Radweges folgt nun der Straße (ohne Radweg) an der Havel entlang durch Briest und Tieckow. Etwa 100 m vor dem Bahnübergang beginnt links die Fahrradstraße (RWW Küzkow/Pritzerbe), auf der wir Fohrde erreichen. Es geht nach rechts zum Bahnübergang (links Bahnhof **Fohrde** 05, 32 km, 3 Std.) und weiter zur B 102. **Pritzerbe** 06, den zweiten Ortsteil von Havelsee, erreichen wir nach links (RWW Kützkow/Pritzerbe) über die Brücke Havel-Pritzerber See (Radweg links). Nach dem Bahnübergang geht es nach links in den Ort, zum Bahnhof weiter an der B 102 entlang zur Abzweigung nach Marzahne. Hier befindet sich der **Bahnhof Pritzerbe** Ziel.

Plauer See

Milower
Land
Rosenau
Alte Havel
Havel
Ziel
Bahnitz
Kützkow
Jerchel
Kuxwinkel
Möthlitz
Tieck
Nitzahn
rdershof
Kalter
Altbensdorf
Bensdorf
04
Plaue
1
Plauer See
Elbe-Havel-Kanal
KIRCHMÖSER DORF
03
Gollwitz
Wusterwitz
Warchau
40

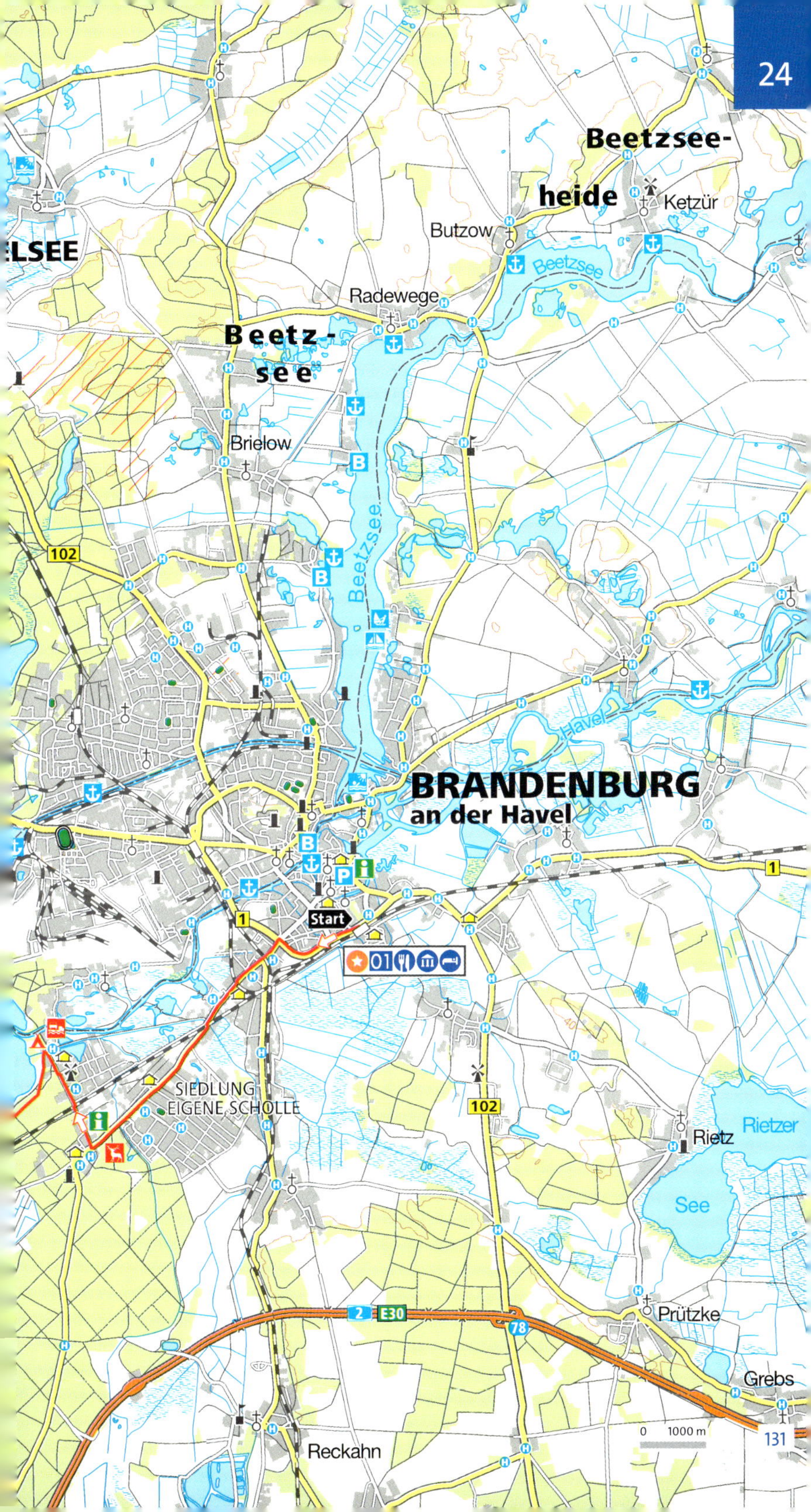

Beetzsee-
heide
Ketzür
Butzow
Beetzsee
ELSEE
Radewege
Beetz-
see
Brielow
Beetzsee
102
BRANDENBURG
an der Havel
Havel
1
Start
01
SIEDLUNG
EIGENE SCHOLLE
102
Rietz
Rietzer
See
2
E30
78
Prützke
Grebs
0 1000 m
Reckahn

KOTTMAR – BAUTZEN

Von den Spreequellen durch das Oberlausitzer Bergland

 53 km  5:00 Std.  155 hm  319 hm

STARTORT | Eibau, 368 m, Ortsteil der Gemeinde Kottmar
START | Bahnhof Eibau, Bahnhofstraße 10
[GPS: UTM Zone 32 x: 475.180 m y: 5.648.390 m]
ZIEL | Bautzen, 204 m
CHARAKTER | Hügelige Wald- und Wiesenfahrt im Wechsel aus asphaltierten Radwegen, Nebenstraßen und unbefestigten Wald- und Wiesenwegen; innerorts Kopfsteinpflasterpassagen.
VERKEHR | Wenig Verkehrsberührung.

TIPP: Rückkehr per Bahn. Mit der Bahnverbindung Bautzen – Bischofswerda lässt sich die Strecke als Tagestour organisieren.

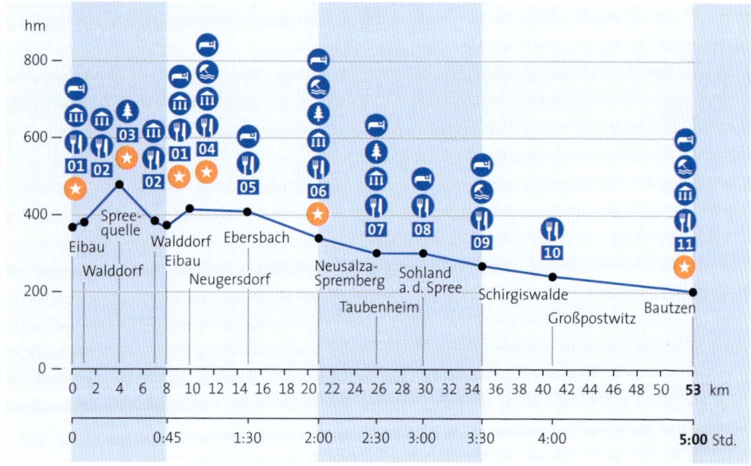

Weite Ausblicke ins wald- und felsenreiche Oberlausitzer Bergland, Fachwerk-Ortsbilder und die Mäander der Spree prägen die Auftaktetappe von den drei Spreequellen in die Sorbenhauptstadt Bautzen.

Eibau – Spreequelle – Eibau / 8 km / 0:45 Std.

Start Vom außerorts gelegenen Bahnhof von **Eibau** 01 führt die alleeartig von Bäumen gesäumte Bahnhofstraße ortseinwärts und erreicht an der ersten Kreuzung den Spreeradweg: Er folgt dem Ebersbacher Weg zwischen den Häusern von Eibau und den Wiesen am Fuß des Lerchenbergs kurz aussichtsreich links, wendet sich rechts, überquert das Landwasser, folgt der Durchgangsstraße kurz rechts und zweigt die erste links ab zum Faktorenhof mit der Tourist Information Spreequellland.

Vom Faktorenhof geht es am Ortsrand westwärts auf der Jahnstraße, die vorübergehend in einen naturbelassenen Weg übergeht und das Nachbardorf **Walddorf** 02 mit seinen Umgebindehäusern erreicht; kurz geradeaus auf dem Walddorfer Weg und an der

Faktorenhof in Eibau

Landwasserbrücke rechts hinauf durch die Lange Gasse, am Ende schräg links auf dem Bierweg an einem Parkplatz vorbei hinauf in die Wälder des Kottmar, wo nach sachter Steigungsfahrt die **Spreequelle** 03 erreicht ist. Von der Quelle geht es auf derselben Route zurück nach Eibau

Eibau – Neusalza-Spremberg / 13 km / 1:15 Std.

An der Verzweigung am Bahnhof Eibau geradeaus auf der Thälmannstraße, die am Ende rechts auf der Neugersdorfer Straße am Schamotteteich vorbei weiter nach **Neugersdorf** 04 führt: im Gewerbegebiet Kamerun rechts auf der Volksbadstraße zur Neugersdorfer Spreequelle im Eingangsbereich des Freibads Volksbad. Von der Neugersdorfer Spreequelle leitet der Radweg auf der Elsa-Brandström-Straße zur Hauptstraße, folgt dahinter der Käthe-Kollwitz-Straße am Bahnhof Neugersdorf vorbei, überquert dahinter die Gleise und die Spree und erreicht die Spreedorfer Straße, hier gut auf die Beschilderung achten. Während die allerdings viel befahrene Spreedorfer Straße dem Tal direkt nach Ebersbach folgt, setzt die Ausweichroute zur Umrundung des Schlechtebergs an und folgt dann der Amtsgerichtsstraße nach Ebersbach. Sobald der Radweg längs der Spreedorfer Straße wieder hergestellt ist, bleibt man im Tal und folgt dem Fluss, der hier die Grenze zu Tschechien bildet, zum Bahnhof von **Ebersbach** 05. Nördlich des Kreisverkehrs ist im Park zwischen Bahnhof- und Hauptstraße der Spreeborn zu finden.

Spreeborn in Ebersbach

Am Kreisverkehr wechselt der Spreeradweg von der Bahnhofstraße auf die Westseite der Gleisanlagen und folgt der Neusalzaer Straße hinaus ins Grüne, übergehend in Hempelstraße. Sehenswert ist ein Abstecher in den bald erreichten Spreepark von Neusalza-Spremberg, wenig später bietet das Wald- und Erlebnisbad von Neuspremberg die Möglichkeit zur Erfrischung, dann folgt der Rad-

Heimatmuseum in Schirgiswalde

weg der Lindenstraße ortseinwärts zum Bahnhof von Neusalza-Spremberg 06.

Neusalza-Spremberg – Schirgiswalde / 14 km / 1:30 Std.

Vom Bahnhof senkt sich die Bahnhofstraße zur Durchgangsstraße, dahinter überquert der Radweg die Spree und folgt der ruhigen Talstraße westwärts. Nach erneutem Queren der Durchgangsstraße setzt sich die Talstraße im Grünen als Taubenheimer Weg und dann An der Spree fort nach **Taubenheim** 07, das Dorf der Sonnenuhren.
Auf der Straße der Jugend geht es rechts der Spree neben Umgebindehäusern weiter, geradeaus übergehend in die Sohlander Straße und dann Taubenheimer Straße, bis an der Bushaltestelle „Botanischer Garten" der Wechsel ans linke Ufer erfolgt, wo die etwas weniger stark befahrene Straße Am Friedenshain nach **Sohland an der Spree** 08 weiterleitet; schon bald zeigen die Schilder rechts über die Spree, wo bald darauf der Biergarten am Stausee Sohland zum Verweilen einlädt. In schöner autofreier Fahrt geht es rechts der Spree durch den Wald weiter zum Gondelteich von **Schirgiswalde** 09, dessen Ortskern und Bahnhof jenseits der Spree liegen.

Schirgiswalde – Bautzen / 18 km / 1:30 Std.

Vorübergehend verlässt der Radweg das Tal und umfährt östlich den Berg-

Die Sorben

Die Sorben sind ein slawisches Volk, ihre „Hauptstadt" ist Bautzen (sorbisch: Budyšin), die größte Stadt der Lausitz ist Cottbus (sorbisch: Chóśebuz). Die Sorben genießen in Sachsen (Oberlausitz) und Brandenburg (Niederlausitz) die Rechte einer nationalen Minderheit, jeder Ort hat einen deutschen und einen sorbischen Namen. Das gilt für Orte ebenso wie für Berge, der Erholungsort Cunewalde heißt auf Obersorbisch Kumwald, der Bieleboh mit der Bergbaude und dem Aussichtsturm heißt Belobóh. Zahlreiche sorbische Traditionen, Sitten und Gebräuche werden bis heute gepflegt: Vogelhochzeit, Maibaumwerfen, Zampern, Hahnrupfen, Osterreiten usw. Auch die vier sorbischen Volkstrachten werden sorgfältig gepflegt: Schleifer, Hoyerswerdaer, katholische und niedersorbische Tracht.

Markt in Bautzen

kegel mit der Ruine der Höhenburg Körse, ehe er den Stadtteil **Kirschau** erreicht, das „Dorf mit den goldenen Dächern". Am nördlichen Ortsrand liegt das Ganzjahresbad **Körse-Therme.** Nördlich des parkartigen Thermengeländes mündet die Lessingstraße in die Bautzener Straße, längs der es auf dem Radweg in den Ortsteil **Rodewitz** geht. Hier wechselt der Spreeradweg

Spreequelle Neugersdorf

auf einen angenehmen Weg längs des Flusses, überquert schließlich die Spree und erreicht den Biergarten von **Eulowitz** an der B 96 (Hauptstraße), die links weiterführt in das Kirchdorf **Großpostwitz** 10, dessen 60 m hoher Kirchturm weit in das waldreiche Gebiet am Rand des Oberlausitzer Berglandes hinausgrüßt.

Vor der Kirche wechselt der Radweg links auf die Dorfstraße, nach Überqueren der Spree rechts auf der Bergstraße und die erste rechts Bahnhofstraße am Bahnhof der 2004 stillgelegten Bahnstrecke Bautzen – Neukirch vorbei.

Die schmale Straße Spreetal führt am Spreetalstadion vorbei hinaus ins Grüne und folgt den Mäandern des Flusses, wechselt auf der ersten Brücke auf das rechte Ufer, passiert in **Kleindöbschütz** die Bäckerei Kuchenhäusel und wenig später den Radler-Campingplatz Radlerhaus in **Obergurig** auf einer grünen Wiese auf einer Spreeinsel.

Mal rechts, mal links der von Bäumen gesäumten Spreemäander folgt der Radweg teils autofreien Uferwegen, teils verkehrsarmen Nebenstraßen nach **Grubschütz** und erreicht kurz nach Passieren des Humboldthains **Bautzen** 11 **Ziel**.

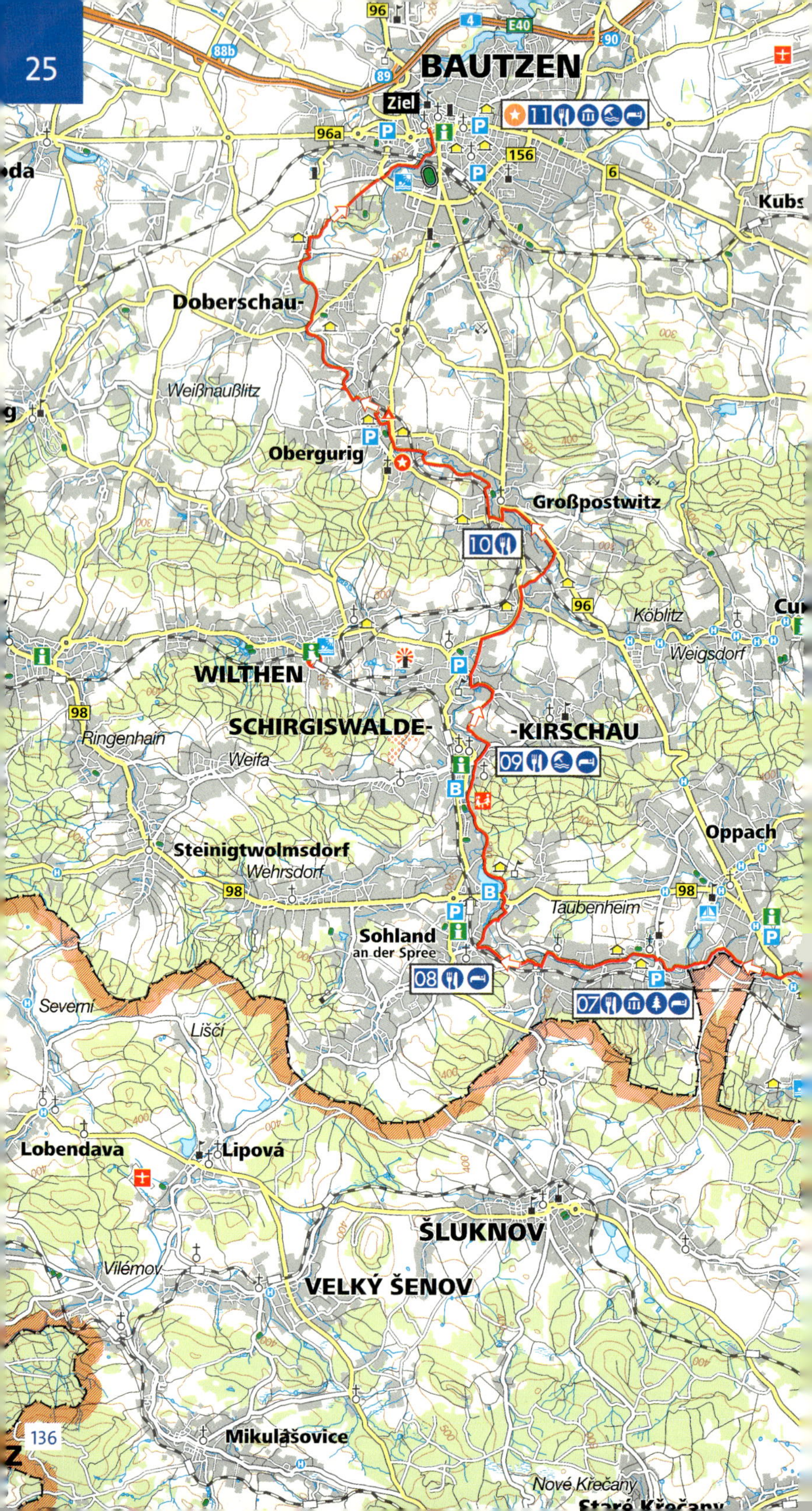
BAUTZEN
Ziel
Doberschau-
Weißnaußlitz
Obergurig
Großpostwitz
Köblitz
Weigsdorf
WILTHEN
SCHIRGISWALDE-
-KIRSCHAU
Ringenhain
Weifa
Oppach
Steinigtwolmsdorf
Wehrsdorf
Taubenheim
Sohland
an der Spree
Severní
Liščí
Lobendava
Lipová
ŠLUKNOV
Vilémov
VELKÝ ŠENOV
Mikulášovice
Nové Křečany
Kubs
Cu
oda
11
10
09
08
07
96
96a
98
156
6
4
E40
90
88b
89

WEISSENBERG
WÓSPORK
Vierkirc
178
ochkirch
6
6
LÖBAU
Lawalde
Rosenbach
rsdorf
Großschweidnitz
Schönbach
Dürr-
hennersdorf
Nieder-
cunnersdorf
-SPREMBERG
K o t t m a r
Kottmarsdorf
Obercunnersdorf
178
03
HERRNHUT
EBERSBACH-
NEUGERSDORF
05
96
02
Walddorf
04
Kottmar
Start
01
Neueibau
Leutersdorf
0
1250 m

MEISSEN – DRESDEN – PIRNA

Linkselbische Täler und Dresdner Elbtal

 48 km  4:00 Std.  180 hm  170 hm

STARTORT | Meißen, 106 m
START | Elberadweg auf der linkselbischen Seite der Altstadtbrücke am Rand der Altstadt; der Bahnhof Meißen liegt fünf Fahrradminuten entfernt.
[GPS: UTM Zone 32 x: 475.180 m y: 5.648.390 m]
ZIEL | Pirna, 110 m
CHARAKTER | Leichte Ufer- und Feldflurfahrt auf Schotter- und Klinkerwegen und Nebenstraßen.
VERKEHR | Die Route ist abseits der Ortslagen fast durchgehend autofrei.

TIPP: Mit der S-Bahn-Linie S1 Meißen – Dresden – Pirna lässt sich die Etappe als Tagestour mit Rückkehr zum Ausgangspunkt organisieren.

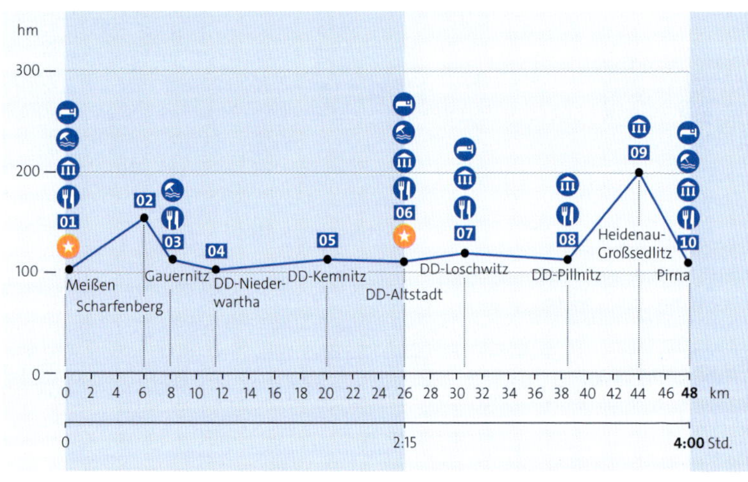

Meißen – Dresden-Altstadt / 26 km / 2:15 Std.

Start Von der Altstadtbrücke in der Porzellanstadt **Meißen** 01 folgt der Elberadweg dem Flussufer über die Mündung der Triebisch, unterquert die Eisenbahnbrücke an „Oelers Schlemmereck" und führt aussichtsreich hinaus ins Grüne, stets begleitet von der B 6. **Siebeneichen** ist Meißens Stadtteil südlich der Triebischmündung. Wahrzeichen ist das Schloss Siebeneichen, erbaut im 16. Jahrhundert von Ernst von Miltitz am südlichen Elbhang. Das Anwesen dient der Lehrerfortbildung. Tierisch geht es unterhalb von Schloss Siebeneichen im Bergtierpark zu. Im Tierpark **Siebeneichen** leben 400 Tiere aus 85 Arten. Vom kleinsten Hühnervogel der Welt über den zahmen Uhu Fritz bis hin zu kinderlieben Ponys, bunten Papageien und dem großen Sikahirschen gibt es viel zu sehen. Am Campingplatz **Rehbocktal** mit der „Rehbockschänke" verlässt der Radweg Meißen und erreicht die Großgemeinde Klipphausen. Die Gemeinde liegt im Meißner Hochland und im Elbtalkessel an den linkselbischen Tälern, zu ihnen

Schloss Scharfenberg

gehören das Saubachtal, das Prinzbachtal, das Regenbachtal, der Eichhörnchengrund und das Rehbocktal. Höchste Erhebung ist die Baeyerhöhe mit 322,3 m auf der Lampersdorfer Gemarkung, der niedrigste Punkt 100 m in der Elbtalsohle. Die artenreiche Fauna und Flora der linkselbischen Täler wird durch das milde Elbtalklima begünstigt. Demzufolge findet sich hier ein hoher Anteil Wärme liebender Arten. Lediglich auf der Wilsdruffer Hochfläche ist es kühler und windiger. Die elbseitigen Hänge sind größtenteils von Traubeneichen-Buchen-Mischwäldern bewachsen. In den schattigen Lagen der Schluchten und Täler befindet sich Ahorn-Eschenwald, die Ufer der Bachläufe säumen Erlen und Eschen. Diese Waldgesellschaften besitzen eine Bodenflora höchster Standortgüte, so gedeihen hier der Hohle Lerchensporn, das Salomonsiegel, der Haselwurz, die Einbeere und der Aronstab. Zu den bekanntesten Schlössern über

Schloßfassade Gauernitz

den linkselbischen Tälern zählt oberhalb der ehemaligen Fährstelle **Schloss Scharfenberg** 02 eine der typischen im Zuge der Festigung der Herrschaft um 1200 errichteten Burganlagen Sachsens. Das Schloss thront auf einem Felsvorsprung über dem Elbtal in der Gemarkung Pegenau mit herrlichem Blick auf das Elbtal bei Coswig und auf das Spaargebirge. Am ehemaligen Fähranleger lädt das Restaurant „Western Inn“ zur Einkehr ein. Das Schloss in **Gauernitz** 03, dessen Gründung bereits im 11. Jahrhundert erwähnt ist, wurde im 16. Jahrhundert in der noch heute bestehenden Form angelegt. Das Gebäude selbst ging aus einem Vorwerk hervor, dessen Gutshof sich an großen Rittergütern orientierte und seine heutige Gestalt im Neo-Renaissancestil gegen Ende des 19. Jahrhunderts erhielt. Vor dem Ort liegt die unter Naturschutz stehende Gauernitzer Elbinsel, eine der beiden sächsischen Elbinseln in der Gemeinde Klipphausen. Der Radweg folgt weiter dem linkselbischen Ufer, Wildberg ist der östlichste Ortsteil der Großgemeinde Klipphausen, und der Radweg erreicht an der Niederwarthaer Brücke den ersten Stadtteil von Dresden, **Niederwartha** 04. Die Niederwarthaer Brücke bietet wiederum die Möglichkeit, auf den rechtselbischen Strang des Radwegs zu wechseln. Direkt am linkselbischen Strang liegt vor der Brücke der **Haltepunkt Niederwartha** der Bahnstrecke Berlin–Dresden. Der link-

Salonschiff vor der Frauenkirche in Dresden

selbische Radweg führt durch die Elbwiesen in den von Gärten geprägten Dresdner Ortsteil **Gohlis;** um 1828 entstand die **Gohliser Windmühle,** neben der sich an der Elbe ein schöner Biergarten befindet. Von der Windmühle folgt der Radweg der Elbe in den Wiesen weiter flussaufwärts und nähert sich der Elbebrücke der A 4, für deren Errichtung 1935 ein Großteil der alten Bauernhöfe von **Kemnitz** 05 abgerissen werden mussten. In Kemnitz besteht die Möglichkeit, mit der Bahn nach Dresden weiterzufahren, während sich der Elberadweg nun der Bahnlinie und der B 6 anschließt, die Mündung der Vereinigten Weißeritz überquert, die Elbschleife am Messegelände abkürzt und beim Heinz-Steyer-Stadion am Volksfestgelände Pieschener Allee wieder die Elbe erreicht. Nach Unterqueren der Eisenbahnbrücke und der Marienbrücke ist an der Augustusbrücke das Herz der Altstadt von **Dresden** 06 erreicht. Die Augustusbrücke verbindet als vom öffentlichen Verkehr kaum genutzte Straßen- und Straßenbahnbrücke die historischen Kerne der Altstadt und der Neustadt. Südlich der Elbe befindet sich der touristisch bedeutsame Theaterplatz und kurz dahinter der Postplatz als wichtigster Straßenbahnkreuzungspunkt. Über die Augustusbrücke fahren etwa im Dreiminutentakt je Richtung mehrere Straßenlinien. Wegen der geringen Bedeutung für den Individualverkehr wird immer wieder die Sperrung für Autos und die ausschließliche Nutzung durch Straßenbahnen, Fußgänger und Fahrradfahrer diskutiert. Die aufgrund ihrer zentralen Lage rege von Touristen genutzte Brücke wird in diesem Zusammenhang oft mit der Prager Karlsbrücke verglichen, die Fußgängern vorbehalten ist.

Dresden-Altstadt – Pirna / 22 km / 1:45 Std.

Der Elberadweg führt in den Uferwiesen stromaufwärts und unterquert am Terrassenufer die **Carolabrücke** der Bundesstraße 170. Die nächste Brücke, die **Albertbrücke,** ist die östlichste der vier Elbbrücken der Dresdner Innenstadt. Benannt ist die 316 m lange Brücke nach König Albert von Sachsen. An der **Fährstelle Johannstadt** beim Biergarten „Fährgarten Johannstadt" in den Elbwiesen besteht die Möglichkeit, vom linkselbischen Radweg in Johannstadt zum rechtselbischen in der Neustadt zu fahren, gegebenenfalls auch wieder zurück. Während der Querung zwischen Johannstadt und Neustadt bietet sich ein wundervoller Blick auf die Türme und Kuppeln der historischen Innenstadt. Die nächste

Schloss Pillnitz

Brücke, die **Waldschlößchenbrücke,** überquert die Elbauen an einer ihrer breitesten Stellen; die nach dem Areal „Waldschlößchen" in der Radeberger Vorstadt benannte 636 m lange Bogenbrücke wurde nach einem Bürgerentscheid der Dresdner 2005 errichtet und kostete das Dresdner Elbtal den Status als Weltkulturerbe; seit 2013 flutet der Verkehr über die Brücke.

Mehrere Einkehrmöglichkeiten gibt es an der **Blaues Wunder** genannten **Loschwitzer Brücke** zwischen den Villen- bzw. Wohngegenden Blasewitz am linken und **Loschwitz** 07 am rechten Elbufer. Inmitten der weitläufigen Elbauen verkehrt die nächste städtische Fähre zwischen **Laubegast und Niederpoyritz** mit eindrucksvollem Blick auf die Elbwiesen im Osten und die Elbhänge im Westen. Die am weitesten stromaufwärts gelegene innerstädtische Fähre ist die **Schlossfähre.** Vor allem für Besucher der Schlossanlage **Pillnitz** 08 ist die Fährverbindung zwischen Kleinzschachwitz und Pillnitz interessant, die reizvolle Ankunft von der Wasserseite aus bietet einen imposanten Blick auf das Schloss; in Kombination mit der Straßenbahnlinie 2 bietet die Fährstelle zudem die schnellste Verbindung vom Stadtzentrum nach Pillnitz. Während der Weiterfahrt passiert der Radweg die Pillwitzer Elbinsel und erreicht Heidenau. Die **Elbfähre Heidenau-Birkwitz** bildet wiederum die Möglichkeit, auf den Elberadweg am gegenüberliegenden Ufer zu wechseln; Birkwitz ist ein Ortsteil der Nachbarstadt Pirna. Vom Anleger führt der Radweg weiter flussaufwärts, auf einem Hügel liegt der Barockpark Großsedlitz. Unterhalb der Parkanlage befindet sich an der S-Bahnlinie Dresden – Bad Schandau – Schöna der Haltepunkt **Heidenau-Großsedlitz** 09. Hier beginnt der Schlussspurt in die Canalettostadt **Pirna** 10 **Ziel**.

Das Residenzschloss in Dresden

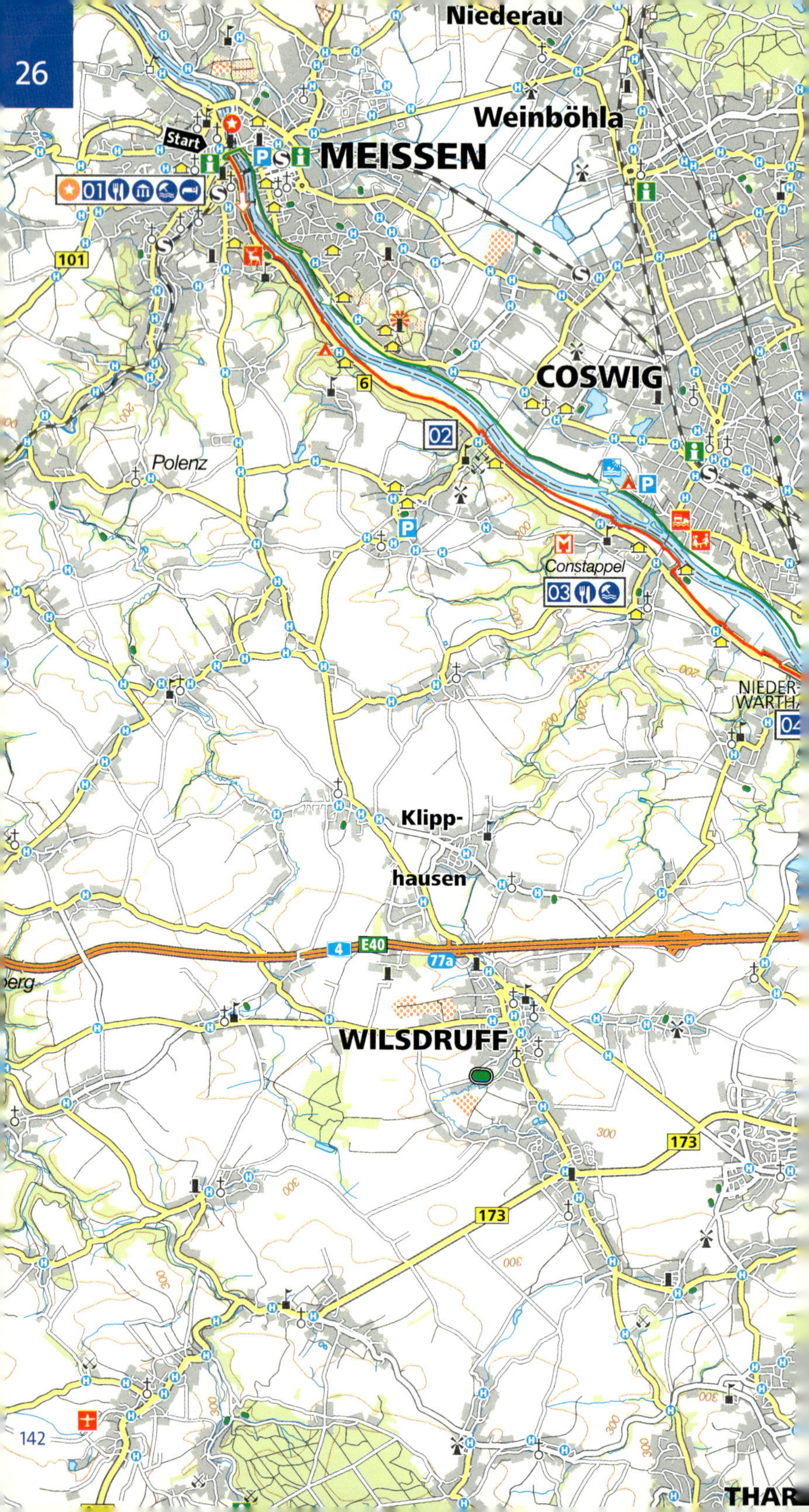
Niederau
Weinböhla
Start
MEISSEN
01
101
6
02
COSWIG
Polenz
Constappel
03
NIEDER-
WARTHA
04
Klipp-
hausen
4
E40
77a
WILSDRUFF
173
173
THAR

Medingen
Moritzburg
Flughafen Dresden
RADEBEUL
DRESDEN
KEMNITZ
Bannewitz
TAL
0 1000 m

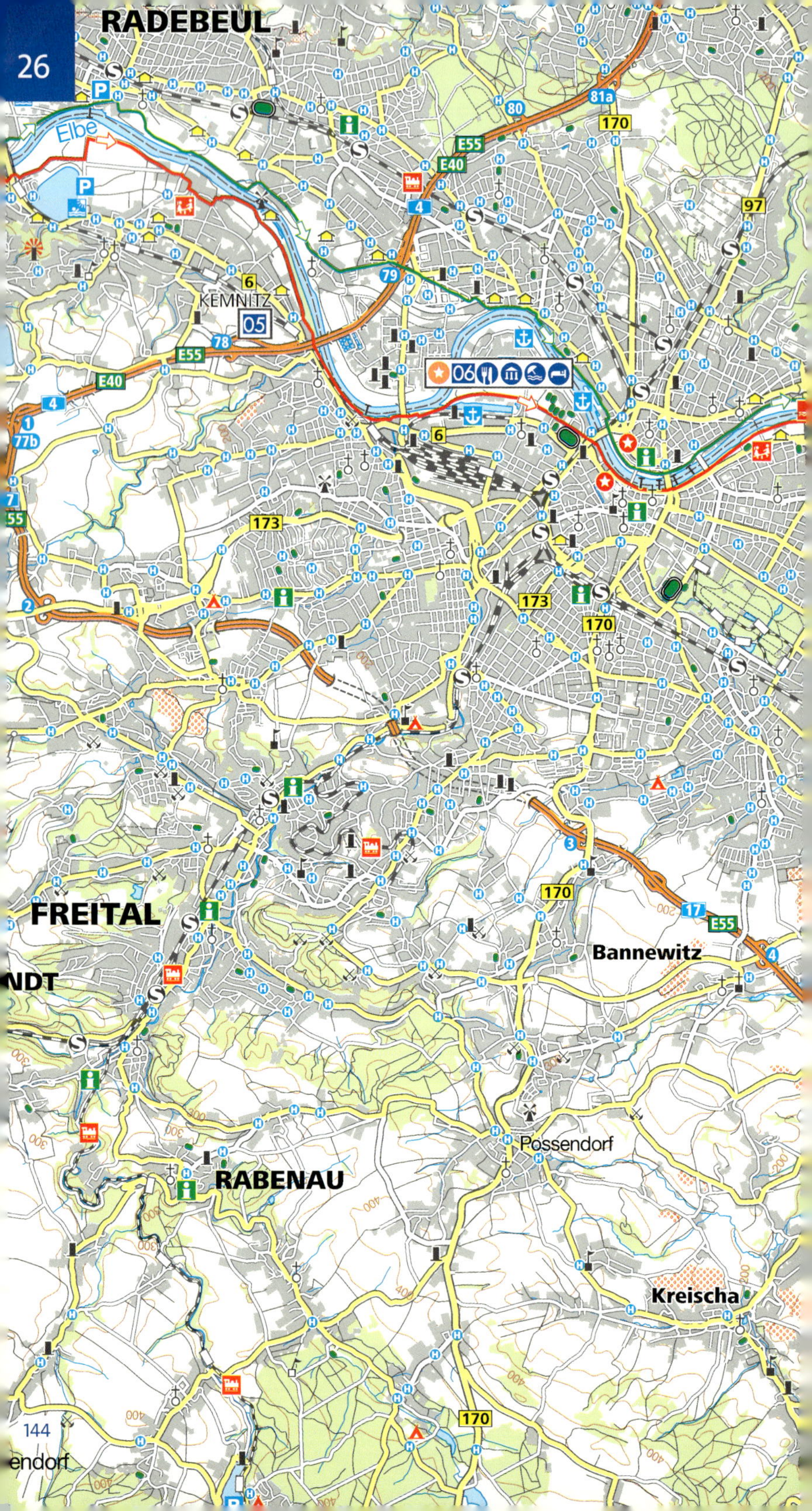
RADEBEUL
Elbe
KEMNITZ
05
06
FREITAL
Bannewitz
Possendorf
RABENAU
Kreischa
NDT
endorf

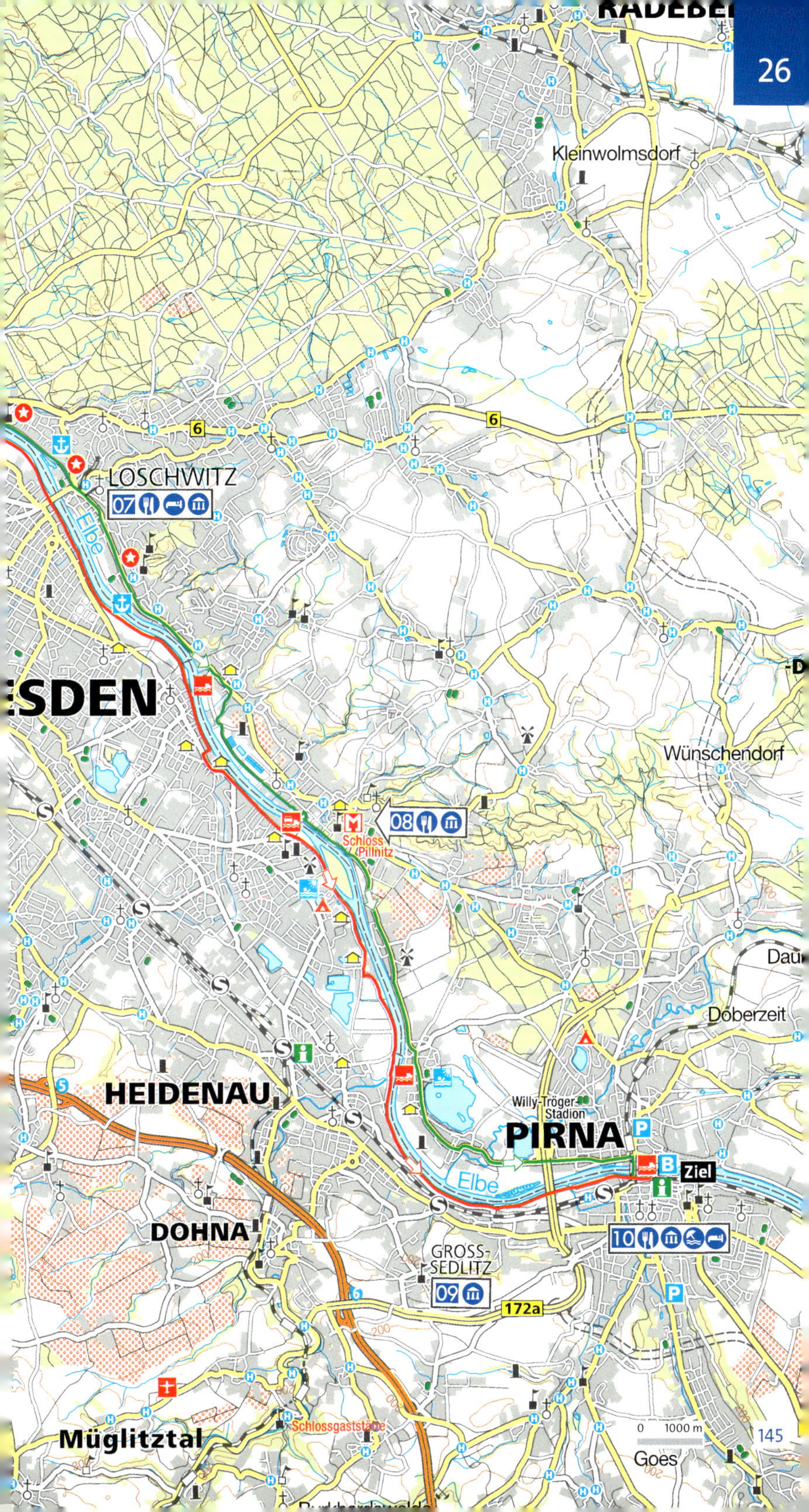

RADEBE
Kleinwolmsdorf
LOSCHWITZ
07
Elbe
ESDEN
Wünschendorf
08
Schloss Pillnitz
Dau
Doberzeit
HEIDENAU
Willy-Tröger-Stadion
PIRNA
Ziel
Elbe
10
DOHNA
GROSS-SEDLITZ
09
172a
Schlossgaststätte
Müglitztal
0 1000 m
Goes

PIRNA – BAD SCHANDAU – SCHÖNA

Durch die Felsenwelt der Sächsischen Schweiz

 32 km  3:00 Std.  280 hm  280 hm

STARTORT | Pirna, 110 m
START | Elbpromenade/Elbspielplatz vor der Altstadt von Pirna am Ende der Brückenstraße/vor der Straße Am Zwinger, hier der Zwinger-Parkplatz. [GPS: UTM Zone 32 x: 425.183 m y: 5.646.404 m]
ZIEL | S-Bahnhof Schöna in Reinhardtsdorf-Schöna, 135 m.
CHARAKTER | Leichte Streckenfahrt in der Hauptwindrichtung auf überwiegend asphaltierten, nahezu steigungsfreien Wegen.
VERKEHR | Die Route ist abseits der Ortslagen fast durchgehend autofrei.

TIPP: Rückkehr per Bahn. Dank der zahlreichen S-Bahnhöfe lässt sich die Tour beliebig verkürzen, die Anbindung an Wanderwege ermöglicht zudem reizvolle Abstecher zu Fuß.

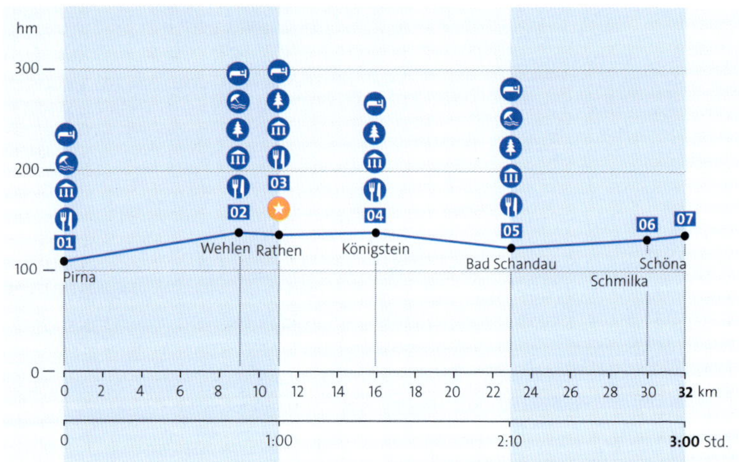

Pirna – Rathen / 11 km / 1:00 Std.

Start Von **Pirna** 01, dem Tor zur Sächsischen Schweiz, folgt der Elberadweg parallel zur Bahnlinie dem Südufer des Flusses autofrei flussaufwärts zum S-Bahnhof **Obervogelgesang** im gleichnamigen Pirnaer Ortsteil; auf der Elbwiese unterhalb von Bahnhof und Gasthof befindet sich ein Rastplatz mit Blick auf die bewaldeten Steilhänge des Elbtals. Autofrei geht es mit Aufblicken in die faszinierenden Felsenwelten des Elbsandsteingebirges weiter flussaufwärts, kurz nach Passieren des Wehlener Erlebnisbads erreicht der Radweg den S-Bahnhof **Stadt Wehlen** 02 in **Pötzscha.** Hier besteht die Möglichkeit, mit der Fähre in das pittoreske Elbstädtchen Wehlen überzusetzen, wo sich die **Radfahrerkirche Wehlen** befindet: Radfahrergottesdienste, Ausstellungen, Orgelkonzerte, Sommermusiken – hier ist von April bis Oktober immer etwas los. In Wehlen bietet es sich an, auf dem autofreien Nordufer zu bleiben, es geht am Fuß der Felswände am Rand des Nationalparks ins autofreie **Niederrathen,** dem Hauptausgangspunkt für Nationalparkwanderungen.

Ein Hauch von Venedig?

Der Hauptstrang des Elberadwegs verlässt Pötzscha auf der Bahnhofstraße und führt zu Füßen des Rauensteinmassivs mit herrlichen Ausblicken zum S-Bahnhof **Kurort Rathen** 03 in **Oberrathen;** hier besteht die Möglichkeit, mit der Fähre in den autofreien Kurort überzusetzen und Ausflüge zu gleich mehreren der berühmtesten Stellen der Sächsischen Schweiz zu unternehmen: Amselgrund, Schwedenlöcher und Bastei.

Rathen – Bad Schandau / 12 km / 1:10 Std.

Von Oberrathen führt der Elberadweg in straßenferner Panoramafahrt am Südufer weiter; Hauptblickfang ist der monumentale Lilienstein, zum S-Bahnhof **Königstein** 04 am Fuß der gleichnamigen Felsenfestung, einer Hauptsehenswürdigkeit der Sächsischen Schweiz. Hier geht es, um der Nähe der Bundesstraße zu entfliehen, mit der Fähre in den Weiler **Halbestadt** ans ruhige Nordufer, wo der Lilienstein den Fluss zu einer großen Schleife zwingt. Zu Füßen des Liliensteins führt der Radweg flussaufwärts in den Elbhafenort **Prossen,** Ortsteil von Bad Schandau, und – vorbei an der einzigen Elbstraßenbrücke der Sächsischen Schweiz oberhalb von Pirna – in den Kneippkurort **Bad Schandau** 05 an der Mündung der Kirnitzsch. Hier befindet sich das Nationalparkzentrum Sächsische Schweiz mit einer Ausstellung über

Aufblick zum Zirkelstein

Fassade eines Hauses in Bad Schandau

die Nationalparks Sächsische Schweiz und Böhmische Schweiz (Achtung: In Bad Schandau gibt es zwei Fähren: Den Bahnhof am linken Elbufer steuert die erste Fähre an, die Bahnhofsfähre).

Bad Schandau – Schöna / 9 km / 0:50 Std.

Vom Elbkai in Bad Schandau führt der Elberadweg auf der Promenade am Nordufer des Stroms an den Ausflugsdampfer-Anlegestellen vorbei flussaufwärts. Nach Überqueren der Kirnitzsch zieht der **Ostrauer Aufzug** alle Blicke auf sich; dieses unter Denkmalschutz stehende öffentliche Verkehrsmittel transportiert auch Fahrräder. Während der Fahrt am Nordufer wird man sich bald überlegen, ob man hier tatsächlich die Fahrt neben der Bundesstraße fortsetzen will. Wenn nicht, von **Postelwitz** pendelt eine Wander- und Fahrradfähre nach **Krippen,** wo sich ein S-Bahnhof befindet. Ab Krippen folgt

Wolken über dem Kirnitzschtal

Blick von Königstein zum Lilienstein über dem Elbtal

der Elberadweg vorübergehend dem Caspar-David-Friedrich-Wanderweg. Dieser kulturhistorische Wanderweg folgt den Spuren des Landschaftsmalers von Krippen zur Kaiserkrone, einem der besten linkselbischen Aussichtssteine der Sächsischen Schweiz. Friedrich flüchtete 1813 während der napoleonischen Kriege, denen bis dahin schon mehr als 10 Millionen Menschen zum Opfer gefallen waren, nach Krippen – und musste erleben, wie Napoleon mit seiner Soldateska an der Elbe auftauchte. Dies bestärkte Friedrich noch mehr, verschlüsselte Bilder zu malen und auf seine Weise gegen den Imperialismus und die napoleonische Fremdherrschaft zu protestieren. Am Elbufer von Krippen steht zwischen Bahntrasse und Fähranleger die erste von elf Informationstafeln des Caspar-David-Friedrich-Wanderwegs. Er folgt dem Elbufer auf dem Elberadweg aussichtsreich flussaufwärts – über dem Nordufer zeigt sich die imposante Felskette der Schrammsteine. Schon bald ist der kurze Abstecher zur **Kleinen Bastei** im bewaldeten Steilhang ausgeschildert, sie bietet einen vorzüglichen Blick auf Bad Schandau, die Schrammsteine und zum Winterberg. Die Schrammstein-Kette zwischen Kirnitzschtal und Elbe ist das größte zusammenhängende Felsrevier der Sächsischen Schweiz mit einmaligen Ausblicken auf nahezu das gesamte Elbsandsteingebirge bis weit nach Böhmen hinein. Anders als die berühmtere Bastei sind die Schrammsteine nur im Rahmen einer steilen Wanderung erreichbar.

Wenn sich der Wanderweg in die Bergflanke verabschiedet, bleibt der Elberadweg am Elbufer und führt zum Fähranleger beim S-Bahnhof **Schmilka-Hirschmühle** 06. Alle diejenigen, die dem Nordufer längs der Bundesstraße gefolgt sind, wechseln hier auf die Südseite des Flusses.

Hier erreicht der Elberadweg wenig später seinen Endpunkt in Deutschland, den S-Bahnhof **Schöna** 07 kurz vor der tschechischen Grenze **Ziel**.

Fähranlegestelle in Niederrathen

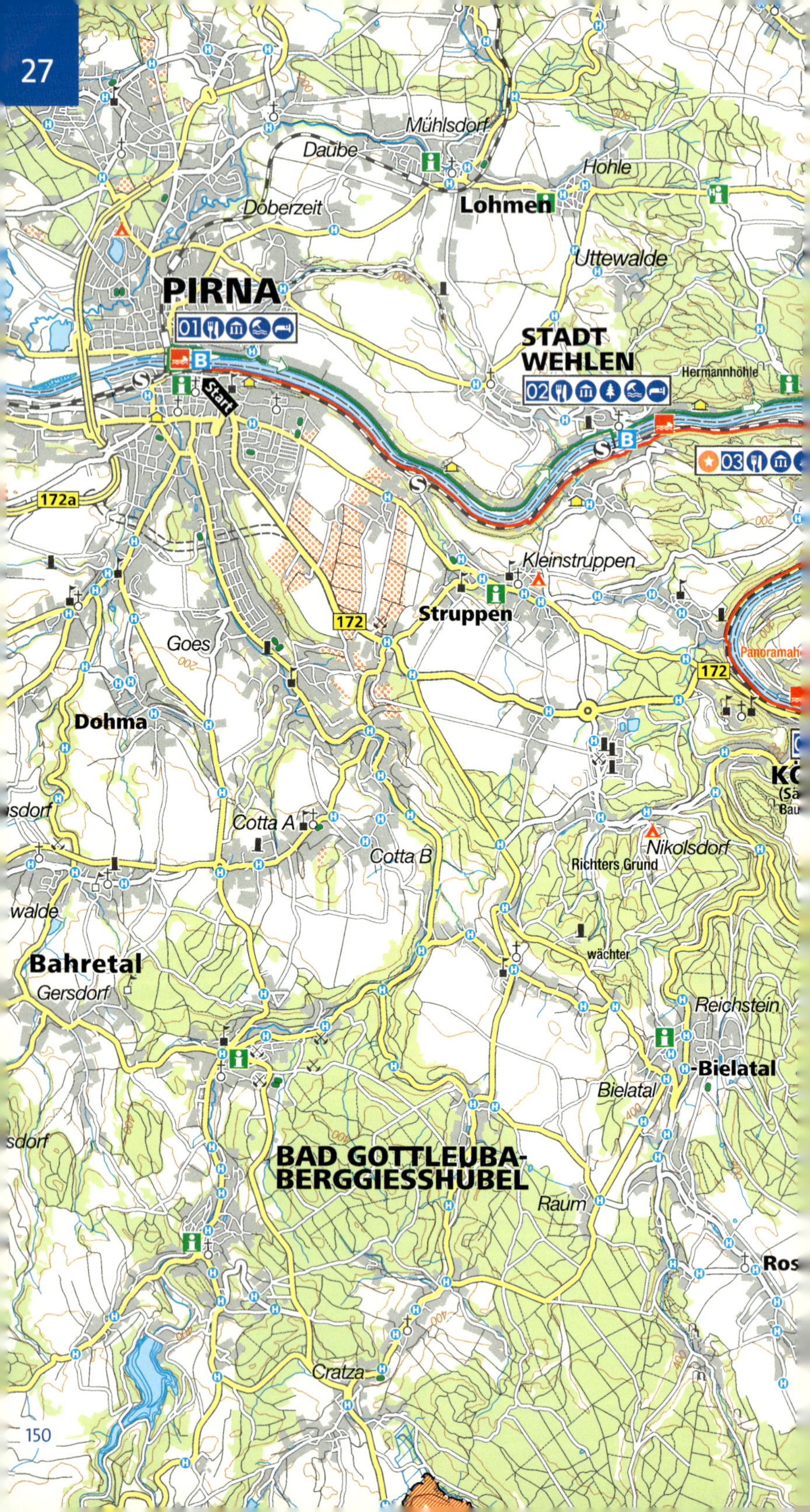
Mühlsdorf
Daube
Hohle
Lohmen
Doberzeit
Uttewalde
PIRNA
01
STADT
WEHLEN
Hermannhöhle
02
Start
03
172a
Kleinstruppen
Struppen
172
Goes
Panoramah
172
Dohma
Cotta A
Cotta B
Nikolsdorf
Richters Grund
walde
Bahretal
Gersdorf
wächter
Reichstein
-Bielatal
Bielatal
BAD GOTTLEUBA-
BERGGIESSHÜBEL
Raum
Cratza

Rolligs Kinderhof
HOHNSTEIN
Gautschgrotte
Dolní Poustevna
Kurort Rathen
bahnroute
Rathmannsdorf
Prossen
BAD SCHANDAU
05
172
Gohrisch
Kurort Gohrisch
Kleinhennersdorf
Reinhardtsdorf
Papstdorf
Cunnersdorf
Reinhardtsdorf-Schöna
Schöna
06
Kleingießhübel
Ziel
07
Hřensko
Zur Waldschänke
Janov
Labská Stráň
62
Trekkinghütte
Trekkinghütte Willy's Ruh
Arnoltice
0 1000 m
151
Byn

ZITTAU – GÖRLITZ

Perlen sächsischer Architektur

 39 km  3:15 Std.  5 hm  55 hm

STARTORT | Zittau
START | Zittau, Friedensstraße, Mandaubrücke, 235 m
[GPS: UTM Zone 32 x: 425.183 m y: 5.646.404 m]
ZIEL | Görlitz, Altstadtbrücke, 185 m
CHARAKTER | Nach einem verkehrsreichen Start in Zittau teils unbefestigte Wege. Schließlich folgen wir Radwegen, Nebenstraßen und fahrbahnbegleitend der B 99 bis nach Görlitz.
VERKEHR | Nach sehr verkehrsreichem Start sind wir auf ruhigen Radwegen und Nebenstraßen, aber auch fahrbahnbegleitend an der B 99 unterwegs.

TIPP: Rückkehr per Bahn.
Besichtigung des barocken Klosterstifts St. Marienthal und von Görlitz, sicher eine der schönsten deutschen Städte. Ein besonderes Highlight in Zgorzelec ist die Oberlausitzer Ruhmeshalle.

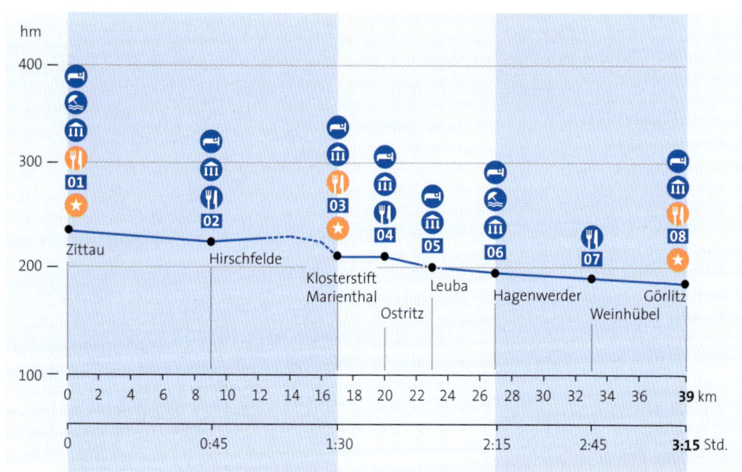

Zittau – Kloster Marienthal / 17 km / 1:30 Std.

Start Von der Mandaubrücke in **Zittau** **01** folgen wir der Friedensstraße etwa 50 m in Richtung Zentrum und schwenken dann rechts in die verkehrsreiche Brückenstraße ein. Auch nach der lang gezogenen Linkskurve und der Querung des Bahnübergangs bleibt die Route auf der Vorfahrtsstraße. Nach ungefähr 1,5 km stoßen wir auf eine Ampelkreuzung und biegen hier rechts fahrbahnbegleitend in Richtung „Görlitz“ ein. Geradeaus auf dem Radweg neben der Straße verlaufend erreicht die Tour nach einer kleinen Brücke auf der Höhe des Friedhofs den Abzweig unseres Radweges von der Görlitzer Straße. Hier orientieren wir uns entsprechend der Beschilderung in Richtung „Hirschfelde“. Schon 200 m weiter hält sich die Route an der unscheinbaren (!) Gabelung links und bleibt so leider nahe der geräuschvollen B 99. Bald radeln wir auch direkt neben der Bundesstraße, passieren den

Ortsausgang von Zittau und kreuzen auf holprigem (!) Untergrund eine Bahnstrecke. Unweit des Abzweiges nach Drausendorf wird der Ortseingang von Hirschfelde erreicht. Linker Hand fällt das mächtige Backsteingebäude des alten Kraftwerks ins Auge. Kurz vor der Bäckerei Rönsch schwenken wir rechts in die Komturgasse ein. Nicht nur hier schmückt sich **Hirschfelde** 02 mit einer ganzen Zahl sehr schöner Umgebindehäuser. Bei der Kirche hält sich unsere Route links (Straße der Jugend) und an der nahen Verzweigung rechts in die Dr.-Külz-Straße. Nur 30 m weiter biegen wir links auf die Görlitzer Straße ein, an welcher unser Radweg etwa 200 m fahrbahnbegleitend entlangführt. Dann schwenkt die Route rechts in die Flachsspinnereistraße ein. Schon im nahen Ortsteil Rosenthal verlässt sie diese in einer ansteigenden Linkskurve und verläuft geradeaus auf dem Neißetalweg weiter. Gleich wird das Veranstaltungshaus Alte Wäscherei passiert, wo man sich ein Eis oder einen Imbiss in der Fleischerei gegenüber gönnen kann. Auf unbefestigtem und schattigem Weg radeln wir nun direkt an der Neiße entlang, unterqueren mehrmals eine Bahnlinie und werden durch die Grenzpfähle daran erinnert, dass das jenseitige Ufer bereits zu unseren polnischen Nachbarn gehört. Durch das idyllische Waldgebiet gelangen wir endlich zum grandiosen **Klosterstift Marienthal** 03, für dessen Besuch ausreichend Zeit eingeplant werden sollte.

Umgebindehaus in Hirschfelde

Kloster Marienthal – Hagenwerder / 10 km / 0:45 Std.

Durch das Klosterhoftor nahe der Statue von Papst Johannes Paul II. wird das großartige Ensemble verlassen. Hinter dem zweiten Tor wählen wir das Verkehrssträßchen gleich beim gastlichen Biergarten der Klosterschenke. An der Gabelung nach 50 m orientiert sich die Route links in die Klosterstraße, die von zahlreichen Umgebindehäusern gesäumt ist. Unweit der Kirche biegen wir in einer markanten Linkskurve rechts in die Julius-Rolle-Straße ein und gelangen schließlich zum Markt von **Ostritz** 04. Hier setzt sich die Tour direkt gegenüber auf der Von-Schmitt-

Ein erster Blick auf das Kloster Marienthal

Neißealtarm

Straße fort und führt dann geradeaus am Café Giersch vorbei. Erst an der Bahnhofstraße schwenkt die Route links, bevor sie bei Haus Nr. 42 rechts in die Edmund-Kretschmer-Straße biegt. Die Zufahrt zur Kläranlage wird gerade überquert. In weiten Schwüngen verläuft unser Weg nun durch die fruchtbare Neißeniederung. Das letzte Stück vor **Leuba** 05 wird fahrbahnbegleitend neben der B 99 zurückgelegt, die Ortsdurchfahrt selbst ist leider nur auf der Bundesstraße möglich.Erst am Ortsausgang stoßen wir wieder auf einen Radweg rechts der Straße. An einem Querweg ein Stück nach dem Wasserwerk hält sich die Tour rechts, überschreitet einen Bahnübergang und passiert schließlich einen Badesee und den Campingplatz Hagenwerder linker Hand. Rechts erstreckt sich ein Kiessandtagebau. Wenig später stoßen wir auf eine Pflasterstraße und halten uns hier 20 m nach rechts, nur um dann gleich wieder links auf einen Radweg einzuschwenken. Beim Sportzentrum kreuzen wir eine Vorfahrtsstraße und biegen dann 200 m weiter und nur 20 m vor der B 99 auf einen Radweg rechts ein. Auf der Radfahrer- und Fußgängerbrücke überqueren wir die Gaule und lassen uns dann in **Hagenwerder** 06 von der Karl-Marx-Straße geradeaus leiten.

Hagenwerder – Görlitz / 12 km / 1:00 Std.

Beim Haus Karl-Marx-Straße Nr. 20 schwenkt die Route rechts in die August-Bebel-Straße und gleich wieder links in die Straße der Freundschaft. Danach folgen wir rechts der Müntzer- und links der Friedensstraße. Etwa 100 m vor der B 99 orientiert sich die Tour nach rechts auf einen Radweg. Links fällt die Wasserfläche des als Naherholungsgebiet genutzten, fast 1000 ha großen und über 70 m tiefen Berzdorfer Sees auf, eines gefluteten ehemaligen Braunkohletagebaues. Das Gewässer markiert den südöstlichsten Ausläufer des Lausitzer Seenlandes. Rechts schweift der Blick über die Neißeaue, während voraus die

Das Lausitzer Seenland

Durch die Flutung der stillgelegten Tagebaue des Lausitzer Braunkohlereviers entsteht bis 2018 das viertgrößte Seengebiet Deutschlands. Seine Ausdehnung reicht im Norden bis zu den Gewässern nahe des brandenburgischen Calau, nahe Görlitz markiert der Berzdorfer See den äußersten südöstlichen Punkt. Im Zentrum des Gebietes bildet die Lausitzer Seenkette mit dem bekannten Senftenberger See den Kern des Lausitzer Seenlandes.

Die Görlitzer Obermühle

zahlreichen Türme von Görlitz locken. Schließlich radeln wir fahrbahnbegleitend entlang der Bundesstraße. Bei den ersten Häusern des Görlitzer Ortsteils **Weinhübel** 07 wird das Gasthaus Zur Landskrone erreicht. Hier halten wir uns rechts in die Posottendorfer Straße und biegen dann nach 300 m links auf den Radweg ein. Wir radeln durch den alten Dorfkern und folgen nur kurz der Straße, bevor die Route rechts auf den Weg An den Neißewiesen schwenkt. Auf dem schmalen Asphaltband gelangen wir zu einem umzäunten Trinkwasserschutzgebiet. Dort biegt unser Routenverlauf bei einem Tor rechter Hand markiert nach links ein. An der B 99 radeln wir kurz rechts weiter, biegen dann aber gleich wieder rechts in das Sträßchen Am Wasserwerk ein. Nur 50 m weiter folgen wir einem Radweg nach links. Unser Tourenverlauf passiert einen Sportplatz und wird auf dem nächsten Streckenabschnitt vom Neißealtarm-Biotop begleitet. Nach einem Bahnviadukt ist bereits die **Görlitzer Obermühle** direkt am Fluss zu sehen. Allerdings halten wir uns 100 m hinter der Eisenbahnbrücke an einer Gabelung links bergan und stoßen auf die verkehrsreiche Dr.-Kahlbaum-Allee. Ein kurzes Stück geht es fahrbahnbegleitend an ihr entlang, dann orientiert sich die Route rechts auf die Brückenstraße. Nach wenigen Pedaltritten geht es rechts in die Furtstraße, die sich als Radweg fortsetzt. Am Querweg halten wir uns links, fahren unter der Grenzbrücke ins polnische Zgorzelec hindurch und folgen nach einem Rechtsschwenk der Uferstraße mit Blick auf die Häuser der polnischen Schwesterstadt. An der Altstadtbrücke, einst zum Ende des Zweiten Weltkriegs zerstört und 2004 wieder eröffnet, zu Füßen der imposanten St.-Peter- und Paul-Kirche endet die Etappe in **Görlitz** 08 **Ziel**.

Über die Neißestraße rechter Hand ist in wenigen Minuten der Untermarkt und, wenige Schritte weiter, der Obermarkt mit der Touristeninformation erreicht. Beides sind hervorragende Ausgangspunkte für die Erkundung der mehr als sehenswerten Altstadt.

St.-Peter- und Paul-Kirche in Görlitz

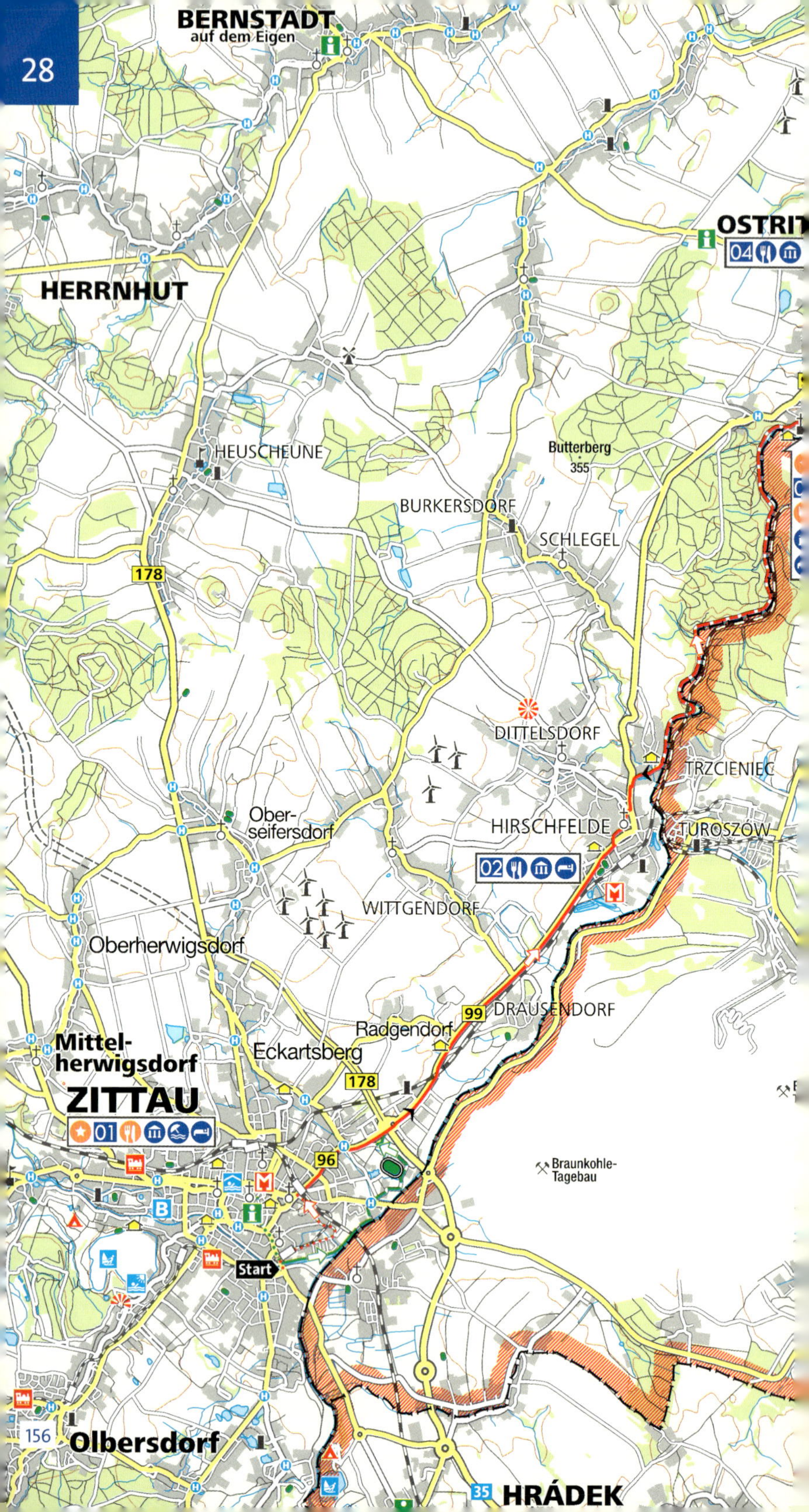
BERNSTADT
auf dem Eigen
OSTRIT
04
HERRNHUT
HEUSCHEUNE
Butterberg
355
BURKERSDORF
SCHLEGEL
178
DITTELSDORF
TRZCIENIEC
Ober-
seifersdorf
HIRSCHFELDE
TUROSZÓW
02
WITTGENDORF
Oberherwigsdorf
99
DRAUSENDORF
Radgendorf
Mittel-
herwigsdorf
Eckartsberg
178
ZITTAU
01
96
Braunkohle-
Tagebau
B
Start
156
Olbersdorf
35
HRÁDEK

Schöpstal
Girbigsdorf
GÖRLITZ
Ziel
Łagów
ZGORZELEC
kersdorf
08
09
fendorf
WEINHÜBEL
07
KUNNERWITZ
Tylice
KLEIN NEUNDORF
auernick-
-Buschbach
Berzdorfer See
99
Osiek Łużycki
Sulików
TAUCHRITZ
HAGEN-WERDER
06
Radomierzyce
05
LEUBA
Neiße
Ręczyn
OSTRITZ
04
KRZEWINA
Habartice
Černe
BRATKÓW
Andělka
POSADA
03
0 1000 m

GÖRLITZ – ROTHENBURG/OBERLAUSITZ

Von der „Östlichsten Stadt“ zum „Östlichsten Städtchen“

 28 km  2:30 Std.  60 hm  80 hm

STARTORT | Görlitz
START | Görlitz, Altstadtbrücke, 185 m
[GPS: UTM Zone 32 x: 499.510 m y: 5.667.400 m]
ZIEL | Rothenburg/Oberlausitz, Markt, 165 m
CHARAKTER | Radwege entlang der Neiße oder durch Wald und Flur wechseln sich ab mit Ortspassagen und einigen längeren fahrbahnbegleitenden Abschnitten. Stärkeres Auf und Ab nur am Start und Ende der Etappe; bei Klingewalde kurzer unbefestigter Abschnitt.
VERKEHR | Stadtverkehr in Görlitz und mäßiger Verkehr auf einigen fahrbahnbegleitenden Strecken.

TIPP: Rückkehr per Bahn.
Wer mit Kindern radelt, sollte einen Abstecher auf die Kulturinsel Einsiedel, einem fantasievollen Freizeitpark, unternehmen. Geruhsamer ist sicher ein Spaziergang im Rothenburger Stadtpark, der sich besonders während der Rhododendronblüte in ein Blütenmeer verwandelt.

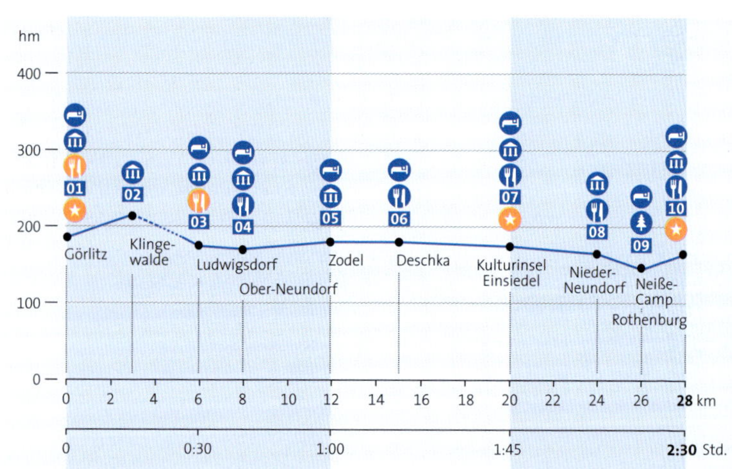

Görlitz – Zodel / 12 km / 1:00 Std.

Start Wir starten diese Etappe an der Altstadtbrücke in **Görlitz** 01 unterhalb der St.-Peter- und Paul-Kirche und folgen der Hotherstraße neißeaufwärts. Nach 200 m überqueren (!) wir die Vorfahrtsstraße schräg nach rechts versetzt und radeln auf der Großen Wallstraße weiter. Auf dieser kreuzt die Route zwei Querstraßen und schwenkt erst unterhalb der Nikolaikirche rechts in die Finstertorstraße ein. Durch letzteres, 1455 als Tor beim Totenwächter erstmals erwähnt, führt die Tour hindurch. Gleich nebenan fällt am Fachwerkhaus die Inschrift „1666 – L.S.B.“ auf. Das Initialienkürzel verweist auf einen Görlitzer Scharfrichter, der einst das Gebäude bewohnte. Schon seit 1571 waren Angehörige dieses Berufsstandes hier untergebracht (außerhalb der Mau-

Wiesenbiotop bei Ober-Neundorf

ern, da unehrenhaft). Dahinter geht es auf dem Ziegeleiweg links weiter. Wir erklimmen die Anhöhe beim Friedhof, überschreiten eine Vorfahrtsstraße gerade, halten uns dann an der kleinen T-Kreuzung rechts, queren am Ortsrand von **Klingewalde** 02 die Birkenallee und radeln geradeaus auf der Straße An der alten Ziegelei weiter. Hinter dem Dorfteich orientiert sich der Tourenverlauf an der Vorfahrtsstraße links, schwenkt dann allerdings bereits nach 200 m rechts auf einen holprigen, unbefestigten Weg ein (Vorsicht bei Nutzung eines Rennrades!). Leicht geht es bergan, bevor sich die Route abwärts der A 4 annähert. Vor dieser biegen wir rechts und nutzen dann gleich links die Autobahnunterführung. Am Schäfereiweg biegt unsere Route rechts ein und hält sich dann an der Stoppstraße links. Auf der mäßig bis stark befahrenen Straße radeln wir durch **Ludwigsdorf** 03, passieren das Gasthaus Zum Gerichtskretscham („Kretscham" steht in der Oberlausitz für den ehemaligen Sitz des Dorfgerichts) und biegen dann beim Feuerwehrhaus weg von der Hauptstraße rechts auf die Neißetalstraße ein. Bald lädt die historische Kunstmühle mit schönem Biergarten zum Verweilen ein. Wenig

Kirche Ludwigsdorf

Die Geheime Welt von Turisede

später lohnt ein Stopp bei der Kirche aus dem 12. Jh., auch wegen des wieder entdeckten und neu eingebauten spätromanischen Südportals. Die Säulenkapitelle weisen Vogeldarstellungen auf. An der Nordseite des Kirchturms befindet sich die etwa 1710 angebaute Frombergsche Gruft. An der Kreuzung mit der Durchgangsstraße geht es auf der Rothenburger Landstraße rechts weiter. In **Oberneundorf** 04 wird die Pension Neundorfer Hof und wenig später das Bäckereicafé passiert. Durch den nächsten Ort **Zodel** 05 radeln wir fahrbahnbegleitend links bzw. rechts der Straße.

Zodel – Die Geheime Welt von Turisede / 8 km / 0:45 Std.

Kurz hinter dem Ortsausgangsschild von Zodel schwenkt die Route rechts auf ein verkehrsberuhigtes Sträßchen ein, das schon nach 100 m in einen Radweg übergeht. Parallel zur Landstraße fahrend gelangen wir nach **Deschka** 06. An

Wölfe in der Lausitz

Im kleinen Steinbach nördlich von Rothenburg stößt neben dem Frosch-Radweg auch der 2008 eingerichtete Wolfsradweg auf das Neißetal. Letzterer verbindet mit einer Länge von 43 km die Radwege an Spree und Neiße. Thematisch wird auf den Spuren der Oberlausitzer Wölfe geradelt, die hier seit etwa 1996 wieder heimisch geworden sind. Damit haben sie sich, aus Polen kommend, erstmals seit rund 100 Jahren wieder in Deutschland angesiedelt. Der Truppenübungsplatz Oberlausitz mit seiner Kernregion in der Muskauer Heide bot dazu ideale Voraussetzungen. Die ersten Welpen wurden hier im Jahre 2000 geworfen. Seitdem konnte ein stetiges Ansteigen der Anzahl der Rudel verzeichnet werden. Anfang 2012 ging man im Lausitzer Gebiet von 9 Wolfsrudeln und einem Wolfspaar aus. Im Sommer zuvor wurden mindestens 34 Welpen geboren.

Die Sorben – das kleinste der slawischen Völker

Die den Westslawen zuzuordnenden Sorben der Ober- und Niederlausitz siedelten sich bereits im 7. Jh. im Zuge der Völkerwanderung in der Region an. Neben Dänen, Friesen sowie Sinti und Roma gehören sie zu den anerkannten nationalen Minderheiten in Deutschland. Während in der brandenburgischen Niederlausitz etwa 20.000 Niedersorben zu Hause sind, leben in der sächsischen Oberlausitz etwa doppelt so viele. Entsprechend dieser regionalen Unterteilung werden auch zwei Schriftsprachen unterschieden. Das dem Polnischen verwandte Niedersorbische zählt nur noch 7.000 Sprecher und gilt deshalb als in hohem Maße bedroht. Mehr als doppelt so viele Lausitzer sprechen das Obersorbische, das der tschechischen und slowakischen Sprache nahe steht. Allerdings gibt es nur vergleichsweise wenige Sorben, die auch im Alltag sorbisch sprechen.

der BHS im Ort biegt die Tour links in die Auenstraße ein. Nach etwa 600 m orientieren wir uns nach rechts auf einen Asphaltweg, der uns durch die lichte Wald- und Feldlandschaft führt. Geradeaus radelnd wird nun am Waldrand eine von der Kulturinsel Einsiedel gestaltete Holzbrücke über die Bahnstrecke gequert. Etwas später hält sich die Route an einer Kreuzung nahe einer Schutzhütte rechts (dabei sollten die versteckt im Wald aufgestellten Holzskulpturen nicht übersehen werden) und stößt auf die Straße. Wir radeln nach links und kommen gleich an der früheren Kulturinsel Einsiedel, heute der **Freizeitpark** **Die Geheime Welt von Turisede** 07, vorbei (Eingang bei der BHS). Seit 1990 ist hier nach den Vorstellungen von Jürgen Bergmann aus einem ehemaligen Waldbauernhof ein Areal entstanden, das mit eigenwilligen und fantasivoll-fantastischen Holzobjekten, Baumhütten und -hotels, Spiellandschaften und Tiergehegen zum Besuch einlädt.

Die Geheime Welt von Turisede – Rothenburg / 8 km / 0:45 Std.

Nach einem kurzen fahrbahnbegleitenden Wegstück orientiert sich unsere Tour kurz vor den Häusern von Kahlemeile rechts, nähert sich noch einmal der Straße an und biegt dann erneut von ihr weg (Achtung! Kurze Steilabfahrt hinab zur ruhig fließenden Neiße!). Ausgedehnte Weiden begleiten unseren kurvenreichen Weg nach **Niederneundorf** 08 und zur Durchgangsstraße. Diese kreuzen wir gerade und folgen der Gasse Viebicht. Nach den letzten Häusern schwenkt die Route rechts in das Sträßchen Am Taubenhügel. Diesem folgen wir bis zur großen Straße nahe dem Ortsausgang und überqueren sie leicht nach links versetzt. Das markierte Gässchen geht in einen asphaltierten Radweg über, der uns wieder hinab zu den ausgedehnten Neißewiesen bringt. Nahe dem **Neiße-Camp** 09, dem östlichsten Zeltplatz Deutschlands, halten wir uns am Querweg rechts. Entlang des Flusses und vorbei am Bootssteg wird der Stadtrand von Rothenburg, ihrerseits die östlichste deutsche Kleinstadt, erreicht. Die Route überschreitet den Neißedamm und folgt dann geradeaus und recht steil bergan der Mühlstraße in den Ort. Beim Haus Nr. 2 geht es geradeaus auf dem Radweg weiter. Gleich stehen wir auf dem schönen Markt des Städtchens, wo der Freisitz des Ratskellers zur Einkehr lockt. So lässt sich das schöne Marktplatzensemble des zu Beginn des 13. Jahrhunderts gegründeten Städtchens **Rothenburg/Oberlausitz** 10 am besten genießen **Ziel**.

Vom Markt sind es nur wenige Meter über die Brunnengasse bis zum **Stadtpark**, dessen Anfänge als Schlossgarten bis ins 15. Jh. zurückreichen. Im 19. Jahrhundert wurde er entsprechend der damals in der Region bestimmenden Vorstellungswelt Fürst Pücklers komplett umgestaltet. Neben den Landschaftsparks von Bad Muskau und Gaußig zählt der Rothenburger zu den größten der Oberlausitz. Ein Besuch – besonders in der Zeit der Rhododendronblüte – lohnt.

Mücka
NIESKY
NISKA
115
Quitzdorf
am See
Jänkendorf
Diehsa
Wiesa
Nieder
Seifersdorf
Thiemendorf
Königshainer
92
Vierkirchen
Arnsdorf
Berge
Königs
200

162

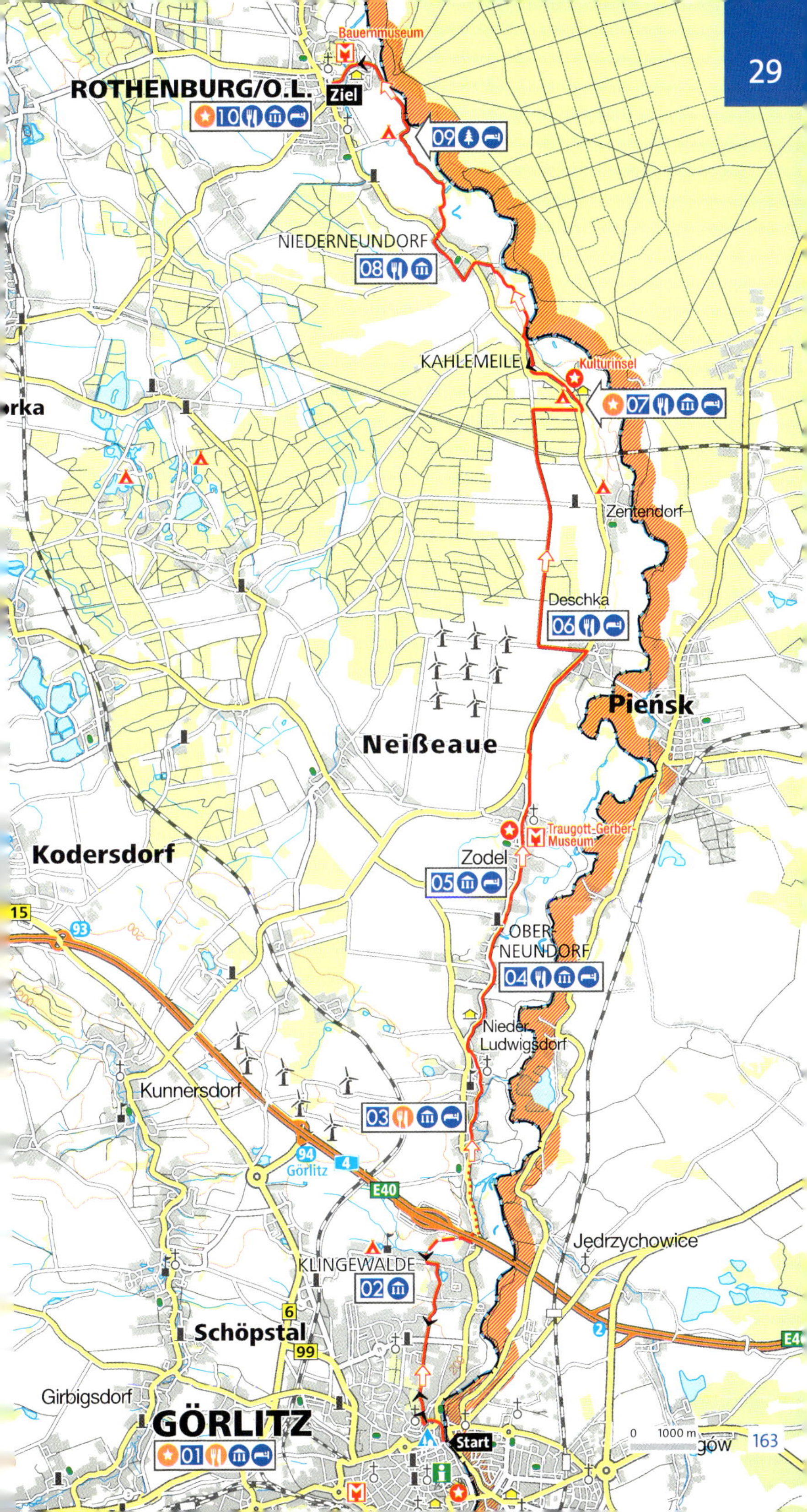
Bauernmuseum
ROTHENBURG/O.L.
Ziel
10
09
NIEDERNEUNDORF
08
KAHLEMEILE
Kulturinsel
07
Zentendorf
Deschka
06
Pieńsk
Neißeaue
Traugott-Gerber-Museum
Zodel
05
Kodersdorf
OBER-NEUNDORF
04
Nieder Ludwigsdorf
Kunnersdorf
03
Görlitz
E40
Jędrzychowice
KLINGEWALDE
02
Schöpstal
Girbigsdorf
GÖRLITZ
01
Start
0 1000 m

ÖSTLICHES STEINHUDER MEER UND LEINE

Stadt, Land, Meer und Fluss

 40 km  2:40 Std.  80 hm  80 hm

STARTORT | Wunstorf
START/ZIEL | Bahnhof Wunstorf, 46 m
[GPS: UTM Zone 32 x: 425.183 m y: 5.646.404 m]
CHARAKTER | Die Tour führt überwiegend über Asphalt- und feste Schotterwege sowie zwischen Neustadt und Bordenau einige Kilometer auf einem festen Sandweg durch den Wald. Es sind keine nennenswerten Steigungen zu bewältigen.
VERKEHR | Nur kurze Abschitte auf Straßen bei Ortsdurchquerungen.

TIPP: Luthe mit dem Luther See und dem ländlichen Flair im Bereich der Kirche.

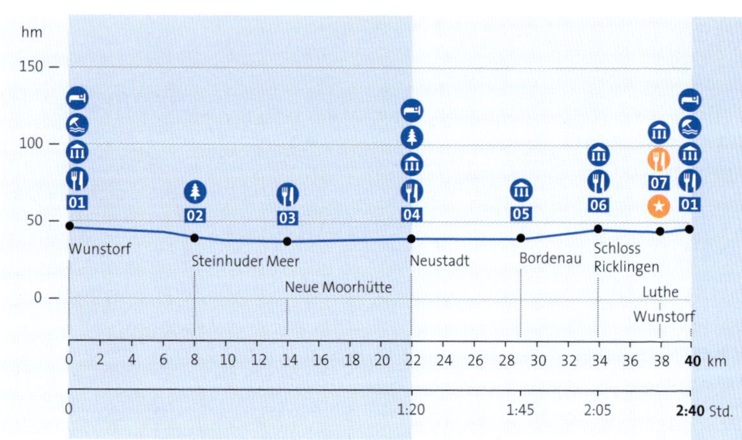

Auf dem ersten Streckenabschnitt unserer Radtour kann man häufig vom Fliegerhorst Wunstorf startende „beschwingte Fahrzeuge" in geringer Flughöhe beobachten. Weiter geht es auf dem Vogeldamm, einem unserer Lieblingswege, durch das Tote Moor zum ersten Etappenziel nach Neustadt und an die Leine. Über eine Apfelallee führt die Tour an der Leine entlang bis nach Schloss Ricklingen. Am Ende der Tour wird es wieder beschwingt und nass: Der Luther See und das „Café unter dem Storchennest" sind das Ziel.

Wunstorf – Neustadt am Rübenberge / 22 km / 1:20 Std.

Start Sie verlassen den Bahnhof **Wunstorf** **01** über den Ausgang Bahnhofstraße (nicht City). Direkt am Bahnhof weist das Schild „Steinhude 8,8 km" die Richtung. Der rote Pfeil zeigt die Stecke zum Luther Weg an, vor dem beschrankten Bahnübergang nach rechts (zwischen dem Bahnkörper und den Wohnhäusern). Der Weg führt über einige Kehren weiter an den Damm der Westaue (roter Pfeil und Hinweis Steinhude), hier nach links an der Westaue entlangfahren. Der Weg stößt auf die B 441, der folgen Sie nach rechts und anschließend dem Hinweis Klein-Heidorn/Neustadt/Schloss Ricklingen über die Aue. An der Kreuzung überqueren Sie die B 442. Die Tour wird dann nach rechts in der Straße Nordrehr (Hinweis Klein Heidorn 2,2 km) fortgesetzt. Es geht immer geradeaus

Blick vom Aussichtsturm auf das Steinhuder Meer

nach **Klein-Heidorn** auf der Straße Zwei Grenzen und weiter geradeaus bis zum Kindergarten. Großenheidorn wird dann wie folgt angesteuert: Vor dem Kindergarten links abbiegen (ein Schild zeigt Großenheidorn 2,6 km), nach ca. 300 m, vor einem kleinen Wäldchen, nach rechts dem Wegweiser Großenheidorn folgen. Auf der rechten Seite unmittelbar hinter den Häusern des Ortes liegt der Bundeswehr-Fliegerhorst Wunstorf. Die großen Transportmaschinen machen durch das Brummen in niedriger Flughöhe auf sich aufmerksam. In **Großenheidorn** überqueren Sie die Kreisstraße und biegen nach rechts vor einem Supermarkt in die Bordenauer Straße und nach ca. 300 m links in die Straße Funkenburg ein.

Auf folgenden Wegen führt die Strecke zwischen den Feldern Richtung Steinhuder Meer: Vor dem Wald nach links in die Waldstraße einbiegen, an deren Ende nach rechts dem Hinweis Neustadt folgen, nach 300 m diesen Weg in Richtung Mardorf nach links verlassen. Sie bleiben auf diesem Weg mit den Hinweisschildern Mardorf, Steinhuder Meer. Nach ca. 2 km wird das Naturschutzgebiet mit dem **Steinhuder Moor** erreicht, hier befindet sich ein Rastplatz mit einer Schutzhütte. Auf einem Pfad (0,5 km) erreicht man den Aussichtsturm am Ostufer des **Steinhuder Meeres** 02. Auf dem Vogeldamm führt die Tour durch das **Tote Moor** (Hinweis Mardorf 9,8 km). Dieser Moorerlebnisweg wird von Birken, Kiefern, Erlen sowie einigen Infotafeln gesäumt. Nach ca. 4 km stößt dieser Weg auf die Moorstraße. Hier bietet sich ein Abstecher nach links und vor der Hubertusstraße wieder links zum Aussichtsturm am Steinhuder Meer (ca. 800 m) an. Rechts am Ufer des Meeres liegt das **Restaurant Neue Moorhütte** 03. Die Fahrt wird auf dem Radweg (4,9 km bis Neustadt) neben der Moorstraße nach rechts in Richtung Neustadt fortgesetzt. Links der Straße sind an verschiedenen Stellen der Torfabbau und dessen Auswirkungen zu beobachten. Hinter dem Ortsschild bestehen für die Fahrt in die Stadtmitte zwei Möglichkeiten: Entweder wird die Fahrt an der Straße (Hüttendamm, später Landwehr) geradeaus fortgesetzt oder es werden Wege abseits der Straße benutzt. Wir bevorzugen letzteres und empfehlen dafür folgende Strecke: Hinter dem Ortsschild die Kreisstraße überqueren, nach rechts in die Straße Im Bürgermoor (Hinweise Bahnhof 2,5 km und Tennisanlage) einbiegen (zunächst Straße, dann Schotterweg), hinter der Tennisanlage links in den schmalen Weg einbiegen, weiter den roten Schildern (im Zickzack durch eine Siedlung) Richtung Bahnhof über den Weg An der Torfbahn (immer geradeaus) bis zur Hans-Böckler-Straße folgen. Auf der Hans-Böckler-Straße nach links bis

Neustadt, Marktplatz

zur Kreuzung mit der Straße Landwehr fahren, hier nach rechts abbiegen und die Bahngleise unterqueren. An der Kreuzung Marktstraße, Nienburger Straße und Wunstorfer Straße wird die Innenstadt von **Neustadt** 04 erreicht. Hier besteht die Wahl zwischen der direkten Weiterfahrt (Hinweisschild nach rechts) zum **Schloss Landestrost** oder zunächst geradeaus durch die Marktstraße ins Zentrum mit vielen Geschäften und Einkehrmöglichkeiten. Hierfür ist das Fahrrad einige Hundert Meter zu schieben. Wir schlagen die letzte Möglichkeit vor und gehen durch die Fußgängerzone über den Marktplatz bis zur Schlossstraße und biegen hier nach rechts zum Schloss Landestrost ab. Das Weserrenaissanceschloss beheimatet einige Institutionen. Besichtigen kann man eine Ausstellung über die Geschichte des Schlosses und das Torfmuseum. Außerdem ist ein Rundgang über das Schlossgelände empfehlenswert, da sich schöne Ausblicke auf die Leineaue bieten und der nach historischen Vorlagen neu angelegte Amtsgarten zum Bummeln einlädt.

Neustadt – Wunstorf / 18 km / 1:20 Std.

Die Tour wird über die Herzog-Erich-Allee und die nahe gelegene Löwenbrücke fortgesetzt. Zunächst wird die Kleine Leine und dann die Leine überquert. Gleich hinter der Löwenbrücke folgen Sie dem Leineradweg nach rechts in die Apfelallee. Sie wird gesäumt von vielen verschiedenen Apfelbäumen, von denen viele einen Paten haben. Die Sortenbezeichnungen sind auf den kleinen Holzpfosten angebracht. Die Straße geht über in einen Pfad, der zwischen B 6 und Leine nach Süden verläuft. Nach ca. 2 km stößt der Pfad auf eine Straße, hier zunächst im Bogen nach rechts, danach **nicht** geradeaus dem roten Richtungspfeil, sondern **nach rechts** abbiegen (Hinweis Leineradweg) und links vor der Leine in und durch den Wald fahren. Dieser Weg mit kleinen Dellen und auch Baumwurzeln wird nicht verlassen, nicht abbiegen. An einigen Bäumen sind die Markierungen für den Fernwanderweg E1 angebracht. Vor dem Bordenauer See (auf der linken Seite) weist an einer T-Kreuzung rechts ein Hinweisschild den Weg weiter geradeaus nach Bordenau (1,8 km). Im Bordenauer See kann gebadet werden, es gibt allerdings keine sanitären Anlagen und keine Bewirtung. **Bordenau** 05 wird über den Burgsteller Weg erreicht. Hinter dem Friedhof zeigen die Schilder den Weg nach rechts Richtung Schloss Ricklingen (4,7 km) an. An der Abzweigung Steinweg/Am Kampe befinden sich das Geburtshaus und ein Gedenkstein für den Freiherrn von Scharnhorst.

Am Luther See

Den Weg nach Schloss Ricklingen weisen die Radwegschilder. An der Kreuzung biegen Sie links ab, weiterhin Steinweg (hier Fahrradservice), dieser wird später Am Leineufer. In der scharfen Linkskurve fahren Sie geradeaus in die Ricklinger Straße (Hinweis Schloss Ricklingen 3,7 km). Die Straße geht später in einen Feldweg über. Vor Schloss Ricklingen beginnt wieder ein asphaltierter Weg, später Voigtstraße, auf dieser wird **Schloss Ricklingen** 06 erreicht. Am Ende der Voigtstraße liegt auf der linken Straßenseite die historische Barockkirche, die einen Besuch lohnt.
An der Kreuzung folgen Sie nach rechts dem Hinweisschild Wunstorf-Luthe in die Karl-Prendel-Straße. Diese Straße geht später in Am Leinufer über und überquert die Leine auf einer Brücke, die im Jahr 1895 erbaut wurde und heute ein Industriedenkmal ist. Ca. 180 m vor der Brücke befindet sich auf einer Anhöhe ein **Gedenkstein**. Der erste Feldweg auf der rechten Seite hinter der Brücke führt nach Luthe (Hinweis Luthe 2,2 km). Dieser Feldweg führt bis zu einer Gabelung vor der Schloss-Ricklinger-Straße, hier nach rechts auf den Schotterweg unterhalb der Straße abbiegen. Da wir Luthe von „hinten herum" ansteuern möchten, bleiben wir auf dem Schotterweg und fahren nach ca. 300 m nach rechts und gleich wieder links zum Luther See. Die Tour wird Richtung Ortsmitte **Luthe** 07 fortgesetzt. Am Ende des Sees nach links in die Friedhofstraße einbiegen, danach links durch die Stille Gasse zum Kirchplatz fahren. Wir empfehlen eine Rundfahrt durch die dörfliche Idylle rund um die Kirche. Eine weitere Empfehlung ist das Antikcafé Unter dem Storchennest. Von hier bietet sich ein weiterer Blick auf den Luther See (Hinweisschild „Blick zum Luther See") an: Seeweg links am Café, halbrechts auf das Gelände eines Bauernhofes (Die Inhaber freuen sich, wenn Sie von ihrem Grundstück einen Blick auf den See werfen) mit modernen Kunstobjekten am Luther See.
Ziel und Ausgangspunkt, den Bahnhof Wunstorf, erreicht man wie folgt: Seeweg bis zur Hauptstraße, auf der Hauptstraße nach rechts abbiegen, die Ampelkreuzung überqueren und danach links in die erste Straße (Im Blenze) abbiegen. Diese Straße führt über eine Bundesstraßenbrücke und überquert die Straße im Stadtfelde. Am Ende fahren Sie vor den Bahngleisen rechts in die Bahnhofstraße bis zum Ziel und Ausgangspunkt. Nach insgesamt 40 km und 2:40 Stunden Fahrzeit haben Sie **Wunstorf** 01 wieder erreicht **Ziel**.

Schneeren
MARDORF
03
02
Steinhuder
Meer
STEINHUDE
GROSSENHEIDORN
KLEIN-
HEIDORN
NEUS
am Rüb
Hagenburg
Altenhagen
441
442
01
MESMERODE
IDENSEN

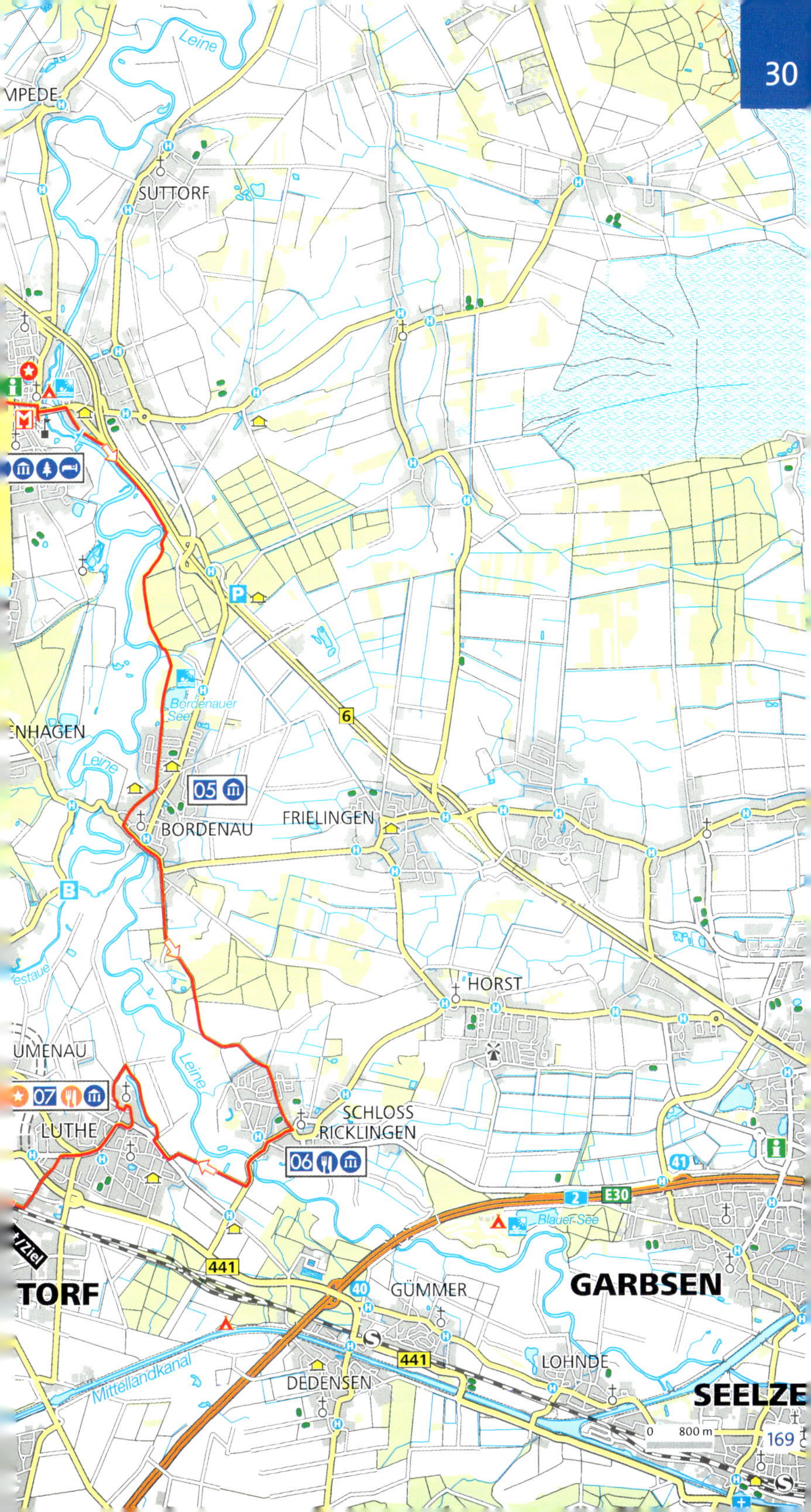

Leine
MPEDE
SUTTORF
Bordenauer See
ENHAGEN
Leine
05
BORDENAU
FRIELINGEN
6
Westaue
HORST
UMENAU
07
LUTHE
Leine
SCHLOSS RICKLINGEN
06
41
2
E30
Blauer See
441
TORF
40
GÜMMER
GARBSEN
441
DEDENSEN
Mittellandkanal
LOHNDE
SEELZE
0 800 m

BURGWEDEL

Bodenschätze für Hannover: Wasser, Erdgas, Spargel

 34 km  2:30 Std.  42 hm  42 hm

STARTORT | Isernhagen
START/ZIEL | Bahnhof Isernhagen, 47 m
[GPS: UTM Zone 32 x: 554.380 m y: 5:814.310 m]
CHARAKTER | Eine einfache, überwiegend flache Strecke, auf asphaltierten Feldwegen und gut ausgebauten Schotterwegen. Vor Isernhagen FB über 350 m ein Anstieg von 22 Höhenmetern.
VERKEHR | Nur kurze verkehrsreichere Abschnitte auf den Straßen durch die Orte.

TIPP: Fuhrberg zur Erntezeit des Spargels mit Einkaufs- und Einkehrmöglichkeiten.

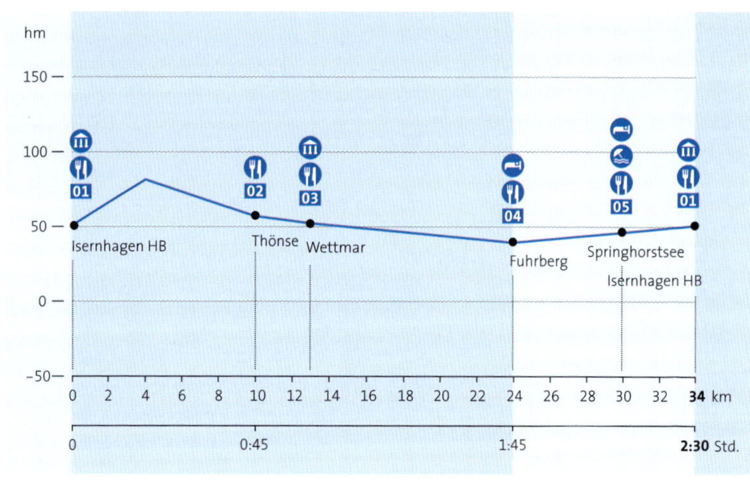

Auf die bereits in den 50er Jahren begonnene Erdgasförderung stößt man in Thönse und Umgebung, weiter geht es zwischen den Feldern Richtung Wettmar und Fuhrberg. Im Bereich von Fuhrberg liegt ein wichtiges Wassergewinnungsgebiet der Stadtwerke Hannover (Enercity), an der Wasserleitung Fuhrberg – Hannover führt die Tour ca. 9 km durch Feld und Wald. Zu den „Bodenschätzen" nördlich von Hannover gehört neben Erdgas und Wasser auch Spargel. Um Fuhrberg liegen zahlreiche Spargelfelder, die der Tour zur Erntezeit aufgrund der entsprechenden Einkaufs- und Einkehrmöglichkeiten einen zusätzlichen Reiz verleihen. Der Startpunkt der Tour am Bahnhof Isernhagen kann auch leicht von Hannover aus mit dem Rad angefahren werden.

Isernhagen – Fuhrberg / 24 km / 1:45 Std.

Start Von dem Wartehäuschen aus starten Sie in Richtung Zentrum **Isernhagen** 01 und folgen dem entsprechenden Hinweisschild. Nach 300 m biegen Sie links ab in die Straße Branderiede, die Straße macht einen Rechtsbogen, danach überqueren Sie die Burgwedeler Straße. Fahren Sie dann kurz nach links und gleich wieder

Dorfplatz in Wettmar

rechts in die Straße Auf der Heide, die zu den Sportanlagen Isernhagen führt (entsprechendes Hinweisschild). Die Fahrt geht weiter geradeaus (links die Sportanlagen) Richtung Isernhagen FB. Nach 3,1 km erreichen Sie eine T-Kreuzung, an der biegen Sie nach rechts ab und fahren auf 350 m 22 Höhenmeter die Tiefe Trifft bergauf nach Isernhagen FB bis zur Hauptstraße. Dies ist die einzige pulssteigernde Bergwertung dieser Tour. Die Hauptstraße wird überquert und weiter geht es nach links Richtung Osten. Auf dem Radweg, die Autobahn überquerend, an der Straßengabelung rechts in den Lohner Weg Richtung Neuwarmbüchen einbiegen, in der Rechtskurve dem Hinweis nach Engensen (ein Hinweisschild auf der linken Straßenseite) in den Werlohweg folgen. Nach ca. 1,2 km biegen Sie nach links ab in Richtung der Erdgasverteilerstation.
Markante Punkte dieser Stelle: Auf der rechten Seite ein Markierungspfahl für Erdgasleitungen und 40 m vor der Abbiegung auf der linken Seite Hinweisschilder des Regionsradweges. An der Erdgasverteilerstation (Schieberstation Großburgwedel 2) fahren Sie vorbei und folgen weiter den Hinweisschildern der Region nach Engensen. Auf dem Weg Richtung Engensen werden zwei Straßen überquert. Nach dem Überqueren der zweiten Straße verläuft die Tour nach ca. 900 m an einer Kreuzung nach links in Richtung Thönse. An dieser Kreuzung befinden sich folgende markanten Punkte: Schilderpfahl mit Hinweisen Großburgwedel und Oldhorst, der Pfahl Richtung Oldhorst zeigt nach rechts. An unserem Weg befindet sich gleich auf der rechten Seite ein Leitungspfahl mit einem roten Dreieck.
Thönse 02 wird schließlich über den Oldhorster Weg erreicht, danach geht es links weiter im Strubuschweg. An der Lange Reihe biegen Sie links und nach 100 m rechts in den Bruchweg ab. Auf der linken Seite befindet sich das Kleine Hofcafé. Der Bruchweg führt geradeaus nach Wettmar an einer Erdgasbohrung vorbei. **Wettmar** 03 wird nach 13,4 km auf der Straße Am Rahden erreicht.
Am Ortseingang befindet sich auf der linken Seite ein Fitnessparcours. Hier haben Sie die Gelegenheit, u. a. zu testen, wie gut Sie balancieren können. Die Tour geht weiter durch den Ort, dazu fahren Sie nach rechts an der Hauptstraße entlang, an der Gaststätte Waldschänke und dem kleinen Einkaufszent-

Anreise

Die Tour beginnt am Wartehäuschen in der Nähe des Bahnhofs Isernhagen. Der Startpunkt (mit ausreichend Parkmöglichkeiten) ist über die Bahnhofstraße erreichbar, diese zweigt in einer Kurve von der Burgwedeler Straße ab. Der Bahnhof wird von der Regionalbahn R8 bzw. der Buslinie 635 angefahren.

Springhorstsee mit Badestrand

rum mit Banken und Bäckerei vorbei bis zum großen Dorfplatz (auf der linken Seite) mit Rast- und Spielmöglichkeiten. Hier biegen Sie links in die Bruchstraße, später Heierdrift ein und fahren weiter geradeaus. Auf dieser Strecke, kurz hinter dem Ort, sehen Sie auf der linken Seite eine weitere Erdgasbohrung. Später sollte das Hinweisschild Texas nicht irritieren, Sie sind noch auf dem richtigen Weg.

Der Weg führt immer geradeaus, überquert die Bahnstrecke Hannover – Hamburg, Sie bleiben auf dem Weg, bis er sich mit einem asphaltierten Weg kreuzt. An der rechten Seite der Kreuzung befindet sich ein Hinweisschild mit einem roten Geradeauspfeil, Sie biegen aber nach links Richtung Westen ab. Nach ungefähr 1 km, an einer T-Kreuzung, zeigt der Wegweiser nach links, hier verläuft aber die Tour nach rechts auf dem asphaltier-

„Familienidylle" entlang des Radwegs

ten Weg weiter Richtung Fuhrberg. Sie bleiben auf diesem Hauptweg, der nach zwei Links-/Rechtskurven aus dem Wald führt und biegen hinter einem großen Spargelfeld links in Richtung Fuhrberg (später Straßenschild „Grasbruchweg“) ab. An diesem Weg befinden sich später landwirtschaftliche Gebäude und Biogasanlagen. Der Grasbruchweg endet in **Fuhrberg** 04 an einer T-Kreuzung, hier biegen Sie nach rechts und nach 100 m an der Kreuzung nach links auf die Celler Straße ab.

Kunst mit Windenergie in Fuhrberg

Fuhrberg – Isernhagen / 10 km / 0:45 Std.

Der Weg führt am Heidehotel Klütz und der Bäckerei Bosselmann vorbei. Sie folgen danach nicht dem Bogen der Celler Straße, sondern fahren geradeaus in die Dorfstraße (Café Adam) und biegen links in den Trülldamm ein, hier zeigen die Schilder „Isernhagen 9,9 km“ und „Spargelhof Heuer“ den Weg an.

Die weitere Fahrt zum Ausgangspunkt Isernhagen ist relativ einfach, es geht immer geradeaus: Auf dem Trülldamm geradeaus, an den Windenergieanlagen vorbei, rechts des Weges weisen Schilder auf die Wasserleitung Fuhrberg–Hannover hin, Hinweis „Isernhagen 5,9 km“. Die roten Richtungspfeile zeigen zunächst den Weg zur Autobahnbrücke für Radfahrer und Fußgänger. Hier besteht außerdem die Möglichkeit zu einem Abstecher (insgesamt 3,2 km) zum nahe gelegenen **Springhorstsee** 05.

Unsere Tour führt über die Autobahn und geradeaus Richtung Isernhagen. An der Ampel überqueren Sie die Straße Großburgwedel–Mellendorf. Wegweiser, die später den Weg Richtung Hannover nach rechts anzeigen, ignorieren Sie und bleiben auf diesem Weg, bis Sie wieder den Ausgangspunkt erreichen, den Bahnhof **Isernhagen** 01 **Ziel**.

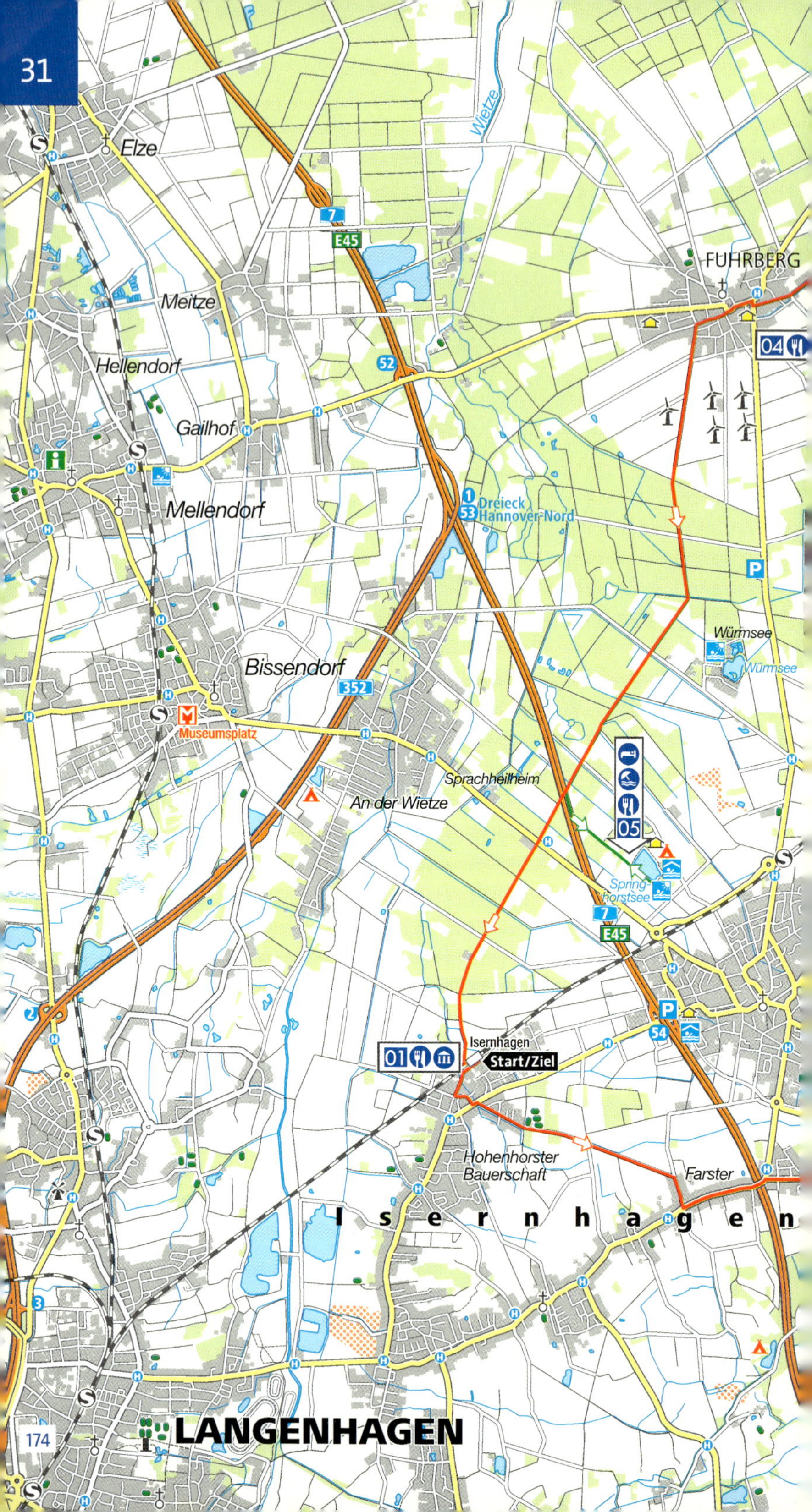
Elze
Wietze
7
E45
FUHRBERG
Meitze
Hellendorf
04
52
Gailhof
Mellendorf
1
53
Dreieck
Hannover-Nord
Würmsee
Würmsee
Bissendorf
352
Museumsplatz
Sprachheilheim
An der Wietze
05
Spring-
horstsee
7
E45
2
Isernhagen
01
Start/Ziel
54
Hohenhorster
Bauerschaft
Farster
I s e r n h a g e n
3
LANGENHAGEN

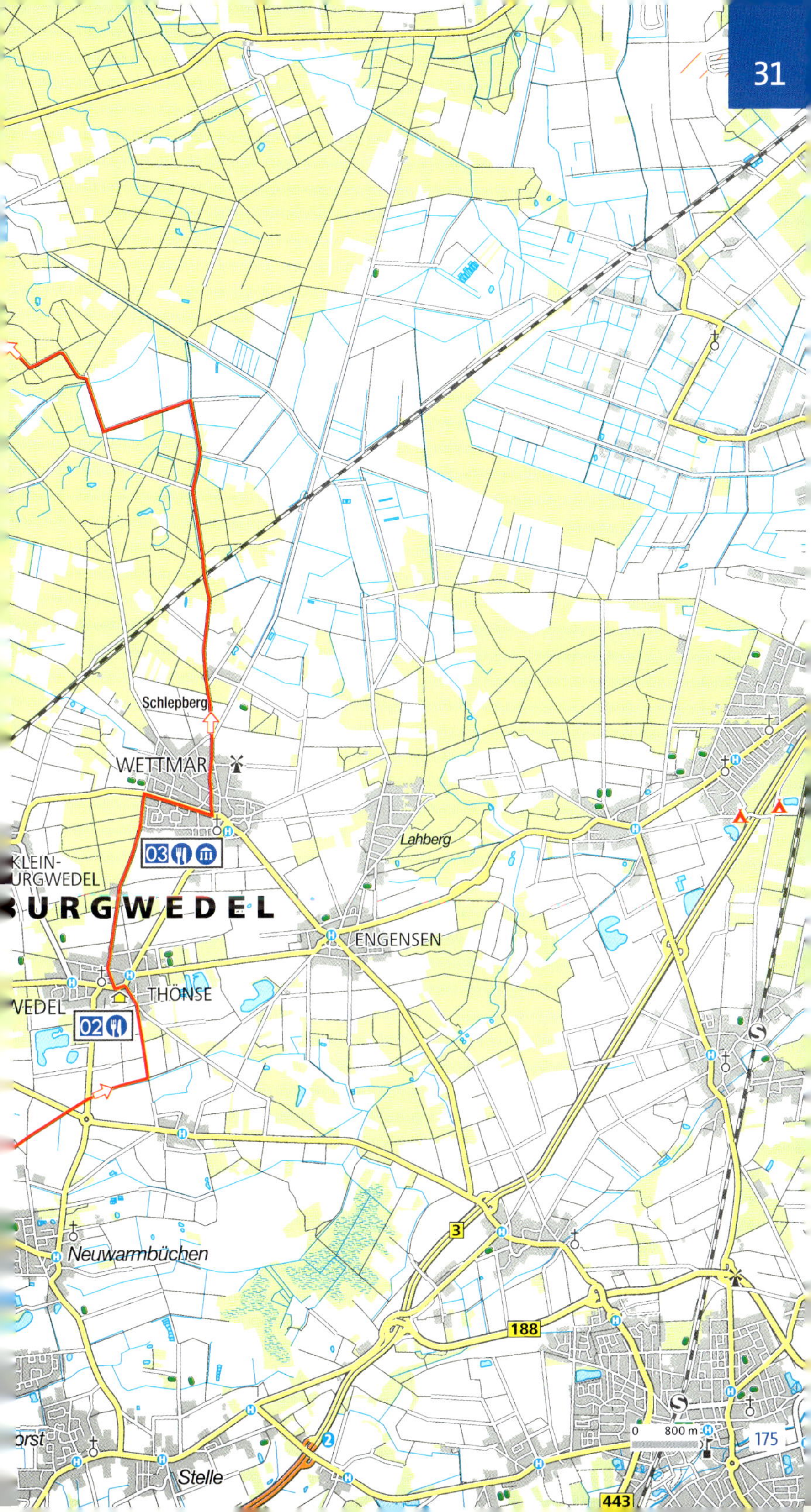
Schlepberg
WETTMAR
03
KLEIN-
URGWEDEL
URGWEDEL
Lahberg
ENGENSEN
THÖNSE
WEDEL
02
Neuwarmbüchen
3
188
orst
Stelle
2
0 800 m
443

DURCH DIE LEINEAUE

Störche, schwarzer Hund und dicke Eiche

 39 km  2:50 Std.  56 hm  56 hm

STARTORT | Hannover, Maschsee
START/ZIEL | Maschsee, Parkplatz am Strandbad, 57 m
[GPS: UTM Zone 32 x: 551:460 m y: 5:799.500 m]
CHARAKTER | Eine einfache, flache Strecke auf schmalen Wegen entlang der Leine, asphaltierten Feldwegen und gut ausgebauten Schotterwegen, kurze Abschnitte auf öffentlichen Straßen. Nach starken Regenfällen kann die Strecke stellenweise matschig sein und bei Hochwasser ist die Strecke nicht befahrbar.
VERKEHR | Nur kurze Abschnitte auf den Straßen durch die Orte.

TIPP: Zusammenfluss von Innerste und Leine bei Ruthe und die 350 Jahre alte Eiche bei Koldingen.

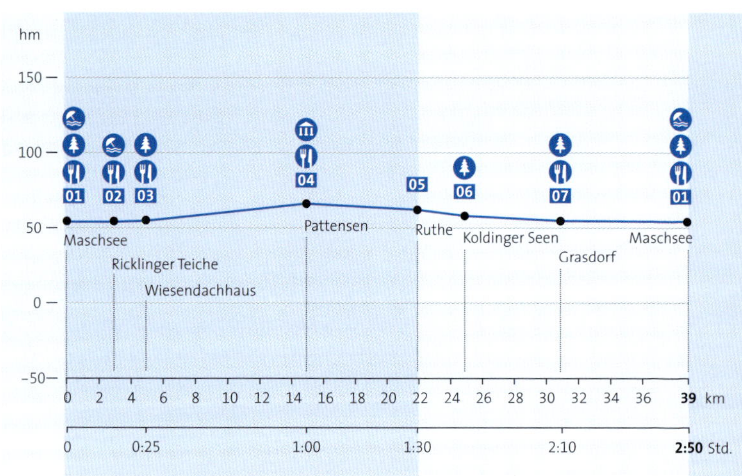

Die Tour führt durch das Naturschutz- und Wildschongebiet Leineaue. Diese Landschaft ist auch das Ergebnis von Renaturierungsmaßnahmen, denn bis 1943 wurde in dem Gebiet Ton und bis 2002 Kies abgebaut, daher prägt eine Vielzahl von Seen das Landschaftsbild.

In dem Naherholungsgebiet Leineaue gibt es viele Pflanzen- und Vogelarten, die auf der Liste gefährdeter Arten stehen. Infotafeln informieren über die Flora und Fauna. Das Faszinierende an der Tour ist, dass man sich gerade noch in der Stadt bewegt hat und sich bereits nach wenigen Hundert Metern draußen in der Natur, an der Leine, an dem alten Leinearm, zwischen Teichen befindet und Störche auf den Wiesen beobachten kann. Inzwischen gibt es auch wieder Biber in dem Gebiet, die sich aber nicht so leicht sehen lassen.

Maschsee – Ruthe / 22 km / 1:30 Std.

Start Die Tour beginnt am südlichen Ende des **Maschsees** 01, am Karl-Thiele-Weg. Fahren Sie nach 400 m links unter der Eisenbahnbrücke hindurch, folgen dem Hinweis Hemmingen 3,0 km, überqueren die schwankende,

Fuchsbachpark in Pattensen

blaue Leinebrücke und biegen hinter der Brücke scharf nach links vor den **Ricklinger Badeteichen** 02 ab. Die Tour verläuft weiter auf der Straße Döhrener Masch unter dem Schnellweg und zwischen Kleingärten hindurch bis zur Brückstraße. Diese überqueren Sie an der Verkehrsinsel und fahren auf der anderen Straßenseite weiter geradeaus auf dem Döhrener Wolle-Platz. Der wird später zum Weißdornweg (kurzes Stück Kopfsteinpflaster), der später auf den Schwarzen Weg stößt.

Der Schwarze Weg endet an der L 389/ Wilkenburgstraße. Hier fahren Sie nach links (roter Pfeil) bis zur Brücke, queren vor der Brücke die Straße (Hinweis „Laatzen 7,1 km“) und fahren auf der anderen Seite auf einem schmalen Weg an der Leine entlang. Sie folgen weiter dem roten Pfeil (Laatzen-Mitte 6,4 km), fahren nach links über eine Holzbrücke und weiter im Zickzack, bis rechts (roter Pfeil nach rechts und blaue Pfähle) das Wegeschild „In den Mühlenbreiten“ den Weg zum **Wiesendachhaus** 03 weist, das Einkehr- und Spielmöglichkeiten auf einer großen Wiese an der Alten Leine bietet. Deren dicht bewachsenes Ufer bietet idyllische Aussichten.

Die Fahrt wird rechts des Wiesendachhauses in südlicher Richtung fortgesetzt. Sie folgen dazu dem Hinweis Grüner Ring, der im Zickzack (u. a. Hinweis „Laatzen-Mitte 4,2 km“) durch das Naturschutzgebiet der Leine führt. Sie stoßen später auf einen Wegepfosten, der „Innere Schleife“ (nach links) und „Basisring“ (nach rechts) anzeigt. Unsere Tour folgt dem Hinweis nach rechts (Hinweis „Laatzen-Mitte 3,6 km“). Kurz nach dem Aussichtsturm verlassen Sie den Grünen Ring und nehmen den nächsten Weg (Harkenblecker Furt) nach rechts.

Harkenbleck wird auf einem asphaltierten Weg wie folgt erreicht: Eine Brücke überqueren, bis zu einer T-Kreuzung fahren, hier nach links auf den Maschweg in Richtung Ort abbiegen. Auf dem Steinbrink ca. 100 m nach links und dann nach rechts in die Straße Im Häge abbiegen. Am nächsten Abzweig nach links (An der Kapelle) fahren, um einen Blick auf die 1412 als Wehrkirche erbaute **Kapelle** zu werfen.

Weiter geht die Fahrt auf der Straße An der Kapelle bis zur Hauptstraße, der Arnumer Straße. Hier biegen Sie nach links ab, überqueren die Kreuzung und fahren auf dem Radweg nach Reden. Die Landstraße führt durch Reden und vor dem Ortsende an den umfangreichen Anlagen des Rittergutes Reden mit dem schönen Herrenhaus vorbei (Betreten nicht erlaubt).

Hinter dem Ortsende vor einer Rechtskurve verlassen Sie die Straße nach rechts in Richtung Pattensen (auf der linken Seite ein Schilderpfahl mit dem Hinweis „Pattensen 2,8 km“; Pfähle mit gelb-weißer Markierung und dem Hinweis Leineauenweg). Nach ca. 50 m

Radweg nach Ruthe

befindet sich auf der linken Seite ein gelb-weißer Pfahl und ein Infoschild zum „Leineauen-Weg".
Gelb-weiße Pfähle und die roten Pfeile weisen den Weg am romantischen Fuchsbach entlang nach Pattensen. Vor den ersten Häusern (hinter dem Rodelberg) biegen Sie nach links zum Ende des Parkplatzes ab. Vor der Brücke über den Fuchsbach steht ein Schilderbaum mit verschiedenen gelb-weißen Hinweisen. Ein Hinweis zeigt die Fortsetzung des Pattenser Rundweges über die Brücke an. Die gelb-weißen Posten markieren nach rechts Richtung Ort den Weg zum Fuchsbachpark.
Von hier ist es nur noch eine kurze Distanz bis zur **historischen Altstadt** von **Pattensen** 04. Die Altstadt erreichen Sie auf diesem Weg: Am Fuchsbach die Göttinger Straße überqueren, kurz nach links und nach rechts in die Talstraße (Hinweis Historischer Marktplatz, Altstadt) einbiegen. Nach ca. 250 m wird auf der linken Seite hinter der Steinstraße der Marktplatz erreicht. Im Umfeld des Marktplatzes bestehen verschiedene Einkehrmöglichkeiten.
Der Ort wird über die Steinstraße verlassen. Die Steinstraße stößt auf die Göttinger Straße, diese wird überquert und die Fahrt auf der anderen Seite, der Jeinser Straße, bis zum Helweg hinter dem Friedhof fortgesetzt. Der Helweg führt geradeaus durch ein Wohngebiet, später durch ein Industriegebiet über die B 3 hinweg. Am Wegesrand stehen die gelb-weißen Pfosten des Koldinger-Seen-Weges. Der Weg führt bis zu einer T-Kreuzung leicht bergan, hier biegen Sie nach links ab und folgen den gelb-weißen Markierungen bis vor Koldingen. Die gelb-weißen Markierungen zeigen den Weg nach links, unsere Tour verläuft aber geradeaus weiter bis zur Kreuzung des Jeinser Wegs mit dem Ruther Weg. Hier biegen Sie nach rechts ab und fahren auf dem Ruther Weg aus dem Ort hinaus. Auf dem Weg nach Ruthe empfehlen wir am Schwarzen Busch (kurz hinter einer Wegsperre), einem Rastplatz unter drei Linden, einen kurzen Stopp. Hier befindet sich eine Infotafel, die auf den Sühnestein unter den Linden hinweist. Da Sie wohl eher tagsüber unterwegs sind, brauchen Sie keine Angst vor dem schwarzen Hund zu haben, der nachts zwischen Pattensen, Koldingen und dem Schwarzen Busch herumläuft.
Zurück zur Tour: Auf diesem Weg durch die Felder werden kurz vor **Ruthe** 05 auf der rechten Seite das Gelände des Expo-2000-Projektes GEO 600 der Universität Hannover und die Versuchsstation der Abteilung Gehölz- und Vermehrungsphysiologie der Universität Hannover sowie auf der linken Seite danach das Lehr- und Forschungsgut der Tierärztlichen Hochschule Hannover passiert. Ruthe wird über die Straßen

Jagdweg und Schäferberg erreicht. An der Einmündung zur Ruther Straße befindet sich ein Schilderpfahl, der unseren Weg nach links durch den Ort in Richtung Hannover anzeigt. Die Leine wird überquert, weiter geht die Fahrt durch Ruthe bis zum Spielplatz auf der linken Seite vor der Kreuzung und nach links in Richtung Innerstebrücke. Vor der Brücke empfehlen wir nach links einen Abstecher (700 m) zum Zusammenfluss von Leine und Innerste: Das Schild „Sackpiepe" weist den Weg zur Innerste-Mündung.

Ruthe – Maschsee / 17 km / 1:20 Std.

An der Brücke haben Sie den Wendepunkt der Tour erreicht. Der Hinweis Hannover 22 km zeigt den Rückweg Richtung Norden an. Die Tour führt 4 km zwischen den **Koldinger Seen** 06 (rote Pfeile), an Aussichtstürmen und Infotafeln vorbei, bis zu einem Parkplatz vor der B 443. Da das nächste Ziel die dreihundertfünfzig Jahre alte Eiche zwischen Koldingen und Grasdorf ist, fahren Sie auf der asphaltierten Zufahrt hoch zur B 443, biegen an der nach links ab und überqueren auf dem Radweg die Leine. Im Ort wird die B 443 in der Linkskurve überquert, um auf der anderen Seite, dem Eschenweg, die Tour fortzusetzen.
An der Ecke zum Eschenweg befindet sich der Hinweis Leineradfernwanderweg und ein roter Pfeil nach rechts. Der Eschenweg wird später zu einem aus zwei Betonstreifen bestehenden Feldweg. An einem Schilderbaum verläuft die Tour weiter geradeaus (Hinweis „Laatzen 4,8 km"). Auf der linken Seite stößt die Spitze eines kleinen Wäldchens an den Radweg (rechte Seite gelb-weiße Pfosten). An dieser Stelle informiert eine Tafel u. a. über die hier befindliche 350 Jahre alte Eiche. Ein beeindruckendes Naturdenkmal, um dessen Stamm zu umfassen, werden vier Menschen benötigt. Die Eiche erreichen Sie über den schmalen Weg rechts der Infotafel. Der Anfang des Weges ist eventuell noch durch Gras überwachsen, im Wald ist der Weg aber gut zu begehen.
Die Tour verläuft weiter in Richtung Grasdorf, auf das Wassergewinnungsgebiet zu, über die Leinebrücke, hinter der sich ein Schilderpfahl befindet. Hier folgen Sie dem Schild Hannover 15 km nach links. Bis zum NABU-Haus in **Grasdorf** 07 verläuft die Fahrt rechts der Leine. Gegenüber des NABU-Hauses, direkt am Wasser, besteht die Möglichkeit, sich auf einem übergroßen Liegestuhl etwas auszuruhen. Die Fahrt wird auf dem schmalen Weg, der direkt an dem Liegestuhl beginnt, an der Leine geradeaus Richtung Hannover fortgesetzt. Geradeaus auch da, wo die Wege Neue Wiesen und Peterskamp sich kreuzen. Der zunächst mit Verbundsteinpflaster befestigte Weg mündet auf die Leinerandstraße. Am Ende dieser Straße (Kreuzung mit der Talstraße), fahren Sie nach rechts in die Talstraße und biegen nach 100 m links in den Steinbrink ab. Der Weg führt im Zickzack Richtung Hannover. Sie bleiben auf diesem Hauptweg und folgen nicht dem mit Verbundsteinpflaster befestigten Weg nach links. Nach einer Rechts-/Linkskurve fahren Sie am Gelände eines Bogenschützenvereins und dem Gelände und Restaurant des Schützenvereins Döhren sowie des Schützenbundes Niedersachsen vorbei. Die Straße wird überquert, rechts liegt das Bahnradstadion. Auf diesem Weg (Wülfeler Maschweg) geht es geradeaus (ca. 700 m) bis zu einer T-Kreuzung. Hier biegen Sie links ab und fahren nach 200 m vor der Brücke wieder rechts vor der Leine (Hinweis „Zentrum 7,1 km") bis zum Wehr weiter.
Die roten Pfeile zeigen den Weg zunächst nach links über die Brücke, dann nach rechts (Am Brückenhaus) und hinter dem Brückenhaus wieder nach rechts an. Hinter dem Brückenhaus verläuft die Tour nach links (Weg Döhrener Mühle). Auf diesem Weg wird die Brückstraße unterquert und die Fahrt auf dem Radweg Richtung Hannover fortgesetzt. Nach ca. 500 m folgen Sie dem Schild „Maschsee 1,0 km" nach links an die Leine und fahren an der bekannten „blauen Brücke" nach rechts. Die Hinweise **Maschsee** 01 leiten von der Leine weg, unter der Eisenbahnbrücke hindurch und danach nach rechts in Richtung Ausgangspunkt **Ziel**.

Für jene, die noch eine „Ehrenrunde" links um den Maschsee fahren möchten, verlängert sich die Tour um etwa 5,7 km.

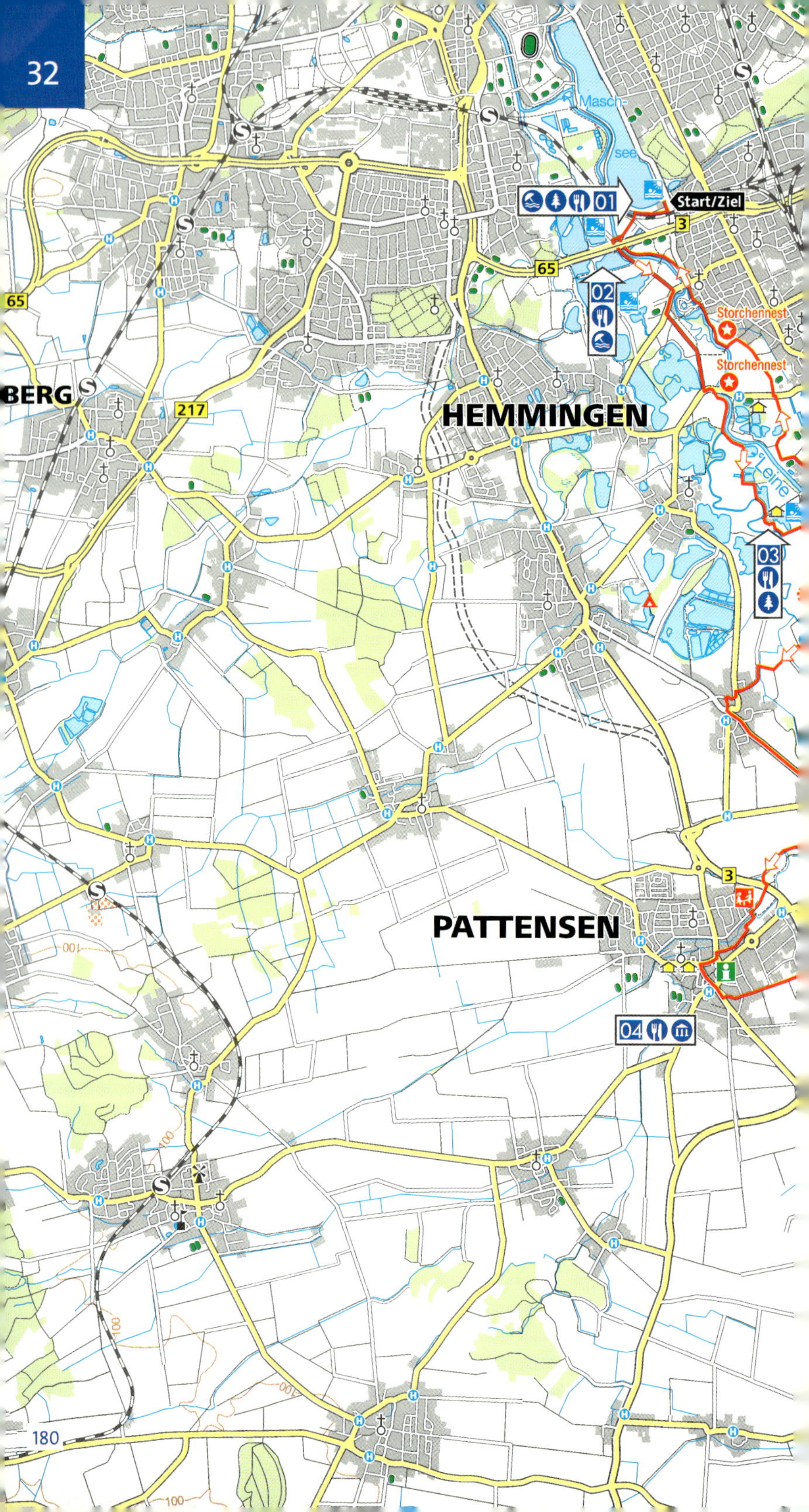
Masch-
see
01
Start/Ziel
3
65
02
Storchennest
Storchennest
BERG
217
HEMMINGEN
Leine
03
PATTENSEN
04
100
180

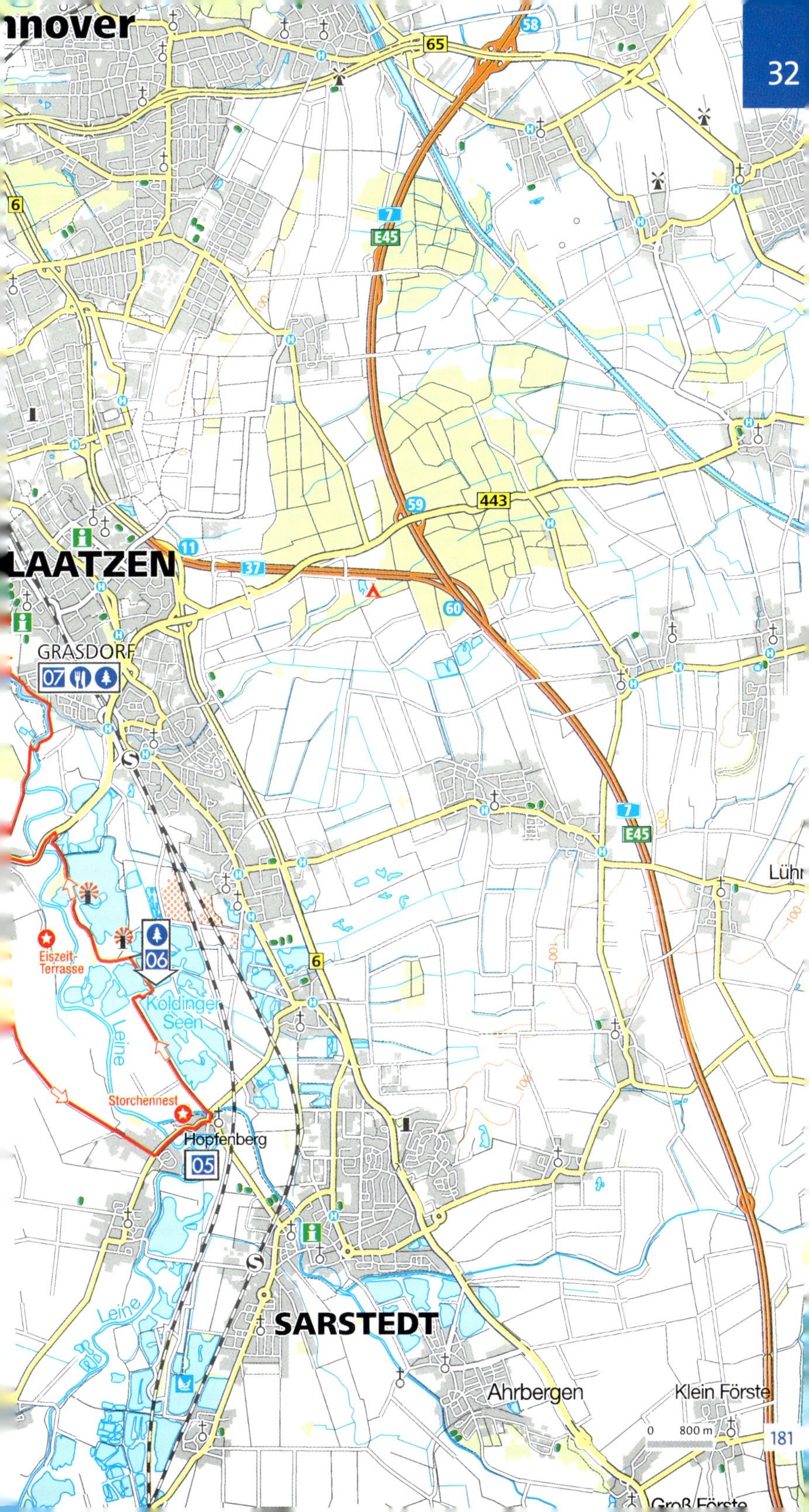

nnover
LAATZEN
GRASDORF
07
Eiszeit-Terrasse
06
Koldinger Seen
Leine
Storchennest
Hopfenberg
05
SARSTEDT
Ahrbergen
Klein Förste
Groß Förste
Lühn
0 800 m

ÜBER DEN KLEINEN DEISTER

Auf den Spuren des Kaisers

 35 km  2:40 Std.  290 hm  290 hm

STARTORT | Springe
START/ZIEL | Bahnhof Springe, 116 m
[GPS: UTM Zone 32 x: 538.050 m y: 5.785.140 m]
CHARAKTER | Überwiegend gut befestigter Radweg, teilweise Waldwege, eine starke Steigung von 90 Höhenmetern auf 1,7 km im Saupark.
VERKEHR | Wenige Kilometer auf kaum befahrener Landstraße, ansonsten bis auf einige Ortsdurchfahrten und Überquerungen von Landstraßen eigenständige Rad- oder Feldwege.

TIPP: Café Scheune in Mittelrode und das Apfelbaummuseum vor Springe.

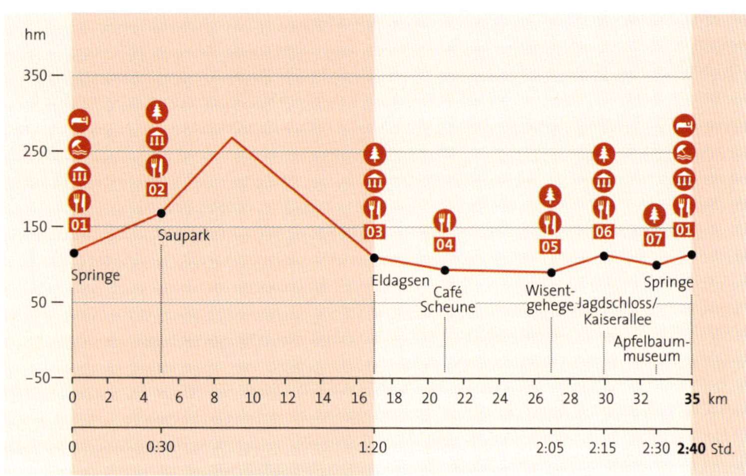

Die Tour führt zwischen Deister und kleinem Deister mit einem Anstieg durch den Saupark und weiter zum Energie- und Umweltzentrum in Eldagsen. Besondere Ziele der zweiten Etappe sind das Wisentgehege, das Jagdschloss, die Kaiserallee und das erst seit 2011 bestehende Apfelbaummuseum. Der anstrengende Abschnitt liegt im Saupark mit dem Anstieg von 80 Höhenmetern über 1,7 km bis zu den Wolfsbuchen. Im weiteren Verlauf ist das Höhenprofil moderat.

Springe – Eldagsen / 17 km / 1:20 Std.

Start Startpunkt der Tour ist der Bahnhofsvorplatz in **Springe** 01 am Deister. Im Bereich des Bahnhofs befinden sich auf beiden Seiten der Bahngleise ausreichend Parkplätze. Die Fahrt durch Springe beginnt in der Bahnhofstraße, hier geht es hinunter bis zur Kreuzung mit der Straße Niederntor (an der Ecke Apotheke Niederntor und verschiedene Wegweiser), hier rechts abbiegen. Auf der Burgstraße und danach Auf dem Burghof wird Springe nach Süden verlassen. Jedoch sollten Sie sich vorher ein Bild von der Stadt mit dem Marienbrunnen, den verschiedenen Fachwerkhäusern und den Einkaufs- und Einkehrmöglichkeiten machen. Auf der Straße Auf dem Burghof wird die B 217 unterquert und die Tour auf

Rastplatz Wolfsbuchen

dem Radweg direkt hinter der Auffahrt zur B 217 nach rechts fortgesetzt. Der asphaltierte Feldweg führt ca. 2,5 km an der B 217 entlang. Das Hinweisschild „Webelsgrund“ zeigt dann den weiteren Weg. Zum Webelsgrund, einem Gestüt, geht es leicht bergauf, immer geradeaus, lassen Sie sich nicht von den nicht eindeutig angebrachten Hinweisschildern irritieren.

Auch hinter dem Webelsgrund geht die Fahrt immer weiter geradeaus, bis die Mauer um den **Saupark** 02 den Weg versperrt. Das Gatter ist geöffnet (Achtung! Achten Sie auf die wechselnden Schließungszeiten) und gibt den Weg Richtung Wolfsbuchen frei. Folgen Sie dem entsprechenden Hinweis „Wolfsbuchen 1,1 km“ nach rechts.

Am nächsten nach links abzweigenden Weg geht es leicht ansteigend bergauf. Hier beginnt der anstrengende Anstieg von 80 Höhenmetern auf ca. 1,7 km Länge, der einige Ausdauer und Kraft erfordert. Dafür wartet dann an den **Wolfsbuchen** eine schöne Rastmöglichkeit unter den großen Bäumen, und der Lohn für die bisherigen Anstiege ist die Bergabfahrt (aber Achtung, die Straße bis zum Forsthaus weist einige Schlaglöcher auf) über insgesamt 5,2 km: Zunächst 2,8 km, vorbei am Schießgelände, bis zum **Forsthaus Saupark.** Am großen Tor zum Forsthaus Saupark gibt es die Möglichkeit zu einem Abstecher (200 m) zum **Gasthaus Holzmühle.** Die Tour geht innerhalb des Sauparks für 2,4 km an der Mauer des Sauparks entlang zum **Mühlenbrink.**

Auf diesem Abschnitt befinden sich linker Hand zwei Fütterungsstellen für Wildschweine und Damwild. Bei unserer Fahrt wollten wir Fotos von einer Rotte mit kleinen Wildschweinen machen, nach dem sich der Eber aber in unsere Richtung bewegte, haben wir darauf verzichtet. Am Ende der Sauparkmauer ist wieder ein Gatter zu öffnen. Die Fahrt wird nach rechts auf dem Radweg neben der Springer Straße in Richtung Eldagsen fortgesetzt. Nach ca. 1,5 km weist ein Schild „Energie- und Umweltzentrum“ nach rechts – ein lohnenswerter Abstecher von insgesamt 1,6 km. Die Tour wird auf dem Radweg fortgesetzt und **Eldagsen** 03 auf der Springer Straße erreicht. Im Ort geht es weiter geradeaus bis zur Straße Zur Barenburg (auf der rechten Seite eine Bäckerei).

Eldagsen – Springe / 18 km / 1:20 Std.

An dieser Stelle wird die Tour nach links in die Brückenstraße zum nächsten Etappenziel Mittelrode fortgesetzt. Leider hängen die Früchte der Apfel- und Kirschbäume auf der geraden Allee, ca.

Der Weg nach Mittelrode

4 km bis Mittelrode, zu hoch. Die **Café-Scheune** 04 in Mittelrode wird auf der Straße Zur Hallermühle erreicht, weiter geht es nach links auf dem Bockeroder Weg und weiter links aus dem Ort auf der Rodelandstraße, diese Straße (K 215) ist wenig befahren. An der Ecke Bockeroder Weg/Rodelandstraße befindet sich die Café-Scheune. Als nächstes werden die blauen Fabrikhallen von Paulmann-Licht angesteuert: Die Rodelandstraße bis zur Kreuzung fahren, ca. 300 m nach rechts (Hinweis „Völksen 1 km") und dann links in das Quenzinger Feld einbiegen. Hinter den Fabrikhallen endet die Asphaltstraße, auf dem Feldweg geht es weiter geradeaus.

Kaiserallee – Weg zum Jagdschloss

Zugang zum Apfelbaummuseum

Das nächste Etappenziel Wisentgehege wird wie folgt erreicht: Alvesroder Straße überqueren, Röderbeeksweg, im spitzen Winkel auf dem asphaltierten Weg nach links in Richtung Alvesrode, an einer Bioenergie-Anlage (rechte Seite) vorbei, die Neue Rodenbeeke überqueren und geradeaus auf der Straße Zum Saupark bis zum **Wisentgehege** 05.

Zum Jagdschloss geht es zunächst auf dem Radweg weiter Richtung Saupark. Schilder zeigen dann den Weg nach rechts durch den Hallerbruch Richtung Jagdschloss (Hinweis „2,2 km") und Springe. Fahren Sie auf diesem Weg immer geradeaus, am Ende macht er einen scharfen Linksknick und führt zur L 461. Auf dem Radweg erreicht man nach ca. 700 m die **Kaiserallee** und das **Jagdschloss** 06.

Die Tour Richtung Springe wird auf der dem Jagdschloss gegenüberliegenden Seite, der Kaiserallee, fortgesetzt. Von dieser mit alten und jungen (aus verschiedenen Anlässen gespendeten) Kastanienbäumen gesäumten Allee biegen Sie nach ca. 2,5 km links in den asphaltierten Feldweg (Hinweis „Springe 2,2 km"). Der asphaltierte Weg verläuft parallel zur B 217 und heißt später Weg zur Kunst. Aus welchem Grund dieser Name gewählt wurde, zeigen die eisernen Kunstwerke auf der linken Seite. Kurz dahinter befindet sich das Gelände des **Apfelbaummuseums** 07.

Zum Ausgangspunkt und Ende der Tour wird die Fahrt durch Springe wie folgt fortgesetzt: Am Ende der Straße Weg zur Kunst nach rechts auf der Oppelner Straße unter B 217 hindurch, hinter der Shell-Tankstelle auf dem Radweg nach links neben der Völkenser Straße, diese stößt dann auf die Bahnhofstraße, hier dann rechts zum Bahnhof oder zunächst noch zu einem lohnenswerten Abstecher in die Innenstadt von **Springe** 01 **Ziel**.

Fachwerkhäuser in der Fußgängerzone von Springe

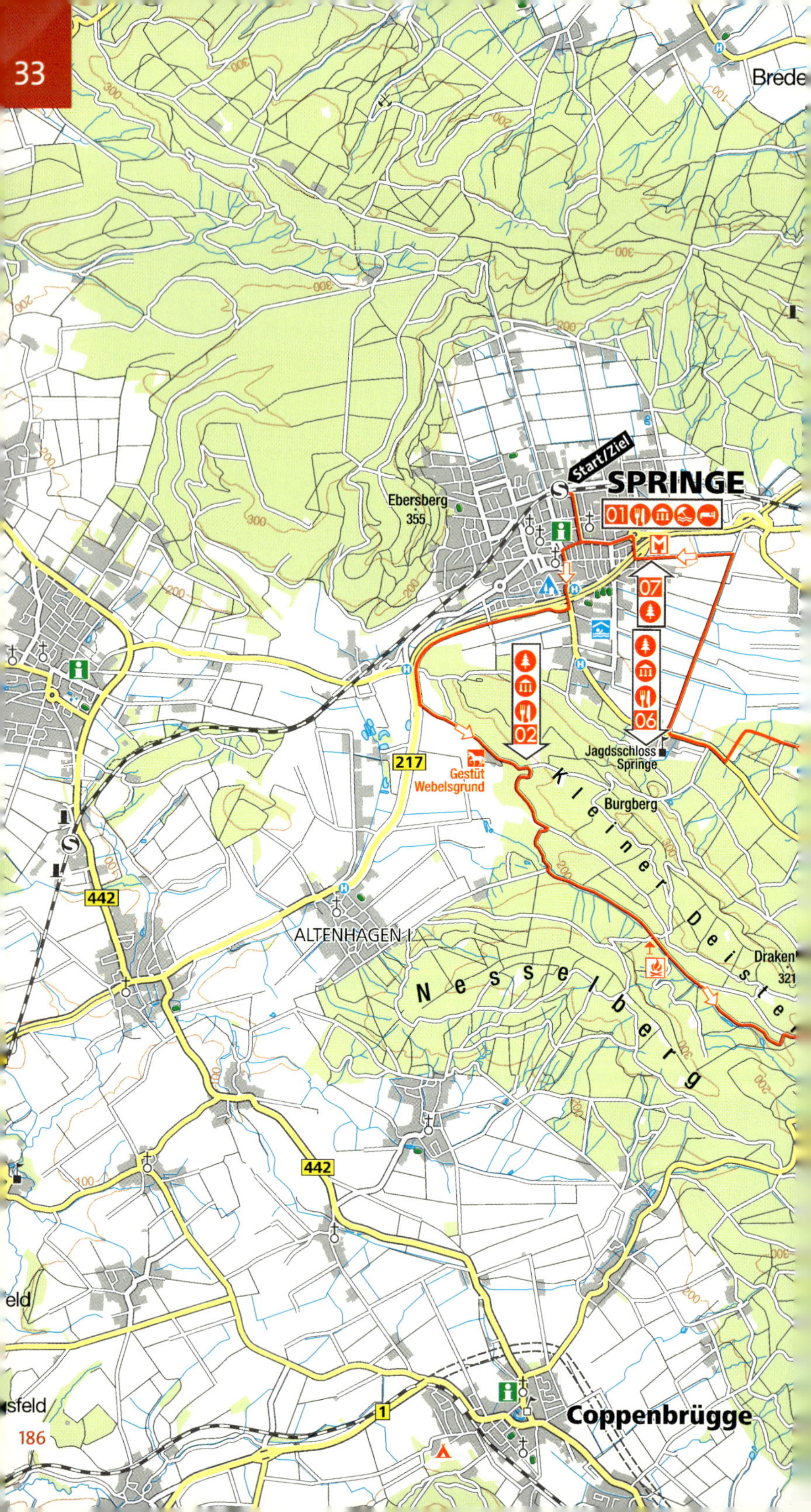

Brede
Start/Ziel
SPRINGE
01
07
Ebersberg
355
217
02
06
Jagdsschloss
Springe
Gestüt
Webelsgrund
Burgberg
Kleiner Deister
442
ALTENHAGEN I
Nesselberg
Draken
321
442
eld
sfeld
1
Coppenbrügge

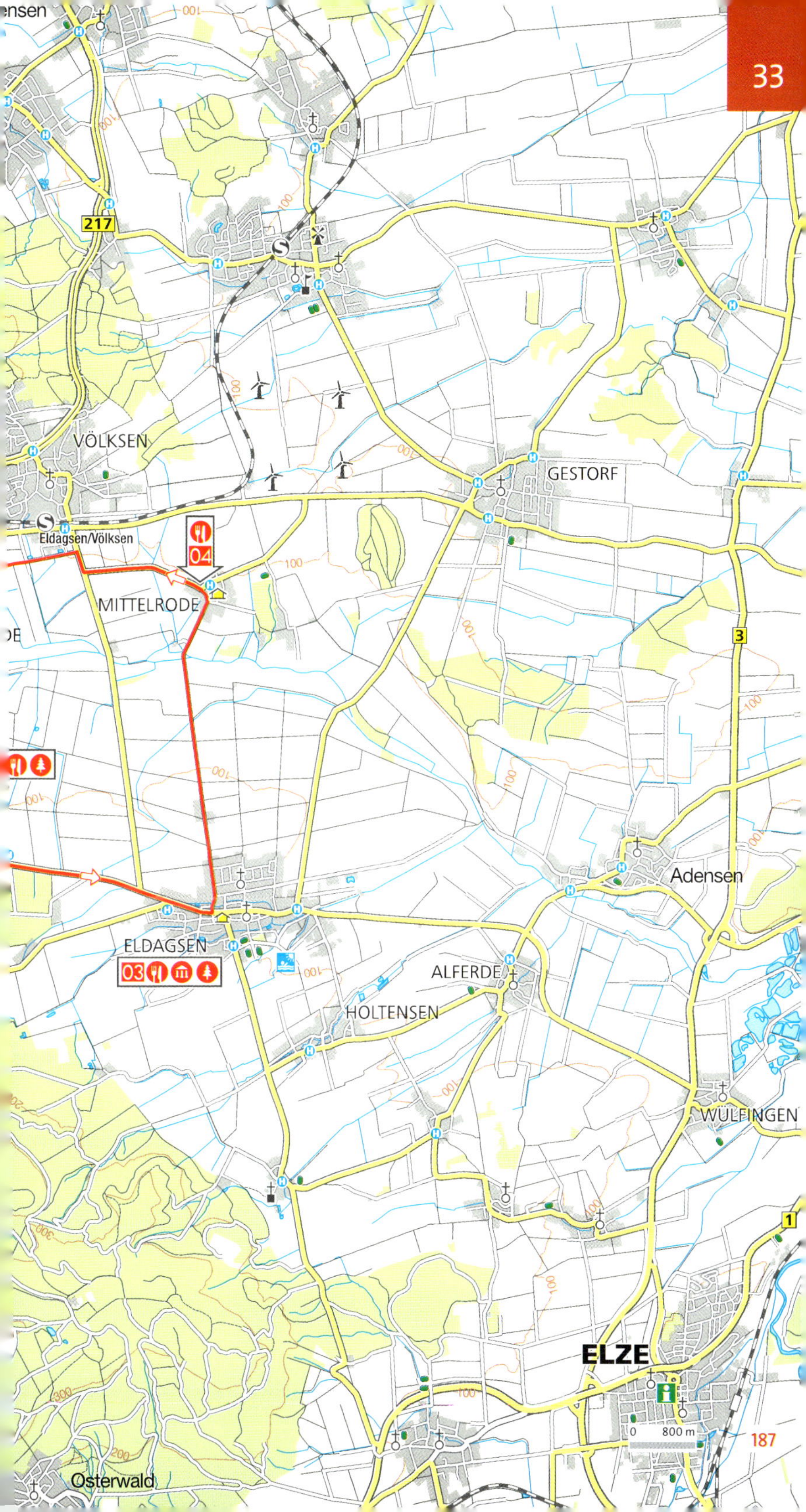

217
VÖLKSEN
Eldagsen/Völksen
04
MITTELRODE
GESTORF
3
Adensen
ELDAGSEN
03
ALFERDE
HOLTENSEN
WÜLFINGEN
1
ELZE
0 800 m
Osterwald

WINTERBERG – ASSINGHAUSEN – OLSBERG

Von der Quelle durch das Hochtal der jungen Ruhr

  2:15 Std.  43 hm 355 hm

STARTORT | Winterberg, 660 m
START | Bahnhof Winterberg, 650 m, Bahnhofstraße 12; Endstation der Regionalbahn Dortmund-Sauerland-Express Dortmund–Meschede–Winterberg.
[GPS: UTM Zone 32 x: 467.3500 m y: 5.671.990 m]
ZIEL | Olsberg, 330 m
CHARAKTER | Nach kurzem Anstieg zu Beginn leichte Talabwärtsfahrt, fast durchgehend auf Feld-, Forst- und Asphaltwegen im Wechsel aus Grünland- und Waldpassagen.
VERKEHR | Die Strecke ist mit Ausnahmen kleiner Nebenstraßen autofrei.

TIPP: Rückkehr per Bahn. Winterberg und Olsberg liegen an derselben Bahnstrecke, sodass die Rückkehr zum Ausgangspunkt problemlos möglich ist.

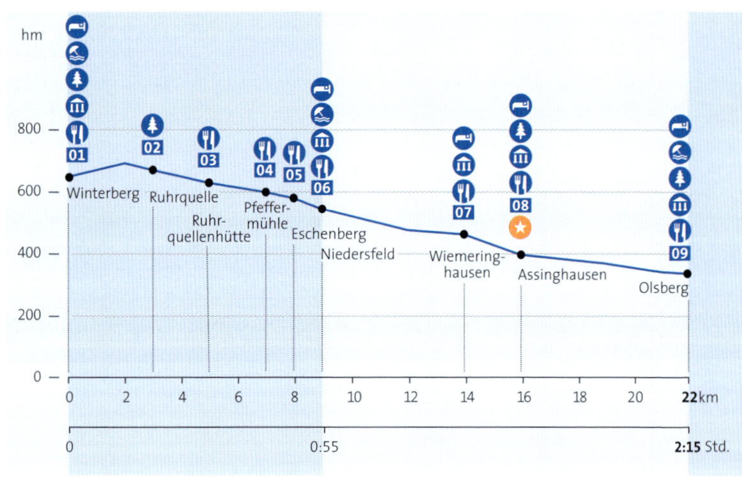

Der Auftakt vom Wintersportort Winterberg zur Ruhrquelle und durch die Wiesen des obersten Ruhrtals ins Rosendorf Assinghausen und in den Kneippkurort Olsberg zählt zu den Höhepunkten des Ruhrtalradwegs. Da er nahezu durchgehend straßenfrei und ohne spürbare Zwischenanstiege durchs Grüne führt, ist er auch für Familien mit Kindern bestens geeignet. Von Olsberg fährt die Bahn zurück nach Winterberg.

Winterberg – Niedersfeld / 9 km / 0:55 Std.

Start Der Bahnhof Winterberg liegt 2 Radelminuten unterhalb der Altstadt von **Winterberg** **01**, die auf der Bahnhofstraße erreichbar ist. Nach einem Abstecher in die höchstgelegene Stadt Nordrhein-Westfalens geht es auf der Bahnhofstraße am Bahnhof vorbei, gleich darauf wechselt der Ruhrtalradweg rechts in die Orketalstraße und folgt ihr am Ende kurz links, bis scharf rechts

Auch die Hochheide Neuer Hagen bei Niedersfeld über dem Ruhrtal ist in das Routennetz der Bike Arena einbezogen; am Rand dieser größten Bergheide Nordrhein-Westfalens entspringt die Hoppecke

die Jakobusstraße abzweigt und in die Wiesen des aussichtsreichen Höhenrückens Dumel hinaufführt. Hinter den Häusern bietet die autofreie, alleeartig von Bäumen flankierte Jakobusstraße (= Heidenstraße) ein erstklassiges Winterberg-Panorama. Eine Informationstafel veranschaulicht den Verlauf der historischen Heidenstraße, der heute in weiten Abschnitten der Jakobswegroute folgt, Panoramasitzbänke laden zum Verschnaufen ein, ehe der Ruhrtalhöhenweg bei einer Schutzhütte schräg links in den Wald eintritt und sich im Hang des Bergs Ruhrkopf zur **Ruhrquelle** 02 hinabsenkt. Vor den Wiesen am Waldrand unterhalb der Quelle wechselt der Ruhrtalhöhenweg links auf einen Forstweg, passiert die Holzbrücke Richtung Parkplatz Ruhrquelle und das Informations- und Spielgelände der Forstlehrstation Wald als Wirtschaftsraum im Hang des bewaldeten Ruhrkopfs und wenig später die **Ruhrquellenhütte** 03 am Skigebiet Ruhrquelle vor der Bundesstraße. Hier folgt er der B 480 wenige Meter nach links in Richtung Winterberg, quert die Straße und führt am Waldrand entlang im Gleichlauf mit dem Ruhrhöhenweg. Fast immer zwischen Wald und Wiesen senkt sich der Forstweg talwärts, rechts in den Wiesen fließt die Kleine Ruhr, von links eilt ihr der Berkelbach zu. Ab der **Gaststätte Pfeffermühle** 04 mit gemütlicher Hüttenatmosphäre am Waldcamping an der **Vossmecke** hinter der Mündung des Bachs Vossmecke erhält der Forstweg Asphaltbelag. Hier verlässt der Ruhrtalradweg den Naturpark Rothaargebirge, gleich darauf lädt das Landgasthaus **Eschenberg** 05 im gleichnamigen Skigebiet zur Einkehr ein bei den Eschenberger In- und Outdoor-Kartbahnen. Die schmale Straße Am Eschenberg setzt sich geradeaus fort unter dem Namen Auf der Hütte und erreicht den Rand des Luftkurorts **Niedersfeld** 06.

Niedersfeld – Olsberg / 13 km / 1:20 Std.

Der Ruhrtalradweg bleibt zwischen Häusern im Wiesenhang links über dem Ort auf der schmalen Straße Am Studenbusch und wechselt an der Verzweigung geradeaus auf die ruhige, aussichtsreiche Hangstraße Am Ellenberg, zweigt am Ende scharf rechts Im Huxhol ab und wendet sich sofort scharf links In der Stammecke. Hinter dem Sägewerk am Ortsende beginnt ein Forstweg, der an der Grillhütte des Parkplatzes Im Stein vorbeiführt und schließlich auf einen in die Talaue hinabführenden Forstweg mündet. Hier quert der Ruhrtalradweg die Bundesstraße, folgt ihr kurz aufwärts über die Ruhrbrücke und wechselt am Haus Wildenstein auf den Asphaltweg Alte Landstraße im Wald. Die Alte Landstraße tritt im Hang des Wildenstein-Burgbergs in Wiesen, der Ruhrtalradweg bleibt oben im Hang ober-

Weiter Blick von Olsberg zum Borberg, dem Friedensberg des Sauerlandes

halb des Kirchdorfs **Wiemeringhausen** 07 und folgt weiter aussichtsreich der Alten Landstraße, übergehend in den Asphaltweg zum Küsterland, der am Ortsrand von Assinghausen die Küsterlandkapelle (1758), eine historische Fuhrmannskapelle unter dem Iberg, erreicht. Von der Küsterlandkapelle führt die Straße Zum Küsterland zur Kirche in der Ortsmitte des Rosendorfs **Assinghausen** 08. Vom Grimmedenkmal in der Ortsmitte führt die Grimmestraße zum historischen Eiskeller im Unterdorf von Assinghausen. Der 15 m lange Stollen wurde in den Felsen gehauen als Lagerraum für Eis. Das Eis wurde im Winter aus der Eisdecke eines Teichs geschlagen, hielt sich im Stollen bis in den Sommer hinein und wurde zum Kühlen des im Dorf gebrauten Bieres verwendet; der Eingang ist mit Schiefersteinen gefasst. Kurz vor der Bundesstraße wechselt der Ruhrtalradweg rechts auf den Asphaltweg Vockelied, der gleich darauf die Bundesstraße tangiert: Längs der Bundesstraße geht es kurz rechts und auf dem ersten Feldweg links auf der Brücke über die Ruhr und oben aussichtsreich rechts durch den Wiesenhang. Der Wiesenweg taucht bald in den Wald ein und folgt dem Hang zur **Mündung der Neger** in die Ruhr. Nach Überqueren der Neger, der Bahngleise und der Straße wenige

Höhen und Täler bei Winterberg

Die Jakobuskirche

Meter die Straße aufwärts (links), dann scharf rechts auf den Asphaltweg, der oberhalb der Gleise und der ehemaligen Schotter-Verladestelle der Mitteldeutschen Hartstein-Industrie im Hang durch die Wälder der Steinhelle führt. Hinter dem Umspannwerk beim Kraftwerk Steinhelle an der B 480 gut auf die Markierungen achten! Der Ruhrtalradweg quert die Gleise und führt hinter der Bundesstraße am Ufer des Stausees Olsberg entlang und dahinter schräg rechts (zum Stausee) auf den Kneippkurort **Olsberg** 07 zu, wo an der Bushaltestelle Ruhrstraße auf die Hauptstraße trifft **Ziel**.

Schräg links befindet sich die Tourist Information an der Ruhrstraße 32, schräg rechts der Kurpark.

Bike Arena Sauerland und Bikepark Winterberg

Die **Bike Arena Sauerland** ist das größte Bergrad-Routennetz Westdeutschlands. Auf einer Länge von über 1.700 km führen die ausgeschilderten und markierten Routen durch die hügel- und waldreiche Mittelgebirgslandschaft auf dem Dach Nordrhein-Westfalens. Die Radwege sind nach Schwierigkeitsgraden eingestuft in Routen für Anfänger, Familien, Trekkingbiker, Sportbiker, Rennbiker, Senioren und Profis; alle Routen für die jeweilige Gruppe sind in leicht, mittelschwer und schwer eingeteilt und entsprechend im Gelände beschildert. Auch am Ruhrtalradweg im Gebiet von Winterberg und Meschede sind immer wieder die Ausschilderungen der Bike Arena Sauerland zu sehen.
Die Arena wurde von der Sporthochschule Köln (Institut für Ökologie und Natursport) nach den Bewertungsfeldern Sport, Gesundheit, Sicherheit und Umwelt analysiert und optimiert. In der Bike Arena sind zahlreiche Betriebe speziell auf die Bedürfnisse von Mountainbikern eingestellt; sie wurden mit dem Gütesiegel „Bike-freundliche Betriebe" ausgezeichnet, dies gilt auch für die Hotels und andere Beherbergungsbetriebe. Informationen unter www.bike-arena.de.

Ergänzt wird die Bike Arena durch den **Bikepark Winterberg**, den größten Mountainbikepark Nord- und Westdeutschlands am Kahlen Asten.
www.bikepark-winterberg.de.

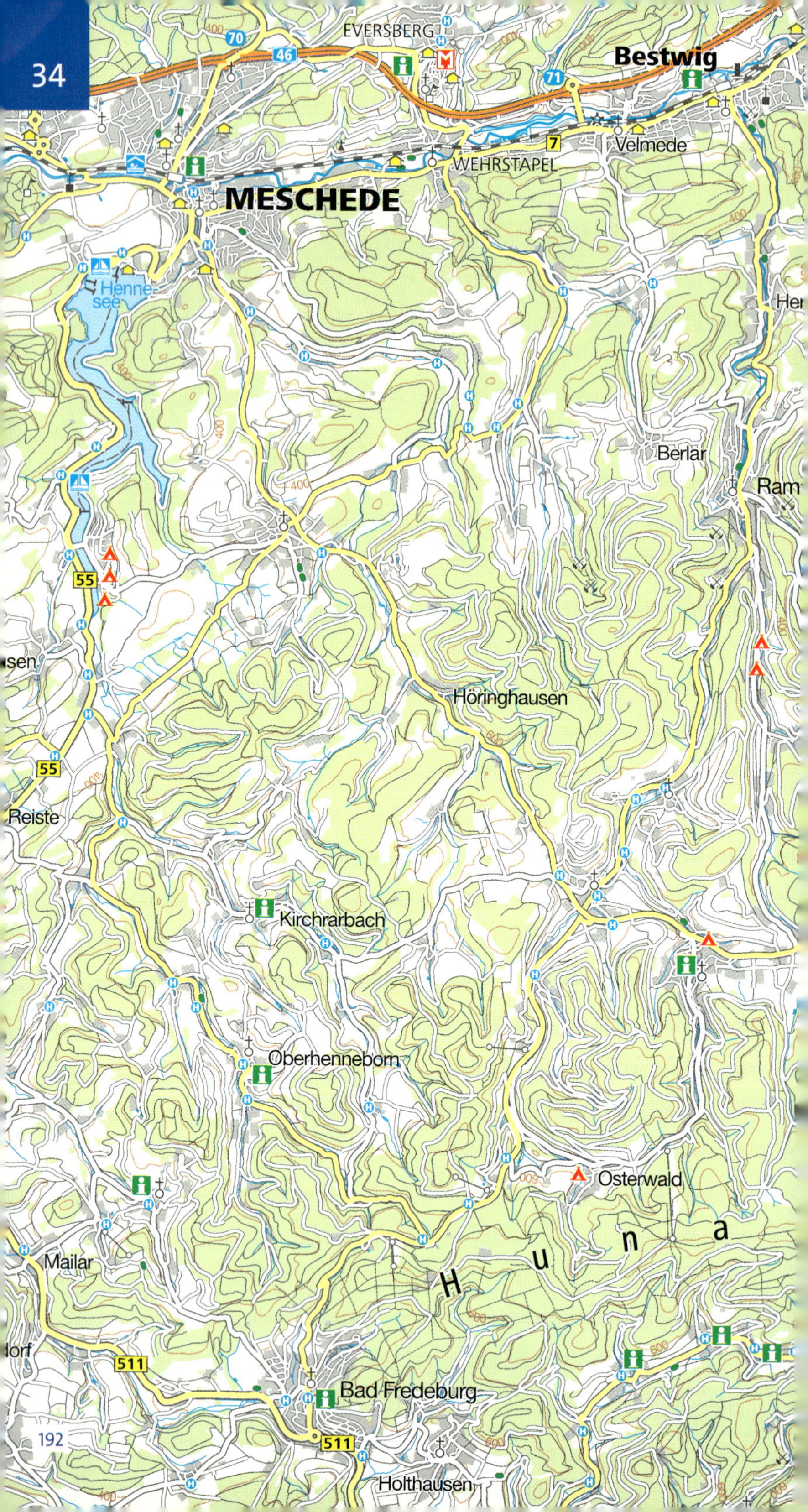
EVERSBERG
Bestwig
Velmede
WEHRSTAPEL
MESCHEDE
Henne-
see
Berlar
Höringhausen
Reiste
Kirchrarbach
Oberhenneborn
Osterwald
Mailar
H u n a
Bad Fredeburg
Holthausen
70
46
71
7
55
55
511
511

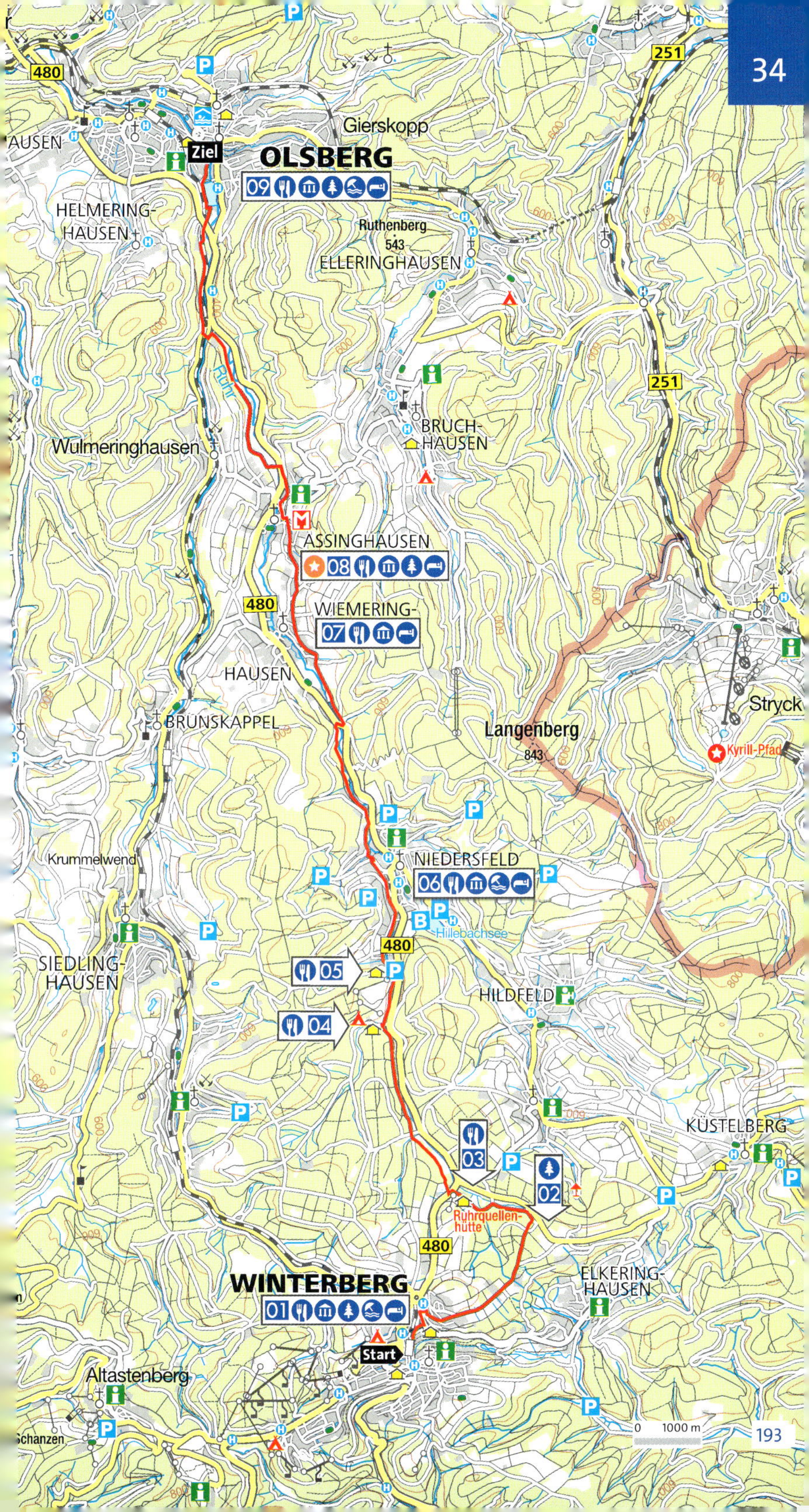
Ziel
OLSBERG
09
Gierskopp
HELMERING-
HAUSEN
Ruthenberg
543
ELLERINGHAUSEN
Ruhr
BRUCH-
HAUSEN
Wulmeringhausen
ASSINGHAUSEN
08
WIEMERING-
HAUSEN
07
BRUNSKAPPEL
Langenberg
843
Stryck
Kyrill-Pfad
NIEDERSFELD
06
Hillebachsee
Krummelwend
SIEDLING-
HAUSEN
05
04
HILDFELD
KÜSTELBERG
03
02
Ruhrquellen-
hütte
WINTERBERG
01
ELKERING-
HAUSEN
Start
Altastenberg
Schanzen
0 1000 m
480
251

OLSBERG – MESCHEDE – ARNSBERG

Am Rand des Arnsberger Waldes

 44 km  4:15 Std.  46 hm  190 hm

STARTORT | Olsberg, 330 m
START | Olsberg, Ruhrstraße, zwischen Tourist-Information (Ruhrstraße 32) und Konditorei Hagemeister
[GPS: UTM Zone 32 x: 464.300 m y: 5.689.220 m]
ZIEL | Arnsberg, 212 m
CHARAKTER | Leichte Streckentour im Wechsel aus Asphalt- und Forstwegen sowie Radwegen neben Straßen, passagenweise auch auf Straßen.
VERKEHR | Etwas mehr Autofreiheit wäre auf dieser Passage wünschenswert.

TIPP: Rückkehr per Bahn. Zwischen Olsberg und dem Zielort Arnsberg besteht direkte Bahnverbindung.

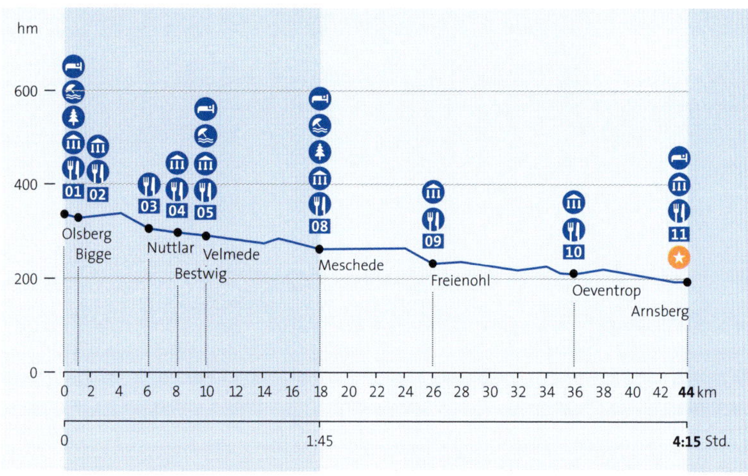

Im Kneippkurort Olsberg schwingt die Ruhr aus der Nord- in die Westrichtung, das weiterhin steil geflankte Tal verbreitert sich zusehends, während der Ruhrtalradweg Meschede ansteuert und dann Arnsberg mit einem der besterhaltenen Stadtbilder im Ruhrtal erreicht.

Olsberg – Meschede / 18 km / 1:45 Std.

Start Der Ruhrtalrad wechselt im Kneippkurort **Olsberg** 01 gegenüber dem Konditorei-Café Hagemeister von der Ruhrstraße in den Kurpark Dr. Grüne, wo am Wassertretbecken der Olsberger Kneippwanderweg beginnt. Nach Überqueren der Ruhr auf der ersten Stegbrücke erreicht er im Park die **Sauerlandtherme** Aqua Olsberg, das Olsberger Wellness- und Erlebnisbad. Wenig später mündet der Parkweg in die Nebenstraße In den dichten Weiden und folgt ihr zur Stadionstraße in **Bigge** 02 oberhalb der ersten Ruhrstraßenbrücke (auf der gegenüberliegenden Talseite befindet sich der Bahnhof Bigge). Hier geht es rechts versetzt geradeaus auf der Hangstraße Unterm Hagen, unten im Tal grüßt der Spitzhelm der Bigger Martinskirche herauf.

Am Möhnesee

Die Hangstraße setzt sich autofrei im Wald fort, bis es hinter der Marienkapelle beim Schloss Schellenstein (privat) rechts abgeht und waldseitig am Holzwerk vorbei (Steinkleff), nach Unterqueren der Bahnlinie auf der Dorfwiese zur Bundesstraße 7, die – links – die Route an der Südgrenze des Naturparks Arnsberger Wald in das Kirchdorf **Nuttlar** 03 vorgibt, passagenweise auf einem von der Bundesstraße abgesetzten Radweg. Der Ruhrtalradweg tangiert den oberhalb im Hang gelegenen Ort auf der Bundesstraße, in Alfert unterhalb von Nuttlar mündet gegenüber der Antoniuskapelle die Elpe in die Ruhr. An der Mündung befindet sich das Laufwasserkraftwerk Alfert, das rechts liegen bleibt, während der Ruhrtalradweg der Bundesstraße nach **Bestwig** 04 weiterfolgt (ohne Radweg) und nach Überqueren der hier in die Ruhr mündenden Valme den Bahnhof Bestwig erreicht.

Nach Passieren des Bahnhofs wechselt der Ruhrtalradweg rechts in die Ruhrstraße und folgt ihr hinter dem Bahnkörper links weiter. Hinter den Fabriken setzt er sich autofrei am Wald fort, überquert die Ruhr auf der ersten Stegbrücke und leitet links durch die Wiesen, dann Unterm Schieferberg zum Gasthof Faske im rechts der Ruhr gelegenen Teil des Kirchdorfs **Velmede** 05. Rechts versetzt verlässt der Gepkerweg geradeaus den Ort längs der Ruhr, unterquert die Autobahnzubringerbrücke, schwingt rechts zur Eversberg-Talbrücke der Autobahn und führt zwischen Autobahn und Ruhr auf den Industrie- und ehemaligen Bahnhofsort **Wehrstapel** zu, den er auf der Straße Unter der Helle erreicht und dann zum Schützenplatz führt. Am Ende der Straße Am Schützenplatz rechts versetzt geradeaus und ortsauswärts auf dem Birmecker Weg, geradeaus übergehend In der Birmecke, an der bald darauf die **Josefskapelle** 06 einen schönen Rastpunkt im Grünen unter jahrhundertealten Buchen bildet. Der um 1635 erbaute Putzbau steht in einer Mulde nahe des Bachs Birmecke.

An der Josefskapelle vollzieht der Asphaltweg In der Birmecke einen Rechtsschlenker, dann folgt er weiter der Bahnlinie im Grünen nach **Meschede** 08, oberhalb der ersten Häuser befindet sich der Wallhügel mit der Hünenburg, der Straßenname ändert sich in Kolpingstraße, und diese führt direkt zum Bahnhof Meschede.

Meschede – Arnsberg / 26 km / 2:30 Std.

Vor dem Bahnhof Meschede wechselt der Ruhrtalradweg von der Le-Puy-Straße auf die Brückenstraße und überquert auf der Coventry-Brücke die Ruhr. Kurz vor der Arnsberger Straße geht es rechts ab auf einen Weg im Grünen, der sich bald darauf unterhalb der Klausenkapelle und oberhalb des Hallen- und Freibads Meschede als Radspur der Arnsberger Straße anschließt. Kurz vor dem Wasserschloss Laer (privat) wechseln Landstraße und Radweg auf die

Sonnenuntergang über dem Möhnesee im Naturpark Arnsberger Wald

rechte Seite des Flusses und führen aussichtsreich durch die Wiesen Richtung Wennemen, am Kreisverkehr vor dem Gewerbegebiet Enste geradeaus, dann auf separatem Radweg, hin und wieder zusätzlich von der Straße durch Bäume abgeschirmt. Vorsicht, wenn der separate Radweg endet (Stockhausen): Wenig später wird er links der „Bundesstraße" (Straßenname) separat weitergeführt (Heilentrog) nach Wennemen, wo er sich nach Passieren der Don-Bosco-Schule und der Dorfstraße wieder der „Bundesstraße" anschließt.

Nach Unterqueren der Autobahnausfahrt Wennemen setzt sich die Straße als „Bahnhofsstraße" fort, passiert den am Ortsrand gelegenen Bahnhof Freienohl, wechselt vor der Rechtskurve der Bahnhofstraße links auf den Bahnparallelweg, überquert im Grünen den Mühlengraben und die Ruhr und folgt dem Ruhrufer flussabwärts zur Ruhrbrücke der Durchgangsstraße Breiter Weg. Links liegt am Breiten Weg der Ortskern der Freiheit **Freienohl** 09, der Ruhrtalradradweg hingegen quert die Durchgangsstraße und folgt der Nebenstraße Im Ohl an der Hauptschule und am Hallenbad vorbei zur nächsten Ruhrbrücke. Nach Überqueren der Ruhr geht es an der ersten Verzweigung links weiter Im Langel, am Firmenparkplatz rechts (Im Langel) zwischen den Firmengebäuden hindurch und hinaus in die grünen Ruhrauen. Nach Überqueren der Ruhr auf einer Stegbrücke geben Wälder und Wiesen am linken Ufer die Route vor bis zur nächsten Brücke. Auf ihr wechselt der Ruhrtalradweg wieder ans rechte Ufer und schwingt hinter der Kläranlage vor dem **Segelflugplatz Oeventrop-Ruhrwiesen** rechts hinauf an den Ortsrand des vom Neuen Kloster (Leerstand) überragten Dorfs Glösingen, wo die stark befahrene Glösinger Straße (Radwege-Lückenschluss geplant) links weiterführt.

Hier Achtung! Kurz nach Überqueren des Siepenbachs verlässt der Radweg die Straße links Auf dem Kar/Am Segelflugplatz und folgt dem Rand des Flugplatzes zum Vereinsheim Spatzennest, dort auf der Zufahrt zur Dinscheder Brücke, die Glösingen und **Oeventrop** 10 verbindet und 2010 mit separatem Fuß- und Radelsteg renoviert wurde. Nach Überqueren der Brücke geht es vor dem Schützenheim rechts zum Sportplatz In den Oeren an den Ruhrwiesen, am Ende rechts auf dem Wildayweg längs der Straßenkreuzung winkelt der separate Radweg links zur Ruhr ab, überquert sie auf einer Stegbrücke und führt zur Mescheder Straße hinauf; kurz links und vor der Autobahn rechts ab Zum Eisenhammer in Richtung des Wasserkraftwerks Rumbecker

Wasserfall Plästerlegge bei Bestwig

Hammer. Hinter der Bahnlinie zweigt links ein Feldweg ab, der die Ruhr auf einer langen Stegbrücke überquert, dahinter gibt die Casparistraße die Route links unter der Ruhrtalbrücke Rumbeck vor, anfangs folgt ihr der Radweg links auf separater Spur.

Hinter der Autobahnausfahrt Arnsberg-Uentrop setzt sich die Straße unter dem Namen Uentroper Straße im Ruhrbogen fort und erreicht auf Höhe des Bahnhofs Arnsberg die Bebauung von Arnsberg. Auf dem Steg neben der Eisenbahnbrücke Richtung Bahnhof und vor dem Fluss rechts ab auf den autofreien Uferweg rechts der Ruhr. Die Henzestraße ist die erste Straße über die Ruhr; sie ist ein guter Einstiegspunkt zur Besichtigung der Altstadt von **Arnsberg** 11 **Ziel**.

Der Ruhrtalradweg hingegen setzt sich auf der östlichen Seite der Henzestraßenbrücke fort; kurz Jahnstraße und hinter der sachten Kurve geradeaus auf dem Uferweg links der Ruhr. Auch die nächste Brücke bildet einen guten Einstiegspunkt zur Besichtigung Arnsbergs, während der Radweg dem linken Ufer treu bleibt bis zur Stegbrücke unterhalb der monumentalen Rundturnhalle (Sporthalle Eichholz), wo er in die Parkanlagen des Eichholzes wechselt und auf angenehmen Parkwegen die südliche Flussschleife von Arnsberg durchfährt. Das Ehmsen-Denkmal im Eichholz bietet einen wunderbaren Blick auf die Arnsberger Alt- und Neustadt. Das Denkmal ist dem Forstrat Ehmsen gewidmet, der 1890 in Arnsberg den Sauerländischen Gebirgsverein (SGV) gründete.

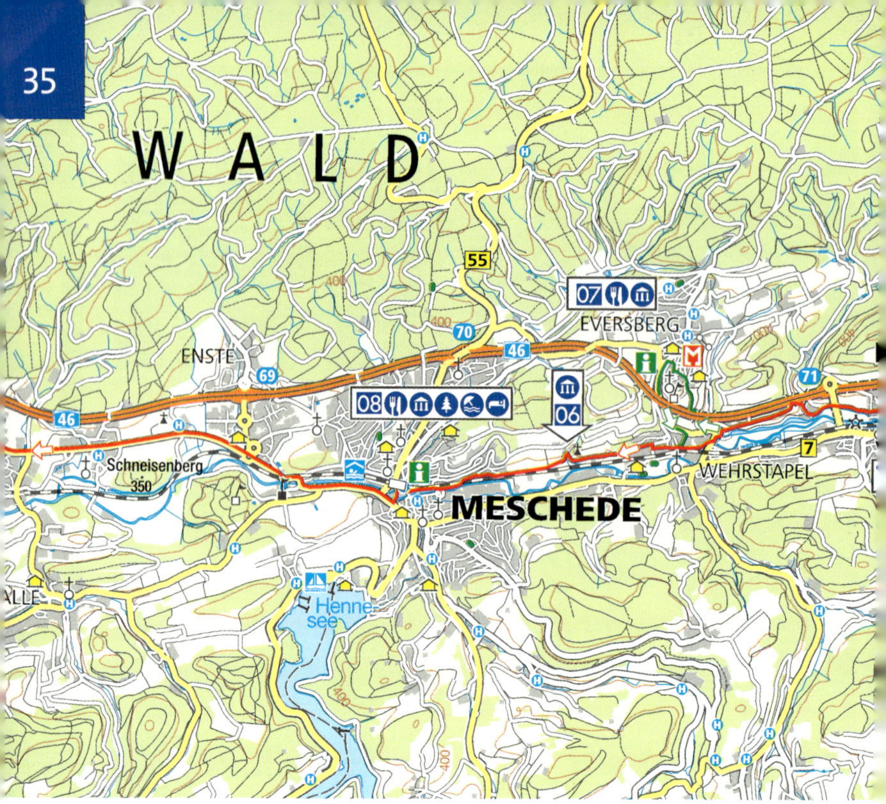
WALD
55
07
EVERSBERG
ENSTE
69
70
46
08
06
71
7
Schneisenberg
350
WEHRSTAPEL
MESCHEDE
Henne-see
400
ALLE

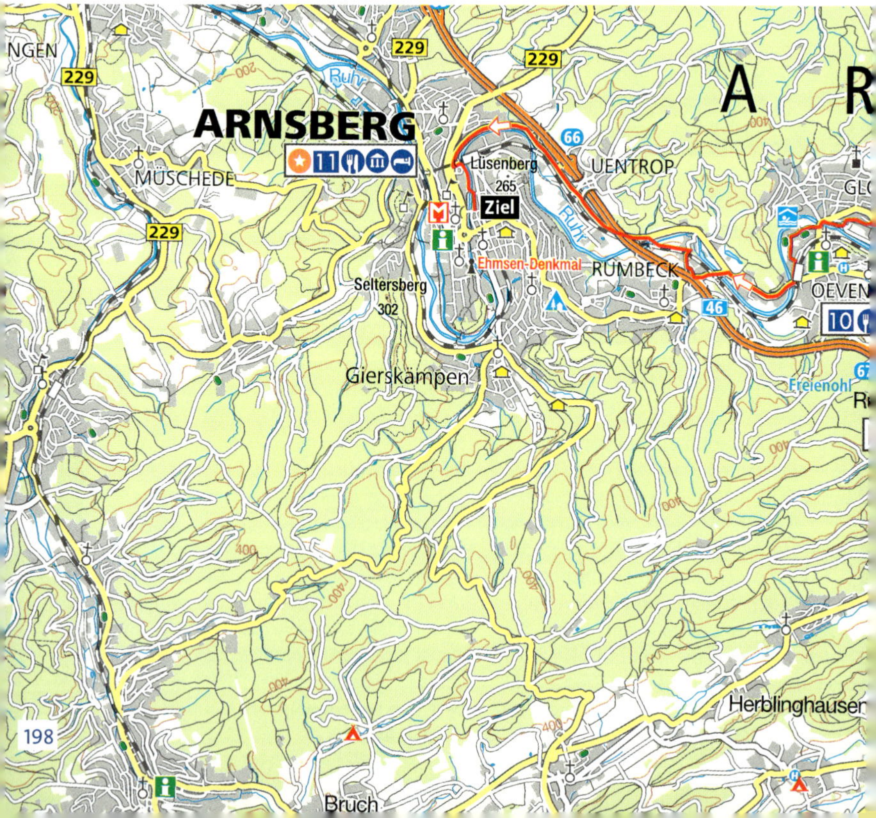
NGEN
229
Ruhr
ARNSBERG
11
MÜSCHEDE
Lüsenberg
265
Ziel
UENTROP
66
A R
Ehmsen-Denkmal
RUMBECK
Seltersberg
302
Gierskämpen
46
OEVEN
10
Freienohl
67
400
Herblinghausen
Bruch

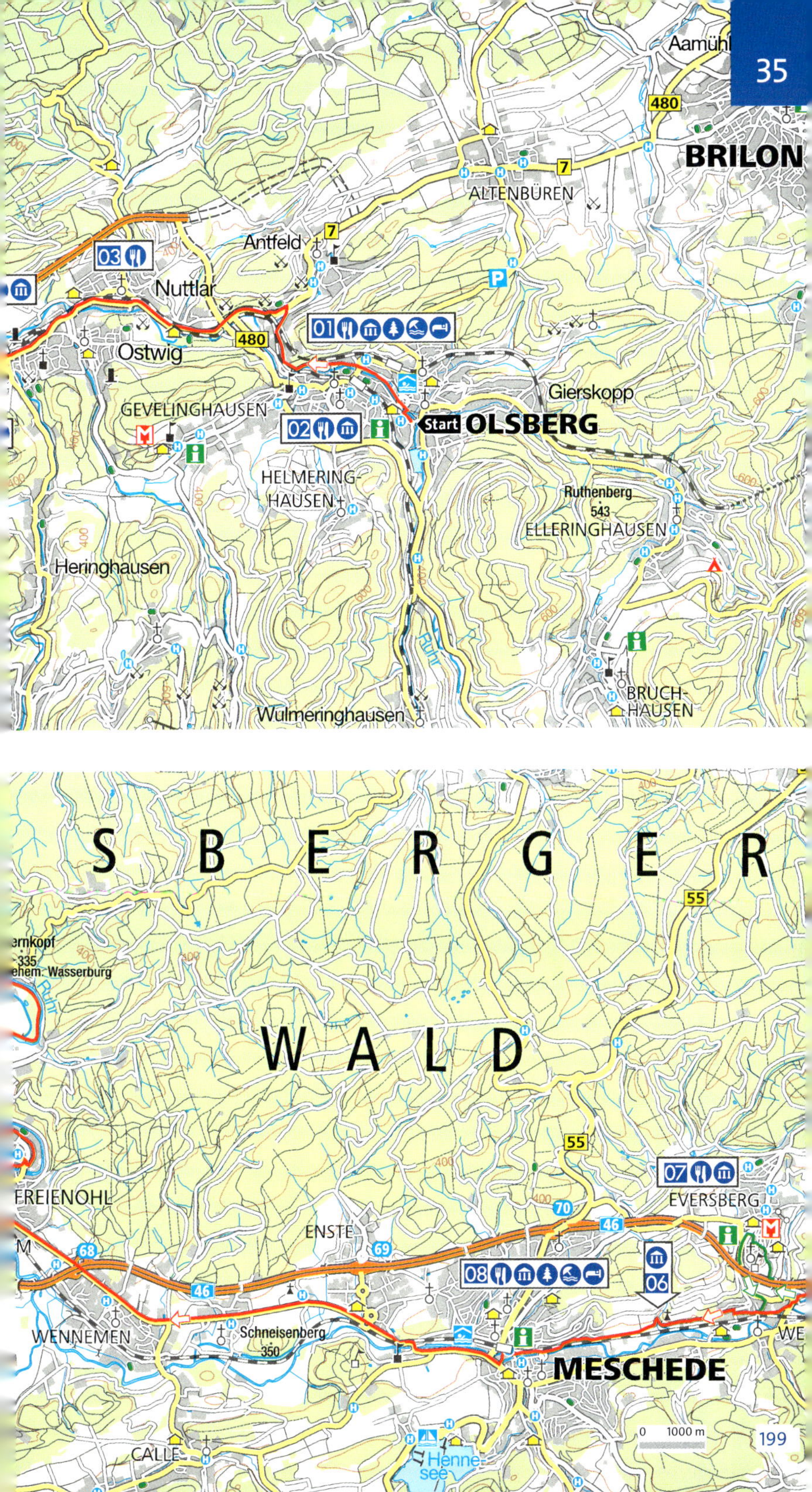

Aamühl
480
BRILON
7
ALTENBÜREN
Antfeld
03
Nuttlar
01
Ostwig
480
Gierskopp
GEVELINGHAUSEN
02
Start
OLSBERG
HELMERING-
HAUSEN
Ruthenberg
543
ELLERINGHAUSEN
Heringhausen
Ruhr
BRUCH-
HAUSEN
Wulmeringhausen
S B E R G E R
55
ehem. Wasserburg
335
W A L D
55
07
FREIENOHL
EVERSBERG
ENSTE
70
46
69
68
08
06
46
WENNEMEN
Schneisenberg
350
MESCHEDE
CALLE
Henne-
see
0 1000 m

WITTEN – HATTINGEN – STEELE

Muttental, Leinpfade, Kemnader See, Altstadtperle

 33 km  3:00 Std.  41 hm  82 hm

STARTORT | Witten, 130 m
START | Hauptbahnhof Witten an der Bergerstraße, 130 m.
[GPS: UTM Zone 32 x: 383.950 m y: 5.699.580 m]
ZIEL | Essen-Steele, 68 m
CHARAKTER | Leichte Streckentour im Wechsel aus Asphalt- und Forstwegen sowie Radwegen neben Straßen, passagenweise auch auf Straßen.
VERKEHR | Die Flachetappe hat eine beinahe durchgehend autofreie Routenführung.
TIPP: Rückkehr per Bahn. Die S-Bahn ermöglicht die direkte Rückfahrt von Steele nach Witten.

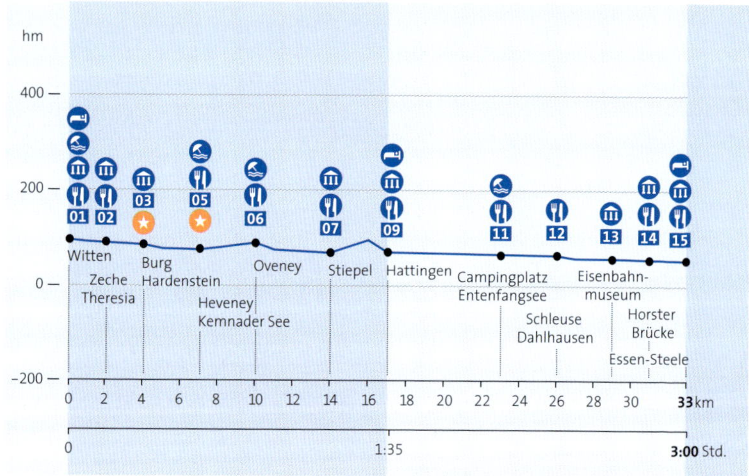

Abwechslungsreich geht es an den Museen am Muttental, der Wiege des Ruhrbergbaus, vorbei zur Fähre Hardenstein, ehe nach Passieren von Herbede der Kemnader Freizeitsee erreicht ist. Treidelpfade folgen dem Ufer weiter zu den Panoramawiesen von Stiepel, an den Rand der Altstadtperle Hattingen, ehe nach weiterer flotter Leinpfadfahrt Steele am Nordbogen der Ruhr erreicht ist. Die S-Bahn fährt direkt zurück nach Witten.

Witten – Hattingen / 17 km / 1:35 Std.

Start Das Empfangsgebäude des Hauptbahnhofs in **Witten** 01 an der Bergerstraße wurde 1901 nach den Entwürfen des Wittener Architekten Richard Sauerbruch errichtet, steht unter Denkmalschutz und ist Teil der Route der Industriekultur. Vor dem Empfangsgebäude verläuft die Bergerstraße, an der es rechts hinabgeht, die erste rechts (Gasstraße) durch die Unterführung und dahinter links zur Ampel an der Ruhrstraße; hier rechts über die aussichtsreiche Bommeraner Ruhrbrücke, die 1882 die Fährverbindung zwischen Witten und Bommern ersetzte; die heutige Brücke wurde 1997 eröffnet. Die Fortsetzung der Brücke führt an den Rand des Kirchdorfs Bommern am Muttental. Vor der **Museumsbahnlinie**

Am Anleger Hardenstein

befindet sich bei der Informationstafel der Einstieg in den Ruhrtalradweg (links der Bahnhof Witten-Bommern). Auf dem Bahnparallelweg geht es vorbei am Museumsbahnhof Zeche Nachtigall, beim Gruben- und Feldbahnmuseum **Zeche Theresia** 02 unterhalb des Restaurants Schloss Steinhausen wechselt der Radweg geradeaus in die Nachtigallstraße und umfährt auf der Seite der Ruhrauen das Museum Zeche Nachtigall; hier überspannt die autofreie Nachtigallbrücke die Ruhr, über die man ans rechte Ruhrufer wechseln muss, wenn man spät abends unterwegs ist und die Ruhrtalfähre nicht verkehrt.

An der Zeche Nachtigall setzt sich der Ruhrtalradweg als Bahnparallelweg im Grünen fort bis zur **Fähre Hardenstein** vor der **Burgruine Hardenstein** 03. Nach der Überfahrt mit dem Katamaran setzt sich der Radweg im Grünen auf der rechten Seite des Flusses zur Herbeder Lakebrücke fort, deren Umgebung sich unter dem Motto „Genuss am Fluss" alljährlich an einem Wochenende im Sommer in eine Feinschmeckermeile verwandelt und Startpunkt des Plastikentenschwimmens zur Herbeder Ruhrschleuse ist. An der Lakebrücke lädt mit Ruhrblick das spanische Restaurant „Picasso" zur Einkehr ein, außerdem bietet sich an der Lakebrücke ein Abstecher nach Herbede links der Ruhr an. Im Hang über der Lakebrücke thront die Herbeder „Fatih Camii" (Eroberer-Moschee), eine der vier Wittener Moscheen; gleich dahinter, jenseits der Herbeder Ruhrbrücke, befindet sich **Haus Herbede** 04, das älteste Herrenhaus im mittleren Ruhrtal. Von der Lakebrücke folgt der Radweg der schmalen Straße In der Lake unter der Herbeder Straßenbrücke her zum Ruhrgolf-Parkplatz, dort links, unterquert autofrei in (Golfplatz-)Wiesen die Autobahnbrücke der A 43 und erreicht am **Freizeitbad Heveney** in Witten-Heven die Freizeitküste des **Kemnader Sees** 05, gefolgt vom Heveneyer Hafen. Vorbei an zahlreichen weiteren Freizeiteinrichtungen folgt der Radweg dem grünen Nordufer des Sees, der Blick fällt über den von sanften Höhen eingefassten See, ruhrabwärts zeigt sich Burg Blankenstein. Sitzbänke und zwischendurch eine Schutzhütte laden zur Rast ein, an schönen Wochenenenden ist vorsichtiges Lenken angesagt wegen der Vielzahl an Erholungssuchenden: Kinderwagen, kleine und große Hunde, Inlineskater, Mountainbiker, alles wirbelt wild durcheinander, und zuweilen wird man Zeuge eines erregten Wortwechsels. Nach Passieren des Freizeitschwerpunkts **Oveney** 06 mit der Gaststätte „Seeterrassen" am Bochumer Ufer erreicht der Radweg am Klappenwehr das Ende des Kemnader Sees. Nun gibt der Leinpfad am rechten Ufer der Ruhr die Fahrt im Grünen zu den Ausläufern des Wallfahrtsorts **Stiepel** 07 vor, mit

Stollenmundloch im Muttental

herrlichem Aufblick zur **Burg Blankenstein** 08. Der Radweg schwingt hier bergwärts auf der Brockhauser Straße und taucht hinter der Klosterstraße (Ruhrbrücke) auf der autofreien Rauendahlstraße in den Rauendahler Wald ein, während unten im Ruhrtal große Wassergewinnungsbecken zu sehen sind. Sobald die Rauendahlstraße wieder die Ruhr erreicht, geht es auf dem Leinpfad weiter im Grünen bis zum Campingplatz Ruhrbrücke in **Hattingen** 09. In verschlungener Wegführung wechselt der Radweg auf der Ruhrbrücke ans linke Ufer, wo der Bahnhof Hattingen und dahinter die sehenswerte Hattinger Altstadt liegen.

Kemnader See

Hattingen – Essen-Steele / 16 km / 1:25 Std.

Nach Unterqueren der Brücke folgt der Ruhrtalradweg wieder dem Leinpfad, auf dem früher die Schiffe gezogen wurden, im Grünen durch die Hattinger Ruhrschleife, gegenüber erstrecken sich die als Naturschutzgebiet ausgewiesenen Ruhrauen. Im Prallhang am Fuß des von **Burg Isenburg** 10 bekrönten Burgbergs weicht der Radweg kurz auf die Isenbergstraße aus, ehe er kurz vor dem Campingplatz bei der Tippelstraße – links die Gaststätte „tum Bur“ am Fuß des Burgbergs 14 – wieder auf den Leinpfad wechselt, nun unterhalb des **Campingplatzes Entenfangsee** 11. Kurz dahinter ist die Gaststätte „Zum Deutschen“ ausgeschildert, bald darauf lädt direkt am Weg die Gaststätte Leinpfadoase Radwanderer, Spaziergänger und Seefahrer zur Rast ein.
Am Rand der nun auf der linken Ruhrseite als Naturschutzgebiet ausgewiesenen Auen führt der Leinpfad weiter zur **Schleuse Dahlhausen** 12, wo die Gaststätte „Zum Ponton“ an der Schwimmbrücke zur Einkehr einlädt (auf der rechten Seite der Ruhr befindet sich der Bahnhof Bochum-Dahlhausen). Am linken Ufer führt der Leinpfad weiter zu einer autofreien Ruhrbrücke, auf der das nahe **Eisenbahnmuseum Dahlhausen** 13 erreichbar ist. Die nächste Stegbrücke, die autofreie weiße **Horster**

Ruhrtal bei Bommern mit Blick Richtung Muttental

Ruhrbrücke 14, überspannt den Fluss unterhalb der historischen Horster Schleuse, einer jener 16 Schleusen, durch die die Ruhr Ende des 18. Jhs. schiffbar gemacht wurde. Über die Horster Ruhrbrücke ist am gegenüberliegenden Ufer die Gaststätte „Haus Grossjung“ am Campingplatz „Horster Ruhrbrücke“ erreichbar.

Wenige Minuten später erreicht der Radweg die historische Leinpfadbrücke; hier ist am Eingang zum Holteyer Hafen die unversehrte Bruchstein-Bogenbrücke mit dem Originalpflaster des alten Leinpfads erhalten.

Der Holteyer Hafen im Essener Stadtteil Essen-Überruhr-Holthausen wurde 1837/1838 als einer der ersten echten Häfen an der Ruhr erbaut und 1880 stillgelegt. Er diente der Ruhrschifffahrt als Sicherheitshafen bei Unwettern, Niedrig- bzw. Hochwasser und bei Eisgang. Außerdem überwinterten die Kohleschiffe, die sogenannten Ruhraaken, im Hafen. Heute ist im Hafen die Paddelabteilung des Vereins Turnerbund 1900 Essen-Überruhr aktiv, zudem ist die Wasserfläche ein beliebtes Angelrevier.

Vom Holteyer Hafen führt der Leinpfad aussichtsreich an der Ruhr entlang unterhalb des Ludwig-Kessing-Parks, dann in den Wiesen, unterquert die Steeler Ruhrbrücke, die nach der Sprengung 1945 als eingleisige Stahlfachwerkbrücke wieder aufgebaut wurde (an der Stelle einer 1863 eröffneten zweigleisigen Eisenbahnbrücke) und erreicht die **Kurt-Schumacher-Brücke,** die die Essener Stadtteile Überruhr (jenseits = links der Ruhr) und **Steele** 15 bei Flusskilometer 43,8 verbindet **Ziel**.

Auf der 119 m langen Brücke geht es ans Nordufer. Während der Ruhrtalradweg hier links ruhrabwärts durch die Wiesen führt, kehren wir zurück zum Ausgangspunkt. Nach Queren der Henglerstraße an der Ampelanlage geht es geradeaus (Grendtor) zum Grendplatz und dort rechts versetzt geradeaus durch die Fußgängerzone von Steele zum S-Bahnhof Steele an der Steeler Straße.

Klappenwehr

Aufgestaut wird der 125 ha große Kemnader See durch ein Klappenwehr, das wassermengenabhängig gefahren wird, um einen weitgehend gleichbleibenden Wasserspiegel von 72 m über NN zu halten. Bestandteil des Wehrs ist eine Bootsgasse für Ruderer und Kanuten sowie eine Fischtreppe für flussaufwärts wandernde Fische. Die Wander- und Fahrradbrücke des Klappenwehrs ist seit dem Bau des Wasserkraftwerks am Kemnader See gesperrt.

GELSEN-
KIRCHEN
Dahlhauser
Heide
Südfeld-
mark
LEITHE
WATTENSCHEID
Stahl-
hausen
Engels-
burg
WESTEN-
FELD
LEITHE
KRAY
EPPENDORF
ESSEN
HÖNTROP
FREISEN-
BRUCH
WEITM
Ziel
HORST
DAHLHAUSEN
Im Ostholz
ÜBERRUHR-
HINSEL
LINDEN
BURG-
ALTENDORF
Rauendahl
ÜBERRUHR-
HOLTHAUSEN
Dumberg
BAAK
WINZ-
BYFANG
NIEDER-
WENIGERN
HATTING
Ruhr
NIEDER-
Vogelsberg
Rosental
BONSFELD
Hopscheider-
berg
Frohnberg
Nieder-
bredenscheid
berg
Nieder-

Kirch-
harpen
BOCHUM
Laerfeld
Oester
Goy
Grabeloh
Steinkuhl
Laer-
heide
Hustadt
Sonnen-
schein
QUEREN-
BURG
HEVEN
Start
WITTEN
Ruhr
Kemnader
See
Haus
Herbede
Schloss
Steinhausen
Ruine
Hardenstein
STIEPEL
HERBEDE
BOMMERN
Hammertal
BUCHHOLZ
WENGE
HAUSEN
Osterhöfgen
cheid
HÖVEL
Silschede
Berge
0 800 m

MITTELDEUTSCHLAND – BERGE UND TÄLER BY BIKE

„Es ist das Ungewisse, das hinter der nächsten Kurve auf mich wartet, was meine Räder vorantreibt."

Das also trieb Heinz Stücke im August 1962 an, mit seinem Dreigangrad von Nordrhein-Westfalen in die Welt hinauszufahren. Bis 2014 hat er alle Kontinente durchquert, dabei rund 648.000 Kilometer zurückgelegt und zwischenzeitlich den Weltrekord über die längste geradelte Strecke gebrochen. So lange müssen Sie sich natürlich nicht Zeit nehmen, um den Fahrtwind und die vorbeirauschende Landschaft zu genießen, aber ein paar Etappen auf einem der mitteldeutschen Überland-Radwege gehören sicher zum Höhepunkt im Leben jedes Radfans. Zum Beispiel auf dem 255 Kilometer langen Fulda-Weser-Radweg, dem 403 Kilometer langen Saale- oder dem 190 Kilometer langen Unstrut-Radweg, die allesamt ins grüne deutsche Mittelgebirge hineinführen.

Die wohl zentralste Velo-Route von Süd nach Nord ist jedoch der Rheinradweg. Sein deutscher Abschnitt beginnt am Bodensee und endet nach mehr als 1000 Kilometer an der niederländischen Grenze. Will man den gesamten „Euro Velo 15" vom Schweizerischen Andermatt nahe der Rheinquelle bis zur Mündung des Stroms in die Nordsee erstrampeln, dann muss man natürlich noch ein paar Tourentage dazuplanen. Langweilig wird es dabei sicher nicht, denn der Rhein ist, wie schon Victor Hugo feststellte, „schnell wie die Rhône, breit wie die Loire, in Felsen gebettet wie die Maas, gewunden wie die Seine, klar und grün wie die Somme, geschichtsreich wie der Tiber, königlich wie die Donau, geheimnisvoll wie der Nil, von Gold schimmernd wie ein Strom Amerikas, von Fabeln und Phantomen begleitet wie ein Fluss Asiens." Besonders schön ist es inmiiten der steilen Rebenhänge in der Welterbe-Kulturlandschaft zwischen Bonn und Bingen am Rhein, also im Oberen Mit-

Antritt! Auch Deutschlands bergige Mitte will im Radsattel erkundet werden

Bergauf, bergab durchs Hügelland – oder ganz entspannt den Flüssen entlang

telrheintal. Dort grub sich der Strom ein Tal durch das Rheinische Schiefergebirge, das mit seinen unzähligen historischen Bauten – etwa der Marksburg, der „Inselburg" Pfalzgrafenstein, Burg Rheinfels, Schloss Stolzenfels, dem Kurfürstlichen Schloss und der Festung von Koblenz, aber auch der im Jahre 836 geweihten romanischen Basilika St. Kastor in Koblenz, der Stiftskirche St. Goar oder der spätromanischen Johanniskirche in Lahnstein, dem Binger Mäuseturm, dem Niederwald-Denkmal mit der Germania bei Rüdesheim oder dem römischen Kastell in Boppard – zum Inbegriff der „Rheinromantik" wurde. Immerhin inspirierte diese geschichtsträchtige Landschaft sogar Heinrich Heine 1823 zu seinem berühmten Loreleylied: „Ich weiß nicht was soll es bedeuten, dass ich so traurig bin..."

Der Rhein erweist sich aber auch als eine Art Gravitationszentrum für Radtouristen, denn von seinem Ufer kann man immer wieder nach Osten oder nach Westen ins Bergland hinein abzweigen – etwa von Koblenz auf den 245 Kilometer langen Lahntalradweg oder auf den 239 Kilometer langen Moselradweg. Auf diesem gelangt man zwischen der Eifel, in der seit 2004 ein großer Bereich als Nationalpark ausgewiesen ist, und dem Hunsrück ins Saarland.

Weiter südwärts empfehlen sich das weitaus flachere Rheinhessen, das Gebiet um die Deutsche Weinstraße und die Pfälzer Rheinebene für gemütliche Radausflüge, während die Strecken im angrenzenden Pfälzerwald schon etwas mehr Kondition erfordern.

Östlich des Rheins zieht vor allem der knapp 600 Kilometer lange Main-Radweg die Zweiradzunft in seinen Bann. Er erschließt so romantische Gegenden wie die Fränkische Schweiz, das Fichtelgebirge und den Frankenwald, den Steigerwald, die Haßberge und das Fränkische Weinland, das waldreiche Spessart-Mainland und das Gebiet am Hessischen Untermain. Aber selbst rund um die Finanzmetropole Frankfurt finden sich erstaunlich viele interessante Bikestrecken. Eine Besonderheit bildet der Radweg durch das ganz offiziell so bezeichnete Liebliche Taubertal, der von Wertheim am Main südwärts ins 101 km entfernte Rothenburg ob der Tauber führt. Noch weiter im Süden versprechen der Neckartal-Radweg und der Kocher-Jagst-Radweg Mittelgebirgs-Zauber – und natürlich die Radstrecken im Schwarzwald. Von all diesen vielfältigen Rad-Verlockungen finden Sie auf den folgenden Seiten einige der schönsten Highlights und Geheimtipps.

BIEDENKOPF – MARBURG

Viel Naturerlebnis auf dem Weg in die Universitätsstadt

 38 km  3:15 Std. 116 hm  222 hm

STARTORT | Biedenkopf
START | Biedenkopf, Marktplatz (Kriegerdenkmal), 290 m
[GPS: UTM Zone 32 x: 466.850 m y: 5.639.980 m]
ZIEL | Marburg, Brückenkopf der Fußgängerbrücke an der Universität, 184 m.
CHARAKTER | Gut ausgebaute und bequem zu fahrende Strecke durch grüne Wiesen- und Tallandschaften.
VERKEHR | Durchgängiger Radweg, Verkehr nur in Cölbe (Gewerbegebiet).

TIPP: Rückkehr per Bahn.
Besuchen Sie den Biergarten in Caldern (direkt am Radweg). Die Etappe ist extra kurz gehalten, damit Sie Marburg besichtigen können, mit Altstadt und Schloss. Von der Lahn gibt es einen Aufzug hinauf in die Altstadt.

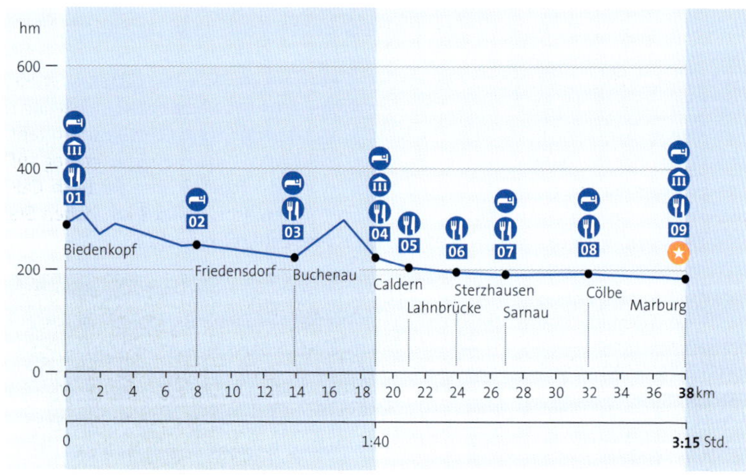

Biedenkopf – Caldern / 19 km / 1:40 Std.

Start Vom Marktplatz in **Biedenkopf** 01 aus radeln Sie hinunter zur Lahn, überqueren den Fluss und fahren auf den Radweg rechts der Lahn. Sie unterqueren die B 62 und fahren den Berg hinauf, am Altenheim Tannhäuser vorbei. Es geht durch dichten Buchenwald weiter bergauf. Unter Ihnen bildet die Lahn jetzt Altarme. An der nächsten Gabelung halten Sie sich in Richtung Cölbe und es geht steil bergab, bevor die Route flach auf asphaltiertem Weg weiterläuft.

Dann geht's beschildert links über die Lahn und die Eisenbahnlinie und der Weg bildet einen Rückwärtsbogen nach **Eckelshausen,** gekennzeichnet als R2. Am Ortsanfang überquert der Weg die Straße, biegt rechts ein und sofort wieder rechts, in Richtung TÜV (An der Biegenwiese). In einem Bogen verlassen wir den Ort in die Wiesen.

Das breite Tal ist auf perfektem Weg schön zu fahren. In geringer Entfernung liegen kleine Weiler. Dann überqueren Sie die Lahn nach **Friedensdorf** 02. Hier müssen Sie ein wenig aufpassen. Vor der Bahnlinie ist das Schild verdeckt.

Perfekter Weg – aussichtsreich, flach und schön asphaltiert

Sie folgen jetzt der Bahnlinie Richtung Cölbe. Leichte Hügel, Wiesenlandschaft. Folgen Sie dem Schild. Der Weg biegt rechts ab und führt Sie nach **Buchenau** 03.

An der nächsten Kreuzung geht es geradeaus. Der Weg biegt dann links ab und bringt Sie wieder in Wiesen. Sie fahren am Campingplatz Auenland vorbei, weiter nach **Kernbach.** Im Ortskern finden Sie das R2-Schild und folgen ihm nach links, wieder durch Wiesen. Unvermutet geht es dann durch Wald, bis der Lahnweg auf die Waldstraße stößt, der sie nach Caldern folgen. Nach rund 1 km haben Sie **Caldern** 04 erreicht.

Waldweg vor Caldern

Zufahrt nach Caldern

Caldern – Marburg / 19 km / 1:35 Std.

Der Weiterweg verläuft zunächst auf der Straße aus Caldern hinaus, an der Mühlenbäckerei vorbei zur Lahnbrücke und zum **Biergarten Lahnbrücke** 05. Sie folgen der Beschilderung und radeln völlig flach durch Wiesen und Weizenfelder. Durch einen Tunnel unter der Straße hindurch gelangen Sie nach **Sterzhausen** 06. Der Weg führt auf der Straße durch den Ort und biegt dann am Wittgensteiner Hof rechts ab. Am Eiscafé radeln Sie vorbei und halten sich dann an der Bahnlinie entlang. Rechts von Ihnen liegen mehrere Seen, manche

Romantische Ansicht von Caldern

Am Lahnufer in Marburg

durch dichtes Gestrüpp vom Weg getrennt. Es rollt gut auf der asphaltierten Strecke. Sie überqueren eine Straße und durchfahren nacheinander die Weiler **Goßfelden** und **Sarnau** 07. Der Weg macht nun ein paar Schlenker zum Bahnhof Sarnau. Sie verlassen den Ort und fahren wieder zwischen Wiesen und durch ein breites Tal. Sie folgen wieder der Bahnlinie und überqueren mehrere Flussarme. Dann stoßen Sie auf einen Betonplattenweg, der Sie nach **Cölbe** 08 bringt. Die Hauptstraße macht hier einen Bogen, dem Sie folgen. Zu unserem Etappenziel nach Marburg ist es nun nicht mehr weit (6 km). Nach dem Ort überqueren Sie die Lahnbrücke, fahren sofort links in den Waldweg und folgen der grünen Landschaft der Lahn. Sie stoßen auf ein Gewerbegebiet, fahren auf der Straße durch den Kreisel und weiter geradeaus. Vor Ihnen am Hang liegt **Wehrda.** Sie stoßen wieder auf die Lahn, biegen nach links, folgen dem Weg neben dem Fluss und kommen direkt nach **Marburg** 09.

Der Weg führt nun unter mehreren Brücken hindurch, teilweise etwas unschön, aber stets unmittelbar neben der Lahn. Sie kommen direkt zur Universität, fahren auf dem kombinierten Fuß-/Radweg daran vorbei und stoßen auf eine kleine **Fußgängerbrücke**, die rechts von Ihnen liegt **Ziel**.

Sie überqueren diese Brücke und gelangen in ein Einkaufsgebiet. Durch die Fußgängerzone hindurch, treffen Sie auf die Biegenstraße. Sie halten sich nun links, am Brauereigasthof vorbei und überqueren die große Straße. Anschließend schwenken Sie nach rechts, an der alten Universitätskirche vorbei. Danach wiederum rechts halten und das Rad durch die Wettergasse bergauf schieben, bis linker Hand die Barfüsserstraße zum Marktplatz führt.

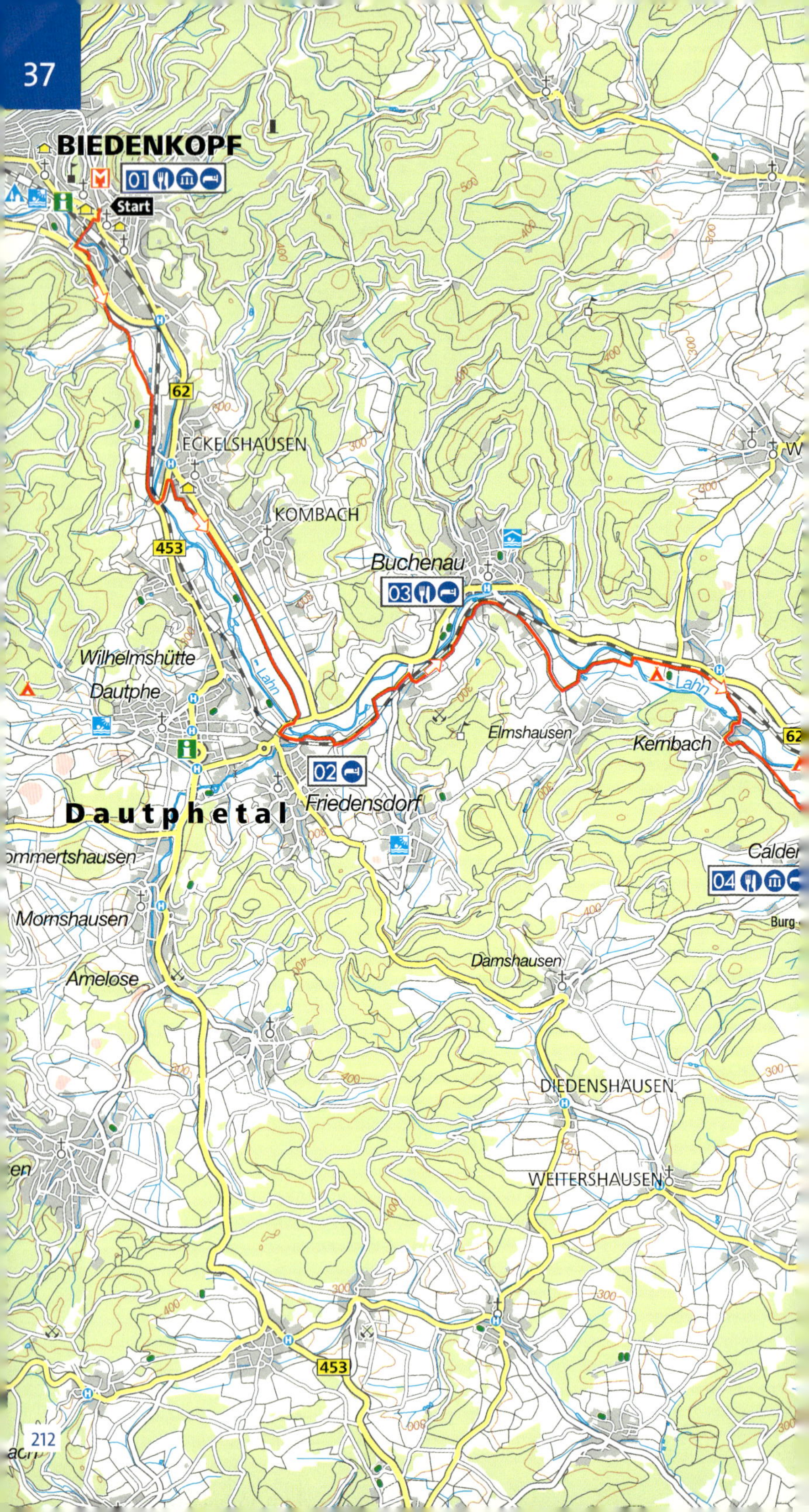

BIEDENKOPF
01
Start
62
ECKELSHAUSEN
KOMBACH
Buchenau
03
453
Wilhelmshütte
Dautphe
Lahn
Elmshausen
Kernbach
02
Friedensdorf
Dautphetal
Calder
04
Burg
ommertshausen
Momshausen
Amelose
Damshausen
DIEDENSHAUSEN
WEITERSHAUSEN
453

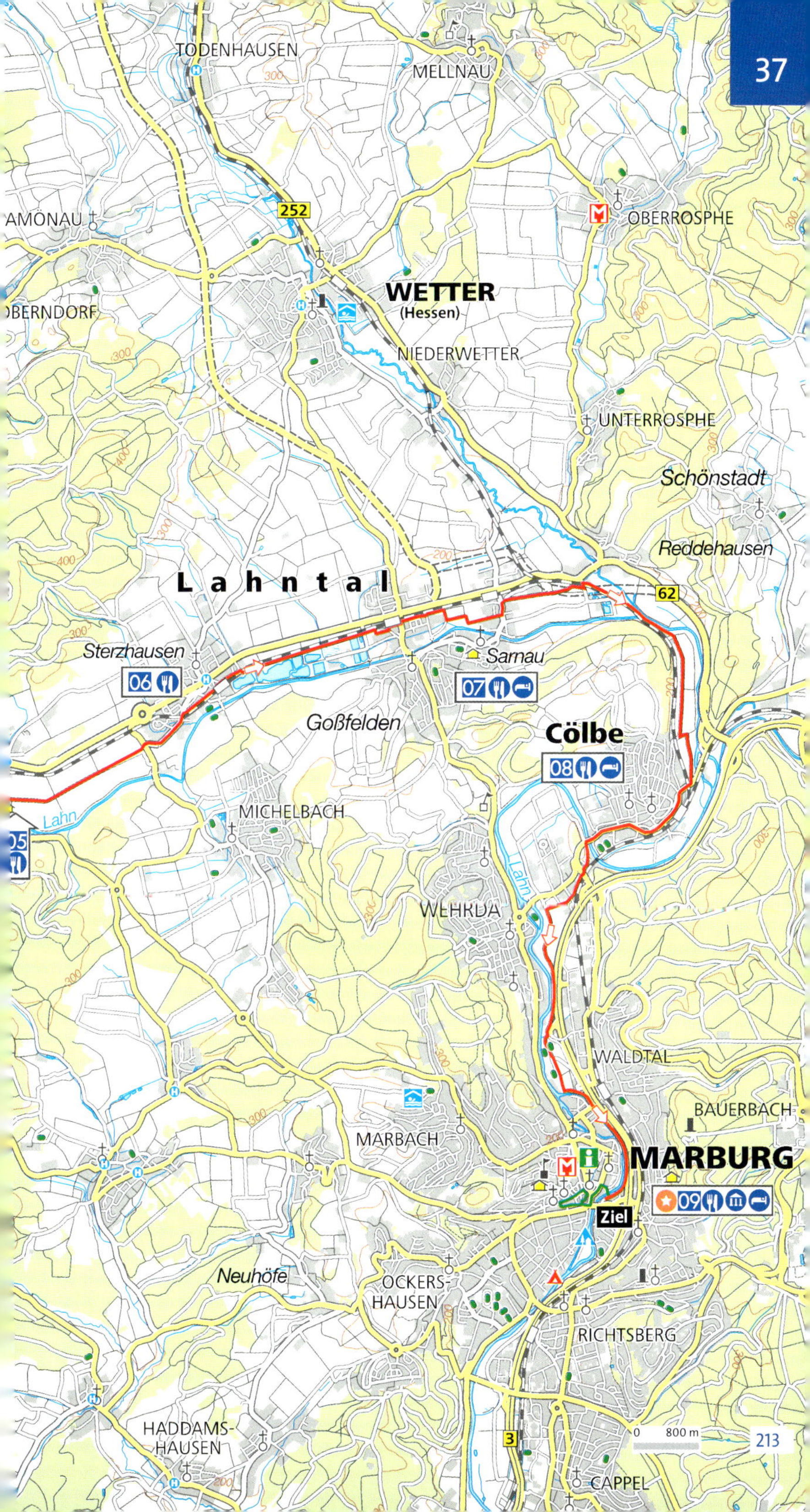
TODENHAUSEN
MELLNAU
252
AMÖNAU
OBERROSPHE
WETTER
(Hessen)
BERNDORF
NIEDERWETTER
UNTERROSPHE
Schönstadt
Reddehausen
Lahntal
62
Sterzhausen
06
Sarnau
07
Goßfelden
Cölbe
08
Lahn
MICHELBACH
05
WEHRDA
WALDTAL
BAUERBACH
MARBACH
MARBURG
09
Ziel
Neuhöfe
OCKERS-
HAUSEN
RICHTSBERG
HADDAMS-
HAUSEN
3
0 800 m
CAPPEL

WETZLAR – BRAUNFELS – WEILBURG

Links und rechts der Lahn auf Tal- und Hangwegen

 43 km  3:30 Std.  177 hm  158 hm

STARTORT | Wetzlar
START | Wetzlar, Alte Steinbrücke, 148 m
[GPS: UTM Zone 32 x: 464.470 m y: 5.600.570 m]
ZIEL | Weilburg, Marktplatz, 167 m
CHARAKTER | Gut ausgebaute Strecke mit einigen Steigungen.
VERKEHR | Fast durchgängiger Radweg, der Abstecher nach Braunfels verläuft teilweise auf der Straße, am Ende der Tour ist vor Weilburg noch ein kurzes Stück auf einer viel befahrenen Straße zu bewältigen.

TIPP: Rückkehr per Bahn.
Den Abstecher und die zusätzlichen Höhenmeter zum Schloss und zur Altstadt in Braunfels sollten Sie sich zumuten. Der Ort ist absolut sehenswert.

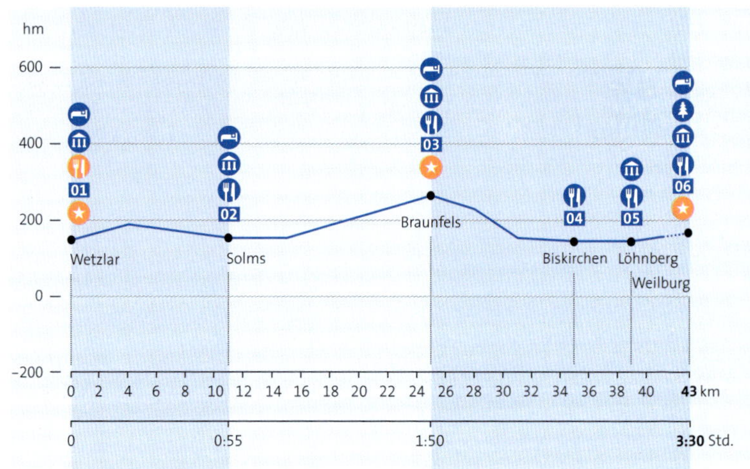

Wetzlar – Solms / 11 km / 0:55 Std.

Start In **Wetzlar** 01 fahren Sie wieder hinunter zur steinernen Brücke, überqueren sie und gelangen zum Torturm (= Brückenkopf) rechts der Lahn, mit herrlichem Blick auf die natürlichen Staustufen der Lahn.
Jetzt fahren Sie durch die Langgasse geradeaus zu der Wegekreuzung und dem Restaurant Goldenes Ross. Hier folgen Sie der Beschilderung und biegen links auf den R7 ab. Sie passieren einen Biergarten und radeln unter einer Brücke hindurch in eine Parklandschaft, und gelangen dann rechts-links-fahrend auf eine klitzekleine Straße. Dann kommt der Parkplatz am Stadion, der Radweg geht hier rechts weg und führt – wieder rechts-links – über die Brücke des Lahnzuflusses Dill, weshalb der ganze Kreis auch Lahn-Dill-Kreis heißt. Sie biegen rechts ab und fahren an der Dill entlang. Sie erreichen Campingplätze, biegen nach links, und fahren geradeaus bis zur Bahnlinie. Dort wieder nach links und 200 m später nach rechts, unter der Brücke hindurch. Sie sind wieder an der Lahn, die Sie zunächst begleiten. Anschließend biegt der Weg nach rechts und wieder links und führt

Traumhafter Uferweg entlang der Lahn in Wetzlar

neben der Autobahn entlang. In einiger Entfernung sehen Sie eine Kuppe mit der **Burg Braunfels,** rechts gibt es einen Abzweig zum **Kloster Altenburg,** Sie bleiben aber auf der Lahnroute und kommen nach **Oberbiel** – wo es einen Fahrradladen gibt. Sie fahren am Ortsrand entlang, stoßen auf die Abtshäuser Straße und folgen ihr ein kleines Stück in Richtung Weilburg. Bei der Lahnbrücke biegen Sie links ab über die Brücke, überqueren noch zwei Flussarme und eine Straße. Es geht geradeaus durch Wiesen über die Bahnlinie Richtung Freibad. Das Schild ist hier verdreht. Sie müssen geradeaus weiterfahren. Dann stoßen Sie auf eine Straße und vor Ihnen liegt das Schwimmbad und ein spanischer Gasthof. Sie fahren an der leeren Straße nach rechts und gelangen ins Gewerbegebiet **Solms** 02. Links von Ihnen liegen Discounter-Märkte und auch Sie folgen hier dem Schild nach links. Anschließend biegt der Radweg rechts ab. Sie überqueren die Straße, fahren noch ca. 150 m geradeaus und schwenken nach rechts in die Bahnhofsallee. Hier liegt der Homberger Hof und daneben die Motorradkneipe „Rockn Ride". Dort gibt's preiswerte Mehrbettzimmer, allerdings ohne Frühstück.

Solms – Braunfels / 14 km / 0:55 Std.

Sie bleiben in der Bahnhofsallee, fahren durch die Unterführung der Bahnlinie (Kopf einziehen) und biegen auf dem R7 links ab. Sie passieren die Leica-Werke,

Das Lahntal im Dunst

Ein lohnender Abstecher führt nach Braunfels, dessen sehenswerte Altstadt mit schönen Fachwerkhäusern aufwartet

fahren geradeaus weiter, vorbei an einem Zeltplatz/Bootsverleih, der eine eigene Slipanlage hat (im Sommer buntes Treiben). Sie bleiben geradeaus auf dem Weg und stoßen auf den Bahnhof **Leun-Braunfels**.

Der Ort **Braunfels** 03 liegt etwas weiter südlich am Iserbach, mit dem gleichnamigen Schloss Braunfels und nur einen Kilometer weiter liegt auch die kleine Burgruine Phillippstein. Das Schloss und die Altstadt von Braunfels müssen Sie gesehen haben. Dazu biegen Sie vom Bahnhof Leun links in den Mühlengrund (L 3052), fahren auf der Landstraße mit leichter Steigung nach Braunfels, biegen links in die Kaiser-Friedrich-Straße und dann rechts in den Käutchesweg, zum Marktplatz, zum Gasthof am Turm und schließlich zum Schloss Braunfels.

Braunfels – Weilburg / 18 km / 1:40 Std.

Anschließend fahren Sie durch die Stadt in Richtung Segelflugplatz und dann auf sehr ruhigem Weg bergab zurück zum Bahnhof Leun-Braunfels. Dort setzen Sie Ihre Fahrt auf dem Lahntalradweg fort. Sie fahren unter der Eisenbahnlinie hindurch, am Hotel Kohlmeier vorbei, auf die andere Seite der Straße und folgen weiter dem Weg. Sie stoßen auf eine gefährliche Querstraße zur B 49, überqueren sie und fahren in den eigenständigen und sicheren Radweg. Sie wechseln erneut die Seite und folgen der B 49 Richtung Limburg. Der Weg führt über einen Hügel und wechselt erneut die Seite. Sie überqueren die Lahnbrücke in Richtung Stockhausen, machen einen Rechts-Schlenker zurück, biegen links ab, fahren geradeaus und an einem Hotel mit Biergarten vorbei. Anschließend passieren Sie das Hotel Zur grünen Au und das Hotel Quellhof, beide ebenfalls mit Biergarten. Sie umfahren **Biskirchen** 04 und folgen der Bahnlinie. Vor Löhnberg müssen Sie über ein Straßenkreuz und eine Brücke (gefährlich), folgen dem Schild, bleiben geradeaus, biegen dann links in Kleingärten ab und folgen dem Schild. Schön jetzt. Sie stoßen auf eine Straße. Gegenüber liegt die Sprudelwasserfabrik Selters an der Lahn. Sie folgen dem Weg. Vor Ihnen liegt jetzt die massive **Ruine Laneburg** in **Löhnberg** 05.

Sie überqueren die Schienen und fahren in einem Bogen über die Fußgängerbrücke auf die linke Lahnseite. Dort folgen Sie dem schönen Weg nach rechts, an einer Staustufe vorbei nach Ahausen. Die Loren am Weg zeigen, dass es hier einmal Bergbau gegeben hat. Sie radeln nun über die große Lahnbrücke auf die rechte Seite und fahren auf der Straße Richtung Weilburg. Unschön und wegen der LKWs und der schnellen Autos nicht ungefährlich, Gott sei Dank aber nur

Toreinfahrt zu Schloss Braunfels

kurz. Wenn Sie das Lahn-Bahnhofshotel erreicht haben, überqueren Sie die Straße und fahren nun halb links hinunter zum Hallenbad. Hier biegen Sie nach rechts, fahren die Rampe hinauf zur Straße und folgen dem Radweg ca. 150 m zur Steinernen Brücke, die zur Lahninsel und ins alte **Weilburg** 06 führt **Ziel**.

Die Lahn macht hier eine Schleife. Ein künstlicher Lahnarm ist durch den Berg gelegt, um die Staustufen zu umgehen und um den Kanuverkehr sicher zu leiten. Auf der Insel liegt das historische Weilburg mit dem Schloss. Sie überqueren die Brücke und fahren die Straße ca. 250 m hinauf, ab dem Schlosshotel müssen Sie schieben. Oben erreichen Sie den Marktplatz und das Renaissanceschloss mit seinem wunderbaren Garten. Entlang der Balustrade haben Sie einen fantastischen Blick auf das Lahntal.

Gartenansicht von Schloss Braunfels

Beilstein
Daubhausen
Holzhausen
Dianaburg
Ulm
Haagstein
402
Allendorf
Obershausen
Bissenberg
LEUN
Ruppertsborn
Stockhausen
Niedershausen
Biskirchen
04
E44
49
Tiefenbach
Hardt
263
Löhnberg
05
Waldhausen
Ahausen
Drommershausen
St. Ge
Hirschhausen
456
WEILBURG
Ziel
06
Odersbach
Guntersau
Kubach
Laimbach
Edelsberg
Freienfels
Essershausen
Ernsthausen
Gräveneck

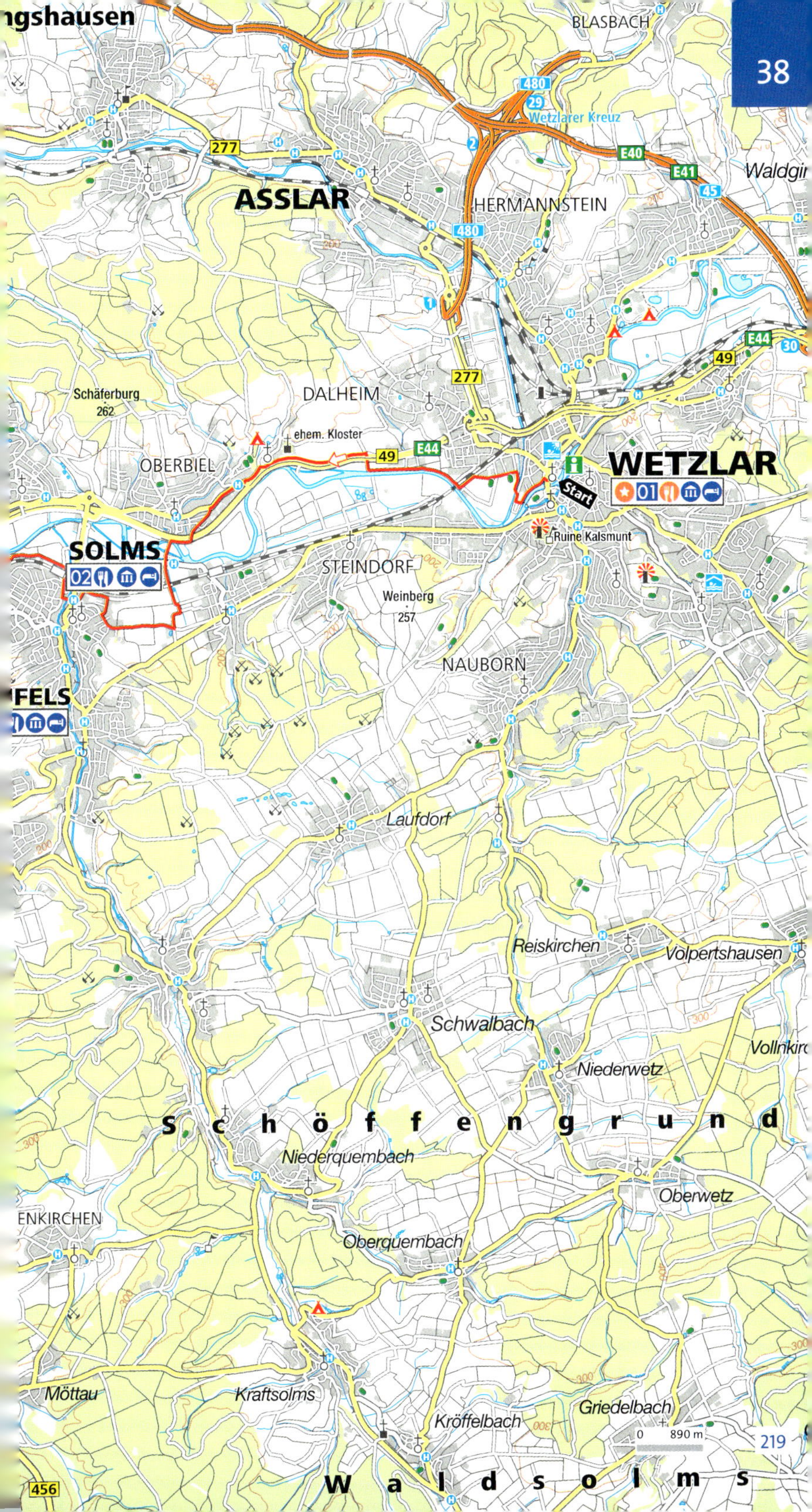

ASSLAR
HERMANNSTEIN
BLASBACH
Wetzlarer Kreuz
DALHEIM
Schäferburg
262
ehem. Kloster
OBERBIEL
WETZLAR
Start
SOLMS
STEINDORF
Weinberg
257
Ruine Kalsmunt
NAUBORN
Laufdorf
Reiskirchen
Volpertshausen
Schwalbach
Niederwetz
Schöffengrund
Niederquembach
Oberwetz
Oberquembach
Möttau
Kraftsolms
Kröffelbach
Griedelbach
Waldsolms
0 890 m

KOBLENZ – REMAGEN

Geysire, Burgen, Kurorte und die Brücke von Remagen

 44 km  3:45 Std.  22 hm  25 hm

STARTORT | Koblenz, 62 m
START | Koblenz, Deutsches Eck, 62 m
[GPS: UTM Zone 32 x: 400.870 m y: 5.580.100 m]
ZIEL | Remagen, 59 m
CHARAKTER | Linksrheinisch fast durchwegs gut ausgebauter, asphaltierter Radweg, nur kurze Passagen auf Nebensträßchen, Umleitung in Koblenz beachten.
VERKEHR | Abschnittsweise Nebenstraßen, mehrere Ortsdurchfahrten ohne Radweg. In Koblenz und Andernach ist auf den Verkehr zu achten, ansonsten kaum Verkehrsberührung.

TIPP: Rückkehr per Bahn.
Vom Geysir-Erlebniszentrum in Andernach kann man über eine nahe Schiffsverbindung zum Geysir Andernach auf der Halbinsel Namedyer Werth gelangen und den weltweit höchsten Kaltwassergeysir bewundern.

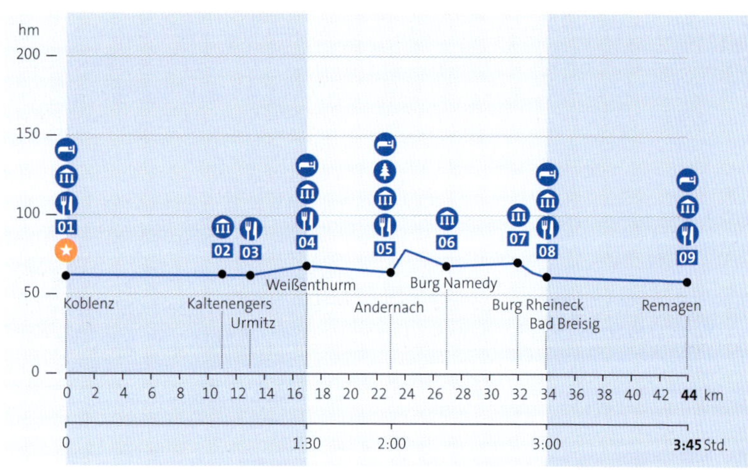

Auf der linksrheinischen Hauptroute verläuft der Radweg überwiegend am Rheinufer entlang, nur im Großraum **Koblenz** und in **Andernach** haben wir eine stärkere Ortsberührung. Insgesamt wird das Landschaftsbild offener und weitläufiger, statt steiler Berghänge links und rechts weitet sich das Rheintal deutlich.

Koblenz – Weißenthurm / 17 km / 1:30 Std.

Start Vom viel besuchten Deutschen Eck in **Koblenz** 01 radeln wir am Peter-Altmeier-Ufer der Mosel entlang und überqueren sie bei der ersten Möglichkeit über die Balduinbrücke. Nach der Brücke einer Rechtskurve folgen, dann links in die Neuendorfer Straße abbiegen. Wir treffen auf eine Umleitungsbeschilderung, die uns auf wenig befahrenen Nebensträßchen über den Nauweg und den Kammertsweg bei den Thyssen-Werken wieder zur Originalroute führt. Auf dem Radweg neben der Hans-Böckler-Straße umfahren wir das Industriegebiet, biegen dann rechts ab und fahren der Markie-

Die Raiffeisenbrücke bei Weißenthurm

rung folgend auf einem Naturweg durch Wald zum Rheinufer vor.
Wir unterqueren die Bendorfer Brücke, passieren Sankt Sebastian und bleiben auf dem schönen asphaltierten Uferweg. Bei der Abfahrt links nach **Kaltenengers** 02 ist auch ein **Museum der Bimsindustrie** ausgeschildert (400 m). Nach Unterqueren der Eisenbahnbrücke vor **Urmitz** 03, passieren wir einen Wohnmobilstellplatz sowie den Schiffsanleger und lassen den Ort links liegen.

Weißenthurm – Bad Breisig / 17 km / 1:30 Std.

Auf dem herrlichen, flussnahen Radweg gelangen wir nach **Weißenthurm** 04, mit Blick auf die große Rheinbrücke vor uns, die nach Neuwied hinüberführt. Auch Weißenthurm umfahren wir am Ortsrand und sind bald wieder im Grünen. Wir überqueren kurz darauf den Nette-Zufluss und radeln mit freiem Blick auf Andernach zu. Es geht kurz ein paar Meter hoch, dann knicken wir vor einem Betriebsgelände scharf links ab und folgen dem markierten Radweg. In der Hans-Julius-Ahlmann-Straße haben wir die Alternative vor oder nach dem Friedhof rechts abzubiegen, über die Koblenzer Straße gelangen wir zur Burgruine im Stadtkern von **Andernach** 05. Rechts bringt uns der Radweg über den Hindenburgwall an das Rheinufer zurück und wir folgen den Markierungen links, entlang der Konrad-Adenauer-Allee und vorbei am **Geysir-Erlebniszentrum.** Rechts sind die Anlegestellen zu sehen, wir schwenken dann rechts, fahren bis zum Ufer vor, überqueren die Kölner Straße und unterqueren die Bahn durch einen niedrigen Tunnel. Vor den hohen Straßenpfeilern folgen wir rechts dem Radweg, der ein ganzes Stück direkt unter dem riesigen Straßenviadukt verläuft. Anfangs geht es ein kurzes Stück steiler hoch, dann bleiben wir parallel zur Bahnlinie und gelangen auf dem straßenbegleitenden Radweg nach **Namedy.** Nach einem Kurzbesuch der **Burg Namedy** 06, die am nördlichen Ortsrand direkt neben dem Weg liegt, folgen wir weiter dem Radweg, der wie-

Die imposanten Überreste der Stadtburg Andernach gehören zu den besterhaltenen Ruinen am Mittelrhein

Blick von Bad Breisig hinüber nach Bad Hönningen mit Schloss Arenfels (links)

der zur autobahnähnlich ausgebauten B 9 führt. Ein abgetrennter, parallel verlaufender Radweg bringt uns zu einem Anliegersträßchen, das uns unterhalb der **Burg Rheineck** 07 nach **Bad Breisig** 08 bringt.

Bad Breisig – Remagen / 10 km / 0:45 Std.

Vorbei am Fähranleger passieren wir den Ort am Rheinufer, gelangen wieder in unbebautes Gelände und radeln auf dem schönen asphaltierten Uferweg gemütlich am Fluss entlang. Beim Bootshaus (mit der **Fähre nach Sinzig**) geht es ein kurzes Stück hoch, dann folgt ein herrlicher schattiger Weg durch Bäume. Wir überqueren den Ahr-Zufluss auf einer Holzbrücke und erreichen bei **Kripp** die **Fähre nach Linz.** Über freies Gelände erreichen wir am Ufer entlang bald die weitläufige Campinganlage „Goldene Meile". Schon vorher kann man die Pfeilerreste der ehemaligen Brücke von Remagen auf dem gegenüberliegenden Ufer erkennen, und hier steilt sich das Gelände auch unmittelbar am Ufer nochmals deutlich auf. Kurz darauf sind wir beim **Friedensmuseum** und der Rheinpromenade von **Remagen** 09 angelangt.

Nebenroute (50 km): Koblenz – Bad Hönningen – Remagen

Vom Deutschen Eck in **Koblenz** 01 fahren wir am **Kurfürstlichen Schloss** vorbei zur **Pfaffendorfer Brücke,** überqueren den Rhein und folgen dem schönen, direkt am Ufer verlaufenden Radweg unterhalb von **Burg Ehrenbreitstein.** Wir passieren die Abzweigung nach **Urbar** und folgen dem schönen Uferweg, bis wir bei **Vallendar** 10 die Bahn nach rechts unterqueren. Kurzzeitig können wir die Bahn nochmals unterqueren und direkt am Rheinufer entlang radeln. Der breite asphaltierte Radweg verläuft dann weiter getrennt neben der Rheinstraße, unterhalb der rechts oberhalb der Rebhänge sichtbaren Autobahn. Wir folgen dem Radweg nach links, unterqueren die Brücke bei **Bendorf** 11 und bleiben parallel zur Bahn, bis wir nach einer Unterführung rechts in die Untere Rheinau einbiegen. Dem Radschild folgend gelangen wir über die Werftstraße durch einen Tunnel zur Bendorfer Straße. Am Ortsschild von **Mühlhofen** überqueren wir die Straße, radeln Richtung Rheinufer und kommen kurz darauf zum **Schloss Engers** 12. Am Ufer entlang führt der Weg aus dem Ort ins Grüne

Uferpromenade mit Fähranleger in Bad Breisig

und linkshaltend unterqueren wir die Eisenbahnbrücke, die von **Engers** über den Rhein nach **Urmitz** führt. An breiten Kiesflächen vorbei geht es zu einer scharfen Rechtskehre, die uns um den Yachthafen von **Neuwied** 13 herumleitet. Vorbei an den Industrieanlagen von Dyckerhoff radeln wir unter der **Raiffeisenbrücke** hindurch und verlassen Neuwied entlang des Schlossparks. Über die Eisenbahnbrücke überqueren wir den Wied-Zufluss, unterqueren Bahn und Straße und folgen dem Radweg, der etwas versetzt entlang der B 42 verläuft. Bei Feldkirchen radeln wir an einer Infotafel vorbei, die uns auf die aufgelassene **Ruine Schloss Friedrichstein** aufmerksam macht. Rund 2 km später durchfahren wir **Leutesdorf** 14. Am Ortsende halten wir uns rechts, überqueren Bahn und Straße und folgen der Radbeschilderung in die Weinberge. Der Radweg stößt dann erneut auf die B 42, verlässt sie bei Hammerstein kurzzeitig, und unterquert sie kurz vor Rheinbrohl. Am Bahnhof vorbei radeln wir durch den Ort, über die Pfarrer-Volk-Straße stoßen wir auf den Laacher Weg, der uns wieder ins Grüne und auf freies Gelände führt. Wir halten uns links (nach rechts sind die Römerwelten ausgeschildert), passieren die Schiffsfähre Bad Hönningen – Bad Breisig, anschließend einen großen Campingplatz und umfahren **Bad Hönningen** 15 auf der Rheinallee. Am Ortsende unterqueren wir Bahn und Straße und folgen dem schön gepflasterten Markenweg durch Häuser hindurch nach **Ariendorf.** Wir schwenken nach links und radeln parallel zur Bahn auf einem verkehrsarmen Nebensträßchen nach **Leubsdorf.** Bei der Kirche biegen wir scharf links ab, leicht abwärts und fahren auf dem Linzer Weg wieder zur Bahn vor und an ihr entlang Richtung Linz. Nach dem Ortsschild **Dattenberg** schwenkt das Sträßchen In der Au nach rechts, stößt in **Linz** 16 auf die Straße Vor dem Leetor und wir radeln rechts unterhalb der Bahn zur **Fähre Linz – Remagen.** Zunächst am Rheinufer entlang, dann vorbei am Bahnhof folgen wir dem Sträßchen nach **Erpel** und zur **Fähre** 17, die uns nach **Remagen** 09 hinüberbringt.

Schloss Namedy

UNKEL
Orsberg
Unterer
Notscheid
Strödt
Lorscheid
Rahms
Ohlenberg
Noll
St. Katharinen
Erpel
Ziel
Kasbach-
Hargarten
Ockenfels
Ginsterhahn
Steinshardt
REMAGEN
LINZ
am Rhein
Hähnen
Hesseln
Reifert
Dattenberg
Leubsdorf
Reuschenbach
SINZIG
BAD
HÖNNINGEN
BAD BREISIG
Arienheller
Solscheid
Rheinbrohl
Wallers
Burg Rheineck
Waldorf
Rodder
Gönnersdorf
Nieder-
zissen
Brohl
Brohl-Lützing
Hammerstein
Lützingen
Niederlützingen
Burgbrohl
Weiler
Oberzissen
Leutes-
dorf
RHEIN
Glees
Wassenach
ANDERNACH
Wehr
Laacher
See
Nickenich
Maria
Laach
Kretz
Bell
Kruft
MENDIG
Ettringen
Fressenhof
Kotten-
heim
Thür
MAYEN
Ochtendung
0 1250 m

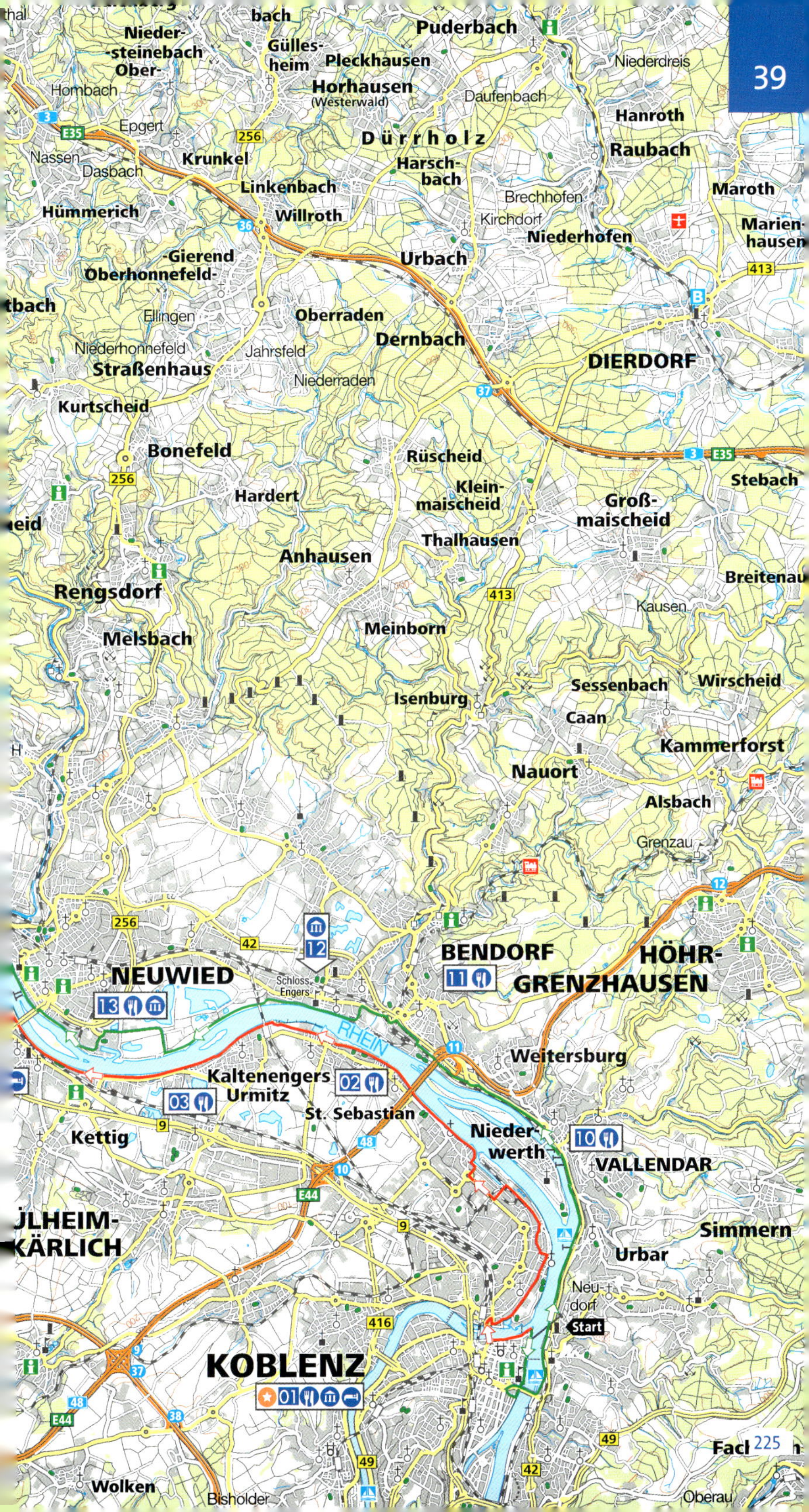
Puderbach
Horhausen
(Westerwald)
Dürrholz
Raubach
Dierdorf
Urbach
Dernbach
Straßenhaus
Rengsdorf
Anhausen
Isenburg
Neuwied
Bendorf
Höhr-Grenzhausen
Vallendar
Koblenz
Weitersburg
Niederwerth
Kaltenengers
Urmitz
St. Sebastian
Kettig
Mülheim-Kärlich
Simmern
Urbar
Start
Rhein

BULLAY – EDIGER-ELLER – COCHEM

Von der Bremmer Moselschleife zur Perle der Mosel

 38 km  3:45 Std.  8 hm  18 hm

STARTORT | Bullay, 96 m
START | Fähranleger an der Moselpromenade, 95 m
[GPS: UTM Zone 32 x: 366.160 m y: 5.546.565 m]
ZIEL | Cochem, 93 m
CHARAKTER | Aussichtsreiche (sonnige) Uferfahrt im Wechsel aus Asphalt- (überwiegend) und erdgebundenen Wegen.
VERKEHR | Der Radweg folgt über weite Passagen Bundesstraßen, allerdings oft von der Straße abgesetzt wie – am Ufer unterhalb der Bundesstraße – beim Finale nach Cochem.

TIPP: Rückkehr per Bahn. Die Züge der Moselstrecke (Trier–Cochem–Koblenz) ermöglichen die rasche Rückkehr von Cochem zum Ausgangsort Bullay, der ungeachtet seiner Größe einen Intercity-Bahnhof hat.

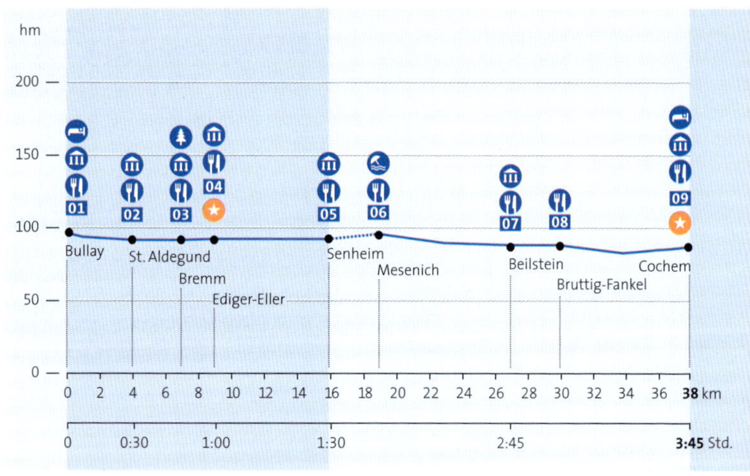

Bullay – Senheim / 16 km / 1:30 Std.

Die Winzerorte Bullay und Alf liegen beidseits der Mosel. In Bullay rechts des Flusses befindet sich der Bahnhof der Moselstrecke, Alf auf der Eifelseite des Flusses ist Fernstraßenknotenpunkt (B 53/B 49) an der Moselweinstraße.

Start Vom Bahnhof **Bullay** 01 führen Bahnhof- und Fährstraße hinab zur Moselpromenade, wo sich ein exzellenter Blick auf Bullay und Alf sowie hinauf zum Prinzenkopf auf dem Zeller Hamm und eifelwärts in Richtung Burg Arras bietet. An der Moselpromenade befindet sich der **Anleger der Radel- und Wanderfähre** nach Alf; sie pendelt täglich nach Bedarf zwischen den beiden Winzerorten. Von Alf folgt der Radweg dem Fluss und der Moselweinstraße in das Fachwerk- und Winzerdorf **Sankt Aldegund** 02 am **Moselstausee,** dem Wassersportrevier oberhalb der Staustufe Sankt Aldegund.

Die Ruine der Burg Metternich überragt das Fachwerk-Kleinod Beilstein

Von Sankt Aldegund folgt der Radweg dem Moselstausee zur Staustufe, wo man von einem Plateau aus dem Schleusenbetrieb zusehen kann. Wenig später unterquert der Radweg die Neefer Straßenbrücke; auf ihr sind am rechten Ufer der Bahnhof Neef und die gotische Kirchenruine Stuben zu erreichen. Der Moselradweg hingegen bleibt am linken Ufer und führt in das Winzerdorf **Bremm** 03 zu Füßen des Calmont, des steilsten Rieslingweinbergs. Von Bremm folgt der Moselradweg dem Prallhang der Bremmer Moselschleife am Fuß des Calmont, auf dem Gleitufer gegenüber grüßt die spätgotische Klosterkirchenruine des Augustinerinnenstifts Stuben aus der Feldflur herüber. Wenn gleich darauf die Eisenbahnlinie den Fluss überquert, ist dies ein Hinweis, dass sich in Eller der letzte Bahnhof der Moselstrecke bis Cochem befindet. Nach Unterqueren der Eisenbahnbrücke am Ausgang des Ellerbachtals erreicht der Radweg den Doppelort **Ediger-Eller** 04: Zuerst das Kirchdorf Eller mit Bahnhof im Ellerbachtal, dann die mittelalterliche Stadt Ediger. Beim Schiffsanleger in Ediger führt der Moselradweg zum Ufer hinab und folgt ihm am Campingplatz vorbei zum **Naturschutzgebiet Taubengrün.** Am Ende des Naturschutzgebiets führt der Radweg am Ufer unterhalb des Kirchdorfs Nehren entlang, oben in den Weinbergen grüßen die beiden römischen „Heidentempel" herab. Auf der grünen Halbinsel am Fuß des Dorfs führt der Radweg zur Straßenbrücke von **Senheim** 05.

Senheim – Cochem / 22 km / 2:15 Std.

Hier wechselt der Moselradweg ans rechte Ufer. Zunächst am Senheimer Sportboothafen mit rund 150 Liegeplätzen entlang; auf dem Hafenvorgelände an der Mosel befinden sich Tennisplätze und eine Campinganlage. Nach Verlassen der Bebauung führt der Radweg am Fuß von Weinbergen in das Kirch- und Weindorf **Mesenich** 06, hinter dem bei einem Campingplatz das Freibad einlädt. In den Weinbergen oberhalb des Orts fallen die „Steinräuschen" genannten Steinhaufen auf. Bei der Urbarmachung des Landes und der Anlage der Weingärten wurden Steine aus den Berghängen geklaubt und mit einem Tragegestell auf dem Rücken zu diesen Steinsammelstellen getragen. Nach Durchfahren der nächsten Moselschleife erreicht der Radweg das Weindorf **Briedern,** dann taucht als markanter Blickfang **Burg Metternich** oberhalb des Fachwerkorts **Beilstein** 07 auf. Weiter geht es am Moselufer entlang zur **Staustufe Fankel** und in das Doppeldorf **Bruttig-Fankel** 08. Der alte Fährort Bruttig, von den Römern Pruteca genannt, ist durch eine Brücke mit dem linken Ufer verbunden. Nach Durchfahren der nächsten Moselschleife laden die Gasthöfe des Weinorts **Valwig** zur Rast ein. Der Moselhang richtet sich nun steil auf, in den unteren Lagen ist er weiterhin von Rieslingreben bestockt. Wo das Gelände wieder einflacht ist als erster Stadtteil von Cochem **Cond** erreicht, wenig später geht es dann auf der Moselbrücke hinüber nach **Cochem** 09 Ziel.

Blick auf Cochem, links die Reichsburg

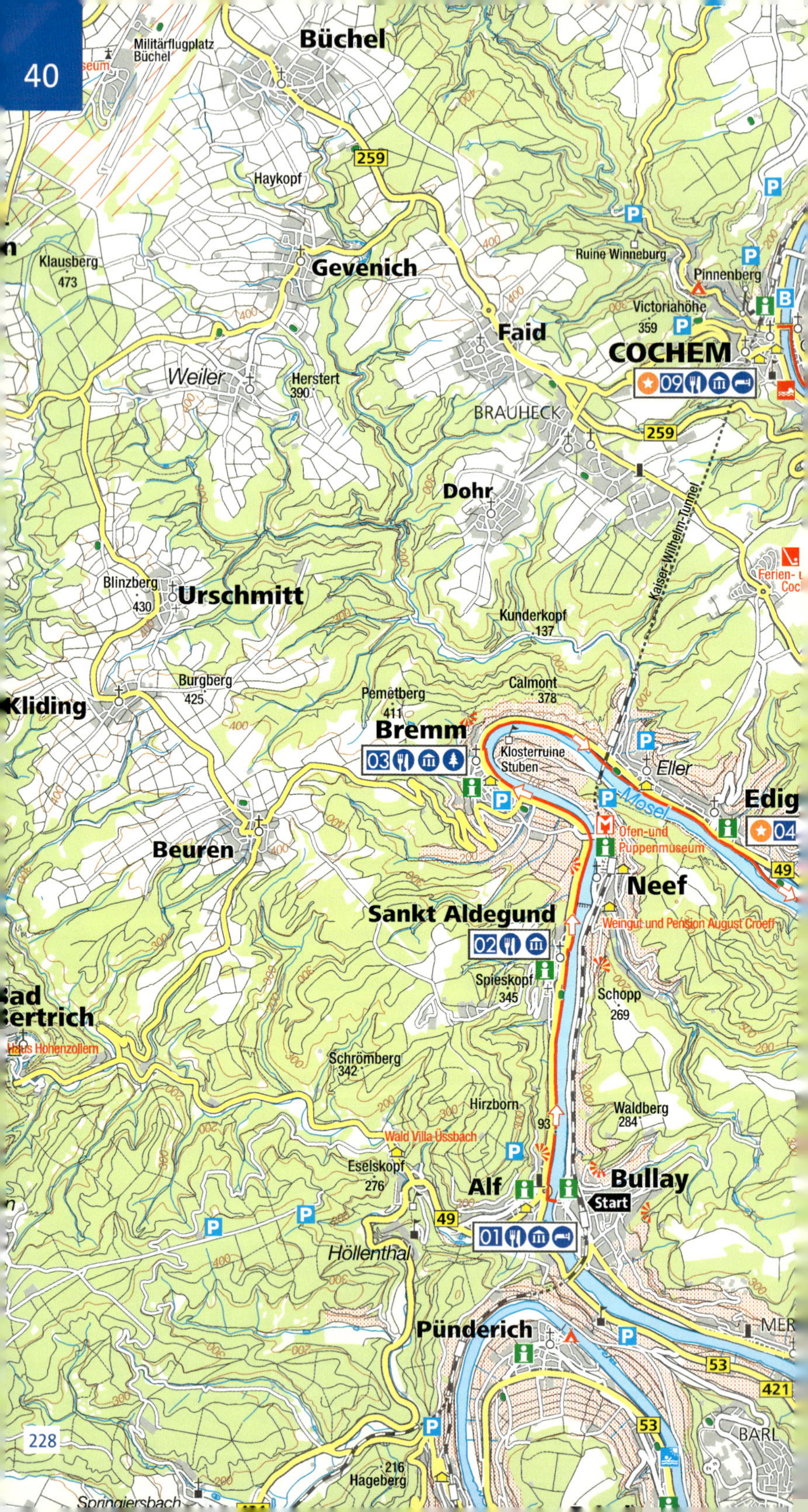
Büchel
Militärflugplatz Büchel
Haykopf
Gevenich
Klausberg 473
Faid
Ruine Winneburg
Pinnenberg
Victoriahöhe 359
COCHEM
09
Weiler
Herstert 390
BRAUHECK
259
Dohr
Blinzberg 430
Urschmitt
Kaiser-Wilhelm-Tunnel
Ferien-
Kunderkopf 137
Burgberg 425
Kliding
Pernetberg 411
Calmont 378
Bremm
03
Klosterruine Stuben
Eller
Mosel
Edig
04
Ofen-und Puppenmuseum
Beuren
Neef
Sankt Aldegund
02
Weingut und Pension August Croeff
Spieskopf 345
Schopp 269
Bad Bertrich
Haus Hohenzollern
Schrömberg 342
Hirzborn
Waldberg 284
Wald Villa Ussbach
Eselskopf 276
Alf
Bullay
Start
49
01
Höllenthal
Pünderich
53
421
BARL
216 Hageberg
Springiersbach

Eichenberg
272
Pommern
Treis-
Karden
Mosel
Burg Treis
Schock
426
49
Valwiger Berg
Valwig
Ernst
Ebernach
Bruttig-
08
Rodenberg
335
287
Beurenberg
Staustufe
Fankel
Ferienweingut Hess-Becker
-Fankel
Ellenz-
07
Ruine Burg Metternich
Briedern
Schellenberg
352
-Poltersdorf
Kalkberg
347
Pferdsmühlenberg
335
06
Mesenich
Altstrimmig
Senheim
(Mosel)
Liesenich
Mittelstrimmig
05
Grenderich
Thonhügel
463
Reiden-
hausen
Rothekopf
438
Moritzheim
Hesweiler
Haserich
Blankenrath
0
800 m
421
Tellig

MERZIG – SAARLOUIS – SAARBRÜCKEN

Der Saar entlang in die Industrielandschaft

 50 km  3:30 Std.  40 hm  3 hm

STARTORT | Merzig, 178 m; Bahnanschlüsse: Merzig Bf., Saarlouis Bf., Völklingen Bf., Saarbrücken Hbf.
START | Merzig/Saar Bahnhof (mit Parkplatz)
[GPS: UTM Zone 32 x: 328.520 m y: 5.478.890 m]
ZIEL | Saarbrücken, 215 m
CHARAKTER | Der letzte Teil der Rund-Radtour im Saarland verläuft entlang der Saar in Ufernähe auf dem Saar-Radweg. Zwischen Völklingen und Saarbrücken viele Fabrikanlagen.
VERKEHR | Nur in Saarlouis Autoverkehr, sonst Radweg. Im Bereich der nahen Autobahn A 8 Verkehrslärm.

TIPP: Rückkehr per Bahn.

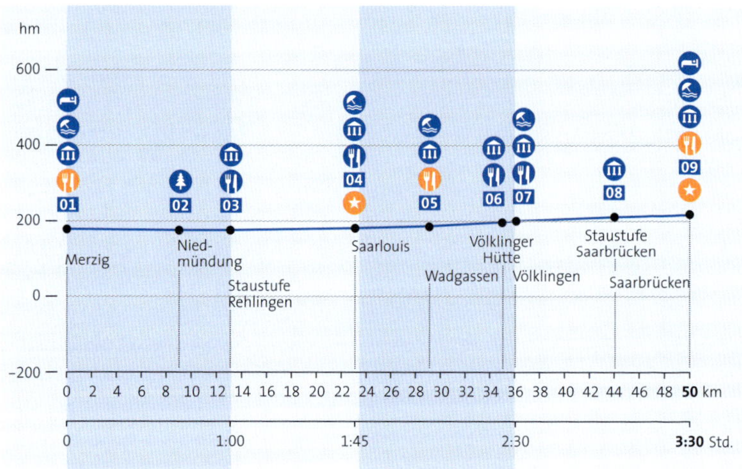

Merzig – Rehlingen (Staustufe) / 13 km / 1:00 Std.

Start In **Merzig** 01 gibt es zwei Bahnhöfe: Merzig/Saar und Merzig/Stadtmitte. Der Start beginnt am Bahnhof Merzig/Saar. Man fährt die Schankstraße in Richtung Stadtmitte, zum Kreisel und über die Brücke der Saar und hinunter zum Saar-Radweg in Richtung Saarbrücken. Diesem Weg folgt man zwischen Saar und der teilweise parallel verlaufenden Autobahn A 8. Der Verkehrslärm stört zwar, aber man sollte mehr nach links schauen auf die Ufer der Saar und auf die Berge der Saarlandschaft. Gegenüber von Saarfels verlässt der Radweg kurzfristig die Saar, führt rechts unter der Autobahn hindurch und weiter durch das Mündungsgebiet der **Nied** 02. Dann links, wieder unter der Autobahn hindurch, zum Ufer der Saar. Rechts zwischen Saar und Autobahn zur **Staustufe Rehlingen** 03.

Rehlingen (Staustufe) – Saarlouis / 10 km / 0:45 Std.

Weiter geradeaus der Saar entlang. Vor Saarlouis verlässt man den Saar-Rad-

Rastplatz an der Rehlinger Schleuse

weg und fährt dem Rad-Wegweiser Saarlouis-City nach, am Altarm der Saar in idyllischer Parklandschaft, am Stadtgraben und den Resten der Festungsbauten entlang. Angelangt an der zweiten Brücke, radelt man über die Alte Saar durch den Festungsdurchlass in die Deutsche Straße und geradewegs zum Großen Markt, dem Mittelpunkt von **Saarlouis** 04.

Saarlouis – Völklingen / 13 km / 0:45 Std.

Die ehemalige Vauban-Festungsstadt Saarlouis verlässt man über den Kleinen Markt. Am Kreisel geradeaus in der Lisdorfer Straße (Einbahnstraße, Rad schieben!), quert die Titzstraße, danach links in die Ludwigstraße/Vorbeckstraße und dann biegt man rechts ein in die Straße Fort-Rauch. Man erreicht den Friedhof, dem man entlangfährt bis zur Ensdorfer Straße. Über die Straße, dann auf dem Radweg links (Beschilderung Völklingen – Saarbrücken) zur Saar. Rechts entlang der Saar folgt man dem Saar-Radweg in Richtung Völklingen bis zur Brücke Wadgassen– Bous.

Abstecher: Vor der Brücke biegt man rechts ab, nach 600 m ist man in **Wadgassen** 05 mit Deutschem Zeitungsmuseum. Von dort zurück zur Saar. Weiter am Fluss bis zur Brücke von Völklingen. Dort fährt man zum Weltkulturerbe **Völklinger Hütte** 06, dem Europäischen Zentrum für Kunst und Industriekultur. Den besten Blick auf die alten Fabrikanlagen hat man vom Scheitelpunkt der Brücke. Man kann von hier aus in die Stadtmitte von **Völklingen** 07 fahren.

Die Saar an der Rehlinger Staustufe

„Holzköpfe" am Radweg im Beckinger Saargarten

Völklingen – Saarbrücken / 14 km / 1:00 Std.

Wieder auf dem Saar-Radweg, geht die Tour nun durch das saarländische Industriegebiet. Nach 8 km kann man die Arbeitsweise der **Staustufe Saarbrücken** 08 beobachten. Weiter geht es, und auf der anderen Seite der Saar sind die neuen Saarstahl-Fabriken zu sehen mit lang gestreckten blauen Hallen. Danach gelangt man auf dem Radweg entlang der Saar in das Stadtgebiet von **Saarbrücken** 09. In der Stadtmitte fährt man über die Wilhelm-Heinrich-Brücke ins Zentrum der Landeshauptstadt. Hier endet auch die 6-tägige, erlebnisreiche Saarland-Rundtour – am besten mit der Einkehr auf dem St. Johan-

Sonnenskulptur im Saargarten

ner Markt in der gemütlichen Altstadt von Saarbrücken **Ziel**.

Abstecher: Rehlingen (Staustufe) – Beckingen – Rehlingen (Staustufe)
(hin und zurück 6 km)

Von der Staustufe Rehlingen auf die rechte Seite der Saar und saarabwärts auf dem Radweg in Richtung Beckingen. Man erreicht dann unter der Brücke hindurch den Erlebnispark Saargarten **10**.

Es ist ein schönes Gelände mit kunstvollen Skulpturen und Spielangeboten. Wieder zurück wie gekommen zur Rehlinger Staustufe (und dann weiter nach Saarlouis).

Völklinger Hütte

MERZIG
Start
Beckingen
Nalbach
Rehlingen-Siersburg
DILLINGEN/Saar
SAARLOUIS
Wallerfangen
Wadgassen
Überherrn
Falck
Dalem
Rémering
Berviller-en Moselle
Merten
Oberdorff
Château-Rouge
Villing
Ensdorf
Düppenweiler
Haustadt
Honzrath
Hellwies
Erbringen
Reimsbach
Gipsberg
MERCHINGEN
Seitert
HARLINGEN
MECHERN
Bietzen
MENNINGEN
Fremersdorf
Saarfels
Gerlfangen
Fürweiler
Eimersdorf
Siersdorf
Großhemmersdorf
Büren
Itzbach
Kerprich
Rammelfangen
Gisingen
Ihn
Kerlingen
BEAUMARAIS
Bedersdorf
Düren
Schreckling
Ittersdorf
Oberfelsberg
Felsberg
Unterfelsberg
Altforweiler
Hasfeld
Im Sand
Berus
Bisten
Wohnstadt
Friedrichweiler
Differten
Schaffhausen
Warndt
RODEN
LISDORF
Holzmühle
Obstgarten
Piesbach
Siedlung
aux-Mines
0 1565 m

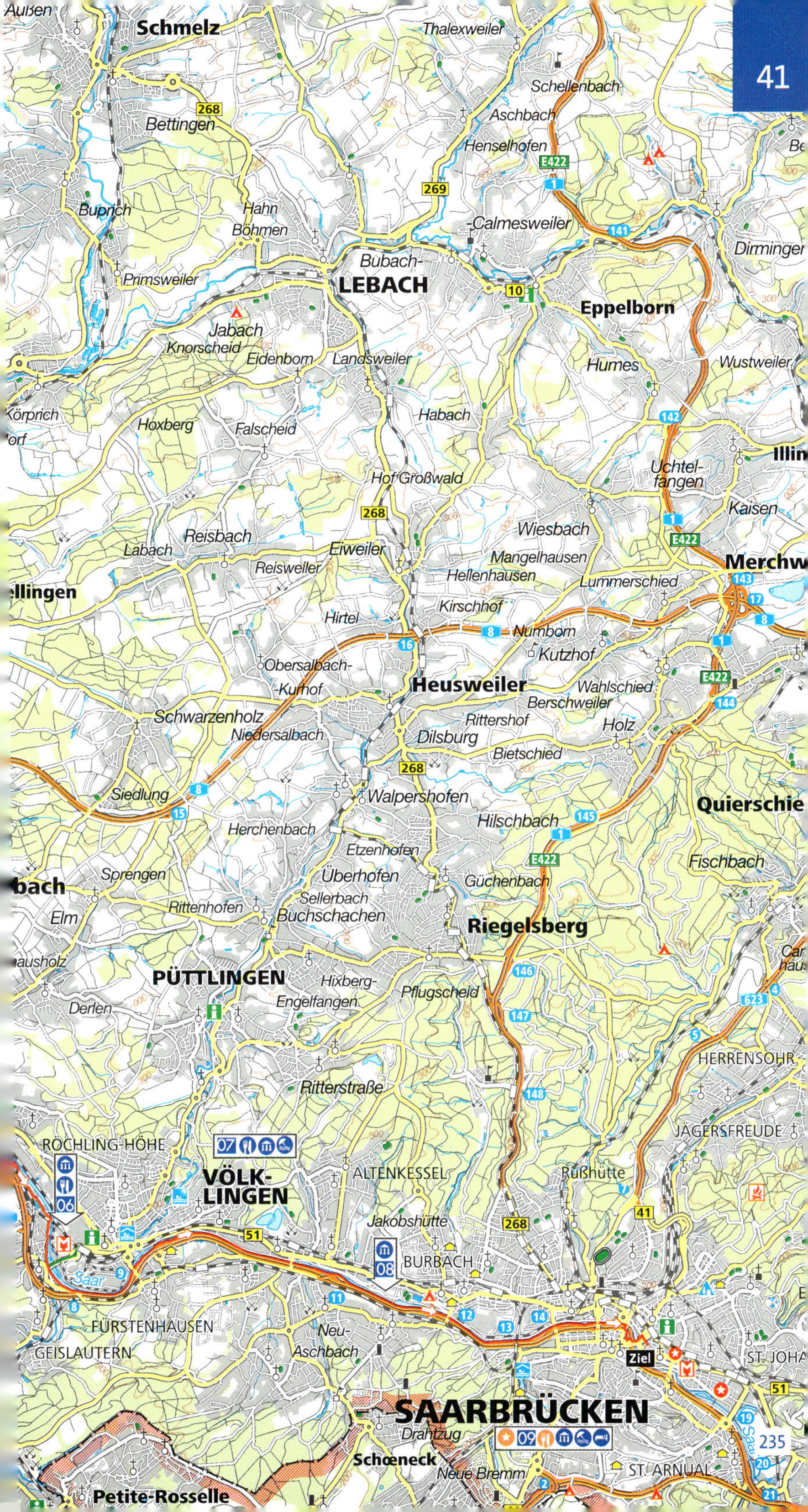
Schmelz
Thalexweiler
Schellenbach
Aschbach
Henselhofen
Bettingen
Buprich
Hahn
Böhmen
Calmesweiler
Dirminger
Primsweiler
Bubach-
LEBACH
Eppelborn
Jabach
Knorscheid
Eidenborn
Landsweiler
Humes
Wustweiler
Körprich
Hoxberg
Falscheid
Habach
Uchtel-
fangen
Hof Großwald
Kaisen
Wiesbach
Reisbach
Labach
Eiweiler
Mangelhausen
Reiswerler
Hellenhausen
Lummerschied
Merchw
Kirschhof
Hirtel
Numborn
Kutzhof
Obersalbach-
Kurhof
Heusweiler
Wahlschied
Berschweiler
Rittershof
Holz
Schwarzenholz
Niedersalbach
Dilsburg
Bietschied
Siedlung
Walpershofen
Quierschie
Herchenbach
Hilschbach
Etzenhofen
Fischbach
Sprengen
Überhofen
Güchenbach
Elm
Sellerbach
Rittenhofen
Buchschachen
Riegelsberg
PÜTTLINGEN
Hixberg-
Engelfangen
Pflugscheid
Derlen
HERRENSOHR
Ritterstraße
JÄGERSFREUDE
RÖCHLING-HÖHE
07
VÖLK-
LINGEN
ALTENKESSEL
Rußhütte
06
Jakobshütte
08
BURBACH
Saar
FÜRSTENHAUSEN
Neu-
Aschbach
GEISLAUTERN
Ziel
ST. JOHA
SAARBRÜCKEN
Drahtzug
09
Schœneck
Neue Bremm
ST. ARNUAL
Petite-Rosselle

SAARBRÜCKEN – SARREGUEMINES (F) – BLIESBRUCK – BLIESKASTEL

 55 km  4:15 Std.  18 hm  15 hm

STARTORT | Saarbrücken, 215 m; Bahnanschlüsse: Saarbrücken Hbf., Sarreguemines (Gare), Lautzkirchen (Blieskastel) Bf.
START | Saarbrücken Hauptbahnhof, Parkhaus am Bahnhof [GPS: UTM Zone 32 x: 353.750 m y: 5.456.140 m]
ZIEL | Blieskastel, 218 m
CHARAKTER | Die Täler von Saar und Blies bestimmen das Bild der deutsch-französischen Fahrradtour. Sie lassen sich ohne Anstrengung befahren.
VERKEHR | In Saarbrücken Großstadtverkehr, sonst 80 % Radwege entlang der Saar und auf der Trasse der ehemaligen Bahnlinie Bliesbruck–Blieskastel.

TIPP: Rückkehr per Bahn.

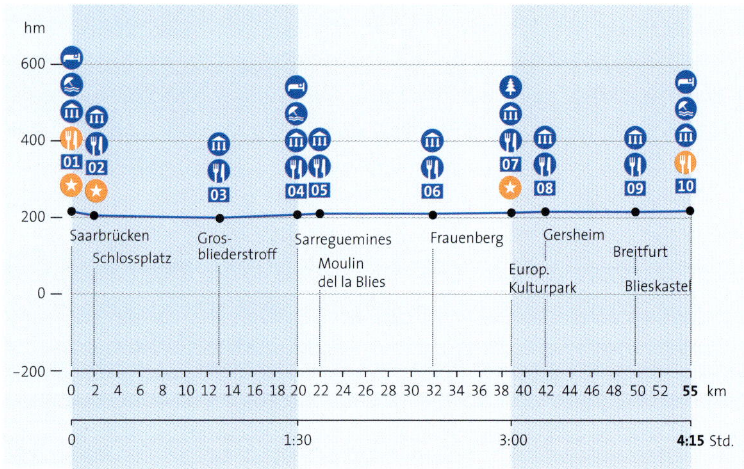

Saarbrücken – Sarreguemines (Saargemünd) (F) / 20 km / 1:30 Std.

Start Der schwierigste Teil der Radtour kommt gleich am Anfang in **Saarbrücken** 01, denn es gibt kaum Radwege in der Innenstadt. Man verlässt den Hauptbahnhof in der Fußgängerzone der Bahnhofstraße und überquert die Trierer Straße in die Faktoreistraße. Am Kreisel eine Drei-Viertel-Umfahrung in die Hafenstraße. Dort biegt man rechts in die belebte Victoriastraße ein. Dann geht es geradeaus über die Brücke der Saar und zum Ludwigsplatz mit der barocken Ludwigskirche und den Regierungsgebäuden.
Links fährt man in die Schlossstraße zum **Schlossplatz** 02 mit Schloss und Museen. Dann zurück bis zur Schlosskirche (Museum) rechts und hinunter zur Saaruferstraße, die man an der Ampel zur Alten Brücke (Fußgänger- und Radfahrerbrücke) überquert. Noch vor der Saar steigt man rechts die Treppen hinunter zum Saarland-Radweg. Diesen benutzt man zunächst zwischen Saar und der Betonmauer der Schnellstraße. Danach fährt man in die Auenlandschaft der Saar auf dem schönen Radweg durch Wiesen,

Saarbrücken: Ludwigskirche

Felder und über die Grenze. An einer Schleuse vorbei tangiert man **Grosbliederstroff** 03 und erreicht im Saarbogen **Sarreguemines** 04, wo man gegenüber der Bliesmündung ankommt.

Sarreguemines – Europäischer Kulturpark Bliesbruck-Reinheim / 19 km / 1:30 Std.

Nach der Stadtbesichtigung fährt man über die erste Brücke, den Pont de l'Europe, am besten auf dem linken breiten Fußgängerweg, um danach gleich am Maison Rouge links einzubiegen. Dann erreicht man die Rue de l'Ecole. Geradeaus und über die Ampel mit Schild des Saarland-Radweges geht es weiter in die Avenue de la Blies. Die zweite Straße hinunter an das Ufer der Blies mit den Sportstätten.
Nach 2 km rechts der Blies erreicht man die **Moulin de la Blies** 05 mit Office de Tourisme und dem Musée des techniques faïencières. Dort fährt man zur Landstraße und auf deren Radweg, der nach 500 m die Straßenseite wechselt, im Tal der Blies nach Blies-Guersviller. In Blies-Schweyen radelt man auf der Landstraße im Bliestalbogen nach **Frauenberg** 06. Oberhalb ist die gleichnamige Burgruine zu sehen. Nächster Ort ist Blies-Ebersing. Man kann auf der wenig befahrenen Landstraße oder rechts, kurzer Anstieg, auf der ehemaligen Bahntrasse nach Bliesbruck weiterradeln. In Bliesbruck folgt man dem Wegweiser zum Archäologischen Park (Parc Européen de Bliesbruck-Reinheim) mit den großflächigen Grabungsfeldern und Museum.

Europäischer Kulturpark Bliesbruck-Reinheim – Blieskastel / 16 km / 1:15 Std.

Im **Europäischen Kulturpark** 07, durch den die französisch-deutsche Grenze verläuft, schiebt man die Fahrräder, besucht Museum und Therme, was sehr zu empfehlen ist, und auf der deutschen Seite die Grabhügel und die Reste einer Römervilla mit Gartenanlage. Nun fährt man zur Hauptstraße von **Reinheim,** kreuzt diese vor der Brücke der Blies und geradeaus kommt man in der Niedergailbacher Straße zum Saarland-Radweg, in den man links einbiegt. Auf der ehemaligen Bahntrasse geht es weiter im Verlauf der Blies nach **Gersheim** 08, wo noch der alte Bahnhof steht. In reizvoller Landschaft radelt man auf dem Saarland-Radweg und tangiert dabei Herbitzheim, Bliesdahlheim, **Breitfurt** 09 und Blickweiler, alle mit alten Bahnhöfen, zum Teil Gaststätten, und gelangt schließlich nach **Blieskastel** 10 **Ziel**.

DUDWEILER
ST. INGB
JÄGERSFREUDE
ENKESSEL
Rußhütte
akobshütte
BURBACH
Start
ESCHBERG
Scheidterbe
ST. JOHANN
SCHAFBRÜCKE
SAARBRÜCKEN
Drahtzug
BISCHMISHEIM
Saar
ST. ARNUAL
Neue Bremm
Sonnenberg
Spicheren
Unner
Schönbach
STIRING-
WENDEL
Étzling
Alsting
BÜBINGEN
Behren-
lès-Forbach
Kerbach
Kleinblittersdorf
Galgenberg
Grosbliederstroff
Lixing-
lès-Rouhling
Auersmacher
Bousbach
Rouhling
la Cité
Sitterswald
Saarland-Therme
Cadenbronn
Tenteling
Nousseviller-
St-Nabor
Rilchingen-
Hanweiler
Gregersber
WELFERDING
Metzing
Hundling
Ippling
SA
Rén

Hassel
Bellem
Reichenbrunn
Oberwürzbach
Allmend
BLIESKASTEL
10
Ziel
Heckendalheim
Seelbach
Ommersheim
423
BLICKWEILER
BALLWEILER
Ehlingen
BREITFURT
09
Neumühle
Ormesheim
Erfweiler
WOLFERSHEIM
Erfweiler-Ehlingen
Mandel-
bachtal
Wittersheim
Bliesdalheimer Eiskeller
Rubenheim
Bliesdalheim
Herbitzheim
Bebelsheim
Schweyen
Walsheim
Gersheim
08
Bliesmengen-Bolchen
Bliesmengen
Medelsheim
Reinheim
Zollmuseum
Habkirchen
Niedergailbach
Galgenberg
268
07
Brücker Berg
366
Obergailbach
Blies-
Ebersing
Bliesbruck
Erching
stillgelegt
D662
D620
Rimling
Wœlfling-
lès-Sarreguemines
0 1000 m

NATURPARKROUTE DREIEICHENHAIN

Flache und waldreiche Rundtour mit Ausflugszielen

 32 km  2:45 Std.  60 hm   60 hm

STARTORT | Buchschlag (Dreieich), 128 m
START/ZIEL | Bahnhof Buchschlag (Dreieich), 128 m; wahlweise Park&Ride-Platz (100 m entfernt).
[GPS: UTM Zone 32 x: 475.740 m y: 5.541.070 m]
CHARAKTER | Fast durchgehend Radweg, teils asphaltiert, teils geschottert, mit zwei leichten Anstiegen, von denen der zweite leicht spürbar ist (10 m auf 500 m).
VERKEHR | In Langen, Dreieichenhain und in Neu-Isenburg sowie in Buchschlag gibt es geringe Berührungspunkte mit Straßen

TIPP: Einkehr in der Märzenmühle bei Langen (idyllisch) oder im Gut Neuhof

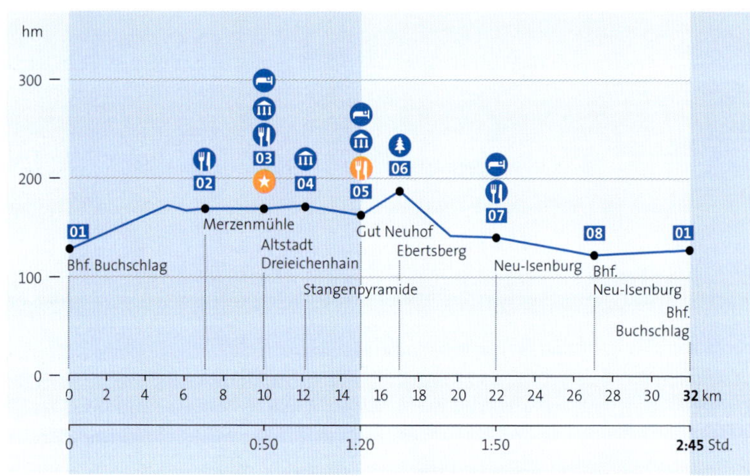

Wir starten unsere Rundtour am Bahnhof in Buchschlag. Der Bahnverkehr des öffentlichen Nahverkehrs gehört hier zum Rhein-Main-Verbund (kurz RMV). Tickets können am Automaten gezogen werden. Direkt neben dem Bahnhof gibt's einen Park&Ride-Platz. Wer mit dem Auto anfährt, findet auch in den umliegenden ruhigen Straßen einen Parkplatz. Eine eigene Kennzeichnung für diesen Rundweg gibt es nicht durchgängig, später finden Sie immer wieder die Schilder der Naturparkrouten. Sie orientieren sich aber an den hessischen Radwege-Schildern.

Buchschlag – Gut Neuhof / 15 km / 1:20 Std.

Start Sie fahren zunächst vom Bahnhof in **Buchschlag** **01** die Hauptstraße entlang, von der Schranke weg in Richtung Sprendlingen. Schon nach 400 m kommt eine Kreuzung (Buchweg/Hainer Trift). Sie biegen rechts ab und nach hundert Metern biegt der Weg in spitzem Winkel links in den Hainer Trift und Sie sind sofort im Grünbereich. Sie folgen diesem Weg in den Wald in Richtung Tennisplatz. Der Weg führt Sie schon bald über Eisenbahngleise und biegt nach 1 km halb rechts weg (nicht

Durchgang zur Altstadt Dreieichenhain

scharf rechts!). Nach 200 m verlassen Sie den Wald und kommen an eine große Radwegekreuzung. Hier biegen Sie rechts ab in Richtung Langen/ Egelsbach und folgen dem Radweg Nr. 8 durch Wiesen und Felder ca. 1,5 km. An der nächsten Kreuzung biegen Sie links ab in Richtung Langen-Mitte. Gleichzeitig folgen Sie jetzt dem roten Pfeil der Naturparkroute. Der Weg verläuft unterhalb der B 486, durch eine dichte Buschreihe getrennt. Sie verlassen diesen Weg bei der zweiten Unterführung der B 486 (An der Winkelwiese), biegen nach rechts ab und folgen der Elsa-Brandström-Straße durch das Gewerbegebiet in Richtung **Langen**-Zentrum. Nach 200 m biegt der Weg links in die nördliche Ringstraße und Sie folgen dem Radweg etwa 200 m bis zur nächsten großen Querstraße. An der Ampel überqueren Sie die Frankfurter Straße, biegen rechts auf den Radweg, folgen ihm ca. 50 m und biegen dann links weg in die kleine Karl-Nahrgang-Straße. Damit haben Sie Langen fast schon wieder verlassen. Den nächsten Weg ignorieren Sie und fahren geradeaus in einen etwas unebenen und ansteigenden Weg. Die nächsten 4 km geht's leicht bergauf, fast unmerklich. Sie halten sich nun an den roten Pfeil, folgen ihm auch an der nächsten Kreuzung weiter und biegen halbrechts ab durch Obstwiesen und Kleingärten (Rundwegeschilder). Sie radeln in leichtem Zickzack geradeaus bis zu einer T-Kreuzung. Hier biegen Sie links ab und folgen weiter dem Rundwegeschild. Sie fahren unter der Brücke der Schnellstraße durch in Richtung Sühnekreuz.

An der Weggabelung (kurz nach der Brücke) halten Sie sich halb rechts. Nach etwa 150 m kommt ein freier Platz. Rechts von Ihnen liegt ein kleiner Bach, ein Weiher und versteckt im Wald der wunderbare **Waldgasthof Merzenmühle** 02 (nur 100 m neben dem Weg). Anschließend bleiben Sie auf dem Hauptweg (8) und ignorieren alle Querwege. Der regionale Weg 8 stößt auf den Fernradweg R 8, der kommt rechts von Dieburg. Sie verlassen den Weg 8 und fahren geradeaus auf dem R 8 in Richtung Dreieichenhain/Dietzenbach.

Dann hört der Wald auf und vor Ihnen liegt Philippseich/Götzenhain. Jetzt aufpassen! Der schöne asphaltierte Weg verführt Sie dazu, jetzt leicht bergab nach Götzenhain zu rasen, doch das ist falsch. Wenn Sie aus dem Wald kommen, liegen linker Hand hinter Büschen Sportplätze. Dort biegt ein Sandweg nach links ab, dem Sie nach Dreieichenhain folgen müssen (markiert als R 8). Der Weg wird schnell besser und die Fahrt führt wieder durch Obstwiesen. Nach etwa 1 km verlassen Sie den Weg und fahren rechts, dem R 8 nach, dem Sie jetzt lange treu bleiben. Er führt Sie zu einer Linkskurve, dann über Bahngleise und nach **Dreieichenhain** 03. Am Ortsanfang liegt der Dreieichplatz. Hier fahren Sie rechts in die Fahrgasse und folgen weiter dem R 8 etwa 200 m in eine Linkskurve, dann

Stangenpyramide mit Frankfurt im Hintergrund

stoßen Sie auf eine Kreuzung. Rechter Hand sehen Sie schon eines der Stadttore der alten Fachwerkstadt Dreieichenhain. Sie fahren hindurch und sind in der schönen Altstadt mit vielen Restaurants, wo man gemütlich draußen sitzen kann. Die Straße ist nur wenige hundert Meter lang, dann kommen Sie an die Burgruine (Festspiele), fahren halb rechts unter dem zweiten Stadttor hindurch, am Weiher und am Parkplatz vorbei.

Sie stoßen auf eine große Querstraße, die hier einen Bogen macht, fahren auf dem Radweg rechts und gleich wieder links, dem Lauf folgend. An der nächsten Kreuzung verlassen Sie den Hainer Weg und fahren links über die Straße in die Fischäckerstraße, dem Fernradweg R 8 folgend.

Jetzt gabelt sich der Weg erneut. Sie folgen weiter dem R 8 halb rechts zu Wiesen und Pferdekoppeln. Zunächst geradeaus, dann halb links, dem R 8 nach. Dieser biegt anschließend rechts weg in Richtung **Stangenpyramide** 04, die Sie in etwa bei Tageskilometer 13 erreichen. Im Hintergrund zeigt sich die Skyline von Frankfurt. Sie folgen dem Weg jetzt immer geradeaus, am Golfplatz vorbei und stoßen auf eine Querstraße (Neuhofschneise). Vor der Straße geht jetzt links ein bequemer Radweg zum **Gut Neuhof** 05 und ich empfehle hier eine ausgiebige Rast. Dieses Ausflugsziel gehört in der ganzen Region zu den beliebtesten Treffpunkten für Jung und Alt, mit Speisen und Getränken in jeder erdenklichen Form (auch Hotelbetrieb).

Gut Neuhof – Buchschlag / 17 km / 1:25 Std.

Sie haben jetzt fast die Hälfte der Strecke hinter sich. Gestärkt fahren Sie auf den R 8 zurück, überqueren die Neuhofschneise und bleiben geradeaus in Richtung Seligenstadt. Sie fahren im Wald an weiteren Golfplätzen vorbei und es geht jetzt bergauf. Vor Ihnen liegt der höchste „Berg" in der Rhein-Main-Tiefebene, der 193 m hohe **Ebertsberg** 06, an dem Sie knapp unterhalb vorbeifahren. Dann geht's im Prinzip nur noch bergab. Sie stoßen auf die Holländerbornschneise und biegen links weg auf den Radweg 6 in Richtung Neu-Isenburg.

Nach ca. 1 km biegt der Radweg nach rechts auf die Nr. 11 in die Prinzenschneise und folgt dieser gut 2 km durch dichten Wald in Richtung Neu-Isenburg. Sie überqueren die Autobahnbrücke und stoßen auf die Offenbacher Straße.

Einkehrstätte Märzenmühle

Sie sind noch immer auf dem Regionalparkweg und vor Ihnen liegt – unübersehbar und gut für die Orientierung – ein rundes Gebäude. Überqueren Sie die Offenbacher Straße an der Ampel und folgen Sie dann der Regionalparkroute (rotes Dreieck) in Richtung Hansapark in den als Wernher-von-Braun-Straße ausgeschilderten Waldweg (links Wald, rechts Gewerbe). Anschließend stoßen Sie auf einen breiten Querweg. Rechts von ihnen sind Bänke zum Ausruhen.
Folgen Sie diesem Querweg jetzt immer geradeaus, über verschiedene Straßen und immer dem Regionalparkschild folgend in Richtung Voltapark (Grundwiesen – Schindweg, 23,5 km – Triebkautenweg). Sie überqueren einen kleinen Bach und folgen ihm am Ortsrand entlang, bis Sie schließlich auf eine Querstraße stoßen. Hier hören die Häuser auf. Überqueren Sie die kleine Straße und folgen Sie nun dem Wald-Radweg (Schilder in Richtung Isenburg-Bahnhof, Radweg 4). Dieser Weg verläuft 3 km am Nordrand von **Neu-Isenburg** 07 entlang, fast immer durch Wald. Nur dort, wo Sie auf die Darmstädter Landstraße stoßen (linker Hand diverse Lokale) müssen Sie ein kurzes Stück auf der Straße fahren, dann geht's sofort wieder in den bequemen Waldweg (links Villen, rechts Wald). Sie passieren unterwegs rechts eine Abzweigung zum Sachsenhäuser Berg. (Wer direkt aus Frankfurt kommt, kann diesen Weg auch als Anfahrt benützen). Wenn der Weg aus dem Wald hinausführt und links in die Kurt-Schumacher-Straße abbiegt folgen Sie dieser 300 m, dann geht's rechts in die Bahnhofstraße zum Bahnhof **Neu-Isenburg** 08 (mit Park&Ride). Fahren Sie durch die Unterführung, dann nach links (!!), am Parkplatz vorbei in Richtung Langen/Dreieich-Buchschlag. Nach 400 m überquert der Weg die Carl-Ullrich-Straße und biegt halb rechts weg in die Fasanenschneise. (Das ist der Radweg 19/17). Nach ca. 800 m biegt der Weg links in die Spechtschneise, stößt nach etwa 1200 m zur Bahnlinie vor und folgt dieser anschließend rund 1,5 km.
Dann kommt eine Wegkreuzung. Links geht es durch eine Unterführung nach Buchschlag. Folgen Sie der ruhigen Straße durch Villenviertel (Hengstbachanlage). Sie stoßen auf den Buchweg/Hainer Trift, dem Sie nach halb rechts folgen. Sie gelangen schließlich zur Buchschlager Allee/Eisenbahnstraße und biegen nach rechts ab, bis Sie nach etwa 400 m den Bahnhof **Buchschlag** 01 wieder erreicht haben **Ziel**.

HATTERSHEIM
am Main
KELSTERBACH
SCHWANHEIM
GOLDSTEIN
FRANKFUR
am Ma
Unterschweinstiege
Frankfurt
Airport
ZEPPEL
Mönch-
wald-
see
Gundhof
Walldorfer
See
Langener Wa
-WALLDORF
Ober-
wald-
see
MÖRFELDEN-
Erzhaus
Main
E451
E42
E35
40
43
44
486
50
22/50
23
24
22
49
67
3
5
20
21

OFFENBACH am Main
NEU-ISENBURG
Gespitzweiher
BUCHSCHLAG
Start/Ziel
SPRENDLINGEN
DREIEICH
Gut Neuhof
193 Eberlsberg
DIETZENBACH
Stangen-pyramide
DREIEICHENHAIN
GÖTZENHAIN
Merzenmühle
LANGEN (Hessen)
Egelsbach
OFFENTHAL
Birkenau
Bayerseich
0 800 m

44

HANAU-STEINHEIM UND DER GRÜNE SEE

Familientour mit wunderbaren Ausflugszielen

 27 km  2:15 Std.  45 hm  45 hm

STARTORT | Hanau-Steinheim, 105 m
START/ZIEL | Hanau-Steinheim, Am Stadttor/Mainuferweg, 111 m
[GPS: UTM Zone 32 x: 494.050 m y: 5.550.560 m]
CHARAKTER | Gut ausgebauter Rundweg ohne eigene Kennzeichnung. Regionale Schilder vorhanden. Der Weg ab Seenplatte ist ohne Karte nicht ganz leicht zu finden, da einige Schilder und Markierungen fehlen.
VERKEHR | Lediglich im Stadtbereich von Steinheim radeln Sie kurzzeitig auf allerdings ruhigen Nebenstraßen.

TIPP: In der Seenlandschaft können Sie die Tour nach Belieben ausweiten. Für Steinheim sollten Sie sich ausgiebig Zeit lassen und ein Besuch von Hanau lohnt allemal.

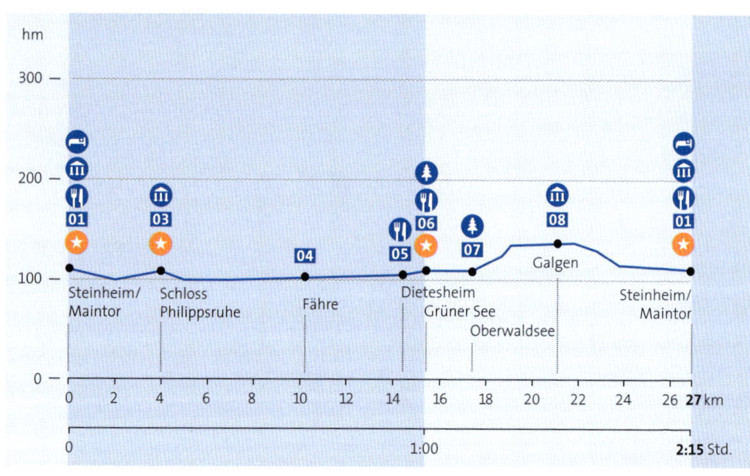

Wir starten unsere Tour unterhalb des Stadttors in Hanau-Steinheim (auch Maintor genannt). Der S-Bahnhof ist rund 1 km entfernt, unsere Route führt fast daran vorbei. Sie können also auch dort starten. In jedem Fall ist das Maintor ein gut erkennbares Bauwerk für den Ausgangspunkt der Tour. Steinheim ist selbst schon ein lohnendes Ausflugsziel, und eine Besichtigung sollten Sie nach der Rückkehr unbedingt einplanen.

Steinheim – Grüner See / 15 km / 1:00 Std.

Start Vom **Maintor** in **Steinheim** **01** aus fahren Sie auf dem Main-Radweg in Richtung Hanau. Schon nach kurzer Zeit kommt eine Engstelle mit wenig Sicht – aufpassen! Dann geht's durch eine Allee und der Weg stößt vor der Eisenbahnbrücke auf eine Gabelung. Zunächst müssen Sie sich an der Gabelung vor der Brücke links halten, dann wieder links, Richtung S-Bahn und sofort scharf rechts die Rampe hinauf. Sie überqueren die Brücke in Richtung Hanau und radeln anschließend die Rampe wieder steil hinunter. Zum Schloss Philippsruhe ist es jetzt ausgeschildert. Sie fahren auf der rechten Mainseite in Richtung Hanau und folgen stets dem Weg, der etwas

Das „Maintor", Stadttor in Steinheim

mäandert. Sie kommen an einer Pizzeria vorbei, biegen rechts ab und sofort wieder links, dem R 3 folgend. Wenn Sie auf die Konrad-Adenauer-Straße stoßen, folgen Sie weiter dem R 3, der wieder links wegbiegt und Sie durch Grün zur Mündung der Kinzig in den Main bringt. (Nach rechts wäre ein lohnenswerter Ausflug in die nahe Innenstadt von **Hanau** 02 möglich.) Fahren Sie unter der Kinzigbrücke durch, die Rampe hinauf auf die rechte Seite der Straße in Hanau-Kesselstadt (auch links verläuft ein Radweg, der rechte ist aber breiter). Sie fahren gut gekennzeichnet in Richtung Hanau, dann biegt der Weg am Fußgängerweg links weg, hinunter zum Main. Kurz darauf ist die Abfahrt zum **Schloss Philippsruhe** 03 erreicht.

Auf Kopfsteinpflaster geht es eine Rampe hoch zum schmiedeeisernen Tor, das zum Schloss/Park führt und das Sie nach rund 4 km durchfahren. Sie fahren um das Schloss herum und in den englischen Park hinein. Gönnen Sie sich ruhig eine kurze Pause, das Schloss kann besichtigt werden und der Park ist sehr empfehlenswert. Zwei breite Rampen führen wieder direkt zum Radweg am Main hinunter. Folgen Sie dem breiten Radweg am Spielplatz und an

Die Weggabelung vor der Eisenbahnbrücke in Steinheim

Gartenansicht von Schloss Philippsruh mit englischem Park

der Schleuse vorbei (wo sie den Main bereits überqueren können, wenn Sie wollen). Der Weiterweg führt in eine Allee und ein Wäldchen hinein, dann geht's weiter durch Wiesen und in den Randbereich von Dörnigheim. Vorbei am Lokal zur Mainlust und einem Spielplatz mit Spielwiesen gelangen Sie zur **Fähre** 04, die Sie nach knapp 12 km erreichen. Hier überqueren Sie den Main und gelangen nach Rumpenheim am Main. Nach 3 km am Main entlang erreichen sie die Anlegestelle der ehemaligen Mainfähre (Fährenstraße) und folgen ab jetzt der Hauptstraße. Behalten Sie diese Richtung bei, ignorieren Sie wegführende Schilder und bleiben Sie stets geradeaus Richtung Stadtmitte und S-Bahnhof, teils auf einem Radweg, teils auf der Straße. Linker Hand sehen Sie bald einen Turm vor sich und haben es fast geschafft. Sie erreichen eine Querstraße und rechts von Ihnen liegt der S-Bahnhof (mit Gasthof und Biergarten). Sie fahren am Bahnhof vorbei und 200 m weiter eine Rampe hinab zur Unterführung und auf die andere Seite der S-Bahn. Der Radweg nach Hanau-Dietesheim, dem Sie weiter folgen, biegt hier sofort links ab. Sie fahren neben der Bahnlinie, manchmal auf dem Radweg, manchmal auf der ruhigen Straße, der Weg mäandert immer wieder ein wenig. Es geht an der Großbäckerei Heberer vorbei (was Sie am Backduft unschwer erkennen), der Weg wird schön und führt zum S-Bahnhof **Dietesheim** 05. Rechts von Ihnen liegt der „Wingertsweg" und ein Lokal „Zum Sportheim". Hier müssen Sie abbiegen. Sie haben nun eine total grüne Etappe vor sich. Mit dem Wingertsweg überqueren Sie den Südring, bleiben geradeaus und stoßen auf einen Querweg (Schilder Teckelclub, ASV Mühlheim, Polizeihundeschule, Anglerheim). Hier fahren Sie nach links und gelangen so direkt zum Naturschutzgebiet rund um den **Grünen See** 06 und zum beliebten Waldgasthof mit Biergarten „Zum grünen See", der das ganze Jahr geöffnet hat und nur in den Wintermonaten montags geschlossen ist.

Fährzeiten

Täglich mindestens 8–20.30 Uhr Werktags und in den Sommermonaten auch länger

Lustvolles Radeln Richtung Dörnigheim

Grüner See – Steinheim / 13 km / 1:15 Std.

Eine Rundtour durch die Seenlandschaft ist empfehlenswert, zumindest sollte man einmal um den **See** herumradeln und der spektakulären Brücke über die Schlucht einen Besuch abstatten. Sie können baden oder die Seen an etlichen Aussichtsplattformen genießen. Fahren Sie anschließend auf der Hauptstrecke zwischen dem Hansteinweiher, dem grünen See und dem **Oberwaldsee** 07 hindurch. Ein breiter und bequemer Waldweg leitet Sie weiter, immer wieder mit seitlichen Abzweigungen zu Aussichtsplattformen. Folgen Sie nun diesem Hauptweg immer geradeaus, wenn Sie direkt und einfach nach Steinheim zurückwollen. Nach der Spahnschneise halten Sie sich bei der Weggabelung rechts und kurz darauf bei einer **Querwegkreuzung** haben Sie die Möglichkeit nach rechts abzubiegen und am **Galgen** 08 vorbei und über Klein-Auheim einen schönen, aber – da unmarkiert – etwas schwierigen Rundkurs nach Steinheim zu machen. Der kürzere und problemlosere Weg führt an der Kreuzung nach links und beim nächsten Querweg sofort wieder nach rechts. Dann geradeaus, Sie verlassen den Wald und gelangen bei einem sogenannten Wendehammer ins Gewerbegebiet von Steinheim. Fahren Sie geradeaus in die Senefelder Straße, links am Sconto-Möbelmarkt vorbei. Sie überqueren die Otto-Hahn-Straße (Kreisel), folgen dem Gailingsweg über die Hermann-Ehlers-Straße in einem halblinken Bogen bis zur Eppsteinstraße. Links an Bushaltestelle vorbei und im Kreisel sofort rechts in die Doornerstraße Richtung Kulturhalle und bis zum Kreisel der Wilhelminenstraße. Im Kreisel geradeaus stoßen Sie auf eine große Straße, der Sie rechts etwa 50 m folgen und sofort links wegbiegen („Am Brückfeldgraben"). Damit kommen Sie direkt auf den Mainradweg, dem Sie nach rechts folgen und der Sie kurz darauf wieder zum „Maintor" und nach **Steinheim** 01 zurückbringt **Ziel**.

MAINTAL
WACHENBUCHEN
BISCHOFSHEIM
HOCHSTADT
Gänse-weiher
DÖRNIGHEIM
MÜHLHEIM am Main
KESSEL-STADT
Main
Biebernsee
Rote Warte
BÜRGEL
WALDHEIM
Brückfeld
Hanstein-Weiher
Grüner See
OFFENBACH am Main
LÄMMERSPIEL
BIEBER
OBERTSHAUSEN
HEUSENSTAMM
04
05
06
07
08
66
34
33
35
8
43
448
3
E42
53

BRUCHKOBEL
Langendiebac
ERLENSEE
Rückingen
Birkensee
Bärensee
Erlensee
LAMBOY-TÜMPELGARTEN
HANAU
INNENSTADT
Kinzig
Main
WOLFGANG
Start/Ziel
GROSSAUHEIM
Neuwirtshaus
KLEIN-AUHEIM
Schloßsee
Lindensee
Ostsee
Groß-krotzenburg
Hainstadt
Hainburg
Kah
a.Main
KLEIN-KROTZENBURG
eiskirchen
SELIGENSTADT
0 700 m

RUND UM DEN FLUGHAFEN UND DEN LANGENER WALDSEE

Ein Erlebnis von Technik und Größe, Natur und Ruhe

 30 km  2:30 Std.  80 hm  80 hm

STARTORT | Buchschlag Sprendlingen (Dreieich), 128 m
START/ZIEL | Bahnhof Buchschlag (Dreieich), 128 m; Park&Ride-Platz 100 m neben dem Bahnhof.
[GPS: UTM Zone 32 x: 475.740 m y: 5.541.070 m]
CHARAKTER | Durchgehend Radweg, überwiegend asphaltiert, mit geschotterten Passagen und Teilstücken als Waldweg.
VERKEHR | Die Tour verläuft auf Radwegen. Am Nordrand des Flughafens Berührung mit viel Verkehr (Ampelanlagen beachten). Zum Badesee muss man die Brücke auf der Autostraße überqueren.

TIPP: Von den Besucherplattformen lassen sich herrliche Fotos von startenden und landenden Flugzeugen machen. Vergessen Sie nicht Ihre Badesachen – und besuchen Sie das Zeppelinmuseum.

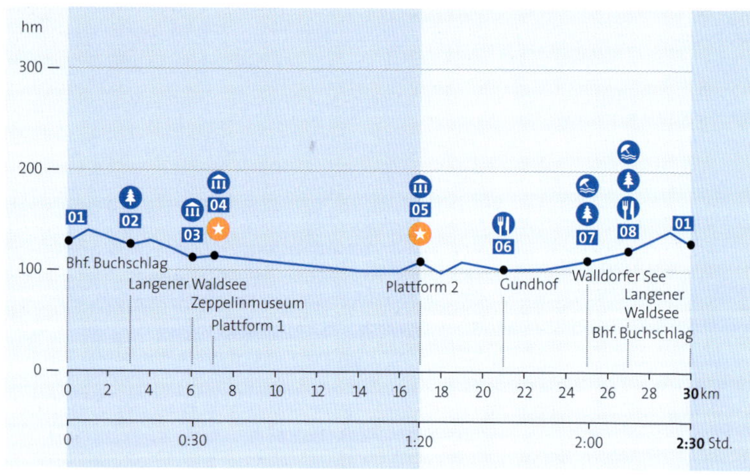

Buchschlag – Plattform 2 / 17 km / 1:20 Std.

Start Wir starten die Tour am Bahnhof in **Buchschlag** 01. Sie überqueren die Bahngleise, fahren sofort links auf der Straße in das kleine Gewerbegebiet Richtung Langener Waldsee/Zeppelinheim/Walldorf/Terminal 2 (Schild) und biegen am Ende rechts in die kleine Sackgasse mit dem hübschen Namen „Am Siebenstein" ab. Am Ende dieses Sträßchens führt ein Weg durch Büsche in den Wald. Wundern Sie sich nicht. Fahren Sie sofort rechts in die Molkenbornschneise und sofort wieder links in die Wildscheuerschneise (Schilder/Radweg Nr. 6). Folgen Sie dem Weg geradeaus. Er führt Sie nach 1 km direkt zur Spitze des **Langener Waldsees** 02. Wenn Sie auf einen der umliegenden Hügel klettern, können Sie ihn vor sich liegen sehen. Sie biegen hier rechts ab in die Kirchschneise und folgen dem Radweg 15 ungefähr 1,7 km. Der Weg biegt

Zeppelinmuseum in Zeppelinheim

rechts zur Verbindungsstraße Buchschlag–Zeppelinheim ab, folgt ihr ca. 200 m und schwenkt dann halb rechts weg, um die Brücke über die B 44 zu überqueren (die hier autobahnähnlich ist). Sie radeln die Rampe hinab und gelangen direkt nach Zeppelinheim. Folgen Sie dem Wegschild nach rechts (Forsthausweg) und dann links-rechts in die Flughafenstraße, die quer durch Zeppelinheim führt. Auf dem Radweg entlang der Straße stoßen Sie rechter Hand in der Parallelstraße auf das **Zeppelinmuseum** 03. Danach fahren Sie auf dem Radweg weiter bis zum S-Bahnhof Zeppelinheim. Dort finden Sie einen beliebten „Ausflugskiosk" mit Biergarten. Sie radeln durch die Unterführung und geradeaus in den Wald und erreichen nach rund 7 km die Brücke über die Autobahn (A 5). Sie stehen nun direkt auf der ersten Besucherplattform (**Plattform 1** 04), einem beliebten Aussichtspunkt, weil Sie hier die startenden und landenden Flugzeuge fantastisch beobachten können. Hier empfiehlt sich ein Foto mit langer Brennweite (Digital 250–400 mm oder Analog 350–600 mm). Auch für Kinder ist das lebhafte Geschehen auf der Rollbahn und in der Luft sehr spannend. Anschließend nehmen Sie den bequemen, asphaltierten Radweg nach rechts, direkt am Zaun entlang. Auch hier haben Sie weitere Fotomöglichkeiten. Direkt über Ihren Köpfen liegt die Einflugschneise. Rechts neben ihnen verläuft die Autobahn, nur durch einen Grünstreifen getrennt, und oft genug ist diese noch lauter als die landenden Flugzeuge. Sie bleiben weiterhin auf dem Weg und gelangen zur Nordostspitze des Flughafens. Hier beginnen die Flughafengebäude. Folgen Sie dem bequemen Radweg, der jetzt nach links neben die Straße schwenkt und fahren Sie unter der Hochbahn hindurch. Sie bleiben im Prinzip immer auf dem Radweg entlang der Straße, bis Sie nach gut 11 km zum gut erkennbaren Flughafen-Hauptgebäude kommen, das links von Ihnen liegt. Nun heißt es aufgepasst! Es gibt etliche Straßen hier und mehrere Ampelanlagen. An der Ampel im Kreuzungsbereich Hugo-Eckner-Ring/Ankunftbogen führt der Weg auf die andere Straßenseite. Das ist leider durch Schilder nicht gut zu erkennen. Links hört der Weg dann auf. Vor sich sehen Sie rechter Hand den riesigen neuen Hotelkomplex des Hilton. Der Radweg verläuft jetzt direkt zwischen der Autobahn und der Flughafen-Rundstraße (Nordpassage/Hugo-Eckner-Ring/Airport-Ring), breit und komfortabel und immer geradeaus, der Straße entlang. Verschiedentlich müssen Straßen mit Ampelregelung überquert werden, manchmal fahren Sie unter Hochstraßen hindurch und passieren weitere Hotels, Abfertigungshallen, Parkhäuser und Frachteinfahrten. Sie erfahren im Wortsinn einen lebendigen Flughafen, der voller Aktivität steckt. Dass diese Betriebsamkeit natürlich

Startendes Flugzeug

nicht gerade leise vor sich geht, sollte Sie aber auf Ihrer Fahrt nicht besonders beeinträchtigen. Sie fahren auch an den neuen Rampen vorbei, die seit Sommer 2011 fertig sind. Sie führen über die Autobahn, zu weiteren Landebahnen. Auf diesen Rampen werden die Flugzeuge über die Autobahn und über unsere Köpfe hinweg gezogen. Ein wahrlich gigantisches Schauspiel, das man einmal erlebt haben sollte. Nach insgesamt etwa 14,5 km erreichen Sie schließlich die Nordwestspitze des Flughafens. Auch hier entstanden gigantische Flugzeug-Brücken (2010–2012). Sie bleiben auf dem bequemen Radweg, überqueren eine Ampel und haben linker Hand wieder gute Sicht auf die startenden Flieger. Der gut ausgebaute Radweg, der jetzt von Wald begleitet wird, bringt Sie an die Südwestspitze des Flughafens und zum nächsten beliebten Besucher-Aussichtspunkt (**Plattform 2** 05), der nicht auf den ersten Blick zu erkennen ist. Rechts von Ihnen liegt ein kleiner Parkplatz. Von diesem führt eine Rampe hinauf. Bei dieser Besucherplattform haben Sie direkten Einblick in die Startbahn Süd und sehen die Flieger, die hier anrollen, auf ihr Startsignal warten, dann in die Startbahn drehen und Gas geben. Die Flugzeuge der westlichen Startbahnen fliegen fast direkt über Ihren Kopf. Beide Aussichtsplattformen haben ihren eigenen Reiz.

Plattform 2 – Buchschlag / 13 km / 1:10 Std.

Fahren Sie auf den Radweg zurück und unter der Landebahn hindurch. Der Radweg verläuft wieder neben der Flughafenstraße und an den Servicegebäuden der Lufthansa vorbei. Hier wurde in den letzten Jahren viel gebaut, sodass sich die Dimension des Flughafens und seine Wegführung ständig verändert. Nach ungefähr 19 km schwenken Radweg und Straße scharf nach rechts ab in den Wald. Wir empfehlen Ihnen immer auf diesem Radweg zu bleiben, auch wenn es hier alternative Wege durch den Wald gibt, die Sie durch Wildgatter erreichen. Dazu brauchen Sie aber eine Detailkarte oder Ortskenntnisse. Unser Weg neben der Straße ist ruhig und bequem und er ist asphaltiert. Er führt Sie zunächst an einem riesigen Grillplatz im Wald vorbei, dann verlassen Sie den Wald und gelangen in eine breite Wiesenlandschaft mit Bach (die Gundwiesen). Am Beginn der Wiesen überqueren Sie die Straße und radeln linker Hand durch das Wildgatter in einen

Einkehr im Biergarten des Gundhofs

Waldweg. Sie folgen dem naturbelassenen Weg bis zum Campingplatz. Hier geht's halb rechts und Sie stoßen direkt auf eine Querstraße, den Zufahrtsweg zum Campingplatz. Linker Hand liegt das Ausflugsziel **„Gundhof"** 06 und lädt mit seinem Biergarten zu einer willkommenen Rast ein. Lassen Sie sich verführen. Danach wird's etwas schwieriger mangels guter Beschilderung. Sie nehmen die Zufahrtsstraße „Am Gundhof" und schwenken dann entweder rechts-links in einen schmalen Weg oder zunächst links, dann den zweiten Weg rechts, über den Bach und gleich wieder rechts. Hier treffen sich beide Wege wieder. Nun weiter geradeaus, bis Sie auf Häuser treffen. Hier fahren Sie links, auf dem Radweg entlang der Hecken. Am nächsten Querweg schwenken Sie nach rechts in den Weg, der zwischen den Häusern hindurch führt („Farmstraße"). Fahren Sie geradeaus bis zur Querstraße, dann rechts und sofort wieder links (weiterhin Farmstraße) und weiter durchs Gewerbegebiet bis zum Kreisel und zur Aschaffenburger Straße. Nach 23,5 km überqueren Sie links über eine Brücke die Bahngleise und kurz darauf über eine weitere Brücke die Autobahn. Achtung! Hier gibt es nur einen 50 cm breiten Radweg links der Straße, die allerdings wenig befahren ist. Sie bleiben auf dem Weg, der bald breiter und wieder zu einem richtigen Radweg wird und Sie direkt zur Einfahrt zum **Walldorfer See** 07 leitet, mit Parkplatz und Badestrand. Weiter auf dem Radweg links der Straße treffen Sie nach 150 m auf die Frankfurter Landstraße, die Sie überqueren. Jetzt aufpassen. Fahren Sie sofort links in den Waldweg, der die Straße begleitet. Sie kommen nach wenigen hundert Metern zu einer Querstraße, die Sie rechts zum Langener Badesee führt. Zunächst am Verwaltungsgebäude des Kieswerkes vorbei folgen Sie der (hier stark befahrenen) Straße. Auf dem Radweg neben der Zubringerstraße gelangen Sie direkt zum Eingang des riesigen **Langener Waldsees** 08 (mit Campingplatz und Badestrand). Natürlich gibt's im Bad auch einen Kiosk, und wer Campingurlaub macht, kann die Tour selbstverständlich von hier aus starten. Der Rückweg zu unserem Ausgangspunkt führt zur Zufahrtsstraße zurück und am Wendehammer in den Waldweg Nr. 6 (für Autos gesperrt). Sie stoßen nach einer Geradeausfahrt direkt auf den Querweg 15 (hier identisch mit Weg 6) und folgen schließlich dem Weg 6, bis Sie wieder am Bahnhof in **Buchschlag** eintreffen **Ziel**.

NIED
SCHWANHEIM
GOLDSTEIN
FRANKF
HATTERSHEIM
am Main
KELSTERBACH
Unterschweinstiege
Main
Frankfurt
Airport
Gundhof
Walldorfer
See
-WALLDORF
Ober-
wald-
see
MÖRFELDEN-
E451
E42
E35
E451
486
44
40
43
Erz

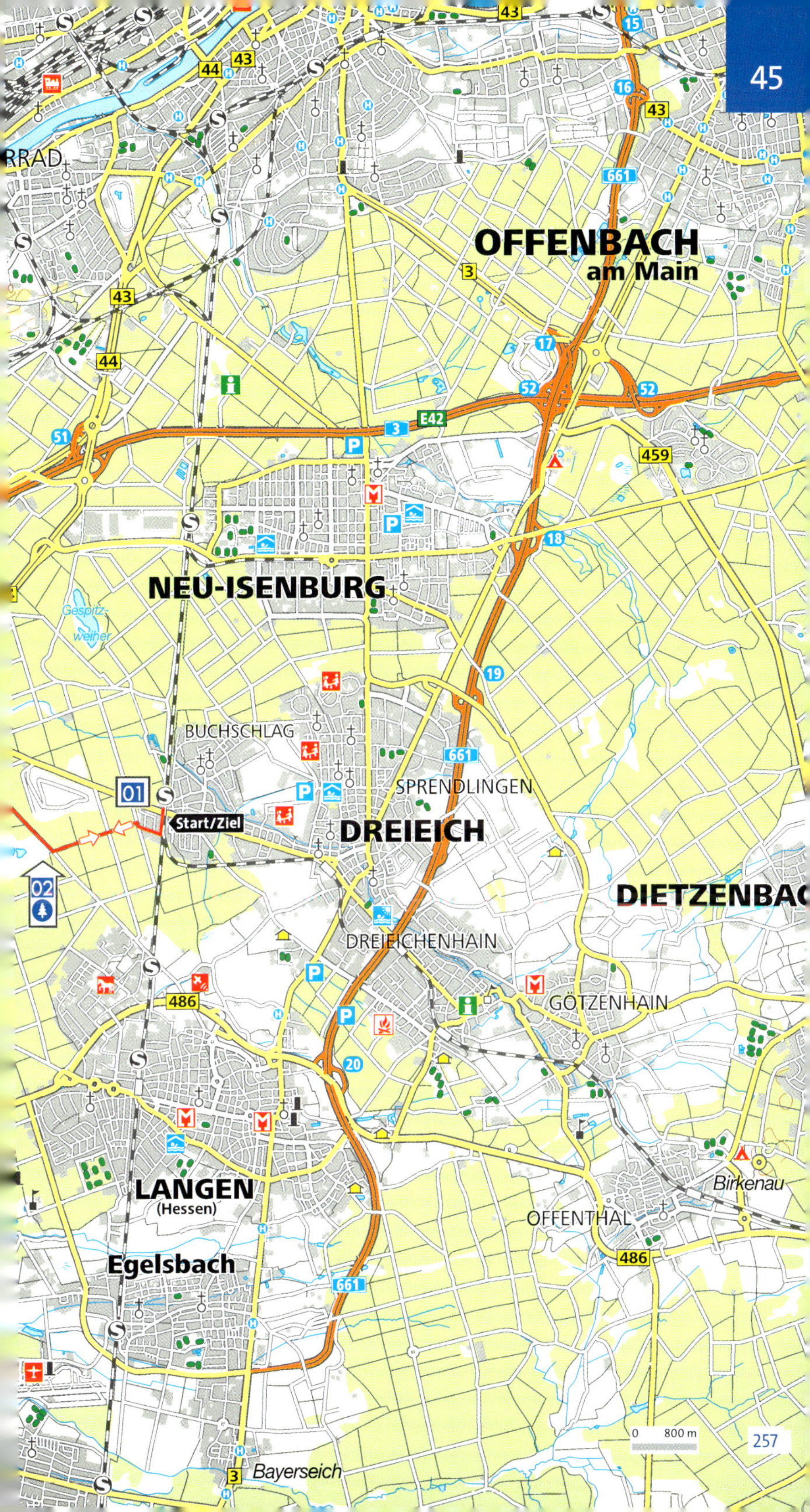
OFFENBACH
am Main
NEU-ISENBURG
BUCHSCHLAG
SPRENDLINGEN
DREIEICH
DREIEICHENHAIN
GÖTZENHAIN
DIETZENBAC
LANGEN
(Hessen)
Egelsbach
OFFENTHAL
Birkenau
Bayerseich
Gespitz-
weiher
Start/Ziel
01
02
0
800 m

RUND UM DIE GRUBE MESSEL

Familientour mit Sehenswürdigkeiten, Seen und Gasthöfen

 26 km  2:00 Std.  90 hm  90 hm

STARTORT | Messel, 160 m
START/ZIEL | Bahnhof Messel, 160 m
[GPS: UTM Zone 32 x: 481.710 m y: 5.529.960 m]
CHARAKTER | Familientour. Gut ausgebaute Strecke, teils Waldweg, teils asphaltiert. Viel Wald. Badesee, Spielplatz, Bootfahren, Eisenbahnmuseum, u. v. m.
VERKEHR | Einige Radwege verlaufen separat neben der Straße, sonst verläuft alles auf schönen Wald- und Feldwegen. Vorsicht ist geboten beim zweimaligen Überqueren der Dieburger Landstraße und ganz besonders in Messel, wo eine Fußgängerregelung fehlt.

TIPP: Im Freizeitgebiet Oberwaldhaus/Steinbrücker Teich lässt sich die Radtour schön mit einer Ruderbootfahrt verbinden.

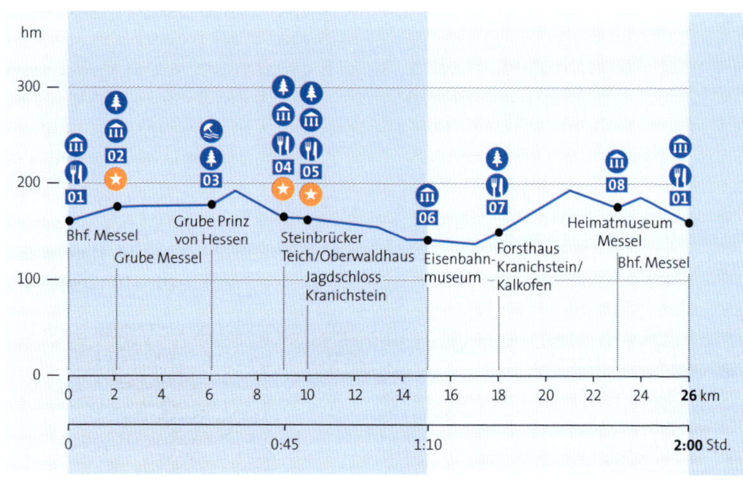

Dass diese Tour leicht und bequem zu fahren ist, zeigt ein Blick auf das Höhenprofil. Einzig das Stück zwischen dem Kalkofen und Messel zieht sich etwas, weil es stetig 3 km bergauf geht, aber damit hat man auch die Hälfte der gesamten Höhenmeter geschafft. Mit Kindern ist das eine Traumtour mit so vielen Sehenswürdigkeiten, dass man sie ruhig öfter fahren kann. Auch eine Abkürzung gibt es, sodass sich die Tour auf die ganz individuellen Bedürfnisse anpassen lässt.

Messel – Eisenbahnmuseum / 15 km / 1:10 Std.

Start Vom Bahnhof **Messel** 01 (RMV), wer mit dem Auto anreist, findet hier auch einen großen Parkplatz, fahren Sie über die Bahnschranke in Richtung Darmstadt. Der Radweg verläuft schmal neben der Straße und bringt Sie nach 1,5 km zum Abzweig der **Grube Messel** 02. Fahren Sie hinein, so kommen sie nach etwa 300 m zum Infozentrum des UNESCO-Weltnaturerbes.

Grube Prinz von Hessen

Es gibt Führungen, und durch eine Drehtür kommen Sie zur Besucherplattform (kostenlos). Das vermittelt Ihnen ein Bild von der Größe der Anlage. Sie sehen eine tiefe Grube und viele Erläuterungstafeln. Informieren Sie sich im Besucherzentrum (es werden u. a. Filme gezeigt) und besuchen Sie später auch das Heimatmuseum Messel, um sich Fossilien anzusehen (mehr davon gibt's im Senckenbergmuseum in Frankfurt). Nehmen Sie an einer Führung teil, wenn Sie Zeit haben, dann können Sie sogar bei Grabungen zusehen. Jetzt ist schon ein Teil des Tages um und Sie haben noch viele Programmpunkte vor sich. Als nächstes steht der Besuch der Grube Prinz von Hessen auf dem Programm. Fahren Sie zur Straße zurück und neben dieser in Richtung Darmstadt bis zur nächsten Querstraße weiter (Dieburger Landstraße), dort biegen Sie ab in Richtung Darmstadt. Der Weg verläuft breit und bequem links neben der Straße, durch einen Grünstreifen getrennt. Hier finden Sie kurz hintereinander (rechts und links der Straße) zwei beliebte Lokale. Nach gut einem Kilometer bemerken Sie unendlich viele parkende Fahrzeuge am Straßenrand. Hier ist der beschilderte Abzweig zum Badesee.

Fahrt durch den Wald

Am Eisenbahnmuseum

Sie folgen dem Weg links in den Wald. Wenige Hundert Meter weiter liegt die **Grube Prinz von Hessen** 03, die im Sommer voll ist mit Badegästen. Hüpfen Sie einfach mal rein. (Hier gibt's auch Eis- und Wurstverkäufer). Dann fahren Sie auf dem Hauptweg (Nr. 11) weiter. Nach ca. 2 km gabelt sich der Weg, bleiben Sie halb rechts. Das ist Genussradeln auf hohem Niveau, mitten durch den Wald, trotz geringfügigem Gefälle in Richtung Oberwaldhaus. Mit leichten Schwenkern geht es in der Regel stets geradeaus. Sie überqueren einen kleinen Bach und ein paar Meter weiter geht der Weg rechts weg und kurz darauf nochmals rechts.

Sie folgen dem R 8 (bzw. dem Ponyweg) und kommen direkt zum **Ausflugsgebiet Steinbrücker Teich/ Oberwaldhaus** 04. Hier können Sie Eis essen, Kaffee trinken, Boot fahren, Minigolf spielen oder den Kinderspielplatz besuchen. Geradeaus vor Ihnen liegt der Parkplatz und die Dieburger Straße, die Sie zur Weiterfahrt überqueren müssen. Fahren Sie an der Schranke vorbei in den R 8. Überqueren Sie den kleinen Bach. Fahren Sie links, folgen Sie dem Weg 18, der Sie direkt zum Weiher am **Jagdschloss Kranichstein** 05 führt. Das Schloss beherbergt ein sehenswertes Jagdmuseum, das Bioversum und ein Gartenlokal. Ein Besuch lohnt sich. Dann fahren Sie auf den Hauptweg (18) zurück und folgen ihm. Er führt in einem Bogen halb um den Teich, an einer Infostation (über Jagdsignale) vorbei und weiter zur Kranichsteiner Straße, die Sie überqueren. Sie fahren durch den Naturlehrpfad (Bienenhotel, Lehrgehölze usw.), immer geradeaus, am Infoplatz über Hunderassen vorbei, immer weiter geradeaus. Schließlich liegt links neben Ihnen ein Weiher und Sie stoßen auf die Bahnlinie. Wer genug hat, kann jetzt den Weg rechts nach Messel nehmen und ist nach 4 km Waldweg wieder am Bahnhof. Wer noch Kraft hat, der fährt hier links in Richtung Weiterstadt/Kranichstein und verlässt den R 8. Bleiben Sie auf dem breiten Weg neben der Bahnlinie, am S-Bahnhof vorbei (gegenüber sehen Sie schon die Außenanlagen des Eisenbahnmuseums). Sie fahren durch die Eckhardwiesenstraße geradeaus bis zur Querstraße (Steinstraße), überqueren die Bahnlinie und nehmen nach 50 m die zweite kleine Querstraße rechts in Richtung **Eisenbahnmuseum** 06, das Sie nach 800 m erreichen.

Kranichsteiner Teich

Eisenbahnmuseum – Messel / 11 km / 0:50 Std.

Nach dem Besuch des Eisenbahnmuseums fahren Sie auf dem Weg weiter, biegen hinter dem Gebäude rechts weg, am Zaun entlang auf dem Weg 13, der Sie jetzt links in Felder und in eine Niederung führt. Bleiben Sie geradeaus und fahren Sie mitten durch die Pferdekoppeln (was besonders die Kinder freut). Bleiben Sie auf dem Hauptweg 13, der nach halb rechts schwenkt und einen kleinen Bach überquert. An der danach folgenden Wegekreuzung biegt der Weg rechts weg (!!), Weg 14 in Richtung Kalkofen. Andere Wege außer Acht lassen. Der Weg führt Sie direkt zum beliebten Ausflugsziel **Zum Alten Forsthaus Kranichstein/Kalkofen** 07, mit Kaffee und Kuchen, Rehen und Pfauen.

Danach bleiben Sie auf dem Hauptweg, der Sie durch dichten Wald und den Berg hinaufführt. Die knapp 4 km ziehen sich etwas. Sie fahren schließlich durch ein Wildgatter und stoßen auf die Umgehungsstraße von Messel, die Sie überqueren müssen. Vorsicht! Hier gehört eigentlich eine Fußgängerampel hin. Auf der anderen Seite leitet ein schmaler Weg durch Büsche, der schnell breiter wird und an einem ehemaligen Forsthaus vorbeiführt. Sie sind jetzt in Messel und folgen dem Radweg Richtung Babenhausen/Dieburg, der Sie auf eine ruhige Straße führt (Darmstädter Straße). Beim Schild „Bahnhof Messel", das nach rechts weist, fahren Sie geradeaus weiter durch das Tor der Speisegaststätte Laumann. Bleiben Sie auf dem Radweg 14 geradeaus, Richtung Heimatmuseum. Genau auf der Ecke der Langgasse finden Sie dann das kleine (oben schon erwähnte) **Fossilien- und Heimatmuseum Messel** 08, das einen Besuch lohnt. Dann fahren Sie in der Langgasse geradeaus weiter. Beim Radwegeschild biegen Sie zunächst rechts ab, dann gleich wieder links Richtung Dieburg/Babenhausen, an der Feuerwehr vorbei. Jetzt geht's auf einem Schotterweg geradeaus, an Kleingärten und Wiesen entlang, über eine Kuppe und dann ziemlich flott bergab bis zum Waldrand (Vorsicht, Schotter).

Wer will, kann hier noch ein Stück weiterfahren und dann mit einer Spitzkehre zum Bahnhof **Messel** 01 zurückkehren. Ich empfehle aber schon hier am Waldrand den bequemen Weg rechts zu nehmen, der Sie im Zickzack durch Wiesen und Felder führt. In der Ferne zeigt sich der Funkturm, aber so weit müssen Sie nicht mehr. Wenn Sie das Gewerbegebiet erreicht haben, fahren Sie noch ein Stück geradeaus und sehen schon das Ytonwerk und den Bahnhof rechts vor sich **Ziel**.

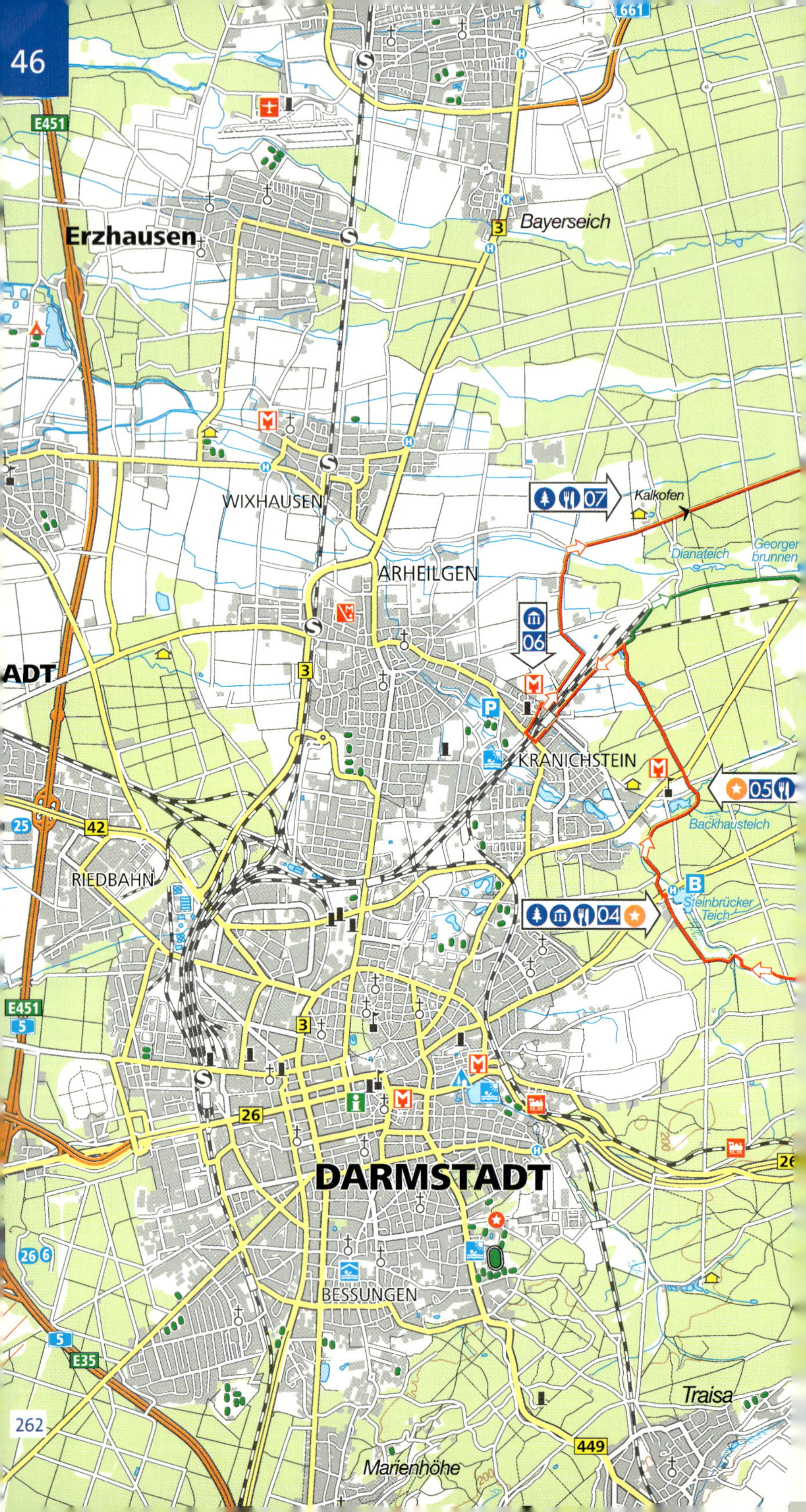

Erzhausen
Bayerseich
WIXHAUSEN
ARHEILGEN
Kalkofen
Dianateich
Georgenbrunnen
KRANICHSTEIN
Backhausteich
Steinbrücker Teich
RIEDBAHN
ADT
DARMSTADT
BESSUNGEN
Traisa
Marienhöhe
07
06
05
04
E451
661
3
42
25
5
26
26
6
E35
449

URBERACH
RÖDERMARK
486
Epp
Messel
08
01
Bahnhof Messel
Start/Ziel
02
UNESCO-Weltnaturerbe Grube Messel
45
03
DIEBURG
Groß-Zimmern
26
Gundernhausen
Stetteritz
Roßdorf
38
ZEILHARD
OBER-
0 700 m

WÜRZBURG – HIMMELSTADT – GEMÜNDEN

Historische Städtchen im Main-Spessart-Gebiet

 47 km  4:00 Std.  27 hm  37 hm

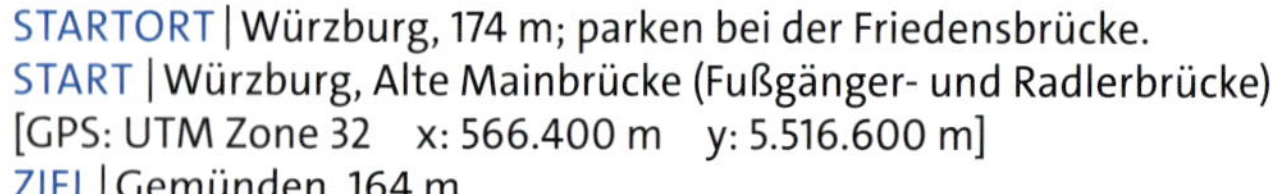

STARTORT | Würzburg, 174 m; parken bei der Friedensbrücke.
START | Würzburg, Alte Mainbrücke (Fußgänger- und Radlerbrücke).
[GPS: UTM Zone 32 x: 566.400 m y: 5.516.600 m]
ZIEL | Gemünden, 164 m
CHARAKTER | Flacher und flussnaher, fast durchgängiger Radweg links (bis Karlstadt) und rechts (ab Karlstadt bis Würzburg) des Mains durch viel Grün, sonnige Passagen wechseln mit schattigen, baumbestandenen Wegabschnitten ab.
VERKEHR | Kaum Verkehrsberührung, meist Radwege, die an den Orten vorbeiführen.

TIPP: Rückkehr per Bahn.
Beim Weinlehrpfad in Himmelstadt, direkt am Weg, sollten Sie unbedingt Rast machen; Schloss und Parkanlage Veitshöchheim belohnen den kurzen Abstecher über den Ludwig-Volk-Steg.

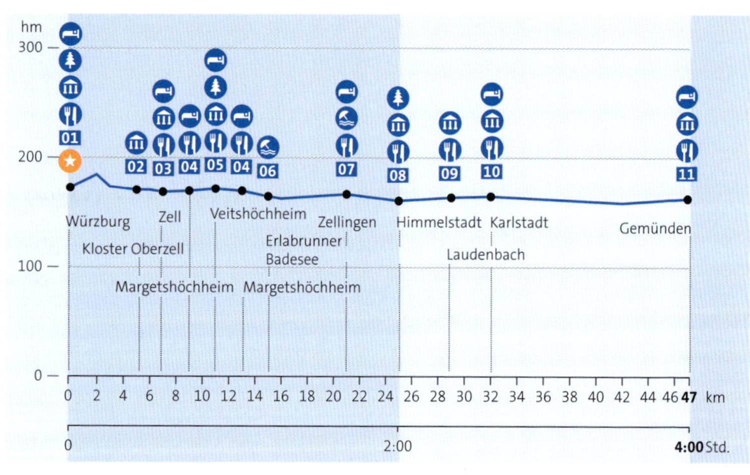

Von Würzburg bis Karlstadt verläuft die Tour links vom Main (mit einer kleinen Alternativmöglichkeit zwischen Zellingen und Himmelstadt), ab Karlstadt bis Gemünden radeln wir am rechten Mainufer. Der Abstecher nach Veitshöchheim ist Ehrensache.

Würzburg – Himmelstadt / 25 km / 2:00 Std.

Start Über die Alte Mainbrücke in **Würzburg** **01** radeln wir in einem Linksbogen unter ihr hindurch und folgen der Beschilderung nach Zell. Am anderen Ufer taucht der **Alte Kran** auf. Bei der Friedensbrücke kann man wählen, links zur Straße hoch und ihr folgen oder geradeaus unter der Brücke hindurch. Nach den Sportstätten treffen sich die beiden Wege wieder. Wir unterqueren die Brücke der Deutschen Einheit, genießen den Blick rechts hoch zu den Weinhängen, stoßen beim Würzburger Fußballverein auf den Alternativweg und radeln geradeaus am parkähnlichen

Würzburg – Festung Marienburg und Alte Mainbrücke

Mainufer entlang weiter. Hinter hohen Mauern versteckt sich links das Kloster Himmelpforten, rechts passieren wir einen kleinen Bootshafen. Links tauchen Felswände am Weg auf, dann passieren wir erneut eine hohe Mauer, dahinter versteckt das **Kloster Oberzell** 02, dessen Türme aber gut zu sehen sind. Nachdem wir eine Straßenbrücke unterquert haben, gelangen wir nach **Zell** 03 und machen einen kleinen Abstecher links zur Versöhnungskirche, die als Radwegekirche ausgeschildert ist. Der Radweg verläuft sehr schön durch Büsche und Bäume mit teils sonnigen, teils schattigen Abschnitten zwischen Straße und Main. Nach Unterqueren der großen Eisenbahnbrücke haben wir **Margetshöchheim** 04 erreicht und stoßen auf den geschwungenen Ludwig-Volk-Steg, der uns nach **Veitshöchheim** 05 hinüberleitet.

Über die Straße Am Güßgraben und die Thüngersheimer Straße radeln wir zum Veitshöchheimer Schloss und seinem wunderbaren Rokokogarten. Über die Mainlände geht es wieder zurück zum Steg und hinüber nach **Margetshöchheim** 04 zum Radweg. Entlang der Häuser radeln wir am Mainufer entlang

Kloster Oberzell

Hochbetrieb auf dem Ludwig-Volk-Steg

aus dem Ort, durch Obstplantagen, Büsche und Bäume, passieren links den **Erlabrunner Badesee** 06 und bald darauf die Schleuse. Dann ist das Wein- und Clematisdorf **Erlabrunn** erreicht. Auf herrlich glattem Asphalt umfahren wir den Ort, schöne Aussichtsplätze am Main laden immer wieder zu Pausen ein. Auf der Gassenwiese fahren wir in **Zellingen** 07 ein, gegenüber sind die imposanten Steilhänge (Benediktushöhe) bei Retzbach zu sehen. Wir schwenken zweimal rechts zum Campingplatz, unterqueren den Zellinger Steg (hier ist eine kurze Alternativroute über Retzbach bis Himmelstadt möglich), und folgen dem Mainufer. Unter einer Straßenbrücke und durch sehr viel Grün radeln wir bald wieder über freies Feld. An einer weiteren Schleuse vorbei gelangen wir nach **Himmelstadt** 08, das sich Wein- und Weihnachtsdorf nennt. Wir stoßen auch bald auf viele Infotafeln zu Weihnachtsbriefmarken und zu einem Ökologischen Weinlehrpfad, wo man diverse Traubensorten probieren kann.

Himmelstadt – Gemünden / 22 km / 2:00 Std.

Über freies Ackerland geht es weiter entlang der großen Mainschleifen, mit herrlichem Blick in die Weinhänge. Ein gut sichtbarer spitzer Kirchturm weist uns den Weg nach **Laudenbach** 09. Vorbei am Schloss (und einem schönen Biergarten) taucht links zunächst ein riesiger Steinbruch auf und wenig später ist die Ruine Karlsburg zu sehen. Wir unterqueren die Mainbrücke und fahren in einer Linksschleife hoch, über den Main hinüber nach **Karlstadt** 10. Durchs Obere Tor, dann in einem Rechtsschwenk vor zum Mainufer und bei der Maingasse rechts zum Marktplatz und in die Fußgängerzone. Am Ende der Hauptstraße kann man der Liesl-Karlstadt-Kultkneipe einen Besuch abstatten. Anschließend wieder links zur Mainpromenade und dem Radschild nach Gemünden folgen. Durch viel Grün, zwischen Bäumen, Büschen und Feldern rollt es sich hervorragend am Mainufer entlang. Etwas entfernt rechts verläuft die Eisenbahn. Wir passieren das **Kraftwerk Harrbach** – über die Staustufe ist der Main hier auch zu überqueren.

Wir folgen der Mainschleife, hier weitet sich das Maintal wieder deutlich, und erreichen nach einem Rechtsbogen den Gemünder Stadtteil **Wernfeld,** links über dem Main liegt der Bootshafen von **Kleinwernfeld.** Wir unterqueren den Steg, der hier über den Main führt und überqueren wenig später eine Brücke. Hier mündet der Wern in den Main. Es

Schloss Veitshöchheim

folgt ein weiteres herrliches Radelstück unterhalb der Bahnlinie, das teils zwischen Büschen und Bäumen, teils über freies Feld verläuft, immer unmittelbar in Ufernähe. Rechts tauchen die ersten Häuser auf, links passieren wir Kleingärten und der Radweg schlängelt sich weiter schön durchs Grün. Vorbei an Monis Biergarten ist vorne bereits die Mainbrücke zu sehen. Nach einem Parkplatz unterqueren wir die Bahnlinie und fahren über die Mainstraße und die Obertorstraße links Richtung Marktplatz und in die Ortsmitte von **Gemünden** 11, mit herrlichem Blick rechts hoch zur Ruine Scherenburg.

Laudenbach – Biergarten, Schloss und Kirche

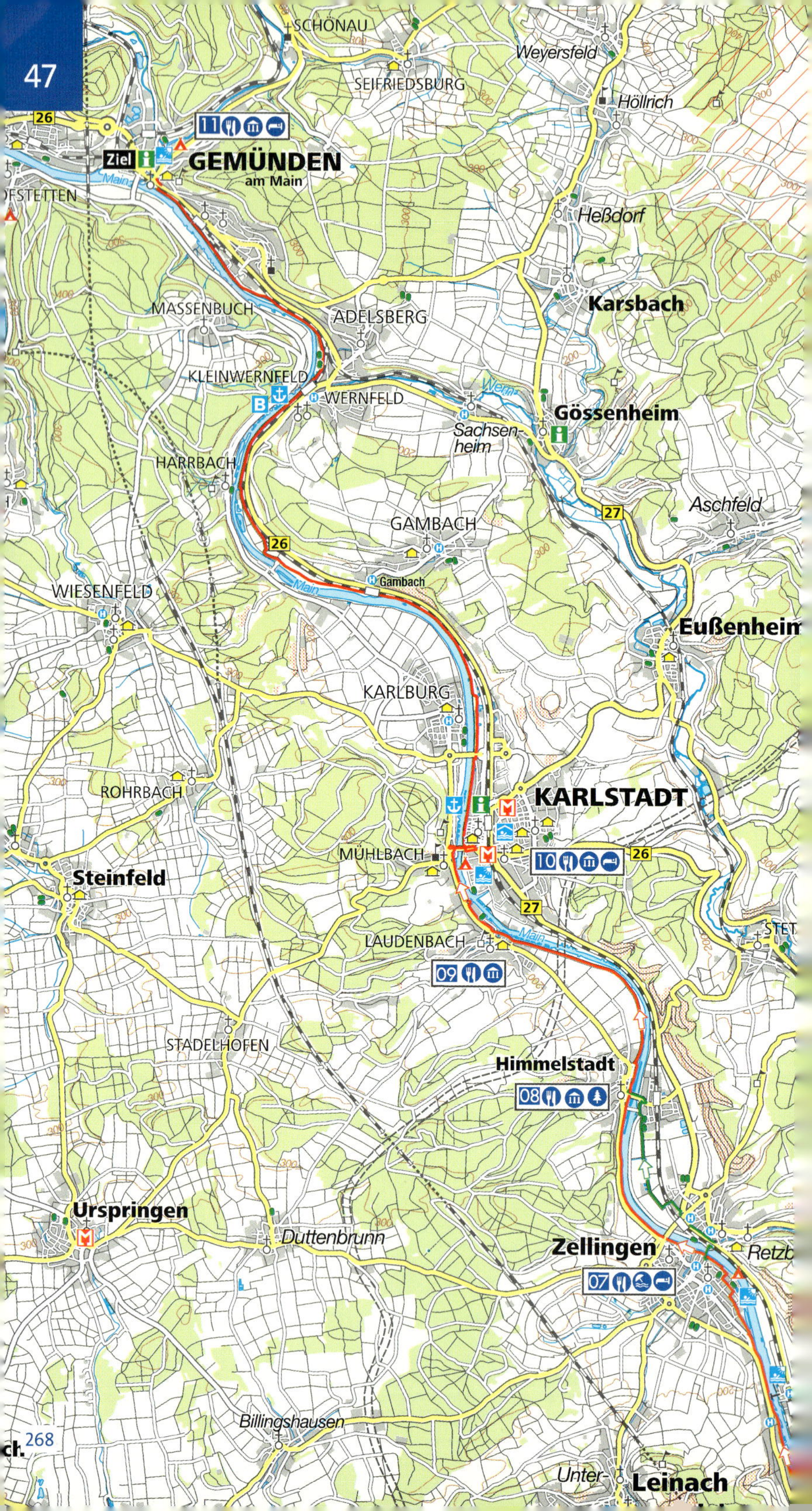

SCHÖNAU
SEIFRIEDSBURG
Weyersfeld
Höllrich
Ziel
GEMÜNDEN
am Main
Main
26
11
Heßdorf
Karsbach
MASSENBUCH
ADELSBERG
KLEINWERNFELD
WERNFELD
Wern
Gössenheim
Sachsen-
heim
HARRBACH
Aschfeld
27
GAMBACH
Gambach
WIESENFELD
Eußenheim
KARLBURG
ROHRBACH
KARLSTADT
MÜHLBACH
10
Steinfeld
LAUDENBACH
09
STADELHOFEN
Himmelstadt
08
Urspringen
Duttenbrunn
Zellingen
07
Retzb
Billingshausen
Unter-
Leinach
STET

Retzstadt
Retzbach
Thüngersheim
Güntersleben
Rimpar
Maidbronn
Veitshöchheim
Zell
am Main
Oberzell
ZELLERAU
Start
WÜRZBURG
FRAUEN-
LAND
Gartenstadt
Gerbrun
Höchberg
Randersack
Pilziggrund
Eisingen
Kist
Reichenberg
0 1110 m

BÜRGSTADT – OBERNBURG – ASCHAFFENBURG

Zwischen Odenwald und Spessart

 44 km  3:45 Std.  45 hm  65 hm

STARTORT | Bürgstadt, 130 m
START | Radwegstation, Josef-Ullrich-Straße; parken entlang der Straße.
[GPS: UTM Zone 32 x: 519.080 m y: 5.507.070 m]
ZIEL | Aschaffenburg, 110 m
CHARAKTER | Flacher, oft schnurgerader Radweg, überwiegend asphaltiert, durch viel Grün und meist in Flussnähe, wenige verkehrsberuhigte Nebensträßchen.
VERKEHR | Insgesamt wenig Autostraßenberührung; bei den Ortsdurchfahrten und im Stadtbereich von Miltenberg und Aschaffenburg auf den Verkehr achten.

TIPP: Rückkehr per Bahn.
Miltenberg besitzt mit dem „Schnatterloch" einen der schönsten Marktplätze Deutschlands; und ein Abstecher zum Niedernberger Badesee ist absolut lohnenswert.

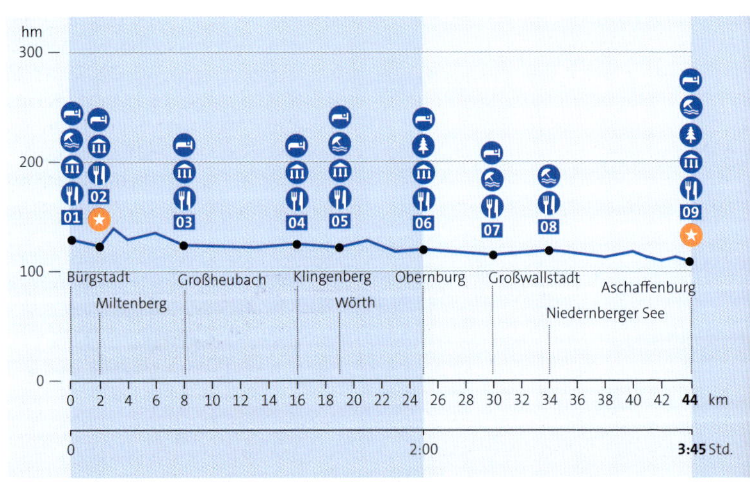

Die 10. Etappe kann wieder auf beiden Mainseiten befahren werden, es gibt mehre Möglichkeiten, das Ufer zu wechseln.

Bürgstadt – Obernburg / 25 km / 2:00 Std.

Start Von **Bürgstadt** 01 radeln wir auf der Josef-Ullrich-Straße bis zum Flüsschen Erf, überqueren die Holzbrücke, halten uns rechts und unterqueren die Autobrücke. Dann links und unter der neuen Martinsbrücke hindurch, die rechts über den Main führt. Am Hallenfreibad vorbei gelangen wir zur Mainbrücke mit dem markanten Torturm, über die der Alternativweg verläuft. Nach links bietet sich ein kurzer Abstecher in die sehenswerte Altstadt von **Miltenberg** 02 an. Wir fahren an der Uferpromenade entlang, bi

Mainbrücke mit Tor in Miltenberg

nach links die Mainzer Straße abzweigt, der wir auf dem Radweg folgen. Beim Mainzer Tor wechseln wir die Straßenseite und schwenken in die Laurentiusstraße ein. Nach Überqueren der alten Mudbrücke unterqueren wir in einem Rechtsschwenk die Autobrücke und halten uns bei einer Schrebergartensiedlung wieder links, überqueren die Bahngleise und schwenken erneut links in den Altstadtweg. Beim Restaurant Parkhof biegen wir links ab und fahren auf dem Nebensträßchen „Im Steiner" durch Industriegebiet. Beim Ortsschild **Markt Kleinheubach** unterqueren wir die Neue Mainbrücke und fahren in einem scharfen Linksbogen hoch und über den Main nach **Großheubach** 03, das hoch oben thronende **Kloster Engelberg** im Blick. In einem Linksbogen wieder Richtung Main und auf einem gekiesten Weg über freies Feld zu einem großen Platz (Geo-Naturpark), wo verschiedene Baumsorten angepflanzt werden. Wir radeln durch den Camping „Am Leinritt", rechts oben in den Weinbergen erkennen wir die große Inschrift „Großheubacher Bischofsberg". Der Weg schlängelt sich ruhig durch Wiesen und Obstland, vorbei

Miltenberg – Blick zur Burg

Blick zur Klingenburg

am Camping Mainwiese und am Örtchen **Rollfeld,** wir folgen einer kurzen Umleitung über die Rosenbergstraße und erreichen nach den Sportstätten und der Schleuse, wieder am Mainufer, **Klingenberg** 04, mit schönem Blick hoch zur Burg.

Über die Mainbrücke radeln wir hinüber nach **Trennfurt** und halten uns rechts nach **Wörth** 05.

Am Ende der lang gezogenen Campingplätze, bei der Gaststätte U-Boot, schwenken wir rechts ans Mainufer und fahren entlang der Stadtmauer von Wörth (nach links bietet sich ein kurzer Abstecher in die gepflasterte Ortsmitte an). Kurz nach Unterqueren der Eisenbahn macht der Weg einen Linksschwenk, bringt uns zu einer richtigen „Fahrrad-Autobahn", die schnurgerade Richtung Obernburg verläuft. Nach dem Brückchen über die Mümling biegen wir nach rechts in den Ziegelhüttenweg, fahren fast bis zum Main vor und auf die nächste sichtbare Brücke zu. Hier bietet sich wieder ein Abstecher nach links in die Ortsmitte von **Obernburg** 06 an.

Obernburg – Aschaffenburg/ 19 km / 1:45 Std.

Unser Weiterweg verläuft unterhalb der begleitenden Straße durchs Grüne, wir passieren die Staustufe Großwallstadt und tangieren **Großwallstadt** 07 auf einem verkehrsberuhigten Sträßchen entlang der Mainwiesen. Nach der Kirche biegen wir links in die Wallstraße und anschließend rechts in die Siegfriedstraße und an deren Ende wieder links in die Quellenstraße ein. Die zweite Abzweigung rechts leitet über Ackerland und zur blauen Mainbrücke, die nach Sulzbach hinüberführt. Wir fahren am **Niedernberger Badesee** 08 vorbei (links kann man einen kurzen Ausflug zum Seehotel Niedernberg machen) und erreichen Niedernberg (am Ortsanfang ein netter Skulpturengarten rechts). Wir durchfahren den Ort in einem Rechtsbogen über die Hauptstraße und den Stadtweg und gelangen wieder in freies Feld. An der Schleusenabfahrt rechts vorbei stoßen wir auf den Industriepark und den Nilkheimer Park, schön versteckt hinter der dicht bewachsenen Böschung. Wir unterqueren eine Bahnbrücke, stoßen auf den Mainwiesenweg, fahren unter einer großen Autobrücke hindurch und an Kleingärten entlang. Kurz darauf sind wir an der Willigisbrücke, über die wir ins Zentrum von **Aschaffenburg** 09 gelangen.

Der (grüne) Alternativweg:

Wir überqueren in **Miltenberg** 02 die Mainbrücke mit den

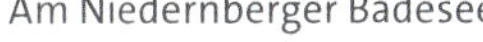

Am Niedernberger Badesee

Brückentor, folgen der Brückenstraße, passieren rechts den Bahnhof, überqueren die Gleise und folgen den Radmarkierungen im Zickzack durch das Industriegebiet. Über die Miltenberger Straße erreichen wir die Industriestraße, der wir bis zur Neuen Mainbrücke folgen. Rechts oben thront **Kloster Engelberg.** Wir überqueren den Main und schwenken rechts in die Hauptstraße, die uns nach **Kleinheubach** leitet. Rechts ein kurzer Abstecher zum **Schloss Löwenstein** 10. Auf der Baugasse gelangen wir in die Marktstraße und zur Radwegekirche St. Martin, verlassen den Ort über den Bildweg und die Spessartstraße und radeln durch viel Grün nach **Laudenbach** 11. Wir bleiben auf dem Uferweg, der zwischen Fluss und der etwas oberhalb liegenden Straße und Bahnlinie verläuft. Nach dem Aqua-Camping fahren wir am Ortsrand von **Trennfurt** bis zum **Bahnhof Klingenburg** und biegen rechts ab über die Mainbrücke nach **Klingenberg** 04. Links, zunächst am Ufer entlang, dann rechts auf dem Wiesgrabenweg vor zur Ludwigstraße. Ab dem Ortsende folgen wir dem unterhalb der Weinberge direkt neben der viel befahrenen Straße verlaufenden Radweg nach **Erlenbach** 12. Die Miltenberger Straße verlassen wir nach links, biegen in die Berliner Straße ein und schwenken dann nach rechts in die Geschwister-Scholl-Straße. Schnurgerade führt der Radweg am Industriecenter Obernburg mit seinen markanten Schloten vorbei (Glanzstoffstraße), unter der Autobrücke hindurch und zum Bahnhof **Elsenfeld** 13.

Wir unterqueren die Bahn nach rechts (Treppe mit Radschiebespur) und folgen ihr. Beim Knabenweg unterqueren wir die Bahn nach links und fahren an ihr entlang bis zum Ortsanfang von **Kleinwallstadt** 14 („Am Hinterfeld"). Linkshaltend zur Schleuse, dann wieder rechts, und über Ringstraße und Böhmesweg verlassen wir den Ort und radeln durch schattige Baumreihen und viel Grün an **Sulzbach** 15 vorbei nach Obernau. Kurz vor der Schleuse knicken wir rechts ab, fahren im Zickzack durch den Ort, unterqueren zwei Brücken und folgen der etwas höher verlaufenden Bahn. Die Bahnlinien vereinen sich und wir überqueren die Bahn nach links, fahren am Floßhafen vorbei nach **Aschaffenburg** 09 zur Willigisbrücke.

ASCHAFFENBURG
Main-
aschaff
DAMM
Hösbach
Aschaffsteg
Unterbessenbach
Schmerlenbach
Ziel
Haibach
Winzenh
Bes
Main
Schönbusch-
see
NILKHEIM
SCHWEINHEIM
Grünmorsbach
Dörrmorsbach
OBERNAU
Main
Soden
ostheim
Altenbachsmühle
Sulzbach
am Main
Niedernberg
Ebersbach
Leidersba
469
Dornau
Groß-
wallstadt
Klein-
wallstadt
Hausen
Mömlingen
Hofstetten
OBERNBURG
am Main
Elsenfeld
Rück
EISENBACH
Mümling
Schippach
Glanzstoff-
see
Sommera
ERLENBACH
am Main
STREIT
0 1000 m

Groß-
stadt
Klein-
wallstadt
14
Hausen
Wintersbach
Hofstetten
Hobbach
Eichelsbach
RG
Elsenfeld
13
Rück
Schippach
Sommerau
Glanzstoff-
see
Eschau
ERLENBACH
am Main
12
STREIT
Main
469
MECHENHARD
Mönchberg
KLINGENBERG
am Main
04
WÖRTH
am Main
05
Schmachtenberg
Röllbach
TRENNFURT
RÖLLFELD
Laudenbach
11
Roßhof
Sulzenbrunnen
Bürgstadter See
Großheubach
03
Kleinheubach
10
Bürgstadt
Start
01
Rüdenau
MILTENBERG
02
BREITENDIEL
MAINBULLAU

BAD MÜNSTER – RUINE MONTFORT – BAD MÜNSTER

Im Lande der Ritter von Montfort und der Sickinger

 30 km  3:00 Std.  220 hm 220 hm

STARTORT | Bad Münster am Stein, 120 m; Bahnanschluss Bad Münster am Stein/Bahnhof.
START | Bad Münster am Stein/Bahnhof; Parkplätze im Ort.
[GPS: UTM Zone 32 x: 417.100 m y: 5.518.600 m]
ZIEL | Bad Münster am Stein
CHARAKTER | Rundfahrt mit attraktiven Höhenpunkten mit Ritterburg und Aussichtsberg.
VERKEHR | Wenig Verkehr, im Tal der Nahe ebener Radweg (Nahetal-Radweg), dann bis zum Montforterhof mäßiger Anstieg, gleiches bis zur Höhe vor Hallgarten. Steilerer Anstieg hinter Hallgarten.

TIPP: Rückkehr per Bahn.
Rund um den Lemberg, dem König der „Naheberge“, im Norden des Pfälzer Berglandens.

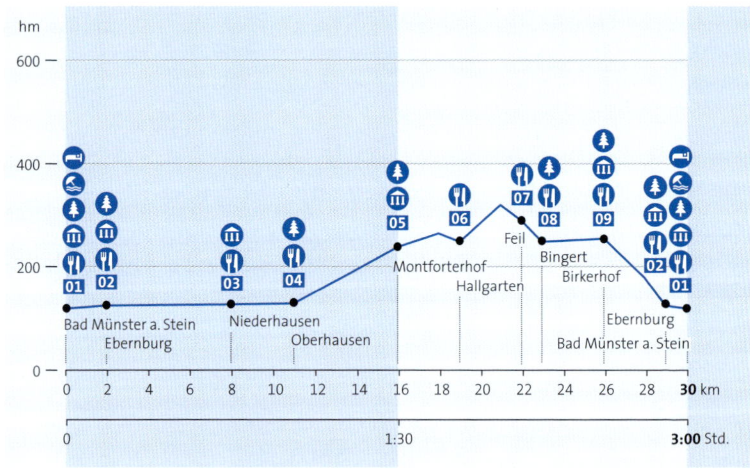

Bad Münster – Montforterhof / 16 km / 1:30 Std.

Start Vom Bahnhof in **Bad Münster am Stein** 01 zur Fußgängerbrücke. Über die Brücke muss man das Rad im Anblick der Ebernburg schieben. In **Ebernburg** 02, auf der anderen Seite der Nahe, geht es zuerst unter der Straßenbrücke hindurch und dann auf der Trasse einer früheren Bahnlinie auf den gut ausgebauten Radweg. Zur Rechten erblickt man nun den imposanten Rotenfels mit der Bastei. Weiter auf dem Radweg radelt man unbeschwert bis zur Staustufe vor Niederhausen an der Nahe. Über den Steg der Staustufe gelangt man nach **Niederhausen** 03. Durch den Ort und rechts auf dem Radweg der Nahetalstraße am Stausee entlang. Dann erreicht man die schöne steinere Brücke über die Nahe

Bad Münster am Stein – Kurpark mit Kurhaus

mit Blick auf den Lemberg (422 m), den „König der Naheberge", und kommt nach **Oberhausen** 04 an der Nahe. Am Ortseingang fährt man links in die Hallgarter Straße und im verträumten Hagenbachtal radelt man auf dem ruhigen Sträßchen bis zur Abzweigung zum **Montforterhof** 05.

Dort angekommen, schließt man am besten das Rad ab und wandert auf dem ausgewiesenen Weg, zunächst im Tälchen, dann links aufwärts etwa 400 m hinauf zur **Ruine Montfort.**

Die Ruinen der Ganerbenburg (Raubritter!) lassen sich vom Turm aus überblicken, die gesamte Burganlage überrascht durch ihre Ausdehnung. Dann geht es auf dem anderen (kürzeren) Weg wieder hinunter zum Montforterhof.

Montforterhof – Bad Münster / 14 km / 1:30 Std.

Vom Hof fährt man rechts auf dem Landwirtschaftsweg zur Straße Oberhausen–Hallgarten und rechts Richtung Hallgarten. Es geht aufwärts bis zur Höhe (260 m) vor dem Ort. In **Hallgarten** 06 biegt man links in die Hauptstraße ein und in der kurzen Straße Feiler Heck verlässt man das Dorf.

Nun geht es an einem Wäldchen vorbei steiler aufwärts zur Höhe „Auf der Heide" (320 m). Weit schweift der Blick über das Pfälzer Bergland, und leicht abfallend rollt man nach **Feilbingert.** Im Ortsteil **Feil** 07 zum Marktplatz, wo man links in die Martin-Luther-Straße einbiegt. An der Schule vorbei geht es steiler abwärts zum Ortsteil **Bingert** 08. An der Kirche rechts durch die Pappelallee, zur Straße Richtung Ebernburg, in die man links einbiegt.

Der dritte Weg links ist ein Landwirtschaftsweg, der nach 300 m rechts abbiegt und zum Wald führt. Durch den Golfplatz „Nahetal" radelt man weiter, an den „Drei Buchen" vorbei zum **Birkerhof** 09 (Gasthaus). Rechts abwärts in Kurven durch die Weinberge. Dann folgt man links dem Schild zum **Steinskulpturenpark** 10 mit Museum. Man sieht zwei hohe „Büchersäulen" aus verschiedenen Steinen und hat einen einmaligen Rundblick auf den Rotenfels, die Ebernburg und den Rheingrafenstein.

Danach quert man die Landstraße in die Burgstraße und unterhalb der Ebernburg (Abstecher 600 m ansteigend) fährt man durch den Ortsmittelpunkt von **Ebernburg** 02.

In der Schlossgartenstraße zur B 48 (gegenüber der Künstlerbahnhof Ebernburg), links hinunter zur Nahe, rechts unter der Brücke hindurch und links über den Steg (Rad schieben), zum Schwimmund/Thermalbad, geradeaus in der Kurhausstraße zur Berliner Straße bis zum Bahnhof von **Bad Münster** 01 **Ziel**.

Mandel
Sponheim
Weinsheim
Klostermühle
Bockenau
Burgsponheim
Hüffelsheim
41
Haus vor Leos Ruh
Waldböckelheim
Mühlenberg
260
Heimberg
303
Schloßböckelheim
Niederhausen
03
Nahe
Römischer Gewölbekeller
Boos
Oberhausen an der Nahe
04
Wochenendhä
Porphyr Besucherbergwerk
Römertempel
Lemberghütte
Lemberg 421
11
Duchroth
Rotenberg
280
Bingert
08
Draisinenstation
Klosterruine
Staudernheim
Glan
Feilbing
Montforterhof
05
Römische Ruinenstätte
Ruine Montfort
Odernheim am Glan
06
Hellersberg
310
Wallenberg
339
Lettweiler
Niedermoschel
Ruine
Auf der Hütt
349
OBERMOSCHEL
Radiomuseum
Ruine Moschellandsburg
420
284
200
300

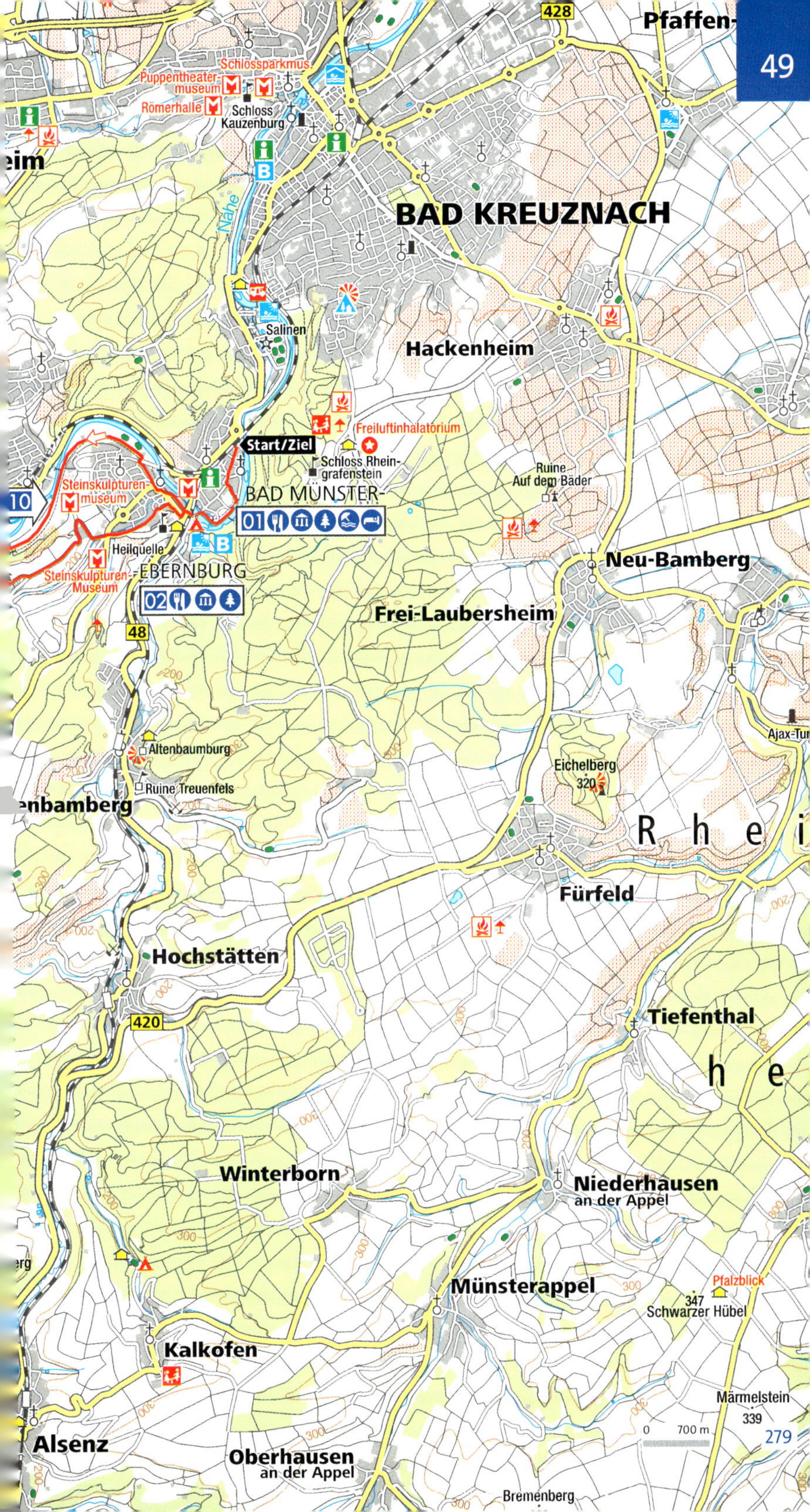

428
Pfaffen-
Schlossparkmus.
Puppentheater-museum
Römerhalle
Schloss Kauzenburg
eim
Nahe
BAD KREUZNACH
Salinen
Hackenheim
Freiluftinhalatorium
Start/Ziel
Schloss Rhein-grafenstein
Ruine Auf dem Bäder
10
Steinskulpturen-museum
BAD MÜNSTER-
Heilquelle
Steinskulpturen-Museum
EBERNBURG
Neu-Bamberg
Frei-Laubersheim
48
Altenbaumburg
Ruine Treuenfels
Ajax-Tu
Eichelberg
320
enbamberg
Rhei
Fürfeld
Hochstätten
420
Tiefenthal
he
Winterborn
Niederhausen
an der Appel
Münsterappel
Pfalzblick
347
Schwarzer Hübel
Kalkofen
Märmelstein
339
0
700 m
Alsenz
Oberhausen
an der Appel
Bremenberg

50

ZWEIBRÜCKEN – VOLMÜNSTER (F) – ZWEIBRÜCKEN

Der Europäische Mühlenradweg: Pfalz – Lothringen

 50 km  4:00 Std.  122 hm  122 hm

STARTORT | Zweibrücken, 226 m; Bahnanschluss: Zweibrücken Hbf.
START | Zweibrücken, Hauptbahnhof (Rückseite); Parkplätze Bahnhof-Rückseite. [GPS: UTM Zone 32 x: 380.370 m y: 5.456.260 m]
ZIEL | Zweibrücken
CHARAKTER | Die Rundtour südlich von Zweibrücken führt durch Hornbach- und Schwalbachtal, dann über die Höhe in das Tal der Bickenalb und zurück nach Zweibrücken.
VERKEHR | In Zweibrücken und den Ortschaften den Verkehr im Auge behalten. Die Wege außerhalb sind in gutem Zustand .

TIPP: Rückkehr per Bahn.
In der Eschviller Mühle läuft das Mühlrad und alles funktioniert wie früher.

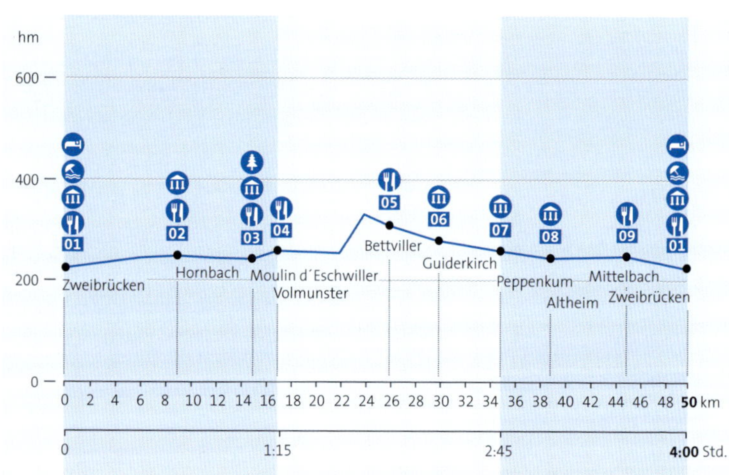

Zweibrücken – Volmunster (F) / 17,5 km / 1:15 Std.

Start In **Zweibrücken** 01 am Hauptbahnhof nimmt man die Unterführung zur Rückseite (Fahrstuhl/Treppe). Dort links auf dem Radweg zum Kreisel. Im Kreisel rechts, unter der Autobahn hindurch gleich links zum Ufer des Hornbachs. Der Uferweg ist gleichzeitig auch der Radweg (Schild Hornbach). Dem folgt man 400 m und wechselt über die kleine Brücke auf die andere Seite des Baches. Nach 1 km links und nach 200 m rechts fährt man auf der Trasse der ehemaligen Bahnlinie an Rimschweiler und an Althornbach vorbei zum höher gelegenen historischen **Hornbach** 02. In Hornbach fährt man durch das Obertor, biegt rechts ab und radelt in südlicher Richtung in der Mühlstraße hinunter in das Tal der Schwalb, wo auch die Goffingsmühle liegt. Bald wird die deutsch-französische Grenze passiert und im idyllischen Talgrund der Schwalb gelangt man zur **Moulin de Schweyen.** Bis zur Moulin de Loutzviller ist es nicht mehr weit. Man

Idylle am Schwarzbach in Zweibrücken

überquert die Schwalb und kommt an die **Moulin d'Eschviller** 03, die wieder vollkommen intakt ist. Sie fungiert als Mühlenmuseum und beherbergt ein Restaurant/Auberge. Talaufwärts lichtet sich der begleitende Auenwald und man kommt nach **Volmunster** 04. Auf dem Marktplatz, wo sich ein Mühlrad dreht, bietet sich an der Schwalb eine Rast an.

Volmunster (F) – Peppenkum / 17,5 km / 1:30 Std.

Auf der ruhigen D 85 im nun breiten Wiesental der Schwalb kommt man in das Dorf Weiskirch (Ortsdurchfahrt). Auf dem Sträßchen weiter gelangt man unter einer Schnellstraße hindurch und bald danach biegt man rechts ab, fährt über die Schwalb auf der D 85 b in ein Seitentälchen nach **Urbach.**

Allmählich ansteigend erreicht man auf der wenig befahrenen Straße an der Kreuzung mit der historischen „Königstraße" die Wasserscheide zwischen Schwalb und Bickenalb, mit Aussicht über die lothringische Landschaft. Nun hinunter in das Tal der Bickenalb, wo man in **Bettviller** 05 ankommt. Talabwärts auf dem Sträßchen im Wiesengrund gelangt man zur Neuemühle. Dann wieder unter der Schnellstraße hindurch kommt man nach **Guiderkirch** 06 und sieht rechts die Chapelle Sainte Anne (dort ist ein Radweg angezeigt, der aber an der Grenze endet). Man überfährt auf der Landstraße wieder die Landesgrenze und nächste Station im Tal ist **Peppenkum** 07.

Peppenkum – Zweibrücken / 15 km / 1:15 Std.

In der Ortsmitte biegt man rechts ab und ist nach 100 m an der ehemaligen Dorfmühle. Links ab führt nun der Europäische Mühlenradweg rechts der Bickenalb durch die Wiesen nach **Altheim** 08. Hier erwartet eine alte Kirche mit noch älterem Kirchturm den Radfahrer. Bei der Weiterfahrt im romantischen Tal begegnet man immer wieder aufgelassenen Mühlen.

Mittelbach 09 wird erreicht (längere Ortsdurchfahrt), und bald danach kommt man wieder an den Hornbach. Links abbiegen und entlang des Baches geht es wieder zurück nach **Zweibrücken** 01 **Ziel**.

Europäischer Mühlenradweg

Drei Täler südlich von Zweibrücken sind durch den Europäischen Mühlenradweg verbunden: Hornbach, Schwalb und Bickenalb. Hier gab es 15 Mühlen, die nun fast alle ihre Funktion verloren haben, aber noch zu sehen sind.

LAUTZKIRCHEN
Allmend
BLIESKASTEL
WEBENHEIM
Uhrenmuseum
WATTWEILER
Seelbach
MIMBACH
Ommersheim
BIESINGEN
423
BLICKWEILER
BREITFURT
Kahler Berg
364
Ehlingen
Erfweiler
Ormesheim
WOLFERSHEIM
Erfweiler-Ehlingen
Ruine
Alexanderturm
BÖCKWEILER
Wittersheim
Hanickel
356
Bliesdalheimer
Eiskeller
Rubenheim
Museum
dörfl. Alltagskultur
Bliesdalheim
ALTHEIM
08
Herbitzheim
PINNINGEN
Seyweiler
Blies
Bickenalb
Scheller's Ferienwohnungen
Walsheim
Gersheim
Reinheim
Medelsheim
Peppenkum
07
Europäischer Kulturpark
Gallo-römische Anlage
Niedergailbach
Ruines Gallo-Romaines
Utweiler
Obergailbach
Bliesbruck
Erching
Epping
Guiderkirch
D620
06
Rimling
Wœlfling-lès-Sarreguemines
Bettviller
05
Guising
Hoelling
Gros-Réderching

Landgestüt
Stadtmuseum
Rosengarten
Residenzschloss
Wildrosengarten
Start/Ziel
Hauptbhf.
Schwarzbach
Contwig
Rieschweiler-Mühlbach
Stambach
ZWEIBRÜCKEN
01
Gestütter Höhe
360
Dellfeld
IXHEIM
RIMSCHWEILER
Forstberg
313
Hornbach
Barockstraße SaarPfalz
Flugplatz Zweibrücken
Walshausen
MITTELBACH-
09
Althornbach
Kleinsteinhausen
HORNBACH
02
424
Zweibrücker Hügelland
Dietrichingen
Großsteinhausen
Burger Höhe
323
Museum Historama Kloster
Mauschbach
Bottenbach
Wüstung St. Johann
Riedelberg
D35A
Ohrenthal
Rolbing
Motocross
Schweyen
Chât. d'eau
Chapelle des Saints
Walschbronn
Loutzviller
Moulin de Loutzviller
03
Waldhouse
Moulin et Scierie pédagogique (Mühle und pädagogisches Sägewerk)
Breidenbach
Eschviller
Schwalb
Chât. d'eau
Olsberg
Bousseviller
Volmunster
04
Liederschiedt
Weiskirch
Nousseviller-lès-Bitche
Lengelsheim
Hanviller
Roppeviller
D620
Klosterkopf
300
Haspelschiedt
D35A
Schorbach
Bellevue
Hottviller
Camp militaire de Bitche
0 1000 m

FISCHBACH BEI DAHN – RUINE FLECKENSTEIN – FISCHBACH

Imponierende Felsenlandschaft mit Stauferburgen

 45 km  4:15 Std.  248 hm  248 hm

STARTORT | Fischbach, 218 m
START | Fischbach, Biosphärenhaus; Parkplätze
[GPS: UTM Zone 32 x: 406.800 m y: 5.437.920 m]
ZIEL | Fischbach, 218 m
CHARAKTER | In reizvoller Landschaft geht die Radtour durch den felsen- und burgruinenreichen Wasgau im südpfälzischen Grenzgebiet. Steilere Anfahrt zum Fleckenstein, danach mäßig auf und ab; für Kinder bietet sich eine gekürzte Variante an.
VERKEHR | Verkehrsarm, außer am Wochenende. Man fährt auf Radwegen und Landsträßchen.

TIPP: Rückkehr per Bahn.
Die Elsässische Küche verlockt unterwegs zur Einkehr.

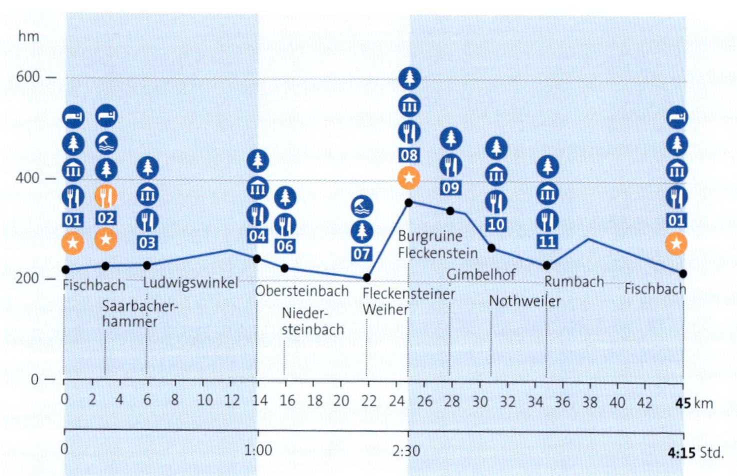

Fischbach – Obersteinbach (F) / 14 km / 1:00 Std.

Start Vom Startpunkt **Biosphärenhaus Pfälzerwald/Nordvogesen** geht es durch die Ortsmitte von **Fischbach** 01 in westlicher Richtung auf dem Rheinland-Pfalz-Radweg zum Mühlweiher und dort links, dem Wegweiser „Ludwigswinkel" folgend, zum **Saarbacherhammer** 02 (Restaurant-Hotel, Campingplatz, Badestrand). Weiter auf dem Radweg, dann rechts abbiegend und links in der Landgrafenstraße durch **Ludwigswinkel** 03 bis zur Bitscher Straße. In dieser Straße fährt man geradeaus bis zum Ortsende und dann auf dem Waldweg weiter. Nach 1 km links auf den Wanderweg, blau-weiß markiert, an der Rösselsquelle vorbei, durch den Wald zwischen dem Adelsberg und dem Rumberg kommt man zur deutsch-französischen Grenze. Kurz danach kann man rechts abbiegen zur Ruine Lutzelhardt, auf einem Sandsteinfelsen gelegen.

Burgruine Fleckenstein

Weiter auf dem Hauptweg und rechts zur Straße, in die man nach links einbiegt und kurz darauf im Linksbogen nach **Obersteinbach** 04 gelangt.

Obersteinbach (F) – Burgruine Fleckenstein (F) / 11 km / 1:30 Std.

In der Ortsdurchfahrt von Obersteinbach fallen die blumengeschmückten Sandsteinbrunnen auf. Am Ortsende kann man links zur sagenumwobenen Burgruine **Wasigenstein** 05 (1,2 km entfernt) auf einem Wiesenweg fahren. Zur lohnenswerten Besichtigung schließt man unterhalb die Räder ab und nimmt den Aufstieg bis zur Felsenruine. Danach geht es wieder zurück ins Steinbachtal und links weiter kommt man nach **Niedersteinbach** 06. Im romantischen Steinbachtal gelangt man auf der Alleestraße (Circuit-Touristique Franco-Allemand) ins Sauerbachtal. Dort links in die Talstraße einbiegen (mit besonderen blauen Verkehrschildern, die zur Beachtung der Radfahrer auffordern) und man gelangt nach 400 m zum **Fleckensteiner Weiher** 07.
Am Ende des Weihers radelt man rechts hoch (160 m Höhenunterschied) zur schönsten Burgruine des Wasgaus, dem **Fleckenstein** 08 (Rundsicht zu mehreren Felsenburgruinen).

Fleckenstein (F) – Fischbach / 20 km / 1:45 Std.

Nach der Besichtigung der Burg zurück zum Abzweig und links auf einfachem Weg zum **Gimbelhof** 09. Weiter geht es, jetzt auf besserem Weg, leicht ansteigend zum **Col du Litschhof.** Nach 300 m links abwärts, im Tälchen über die Grenze nach **Nothweiler** 10. In der Ortsmitte links auf die K 46, die über einen kleinen Pass im Wald nach **Rumbach** 11 führt.
Zurück jetzt auf dem Radweg der Biosphärentour (Zeichen Ameise). Er führt abseits der Landstraße über eine Höhe (über dem Rumbachtal) hinunter in das Tal des Saarbaches. Dort kurz rechts und dann links über den Holzplankenweg durch das Schilfmoor (Königsbruch) auf die andere Talseite.
Jetzt rechts auf dem Wald- und Wiesenweg nach **Fischbach** 01 und dort zum Ausgangspunkt Biosphärenhaus **Ziel**.

Ludwigswinkel – Sägmühlweiher

Glashütte
Großer Stephansberg
Ransbrunnerhof
Hohe List
Hohe Kopf
Zigeunerfels
Christkindlfelsen
Krappenfelsen
Mückenberg
Großebet
Stolzenberg
er Geißkopf
Grünbacher Halde
Goldgrübel
Großer Samsberg
Fischbach
bei Dahn
Start/Ziel
Mummelsköpfe
Schöntalweiher
Höchster Langeck
Ludwigswinkel
Mühlweiher
Hinzenberg
Unterpetersbächlerhof
Nestelberg
Kuhberg
Rösselsweiher
Rohrbachquelle
Rösselsberg
Petersbächel
Schönau
(Pfalz)
Rumberg
Rumbergfelsen
Sturzelbronn
Welschkobertweiher
Bayerischer Windstein
Wasigenstein
Wengelsbach
Nestelsberg
Schlossberg
Falkenberg
Obersteinbach
Steinbach
Niedersteinbach
Neudoerfel
Mohnenberg
Petit Grueneberg
Neunhoffen
Dambach
Wineckerthal
Windstein
Nehwiller

DAHN
Oberschlettenbach
Schindhard
REICHENBACH
Busenberg
Vorderweidenthal
Bruchweiler-
-Bärenbach
Erlenbach
bei Dahn
Seehof-Weiher
Rumbach
Bundenthal
Böllenborn
An der Stirne
Niederschlettenbach
Nothweiler
Bobenthal
Chât. Loewenstein
Krappenfels
Thalenberg
Weiler
WISSEMBOURG
Petit Wingen
ou Neudoerfel
Wingen
Climbach
Rott
Steinseltz
Kraehberg
Steinacker
Cleebourg
Eichholz
Pfaffenbronn
Drachenbronn-
Bremmelbach
Hochwald
-Birlenbach
Ingolsheim
Lobsann
Keffenach
Memmelshoffen
1000 m

MAINZ – LERCHENBERG – SCHWABENHEIM – MAINZ

Rundtour vom Rhein zur Selz

38 km  3:30 Std.  250 hm  280 hm

STARTORT | Mainz, 120 m; Bahnanschluss Mainz-Hbf., Nieder-Olm Bahnhof
START | Mainz, Universitätsstadion, 125 m; Parkmöglichkeiten am Stadion [GPS: UTM Zone 32 x: 445.820 m y: 5.537.680 m]
ZIEL | Mainz, Innenstadt, 95 m
CHARAKTER | Radwege, Feldwege, Ortsdurchfahrten ohne Radweg, teils hügelig, aber auch mit längeren flachen Abschnitten; geeignet für ältere Kinder.
VERKEHR | Innerorts ist auf den Verkehr zu achten, ansonsten verkehrsarme Strecke. Vorsicht vor großen Traktoren!

TIPP: Vom Lerchenberg aus sieht man die modernen Gebäude des ZDF, Europas größter Fernsehanstalt. Panoramablick auf das Rhein-Main-Gebiet.

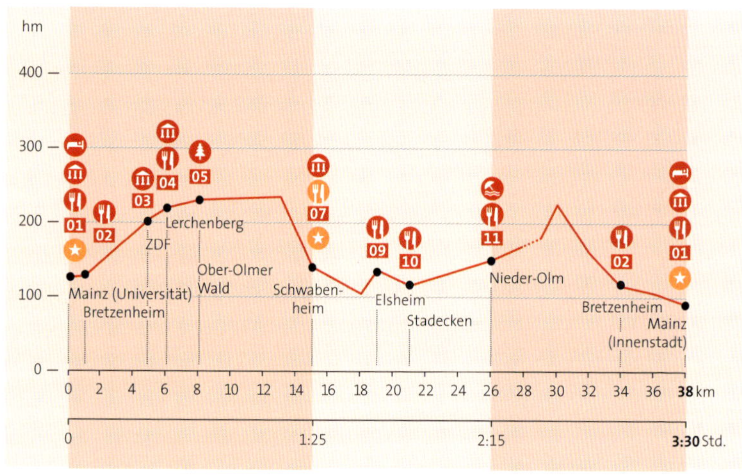

Mainz – Schwabenheim / 15 km / 1:25 Std.

Start Unsere Radtour beginnt in **Mainz** 01 am Universitätsstadion in der Albert-Schweitzer-Straße, die nach **Bretzenheim** 02 führt. Am Ortseingang rechts in die Draiser Straße fahren bis zur Straße Am Ostergraben, die überquert wird. Nach ungefähr 50 Metern links in den Radweg einbiegen und nach weiteren 40 Metern in die Willi-Wolf-Straße. Diese trifft auf die Straße In der Klauer, rechts und über die Brücke. Dort steht das erste Schild „Lerchenberg 5,0 km". Diesem Schild folgt man Im Tiefental und später durch die Unterführungen von Eisenbahn und Autobahn. Dort geradeaus – ansteigend – am Rande eines Landschaftsschutzgebietes, dann links zum Gelände des **ZDF** 03. Rechts und dann links am Zaun entlang bis zur Polizeistation am Eingang von **Lerchenberg** 04.
Jetzt in der Regerstraße aufwärts und links in die Brucknerstraße bis zum kleinen Kreisel und rechts in die Hindemithstraße und Hebbelstraße bis zum Bürgerhaus. (Die Straßen in Lerchen-

Gasthaus in Schwabenheim an der Selz

berg sind alle mit höchstens 30 km/h zu befahren erlaubt – daher Mischverkehr.) Rechts in die Rubensallee bis zur Franziskuskirche. Man biegt dort in den Reinhard-Scheuerle-Weg ein, dann rechts etwa 60 m und auf einem schmäleren Weg (20 m) bis zur Umgehungsstraße, die man vorsichtig überquert in den Ober-Olmer Wald 05.
Zwei Kilometer im Wald geradeaus bis zur Forststraße. Dort rechts bis zum Humuswerk mit dem Radwegeschild Schwabenheim, dem man geradeaus folgt bis zum Rande des Plateaus am **Mainzer Berg** 06 (kleiner Hügel rechts) mit schönem Ausblick in das Tal der Selz und weit in die Landschaft Rheinhessens. Abfahrt hinab ins Selztal nach **Schwabenheim** 07 mit seinem schönen Marktplatz mit vier teils renommierten Gaststätten.

Schwabenheim – Nieder-Olm / 11 km / 0:55 Std.

Geradeaus hinunter zum Ortsteil Pfaffenhofen und links in die Bubenheimer Straße, gleichzeitig in den Selztalradweg (Markierung „Frosch").
Geradeaus weiter auf der Trasse der ehemaligen Selztalbahn durch das Tal bis zur **Elftausend-Mägde-Mühle** 08. Danach kommt man nach **Elsheim** 09 und folgt dem Radzeichen (grüner Pfeil auf weißem Grund) nach **Stadecken** 10.
Im Verlauf der Selz geht es zur Landstraße und links auf dem Radweg durch das Gewerbegebiet und durch die Unterführung der Autobahn Mainz–Alzey zur Pariser Straße in **Nieder-Olm** 11.

Nieder-Olm – Mainz / 12 km / 1:10 Std.

An der Ampel links kurz auf der Straße Richtung Mainz, unter der Bahn hindurch und auf dem Radweg, der die L 401 begleitet, nach **Klein-Winternheim** 12. Ortsdurchfahrt und unter der Bahn hindurch auf dem Radweg hinauf zum Kreisel. Die spürbare Steigung bringt nun den Radfahrer auf die Höhe der Autobahnbrücke und des Klein-Winternheimer Gewerbegebietes. Links über die Autobahn und rechts mit Blick auf das Rhein-Main-Gebiet fährt man wieder abwärts, hinunter nach **Marienborn** 13. In der Ortsmitte rechts nach **Bretzenheim** 02. Im Ort rechts durch die Essenheimer Straße und geradeaus in die Bebelstraße bis zur Alfred-Mumbächer-Straße. Links hinunter nach Zahlbach 14 und am Hauptfriedhof vorbei gelangt man zum Hauptbahnhof und in die City von **Mainz** 01 **Ziel**.

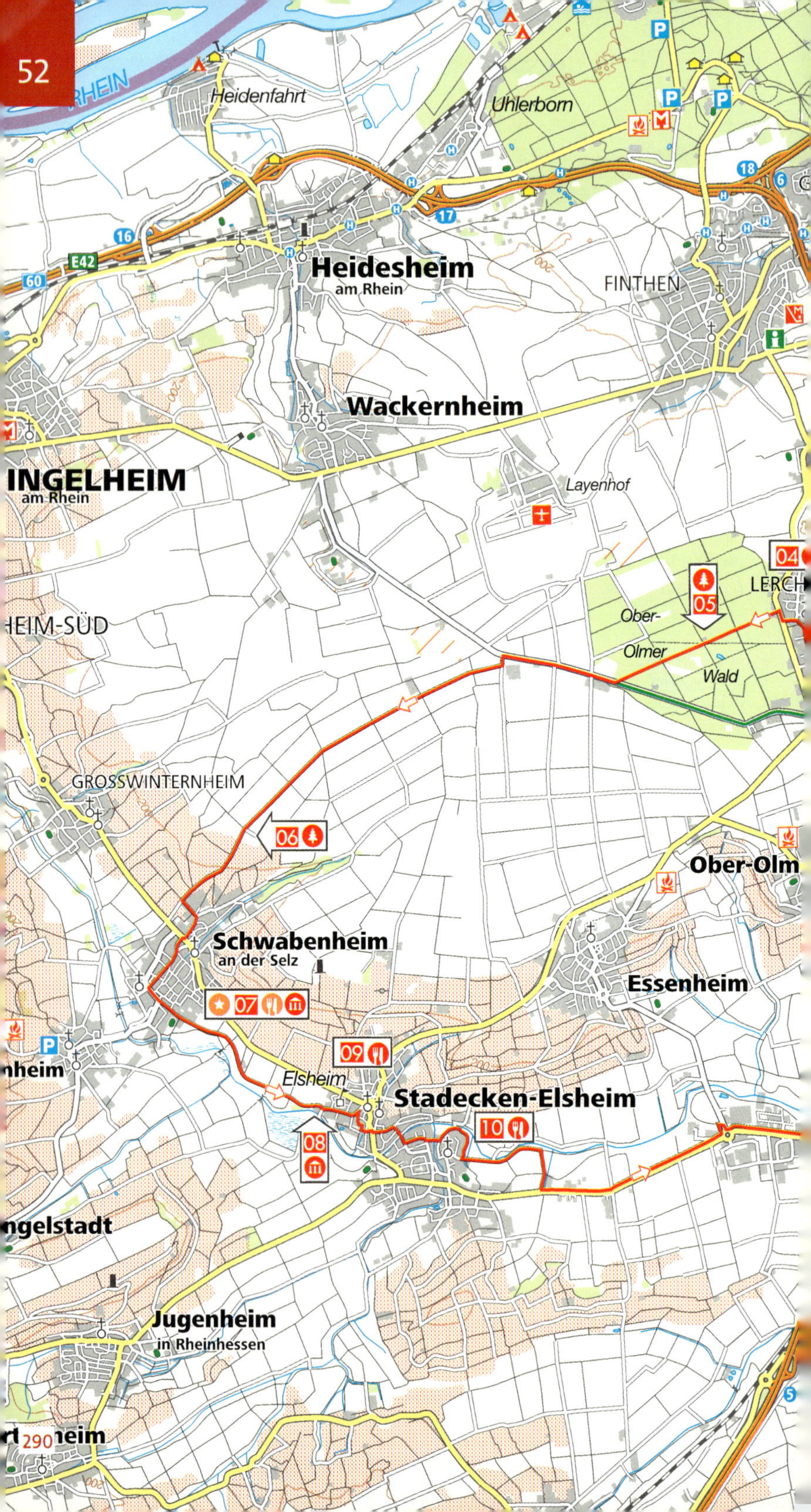

RHEIN
Heidenfahrt
Uhlerborn
Heidesheim
am Rhein
FINTHEN
Wackernheim
INGELHEIM
am Rhein
Layenhof
LERCH
HEIM-SÜD
Ober-
Olmer
Wald
GROSSWINTERNHEIM
Ober-Olm
Schwabenheim
an der Selz
Essenheim
Elsheim
Stadecken-Elsheim
nheim
ngelstadt
Jugenheim
in Rheinhessen
rt heim

MAINZ
Start
Ziel
Zahlbach
BRETZENHEIM
WEISENAU
MAINZ-KOSTHEIM
RHEIN
Am Großberg
LAUBENHEIM
Heilig Geist
MARIENBORN
ZDF
HECHTSHEIM
Klein-Winternheim
Boden
NIEDER-OLM
EBERS-HEIM
Gau-Bischofsheim
Harxheim
Lörzweiler
Zornheim
Goldberg
Mommenheim
enloch
0 700 m

GAU-ALGESHEIM – DROMERSHEIM – GAU-ALGESHEIM

Fahrrad-Museums-Tour

STARTORT | Gau-Algesheim, 105 m; Bahnanschluss Bf. Gau-Algesheim
START/ZIEL | Rheinhessisches Fahrradmuseum in Gau-Algesheim, 105 m. Parkmöglichkeiten hinter dem Schloss Ardeck (Fahrradmuseum). [GPS: UTM Zone 32 x: 429.470 m y: 5.534.180 m]
CHARAKTER | Rad-, Wirtschafts- und Weinbergwege, alle asphaltiert, ruhige Landstraßen, eine Steigung. Für ältere Kinder geeignet.
VERKEHR | Geringe Verkehrsbelastung; Vorsicht ist geboten beim Überqueren der B 41 kurz vor Dromersheim.

TIPP: Das Rheinhessische Fahrradmuseum sollte man sonntags (Ostern bis Oktober) besuchen.

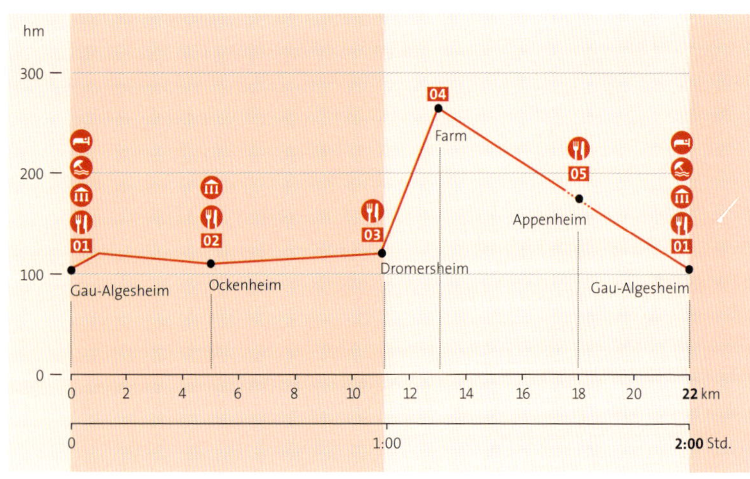

Gau-Algesheim – Dromersheim / 11 km / 1:00 Std.

Start In **Gau-Algesheim** 01 startet man am **Rheinhessischen Fahrradmuseum** auf dem Schlossplatz, fährt links den Fußweg hoch und überquert an der Turnhalle die Appenheimer Straße. Kurz rechts-links geht es in die Schulstraße bis vor das Altenheim (Albertus-Stift). Dort links auf den Weinbergweg (Wein- und Panoramarundweg der Gau-Algesheimer Winzer) fährt man vor bis zur Brücke. Vor der Brücke rechts hinunter zur Ockenheimer Straße, die überquert wird. Auf der anderen Seite gibt es einen Radweg, auf dem man zwischen Straße und Bahn, später durch die Weinberge nach **Ockenheim** 02 radelt, das man im Sporkenheimer Weg und am Friedhof erreicht. Jetzt dem Straßenschild Bingen-Büdesheim folgen und auf der ruhigen Landstraße bis zum vierten Weg links fahren. In dem Weg geradeaus bis zur Straße Dromersheim–Bingen–Büdesheim, rechts ca. 400 m bis kurz vor die Brückenauffahrt, dann links auf den Wirtschaftsweg fahren, der vor der Au-

Schloss Ardeck in Gau-Algesheim

tobahn links auf einen Landwirtschaftsweg abbiegt. Die B 41 wird hier überquert (Vorsicht!) und geradeaus geht es nach Dromersheim 03.

Dromersheim – Gau-Algesheim/ 11 km / 1:00 Std.

Am Ortsanfang rechts, dann links in den Weg „Im Stauch", die Rheinhessenstraße überqueren in die Steuerstraße. Diese zieht im Steuerweg durch die Weinberge aufwärts am Weinlehrpfad entlang zur Höhe des Plateaus. An der **Farm** 04 rechts fährt man vor zur Straße K 14, links in dem reizvollen Tälchen hinab nach **Appenheim** 05. In der Hauptstraße links – kurz ansteigend – und weiter zum Radweg entlang der Landstraße zurück nach Gau-Algesheim 01 **Ziel**.

In historischer Aufmachung vor dem Rheinhessischen Fahrradmuseum in Gau-Algesheim

MARIENTHAL
Marienhausen
AULHAUSEN
RÜDESHEIM
am Rhein
EIBINGEN
GEISE
RHEIN
GAULSHEIM
BINGEN
am Rhein
KEMPTEN
Auf dem
Rochusberg
Weiler
bei Bingen
BÜDESHEIM
Münster-
Sarmsheim
Ocke
DIETERSHEIM
DROMERSHEIM
Dorsheim
SPONSHEIM
Laubenheim
Grolsheim
Aspisheim
angenlonsheim
Gensingen
Horrweil
Welgeshein
Bretzenheim

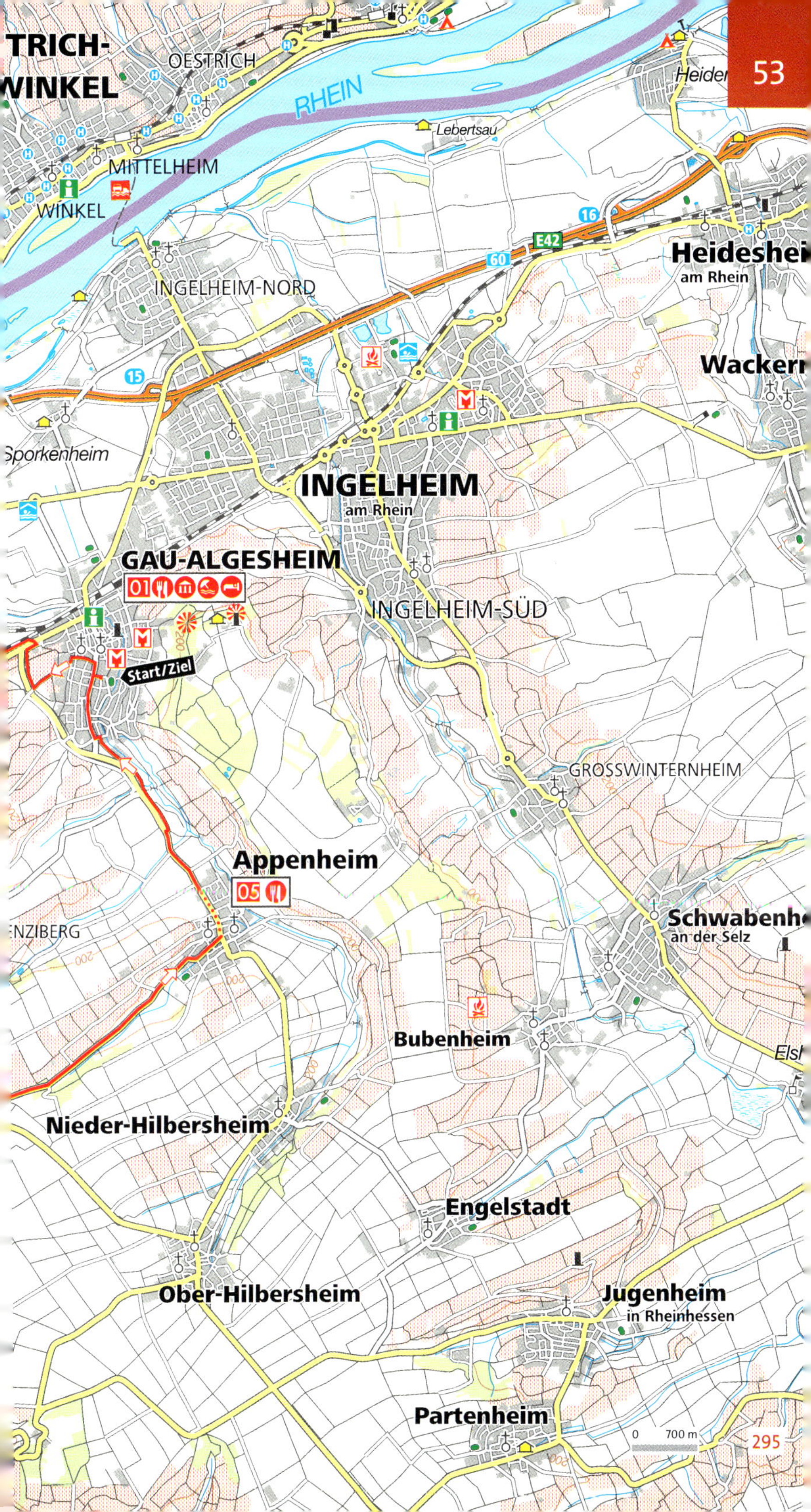
TRICH-
WINKEL
OESTRICH
RHEIN
Lebertsau
MITTELHEIM
WINKEL
Heider
16
E42
60
Heidesh
am Rhein
INGELHEIM-NORD
Wacker
15
Sporkenheim
INGELHEIM
am Rhein
GAU-ALGESHEIM
01
INGELHEIM-SÜD
Start/Ziel
GROSSWINTERNHEIM
Appenheim
05
Schwabenh
an der Selz
NZIBERG
Bubenheim
Elsh
Nieder-Hilbersheim
Engelstadt
Ober-Hilbersheim
Jugenheim
in Rheinhessen
Partenheim
0 700 m

WÖRRSTADT – PARTENHEIM – ARMSHEIM – WÖRRSTADT

Radtour im Herzen von Rheinhessen

 35 km  3:00 Std.  210 hm  210 hm

STARTORT | Wörrstadt, 180 m; Bahnanschluss Bf. Wörrstadt
START/ZIEL | Wörrstadt, Bahnhof, 180 m; Parkmöglichkeiten am Bahnhof [GPS: UTM Zone 32 x: 436.390 m y: 5.521.890 m]
CHARAKTER | Landstraßen, Radwege, Weinberg- und Feldwege, drei leichtere Steigungen; für ältere Kinder geeignet.
VERKEHR | Generell wenig Verkehr, etwas mehr auf den Landstraßen in den Zeiten des Berufsverkehrs.

TIPP: Landschaft mit vielen Weinbergen, aber wenig Einkehrmöglichkeiten; Verpflegung mitnehmen!

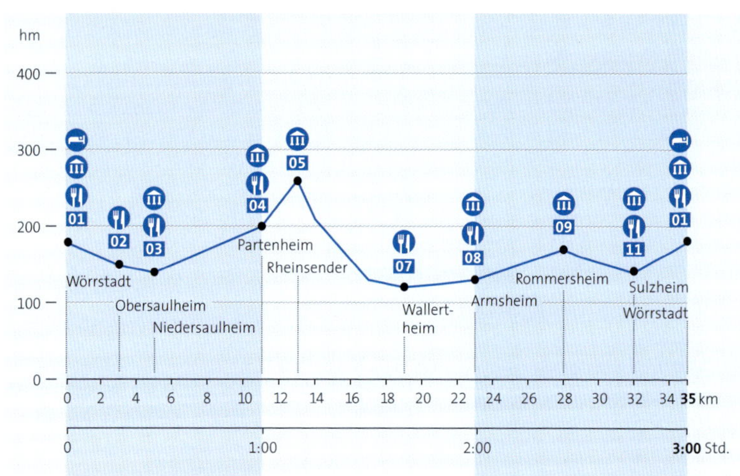

Wörrstadt – Partenheim / 11 km / 1:00 Std.

Start In **Wörrstadt** 01 fährt man am Bahnhof links zur Unterführung, auf dem Radweg durch das kleine Gewerbegebiet und weiter auf dem abgesetzten Radweg der Landstraße.
Am Ortseingang von **Obersaulheim** 02 links dem Radwegeschild folgen ins Tal des Saulbaches.
Auf dem Radweg der Ritter-Hundt-Straße geht es weiter, zunächst links in den Westring, an der Sporthalle vorbei, dann rechts in den Talweg und durch die Schulgasse in die Mitte von **Niedersaulheim** 03. Links in die Weedengasse einbiegen, und in der Pertelgasse radelt man anschließend aufwärts über einen Buckel weiter auf einem landschaftlich sehr schönem, auf- und abschwingenden, sich schlängelnden Sträßchen nach **Partenheim** 04.

Partenheim – Armsheim / 12 km / 1:00 Std.

Im Ort benutzt man die Vordergasse, fährt an Adelshöfen vorbei, dann aufwärts bis zur Kirche. Danach biegt

Der Kirchturm in Armsheim

man links ab zur L 413 und rechts über die Höhe, geradeaus durch den Kreisel und am **Rheinsender** 05 vorbei, abwärts nach **Wolfsheim** 06. Am Ortsende links auf die ruhige Landstraße einbiegen, kurz abwärts, dann leicht aufwärts und in der Weinberglandschaft unterhalb des Wißbergs geht die Fahrt nach Gau-Weinheim. Nach der Ortsdurchfahrt hält man sich geradeaus, man quert die Ampel an der B 420 und gelangt schließlich nach **Wallertheim** 07. Geradeaus durch den Ort hindurch und weiter auf der Landstraße nach Schimsheim und anschließend auf dem Radweg nach **Armsheim** 08 mit dem eindrucksvollen Ortsmittelpunkt, der gotischen Kirche.

Armsheim – Wörrstadt / 12 km / 1:00 Std.

Wieder zurück nach Schimsheim. In der Dorfmitte fährt man rechts in Richtung Wörrstadt – leicht ansteigend – entlang der Weinberge nach **Rommersheim** 09 mit dem sehenswerten Dorfmittelpunkt. Aus der Dorfmitte zurück und geradeaus in den Landwirtschaftsweg, dann unter der Bahn hindurch zur **Rommersheimer Mühle** 10, man radelt auf dem befestigten
Weg bis zum Rechtsschwenk und geradeaus über die B 420 nach **Sulzheim** 11. Durch das Dorf und auf dem Radweg der Landstraße – leicht ansteigend – geht es zurück nach **Wörrstadt** 01 **Ziel**.
Alljährlich findet auf Teilen der beschriebenen Radtour das Radrennen „Rund um den Rheinsender“ statt.

Einen Moment durchatmen

Hungerberg
269
179
Nieder-Hilbersheim
248
Aspisheim
Goldberg
163
Ober-Hilbersheim
Horrweiler
Kreuznach
Partenheim
04
168
Horn
244
Welgesheim
Wolfsheim
06
05
Zotzenheim
Vendersheim
Sankt Johann
Sprendlingen
Wißberg
270
Hotel
Rheinhessen
61
E31
Gau-Weinheim
Gau-Bickelheim
52
Gau-Bickelheim
Wallertheim
07
420
Schwarzenberg
154
Gumbsheim
Wöllstein
08
Eckelsheim
Kisselberg
198
Flonheim
Uffhofen
Wiesberg
162
Ruine Beller Kirche

298

Elsheim
Moruffberg
223
Stadecken-Elsheim
Nieder-Olm 4
Dotternberg
155
63
Pfadberg
202
NIEDER-OLM
Jugenheim
in Rheinhessen
Himmelberg
153
5 Saulheim
Niedersaulheim
Sörgenloch
Hotel
Weinstube Lehn
03
Landgasthof
Münzenberger
Saulheim
Udenheim
Obersaulheim
02
206
Gästehaus
Rebstock
208
Langer Stein
heim
Start/Ziel
Schornsheim
Weingut u. Destillateur
Böhm
63
Undenheimer Berg
Gutsschänke
Weis
420
188
Weingasthof
Fritz
6 Wörrstadt
Burgunderturm
WÖRRSTADT
01
Gabsheim
09
200
Ensheim
Spiesheim
Bechtolsheim
Biebelnheim
Peter
0
700 m
7
Biebelnheim
61
63

WORMS – HAMM – EICHER SEE – OSTHOFEN – WORMS

Rheinhessen einmal ganz flach

 53 km  4:00 Std.  12 hm  12 hm

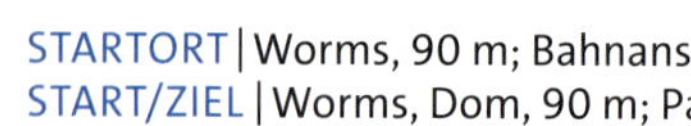

STARTORT | Worms, 90 m; Bahnanschluss Worms-Hbf., Guntersblum-Bahnhof
START/ZIEL | Worms, Dom, 90 m; Parkmöglichkeiten: gebührenpflichtiges Parkhaus am Dom oder am Hauptbahnhof.
[GPS: UTM Zone 32 x: 453.850 m y: 5.497.670 m]
CHARAKTER | Rheinuferweg mit Vélo-Route Rhein-Rhin, Radwege, Weinbergwege, Landstraßen. Die Tour führt durch sehr flaches Gelände; für ältere Kinder geeignet.
VERKEHR | In Ortsdurchfahrten gilt es den Verkehr zu beachten, insgesamt aber eine recht geruhsame Fahrt.

TIPP: Im Eicher See kann man baden/schwimmen gehen – im Rheinwasser!

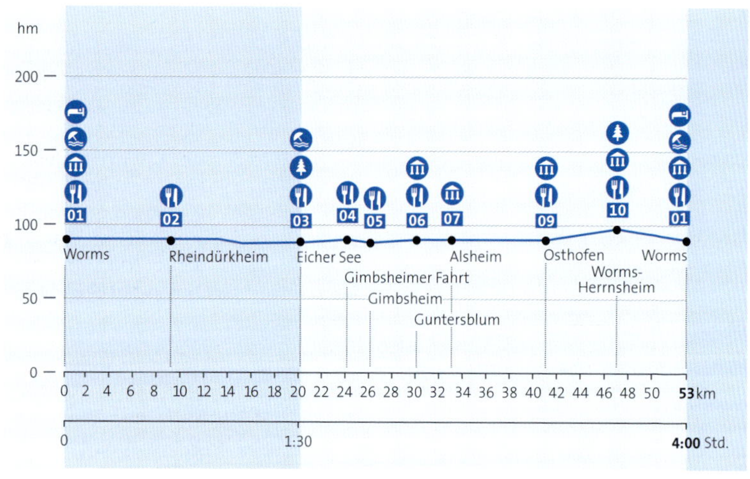

Worms – Eicher See / 20 km / 1:30 Std.

Start Vom **Wormser Dom** 01 (Ostseite) geht die Fahrt zum Marktplatz und durch die Fußgängerzone (Kämmererstraße) geradeaus über die Straßenkreuzung (Berliner Straße) auf den Radweg der Mainzer Straße. Danach schließt sich die B 9 an, der man auf dem Radweg unter der Eisenbahn hindurch bis zur Brücke über die Pfrimm folgt. Jetzt fährt man rechts auf dem ausgewiesenen Radweg „Im Pfaffenwinkel" zur Mündung der Pfrimm in den Rhein. Am Rheinufer flussabwärts (links ein Industriegebiet) radelt man später durch eine Grünanlage, danach mit der B 9 über eine Radfahrerbrücke über einen Bach. Der Vélo-Rhein-Rhin-Radweg führt nun rechts am Rheinufer entlang nach **Rheindürkheim** 02. Am Ortsende folgt man kurz der Kreisstraße, dann auf dem Rheindamm nach **Ibersheim** und nach **Hamm.**
Nun wieder auf der Straße in Richtung Rheinfähre, jedoch nur bis zum Abzweig links zum **Eicher See** 03. (Rennradler nehmen direkt die Strecke über Eich nach Gimbsheim.)

Liebfrauenkirche bei Worms mit der berühmten Weinlage „Liebfrauenmilch“

Eicher See – Worms / 33 km / 2:30 Std.

Weiter geht es am See entlang auf dem Uferweg oder auch auf dem Damm bis zum Wirtshaus **Gimbsheimer Fahrt** 04. Von hier aus fährt man auf dem Sträßchen (K 48) bis nach **Gimbsheim** 05. Im Ort folgt man dann rechts dem Schild „Guntersblum“ und auf dem abgesetzten Radweg radelt man nach **Guntersblum** 06 dass man den Bahnhof erreicht.
Dort geht es durch die Unterführung in die Hauptstraße, dann links in die Promenade (evtl. Abstecher in den Kellerweg) bis zum Rathaus, und links in die Straße, die am Ortsausgang mit dem Radweg nach **Alsheim** 07 verläuft.
Gegen Ende des Ortes dem Radwegschild links folgen, durch die Weinrebenfelder zwischen Straße und Bahn. Alsbald erreicht man **Mettenheim** 08. Hier gibt es wieder eine Ortsdurchfahrt.
Am Ende benutzt man den Radweg links der Straße nach **Osthofen** 09. In der Stadt hält man sich genau an die Radwege-Richtungspfeile bis zum Ortsausgang. Jetzt geht die Fahrt über eine längere Strecke schnurgerade neben der Landstraße nach **Worms-Herrnsheim** 10.
Am Ortseingang steuert man zu dem Törchen am Anfang des Landschaftsparkes von Schloss Herrnsheim. Durch das Törchen schiebt man die Räder in und durch den Park zum Schloss.
Nun geht es geradewegs in der Herrnsheimer Hauptstraße 2 km lang dahin, und weiter auf dem Radweg zur Von-Steuben-Straße, auf deren Radweg man hinein in das Zentrum und zum Bahnhof von **Worms** 01 gelangt **Ziel**.

Der „Geldschisser“ am Armenhaus in Ibersheim

Bechtolsheim
Rhein-
Eimsheim
Dolgesheim
Wintersheim
Kirchenruine
Hangen-Wahlheim
Hillesheim
Dorn-Dürkheim
Framersheim
Frettenheim
Dreimohrenhof
Dittelsheim-
-Heßloch
Gau-Heppenheim
Goldberg
160
Kirchberg
218
Mettenheim
08
Geiersberg
165
Bechtheim
Monzernheim
Hochborn
OSTHOFEN
09
Westhofen
Hangen-Weisheim
Eppelsheim
56 Gundersheim
Gundersheim
Sportzentr
Sömmerri
e
r
Bermersheim
Klausenberg
136
Gundheim
ABENHEIM
57 Worms/Mörstadt
St. Anna
Dalsheim
Mörstadt
HERRNSHEIM
10
Schloss
Herrnshe
l
a
n
d
E31
61
n-Dalsheim
Niederflörsheim
Mölsheim
Raststätte
Wonnegau
HOCHHEIM
271
chenheim
Kriegsheim
LEISELHEIM
47
Monsheim
PFIFFLIGHEIM
PFEDDERSHEIM
Worms
58
WORM
47
01
Hohen-Sülzen

Stockstadt am Rhein
tersblum
Gimbsheim
04
05
Hühnerfarm
Rheinhalle
Biebesheim am Rhein
Vogelpark
Im Abel
Heegstück-see
Allmenteiche
Eicher See
Altrhein-see
Elisabethen-see
Zum Karpfengrund
03
426
Eich
Heimatmuseum
GERNSHEIM
Hamm a. Rhein
Neunmorgen-see
KLEIN-ROHRHEIM
IBERSHEIM
44
RHEIN
Jägersburg
Vogelpark
Groß-Rohrheim
Zullestein
Ausgrabungen
Biblis
Wattenheim
Riedsee
44
Einhause
BOBSTADT
BÜRSTADT
HOFHEIM
47
Geol. Garten
Wehrzollhaus
47
Jüdisches Museum
Rosengarten
Nibelungen-museum
Lache
Stadtpark
44
1000 m

FRANKENTHAL – ROXHEIM – FRANKENTHAL

Durch Rheinauen und Gemüsefelder

 20 km  1:15 Std.  6 hm  6 hm

STARTORT | Frankenthal, 96 m; Bahnanschluss Bhf. Frankenthal
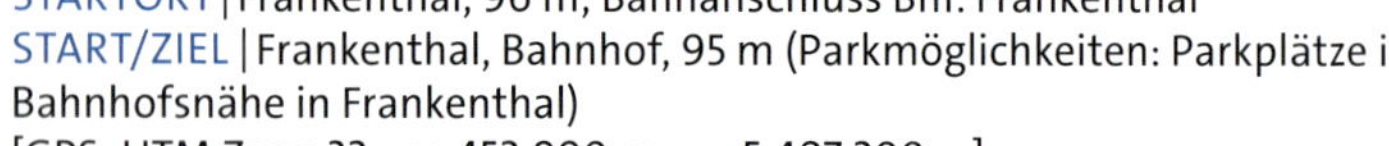
START/ZIEL | Frankenthal, Bahnhof, 95 m (Parkmöglichkeiten: Parkplätze in Bahnhofsnähe in Frankenthal)

[GPS: UTM Zone 32 x: 452.990 m y: 5.487.200 m]
CHARAKTER | Rad-, Damm- und Feldwege durch Rheinwiesen und Seenlandschaft (ehemalige Baggerseen) im Altrheingebiet.
VERKEHR | Ruhige Radwege, in Ortsdurchfahrten reger Verkehr. Am Silbersee ist werktags mit Lastwagenverkehr zu rechnen durch Kiesabfuhr von der Halbinsel Scharrau.

TIPP: Die Seenlandschaft östlich von Roxheim ist ein Eldorado für Naturfreunde.

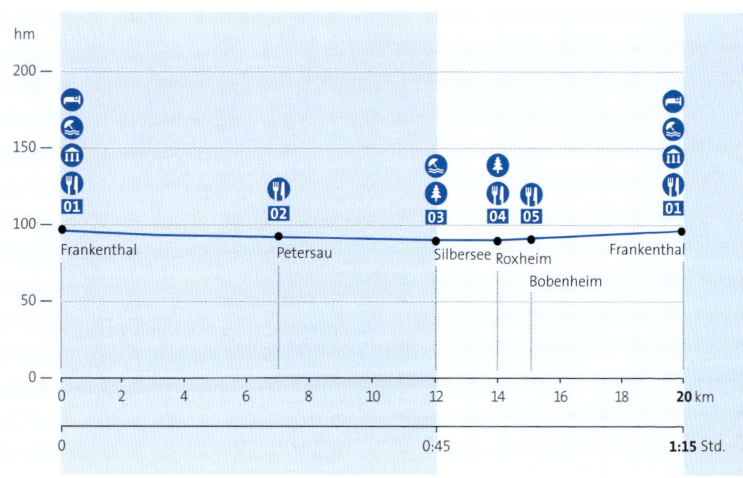

Frankenthal – Silbersee / 12 km / 0:45 Std.

Start Vom Bahnhof in **Frankenthal** 01 durch die Bahnhofstraße in die Fußgängerzone im Zentrum. Dort links zur Mörscher Straße und auf dem Radweg rechts nach **Mörsch.**
Ortsdurchfahrt durch die Hauptstraße bis zur Kirche, dort rechts in den Petersauer Weg, unter der Autobahn hindurch und über die Brücke der Schnellstraße. Danach trifft man auf die Kläranlage der BASF, die man westlich und nördlich umfährt zum **Rheinufer.** Jetzt auf der EURO-VELO-ROUTE am Rhein entlang zur **Petersau** 02 und weiter auf der Velo-Route durch die Auenlandschaft zum Oberen Busch (Infostand). Hier verlässt man die Velo-Route und fährt auf dem Wirtschafts- und Radweg zum Naturschutzgebiet vor Roxheim. Dort links mit dem Schild „Altrheinpfad" (absteigen) zum **Silbersee** 03 (Baggersee), an der Halbinsel Scharrau vorbei zu den Badestränden.

Roxheimer Silbersee-Südseeimpressionen am Baggersee

Silbersee – Frankenthal / 8 km / 0:30 Std.

Geradewegs weiter geht es auf dem Damm zwischen Silbersee und Roxheimer Altrhein nach **Roxheim** 04. Am Altrheinufer gibt es einen Aussichtsturm! Auf der Mörscher Straße durch Roxheim und weiter in der Bobenheimer Straße geht es zur Dorfmitte vom Ortsteil **Bobenheim** 05 von Bobenheim-Roxheim. Durch die weiterführende Roxheimer Straße, am Ende links abbiegend, die Franz-Voll-Straße kreuzend in die Grünstädter Straße und vor der Bahnlinie links in die Bahnhofstraße. Am Bahnhof durch die Unterführung in die Kleinniedesheimer Straße fährt man beim ersten Aussiedlerhof links auf den asphaltierten Wirtschaftsweg durch die weiten Gemüsefelder westlich der Bahnlinie in südlicher Richtung. Unter der A 6 hindurch geht es geradeaus in die Zeppelinstraße, ins Gewerbegebiet von **Frankenthal** 01. Dann in die Industriestraße links einbiegen, unter der Bahn hindurch, rechts in die Wormser Straße zum „Wormser Tor". Dort rechts in die Ringstraße, dann fährt man direkt zum Bahnhof **Ziel**.

Wasserspiele am Badestrand vom Silbersee

WORMS
58 Worms
47
124
fstein
Flug
Bobenheim
05
Kleinniedesheim
eckenberg
143
E31
61
Stahlberg
Bobenheim-
Roxheim
Schafberg
Großniedesheim
116
Schirmberg
Dirmstein
Heuchelheim
bei Frankenthal
Heimatmuseum
Beindersheim
Soccerpark
nersheim
E50
6
22
Gerolsheim
Heßheim
59 Kreuz
21 Frankenthal
kapelle
117
Start/Ziel
FRANKENTHAL
(Pfalz)
01
Weisenheim
am Sand
Lambsheim
9
E31
61

Biologische
Kläranlage
RHEIN
LAMPERTHEIM
Odenwaldklub
Wanderheim
Forsthaus
Heide
Sandtorf
Petersau
Scharhof
Blumenau
Mannheim-
Sandhofen
Ludwigshafen-
Nord
Nord-
hafen
SCHÖNAU
Naturtheater
Dehus
Altrhein
MANNHEIM
BASF SE
Stammwerk
Ludwigshafen
DWIGSHAFEN
am Rhein
Neckar
Museumsschiff
0 700 m

KANDEL – BIENWALDMÜHLE – STEINFELD – KANDEL

Im Bienwald auf Entdeckungstour

STARTORT | Kandel, 123 m; Bahnanschluss Bhf. Kandel
START/ZIEL | Kandel, Bahnhof, 121 m (Parkmöglichkeiten am Bahnhof Kandel) [GPS: UTM Zone 32 x: 441.440 m y: 5.436.580 m]
CHARAKTER | Zwei Drittel der Radtour auf Radwegen im Wald.
VERKEHR | Im Bienwald fährt man auf guten, ruhigen Landstraßen mit gelegentlichem Autoverkehr. Die Strecke Steinfeld–Kandel hat ausgebaute Radwege bis auf die Ortsdurchfahrten von Schaidt, Freckenfeld und Minfeld.

TIPP: Zeitfahren auf freier Strecke: 1 Minute, 3 Minuten, 5 Minuten gegen die Uhr.

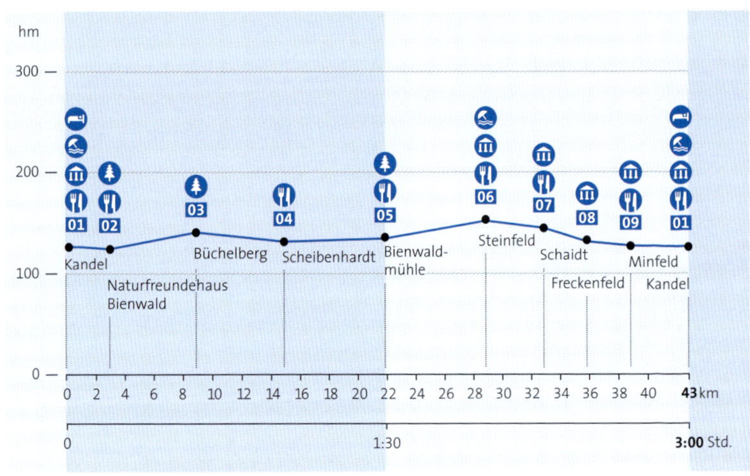

Kandel – Bienwaldmühle / 22 km / 1:30 Std.

Start Vom Bahnhof in **Kandel** 01 geht es kurz links, dann wieder links durch die Unterführung in die Beethovenstraße und am Ende rechts in die Jahnstraße. Diese zieht zunächst zum Bienwaldstadion und weiter am Waldsaum entlang, bis man auf den Südpfalz-Radweg (grünes Schild mit Fahrrad und Schrift Südpfalz) stößt. Links geht es jetzt in den Wald hinein. Nach 1 km kommt man zum bewirtschafteten **Naturfreundehaus Bienwald** 02. Weiter geht es immer geradeaus auf dem Südpfalz-Radweg bis zum Rechtsknick am Heilbach und weiter in die Rodungsinsel **Büchelberg** 03. Jetzt wieder in den Wald, geradeaus durch den Walddistrikt „Jakobspfad" und im Jakobspfad erreicht man **Scheibenhardt** 04.

Am Ende des Jakobspfads biegt man rechts in die Hauptstraße ein, dann wieder rechts in die Maxstraße. Jetzt auf der verkehrsarmen Wald-Landstraße im Grenzbereich nördlich der Lauter im Naturschutzgebiet fahren. Die Fahrradroute ist gekennzeichnet mit dem

Lauterniederung an der Schanze

Vélo-Radweg-Zeichen (Blau-Gelb). Zunächst zum Forsthaus Salmbacher Passage, dann erreicht man bald das **Waldgasthaus Bienwaldmühle** 05. Dieses lädt zur Einkehr ein.

Bienwaldmühle – Kandel / 21 km / 1:30 Std.

Auf der Weiterfahrt kommt man an einer ehemaligen Ziegelhütte vorbei. Kurz danach führt links im Naturschutzgebiet ein Wegweiser zu einem kleinen Parkplatz.
Dort kann man lesen, dass sich hier eine der alten Schanzen befindet, die gut erhalten ist und einen Picknickplatz bietet. Von hier ist es nicht mehr weit (200 m) zur mäandernden Lauter. Dann radelt man auf der Straße weiter bis zum Ende des Waldes und zum Wochenendgebiet Waldhof. Jetzt im Wiesengelände ist es nicht mehr weit bis nach **Steinfeld** 06, das man beim Bahnhof der Bahnlinie Wissembourg–Landau erreicht.
Nach der Ortsrundfahrt (Westwall-Höckerlinie, Bienwald-Informationszentrum) wieder zurück zum Bahnhof und dort links den Radweg einschlagen. Dieser ist gekennzeichnet mit dem Markierungsschild „Kraut- und Rüben-Radweg". Diesem Radweg kann man folgen bis zurück nach Kandel. Im einzelnen: Entlang der Bahnlinie nach **Schaidt** 07 (Ortsdurchfahrt), **Freckenfeld** 08 (Ortsdurchfahrt via Kirchstraße), **Minfeld** 09 (Ortsdurchfahrt) und auf dem die B 427 begleitenden Radweg nach **Kandel** 01, wo man den langen, am südlichen Ortsrand entlangführenden Wirtschafts- und Radweg (Südpfalz-Radweg) benutzt, da auf der Hauptstraße ein hohes Verkehrsaufkommen ist **Ziel**.

Korbmacherbrunnen in Schaidt

Niederhorbach
48
Westwall-mus.
Kapellen-Drusweiler
Hotel Restaurant zur Linde
Barbelroth
Oberhausen
Hergersweiler
Heimatm
427
Winden
Dierbach
Wurmberg
176
Vollmersweiler
Niederotterbach
Freck
08
SCHAIDT
07
Heimat-museum
Steinfeld
06
Kapsweyer
Kakteenland
ehem. Bunker
ehem. Bunker Bismarckeiche
ehem. Bunker Kaisereiche
Sandbuckel
148
Stuttpferchhäuschen
05
Schleithal
Frauenberg
187
Salmbach
Scheiben
Niederlau
Siegen

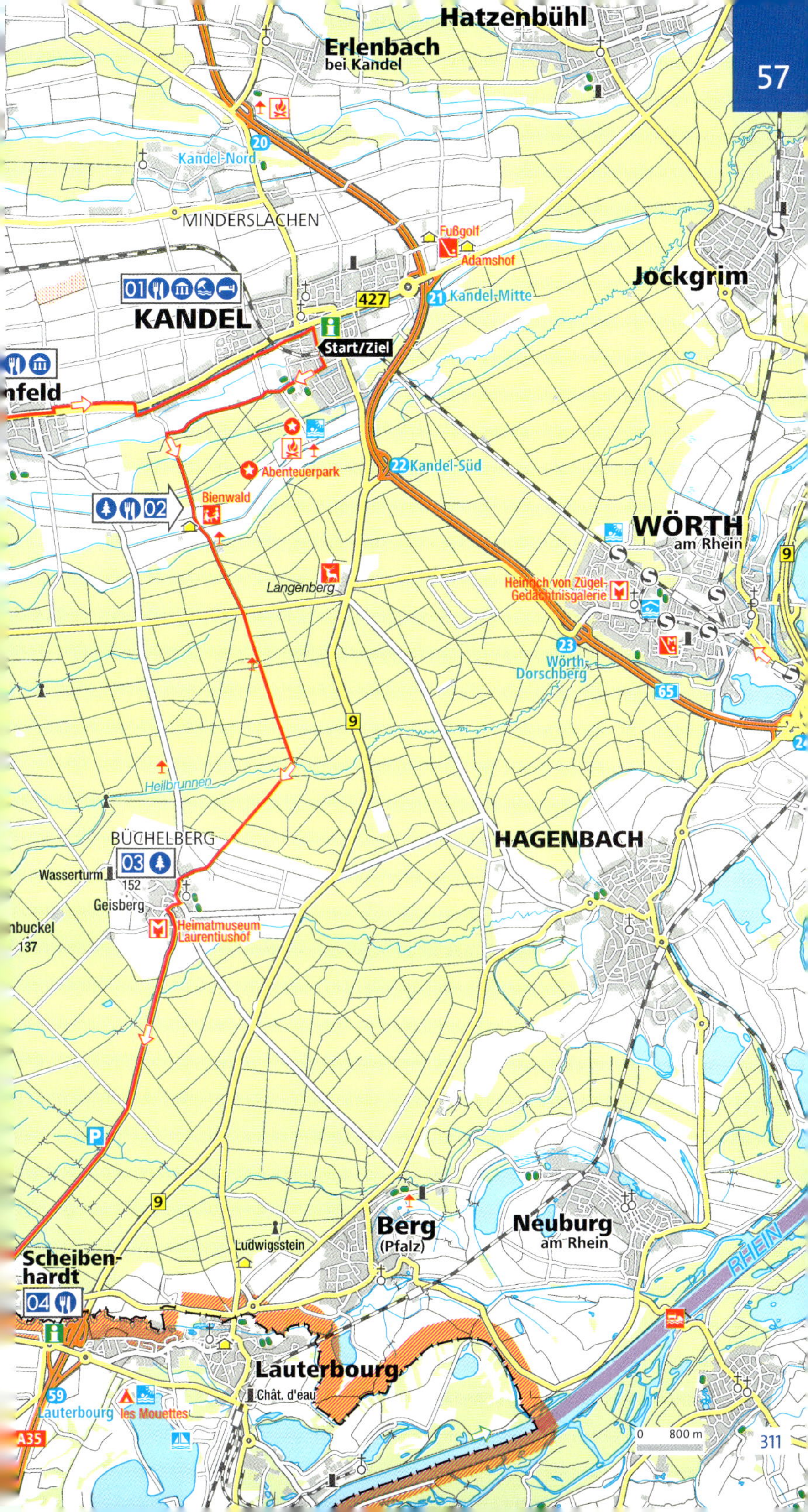
Hatzenbühl
Erlenbach
bei Kandel
20
Kandel-Nord
MINDERSLACHEN
Fußgolf
Adamshof
Jockgrim
KANDEL
427
21 Kandel-Mitte
Start/Ziel
nfeld
Abenteuerpark
22 Kandel-Süd
Bienwald
WÖRTH
am Rhein
Langenberg
Heinrich von Zügel-
Gedächtnisgalerie
23
Wörth-
Dorschberg
65
9
Heilbrunnen
BÜCHELBERG
HAGENBACH
Wasserturm
152
Geisberg
Heimatmuseum
Laurentiushof
nbuckel
137
Scheiben-
hardt
Ludwigsstein
Berg
(Pfalz)
Neuburg
am Rhein
RHEIN
Lauterbourg
Chât. d'eau
59
Lauterbourg
les Mouettes
A35
0
800 m

TÜBINGEN – NÜRTINGEN – ESSLINGEN

Zwischen Schönbuch und Alb zur Altstadtperle Esslingen

55 km

5:15 Std.

189 hm

274 hm

STARTORT | Tübingen, 341 m
START | Eberhardsbrücke, der Hauptbahnhof Tübingen am Europaplatz ist 2 Fahrradminuten entfernt.
[GPS: UTM Zone 32 x: 504.300 m y: 5.373.940 m]
ZIEL | Esslingen, 241 m
CHARAKTER | Leichte Talfahrt mit unwesentlichen Zwischenanstiegen auf Asphalt-/Schotterwegen.
VERKEHR | Trotz der vielen Straßen im Tal folgt der Radweg zum überwiegenden Teil autofreien Wegen im Grünen.

TIPP: Rückkehr per Bahn.
Zwischen Kirchentellinsfurt und Nürtingen gibt es im Neckartal keinen Bahnhof; die Neckar-Alb-Bahn verlässt in Kirchentellinsfurt das Tal und führt via Reutlingen nach Nürtingen.

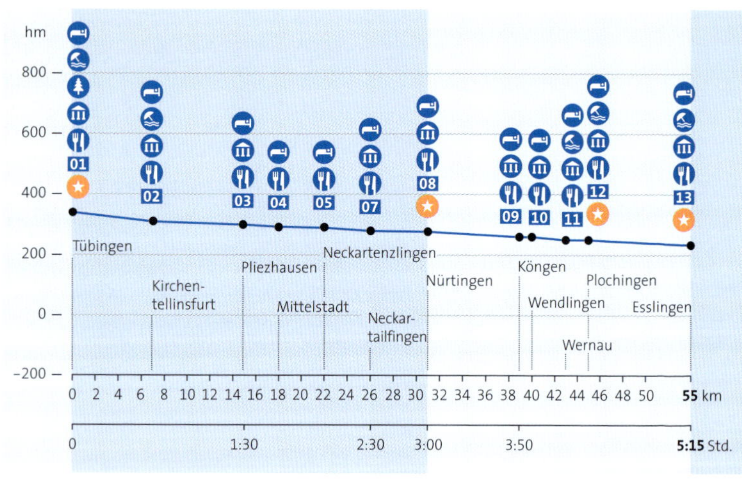

Die pappelgesäumte Tübinger Uferpromenade und der auch bei Skatern beliebte Asphaltweg durch die Furtwiesen in Richtung des Schlossdorfs Kirchentellinsfurt bilden den Auftakt dieser Neckartal-Radweg-Etappe zwischen Schönbuch, Schwäbischer Alb und Schurwald. Zu den Höhepunkten zählen die teils als Naherholungsgebiete genutzten und teils als Naturschutzgebiete ausgewiesenen Baggerseen, die wie Inseln zwischen Bebauung und Straßen liegen, die rundbogige Ulrichsbrücke ist eine der berühmtesten Neckartalbrücken, Esslingen zählt zu den schönsten Fachwerkstädten des Neckartals.

Tübingen – Nürtingen / 31 km / 3:00 Std.

Start Von der Nordseite (= Altstadtseite) der Eberhardsbrücke in **Tübingen** 01 folgt der Neckartal-Radweg kurz der Gartenstraße flussabwärts, wechselt bei erster Gelegenheit nahe der Jugendherberge auf die ufernahe Hermann-Kurz-Straße und in

Ammertal-Fernsicht zur Wurmlinger Kapelle

deren Verlängerung auf die pappelgesäumte Uferpromenade am Fuß des **Österbergs**. Am Westfuß des Österbergs mündet zuerst der durch das Ammertal führende Radweg in den Neckartal-Radweg ein, wenig später mündet die Ammer in den Neckar. Hier verlässt der Radweg die Uferpromenade, wechselt am Rand des Stadtteils **Lustnau** auf der Straßenbrücke (Kusterdinger Straße) auf die rechte Neckarseite und zweigt gleich darauf links auf einen autofreien Asphaltweg in den Furtwiesen ab. Nach einem Rechts- und einem Linksknick unterquert der Radweg die autobahnähnlich ausgebaute B 27 und mündet in die Kreisstraße Kusterdingen–Kirchentellinsfurt. Hier machen die meisten Skater kehrt und fahren durch die Wiesen zurück zum Haltepunkt Lustnau, während der Neckartal-Radweg geradeaus führt. Rechts befindet sich noch vor der Einmündung der Echaz der Bahnhof Kirchentellinsfurt, der bis Nürtingen letzte Bahnhof im Neckartal; hinter der Echazbrücke liegt das Schlossdorf **Kirchentellinsfurt** 02, während der Neckartal-Radweg noch vor dem Ort den Neckar überquert – gut auf die Beschilderung achten – und der Bundesstraße rechts zum Parkplatz am **Baggersee Epple** führt: Surfen, Baden, Picknick – im Sommer ist hier jede Menge Betrieb.

Hinter der Unterführung bei den Parkplätzen führt der asphaltierte Weg links am Seeufer weiter, zunächst zwischen See und Schnellstraße, dann weiter längs der Straße und unter der blauen Brücke hindurch, gut ausgeschildert „Neckartal-Radweg“, auch hier sind dank des flotten Asphalts Skater unterwegs. Beim Schild „Altenburg/Nürtingen“ führt der

Ammertal

Die Ammer durchfließt zwischen der Gäumetropole Herrenberg und der Mündung in den Neckar in Tübingen ein weites, aussichtsreiches Wiesental, das nördlich vom Schönbuch überragt wird, während der Spitzberg mit der Wurmlinger Kapelle den Unterlauf dominiert. Seit der Wiedereröffnung der Ammertalbahn ist das Ammertal zu einem Dorado für Wanderer, Radwanderer und Skater geworden, an den Ammertalbahnhöfen sind die Zuwege zum Radwander- und Wanderwegenetz ausgeschildert. Zahlreiche Gasthöfe und Besenwirtschaften laden zur Einkehr ein. Der Mündungsbereich der Ammer wird renaturiert mit dem Ziel, die biologische Durchgängigkeit zum ökologisch hochwertigen Ammertal im Westen und zum naturnahen Goldersbachsystem im Norden herzustellen.

Eindrucksvoller Blick von Esslingen aus auf die Burg

Radweg kurz steil bergab durch eine Unterführung. Achtung! Entgegenkommende Radler und Skater! Geruhsam führt der Asphaltweg weiter durch das Neckartal, schwingt hinter der Altenburger Brücke scharf links und gleich wieder rechts. Links bleibt **Pliezhausen** 03 mit der hoch über dem Ort gelegenen Kirche liegen, dann wechselt der Radweg auf einer Stegbrücke in die Neckarwiesen rechts des Flusses und erreicht ohne direkte Ortsberührung **Mittelstadt** 04, den nördlichsten Stadtteil von Reutlingen. Unterhalb des Hügels von Mittelstadt überquert der Radweg den Fluss auf der Straßenbrücke und folgt der Bundesstraße nach **Neckartenzlingen** 05: Auf der Straßenbrücke ans rechte Ufer, auf der Schulstraße schräg links Richtung Rathaus und nach Überqueren der Erms am Friedhof vorbei und wieder hinaus in die Neckarwiesen, wo nach Unterqueren der Bundesstraße das Naherholungsgebiet **Aileswasen** 06 mit seinen Bade-Baggerseen zur Rast einlädt. Längs der Seen und an den Sportplätzen vorbei führt der Radweg in das Kirchdorf **Neckartailfingen** 07. Am Ende der Seestraße kurz links (Reutlinger Straße), an der neuapostolischen Kirche rechts (Bahnhofstraße), an der romanischen Martinkirche vorbei und hinter der Rechtskurve links ab in die Neckarwiesen, wo als nächster Baggersee der **Beutwangsee** zum Rasten einlädt. Noch ein kurzes schönes Stück am Neckar entlang, und der Radweg erreicht die Fachwerkstadt **Nürtingen** 08.

Nürtingen – Esslingen / 24 km / 2:15 Std.

Noch vor dem Ort überquert der Neckartal-Radweg auf der Stadtbrücke den Fluss und führt rechts am alten Friedhof, am Festplatz und an den Sportplätzen vorbei, dahinter über die Aich und auf der Haldenstraße durch den Nürtinger Ortsteil Zizishausen. Die nächsten Kilometer bis zur Bundesautobahn A 8 beim Kirchort **Unterensingen** gibt die Uferstraße die Route vor, direkt vor der Autobahn liegen links wie grüne Oasen die als Naturschutzgebiete ausgewiesenen ehemaligen Baggerseen **Röhmsee** und **Schülesee**, letzterer ist für die Vogelwelt ein wichtiges Brut- und Rast- sowie Winteraufenthaltsgebiet. Wegen des Vorkommens europaweit gefährdeter Brut- und Zugvogelarten wie Zwergrohrdommel, Krickente und Wasserralle wurde das Gebiet zusätzlich als Vogelschutzgebiet ausgewiesen. Kurz nach dem Unterqueren der Autobahn wechselt der Neckartal-Radweg vor dem Ort **Köngen** 09 auf der **Ulrichsbrücke** ans rechte Neckarufer. Hier lädt auf der Seite der Stadt **Wendlingen** 10 schon bald der **Schäferhauser See** zur Rast ein. Der

Epplesee bei Kirchentellinsfurt

1,6 ha große, von Bäumen und Wiesen umgebene See ist Teil des Wendlinger Naherholungsgebiets, hier liegt auch der Wendlinger Festplatz. Unterhalb des Sees geht es auf der Seebrücke ans linke Neckarufer, wo der 2,6 ha große **Hüttensee** eine weitere Rastmöglichkeit bildet. Schäferhauser und Hüttensee sind Angelgewässer, auf dem Neckardamm verläuft längs des Hüttensees ein Fischlehrpfad. Vom Hüttensee folgen die Radwegeschilder der Bundesstraße längs des Erholungsgebiets **Neckarwasen** zum Naturschutzgebiet **Wernauer Baggersee** und zum Bade- und Sportpark von **Wernau** 11 mit dem **Freibadsee** – das ganze Gebiet wird von zahlreichen Spazierwegen durchzogen. Am Ende der Sportanlagen folgt der Radweg der Esslinger Straße Richtung Plochingen, hinter der Bundesstraße beginnt gegenüber der Mündung der Fils das Landesgartenschaugelände von **Plochingen** 12, ein schönes Gebiet, um zu verweilen, ehe es auf der Fußgängerbrücke über den Neckar in die Altstadt von Plochingen geht.

Im Hang oberhalb der Bahnlinie und des Neckarhafens folgt der Neckartal-Radweg der Esslinger Straße aus Plochingen hinaus und führt in **Altbach** links durch den Heinrich-Mayer-Park auf die Neckarinsel mit dem Kohlekraftwerk. Nach Verlassen der Kraftwerksinsel geht es am rechten Neckarufer weiter zum **Pliensauturm**, dem zwischen Hauptbahnhof und Neckar stehenden historischen südlichen Stadttor von **Esslingen** 13 **Ziel**.

Obergermanisch-Rätischer Limes

Er ist mit einer Länge von 550 km das größte historische Denkmal in Deutschland, seit 2005 steht diese Grenzlinie zwischen dem römischen Imperium und den von Germanen und Kelten besiedelten Gebieten als Weltkulturerbe unter dem Schutz der UNESCO. Der Obergermanische Limes erreicht seinen südwestlichsten Punkt in Lorch im Remstal; dort beginnt der Rätische Limes. Der Rätische Limes erstreckte sich von ostwärts bis zum Kastell Abusina bei Kelheim an der Mündung der Altmühl in die Donau. Die Kaiser des Imperium Romanum ließen den Obergermanisch-Rätischen Limes im 2. Jh. als Demarkationslinie zu denjenigen Gebieten Germaniens anlegen, die sie nicht erobern konnten. Als Anfang des 3. Jhs. die Alemannen den Limes bedrohten, wurde das Palisadensystem durch eine bis zu 3 m hohe Steinmauer ergänzt. Kaiser Galienus gab den Rätischen Limes um 260 auf.

58
BEBENHAUSEN
Rübgarten
Röm. Denkmal
ehem. Schloss
430
Soldatengrab
Obstsorten
27
PFRONDORF
Waldhausen
HAGELLOCH
Kunsthalle
Sternwarte
Wanderheim
Neckar
Kirchentel
02
LUSTNAU
TÜBINGEN
342
01
Paläontologische Sammlung
Mineralogische Sammlung
Stadtmuseum im Kornhaus
Alter Bot. Grt.
Start
Mus. Alte Kulturen
B12 Boulderzentrum
Schloss-museum
SICKEN-HAUSEN
Kusterdingen
28
28a
Wannweil
Jettenburg
BETZING
Galgenberg
DERENDINGEN
Gartenstadt
Wankheim
Härten
Mähringen
REUTLIN
Immenhausen
Stockach
Hinterweiler
400
500
Weil
im Schönbuch
Dettenhausen
464
Häslach
Altenriet
Walddorf-häslach
Neckarburg
Walddorf
Dörnach
Gniebel
Pliezhausen
03
Rübgarten
Röm. Denkmal
ehem. Schloss
430
Soldatengrab
Hotel Schönbuch
Obstsortenmuseum
Dorfmuseum Ahnenhaus
297
27
PFRONDORF
OFERDINGEN
ALTENBURG
Neckar
316
Kunsthalle
Sternwarte
Wanderheim
Kirchentellinsfurt
02
Heimatstube
ROMMELSBACH
LUSTNAU
nbuch

ESSLINGEN
am Neckar
13
Ausgrabungsmuseum St. Dionys
Stadtmuseum
Ziel
Elektromuseum
OBERHOF
Altbach
PLIENSAU-VORSTADT
OBERESSLINGEN
ZELL
PLOCHINGEN
12
ZOLLBERG
Nymphaea
Geotreppe
SIRNAU
BERKHEIM
Polizeimuseum
Mühlstein-museum
Hundertwasser
NELLINGEN
Deizisau
SCHARNHAUSEN
Denkendorf
Eisstadion
Köngen
09
Wanderheim
Quadrium
WERNAU
(Neckar)
11
Neuhausen
auf den Fildern
Röm. Kastell
WENDLINGEN
am Neckar
10
Stadtmuseum
Albvereinshaus
UNTER-BOIHINGEN
Wolfschlugen
Unter-ensingen
Oberboihingen
276
KIRCHHE
HARDT
ZIZIS-HAUSEN
Neckar
Sammlung Domnick
LINDORF
OBER-ENSINGEN
Römischer Gutshof
Ruoff Stiftung
REUDERN
GRÖTZINGEN
Schulmuseum
Talesbahn
NÜRTINGEN
08
NECKARHAUSEN
Stadtmuseum
Neckar-tailfingen
07
SAV
Detting
ehemalige Burg Liebenau
RAIDWANGEN
Roßdorf
Alleswasen-See
06
tdorf
Neckar-tenzlingen
05
Frickenhausen
OWE
Großbettlingen
flingen
Kleinbettlingen
Tischardt
Linsenhofen
Beuren
Riederich
Grafenberg
Balzholz
Erkenbrechts-weiler
Kohlberg
Neugreuth
NEUFFEN
GEN
Dettingen
1110 m

ESSLINGEN – STUTTGART – MARBACH

Über die Metropole Schwabens in die Schillerstadt

 40 km  4:00 Std.  265 hm 287 hm

STARTORT | Esslingen, 241 m
START | Hauptbahnhof Esslingen am Neckar, Bahnhofplatz
[GPS: UTM Zone 32 x: 522.080 m y: 5.398.550 m]
ZIEL | Marbach, 229 m
CHARAKTER | Die geringen Zwischenanstiege im zum Teil steilen Neckartal gleicht die Hauptwindrichtung aus.
VERKEHR | Auch in diesem Ballungsraum folgt der Radweg überwiegend autofreien Uferwegen im Grünen sowie Bahnparallelwegen.

TIPP: Rückkehr per Bahn. Von Marbach ist die Rückfahrt via Stuttgart nach Esslingen mit der Bahn möglich, sodass sich diese Etappe als Tagestour mit Rückkehr zum Ausgangspunkt organisieren lässt.

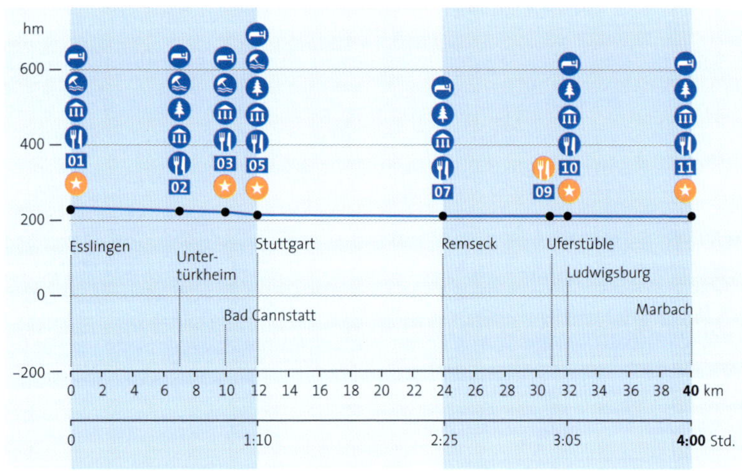

Von der Fachwerkstadt Esslingen führt der Neckartal-Radweg am Fuß der Westausläufer des Schurwaldes in den Stuttgarter Mercedes-Stadtbezirk Untertürkheim und ins Mineralheilbad Bad Cannstatt, wo der Abstecher in die „grüne" Stuttgarter Altstadt lohnt. Der Neckartal-Radweg führt weiter flussabwärts am württembergischen Versailles Ludwigsburg vorbei in die Schillerstadt Marbach. Wegen der zahlreichen Verweilpunkte und Abstechermöglichkeiten sollte man diese Etappe kilometermäßig eher kurz planen.

Esslingen – Stuttgart / 12 km / 1:10 Std.

Start Der Einstieg in den Neckartal-Radweg erfolgt am Pliensauturm, dem historischen Stadtturm auf der Rückseite des Hauptbahnhofs von **Esslingen** 01. Flussseitig des Bahnhofs führt die Uferpromenade am rechten Neckarufer abwärts, rechts oben zeigen sich bald Weinberge in den sonnenverwöhnten Westhängen des Schurwaldes, dann rücken ab dem Stadtteil Mettingen Werksanlagen des Automobilherstel-

Der Rosensteinpark in Stuttgart

lers Mercedes-Benz ins Blickfeld. An den Hedelfinger Brücken im Stuttgarter Stadtbezirk Hedelfingen führen die Radwegeschilder rechts zwischen Werksanlagen zum S-Bahnhof Obertürkheim, längs der Bahnlinie im Grünen geradeaus und kurz vor dem S-Bahnhof **Untertürkheim** 02 links zum Neckarufer mit dem Stuttgarter Hafen. Hier überquert der Radweg den Fluss beim Freibad Inselbad auf der Inselstraßenbrücke, die in den Stadtbezirk Wangen am linken Neckarufer überleitet. Der Radweg folgt nun dem begrünten Ufer neben der autobahnähnlich ausgebauten B 10 zur Daimlerbrücke, auf der Tausende Mitarbeiter ins Mercedes-Benz Werk Untertürkheim gelangen. An den nächsten Brücken vereinigt sich die B 14 mit der B 10, rechts zeigt sich – nun im Stuttgarter Stadtbezirk **Bad Cannstatt** 03 – vor den Toren des Untertürkheimer Werks der Doppelhelix-Turm des Mercedes-Benz Museums. Der Radweg führt zwischen Fluss und Bundesstraße geradeaus bis zum **Unteren Schlossgarten** 04, wo sich der Abstecher durch die Grünanlagen in die Altstadt von **Stuttgart** 05 anbietet.

Der Schurwald

... ist ein überwiegend bewaldeter Bergzug vor den Toren Stuttgarts zwischen Neckar, Fils und Rems. Vom rebengeschmückten Untertürkheimer Württemberg (411 m) mit der Grabkapelle und dem Kappelberg (469 m) bei Fellbach streicht das Keuperbergland ostwärts bis fast ins Gebiet der Burgruine Hohenstaufen, höchste Erhebung ist der Kernen (513 m) über dem Neckartal mit einem der ältesten Aussichtstürme Württembergs.

Für den Großraum Stuttgart ist der Schurwald ein wichtiges Naherholungsgebiet, zu seinen bekanntesten Ausflugszielen zählen außer dem Kernen-Gebiet bei Fellbach die Klostergemeinde Adelberg mit dem Herrenbach-Stausee, das Marbachtal bei Wäschenbeuren und die Rebhänge von Weinstadt, der „Weingarten Württembergs". Die Rad-„Höhenstraße" des Schurwaldes ist die Kaiserstraße: Vom Gebiet des Kernen folgt sie weitgehend eben dem Kamm bis ins Gebiet von Wäschenbeuren.

Wilhelma in Stuttgart

Stuttgart – Remseck/ 12 km / 1:15 Std.

Am Unteren Schlossgarten wechselt der Radweg auf der 1893 errichteten König-Karls-Brücke ans rechte Ufer, wo sich der Bahnhof Bad Cannstatt befindet. Auf dem begrünten Uferstreifen und nach Verlassen der Bebauung am Fuß von Weinbergen geht es zum **Max-Eyth-See** 06 im Stuttgarter Stadtbezirk Mühlhausen. Der See und seine Umgebung sind ein bedeutendes Naherholungsgebiet am Fuß der Weinberge direkt am Neckar. Stuttgarts größter, etwa 600 m langer See entstand 1935 als Baggersee während der Kanalisierung des Neckars, benannt ist er nach dem Landwirtschaftspionier und Schriftsteller Max von Eyth; Radeln, Wandern, Angeln, Segeln, Sonnenbaden, Grillen, Bootfahren – fast alles ist erlaubt, nur das Baden nicht.

Vom Freizeitsee folgt der Radweg weiter dem rechten Neckarufer an der Hofener Brücke (Schleuse) vorbei, das Naturschutzgebiet **Oeffinger Scillawald** am Neckarhochufer liegt bereits auf dem Gebiet der Stadt Fellbach. Autofrei zieht der Radweg zwischen Wald und Fluss nordwärts in den Stadtteil **Neckarrems** der Schlösserstadt **Remseck** 07 an der Mündung der Rems in den Neckar. Über dem Mündungswinkel von Rems und Neckar erhebt sich

Der Württemberg (411 m)

oberhalb von Untertürkheim ist der berühmteste Berg des Schurwaldes. Sein Gipfel trägt die von Giovanni Salucci errichtete klassizistische Grabkapelle, in der Katharina Pawlowna (1819), die zweite Frau König Wilhelms I. von Württemberg, der König (1864) und die gemeinsame Tochter Marie ihre letzte Ruhestätte gefunden haben. Auf dem aussichtsreichen Bergkegel stand die Stammburg des Hauses Württemberg, dessen erster bezeugter Vertreter 1081 Konrad von Wirtemberg war.

Der Fernsehturm Stuttgart

wurde am 5.2.1956 als erster Fernsehturm der Welt eingeweiht. Damals als „hässlicher Betonfinger" verschrien, avancierte der 220 m hohe Turm auf dem Hohen Bopser (483 m) zu einem bedeutenden Ausflugsziel der Landeshauptstadt. Von der Aussichtsgalerie schweift der Blick über die Stuttgarter Altstadt und das Neckartal hinweg bis zur Schwäbischen Alb. Als der Süddeutsche Rundfunk einen damals üblichen Stahlgittermast plante, schlug der Ingenieur Fritz Leonhardt die Errichtung einer Betonnadel vor, die außer zu technischen Zwecken auch touristisch und gastronomisch nutzbar sein sollte. Innerhalb von 20 Monaten wurde der Turm errichtet. Dank des Besucheransturms amortisierten sich die Baukosten von umgerechnet 2,14 Mio. Euro innerhalb von fünf Jahren. 1986 wurde der Turm in die Liste der Landesdenkmäler aufgenommen, 1996 wurde der 22.222.222 Gast begrüßt.

das kleine neugotische Schloss Remseck (1844, Wohnhaus), das bekannteste der sechs Remsecker Schlösser. Den Neckar überspannt neben der Landstraßenbrücke der glasgedeckte Neckarsteg, eine 80 m lange Fuß- und Radwegbrücke aus Holz; die Mündung der Rems wiederum überspannt der baugleiche 60 m lange Remssteg.

Remseck – Marbach / 16 km / 1:35 Std.

Der Radweg wechselt auf dem Neckarsteg in den Stadtteil **Neckargröningen** 08 am linken Ufer; dort befindet sich auch die Endhaltestelle Remseck der Stadtbahnlinie U 14 (30 Fahrminuten ab Stuttgart-Hauptbahnhof). Nach Verlassen der Bebauung taucht der Radweg in die wiesenreiche Auenlandschaft ein, die mit Steilhängen wechselt. Vorbei an der **Staustufe Poppenweiler,** dem Naturbiotop **Zugwiesen** und dem Freibad Hoheneck geht es zum **„Uferstüble"** 09, einem der größten und bekanntesten Biergärten und Radlertreffs im Neckartal. Hier bietet sich der kurze Abstecher auf dem Heilbadweg zu den großen Schloss- und Parkanlagen von **Ludwigsburg** 10 an: Schloss Favorite mit dem Favorite-Park und Schloss Ludwigsburg. Beim „Uferstüble" schwingt der Radweg in den Prallhang ein, wenn sich dieser zum Gleithang wandelt, zeigt sich das imposante Bild der befestigten Altstadt von Marbach auf dem Sporn über dem Neckar. Der Radweg folgt dem Fluss und dann einem parallel geführten Kanal, bis an der Benningen-Informationstafel vor dem Eisenbahnviadukt der Neckarsteg (Marbach-Infotafel am Marbacher Ufer) in die Schillerstadt **Marbach** 11 hinüberleitet **Ziel**.

Ludwigsburg, Neckarbiotop Zugwiesen

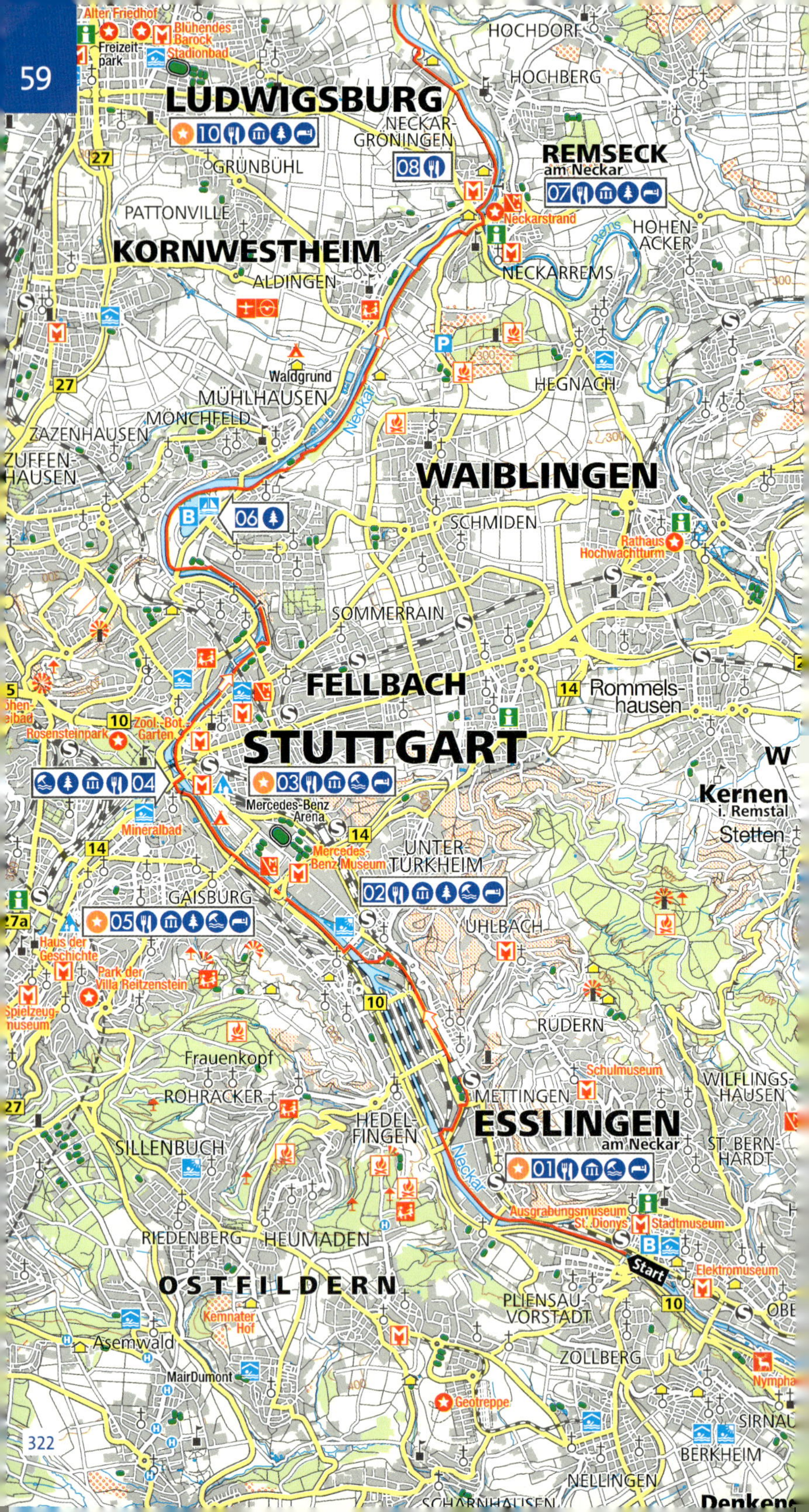
Alter Friedhof
Blühendes Barock
Freizeitpark
Stadionbad
LUDWIGSBURG
10
NECKAR-GRÖNINGEN
08
HOCHDORF
HOCHBERG
REMSECK
am Neckar
07
GRÜNBÜHL
27
PATTONVILLE
KORNWESTHEIM
ALDINGEN
Neckarstrand
HOHEN-ACKER
NECKARREMS
Rems
Waldgrund
MÜHLHAUSEN
MÖNCHFELD
ZAZENHAUSEN
ZUFFEN-HAUSEN
HEGNACH
Neckar
WAIBLINGEN
06
SCHMIDEN
Rathaus
Hochwachtturm
SOMMERRAIN
FELLBACH
14
Rommels-hausen
Zool.-Bot. Garten
Rosensteinpark
STUTTGART
04
03
Mercedes-Benz Arena
Mineralbad
Mercedes-Benz Museum
UNTERTÜRKHEIM
02
Kernen
i. Remstal
Stetten
GAISBURG
05
Haus der Geschichte
Park der Villa Reitzenstein
Spielzeugmuseum
UHLBACH
RÜDERN
Frauenkopf
ROHRACKER
Schulmuseum
METTINGEN
WILFLINGS-HAUSEN
HEDEL-FINGEN
ESSLINGEN
am Neckar
01
SILLENBUCH
ST. BERN-HARDT
Ausgrabungsmuseum St. Dionys
Stadtmuseum
Start
Elektromuseum
RIEDENBERG
HEUMADEN
OSTFILDERN
PLIENSAU-VORSTADT
Kemnater Hof
Asemwald
ZOLLBERG
MairDumont
Geotreppe
SIRNAU
BERKHEIM
NELLINGEN
SCHARNHAUSEN

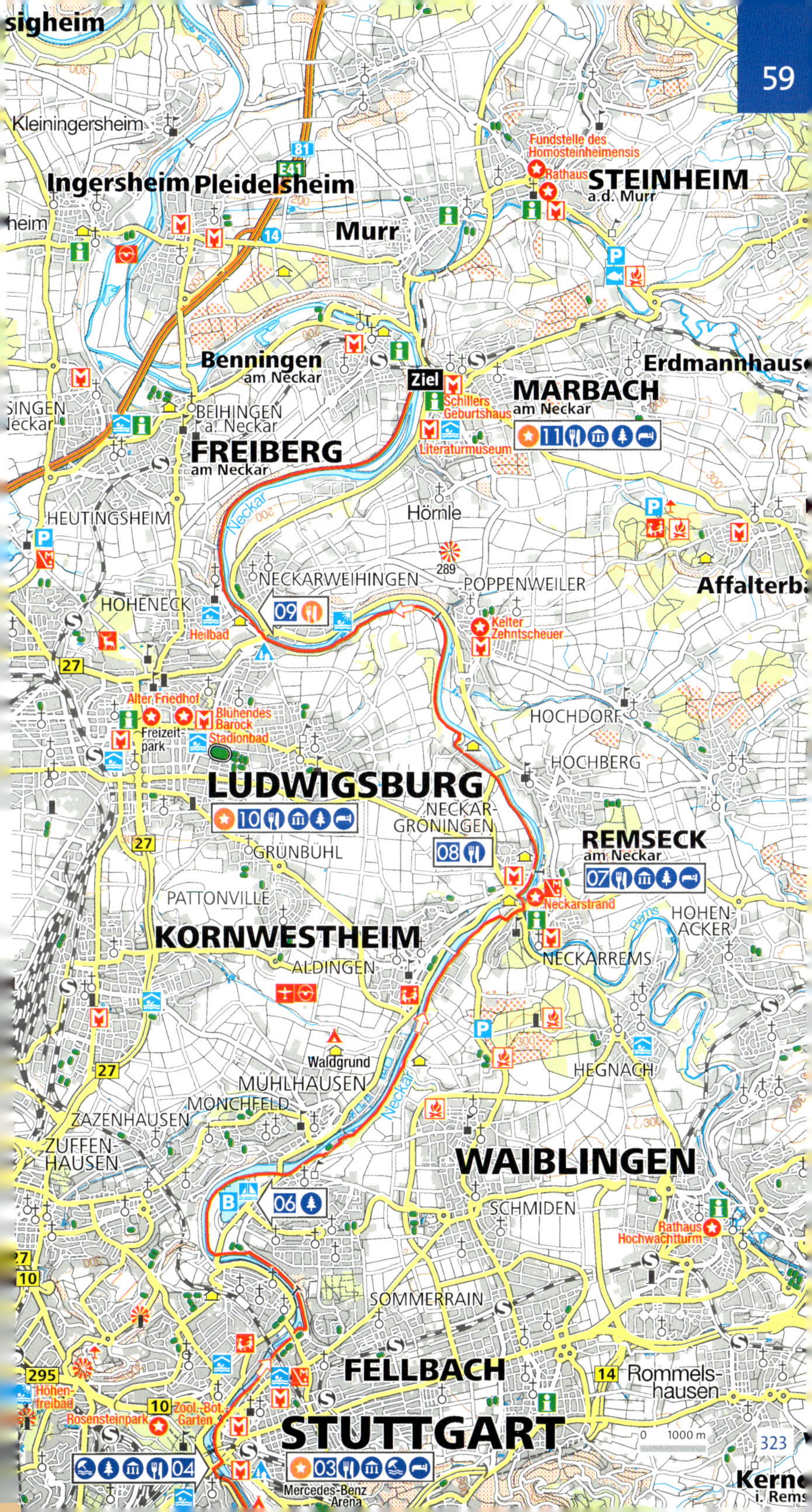
Kleiningersheim
Ingersheim
Pleidelsheim
Murr
STEINHEIM
a.d. Murr
Fundstelle des Homosteinheimensis
Rathaus
Benningen am Neckar
Ziel
Schillers Geburtshaus
Literaturmuseum
MARBACH am Neckar
11
Erdmannhausen
BEIHINGEN a. Neckar
FREIBERG am Neckar
HEUTINGSHEIM
Hörnle
289
NECKARWEIHINGEN
POPPENWEILER
Affalterbach
HOHENECK
Heilbad
09
Kelter Zehntscheuer
Alter Friedhof
Blühendes Barock
Stadionbad
Freizeitpark
HOCHDORF
HOCHBERG
LUDWIGSBURG
10
NECKAR-GRÖNINGEN
08
GRÜNBÜHL
REMSECK am Neckar
07
Neckarstrand
PATTONVILLE
KORNWESTHEIM
ALDINGEN
HOHENACKER
NECKARREMS
Rems
Waldgrund
MÜHLHAUSEN
MÖNCHFELD
HEGNACH
ZAZENHAUSEN
ZUFFENHAUSEN
Neckar
WAIBLINGEN
06
SCHMIDEN
Rathaus Hochwachtturm
SOMMERRAIN
FELLBACH
Rommelshausen
Höhenfreibad
Rosensteinpark
Zool.-Bot. Garten
STUTTGART
04
03
Mercedes-Benz Arena
0 1000 m
Kernen i. Rems

323

BOXBERG – NIEDERSTETTEN

Aus dem Bauland ins Vorbachtal

 37 km  3:30 Std.   662 hm  619 hm

STARTORT | Boxberg, 269 m
START | Kirche, 267 m
[GPS: UTM Zone 32 x: 546.360 m y: 5.480.990 m]
ZIEL | Niederstetten, Marktplatz, 310 m
CHARAKTER | Nach dem Aufstieg auf die Hochfläche zum Seehof Fahrt auf hügeliger Strecke bis Stuppach, dort wieder Aufstieg zur Kaiserstraße. Anschließend starkes Gefälle nach Niederstetten und überwiegend durch Felder.
VERKEHR | Die Etappe verläuft durchgehend auf Ortsstraßen und asphaltierten Wirtschaftswegen ohne viel Verkehr.

TIPP: Rückkehr per Bahn.
Am Ende der Etappe verläuft die Strecke auf längerem starken Gefälle von der Hochfläche ins Vorbachtal. Kontrollieren Sie Ihre Bremsen vor der Abfahrt.

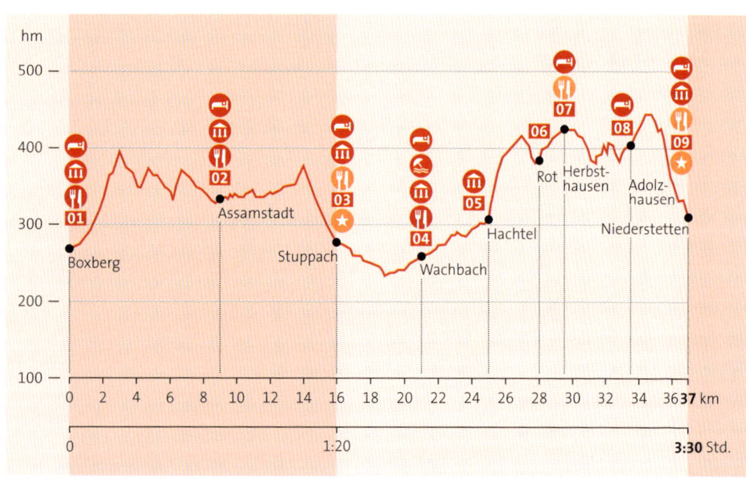

Boxberg – Stuppach / 16 km / 1:20 Std.

Start Von der Kirche in **Boxberg** 01 fahren Sie auf der **Kurpfalzstraße** in Richtung Mosbach. In der scharfen Rechtskurve nach der Kirche biegen Sie nach links in den **Steigweg** und kurz darauf nach rechts in den **Talweg** ab. Dieser geht in einen asphaltierten **Wirtschaftsweg,** der Sie in einem weiten Tal durch Obstwiesen und Felder in Richtung Windischbuch führt, über. 1,3 km nach dem Ortsende kommen Sie an einen **Wald,** an dessen Ende Sie nach links, den Berg hinauf, zum Seehofer Weg fahren. Hier halten Sie sich rechts und fahren 1,6 km auf der Ortsverbindungsstraße zum Gewerbegebiet „Seehof".
Auf der rechten Seite liegt die **Teststrecke** der Firma Bosch. An einem kleinen Teich halten Sie sich links und passieren das **„alte" Hofgut „Seehof".** Nun überqueren Sie die Kreisstraße geradeaus. Die Gebäude auf der linken Seite gehören zur Landesanstalt für Schweinezucht, eine landwirtschaftliche For-

Alte Kirche in Assamstadt

schungsstelle. Sie erreichen dann eine Weggabel bei einer aufgelassenen Grünkerndarre. Hier halten Sie sich links und radeln durch die leicht hügelige Landschaft auf Assamstadt zu. Über den Seehofer Weg und die Bobstadter Straße rechts gelangen Sie zur Ortsmitte und zum Rathaus von **Assamstadt** 02. Dort fahren Sie nach links in die **Mergentheimer Straße.** Dieser folgen Sie, bis Sie nach links in die **Industriestraße** abbiegen können.
Am Ende des Gewerbegebiets beginnt eine **Ortsverbindungsstraße,** über die Sie zunächst durch Felder, später durch lichten Laub- und Nadelwald in Richtung Rengershausen fahren. Der Weg ist nicht zu verfehlen. Kaum dass Sie das ausgedehnte Waldgebiet verlassen haben, biegen Sie nach links ab und radeln auf geringer Steigung auf die Bundesstraße zu. An deren Böschungsfuß biegen Sie nach links ab und fahren die geringe Steigung hinauf zum **höchsten Punkt** vor **Stuppach** 03. Sie rollen nun auf mittlerem Gefälle hinunter in den Ort. In die Rengershäuser Straße biegen Sie nach links ein. Auf der linken Seite kommen Sie an die **Grünewaldstraße,** die nach oben zur **Kirche** führt.

Stuppach – Niederstetten / 21 km / 2:10 Std.

Von der Rengershäuser Straße, der Ortsdurchfahrt im Zuge der Bundesstraße, biegen Sie schon bald nach rechts in die Wehrgasse ab. Nachdem Sie ein sehr schönes Wegkreuz passiert haben, halten Sie sich links und fahren auf der Lindenstraße aus dem Ort hinaus. Weiter geht es auf einem Wirtschaftsweg zwischen Feldern und einer Obstbaumreihe das Tal hinab. Nach einer kleinen Serpentine kommen Sie an eine Abzweigung, an der Sie sich halb links halten und kurz darauf die Kreisstraße geradeaus überqueren. Am Waldrand entlang rollen Sie nun auf leichtem Gefälle bequem bis zum Ende des Waldes.

Variante

Variante Biegen Sie am Waldrand nach links ab, dann führt Sie der Weg (Erlebnistour 3 oder 9) in die Kernstadt von **Bad Mergentheim**. Wollen Sie zum

Radweg zwischen Stuppach und Wachbach

Campingplatz „Willinger Tal", so queren Sie bei einer Hochwasserrückhalteanlage das Tal und fahren nach rechts noch 800 m auf dem Radweg. Der Campingplatz – mit Gaststätte – liegt links von Ihnen am Hang und ist über eine Betonstraße zu erreichen.

Hauptroute

Am Ende des Waldes biegen Sie nach rechts ab. So gelangen Sie im Tal des Wachbachs zum gleichnamigen Teilort von Bad Mergentheim. Vor dem Ort biegen Sie nach rechts in die Kreisstraße ein. In **Wachbach** 04 finden Sie übrigens eine gute Metzgerei und ein Schwimmbad. Der Kreisstraße folgen Sie, bis Sie vor der Bushaltestelle nach rechts in die Straße „In den Torgärten" abbiegen. Die Alte Schlossstraße führt Sie dann am Wasserschloss vorbei, zur katholischen Kirche und zum Amtshaus aus dem Jahr 1575. Von dort fahren Sie rechts „Im Ursprung" und gleich wieder nach links, den „Fröschberg" hinauf. An einer Weggabel beginnt (halb links) der 1,60 m breite, asphaltierte Radweg nach **Hachtel** 05. Im Ort fahren Sie auf der Hauptstraße und dann geradeaus in die Ottmar-Mergenthaler-Straße und von dort nach links in die Bachstraße und wieder rechts in die Heerstraße. Diese geht in einen steil bergaufführenden, asphaltierten Wirtschaftsweg über. Bei einer Weggabel halten Sie sich links. So gelangen Sie über den Höhenrücken, an einer Windkraftanlage vorbei, hinunter nach **Rot** 06. Hier biegen Sie links in die Ötzendorfer Straße ab. Hinter der Bushaltestelle biegen Sie nach rechts in die Seestraße ein. Es geht nun wieder am Hang entlang steil nach oben. Vor einem kleinen Teich (es besteht eine Rastmöglichkeit) führt der „Sportive" nach links weiter, hinauf auf die **Höhe,** wo Sie bei Herbsthausen auf die Bundesstraße treffen. Am Böschungsfuß halten Sie sich links. Der Parallelweg bringt Sie zum Ortseingang von **Herbsthausen** 07. Von weitem sehen Sie im Ort die **„Herbsthäuser Brauerei"** mit einer empfehlenswerten Gaststätte. Am Ortseingang überqueren Sie die Bundesstraße und fahren gleich wieder nach rechts, von der Bebauung weg, auf einem Parallelweg in Richtung Adolzhausen. Dann nehmen Sie den zweiten Weg, der nach links abzweigt und radeln entlang der Obstbaumreihe, auf asphaltiertem Weg, bergab zu einem Laubwald. An dessen Ende biegen Sie an einer T-Kreuzung links ab und gelangen auf dem Hauptweg zur Kreisstraße. Hier fahren Sie nach links und erreichen **Adolzhausen** 08.

Variante

Eine Variante zum „Sportiven“ Herbsthausen–Adolzhausen, die an dem **Landgasthaus „Zum Baschel“** vorbeiführt, verläuft ab der Querung der Bundesstraße zunächst auf der Ortsstraße bergab in Richtung Apfelbach/Markelsheim. Am Ortsrand von Herbsthausen biegen Sie nach rechts ab und folgen dem Wirtschaftsweg nach Schönbühl. Gleich am Orteingang sehen Sie auf der linken Seite das Gasthaus mit teilweise verglaster Sonnenterrasse. Man ist hier besonders auf Fahrradfahrer eingerichtet. Sie finden eine Ladestation für E-Bikes und abschließbare Unterstellmöglichkeiten für Ihr Fahrrad. Noch vor dem Parkplatz des Gasthauses geht es rechts ab, durch eine Senke, über den Damm eines Rückhaltebeckens und geradeaus durch dichten Nadelwald nach Adolzhausen. Wenn Sie aus dem Wald herauskommen liegt das Örtchen in landschaftlich schöner Umgebung vor Ihnen. Über die Schönbühler Straße und die Lindengasse – an der Kirche vorbei – kommen Sie auf die „Äußere Straße“, der Sie nach links folgen. Der „Sportive“ ist nun wieder erreicht.

Hauptroute

Von der „Äußeren Straße“ biegen Sie am Ortsende an der Obstwiese rechts ab und fahren dann gleich wieder nach links auf den Wirtschaftsweg. Es geht nun zunächst hügelig, später auf steilerer Strecke, beinahe geradeaus auf Niederstetten zu. Etwa einen Kilometer von Adolzhausen entfernt erreichen Sie einen Hochpunkt, von dem Sie einen herrlichen Blick ins Taubertal bis zu den Höhen um Bad Mergentheim haben. Von Obstbäumen begleitet radeln Sie nun bis zur Hangkante des Frickentals und sehen dann tief unter sich die Stadt Niederstetten liegen. Auf der gegenüberliegenden Höhe können Sie ein Gewerbegebiet und rechts davon den Flugplatz erkennen. Über die steile Weinsteige und nach einer Rechtskehre der Heyerbergsstraße erreichen Sie die Frickentalstraße auf der Talsohle. Dieser folgen Sie zur Stadtmitte, wo Sie nach rechts in den verkehrsberuhigten Bereich (Lange Gasse), zum Marktplatz und zum Rathaus von **Niederstetten** 09 abbiegen. **Ziel**.

Das Rathaus in Niederstetten

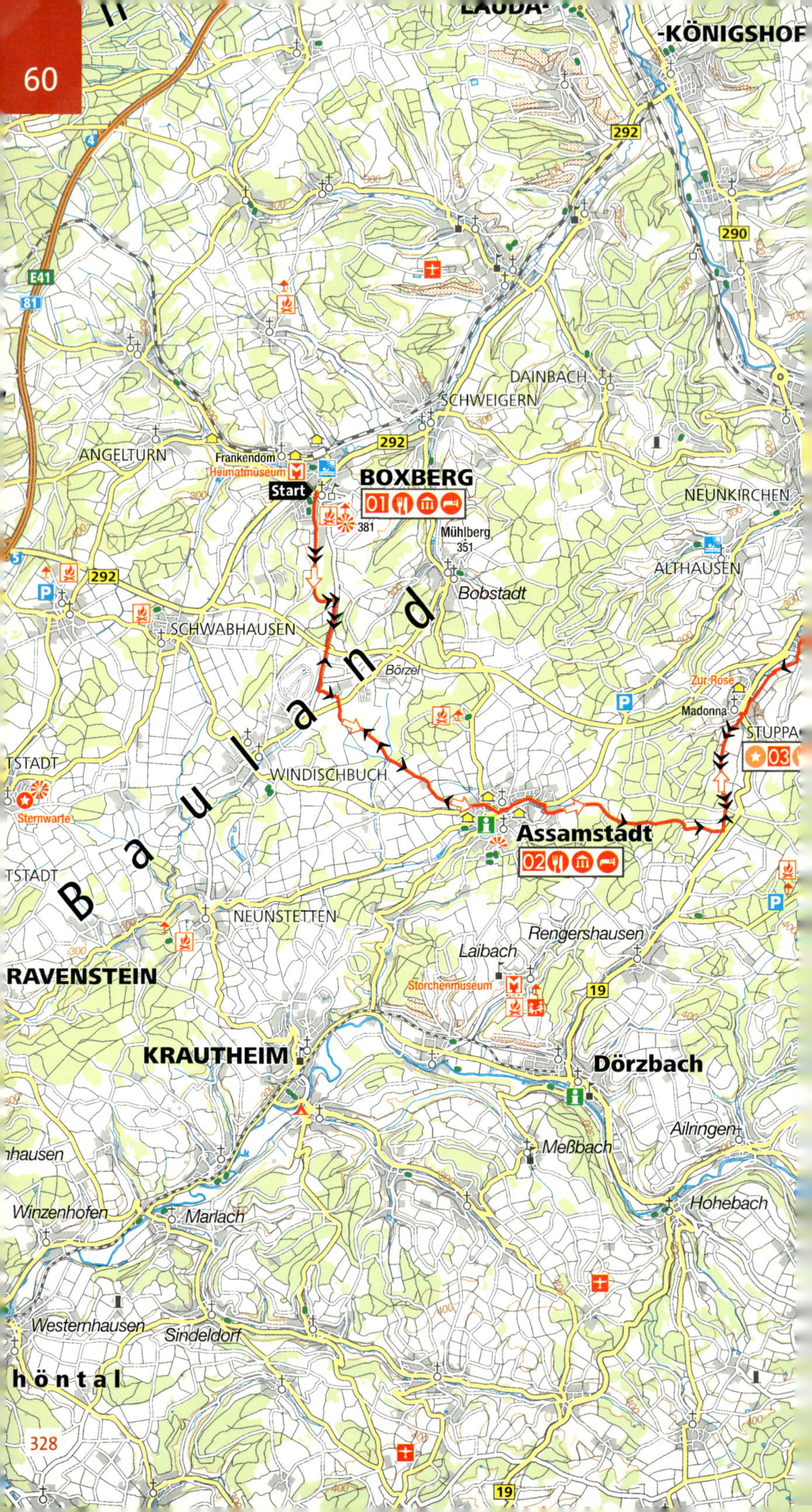
LAUDA-
-KÖNIGSHOFEN
BOXBERG
Start
Frankendom
Heimatmuseum
Mühlberg
351
381
SCHWEIGERN
DAINBACH
ANGELTURN
NEUNKIRCHEN
ALTHAUSEN
Bobstadt
SCHWABHAUSEN
Börzel
Zur Rose
Madonna
STUPPA
WINDISCHBUCH
Sternwarte
Assamstadt
Bauland
NEUNSTETTEN
Rengershausen
Laibach
Storchenmuseum
RAVENSTEIN
KRAUTHEIM
Dörzbach
Ailringen
Meßbach
Winzenhofen
Marlach
Hohebach
Westernhausen
Sindeldorf
höntal

Riedenheim
Reckerstal
Harthausen
RÖTTINGEN
Neuses
Igersheim
Tauberrettersheim
Tauberberg
WEIKERSHEIM
Taubergrund
RÜSSELHAUSEN
APFELBACH
Standorf
Oberndorf
Röttersberg
HERRENZIMMERN
Dörtel
VORBACHZIMMERN
WERMUTSHAUSEN
Heller Graben
Mörike-Gedenkstube
RINDERFELD
Keglerhof
Weinbaumuseum
HERBSTHAUSEN
ADOLZHAUSEN
NIEDERSTETTEN
07
08
09
06
Brauerei
Ziel
Haltenberg
A.-Sammt-Mus.
Keltische Viereckschanze
ROT
Dreischwingen
Hollenbacher Seen
Ermershausen
OBERSTETTEN
Zaisenhausen
Mulfingen
Kälberbach
Herrentierbach
Simprechtshausen
Heimhausen
0 1250 m

GUNZENHAUSEN – TREUCHTLINGEN

Zum Karlsgraben

 27 km  2:30 Std.  10 hm   15 hm

STARTORT | Gunzenhausen, 416 m
START | Gunzenhausen, Bahnhof, 421 m
[GPS: UTM Zone 32 x: 628.060 m y: 5.442.280 m]
ZIEL | Treuchtlingen, Bahnhof, 411 m
CHARAKTER | Einfache und schnelle Verbindung von Gunzenhausen nach Treuchtlingen auf überwiegend sonnigen Radwegen, die gut ausgebaut und ausgeschildert sind.
VERKEHR | Überwiegend Radwege, meist entlang der Bahnstrecke.

TIPP: Rückkehr per Bahn.
Diese Tour beschreibt die kürzeste Verbindung zwischen Gunzenhausen und Treuchtlingen. Alternativ kann man auch über den Brombachsee und Weißenburg fahren oder – mit einigen Anstiegen – über den Hahnenkamm.

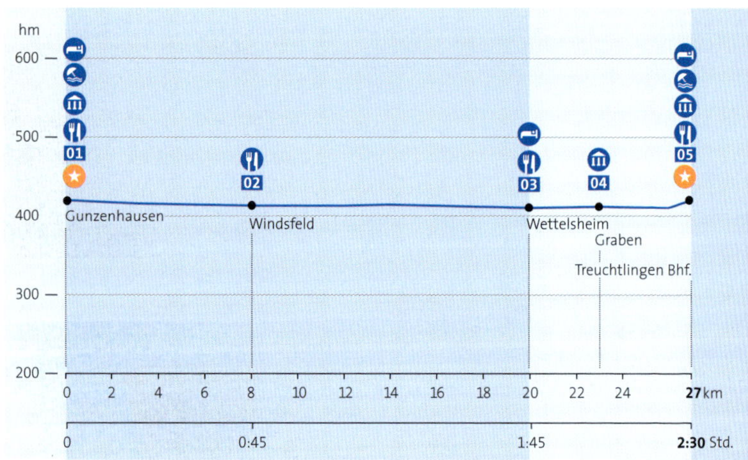

Die Tour ist die kürzeste Verbindung zwischen Gunzenhausen und Treuchtlingen. Es bleibt genügend Zeit für die Besichtigung der am Weg liegenden Orte oder den Besuch der Altmühltherme. Wer noch mehr radeln möchte, kann noch einen Abstecher nach Weißenburg oder Wemding unternehmen.

Gunzenhausen – Wettelsheim / 20 km / 1:45 Std.

Start In **Gunzenhausen** **01** starten wir am Bahnhof und fahren rechts und an der nächsten Kreuzung links in den Ort. Nach dem Rathaus befindet sich links die Tourist-Information. Am Ende des Marktplatzes sehen wir links einen historischen Turm, rechts Reste einer Wehranlage. Gleich danach geht es rechts zum Radweg. Dort fahren wir links. Gegenüber der Stadthalle gibt es einen Pavillon mit öffentlichen Toiletten. Kurz darauf gelangen wir rechts über eine kleine Brücke auf unseren Radweg, der bis Kelheim perfekt ausgeschildert ist. Wir fahren durch **Windsfeld** **02**, einem sehr idyllischen Dorf.

Der Marktplatz in Gunzenhausen

Am Ortsausgang geht es geradeaus weiter. Kurz vor Ehlheim weist uns eine Info-Tafel auf die ökologische Gewässer-Umgestaltung des Gebietes hin. Ca. 7 km vor Treuchtlingen liegt rechts, etwa 300 m vom Radweg entfernt, der Ort **Wettelsheim** 03.

Wettelsheim – Treuchtlingen / 7 km / 0:45 Std.

Weiter geht es in den Ort **Graben** 04. Dort führt der Weg rechts weiter. Geradeaus lohnt sich ein Abstecher zum Karlsgraben (einfach der steinernen Rinne folgen) und der Ausstellung Fossa Carolina. In **Treuchtlingen** 05 umfahren wir den Kurpark und kommen direkt zur Altmühltherme. Rechts über die Brücke gelangen wir zum Bahnhof **Ziel**.

Uhrturm in Gunzenhausen

Altmühlsee
ZEDEL
Brombach
466
SCHLUNGENHOF
STEINABÜHL
WALD
Seezentrum Wald
GUNZENHAUSEN
01
FRICKENFELDEN
Start
erhambach
REUTBERG
UNTERWURMBACH
OBERWURMBACH
AHA
13
OBERASBACH
UNTERASBACH
13
ngen
Windsfeld
02
Nordstetten
PFLAUMFELD
Bhf. Windsfeld-Dittenheim
Sausenhofen
Gnotzheim
Obermögersheim
Dittenheim
Spielberg
Sammenheim
GEN
466
Mein
Ostheim
Heidenheim
Markt Berg
Hahnenkam
Westheim
Hohentrüdingen
Degersheim
Rohrach
Hechlingen
Hüssingen
Auernheim

Allmannsdorf
Großer Brombachsee
Ramsberg
Langlau
Main-Donau-Wasserscheide
Veitserlbach
Thannhausen
Pleinfeld
Mischelbach
Rittern
Theilenhofen
494
Göppe
ELLINGEN
13
Störzelbach
Alesheim
427
Flüglinger Berg
541
Weimersheim
Hagenbuch
Hattenhof
Castrum Biriciana
röm. Thermen
Obstlehrgarten
2
Trommetsheim
WEISSENBURG
in Bayern
Limesbad
KATTENHOCHSTATT
Sommerkeller
Haardt
Bubenheim
04
Dettenheim
Wettelsheim
Karlsgraben
Graben
Suffersheim
03
Bierkeller
TREUCHT-LINGEN
05
Schambach
Geislohe
Ziel
Altmühltherme
Osterdorf
0 1000 m
Gohren
333

TREUCHTLINGEN – WALTING

Eichstätt – das Zentrum des Naturparks Altmühltal

 55 km  4:30 Std.  21 hm  35 hm

STARTORT | Treuchtlingen, 411 m
START | Treuchtlingen, Bahnhof, 419 m
[GPS: UTM Zone 32 x: 639.720 m y: 5.424.880 m]
ZIEL | Walting, 397 m
CHARAKTER | Landschaftlich besonders schöner Streckenabschnitt. Der Weg führt ohne Steigungen entlang der Altmühl, ist sehr gut ausgebaut und beschildert.
VERKEHR | Überwiegend Radwege.

TIPP: Rückkehr per Bahn.
Eichstätt ist aufgrund seiner Lage und der zahlreichen Sehenswürdigkeiten ein beliebtes Ziel im Altmühltal. Wer hier übernachten will, sollte rechtzeitig reservieren, in den Ferienzeiten und an Wochenenden sind die Zimmer nämlich schnell ausgebucht.

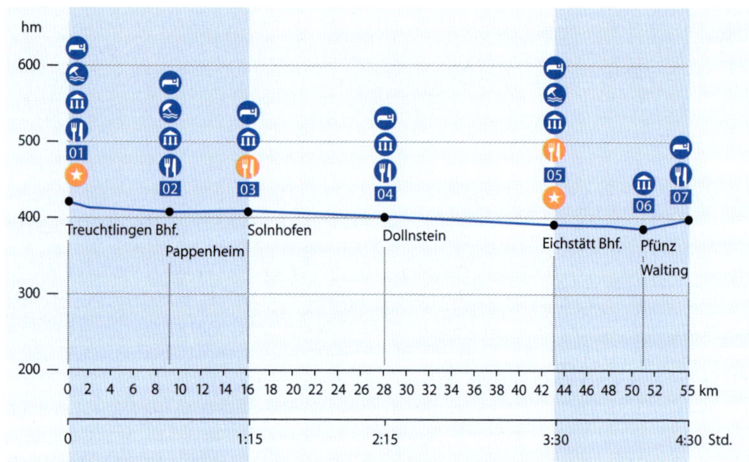

Dieser landschaftlich sehr schöne Abschnitt ist auch bei Bootswanderern sehr beliebt. Es gibt zahlreiche Bootsanlegestellen, die auch als Picknickplätze geeignet sind.

Treuchtlingen – Solnhofen / 16 km / 1:15 Std.

Start In **Treuchtlingen** 01 starten wir am Bahnhof und fahren Richtung Altmühltherme. Noch vor der Brücke geht es rechts wieder auf den Altmühltalradweg. Wir verlassen den Ort Richtung Dietfurt. Von dort geht es weiter nach **Pappenheim** 02. Ohne Steigungen gelangen wir von dort ohne große Anstrengung nach **Solnhofen** 03, wo wir uns mit Solnhofer Klosterbroten stärken können.

Solnhofen – Eichstätt / 27 km / 2:15 Std.

Nach der Brücke geht es rechts in einen netten Innenhof und zur **Sola-Basilika**, links führt der Radweg weiter

Die Sola-Basilika in Solnhofen

zum **Bürgermeister-Müller-Museum.** Gegenüber vom Museum gibt es überdachte Radabstellmöglichkeiten, Toiletten und eine E-Bike-Aufladestation (Schlüssel im Museum). Im Museum ist auch die Zimmervermittlung für Solnhofen. Weiter geht es über die Bahn und am Zeltplatz Mühle vorbei. Kurz darauf sehen wir die berühmte Felsformation **„Zwölf Apostel".** Nach einer Bootsverleihstation geht es über eine kleine Brücke. Wir fahren links kurz auf die Straße und dann links über die Autobrücke. Gleich darauf geht es rechts und wieder links weiter. Nach der nächsten Kurve bleiben wir auf dem unteren Weg. Wir fahren bis Hagenacker, dann über die Bahn und links weiter. Zwischen der Altmühl und den Bahngleisen führt unser Radweg weiter an einem kleinen Kletterfelsen vorbei bis **Dollnstein** 04.
Hier geht es durch den Ort und beim Friedhof rechts weiter. Kurz nach Dollnstein erreichen wir den markanten Burgsteinfelsen. Weiter geht es nach Breitenfurt. Dort gibt es ein kleines Schwimmbad. Der Weg geht vor der Brücke links weiter. Nach einer kleinen Brücke fahren wir rechts weiter. In Rebdorf geht es rechts zum Bach und über eine kleine Brücke. Dann geht es links weiter. Rechts können wir schon die Willibaldsburg sehen. Nach dem Sportplatz geht es links über eine kleine Steinbrücke, dann wieder rechts. Am Bach bleibend kommen wir zum Herzogsteig in Eichstätt. Hier beginnt die barocke Altstadt von **Eichstätt** 05.

Eichstätt – Walting / 12 km / 1 Std.

Am Residenzplatz geht es rechts wieder zum Fluss. In Pietenfeld fahren wir über die Brücke und dann links auf den Dammweg weiter. Nach ca. 10 km erreichen wir **Pfünz** 06. Zum Römerkastell geht es rechts, der Weiterweg führt links unter der Straße durch und rechts weiter. Nach 4 km erreichen wir **Walting** 07 Ziel.

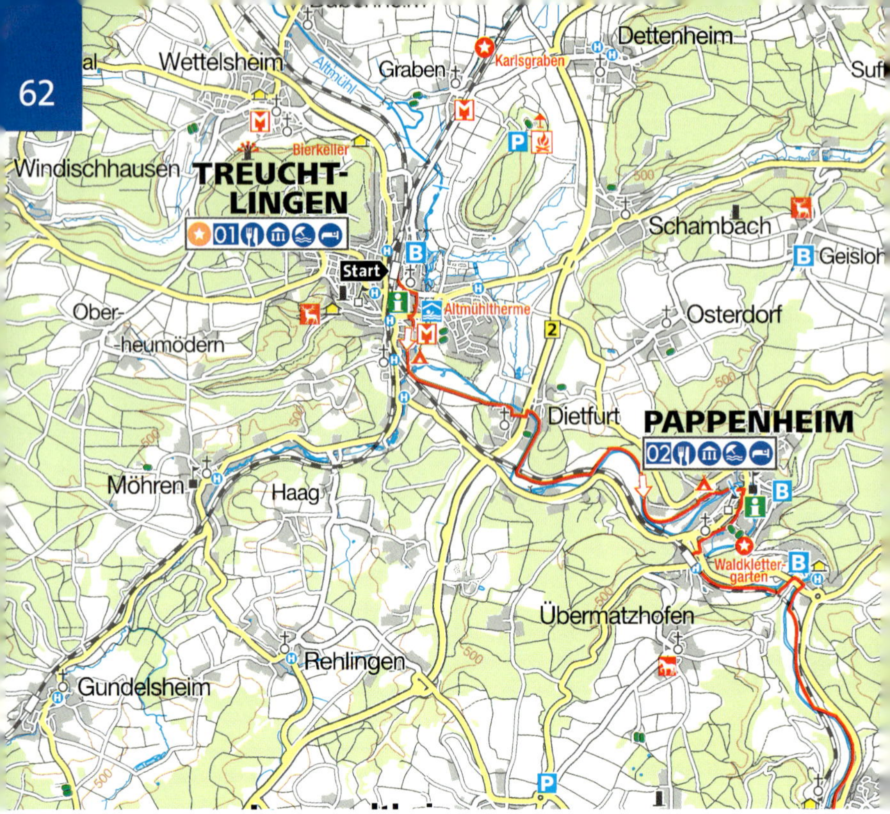

Dettenheim
Wettelsheim
Graben
Karlsgraben
Altmühl
Bierkeller
Windischhausen
TREUCHT-
LINGEN
01
Schambach
Geisloh
Start
Ober-
heumödern
Altmühltherme
Osterdorf
2
Dietfurt
PAPPENHEIM
02
Möhren
Haag
Waldkletter-
garten
Übermatzhofen
Rehlingen
Gundelsheim
500

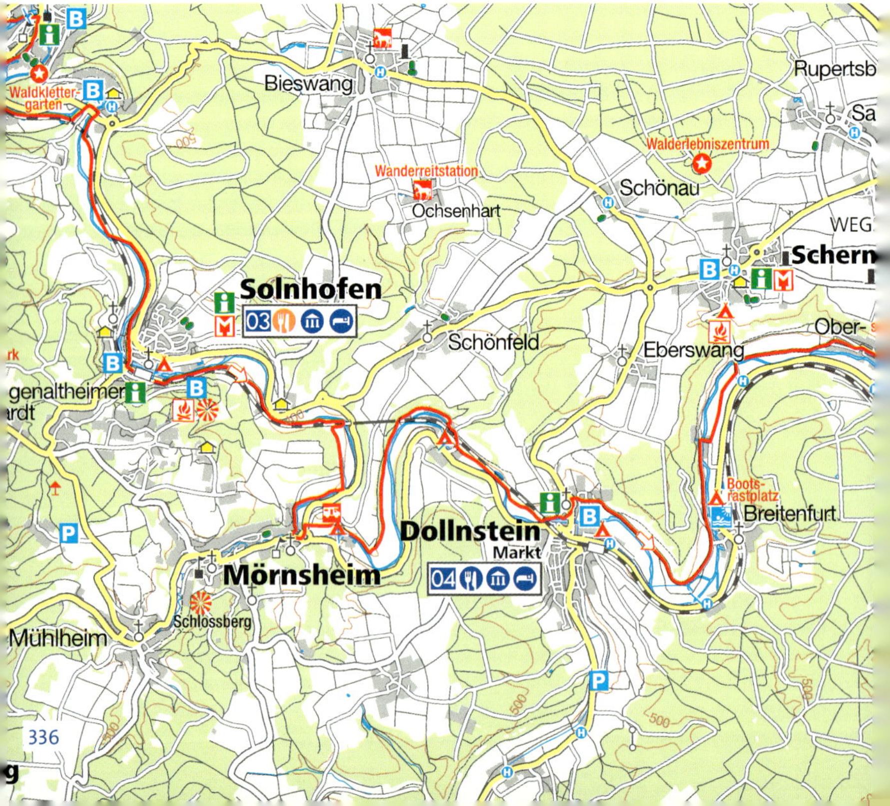

Waldkletter-
garten
Bieswang
Rupertsb
Walderlebniszentrum
Wanderreitstation
Ochsenhart
Schönau
WEG
Schern
Solnhofen
03
Schönfeld
Eberswang
Ober-
genaltheimer
rdt
Boots-
rastplatz
Breitenfurt
Dollnstein
Markt
04
Mörnsheim
Schlossberg
Mühlheim
500

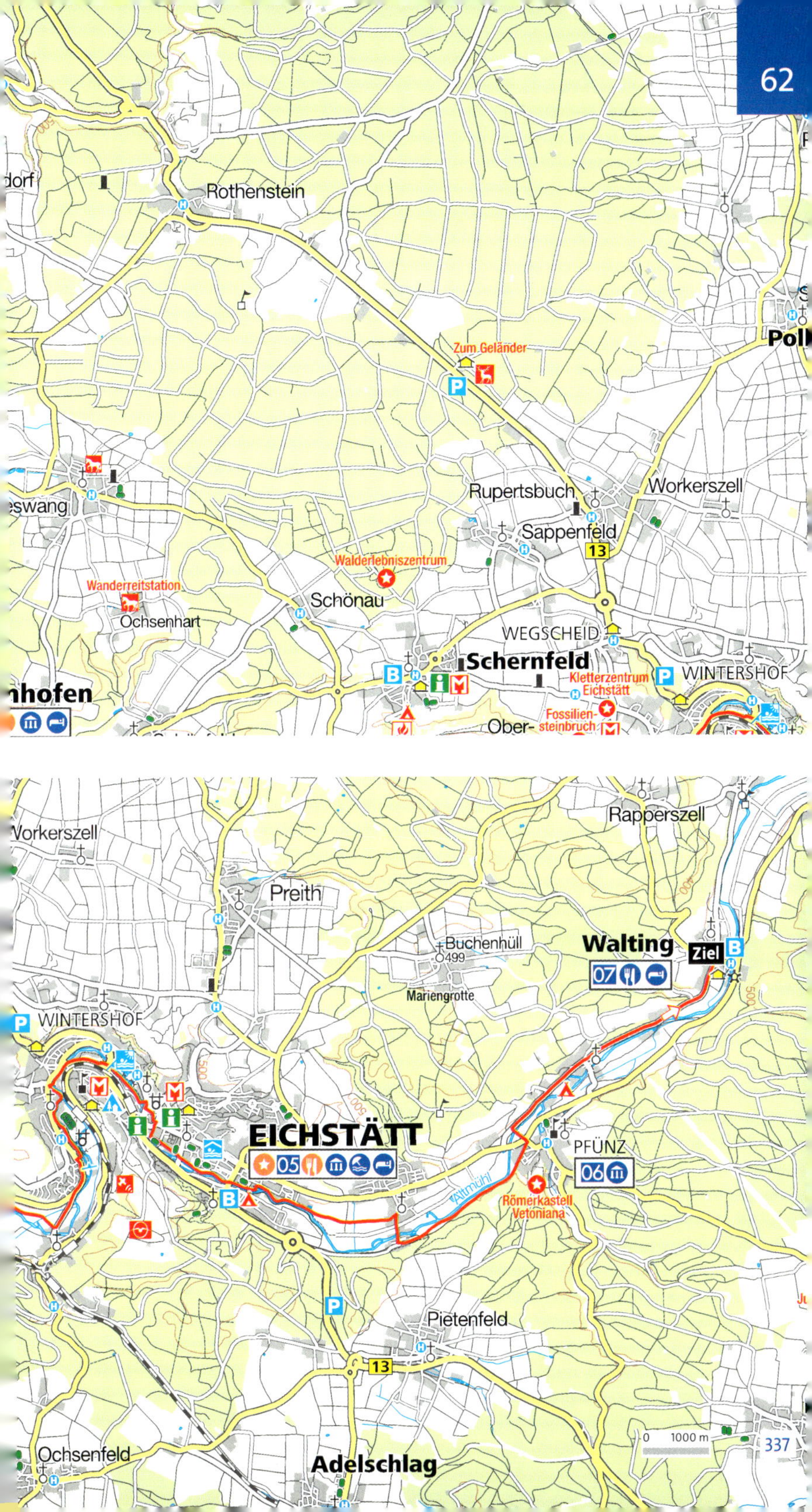

Rothenstein
Zum Geländer
Poll
Rupertsbuch
Workerszell
Sappenfeld
13
Walderlebniszentrum
Wanderreitstation
Ochsenhart
Schönau
WEGSCHEID
Schernfeld
Kletterzentrum Eichstätt
WINTERSHOF
Fossilien-steinbruch
Ober-
eswang
hofen
Rapperszell
Preith
Buchenhüll
499
Walting
Ziel
07
Mariengrotte
EICHSTÄTT
05
PFÜNZ
06
Römerkastell Vetoniana
Altmühl
Pietenfeld
Ochsenfeld
Adelschlag
0 1000 m

BAD HERRENALB – MARXZELL – ETTLINGEN – BAD HERRENALB

Durch das naturschöne Albtal

 38 km  3:35 Std.  547 hm   547 hm

STARTORT | Bad Herrenalb, 375 m
START/ZIEL | Bahnhof, Bahnhofsplatz
[GPS: UTM Zone 32 x: 458.840 m y: 5.405.650 m]
CHARAKTER | Talfahrt in bequemer Flussabwärtsrichtung auf Asphalt- und Schotterwegen mit nur wenigen Zwischenanstiegen, Rückfahrt in steter Steigung, wer mit Kindern unterwegs ist, kann die Rückfahrt auch mit der Bahn zurücklegen.
VERKEHR | Fast durchgehend von der Bundesstraße durch den Fluss oder durch Planken abgetrennte autofreie Wege.

TIPP: Mit der Albtalbahn S 1 lässt sich der Albtalradweg auch etappenweise durchfahren. Ein besonderes Schmankerl ist die Fahrt mit dem dampflokbespannten Museumszug.

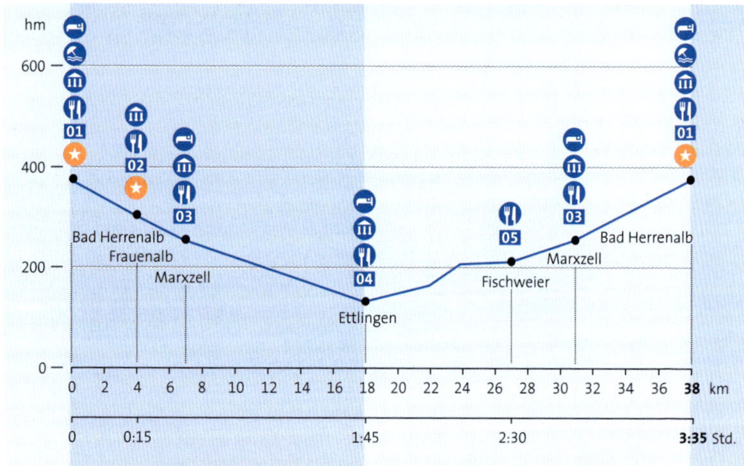

Das Albtal und seine Seitentäler stehen als eine landschaftlich und ökologisch wertvolle Nordschwarzwaldtalschaft auf einer Fläche von 636 ha unter Naturschutz. Zwischen den Bergen hat sich der Fluss tief eingeschnitten, charakteristisch sind die zusammenhängenden Wälder, durchbrochen durch die Rodungsinseln der Dörfer und die Talauen mit Wiesen und Ufergehölzen. Der Albtalradweg führt vom Kurort Bad Herrenalb durch das Albtal in die Schlossstadt Ettlingen.

Bad Herrenalb – Ettlingen / 18 km / 1:45 Std.

Start Vor dem Bahnhof der Kurstadt

Bad Herrenalb 01 führt die Bahnhofstraße über die Alb, direkt dahinter zweigt der Radweg links ab und folgt dem Fluss an der Siebentäler-Therme vorbei abwärts am Rand der Schweizerwiese in den Ortsteil **Kullenmühle,** dort links auf der Bernbacher Straße über die

Bei Marxzell

Bahnlinie und am Albtalbahn-Haltepunkt vorbei und ans linke Ufer der Alb. Hinter der Linkskurve am Ortsende scharf rechts abbiegen, kurz bergauf und oben geradeaus auf dem Graf-Rhena-Weg im Wald mit schönen Aussichtsstellen zum **Kloster Frauenalb** 02, wo der Landgasthof König von Preußen zur Einkehr einlädt.
Vom Kloster geht es aufwärts dem Wald zu, nach 50 m rechts und kurz weiter bergauf, an der Gabelung rechts bergab, dann immer längs der Alb in Richtung Marxzell. An der Serpentinenkurve der Hauptstraße Marxzell–Burbach kurz rechts hinab nach **Marxzell** 03, wo jenseits der Alb das Vier-Sterne-Hotel Marxzeller Mühle zur Einkehr und das Fahrzeugmuseum Marxzell zur Oldtimer-Besichtigung einladen.
Der Graf-Rhena-Weg verlässt die Straße schon vor der Alb links und folgt dem Fluss und den ihn begleitenden Wiesen auf einer asphaltierten Forststraße. An der ersten Straße, im Moosalbtal, ist rechts das nahe Hotel Fischweier ausgeschildert, während der Radweg der Moosalbtalstraße kurz links folgt, rechts auf einem Wirtschaftsweg die Moosalb überquert und dann seine angenehme Route im unteren Waldrandbereich längs der Albtalwiesen fortsetzt. In den Wiesen an der Kochmühle bei der Graf-Rhena-Quelle besteht die Möglichkeit, rechts zum **Albtalbahnhof Etzenrot** zu fahren.
Der Radweg hingegen setzt seinen Wald- und Wiesenkurs talabwärts nach Ettlingen fort: Hier wechselt er relativ bald auf den Weg zwischen Bahnlinie und Fluss und mündet am Freibad Albgaubad an der Bahnhaltestelle Ettlingen-Albgaubad in die Schöllbronner Straße; sie führt geradeaus zum Stadtgarten, wo sich links die Bahnhaltestelle Ettlingen-Stadt befindet; hier kann man die Besichtigung von **Ettlingen** 04 beginnen, mit der Albtalbahn zurück nach Bad Herrenalb fahren oder dem Naturpark-Radweg talaufwärts folgen, damit die Albtalfahrt ein Rundkurs wird.

Ettlingen – Bad Herrenalb / 20 km / 1:45 Std.

Vom Stadtpark nordwärts über die Alb und rechts auf der Albstraße, nun begleitet von den Schildern des 2012 eröffneten Naturpark-Radwegs. Die Albstraße mündet in die Pforzheimer Straße, längs der der Radweg talaufwärts führt, vor der Verzweigung beim Wattkopftunnel die viel befahrene Straße rechts verlässt und von der Wald- auf die Gewerbeparkseite der Bahntrasse wechselt. Am Albtalbahnhaltepunkt **Busenbach** erfolgt der Wechsel zurück neben die Landstraße. Mal mehr, mal weniger oberhalb der Landstraße führt der vom ADFC getestete Radweg talaufwärts nach **Neurod** mit dem Haltepunkt **Etzenrot,** zum Hotel **Fischweier** 05 und zurück nach **Marxzell** 03. Am südlichen Ortsausgang wechselt der Naturpark-Radweg links auf die Schielberger Straße: An der ersten Verzweigung verlassen wir die Schielberger Straße rechts und folgen der lokalen Radtouren-Beschilderung im Wald zurück zum Ausgangspunkt in **Bad Herrenalb** 01 Ziel.

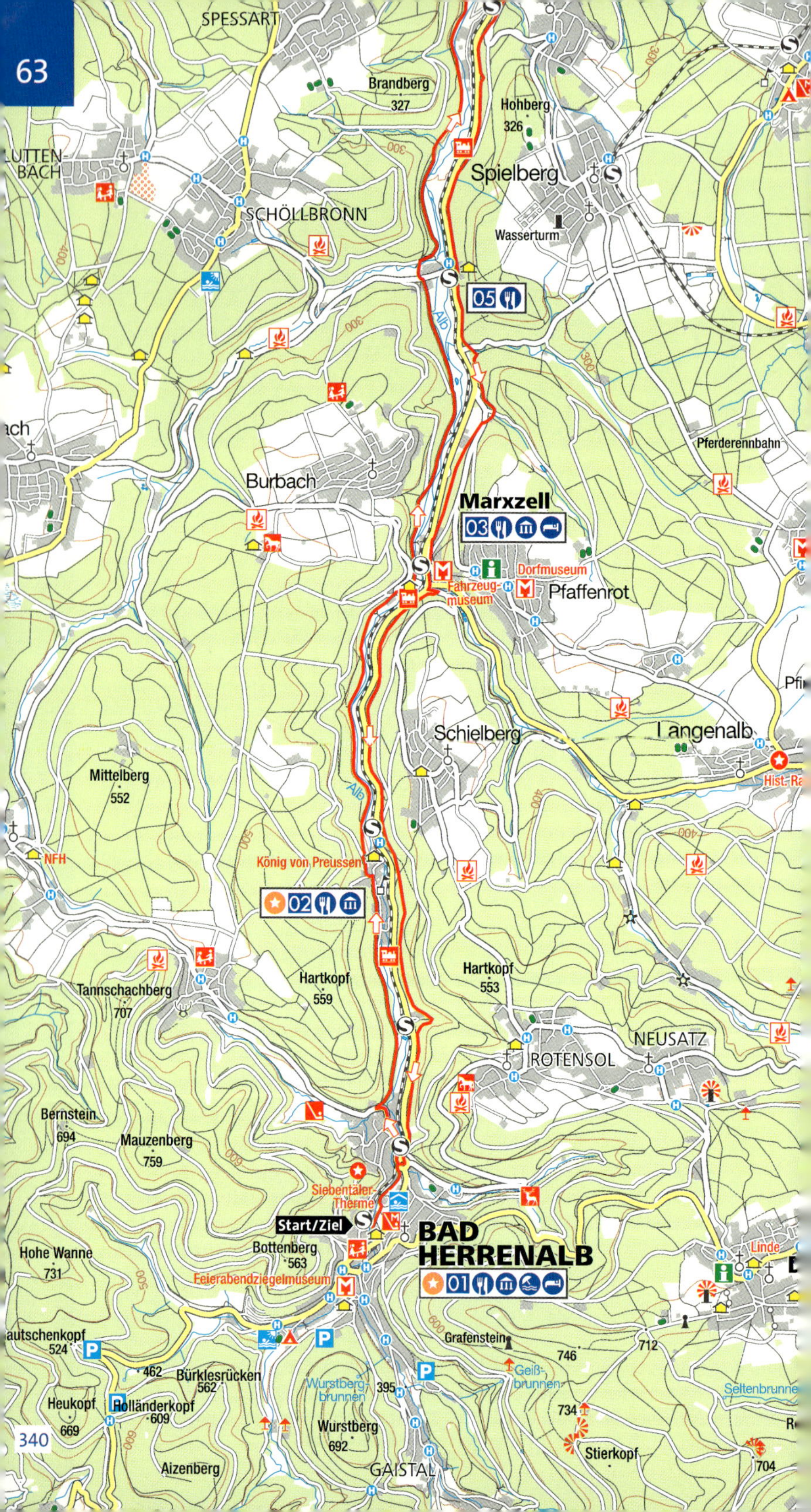
SPESSART
Brandberg
327
Hohberg
326
Spielberg
SCHÖLLBRONN
Wasserturm
05
Alb
Pferderennbahn
Burbach
Marxzell
03
Dorfmuseum
Fahrzeug-museum
Pfaffenrot
Schielberg
Langenalb
Hist. Ra
Mittelberg
552
NFH
König von Preussen
02
Hartkopf
559
Hartkopf
553
Tannschachberg
707
NEUSATZ
ROTENSOL
Bernstein
694
Mauzenberg
759
Siebentäler Therme
Start/Ziel
BAD HERRENALB
01
Bottenberg
563
Feierabendziegelmuseum
Hohe Wanne
731
Linde
Grafenstein
746
712
Geiß-brunnen
462
Bürklesrücken
562
Wurstberg-brunnen
395
Seltenbrunne
Heukopf
669
Holländerkopf
609
Wurstberg
692
734
Stierkopf
704
Aizenberg
GAISTAL

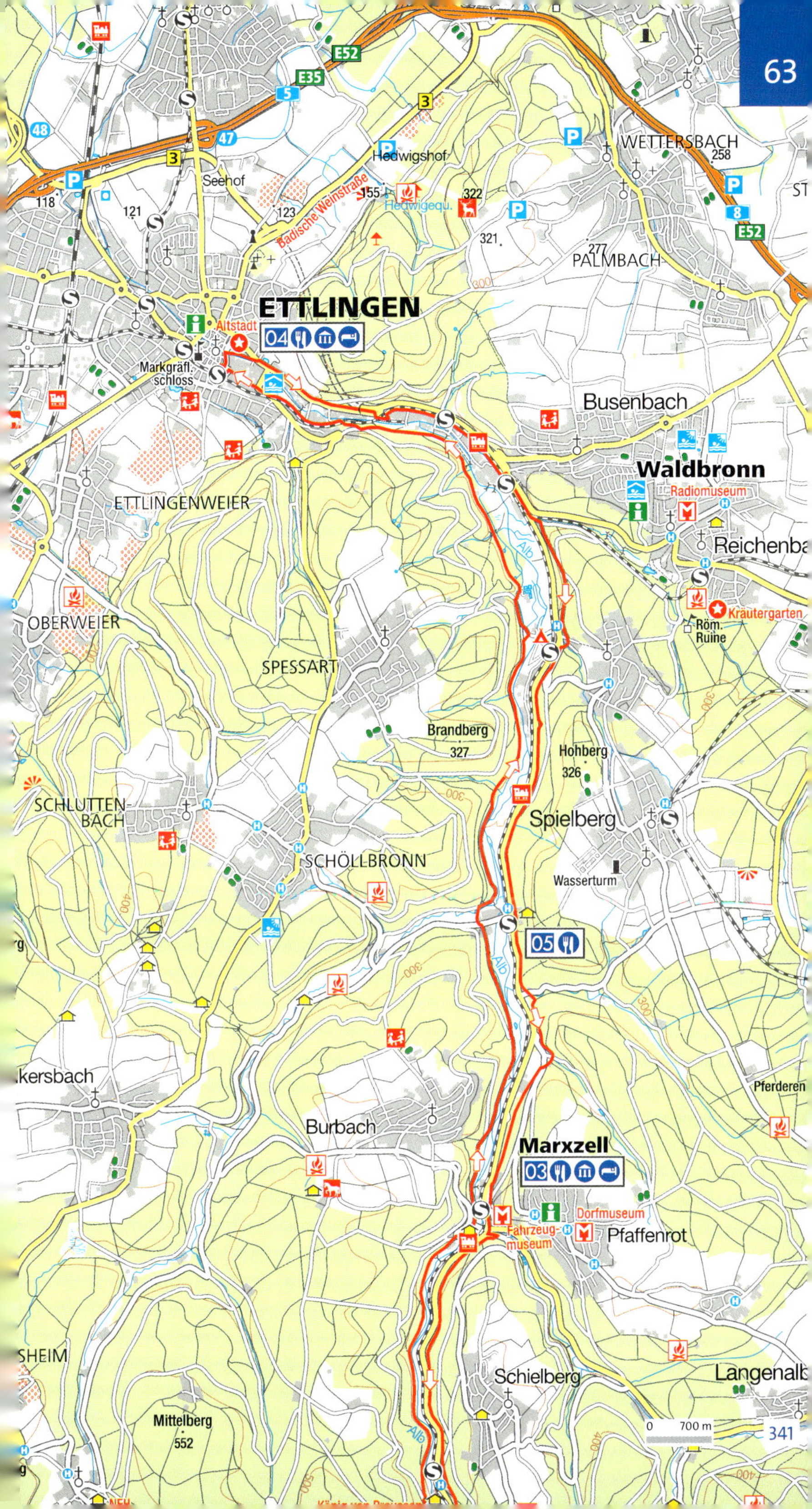
63
E52
E35
5
3
48
47
Seehof
118
121
123
Badische Weinstraße
Hedwigshof
155
Hedwigequ.
322
321
WETTERSBACH
258
8
277
PALMBACH
ETTLINGEN
Altstadt
04
Markgräfl. schloss
Busenbach
Waldbronn
Radiomuseum
Reichenba
Kräutergarten
Röm. Ruine
ETTLINGENWEIER
OBERWEIER
SPESSART
Alb
Brandberg
327
Hohberg
326
Spielberg
Wasserturm
SCHLUTTENBACH
SCHÖLLBRONN
05
300
400
kersbach
Pferderen
Burbach
Marxzell
03
Dorfmuseum
Fahrzeugmuseum
Pfaffenrot
Schielberg
Langenalb
SHEIM
Mittelberg
552
0
700 m

SAND – ROTE LACHE – HERRENWIESER SEE – SAND

Über die Badener Höhe

 31 km  2:50 Std.  748 hm  748 hm

STARTORT | Bühl, 138 m
START/ZIEL | Sand, Parkplatz an der Kreuzung der Schwarzwaldhochstraße Baden-Baden – Freudenstadt (B 500) mit der Passstraße von Forbach-Raumünzach (S-Bahnhof der Murgtalbahn) nach Bühlertal und Bühl. [GPS: UTM Zone 32 x: 443.840 m y: 5.389.600 m]
CHARAKTER | Wald- und Aussichtsfahrt auf bequemen Forstwegen.
VERKEHR | Überwiegend autofreie Forstwege.

TIPP: Der Schwarzenbachstausee ist einer der wenigen Seen im Nordschwarzwald, in dem das Baden erlaubt ist.

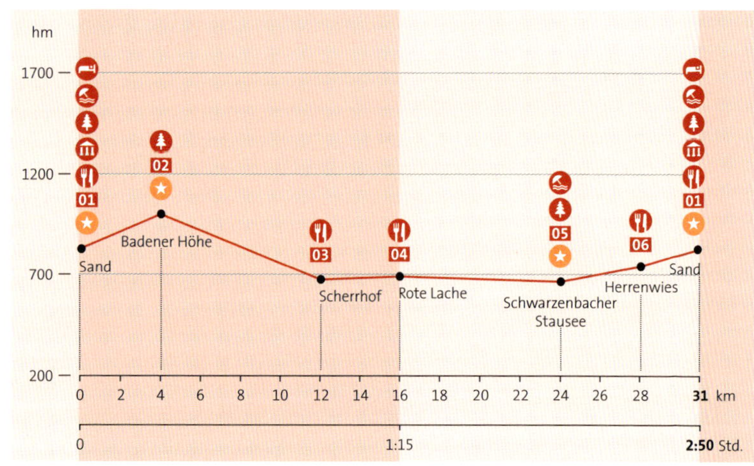

Diese ruhige Waldtour leitet auf Forstwegen rund um die Badener Höhe und bietet weite Ausblicke über den Nordschwarzwald.

Sand – Rote Lache / 16 km / 1:15 Std.

Start Von der Ampelkreuzung zwischen der Kapelle Sand und dem (ehemaligen) Kurhaus **Sand** 01 geht es wenige Meter längs der Passstraße Richtung Herrenwies und hinter dem ehemaligen Kurhaus halb links auf den Forstweg Richtung „Badener Höhe“ (Westweg) in den Wald hinein. Man orientiert sich an den Rote-Raute-Markierungen des Westwegs, der hier zugleich als Fahrradweg zugelassen und mit Fahrradrichtungspfeilen ausgeschildert ist. In kaum merklichem Anstieg führt der Forstweg an der Bergwaldhütte Sand vorbei zum autofreien **Naturfreundehaus Badener Höhe,** in dem man wie in einer normalen Gaststätte einkehren kann. Hier fällt der Blick über das Schwarzenbachtal hinweg zum Hohen Ochsenkopf und zum Mehliskopfturm sowie hinab zu den Häusern von Herrenwies, gleich darauf rückt vorübergehend der Aussichtsturm

Schwarzenbacher Stausee mit Blick zur Badener Höhe

auf der Badener Höhe ins Blickfeld. An der zweiten Wegespinne Herrenwieser Sattel steigt der Westweg mehr an und führt hinauf zum Aussichtsturm auf der **Badener Höhe** 02.

Vom Aussichtsturm zurück zur Wegespinne Herrenwieser Sattel und hier steil abwärts Richtung „Geroldsauer Wasserfall", bis der Forstweg an der Mittelfeldhütte den Bernsteinweg erreicht. Dieser führt im Hang rechts weiter zur Bernsteinhütte und zur Waldgaststätte **Scherrhof** 03 im Quellgebiet der Oos.

Aussichtsturm auf der Badener Höhe

Auf der Zufahrt geht es rechts hinauf Richtung „Baden-Baden" zur Eichenplochhütte (kleiner Parkplatz) und zum Höhenhotel **Rote Lache** 04, dort rechts auf den großen Parkplatz und auf den ersten links versetzt abzweigenden Forstweg (Harzweg) in Richtung „Wegscheide" (Radroutenschild und Markierung „gelbe Raute").

Rote Lache – Sand / 15 km / 1:35 Std.

Mehrfach bieten sich an diesem fast eben verlaufenden Weg Ausblicke ins Murgtal, an der Wegespinne Wegscheide laden Bänke und Tisch zur Rast ein. Der Herrenwieserweg führt im Wald weiter in Richtung „Seebachhof" und **Schwarzenbacher Stausee** 05.

Kurz nach Passieren der Bernhardushütte (privat) überqueren wir den Seebach und biegen links hinauf Richtung Herrenwies ab, gleich darauf laden bei einer Hütte Sitzbänke in einer Wiese zur Rast. Am Wanderheim Forbach radeln wir weiter Richtung „Sand", erreichen das am Waldrand gelegene Café-Restaurant **„Waldesruh"** und sehen dahinter die gotische Kirche von **Herrenwies** 06. Nun beginnt der Schlussspurt zum Ausgangspunkt **Sand** 01 an der Schwarzwaldhochstraße **Ziel**.

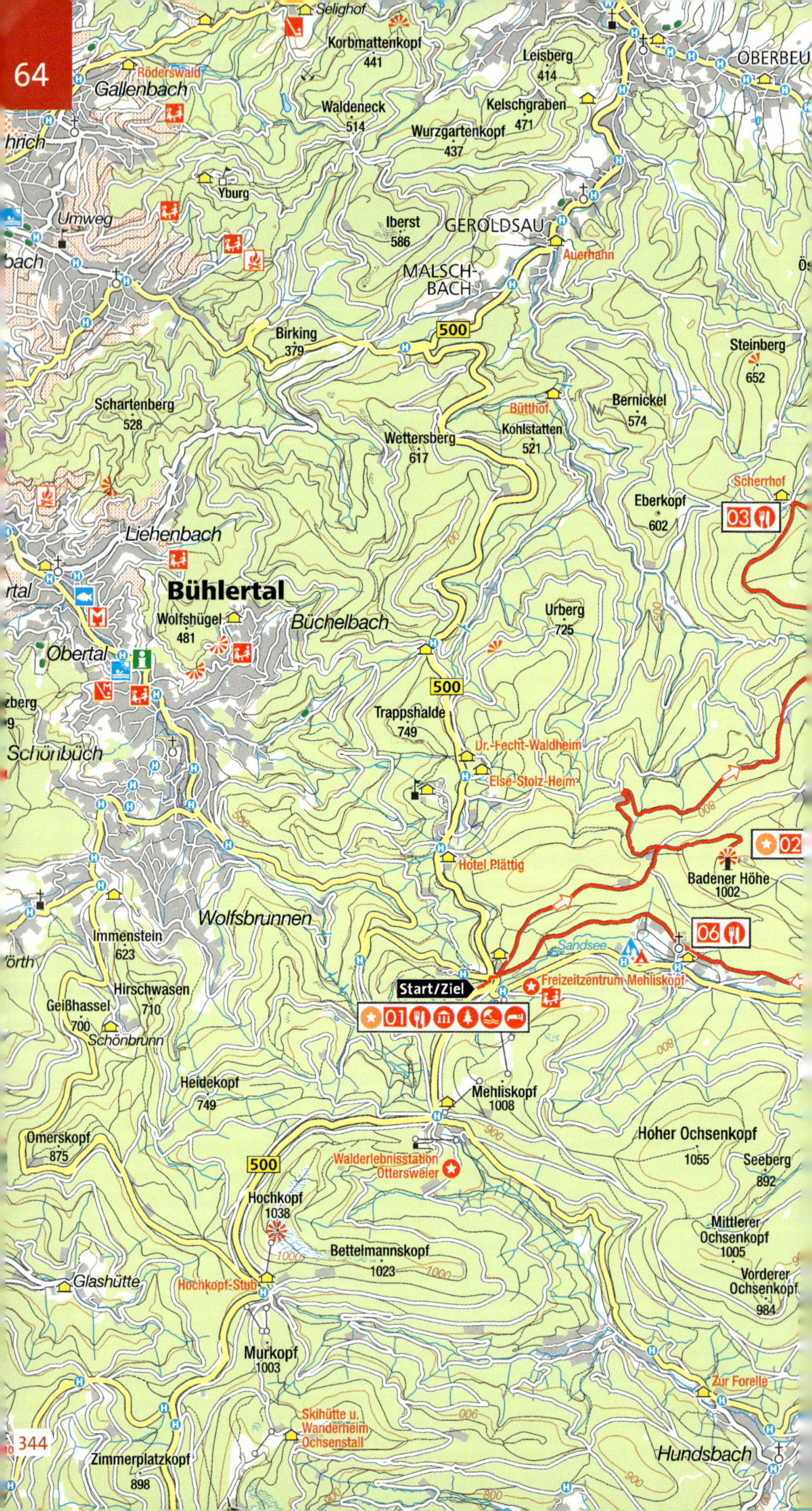
Selighof
Korbmattenkopf
441
Leisberg
414
OBERBEU
Röderswald
Gallenbach
Waldeneck
514
Kelschgraben
471
Wurzgartenkopf
437
Yburg
Umweg
Iberst
586
GEROLDSAU
Auerhahn
MALSCH-
BACH
Birking
379
500
Steinberg
652
Schartenberg
528
Bütthof
Bernickel
574
Wettersberg
617
Kohlstatten
521
Scherrhof
Eberkopf
602
03
Liehenbach
Bühlertal
Wolfshügel
481
Büchelbach
Urberg
725
Obertal
Trappshalde
749
Schönbüch
Dr.-Fecht-Waldheim
Else-Stolz-Heim
Hotel Plättig
02
Badener Höhe
1002
Wolfsbrunnen
Immenstein
623
06
Sandsee
Hirschwasen
710
Geißhassel
700
Schönbrunn
Start/Ziel
01
Freizeitzentrum Mehliskopf
Heidekopf
749
Mehliskopf
1008
Hoher Ochsenkopf
1055
Omerskopf
875
Seeberg
892
Walderlebnisstation
Ottersweier
Hochkopf
1038
Mittlerer
Ochsenkopf
1005
Bettelmannskopf
1023
Vorderer
Ochsenkopf
984
Glashütte
Hochkopf-Stub
Murkopf
1003
Zur Forelle
Skihütte u.
Wanderheim
Ochsenstall
Hundsbach
Zimmerplatzkopf
898

Obertsrot
Rockertkopf 642
695
Vogelhartsk 839
Dachsstein 646
Hummelsberg 559
Raidenberg 540
Hilpertsau
462
Reichental
Großer Schöllkopf 514
Waldmuseum
Weisenbach
Au
Barbaumköpfle 554
Hoheck 666
Schlechtauberg 491
Dachsstein 574
NFH Bonora
Maienplatz 684
Murg
Hohe Schaar 711
04
Rote Lache
Hardtkopf 665
Langenbrand
Ruhberg 869
Forkel 648
Hoher Draberg 965
Bermersbach
Kipf 612
Gausbach
Forbach
Kipf 689
Hornberg 701
Eckkopf 533
Eulstein 675
Sauberg 713
05
Schwarzenbach-talsperre
462
Schramberg 920
Nägeliskopf 994
Hesselbacher Kopf 657
Zugkopf 673
Kurhotel
Pfadfinderheim
Gießhübelkopf 859
Erbers-bronn
Raumünzach
Kaltenbachsee
Palmberg 647
Vordere Langeck 941
Zwerchberg 868
0 700 m
Tirolerberg 606
Grubenberg 665
Schurmsee
Hohekopf

FREUDENSTADT – BESENFELD – BAIERSBRONN – FREUDENSTADT

Die oberste Etappe der Tour de Murg

 41 km 4:00 Std.  713 hm  713 hm

STARTORT | Freudenstadt, 728 m
START/ZIEL | Freudenstadt-Stadtbahnhof, Stadtbahnhof 1
[GPS: UTM Zone 32 x: 443.840 m y: 5.389.600 m]
CHARAKTER | Wald- und Aussichtsfahrt auf bequemen Forstwegen.
VERKEHR | In den Hochlagen überwiegend autofreie Forstwege, im Murgtal fast durchgehend autofreier Rundweg.

TIPP: Mit der Murgtalbahn kann die Tour im Murgtal an jedem S-Bahn-Haltepunkt abgekürzt werden.

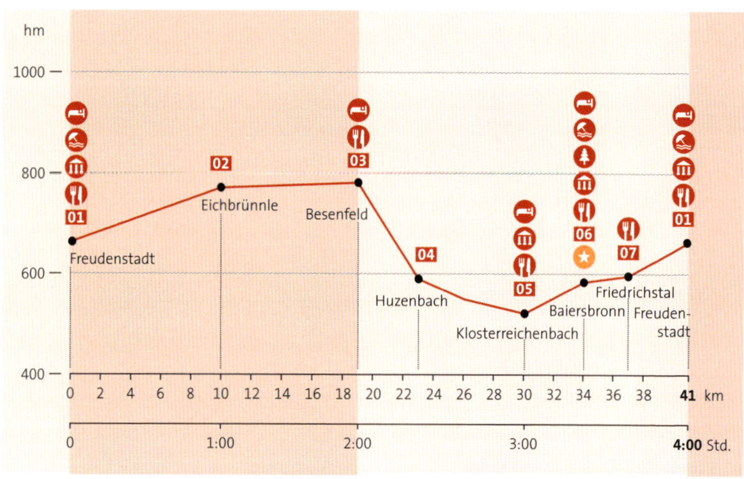

Zwischen Freudenstadt und dem Höhendorf Besenfeld im Quellgebiet der Nagold verläuft der Naturpark-Radweg durch die Wälder und auf den aussichtsreichen Höhen über dem Murgtal, in dem der Murgtal-Radweg „Tour de Murg“ zurück nach Freudenstadt führt.

Freudenstadt – Besenfeld / 19 km / 2:00 Std.

Start Der Stadtbahnhof **Freudenstadt** **01** liegt an der Murgtalbahn Rastatt – Baiersbronn – Freudenstadt. Vom Bahnhofscafé und den Parkplätzen auf der Südseite des Bahnhofs führt die Ringstraße wenige Dutzend Meter westwärts, wo an der ersten Kreuzung die Tourenschilder des Naturpark-Radwegs rechts zeigen.

Hinter dem Bahnkörper führt der Radweg durch die Karl-von-Hahn-Straße stadtauswärts und taucht hinter dem Kreiskrankenhaus in den Wald ein, bald links schwingend zur Landstraße (Wildbader Straße), dort kurz rechts und gleich schräg links geradeaus in den Wald, wobei nun zusätzlich die Markierung „rote Raute“ des Mittelwegs auf dem Igelsbacher Sträßle die Route weist. Auf flotten Forstwegen geht es an der Jaromirhütte vorbei nordwärts

Grenzstein Württemberg

in den Schlussbereich des Reichenbacher Lochs, dann im Hang über dem Reichenbachtal und zum **Eichbrünnle** 02 (Parkplatz) an der Bundesstraße, die sogleich wieder links verlassen wird, gut geleitet von der Radweg- und der Rautenmarkierung. Ansteigend im Hartwald, hinab zur Kreuzung Zwerenberg, nach Passieren des Parkplatzes Erlen mit einigen schönen Murgtalausblicken zur Verzweigung Schönegründer Steige kurz vor Besenfeld, hier links auf dem Wirtschaftsweg an den Häusern vorbei und die erste Abzweigung rechts durch die Wiesen an den Ortsrand des Höhendorfs **Besenfeld** 03.

Besenfeld – Freudenstadt / 22 km / 2:00 Std.

Hier links am Wellnesshotel „Oberwiesenhof“ vorbei längs der Freudenstädter Straße und hinter der Rechtskurve scharf links ab Am Stüberg, nun begleitet von den Tourenschildern der X-ing-Route. Sie taucht am Stüberg in den Wald ein und senkt sich in Serpentinen rasch abwärts, am Steigberg links und hinab zur **Hardthütte** und abwärts in den Wiesen des Sommergrundes ins Murgtal. Unten liegt links der S-Bahn-Haltepunkt **Huzenbach** 04 mit Direktverbindung zum Ausgangspunkt. Nach Überqueren der Murg auf der Straßenbrücke geht es an der Verzweigung Fuhrmannsbrunnen links ab auf den Murgtal-Radweg Tour de Murg. Er führt in gegenläufiger Richtung im Wiesental der oberen Murg unter anderem an den S-Bahn-Haltepunkten **Röt** und **Klosterreichenbach** 05 vorbei. Kurz nach Passieren der Bernhardushütte (privat) überqueren wir den Seebach und vorbei nach **Baiersbronn** 06. Nach Durchqueren des Kurparks wechselt der Radweg kurz vor dem Bahnhof Baiersbronn die Flussseite und passiert bei der Pizzeria die Verzweigung Mühlkanal: Gleich darauf links ab im Hang (Stöckerwiesen) und prinzipiell immer oberhalb des Forbachs aufwärts auf dem autofreien Wirtschaftsweg, der in Schleifwasen in die Straße Am Sensenhammer mündet. Diese Hangstraße führt nach **Friedrichstal** 07, übergehend in die Wilhelm-Heusel-Straße nach Reibhäusle. Dort geht es nach Überqueren des Forbachs links ab (Pulvermüllerweg) und gleich auf einem Wirtschaftsweg links hinaus in die Wiesen, an der Verzweigung Fischerhäusle kurz links und die erste rechts am Teich vorbei, vor dem nächsten Teich rechts zu Regeles Feld, kurz im Forbachtal waldwärts zum Rondell und links im Hang an der Finkenwiese vorbei zur Talstraße. Sie gibt die Route aufwärts vor bis zur Gabelung: Hier schräg links weiter am Waldrand, übergehend in die Schillerstraße. Die Schillerstraße mündet an der Verzweigung Adleranlagen in die Bundesstraße in unmittelbarer Nähe des Freudenstädter Marktplatzes (geradeaus), zwei Fahrradminuten entfernt vom Ausgangspunkt, dem Stadtbahnhof **Freudenstadt** 01 **Ziel**.

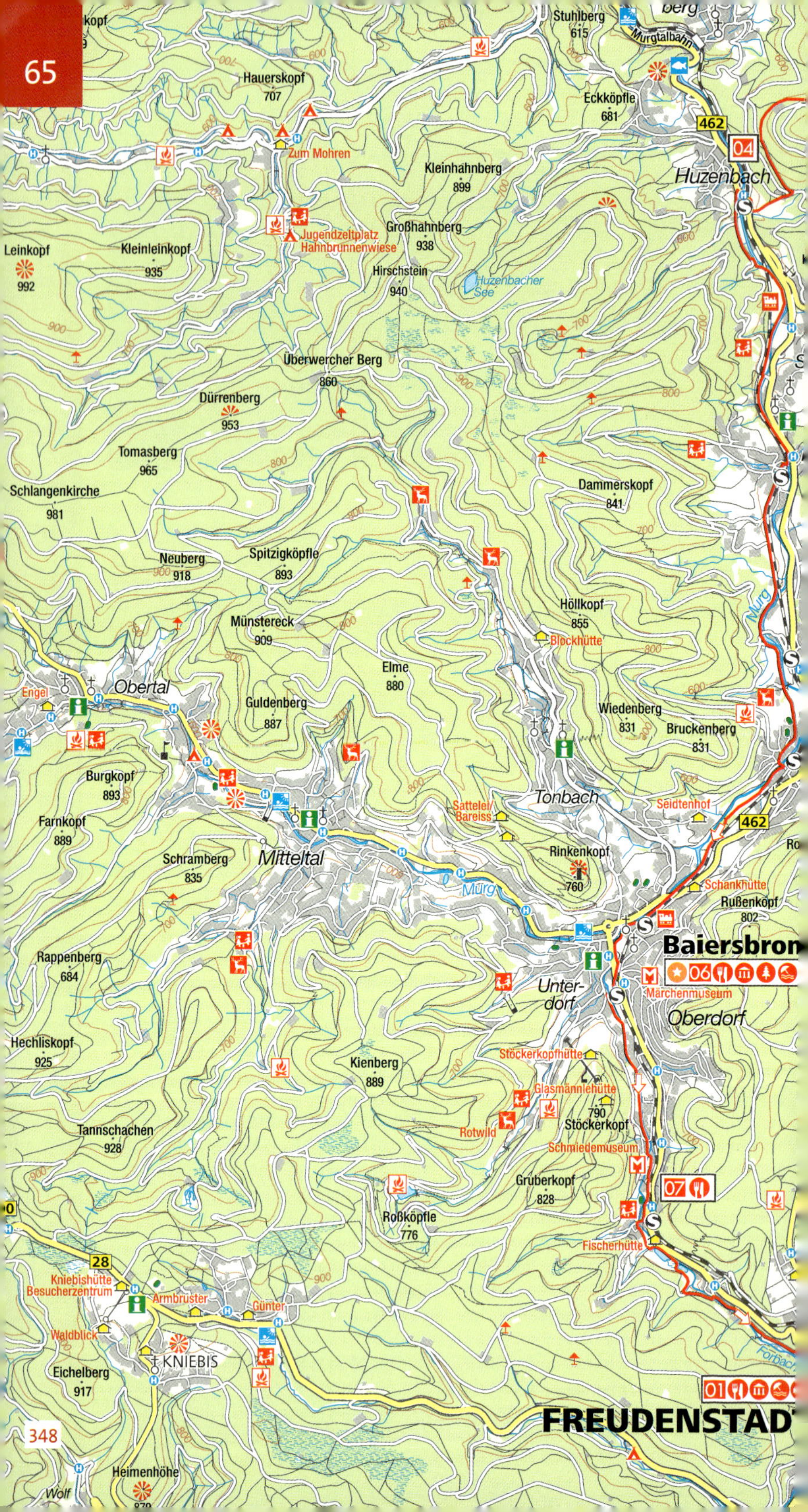

Hauerskopf
707
Zum Mohren
Stuhlberg
615
Murgtalbahn
Eckköpfle
681
462
04
Huzenbach
Kleinhahnberg
899
Großhahnberg
938
Jugendzeltplatz Hahnbrunnenwiese
Leinkopf
992
Kleinleinkopf
935
Hirschstein
940
Huzenbacher See
Überwercher Berg
860
Dürrenberg
953
Tomasberg
965
Schlangenkirche
981
Dammerskopf
841
Neuberg
918
Spitzigköpfle
893
Höllkopf
855
Blockhütte
Münstereck
909
Elme
880
Obertal
Engel
Guldenberg
887
Wiedenberg
831
Bruckenberg
831
Burgkopf
893
Tonbach
Seidtenhof
Sattelei/ Bareiss
462
Farnkopf
889
Rinkenkopf
760
Schramberg
835
Mitteltal
Murg
Schankhütte
Rußenkopf
802
Baiersbronn
06
Märchenmuseum
Rappenberg
684
Unter-dorf
Oberdorf
Hechliskopf
925
Stöckerkopfhütte
Kienberg
889
Glasmännlehütte
790
Stöckerkopf
Rotwild
Tannschachen
928
Schmiedemuseum
Gruberkopf
828
07
Roßköpfle
776
Fischerhütte
28
Kniebishütte Besucherzentrum
Armbruster
Günter
Waldblick
KNIEBIS
Eichelberg
917
Forbach
01
FREUDENSTADT
Heimenhöhe
Wolf

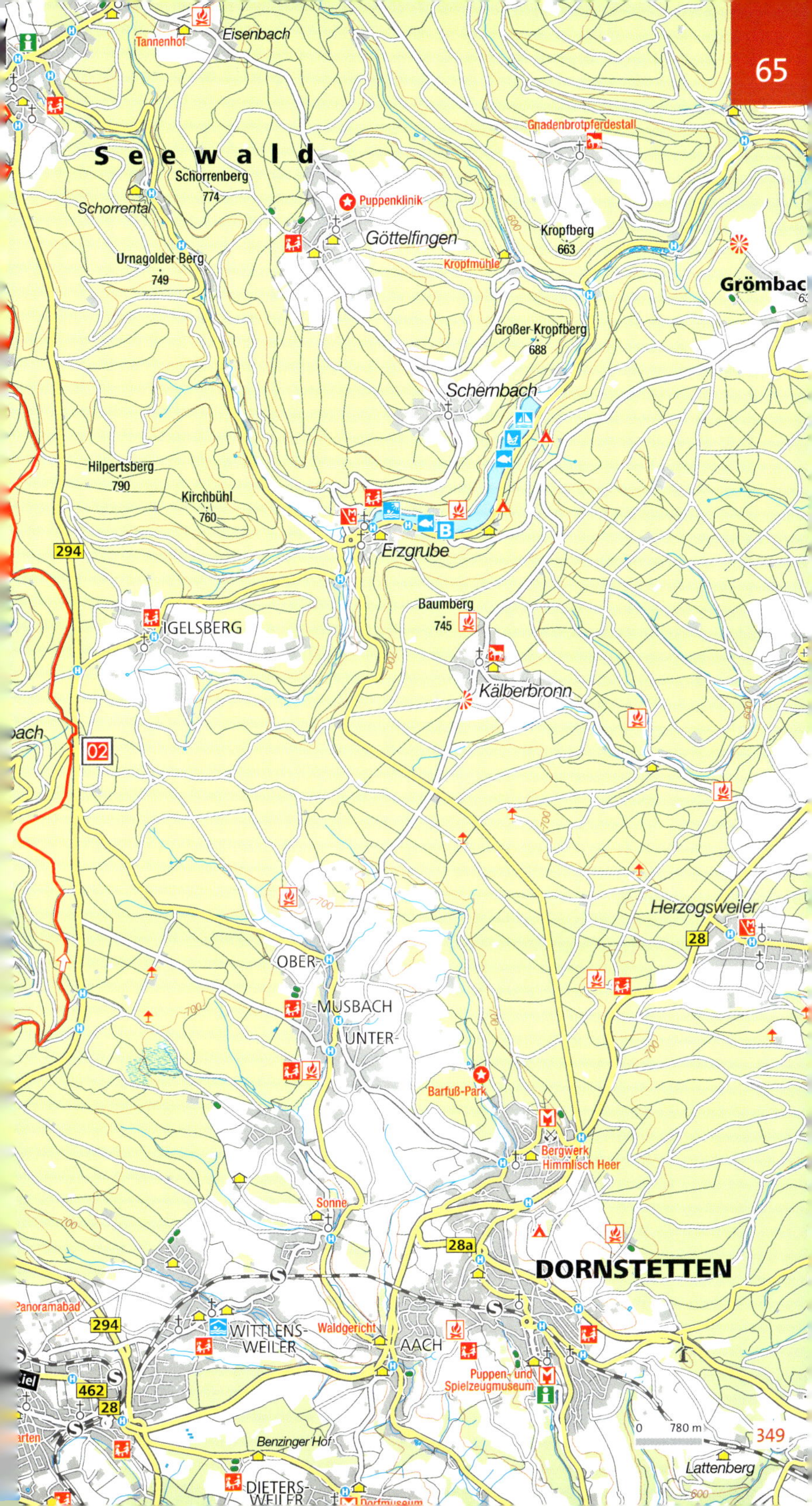
Tannenhof
Eisenbach
Seewald
Schorrenberg
774
Schorrental
Urnagolder Berg
749
Puppenklinik
Göttelfingen
Kropfmühle
Gnadenbrotpferdestall
Kropfberg
663
Grömbac
Großer Kropfberg
688
Schernbach
Hilpertsberg
790
Kirchbühl
760
294
Erzgrube
Baumberg
745
IGELSBERG
Kälberbronn
02
Herzogsweiler
28
OBER-
-MUSBACH
UNTER-
Barfuß-Park
Bergwerk
Himmlisch Heer
Sonne
28a
DORNSTETTEN
Panoramabad
WITTLENS-
WEILER
Waldgericht
AACH
Puppen- und
Spielzeugmuseum
462
Benzinger Hof
DIETERS-
WEILER
Dorfmuseum
Lattenberg
0
780 m

FREIBURG – KIRCHZARTEN – STEGEN – FREIBURG

Dreisamtal-Etappe als Rundtour

 30 km  3:00 Std.  162 hm  162 hm

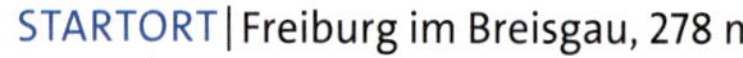

STARTORT | Freiburg im Breisgau, 278 m
START | Südseite Kronenbrücke an der Einmündung der Goethe- in die Lessingstraße
[GPS: UTM Zone 32 x: 413.760 m y: 5.315.860 m]
ZIEL | Kirchzarten, 387 m (Etappenziel) bzw. Freiburg (Rundtourziel)
CHARAKTER | Gemütliche Fahrt entlang des Dreisamdamms, anschließend Wiesen- und Waldtour mit weiter Aussicht.
VERKEHR | Autofreier Uferdamm, dann Wechsel aus autofreien Wirtschaftswegen, verkehrsarmen Nebenstraßen, Hofzufahrten und Radwegen.

TIPP: Rückkehr per Bahn. Freiburg und Kirchzarten liegen an der Höllentalbahn.

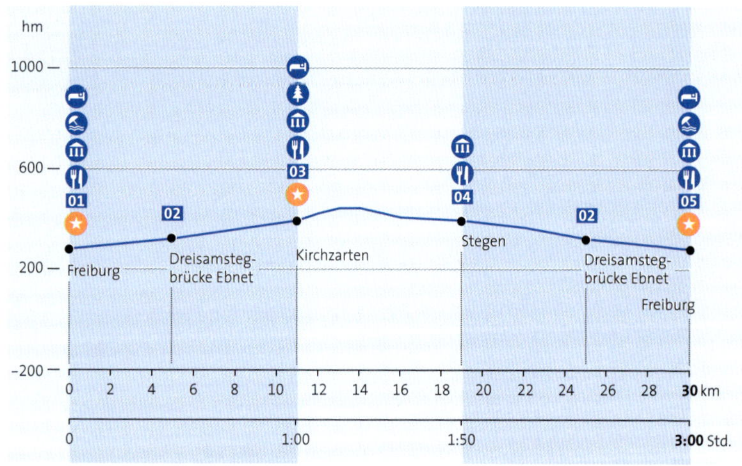

Von Freiburg folgt der Südschwarzwald-Radweg der Dreisam aussichtsreich nach Kirchzarten im Herzen des Dreisamtals mit Blick auf einige der höchsten Schwarzwaldberge. In einer idyllischen Rundfahrt folgt man dem Dreisam-Radwanderweg über das Kirchdorf Stegen zurück nach Freiburg.

Freiburg – Kirchzarten / 11 km / 1:00 Std.

Start Von der Kronenbrücke am Südwestrand der Altstadt von **Freiburg** 01 folgt der Südschwarzwald-Radweg der Südseite des parkartig gestalteten Dreisamufers flussaufwärts parallel zu Lessing- und Schillerstraße (B 31) und unterquert dabei kurz hintereinander die Kaiserbrücke, den Luisen- und den Mariensteg sowie die Schwabentorbrücke, ehe hinter der Leo-Wohleb-Brücke auch die talabwärts gerichtete Fahrspur der Bundesstraße die Dreisam verlässt und im Schützentunnel verschwindet. Auf dem Dreisam-Radweg, der später

Blick über das Dreisamtal zum Kandel vom Girsberg

zusätzlich als Fritz-Horch-Weg ausgeschildert ist, geht es meist mit Rückenwind sacht aufwärts im Grünen und im Stadtteil Waldsee vorbei am Dreisamstadion. Dahinter erstreckt sich das Strandbad, Freiburgs größtes beheiztes Freibad. Immer an der Dreisam entlang, vorbei an der **Dreisamstegbrücke** 02 (Rückwegeinmündung) im Stadtteil **Ebnet,** geht es in sachtem Anstieg flussaufwärts, beim Falkhof, dem letzten Bauernhof des heutigen Wohnvororts Littenweiler an der Grenze zu Kirchzarten verlässt der Radweg den Fluss rechts, unterquert die aus dem Schützentunnel wieder aufgetauchte, autobahnähnliche B 31 und folgt ihr und der Höllentalbahn zum Bahnübergang vor dem Gelände des Freiburger Golfclubs. Kurz nach Queren der Bahngleise rechts Freiburger Straße, hinter der Bruggabrücke links Erzweg und am Ende links Neuhäuser Straße. Diese schmale Straße folgt der Brugga im Hangfußbereich aussichtsreich aufwärts an den Höfen von Fischbach und Neuhäuser vorbei und schwingt in Oberneuhäuser links Am Engenberg über die Brugga hinweg zur Straßenkreuzung, an der ein separater Radweg in das dahintergelegene **Kirchzarten** 03 führt; längs Freiburger- und Schwarzwaldstraße ortseinwärts und links durch die Fußgängerzone. Am Ende der Fußgängerzone ganz kurz geradeaus zur unübersichtlichen Drei-Straßen-Verzweigung; schräg links und schräg rechts (Bahnhofstraße) sowie vor den Gleisen rechts zum Bahnhof Kirchzarten an der Höllentalbahn. Bis hier 11 km und 138 Höhenmeter im Anstieg.

Kirchzarten – Stegen / 8 km / 0:50 Std.

Wir setzen die Dreisam-Radtour fort am Bahnhof kurz geradeaus, hinter dem Gasthaus „Post" rechts, sofort schräg links und schräg links Brodbeckstraße und die erste rechts Lindenaustraße, bis an der Höfener Straße die Grüne Straße/ Route Verte kreuzt und links an den Rand der Bebauung führt, wo vom Girsberg herab der Dreisam-Radweg einmündet. Den steilen Abstecher auf den aussichtsreichen **Girsberg** mit Kapelle und Gastronomie sollte man sich nicht entgehen lassen. Dreisam-Radweg und Route Verte folgen der Höfener Straße ostwärts durch die Wiesen in den Weiler Höfen, dort geradeaus (Höfener Straße) und kurz hinter der Bebauung links versetzt geradeaus in den Auen am Höllenbach, nach Überqueren des Bachs rechts

Blick zur Kapelle auf dem Girsberg

an der Schule vorbei zur Höfener Straße, dort rechts versetzt geradeaus durch die Wiesen in Höllenbachnähe zur Unterführung der B 31, dahinter liegt der **Bahnhof Himmelreich** an der Höllentalbahn. Auf der Bahnhofzufahrt (Himmelreichstraße) geht es zur Landstraße, dort rechts auf separatem Radweg einige Minuten Richtung Buchenbach und hinter dem Gehöft scharf links (Biker-X) durch die Burger Straße am Landgasthof „Schlüssel“ in den aussichtsreichen Wiesen vorbei zur Ibentalstraße, dort kurz links Richtung Burg und am Beginn der Bebauung schräg rechts hinauf auf der Mühlenstraße. Die Mühlenstraße, übergehend in Burgerstraße, führt aussichtsreich nach Oberbirken, dort kurz links, am Gasthaus „Sonne“ rechts Im Gässle und am Ende links Schulstraße durch die Wiesen zum Dorfplatz von **Stegen** 04 mit Eiscafé.

Stegen – Freiburg / 11 km / 1:10 Std.

Hier wechselt der Dreisam-Radweg rechts auf die Durchgangsstraße (Kirchzartener Straße), am Ende kurz links (Hauptstraße) und gegenüber der Kolleg- und Schlossanlage rechts über den Eschbach zur Schlossmühle, dort links am Wanderparkplatz Stegen vorbei auf einem Wirtschaftsweg zwischen Wald und Wiesen nach Wittental: Links befindet sich die Straußenwirtschaft des Baldenwegerhofs (auch Hofladen), rechts lädt in idyllischer Lage der Landgasthof „Falken“ zur Einkehr ein, dazwischen zweigt der Radweg an der Bushaltestelle links ab (Fohrenbühl), führt zwischen Waldrand und Wiesen ins Attental und rechts versetzt geradeaus auf einem Wirtschaftsweg zum Eingang des Welchentals. Dort mündet er in die Straße Steinhalde und folgt ihr geradeaus zum Gasthof „Zum Löwen“ an der Kreuzung mit der Schwarzwaldstraße im Freiburger Stadtteil Ebnet; hier geradeaus Hirschenhofweg zur Dreisamhalle, dahinter über die hölzerne **Dreisamstegbrücke** 02, und der bekannte Südschwarzwald-Radweg auf der Südseite des Flusses ist wieder erreicht. Wie beim Hinweg

geht es zurück am Freiburger Strandbad vorbei zum Ausgangspunkt an der Kronenbrücke am Rand der Altstadt von **Freiburg**  **Ziel**.

Blick zum Hinterwaldkopf bei Kirchzarten

FREIBURG
im Breisgau
Start/Ziel
City-Flugplatz-Freiburg i. Br.
Charivari
Obermattenbad
Sonne
Café Burgblick
Kullmann's Diner
Kleines Stuck-Museum
Waldrestaurant Zähringer Burg
Autohof
Flückiger See
Fuchsköpfle
561
Goldener Sternen
Mercure Hotel Panorama Freiburg
Dietenbachsee
St. Ottilien
Planetarium
Stadthotel Freiburg
Hauptbhf.
Alt Haslach
Hallenbad Haslach
Café Ruef
Goldener Anker
z. Sonne
Schloss-Café Lorettoberg
Lorettobad
Café Bergäcker
Busses Waldschenke
Waldhaus
Bleichentobelkopf
638
Frohe Einkehr
Grüner Baum
St. Valentin
Kreuzkopf
525
z. Kreuz
Merzhausen
Schloßberg
399
Kurnacker
521
Au
Frühgeschichtl. Befest.-Anl.
Schönberg
645
Schönberg
Stube
Butzenberg
606
Mitteleck
705
Z. Hirschen
Brangenkopf
842
Wittnau
Horben
Sölden
Raben
Dorfcafé
Taubenkopf
881
Löwen
Herdernhütte
Schauinslandbahn
Galgenkopf
781
Buckhof
Gerstenalm-stüble
Paulihof
Schweighof
Sonners Heinehof
Berglust-haus
Rössle
Berg-station
3
31a
31
01
02

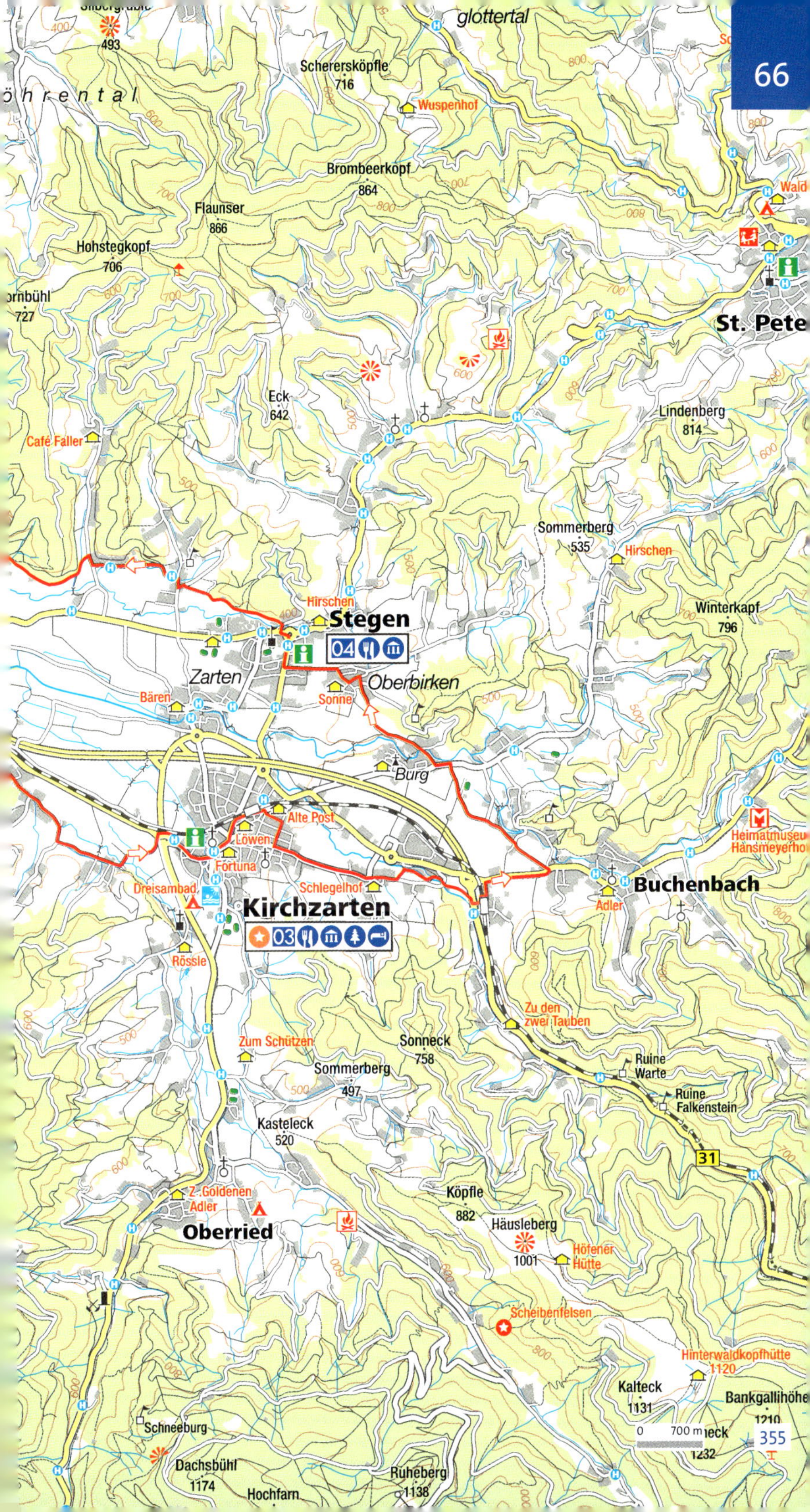
glottertal
Schererskopfle
716
Wuspenhof
Brombeerkopf
864
Flaunser
866
Hohstegkopf
706
St. Pete
Eck
642
Café Faller
Lindenberg
814
Sommerberg
535
Hirschen
Hirschen
Stegen
04
Winterkapf
796
Zarten
Oberbirken
Bären
Sonne
Burg
Alte Post
Löwen
Fortuna
Heimatmuseum
Hansmeyerhof
Buchenbach
Adler
Dreisambad
Schlegelhof
Kirchzarten
03
Rössle
Zu den
zwei Tauben
Zum Schützen
Sonneck
758
Sommerberg
497
Ruine
Warte
Ruine
Falkenstein
Kasteleck
520
31
Z. Goldenen
Adler
Köpfle
882
Oberried
Häusleberg
1001
Höfener
Hütte
Scheibenfelsen
Hinterwaldkopfhütte
1120
Kalteck
1131
Bankgallihöhe
1210
Schneeburg
Dachsbühl
1174
Ruheberg
1138
Hochfarn
0
700 m

SAIG – HOCHFIRST – KAPPEL – SAIG

Aussichtsparadies und ruhige Waldfahrt

 16 km  1:50 Std.  336 hm  336 hm

STARTORT | Saig, 988 m; Ortsteil der Gemeinde Lenzkirch
START/ZIEL | Dorfplatz in der Ortsmitte von Saig
[GPS: UTM Zone 32 x: 438.540 m y: 5.304.730 m]
CHARAKTER | Wiesen- und Waldfahrt, die nur im ersten Teil der Tour beim Hochfirst-Anstieg mit einigen heftigen Pedaltritten verbunden ist; ansonsten relativ leicht und familienfreundlich.
VERKEHR | Fast durchgehend autofreie, für den öffentlichen Verkehr gesperrte Forst- und Asphaltwege.

TIPP: Das Berggasthaus Hochfirst bietet auch Übernachtung an und ist zudem mit dem Auto erreichbar, bietet sich also als Ausgangspunkt für eine leichte Kammfahrt mit kleinen Kindern an.

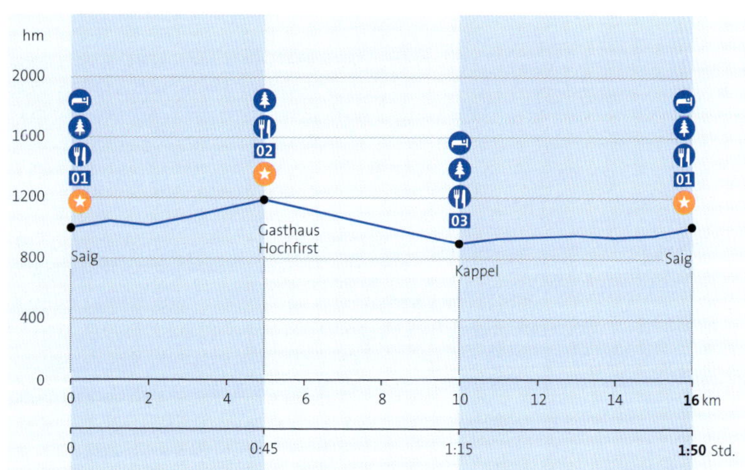

Von den aussichtsreichen Bergwiesen des Luftkurorts Saig geht es auf den Hochfirst, dessen Aussichtsturm eine grandiose Hochschwarzwald-Rundschau gewährt, und anschließend in geruhsamer Waldfahrt zu den Panoramawiesen von Kappel.

Start Vom Dorfplatz bei der alten Kirche des Höhenluftkurorts **Saig** 01 führt die Markierung „rote Raute" des Schwarzwald-Radwegs auf dem Hochfirstweg aufwärts, an der Verzweigung geradeaus auf dem Turmweg. An der Verzweigung „Waldhaus" am Waldrand setzt sich die Straße geradeaus fort als für den öffentlichen Verkehr gesperrter Forstweg im Hang zur Verzweigung Saiger Kreuz. Hier führt die schmale Hochfirst-Serpentinenzufahrt steil im Wald hinauf zum einladenden **Berggasthaus Hochfirst** 02 mit Biergarten neben dem Aussichtsturm. Vom aussichtsreichen Hochfirst führt der Höhenkammweg, ein recht bequemer Forstweg, in sanftem Abstieg über den bewaldeten Grenzkamm zum sagenumwobenen **Vögelefelsen,** vor

Sagenumwobener Vögelefelsen

dem eine Sitzbank zur verdienten Rast einlädt. Der Name des Schalenfelsens wird darauf zurückgeführt, dass die Vögel schon in der Keltenzeit aus der kleinen Schale Wasser gepickt hätten. Vom Vögelefelsen führt der Forstweg im Wald weiter zur ebenfalls aussichtsreichen **Balzenwaldhütte,** wo der Blick bis zum Feldberg schweifen kann.

Die nächste Schutzhütte steht am **Hierabrunnen,** der zuweilen allerdings nur recht wenig Wasser spendet. In der Stille der Wälder führt der bequeme Forstweg weiter über den Beerwaldkamm und tritt am Rastplatz Franzosenkreuz am Wanderparkplatz Kappeler Höhe in aussichtsreiche Wiesen ein. Mit Kappel- und Feldbergblick senkt sich die Zufahrt Am Berg durch die Wiesen in den Luftkurort **Kappel** 03, wo das Gasthaus „Blume" zur Einkehr einlädt.

Vom Gasthof führt der Erlenbacher Weg rechts durch die Wiesen zum Freibad, vor dem Eingang geht es links zur Loipenstartstelle und dort rechts auf der

Schutzhütte am Hierabbrunnen

Blick vom Franzosenkreuz auf den Luftkurort Kappel vor dem Haslachtal

für den öffentlichen Verkehr gesperrten Saiger Straße durch aussichtsreiches Wiesenland, zuletzt im Wald zur Wegekreuzung am Hierakreuz, bei dem sich erneut ein wunderbarer Blick öffnet. Vom Hierakreuz führt die schmale Straße Hiera zurück in den Höhenluftkurort **Saig** 01 **Ziel**.

Blick vom Hochfirst auf den Titisee

ORDNACH
Jostal
889
Landhotel Jostalstüble
Die Rauh
1077
Unter-
langenordnach
Klausenkapelle
Fehren
1084
Fehrenfelsen
Reichenbach
Feuerberg
1039
Helios Klinik
Hölzlebruck
Saiger Berg
982
NEUSTADT im Schwarzwald
TITISEE-NEUSTADT
TITISEE
Waldeck
Hochfirst
Sandbank
Titisee
Saig
Start/Ziel
02
Sonnhalde
Fohrenbühl
960
Kurhotel
Platzberg
1024
01
03
Berg
Kappel
Lenzkirch
Antoniuskapelle
Nordic Walking
Geo-Park
Grüner Baum
Hochmoor
Klausenbachviadukt
Schwarzwaldhotel Ruhbühl
Pflumberg
1101
Cyriakskapelle
Zwerisberg
Alpenblick
Gasthof-Hotel Hirschen
Fischbach
Ahaberg
1141
Grünwald
Alte Handwerkskunst im Vogelhaus
Höhenghf. Glashütte
Heimethus am Scheffelbach
Vierjahreszeiten
Hotel Mutzel
Landhaus Mühle
Wochner's Hotel Sternen
0 700 m

DEUTSCHLANDS SÜDEN – BERGIG ODER BRETTELEBEN

„Fahre so viel oder so wenig, so weit oder nicht so weit wie du willst. Hauptsache, du fährst."

Der ehemalige belgische Profi-Radrennfahrer Eddy Merckx, der fünfmal die Tour de France gewonnen hat und ebenso oft den Giro d'Italia, muss es ja wissen. Und aussuchen kann man sich's in Deutschlands Süden tatsächlich – flache Flussuferrouten stehen den Radfans dort ebenso zur Verfügung wie steile Bergstrecken.

Zur ersten Kategorie gehören beispielsweise der Fünf-Flüsse-Radweg (an Pegnitz, Vils, Naab, Donau und Altmühl) und der Altmühltalradweg, die Radwege entlang der Donau und dem Inn, der Isar und der Iller, rund um den Chiemsee, im Nahbereich der bayerischen Metropole München und der Bodenseeradweg. Der Donauradweg, der zwischen Weil am Rhein, Donaueschingen und der Grenzstadt Passau etwa 600 Kilometer (14 Tagesetappen) lang ist, zählt immerhin zu den zehn beliebtesten

Von der Donau bis zu den Alpengipfeln – Deutschlands Süden bietet Radfans viel

Hier erwarten Sie jede Menge familienfreundlicher Routen, vom Inn bis zum Bodensee...

Radrouten des Landes. Und er bietet noch dazu den Vorteil, die Radtour nach Osten fortsetzen zu können – mit entsprechender Kondition und Zeitreserve bis zur noch 2200 Kilometer entfernten Donaumündung ins Schwarze Meer).

Seine oben genannten „Zubringer" weisen natürlich wesentlich bescheidenere Dimensionen auf, bringen aber zusätzliche Landschaftserlebnisse ins Spiel. So beginnen der Isar-Radweg, aber auch der Inn- und der Iller-Radweg mitten im Gebirge, aus dem man genussvoll ins Flachland „pedaliert". Letzterer führt sogar fast bis zum „Südpol" der Bundesrepublik. Auch wer den Antritt für den Chiemsee- oder den Bodensee-Radweg tut, genießt zumindest bei klarer Luft an jedem der folgenden Reisetage das Alpenpanorama. Wer den Deutschen Alpen entgegenradeln möchte kann aber auch direkt in der Stadt München starten. Durch das Fünfseenland rund um den Ammer- und den Starnberger See, das „Blaue Land" um Murnau am Staffelsee und durch den an herrlichen Rokokokirchen so reichen Pfaffenwinkel gelangt man auf beschilderten Strecken ganz leicht bis zu den Ammergauer Alpen. Eine überaus beständige Bergparade bietet aber auch Bodensee-Königssee-Radweg, der den westlichen mit dem östlichen Eckpunkt des süddeutschen Alpenraums verbindet. Die Befahrung dieser 418 Kilometer langen Strecke erfordert natürlich mehr Willen und Wadelkaft als jede Flussstrecke, verspricht aber auch jede Menge alpiner Hochgefühle. Das erste davon vermittelt wohl der Anblick der Allgäuer Alpen, an denen man bis zum weltberühmten „Märchenschloss" Neuschwanstein vorbeiradelt. Highlight Nummer zwei bildet dann der höchste Berg Deutschlands, die exakt 2962,06 Meter hohe Zugspitze, die den eindrucksvollen südlichen Horizont des „Blauen Landes" um den Staffelsee bildet. Vorbei am Tegernsee, durch den Isarwinkel um Bad Tölz und neben dem Chiemsee, dem fast 80 Quadratkilometer großen „Bayerischen Meer", erreicht man schließlich den Königssee inmitten des Nationalparks Berchtesgaden, der vom 2713 Meter hohe Watzmann bewacht wird.

Ob lang und geradeaus oder kurvig und hoch hinauf – beim Radfahren ist eben alles relativ. Kein Wunder also, dass selbst die Relativitätstheorie mit der Lust am Zweirad zu tun hat: „Mir ist es eingefallen, während ich Fahrrad fuhr", bekannte der Physiker und spätere Nobelpreisträger Albert Einstein.

DONAUESCHINGEN – FRIDINGEN AN DER DONAU

Von der Donauquelle über die Baar zum Oberen Donautal

 54 km  4:30 Std.  64 hm  118 hm

STARTORT | Donaueschingen, 680 m
START | Donaueschingen, Bahnhof, 680 m; Parkmöglichkeiten
[GPS: UTM Zone 32 x: 462.500 m y: 5.310.700 m]
ZIEL | Fridingen a. d. Donau, 626 m
CHARAKTER | Asphaltierter Radweg, außer ein kurzes gekiestes Stück von Geisingen bis vor Hintschingen und von Möhringen nach Tuttlingen. Steigungen müssen wir in Pfohren bewältigen und zur Oberstadt von Mühlheim a. d. Donau zum Schloss.
VERKEHR | Straßenverkehr nur in Donaueschingen, Geisingen, in der Oberstadt von Mühlheim/Donau und vor Fridingen/Donau. In Tuttlingen straßenbegleitender Radweg.

TIPP: Rückkehr per Bahn.
Die Oberstadt von Mühlheim a. d. Donau mit dem Schloss auf dem Nussbühl und die weite Aussicht ins Donautal hinab sind den Abstecher wert.

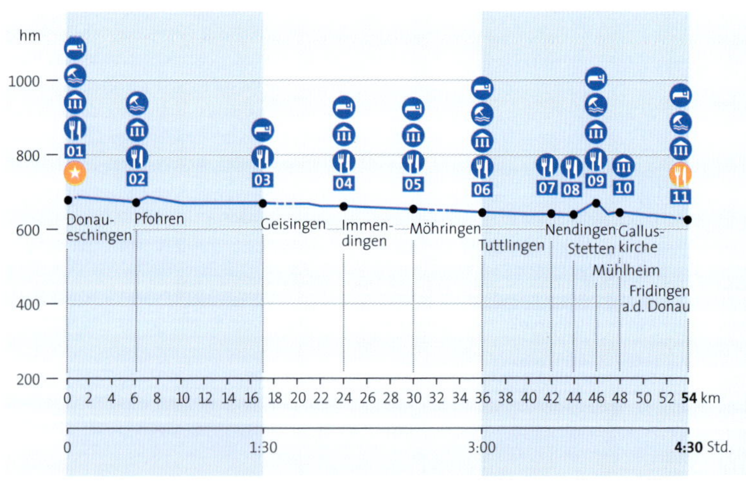

Wir treffen uns am Bahnhofsvorplatz und schauen, bevor wir uns auf den Weg machen, die Quelle der Donau an. Am Kreisverkehr vor uns radeln wir die „Josefstraße“ stadteinwärts, erst einmal an der „Prinz-Fritzi-Allee“ vorbei, über die Brigachbrücke zum Schloss. Die romantisch gelegene Quelle finden wir an der „Fürstenbergstraße“ im Schloss-park. Einen Abstecher in die Altstadt von Donaueschingen sollten wir ebenfalls machen.

Donaueschingen – Geisingen / 17 km / 1:30 Std.

Start Vom Bahnhofsvorplatz in **Donaueschingen** 01 führt uns die „Josefstraße“ bis zur „Prinz-Fritzi-Allee“, die nun links abzweigt. Sie führt uns durch die Parkanlage, am See vorbei bis zum Stadion. Wir halten uns links, fahren um das Stadion herum und biegen vor den Tennisplätzen am „Brigach-

Dianabrunnen in Donaueschingen

weg“ rechts ab, über die Breg zur Wegunterführung mit der Bundesstraße. Danach gleich rechts und der Linkskurve des Weges folgen, um die Kläranlage herum. Der Riedgraben begleitet uns ein kleines Stück, bevor wir ihn überqueren. Weiter folgen wir dem Weg, nach dem Waldstrich scharf links, am Graben scharf rechts, fahren wir auf die Baumreihe zu. Am T-Stück radeln wir links und erreichen die Donaubrücke in **Pfohren** 02 an der „Hüfinger Straße“. Jetzt über die Brücke radeln und am „Entenburgweg“ rechts zum Jagdschloss Entenburg. Wir folgen nun wieder dem „Entenburgweg“ zur „Wiesenstraße“, biegen rechts ein und halten uns immer geradeaus zum „Birchring“. Der „Birchring“ beschreibt eine Rechtskurve, wir verlassen ihn jedoch geradeaus, fahren in den „Auweg“ ein und gleich scharf um die Häuser herum auf die Felder hinaus. Zum ersten Mal folgen wir dem Donauufer bis hinter die Bundesstraße. Scharf links folgen wir der Straße etwa 500 m und nehmen den Feldweg rechts hinunter zur Donau bis vor **Neudingen.** Wir folgen dem Weg bis zur Weggabelung an den Bäumen. Wir halten uns geradeaus, an den Scheunen links und nun immer dem Weg folgen, bis vor das Altwasser der Donau. Hier radeln wir scharf links, die Donau zur Rechten bis an das T-Stück mit der Baumreihe. Wieder links geht es vor an die Bundesstraße. Wir biegen rechts ab und folgen dem Wirtschaftsweg bis zur Unterführung. Hier unterfahren wir die Straße und radeln rechts weiter an ihr entlang. Der Weg führt uns ein wenig auf die Felder hinaus. Am Querweg links und gleich wieder rechts radeln wir auf einen riesigen Baum zu. Dahinter heißt unser Weg „Mühlenweg“, der in **Geisingen** 03 auf die „Drei-Lärchen“-Straße trifft.

Geisingen – Tuttlingen / 19 km / 1:30 Std.

Rechts zur „Hauptstraße“. Wir folgen ihr rechts, über den Kreisel, bis zum nächsten Kreisel. Hier folgen wir der „Hauptstraße“ rechts über die Bahnlinie und biegen gleich links in den „Riedweg“ ein. Ab hier radeln wir immer an der Bahn entlang, unter der Autobahn hindurch, an die Donau. Am Donauufer folgen wir dem Weg rechts über die Bahnanlage und wieder links entlang der Bahn bis zur Donaubrücke. Hier wechseln wir die Donauseite und halten uns an der Straße links Richtung Hintschingen. Von der Straße schwenken wir rechts nach **Hintschingen** hinein und radeln an der

Immendingen-Rathaus mit Narrenbrunnen

„Ortsstraße" rechts auf die Kirche zu. An der Kirche links verlassen wir den Ort Richtung Zimmern. Zwischen Wald und Donau erreichen wir die Donaubrücke bei **Zimmern,** fahren hinüber, halten uns rechts und bleiben immer vor den Bahngleisen. Wir gelangen an den Bahnhof **Immendingen** 04, und nehmen links die Radwegebrücke über die Gleise zur „Bahnhofstraße" am Bahnhofsgebäude. Wir schwenken nach rechts in den Weg zur „Blumenstraße", der wir bis an die B311 folgen. Hier biegen wir rechts in die „Donaustraße", halten uns wieder rechts über die Gleise und die Donau. Geradeaus folgen wir der Straße „Unterer Ösch".

Der Weg bringt uns an der Kläranlage vorbei bis an eine Wegekreuzung. Hier links radeln, über die Donau und vor der Bahnlinie rechts dem Bogen der Bahnlinie folgen.

Wer hier die Donau nicht sieht, ist vor lauter landschaftlicher Schönheit nicht blind geworden. Vielmehr beginnt hier die Strecke der Donauversickerung. Wir halten uns nun immer parallel zur Bahn bis an die Bundesstraße. Wir unterfahren die Bundesstraße und siehe da, das Flussbett der Donau führt wieder Wasser. Zwischen Donau und Bahn radelnd, erreichen wir „Im Anger" den Haltepunkt Rathaus in **Möhringen** 05. Links über die Gleise, rechts in die „Hermann-Leiber-Straße" zur „Marktgasse". Ihr folgen wir rechts über die Brücke zur Straße „Am Schafmarkt", nun links hinauf über die „Bischofszeller Straße" in die „Gihrstraße" hinein. An der „Anton-Braun-Straße" schwenken wir rechts ab zur „Bleichestraße". Nach links dem Waldrand entgegen, stoßen wir auf den Weg „Am Mühlberg".

Ihm folgen wir rechts nun immer am Waldrand entlang zur Donau und dem Seengebiet. Wir halten uns rechts am Donauufer entlang nach **Tuttlingen** 06 hinein.

Tuttlingen – Fridingen a. d. D. / 18 km / 1:30 Std.

„Oberer Bann" heißt die Straße, die später „Im Koppenland" heißt. An der Linkskurve halten wir uns geradeaus auf den geschotterten Weg und nach dem Freibad links zur Brücke über die Elta. Wir queren die Elta, schwenken nach rechts und folgen dem Donauufer am **„Donaupark"** bis zur **Holzbrücke,** dem „Rathaussteg" an der „Stuttgarter Straße". Wir radeln geradeaus parallel zur Straße und folgen dem Weg rechts unter der Straßenbrücke hindurch zur „Dammstraße". An der „Wöhrdenbrücke" queren wir die Straße und radeln

Der Pyramidenbrunnen in Tuttlingen

jetzt entlang der „Nendinger Allee“ auf dem begleitenden Radweg. Nach den Sportplätzen rechter Hand und dem Gewerbegebiet linker Hand erreichen wir den Kreisverkehr bei Ludwigstal. Wir folgen dem Radweg unter der Straße hindurch und biegen gleich nach dem Bahnübergang rechts ab. Entlang der Bahngleise erreichen wir Nendingen 07.

An der „Sattlerstraße“ radeln wir rechts über die Bahn, folgen der „Sattlerstraße“ erst rechts, dann links zur „Bräunisbergstraße“. Gegenüber setzen wir die Tour in der „Austraße“ nach Stetten fort. Wir erreichen **Stetten** 08 in der „Bachstraße“ und radeln weiter zum Haltepunkt der Bahn. Am Haltepunkt heißt die Straße „Josef-Lang-Straße“. Wir queren die Bahn und schwenken dahinter rechts ab in die „Eisenbahnstraße“. Wir folgen der Straße und schwenken am Ortsende rechts in den „Griesweg“ ab nach **Mühlheim** 09. Wir stoßen auf die „Bahnhofstraße“. Hier radeln wir nach links entlang der „Kolbinger Straße“, bis rechts die Straße „Altstadt“ abzweigt. Hier biegen wir ein und radeln zur **Galluskirche** 10 am Friedhof.

Am Berghang stoßen wir auf einen Feldweg, der uns rechts um den Berg herum, dann an der Donau entlang, an die Bahnbrücke mit der Donau führt. Wir radeln, am Gewerbegebiet vorbei, in der „Bahnhofstraße“ über die Bära nach **Fridingen** 11 hinein, unserem Etappenziel.

Wir stoßen auf die Landesstraße und folgen ihr rechts zur Innenstadt. In der Rechtskurve der Ortsdurchfahrt radeln wir geradeaus weiter in der „Bahnhofstraße“ bis zur „Mittleren Gasse“. Hier rechts durch die historische Altstadt zur „Gartenstraße“, der wir nach links folgen **Ziel**.

Wer sich die Zeit nehmen möchte, sollte sich das Ifflinger Schloss und das Künstlerhaus anschauen.

Die Brigach in Donaueschingen

ob Verena
Gunningen
Zundelberg
Gehrn
948
Hohenkarpfen
912
Lerchen
886
Durchhausen
Rietheim-
-Oberflacht
-Weilheim
Seitingen-
Erbsenberg
841
Talheim
Wurmlingen
Lindenberg
949
523
Wanderheim
Ippingen
Kohlberg
923
Dt. Dampflok- u. Modelleisenbahnmuseu
Donau
Vorstadt
MÖHRINGEN
Heidenhofen
DONAUESCHINGEN
01
Staffelberg
757
Aasenberg
729
Jägerhaus
Öschberghof
27
33
E531
81
E41
NFH Baar
Start
Donau
Schlosspark
Linsberg
702
PFOHREN
02
Am Riedsee
HÜFINGEN
Riedseen
Schul-museum
31
33
BRÄUNLINGEN
Sonne Isele
27
Kuhberg
904
Adler
FÜRSTENBERG

Beuron
MÜHLHEIM an der Donau
09
10
STETTEN
08
Ziel
FRIDINGEN an der Donau
11
07
Buchheim
Ruine Roggenbusch
Vesperstube
Gasthof Hirsch
Rose
NENDINGEN
Bauernmuseum
Wirtenbühl 818
UTTLINGEN
Worndorf
Freilichtmuseum
Landeplatz Neuhausen ob Eck
311
Neuhausen ob Eck
Wanderheim
Ippingen
Kohlberg 923
Dt. Dampflok- u. Modelleisenbahnmuseum
Vorstadt
Gasthaus Zur Flamme Fußballgolfanlage
MÖHRINGEN
05
NFH Donauversicherung
Gäubahn
Immendingen
04
Zimmern
Donauversinkung
Historische Holzbrücke
Donauversinkung
Ochsen
Hattingen
Landgasthof Häuser
Kreuz
Autohof
Mond
Vulkankrater
Mauenheim
0 1000 m

FRIDINGEN A. D. DONAU – MENGEN

Durch das wilde Donautal der schroffen Kalksteinklippen

 55 km  4:30 Std.  163 hm  229 hm

STARTORT | Fridingen a. d. Donau, 626 m
START | Fridingen, Gartenstraße, 626 m, (Parkmöglichkeiten)
[GPS: UTM Zone 32 x: 494.850 m y: 5.318.550 m]
ZIEL | Mengen, 560 m
CHARAKTER | Der Radweg ist öfters geschottert und gekiest und mit etlichen Steigungen durchsetzt. Von Fridingen bis Beuron ist der Radweg unbefestigt und hat einige Steigungen, ebenso im Bereich Hausen–Inzigkofen und Sigmaringen–Scheer.
VERKEHR | Kaum oder nur geringer Verkehr; auch in Sigmaringen radeln wir abseits der verkehrsreichen Straßen.

TIPP: Rückkehr per Bahn.
Kloster Beuron, der Inzigkofer Park und das Schloss Sigmaringen sind die absoluten Etappen-Highlights!.

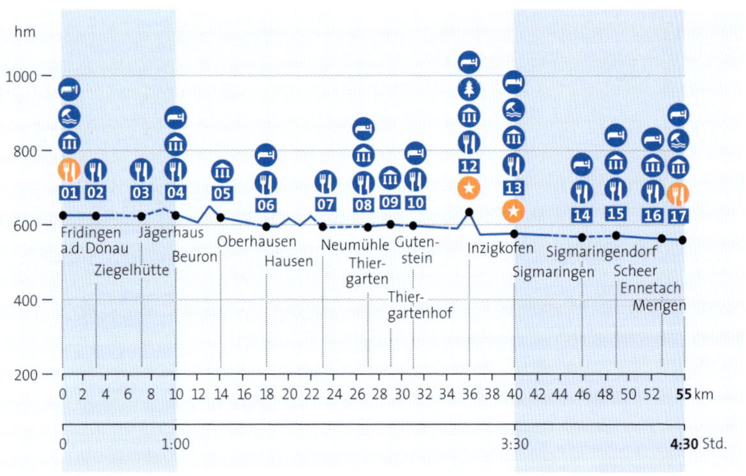

Fridingen – Beuron / 10 km / 1:00 Std.

Start Wir starten in der „Gartenstraße" und folgen ihr bis an die „Friedenstraße". Hier rechts zur Donau hinunter und am Ufer links auf der Straße „Untere Damm" aus **Fridingen** 01 hinaus.

Der Weg beschreibt eine Linkskurve und kommt an das Donauufer zurück. An der Donaubrücke wechseln wir die Uferseite und radeln zur **Ziegelhütte** 02. Geradeaus hindurch folgen wir dem Weg am Donauufer entlang durch den Wald.

Am Waldrand zeigen sich dann die Kreidefelsen linker Hand an der Donauschlinge. Wir folgen aber dem Weg nach rechts am Waldrand entlang. Den **Scheuerlehof** lassen wir dabei links liegen. Weiter radeln wir immer am Waldrand entlang, mal nahe am Ufer, mal weiter entfernt zum **Gasthaus Jägerhaus** 03 unterhalb von Schloss Bronnen. Geradeaus führt uns der Weg um den Berghang herum dann haut-

Beuron, Klosterkirche

nah an das Donauufer, wo wir ein paar Steigungen auf unbefestigtem Weg bewältigen müssen. An der Bahnbrücke mit der Donau biegen wir rechts ab, am Waldrand links und folgen dem Feldweg zur „Buchheimer Straße“ in **Beuron** 04. (Zur. Klosterbesichtigung radeln wir durch die „Abteistraße“ zum Kloster.)

Beuron – Sigmaringen / 30 km / 2:30 Std.

Nach wenigen Metern, vor der Bahn, schwenken wir rechts ab in den „Hubertusweg“, der uns parallel zur Bahn, mal auf, mal ab, durch das enge Tal bringt. An der Bahnbrücke zur Donau halten wir uns links zur Donau hinunter, queren erst die Bahn, dann die Donau. Gegenüber führt uns der Weg nach rechts an das Tunnelportal der Bahnlinie und zur „Maurusstraße“, der wir nach **Oberhausen** 05 und zur **St.-Maurus-Kapelle** folgen. Unser Weg führt uns um den Bergsporn herum zur nächsten Brücke. Rechts über die Donau und am Weg links radeln wir unterhalb des Steilhanges Richtung Hausen. Wir kommen am **Talhof** vorbei, der auf der anderen Donauseite liegt. Bald erreichen wir wieder eine Wegbrücke über die Donau und sehen gegenüber hoch auf dem Fels das Schloss Werenwag. Wir bleiben auf unserer Seite und schwenken auf den Weg vor der Brücke rechts ab. Wir radeln auf **Hausen** 06 zu. Unser Weg macht

Radweg bei Thiergarten

vor der Donau eine Rechtskurve, der wir zur „Kreenheinstetter Straße" hoch folgen, links einbiegen und die Landesstraße überqueren. Direkt auf den Waldrand zu, dort links, erreichen wir bald die Donaubrücke bei **Neidingen.** Wir halten uns geradeaus und radeln um den Bergsporn herum. An den Steilhängen des Donautales, wo die Donau eng am Steilrand fließt, müssen auch wir immer wieder Auf- und Abfahrten bewältigen. Am **Gasthaus Neumühle** 07 können wir uns von den Anstrengungen erholen. Der Weiterweg führt bei **Thiergarten** 08 unter der Bahnlinie hindurch zur „Hofstraße". Rechts folgen wir ihr nach **Thiergartenhof** 09 und zur **Kapelle St. Georg**. Viele Gasthäuser laden zur Rast ein. Genießen Sie den Anblick der weißen Kreidefelsen des Donausteilhanges. Wir verlassen Thiergartenhof auf dem Weg über die Donaubrücke zur Landesstraße. Ihr folgen wir unter der Bahnbrücke hindurch nach **Gutenstein** 10. Die „Burgfeldenstraße" bringt uns über die Donau in den Ort. **Schloss Gutenstein** liegt rechts am Donauufer. Wir folgen der „Burgfeldenstraße" durch Gutenstein bis zur Kirche. Biegen hier links ab in die „Hohenbergstraße" hinunter zur „Langenharter Straße". Nach links queren wir die Bahn und schwenken gleich rechts ein auf den Weg entlang der Bahn Richtung Dietfurt. Diesmal fahren wir die Donauschlinge aus und queren die Donau an der Brücke zur Landesstraße. Vor der Straße rechts, unter der Bahnbrücke durch, stoßen wir auf die „Burgstraße" in Dietfurt. Gegenüber radeln wir unterhalb der Bahnlinie weiter und folgen der Donau. An der Mündung der Schmele radeln wir links zur Landesstraße und nach der Brücke zurück an die Donau. Wir folgen nun dem Weg der Bahn entlang bis zur Brücke zum **Nickhof** 11 und nach **Inzigkofen** 12. Steil geht es hier bergauf. Der „Parkweg" führt uns am Inzigkofer Park vorbei zum Kloster. Hier biegen wir links ab in den „Schlossbühlweg" nach Sigmaringen. In **Sigmaringen** 13 heißt unser Weg „Inzigkofer Straße" und führt uns an die Donaubrücke. Wir queren die Hauptstraße zum „Uferweg" hinüber und radeln weiter bald unter der Bundesstraße hindurch zum Freibad. Hier halten wir uns links, am Donauufer entlang, lassen den Campingplatz rechter Hand liegen und folgen dem Uferweg um Sigmaringen herum. Rechts oben überragt **Schloss Sigmaringen** die Stadt.

Sigmaringen – Mengen / 15 km / 1:00 Std.

Unser Uferweg führt uns unter die Bahnanlage des Bahnhofs hindurch zur „Allee". Ihr folgen wir links an der **He-**

Der Amalienstein an der Donau im Inzigkofer Park

dinger Kirche vorbei in die „Badstraße". Ihr folgen wir bis an die Kläranlage, dort rechts und auf der „Hohe Waghalde" am Waldrand entlang nach **Sigmaringendorf** 14. Auf der „Donaustraße" fahren wir nach Sigmaringendorf hinein, bis an die Donaubrücke der Landesstraße. Wir biegen rechts ein und folgen ihr bis zur Kurve, wo die „Rulfinger Straße" abzweigt. Hier links einbiegen und in der Kurve den Waldweg entlang der Donau nehmen. Er führt uns direkt nach **Scheer** 15. Über dem Bahntunnel heißt die Straße „Rote Steige". Hier halten wir uns links und radeln auf dem Fußweg über die Brücke direkt zum Schloss. Hier biegen wir links in die „Fabrikstraße" ein und folgen ihr bis zur Straße „Kirchberg". Nach rechts schwenken wir ein, nach wenigen Metern links und stoßen auf die „Hirschstraße", die uns an die „Mengener Straße" führt. Nach links am **Rathaus** vorbei radeln wir bis vor die **Donau,** biegen rechts in die „Donaustraße" ein, die in die „Schaalstraße" übergeht. Sie bringt uns an die Bundesstraße. Diese queren wir zur „Bahnhofstraße", radeln rechts über die Gleise, jetzt in der „Hipfelsberger Straße". Auf ihr verlassen wir Scheer und radeln auf dem „Edelbrunner Weg" nach **Ennetach** 16 und **Mengen** 17 hinein. An der „Scheerer Straße" rechts einbiegen, erreichen wir in der Kurve die „Mühlstraße". In der „Mühlstraße" überqueren wir die Ablach und nehmen die Unterführung zum Freibad. Rechts um das Bad herum treffen wir auf das „Mühlgässle", dem wir links folgen und auf die „Hauptstraße" treffen. Vielleicht bummeln Sie noch zur Entspannung durch die historische Altstadt von Mengen **Ziel**.

Schloss Sigmaringen (Schlossturm)

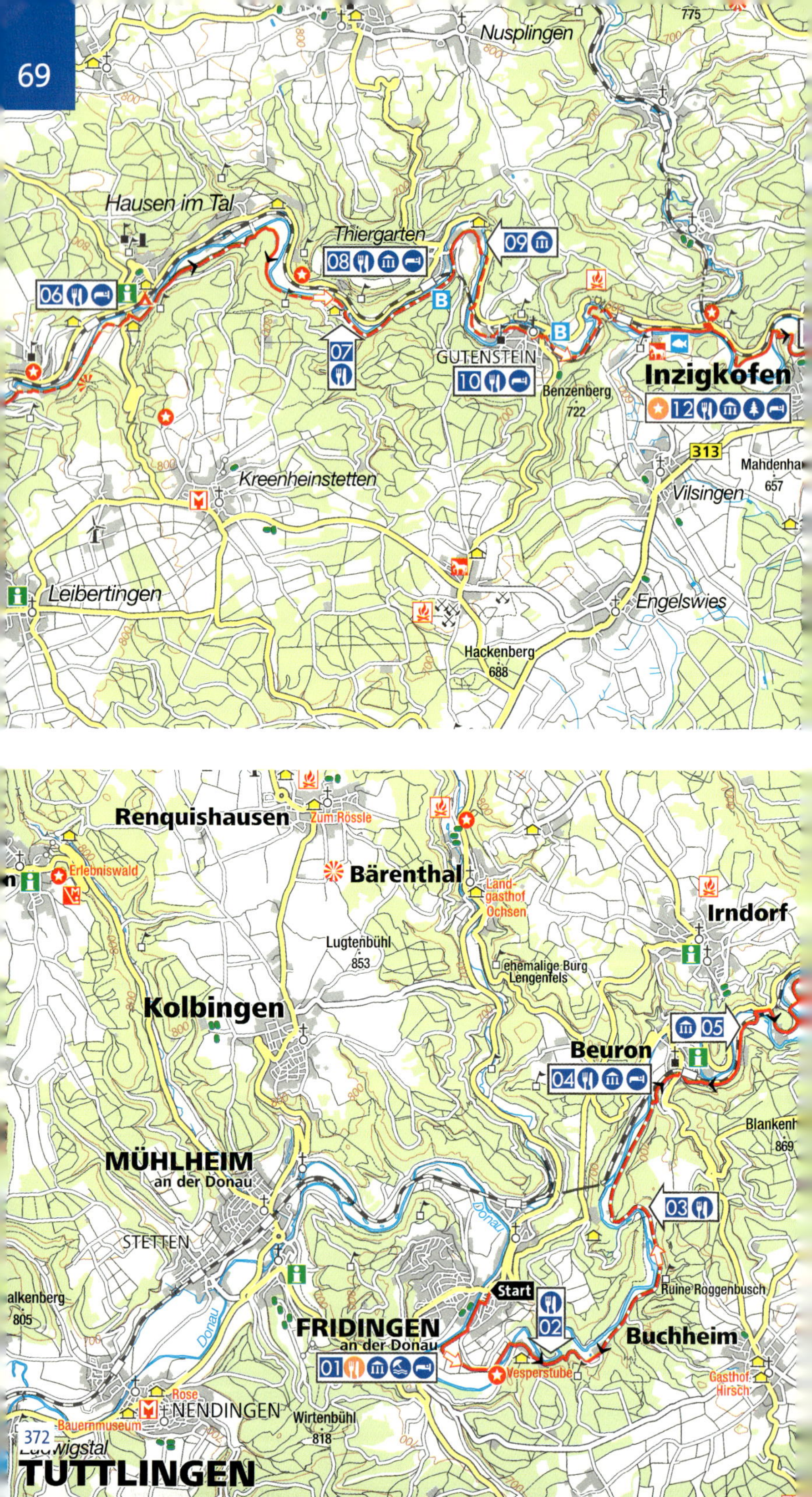

Nusplingen
Hausen im Tal
Thiergarten
08
09
06
07
GUTENSTEIN
10
Benzenberg
722
Inzigkofen
12
313
Mahdenha
657
Vilsingen
Kreenheinstetten
Leibertingen
Engelswies
Hackenberg
688
Renquishausen
Zum Rössle
Erlebniswald
Bärenthal
Land-
gasthof
Ochsen
Irndorf
Lugtenbühl
853
ehemalige Burg
Lengenfels
Kolbingen
05
Beuron
04
Blankenh
869
MÜHLHEIM
an der Donau
03
STETTEN
Donau
Start
Ruine Roggenbusch
alkenberg
805
02
FRIDINGEN
an der Donau
Buchheim
01
Vesperstube
Gasthof
Hirsch
Rose
NENDINGEN
Wirtenbühl
818
Bauernmuseum
Ludwigstal
TUTTLINGEN

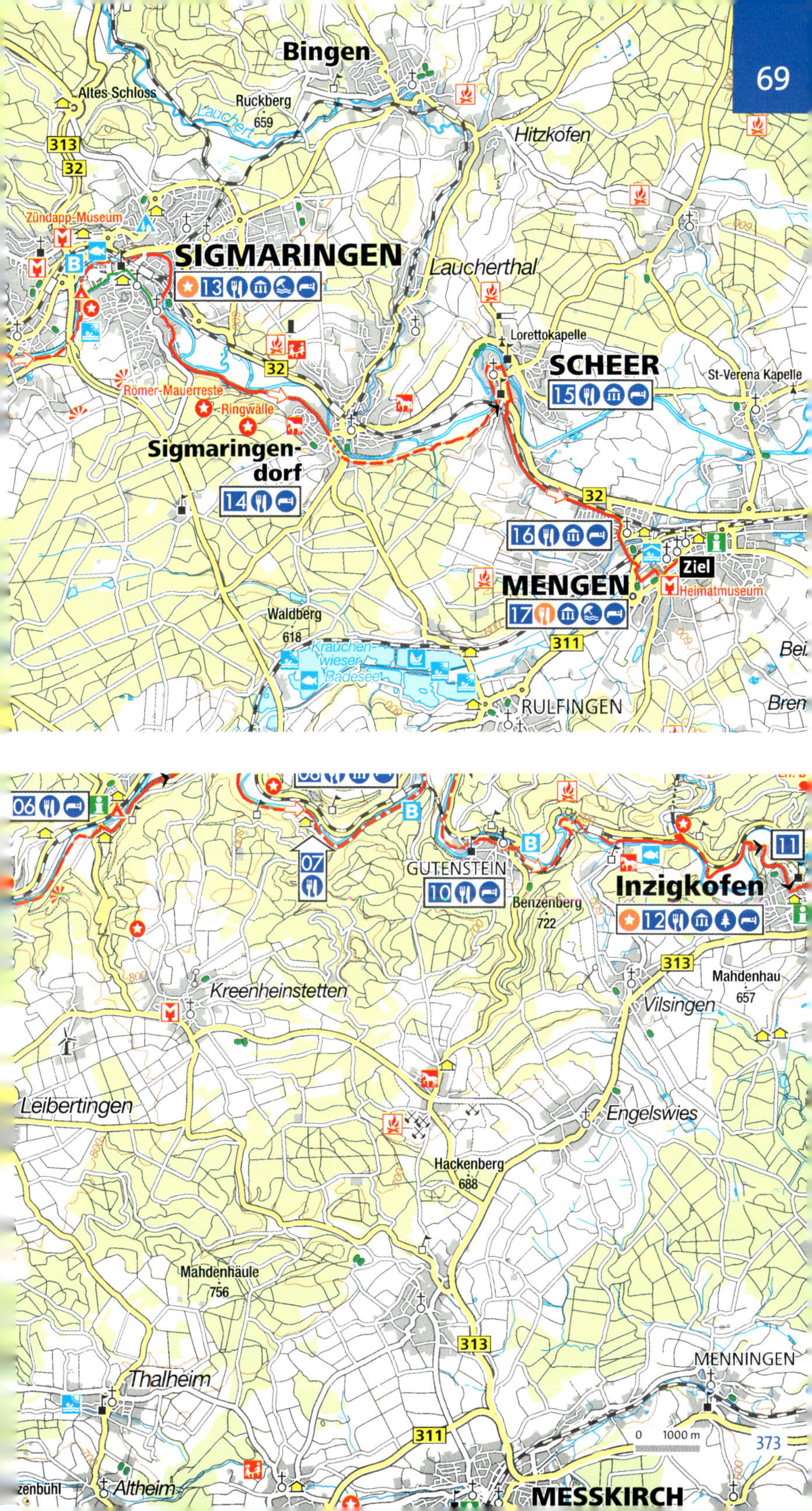

69
Bingen
Altes Schloss
Ruckberg
659
Lauchert
Hitzkofen
313
32
Zündapp-Museum
SIGMARINGEN
13
Laucherthal
Lorettokapelle
SCHEER
15
St-Verena Kapelle
Römer-Mauerreste
Ringwälle
Sigmaringendorf
14
32
16
Ziel
MENGEN
Heimatmuseum
17
Waldberg
618
311
Krauchenwieser Badesee
RULFINGEN
06
07
GUTENSTEIN
10
Benzenberg
722
Inzigkofen
12
11
313
Mahdenhau
657
Kreenheinstetten
Vilsingen
Leibertingen
Engelswies
Hackenberg
688
Mahdenhäule
756
313
Thalheim
MENNINGEN
311
0
1000 m
Altheim
MESSKIRCH

INGOLSTADT – KELHEIM

Mit dem Schiff durch den Donaudurchbruch

 51 km  3:30 Std.  162 hm  191 hm

STARTORT | Ingolstadt, 372 m
START | Ingolstadt, Am Neuen Schloss, 372 m
[GPS: UTM Zone 32 x: 678.600 m y: 5.404.050 m]
ZIEL | Kelheim, 343 m
CHARAKTER | Wege mit losem Untergrund. Im Bereich der Ortschaften meist asphaltiert. Von Vohburg bis Pförring schmale Straßen und Radwege. Der steile Eichberg vor Kelheim lässt sich mit einer Schiffsfahrt umgehen.
VERKEHR | Mit Autoverkehr ist auf der schmalen Straße von Wackerstein bis Pförring zu rechnen, in Bad Gögging und um Weltenburg wegen des Ausflugsverkehrs.

TIPP: Rückkehr per Bahn.
Kloster Weltenburg – hier ist alles einzigartig; das Kloster mit der reich geschmückten barocken Kirche und seine Lage am atemberaubenden tief eingeschnittenen Tal der Donau.

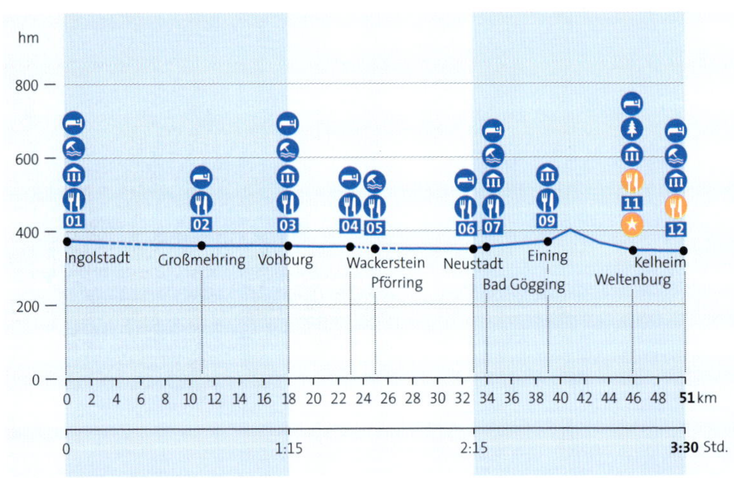

Ingolstadt – Vohburg / 18 km / 1:15 Std.

Start Wir starten am „Paradeplatz“ vor dem Neuen Schloss in **Ingolstadt** 01 radeln links um das Schloss herum und biegen dann rechts ab in die „Roßmühlstraße“ hinunter zur „Schlosslände“ am Donauufer. Über die Straße und links entlang der Donau unter der Eisenbahn- und danach unter der Straßenbrücke hindurch. Dem Linksbogen folgen und rechts schwenken auf den Fahrweg, der wie eine Allee zur parallel geführten „Gerhart-Hauptmann-Straße“ führt. An den Parkplätzen des Stadions vorbei unterfahren wir die Autobahn und biegen sofort links ab und dann rechts auf den Weg, der uns nach Großmehring bringt. Die Kläranlage und das Bayernwerk sehen wir zur Linken. Am Ende des Umspannwerkes können Sie nach Kleinmehring hineinfahren oder gleich weiter der Donau entlang nach Großmehring. Die

Das „Kleine Donautor“ in Vohburg

Variante und der Hauptweg kommen an der Donaubrücke wieder zusammen. Der Hauptweg führt nach **Kleinmehring** hinein. Wir radeln links auf den Teich zu, umfahren ihn nach rechts, über den Steg am Mailinger Bach zur Unterführung an der Straße mit dem Mühlbach. Wir radeln im spitzen Winkel nach rechts zurück, gleich links über den Bach zur „Nibelungenstraße“. Wir folgen ihr nach rechts. Ab der Kirche heißt die Straße „Uferstraße“, auf der wir an der alten Donau entlang zur „Donaustraße“ in **Großmehring** 02 gelangen. Zur Donaubrücke biegen wir rechts ab und radeln über die Donau. Am anderen Ufer überqueren wir die Straße nach links und folgen dem Weg an das Donauufer. Auf ihm radeln wir bis nach **Vohburg** 03. Unterwegs sehen wir das Dampfkraftwerk und danach das Stauwehr an der Donau. Hier halten wir uns rechts und nach der Brücke links zum „Dammweg“ hinauf bis an die Donaubrücke von Vohburg. Wer sich das Städtchen mit dem Schloss und der Kirche auf dem Burgberg ansehen möchte, biegt rechts ab.

Der Donaudurchbruch bei Weltenburg

Vohburg – Neustadt / 15 km / 1:00 Std.

Unser Weg führt uns weiter über die Brücke an das andere Donauufer an die Kreuzung bei Oberdünzing. Wir biegen rechts ab, fahren ein Stück auf der „Schützenstraße" und schwenken links auf den Feldweg parallel zur Staatsstraße. Wir radeln nach Dünzing hinein, jetzt in der „Dorfstraße", der wir nach rechts aus Dünzing hinaus folgen. Bald erreichen wir **Wackerstein** 04 in der „Vohburger Straße". Wir folgen ihr durch Wackerstein erst rechts, dann entlang der Staatsstraße, dann links und geradeaus Richtung Pförring. Kiesseen begleiten uns ein Stück des Weges, bevor wir in der „Ingolstädter Straße" nach **Pförring** 05 hineinfahren. Am Donaualtwasser stoßen wir auf die „Donaustraße", der wir nach rechts folgen und bald links abbiegen in die Straße „Geisgries". Wir folgen der Straße links zum Badesee, halten uns am See links, und stoßen dann auf die Staatsstraße. Gegenüber treffen wir auf einen Feldweg, der uns zum Deich führt. Auf der Deichkrone erreichen wir die Donaubrücke der B 299. Wir unterfahren die Bundesstraße, radeln links hinauf und auf der Brücke über die Donau. Der Radweg führt links hinunter, parallel zur Bundesstraße an die „Donaustraße" in Wöhr. An der „Donaustraße" schwenken wir links ein und radeln auf Neustadt zu. Wer sich **Neustadt** 06 ansehen möchte, hält sich rechts, fährt in die „Herzog-Ludwig-Straße" und kommt zum „Kirchplatz" und zum „Stadtplatz", dem Zentrum der Stadt.

Neustadt a. d. Donau – Kelheim / 18 km / 1:15 Std.

Unser Weg führt uns in der Kurve der „Donaustraße" nach links in die „Bad-Gögginger-Straße" nach **Bad Gögging** 07. Wir radeln auf der Durchgangsstraße durch den Ort. Zur Besichtigung der Limes-Therme und des Kurzentrums müssen wir von der „Neustädter Straße" rechts in die „Heiligenstädter Straße" abbiegen. Nach ungefähr einem Kilometer erreichen wir die **Limes-Therme** 08 links „Am Brunnenforum".

Die „Neustädter Straße" führt uns weiter durch Bad Gögging nach **Sittling.** Wir folgen der „Römerstraße" bis vor die Kirche und biegen links ab, dann rechts und folgen dem Weg über die Brücke der Abens. Ab hier radeln wir nach rechts auf dem Damm entlang des „Kanals" bis nach **Eining** 09. In Höhe der Kirche von Eining radeln wir über die Brücke und zur Kirche hinauf. Wer das **Römerkastell Abusina** 10 besichtigen möchte, fährt ein Stück auf

Klosterkirche in Weltenburg

der „Abusinastraße" zurück. Zur Weiterfahrt biegen wir an der Kirche in die „Pfarrer-Krottenthaler-Straße" und auf den rechten Radweg ein **Richtung Sandharlanden.** Am Gewerbegebiet queren wir die Straße nach links und fahren auf dem „Hochweg" bis zur Straße die von Sandherlanden nach **Staubing** führt. Wir biegen links nach Staubing ein undstoßen dort auf die Staatsstraße. Gegenüber radeln wir weiter in der „Sandharlander Straße", halten uns links um die Kirche herum und fahren in der Straße „Am Krautgarten" Richtung **Weltenburg.** Vor der Staatsstraße schwenken wir nach links auf den Weg zur Donau. Wir folgen ihm nach links bis zur **Fähre nach Stausacker.** Hier müssen wir uns entscheiden, ob wir mit dem Schiff durch den Donaudurchbruch nach Kelheim fahren, oder die Variante durch das Klostertal hinauf zur Befreiungshalle und nach Kelheim wählen. Wer mit dem Schiff nach Kelheim fährt und den atemberaubenden **Donaudurchbruch** erleben möchte, radelt weiter zum **Kloster Weltenburg** 11. Das Kloster und die Klosterkirche sollten Sie sich auf jeden Fall ansehen. Die Anlegestelle der Schiffe liegt hinter dem Kloster. Die Schiffe verkehren regelmäßig und mehrmals täglich. Die Anlegestelle in **Kelheim** 12 befindet sich am großen Parkplatz vor der historischen Altstadt. Zum Schluss dieser Etappe radeln wir über den Parkplatz zur „Donaustraße", die uns durch das Donautor zu unserem Ziel in die Altstadt führt. Die Variante, die uns nach Kelheim bringt, beginnt an der Donaufähre nach Stausacker. Wir setzen über und radeln die „Uferstraße" hinauf zur „Klosterthalstraße". Ihr folgen wir nach rechts und sehen gegenüber das Kloster Weltenburg. Die schmale Straße heißt jetzt „Klostertalweg" und führt uns ins Klostertal hinauf. Nach etwa 500 m biegen wir rechts ab auf den „Deutschen Limes-Radweg" der uns durch den Wald zur **Befreiungshalle** führt. Den monumentalen Rundbau erreichen wir vom Parkplatz aus nach rechts auf der „Befreiungshallestraße".

Genießen Sie die schöne **Aussicht** auf Kelheim und die Donau. Nach Kelheim radeln wir zurück an die Kreisstraße. Nach rechts biegen wir ein und fahren vorsichtig die Serpentinen hinunter nach **Kelheim.** Auf der „Hienheimer Straße" erreichen wir den Ort und radeln geradeaus durch das Mitteltor in die **Altstadt.** In der Altstadtmitte zweigt rechts der Ludwigsplatz ab mit dem Rathaus und der Kirche Mariä Himmelfahrt. Hier liegt auch das Kurfürstliche Brauhaus. Genießen Sie das Ende dieser Etappe in einem der vielen Cafés oder im Biergarten des Brauhauses am Ludwigsplatz **Ziel**.

Stammham
Westerhofen
Echenzell
Raststätte Köschinger Forst
Wettstetten
Hepberg
Kösching
ETTING
Lenting
Demling
Gaimersheim
Audi-Werk
Audi-Forum
Ingolstadt Village
Kleiner Weinberg 395
Kleinmehring
Start
DONAU
INGOLSTADT
Westenhausen
Manching
Seehof
Kl. Leilach-See
Kelten- und Römermuseum
Flugplatz Ingolstadt-Manching
Mändlfeld
Brautlach
Deubling
Baar-Ebenhausen
Zum Fuchsbau
Karlskron

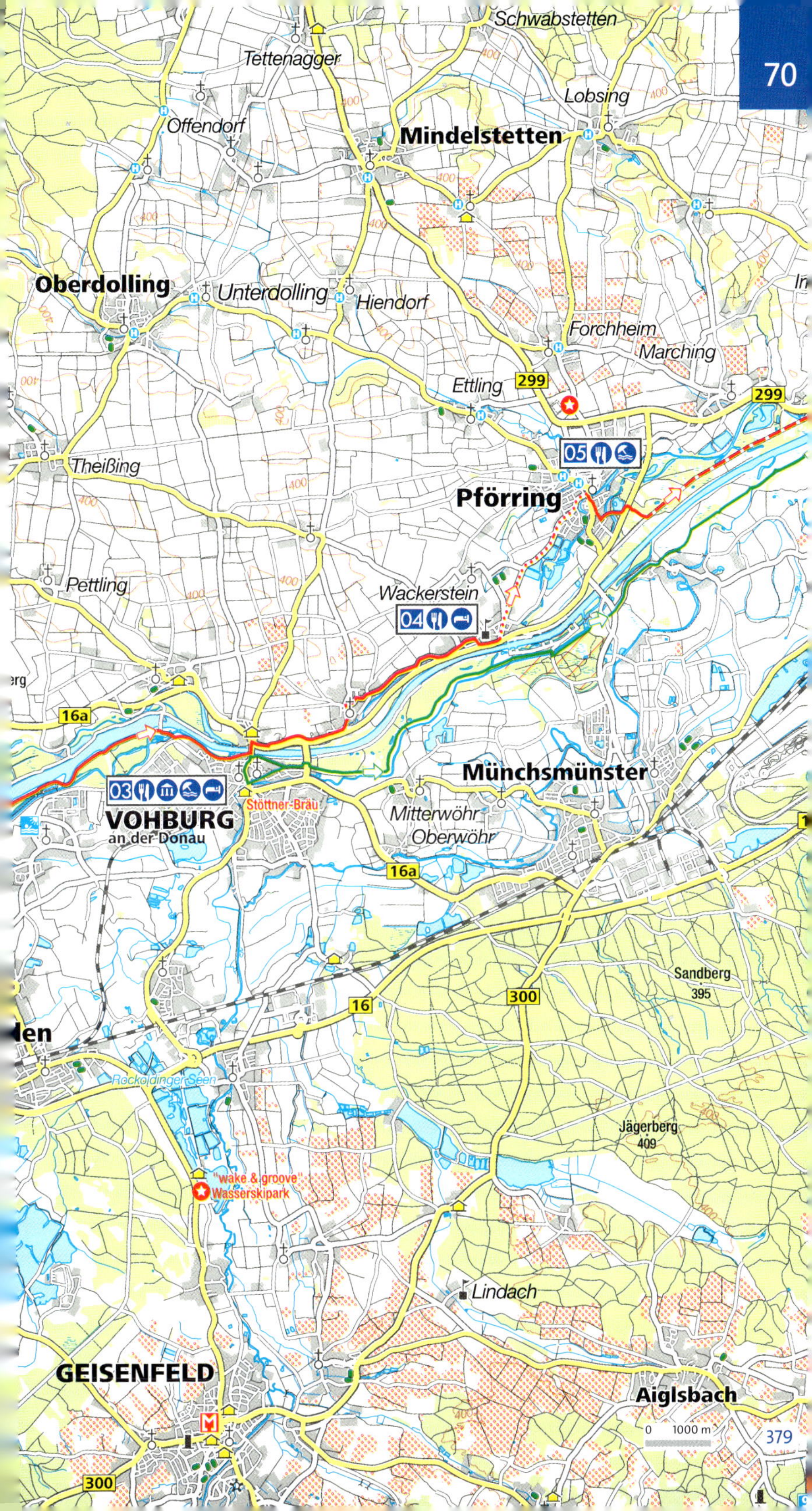
Schwabstetten
Tettenagger
Lobsing
Offendorf
Mindelstetten
Oberdolling
Unterdolling
Hiendorf
Forchheim
Marching
Ettling
299
Theißing
05
Pförring
Pettling
Wackerstein
04
16a
03
Stöttner-Bräu
VOHBURG
an der Donau
Münchsmünster
Mitterwöhr
Oberwöhr
16
300
Sandberg
395
Rockolding Seen
Jägerberg
409
"wake & groove"
Wasserskipark
Lindach
GEISENFELD
Aiglsbach
0 1000 m

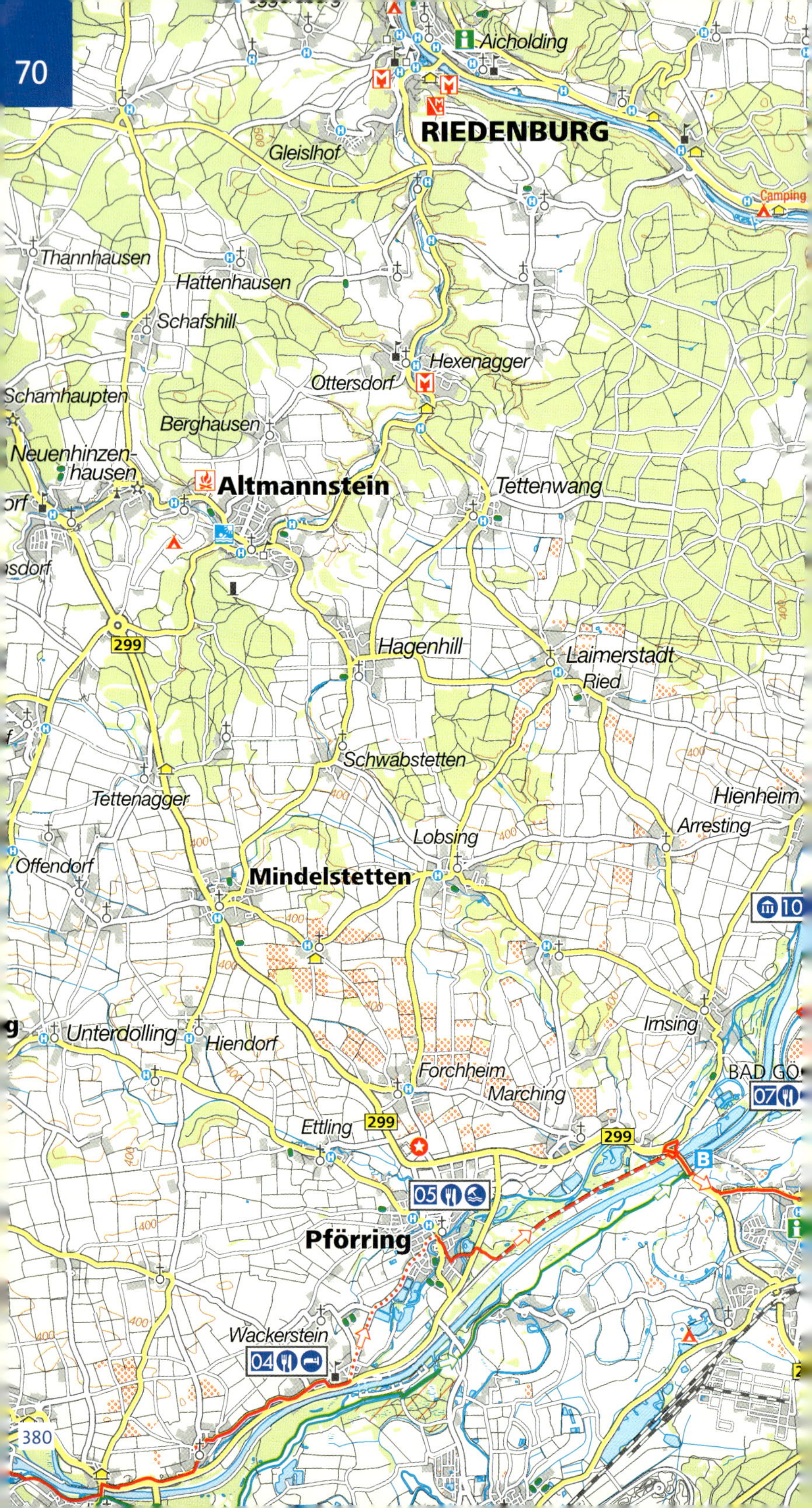

Aicholding
RIEDENBURG
Gleislhof
Camping
Thannhausen
Hattenhausen
Schafshill
Hexenagger
Ottersdorf
Schamhaupten
Berghausen
Neuenhinzenhausen
Altmannstein
Tettenwang
299
Hagenhill
Laimerstadt
Ried
Schwabstetten
Hienheim
Tettenagger
Arresting
Lobsing
Offendorf
Mindelstetten
10
Irnsing
Unterdolling
Hiendorf
Forchheim
BAD GÖ
07
Marching
Ettling
299
05
Pförring
Wackerstein
04
380

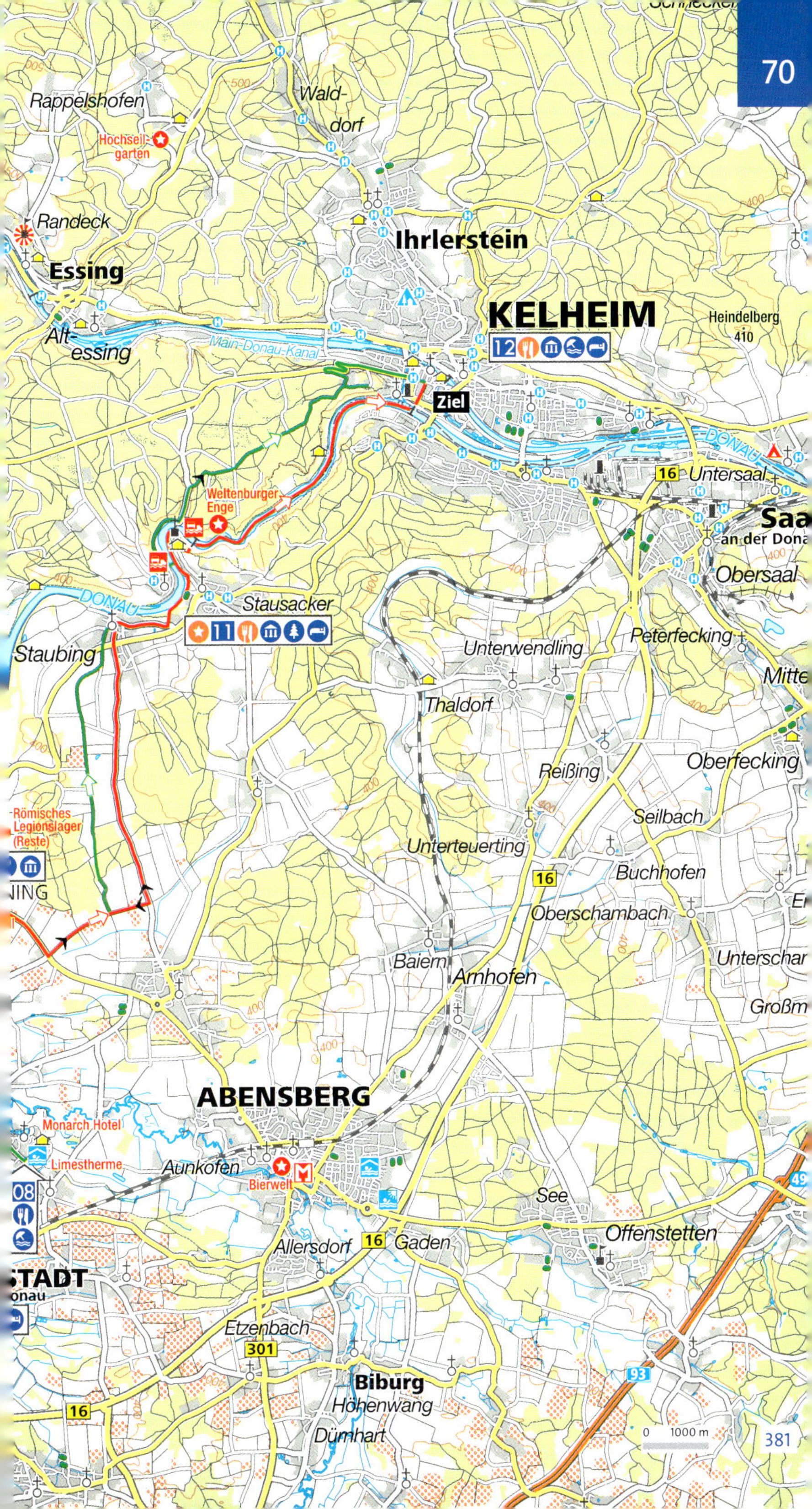

Rappelshofen
Hochseil-garten
Wald-dorf
Randeck
Essing
Ihrlerstein
KELHEIM
12
Heindelberg 410
Alt-essing
Main-Donau-Kanal
Ziel
DONAU
Untersaal
Saal an der Donau
Weltenburger Enge
Obersaal
Stausacker
11
Staubing
Unterwendling
Peterfecking
Thaldorf
Reißing
Oberfecking
Römisches Legionslager (Reste)
Seilbach
Unterteuerting
Buchhofen
Oberschambach
Baiern
Arnhofen
Unterschar
ABENSBERG
Monarch Hotel
Limestherme
Aunkofen
Bierwelt
See
Gaden
Offenstetten
Allersdorf
STADT
Etzenbach
Biburg
Hohenwang
Dürnhart
0 1000 m

NEUFAHRN – KRANZBERG – FREISING – NEUFAHRN

Nach Freising – eine der ältesten Städte Oberbayerns

 41 km 2:30 Std.  124 hm 124 hm

STARTORT | Neufahrn
START/ZIEL | S-Bahnhof Neufahrn, S1, 462 m
[GPS: UTM Zone 32 x: 697.220 m y: 5.355.390 m]
CHARAKTER | Die Radtour führt uns auf den Bergrücken nach Hörenzhausen, hinunter ins Tal der Amper und nach Kranzberg. Hier geht es steil hinauf in den Kranzberger Forst und hinunter ins Isartal. Die Wege im Isartal und im Kranzberger Forst haben losen Untergrund summieren.
VERKEHR | Mit Autoverkehr muss man in Neufahrn, Kranzberg und Freising rechnen, ansonsten gibt es kaum Verkehr.

TIPP: Zum Landesarboretum im Kranzberger Forst sollten Sie unbedingt abbiegen. Hier stehen an die 200 Baumarten aus aller Welt.

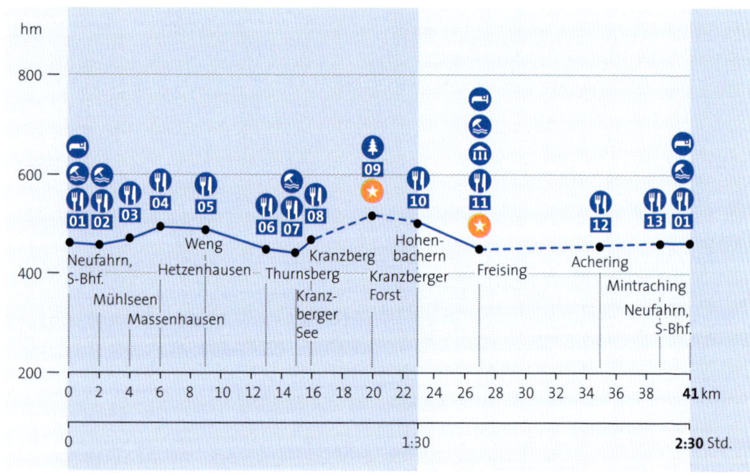

Neufahrn – Hohenbachern / 23 km / 1:30 Std.

Start Am S-Bahnhof **Neufahrn** 01 gehen wir durch die Bahnhofsunterführung zur „Massenhausener Straße“, radeln über den „Kurt-Kittel-Ring“ und auf der Fußgängerbrücke über die Autobahn zu den **Mühlseen** 02. Der Weg führt zwischen den Seen über die Straße „An den Mühlseen“. Hier halten wir uns links, dann queren wir die Straße und stoßen auf die „Neufahrner Straße“ am Gehöft. Wir überqueren sie und radeln rechts auf dem Feldweg durch den Hof nach **Massenhausen** 03. Wir stoßen auf die „Fürholzer Straße“ und setzen gegenüber im „Mühlweg“ die Radtour fort. Auf dem „Mühlweg“ gelangen wir zur „Obere Hauptstraße“ am Ortsausgang, fahren kurz links und nehmen den ersten Feldweg wieder links nach **Hetzenhausen** 04. Von der Straße „Am Grasgarten“ gelangen wir zur „Hauptstraße“. Wir biegen rechts ab, bis links der Weg „Am Winkel-

Seehaus am Kranzberger See

feld“ abzweigt. Wir folgen ihm über die Autobahn zur Kreisstraße. Gegenüber geht es hinauf zur Kirche **St. Georg,** dann bergab nach **Weng** 05. An der Ortsdurchfahrt biegen wir rechts ab und nehmen die Straße vor der Autobahn nach **Thurnsberg** 06. An der Amperbrücke radeln wir links über die Amper und den Werkkanal und nehmen den Weg rechts entlang des Werkkanals an Thurnsberg vorbei. Wir stoßen auf die Kreisstraße nach Kranzberg und folgen ihr rechts durch **Hagenau** an den **Kranzberger See** 07. Zum See geht es über die Parkplätze. Am Ufer halten wir uns links, erreichen die Straße nach **Kranzberg** 08 und folgen ihr über die Amperbrücke bis zur „Kirchbergstraße“. Ihr folgen wir rechts den Berg hinauf bis zur „Hohenbachernstraße“. Auf ihr radeln wir rechts in den **Kranzberger Forst** 09 und halten uns geradeaus hinunter nach **Hohenbachern** 10.

Hohenbachern – Neufahrn / 18 km / 1:00 Std.

In Hohenbachern bleiben wir auf der „Ortsstraße“ und fahren nach Vötting und dort an der Schule vorbei zur „Griesfeldstraße“. Wir biegen rechts ab, hinunter an die „Giggenhauser Straße“. Wir halten uns links und fahren nach der Kurve rechts in den „Mühlenweg“ zur Moosach in **Freising** 11. Wir bleiben auf dieser Bachseite und radeln auf dem schmalen Weg unterhalb von **Weihenstephan** an der Moosach entlang zum „Veitsmüllerweg“. Nach links erreichen wir die „Vöttinger Straße“. Hier rechts und über die Kreuzung gelangen wir über die „Obere Hauptstraße“ in die **Altstadt von Freising** und folgen ihr bis zur „Bahnhofstraße“. Diese zweigt rechts ab und bringt uns zum **Bahnhof Freising.** Wir gehen unter den Bahnsteigen hindurch zur Isar-Seite des Bahnhofs und radeln links über den P+R-Platz bis kurz vor die Isarbrücke, der „Erdinger Straße“. Am Radweg auf dem Isardamm fahren wir rechts auf dem Isar-Radweg Richtung München, an **Acherling** 12 vorbei, unter der Autobahn hindurch bis **Mintraching** 13. Hier radeln wir nach rechts den „Isarweg“ hinauf und fahren über die B 11 nach Mintraching hinein. Auf der Ortsdurchfahrt in Richtung Neufahrn gelangen wir am Sportpark in den „Galgenbachweg“, der uns weiter zur „Bahnhofstraße“ führt. Hier rechts und wir sehen bereits den **S-Bahnhof Neufahrn** 01 wieder **Ziel**.

Der Domberg in Freising

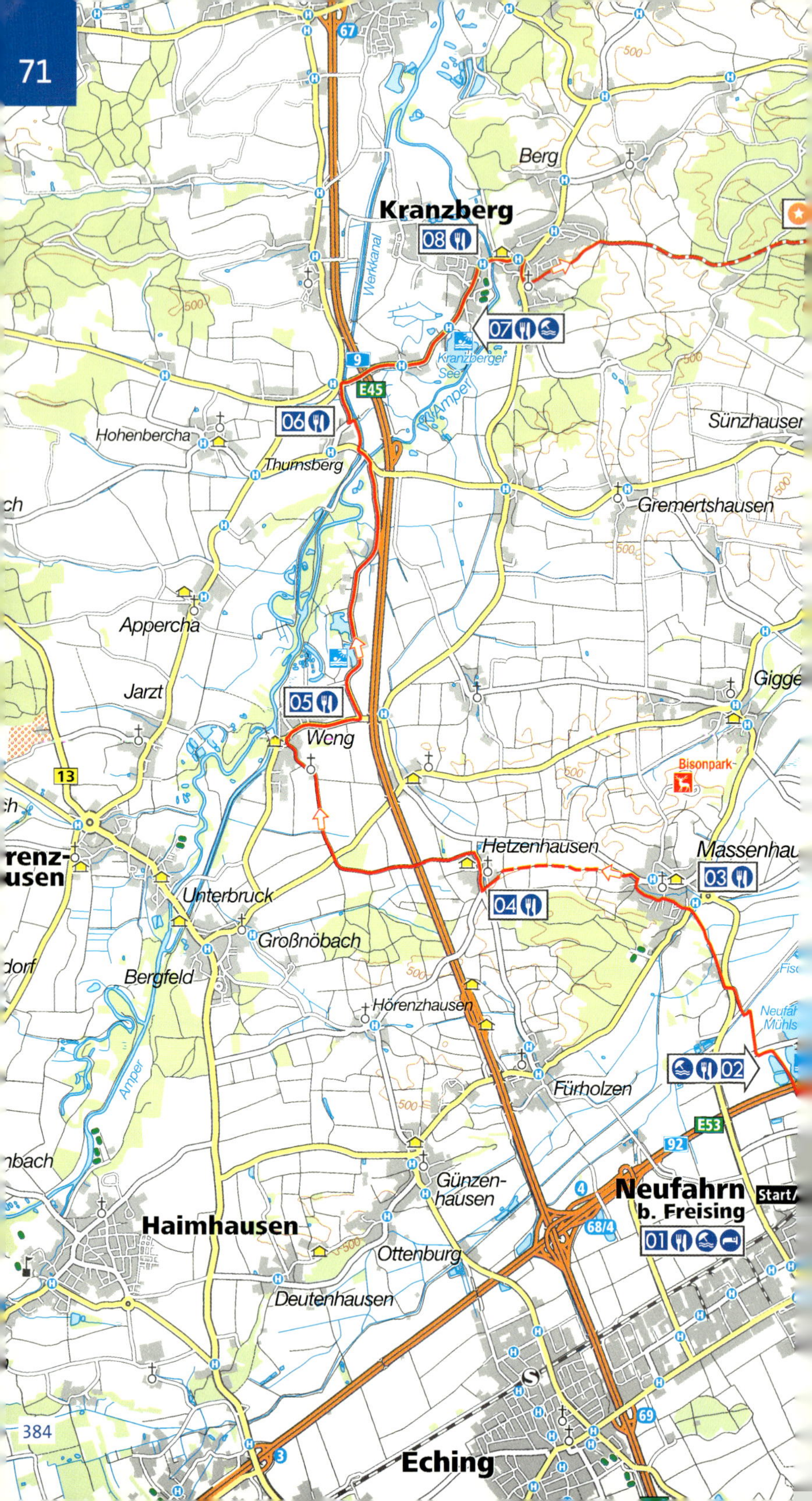
Kranzberg
08
Berg
Werkkanal
07
Kranzberger See
Amper
9
E45
06
Hohenbercha
Thurnsberg
Sünzhausen
Gremertshausen
Appercha
Jarzt
05
Weng
Gigge
Bisonpark
13
Hetzenhausen
Massenhau
03
04
Unterbruck
Großnöbach
Bergfeld
Hörenzhausen
Neufahrn Mühls
02
Fürholzen
E53
92
Günzenhausen
Neufahrn b. Freising
Start
01
68/4
Haimhausen
Ottenburg
Deutenhausen
Amper
69
3
Eching
500

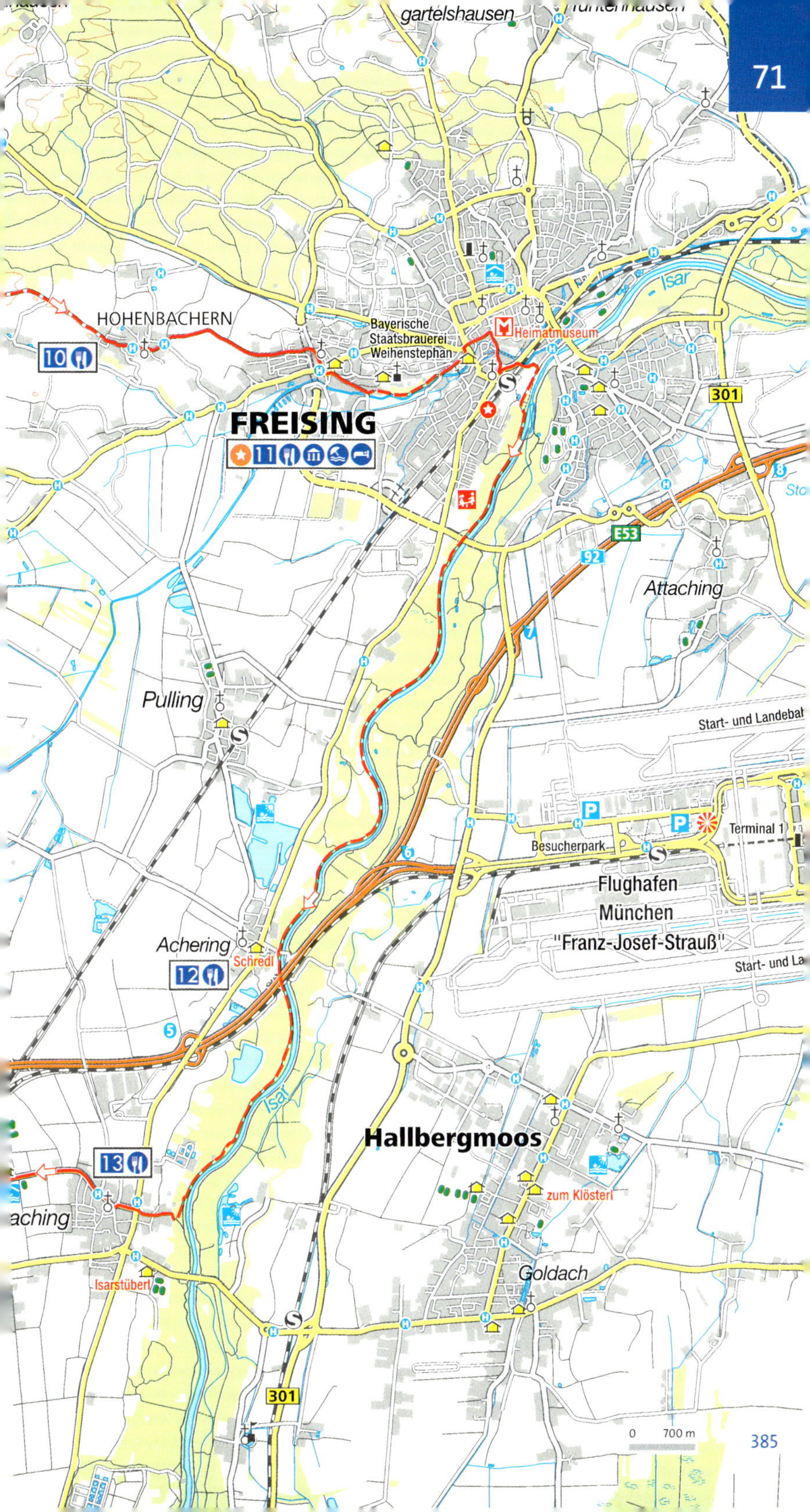
gartelshausen
HOHENBACHERN
10
FREISING
11
Bayerische
Staatsbrauerei
Weihenstephan
Heimatmuseum
Isar
301
E53
92
Attaching
Pulling
Start- und Landebah
Besucherpark
Terminal 1
Flughafen
München
"Franz-Josef-Strauß"
Start- und La
Achering
Schredl
12
Hallbergmoos
13
zum Klösterl
aching
Isarstüberl
Goldach
301
0 700 m

FELDMOCHING – DACHAU – OBERSCHLEISS-HEIM – FELDMOCHING

An der Regattaanlage der Olympischen Spiele von 1972

 36 km  2:30 Std.  25 hm  25 hm

STARTORT | München-Feldmoching
START/ZIEL | S-Bahnhof Feldmoching, S1, 493 m
[GPS: UTM Zone 32 x: 778.830 m y: 5.343.220 m]
CHARAKTER | Die Tour über das Dachauer Moos hat keine Steigungen und lässt uns auf asphaltierten Wegen radeln, abgesehen von kleinen Wegabschnitten mit losem Untergrund.
VERKEHR | In Dachau, Oberschleißheim und auf der Straße von Ampermoching zum Mooshäusl ist mit geringem Autoverkehr zu rechnen.

TIPP: Wer sich für Technik interessiert, sollte die Flugwerft Schleißheim besuchen. Die Außenstelle des Deutschen Museums präsentiert über 50 „echte" Flugzeuge.

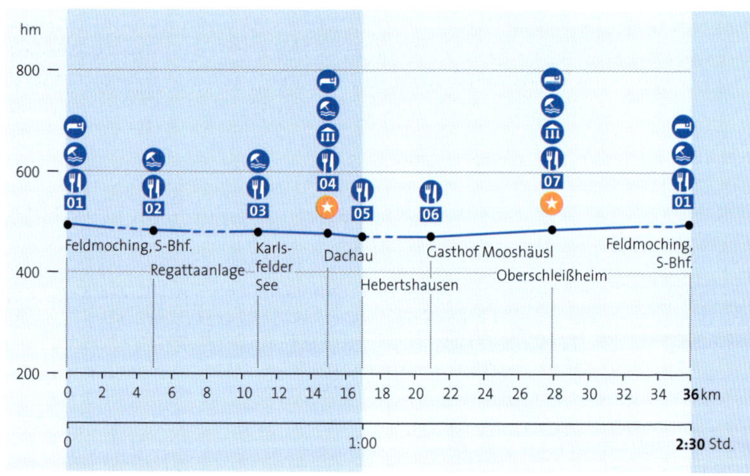

Feldmoching – Hebertshausen / 17 km / 1:00 Std.

Start Wir starten am „Walter-Sedlmayr-Platz" vor dem **S-Bahnhof Feldmoching** 01 und radeln die „Josef-Frankl-Straße" vor zur „Feldmochinger Straße". Hier biegen wir rechts ab, am Denkmal schräg links, in die „Grashofstraße" zur „Pflaumstraße". Gegenüber geht es weiter unter der **Autobahn** durch, rechts in den „Eishüttenweg" über den Würmkanal zum **Regattaparksee** 02. Am Bad vorbei zu den Parkplätzen an den Tribünen. Richtung Ausfahrt gelangen wir zur Tennisakademie und dem Leistungszentrum. Vor der **Ausfahrt** halten wir uns links und nach wenigen Metern rechts in den Wald hinein. Am „Schnepfenweg" biegen wir links ab, gleich wieder rechts und kommen in den **„Kalterbachweg".** Nach den Häusern links ab zum „Regattaweg" und zum NSG Schwarzhölzl. Am Waldrand entlang biegen wir in der Kurve rechts in den

Schloss Lustheim in Oberschleißheim

Wald, halten uns rechts und biegen vor dem Bach wieder scharf rechts ab. Nach ein paar Metern fahren wir über den Bach, dann links und erreichen den „Augustenfelder Weg" in **Karlsfeld.** Wir halten uns links bis zur Brücke, hier hinüber zum „Wiesenweg" und dann rechts zur „Hochstraße". Unter der Straßenbrücke hindurch kommen wir zum **Karlsfelder See** 03. Am See fahren wir geradeaus, biegen am Ende des Sees rechts ab zu den Kleingärten über die Brücke der B 471 und sind nun in **Dachau** 04. Nach der Brücke folgen wir dem Weg rechts und biegen links ab in die Straße „Am Tiefen Graben", vor zur „Schleißheimer Straße". Schräg rechts gegenüber radeln wir auf dem Weg entlang der „Alte Römerstraße", erst am Gewerbegebiet, dann an der **KZ-Gedenkstätte** vorbei und biegen rechts ab in die Straße „Am Kräutergarten". An der „Hebertshausener Straße" biegen wir links ein zum **Sportgelände von Hebertshausen** 05.

Hebertshausen – Feldmoching / 19 km / 1:30 Std.

Hinter den Sportplätzen radeln wir links und vor der Amper rechts auf den Ammer-Amper-Radweg. Am Ufer entlang stoßen wir auf die Straßenbrücke bei **Ampermoching,** radeln hinauf und halten uns rechts auf den Radweg zur „Moosstraße". Hier biegen wir ein und fahren an den Kiesseen vorbei zum **Gasthof Mooshäusl** 06. Nach dem Gasthaus links über die Brücke auf den Waldweg, der nach Riedmoos führt. Wir stoßen auf die „Würmbachstraße", biegen rechts ab und fahren durch Riedmoos zum Minigolfplatz und zur „Birkhahnstraße", die links abzweigt. Wir folgen ihr über die Autobahn und fahren nach der Brücke rechts im spitzen Winkel zurück nach **Oberschleißheim** 07. Von der „Hirschplanallee" kommen wir in die „St. Margarethenstraße" und folgen ihr zur „Dachauer Straße" am **Schleißheimer Kanal.**
Gegenüber fahren wir weiter und biegen links ab in die „Veterinärstraße". An der Staatsstraße setzen wir gegenüber die Tour fort, fahren über die Bahnlinie geradeaus in den „Wilhelmshof" des **„Alten Schlosses".**
Im Hof biegen wir rechts ab in die „Effnerstraße", links in die „Amigonistraße", dann rechts in die „Münchner Allee", auf das Flugfeld hinaus an **Hochmuttig** vorbei. Am Waldrand radeln wir nach rechts in die „Jägerstraße" und folgen ihr, am Militärgelände vorbei, geradeaus auf der „Königstraße" durch das Naturwaldreservat. Am Ende biegen wir links ab, unter der Autobahn durch und fahren entlang der Bahn in die „Raheinstraße" über die „Dülferstraße" zum **S-Bahnhof Feldmoching** 01 **Ziel**.

Sigmertshausen
Bürgergaststätte
Schillhofen
Zieglberg
Unterhandenzhofen
Arzbach
Kiermeler
Mariabrunn
Purtlhof
Schlosswirtschaft
Unterweilbach
Viehhausen
Oberweilbach
Reipertshofen
Assenhausen
Pellheim
Goppertshofen
Hebertshausen
Deutenhofen
Sportheim Herbertshausen
PULLHAUSEN
Prittlbach
Schmidbauer
Lohfeld
Ried
Eisingertshofen
Webling
Steinkirche
ETZENHAUSEN
Amper
DACHA
KZ Gedenkstätte
Breitenau
DACHAU-OST
POLLN
UDLDING
Schl. Dachau Hofgarten
Kienaden
Günding
MITTERNDORF
Athena Palast
Hotel Forelle
z. Amper
Holzgarten
Unteraugustenfeld
OBERMOOSSCHWAIGE
Ober-
Rothschwaige
Karlsfelder See
Seeblick
Seehaus
Neuhimmelreich
Gröbenried
Waldschwaigsee
Waldschwaige
Karls
Haderecker
Eschenried
Kreuzhof
Golfrestaurant
Bichl
stillgelegt
Gerberau
Güterverkehr
Waldkolonie
Birkenhof
Sportgaststätte
Sisi-Straße
Lußsee
Gröbenzell
ALLACH
MÜNCH
Rangie

Haimhausen
Günzenhausen
Ottenburg
Deutenhausen
Sulzrain
Solarpark
Solarpark
Ottershausen
Fischteiche
Klarlweiher
Maisteig
Theresien-Kapelle
Eching
Neuhof
HOLLERN
Hollerner See
Unterschleißheimer See
Mooshäusl
06
Orgelmuseum
LOHHOF
UNTERSCHLEISSHEIM
Heimatmuseum
RIEDMOOS
Kletterbrocken Unterschleißheim
Mallertshofener See
Oberschleißheim
07
Lohhof Süd
Go-cart-Bahn
Gewerbege
Lustheim
Schloss Schleißheim
Schloss Lustheim
Porzellanmuseum
HOCHBRÜ
Flugzeugmuseum
Flugwerft Schleißheim
02
Regattaparksee
Regattaanlage Feldmoching-Oberschleißheim
Fasanerie
Hochmutting
Standortübungsplatz
Olympia Schießanlage Hochbrück
Sisi-Straße
NEUHERBERG
Allianz-Arena
HASENBERGL
U-Bahn Betriebshof
HARTHOF
Start/Ziel
FELDMOCHING
Feldmochinger See
01
DAV-Kletterzentrum Freimann
Fasaneriesee
NORD
AM HART
FREIMANN
Lerchenauer See
Güterbahnhof
Güterbahnhof
0 700 m
389

EGLHARTING – GLONN – AYING – EGLHARTING

Durch die Täler auf die Höhen

41 km | 3:00 Std. | 214 hm | 214 hm

STARTORT | Kirchseeon-Eglharting
START/ZIEL | S-Bahnhof Eglharting, S4, 563 m
[GPS: UTM Zone 32 x: 713.350 m y: 5.329.370 m]
CHARAKTER | Die Tour erfordert einige Kondition, es geht kräftig bergauf und bergab; hinauf ins Schartlholz, hinunter an die Glonn, dann zum höchsten Ort nach Kaltenbrunn und hinunter ans Ziel. Die Wege sind bis auf kurze Stücke asphaltiert.
VERKEHR | Mit geringem Autoverkehr ist zwischen Aying und Oberpframmern sowie um Glonn herum zu rechnen.

TIPP: Zur Wallfahrtskirche in Altenburg führt ein schöner Kreuzweg hinauf. Von der Kirche haben Sie einen weiten Blick hinunter ins Tal nach Moosach.

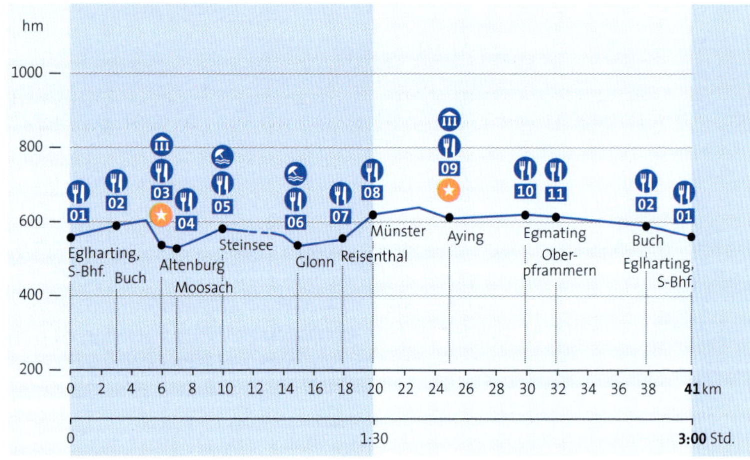

Eglharting – Münster / 20 km / 1:30 Std.

Start Vom **S-Bahnhof Eglharting** 01 gehen wir zur Fußgängenbrücke hinunter an die Hauptstraße und radeln durch den „Feldweg" zum „Kastenseeoner Weg". Hier biegen wir ein und gelangen an die „Riederinger Straße", der wir folgen. An der „Graf-Ulrich-Straße" biegen wir rechts ab und erreichen die „Bucher Straße". Hier radeln wir nach links in das Eglhartinger Holz nach **Buch** 02. In Buch treffen wir auf die „Zornedinger Straße" und fahren auf ihr nach links vorbei am **Schartlhof** und der **Winkelmühle** zur **Angermühle.** Wer sich die Wallfahrtskirche in **Altenburg** 03 ansehen möchte, biegt hier rechts ab und folgt dem Kreuzweg steil nach oben zur Kirche Mariä Geburt. Zurück an der Kreisstraße, radeln wir weiter an den Sportplätzen vorbei nach **Moosach** 04 hinein. Von der „Münchner Straße" biegen wir rechts in die „Glonner Straße" ein, fahren auswärts und dann hinter dem Straßenabzweig rechts den Waldweg hinauf zum **Steinsee** 05.
Wir gelangen zum Freibad und zur Kapelle, fahren links ab nach **Niederseeon**

Brauereigasthof Aying

und an der Kreuzung wieder links am Reiterhof vorbei zum Abzweig nach Oberseeon. Hier biegen wir ein, zweigen dann aber vom Weg nach **Oberseeon** rechts ab durch den Wald bis an die Wegekreuzung. Jetzt radeln wir nach rechts über **Adling** nach **Glonn** 06. Die „Adlinger Straße" führt uns hinunter ins Zentrum an die Kirche. Gegenüber setzen wir unsere Radtour in der „Feldkirchener Straße" fort, biegen rechts ab in die „Reisenthaler Straße", kommen am Freibad vorbei und radeln am Kupferbach entlang nach **Reisenthal** 07. Am Hof schwenken wir rechts ein, biegen am Weg vor dem Bach rechts ab und radeln hinauf nach **Münster** 08.

Münster – Eglharting / 21 km / 1:30 Std.

Wir halten uns links zur Kirche und biegen an ihr links ab Richtung Neumünster. Vor den ersten Häusern biegen wir rechts ab durch den Wald nach **Graß.** Wir stoßen auf die Ortsstraße, halten uns links nach **Kaltenbrunn** und hier geradeaus durch den Wald bis an die „Kaltenbrunner Straße" am Waldrand. Hier biegen wir rechts ein nach **Aying** 09. An der „Oberen Dorfstraße" radeln wir rechts in de Ort hinein, gelangen zur Kirche und stoßen auf die „Zornedinger Straße". Ihr folgen wir nach rechts und radeln auf der Straße nach **Egmating** 10. Die „Schloßstraße" führt uns am Golfplatz vorbei zur „Glonner Straße". Hier biegen wir rechts ab und gleich an der „Oberpframmerner Straße" links, vorbei am Sägewerk nach **Tal** und **Oberpframmern** 11. Im Zentrum an der Kirche halten wir uns links und gleich rechts in die „Zornedinger Straße", um dann wieder rechts in die „Dorfstraße" abzubiegen. Am „Buchenweg" in **Niederpframmern** biegen wir links ein und radeln immer geradeaus bis nach **Buch** 02.

Nach Buch hinein gelangen wir auf der „Pframmerer Straße". Vorn, an der „Zornedinger Straße", geht es nun links, nach wenigen Metern rechts in die „Eglhartinger Straße" durch das Eglhartinger Holz, nun wieder auf der „Bucher Straße" nach **Eglharting.**

An der „Graf-Ulrich-Straße" biegen wir rechts ein, und dann an der „Riederinger Straße" links ab zum „Kastenseeoner Weg". Hier schwenken wir rechts ein, am „Feldweg" links und gelangen über die Fußgängerbrücke wieder an den **S-Bahnhof Eglharting** 01 **Ziel**.

keferloh
304
Antonikapelle
Zorn
Grasbrunn
Möschenfeld
560
edlung am
asbrunner Weg
Harthausen
583
591
Aich
Schlag
602
Niederpframmern
Oberpframme
Tal
11
Neuorthofen
632
Orthofen
Obermaierberg
638
Grotte
Egmating
10
Kastensee
Dürrnhaar
Pizzeria
Kastenseeoner See
-Siegertsbrunn
Leonhard
Lindach
Erlebnisbrauerei
Aying
09
657
Ott
Graß
Neumünster
Peiß
Kaltenbrunn
Loibersdorf

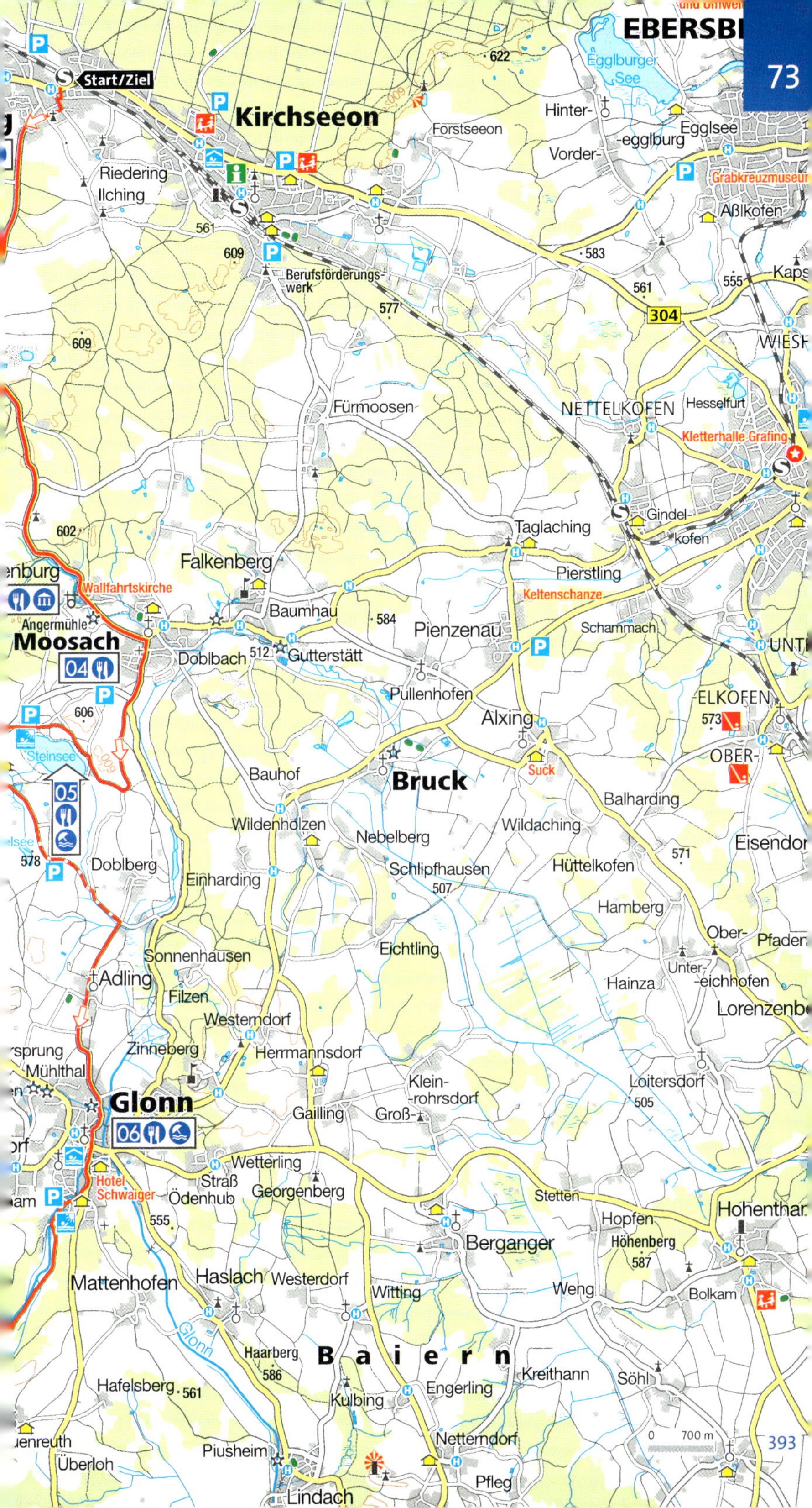

EBERSB
Start/Ziel
Kirchseeon
Egglburger See
Forstseeon
Hinter-
Vorder-
-egglburg
Egglsee
Grabkreuzmuseum
Aßlkofen
Riedering
Ilching
Berufsförderungswerk
304
Kaps
WIESH
Fürmoosen
NETTELKOFEN
Hesselfurt
Kletterhalle Grafing
Gindelkofen
Taglaching
Falkenberg
Pierstling
Keltenschanze
Wallfahrtskirche
Angermühle
Moosach
Baumhau
Pienzenau
Schammach
Doblbach
Gutterstätt
Pullenhofen
Alxing
ELKOFEN
OBER-
Steinsee
Suck
Bauhof
Bruck
Balharding
Wildenholzen
Nebelberg
Wildaching
Eisendor
Doblberg
Einharding
Schlipfhausen
Hüttelkofen
Hamberg
Sonnenhausen
Eichtling
Ober-
Pfader
Adling
Filzen
Unter-
-eichhofen
Hainza
Lorenzenb
Westerndorf
Zinneberg
Herrmannsdorf
Mühlthal
Klein-
-rohrsdorf
Loitersdorf
Glonn
Gailling
Groß-
Wetterling
Hotel Schwaiger
Straß
Ödenhub
Georgenberg
Stetten
Hopfen
Hohenthar
Höhenberg
Berganger
Mattenhofen
Haslach
Westerdorf
Witting
Weng
Bolkam
Glonn
Haarberg
Baiern
Kreithann
Söhl
Hafelsberg
Engerling
Kulbing
Überloh
Piusheim
Netterndorf
Lindach
Pfleg
0
700 m

HERRSCHING – DIESSEN – SCHONDORF – INNING – HERRSCHING

Rund um den Ammersee

 44 km 2:30 Std.  84 hm  84 hm

STARTORT | Herrsching
START/ZIEL | S-Bahnhof Herrsching, S8, 541 m
[GPS: UTM Zone 32 x: 661.940 m y: 5.318.360 m]
CHARAKTER | Rund um den Ammersee ist unser Weg weitgehend flach. Lediglich nach Ellwang müssen wir bergaufradeln. Die Wege und Straßen sind überwiegend asphaltiert, nur wenige Abschnitte haben losen Untergrund.
VERKEHR | Mit Ausflugsverkehr ist auf den Straßen rund um den See zu rechnen. Wenige Abschnitte sind den Radfahrern vorbehalten.

TIPP: In Dießen findet jährlich an ChristiHimmelfahrt der Töpfermarkt statt, bei dem viele hier beheimatete Töpfer ihre Kunstwerke verkaufen. Ein prächtiges buntes Markttreiben.

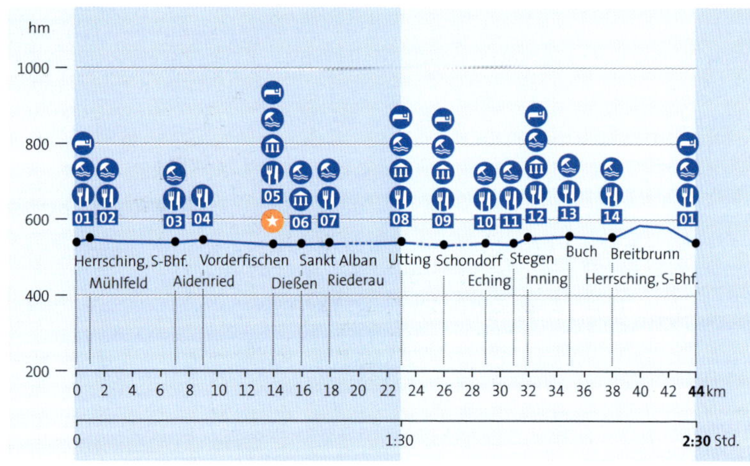

Herrsching – Utting / 23 km / 1:30 Std.

Start Vom „Bahnhofplatz" am **S-Bahnhof Herrsching** 01 radeln wir nach rechts in die Straße „Zum Landungssteg" und vor zur „Seestraße". Hier biegen wir rechts ab, halten uns links zur „Summerstraße" und fahren bis zur „Mühlfelder Straße". Wir biegen wieder rechts ab und radeln auf das **Schloss Mühlfeld** 02 zu. Am Schloss halten wir uns erneut rechts und gelangen auf dem Radweg entlang der Staatsstraße nach **Wartaweil.** Rechts unten liegt die Schiffsanlegestelle. Der Radweg führt an Wartaweil vorbei nach **Aidenried** 03. Kurze Wegstücke müssen wir auf der Straße radeln. Über **Mitterfischen** erreichen wir **Vorderfischen** 04. In Höhe der Kirche biegen wir rechts ab in die „Dießener Straße", radeln über die Ammer und das Ammermoos an der Bahn entlang nach **Dießen** 05. In Höhe der Bahnlinie radeln wir auf den Radweg zur „Jägerallee" am Bahnübergang. Hier biegen wir rechts ab in die „Jägerallee" und radeln an der

Marienmünster in Dießen

Bahn entlang, an den Sportanlagen, dem Bahnhof und dem Sportboothafen vorbei, jetzt in der „Seestraße“, die am Bahnübergang in den „Unteren Albaner Weg“ übergeht. Auf ihm radeln wir zum **Kloster Sankt Alban** 06. Hinter dem Kloster links und vor der Bahn wieder rechts, radeln wir auf dem „Seeweg Süd“ bis zum **Bahnhof in Riederau** 07. Entlang der Bahnlinie auf dem „Seeweg Nord“ kommen wir nach Holzhausen. Hier fahren wir geradeaus, an der Straße „Am Dampfersteg“ vorbei in die „Eduard-Thöny-Straße“. Zum Künstlerhaus Gasteiger geht es rechts ab. Wir radeln weiter auf der Straße bis zum **Bahnhof Utting** 08.

Utting – Herrsching / 21 km / 1:00 Std.

In Höhe des Bahnhofs biegen wir rechts ab und gleich wieder links in die „Seestraße“ zum Ufer hinunter. Hier halten wir uns links und folgen dann der „Seestraße“ rechts zum Campingplatz. Hier heißt der Weg „Im Freizeitgelände“. Wir halten uns geradeaus am Ufer entlang und radeln auf dem „Uferweg“ nach **Schondorf** 09. Hier stoßen wir auf die „Seestraße“, der wir nach rechts bis zur **Schiffsanlegestelle** und dem Freibad folgen. Wir radeln geradeaus zur Straße „An der Point“, biegen am Strandbad links ab und wieder rechts in den „Weingartenweg“. Auf ihm verlassen wir Schondorf Richtung Ortsmitte von **Eching** 10. Vor dem Kreisverkehr biegen wir rechts ab auf den Radweg entlang der Staatsstraße, radeln an der Amper links auf die Straßenbrücke und fahren hinter der Brücke rechts nach **Stegen** 11 in die „Landsberger Straße“ und weiter bis nach **Inning** 12. Vor der Kirche biegen wir rechts in die „Salzstraße“ ab und erreichen die „Herrschinger Straße“. Wir folgen ihr rechts zur „Schornstraße“, biegen an den Tennisplätzen ein, folgen ihr und erreichen **Buch** 13 in der „Waldstraße“. Nach wenigen Metern biegen wir rechts ab in die Straße „Am Vorholz“ und gelangen zur „Hauptstraße“. Wir biegen rechts in die „Hauptstraße“ ein, dann radeln wir geradeaus in der „Seestraße“ bis zur Kirche. Hier schwenken wir nach links ab in die „Breitbrunner Straße“ nach **Breitbrunn** 14 und gelangen zur „Münchener Straße“. Wir halten uns rechts, der Ortsdurchfahrt folgend bis zur „Wörthseestraße“, der wir ein Stück folgen. Wir biegen rechts nach Ellwang ab. Kräftig geht es bergauf zu den Häusern von **Ellwang,** an denen wir rechts nach **Rausch** radeln und hinunter zur „Hechendorfer Straße“ kommen. Wir radeln rechts Richtung See, queren die „Rieder Straße“ und radeln links auf dem Weg über den Parkplatz entlang der „Rieder Straße“ über den Bahnübergang. Nach den Bahngleisen rechts in die „Ladestraße“, entlang der Bahnlinie und wir sind zurück am **S-Bahnhof Herrsching** 01 **Ziel**.

Eching
am Ammersee
Inning
am Ammersee
Greifenberg
Windach
Schondorf
am Ammersee
Utting
am Ammersee
Herrsching
am Ammersee
Riederau
Dießen
am Ammersee
Raisting
Pähl
Ammersee
Wörthsee
Pilsensee
Start/Ziel
Bachern
Buch
Breitbrunn
Schlagenhofen
Hechendorf
Rausch
Ried
Wartaweil
Aidenried
Mitterfischen
Vorderfischen
Sölb
Pflaumdorf
Beuern
Bitterberg
565
Walchstadt
Zum Alten Wirt
Gießübl
Zur Post
Mario
Café Waldeck
Hechenwang
Dürrhansl
Achselschwang
Holzhausen
Sonnenhof
Künstlerhaus
Rieden
Hübschenried
Seehaus Riederau
Bierdorf
Romenthal
Tannenhof
St.Georgen
Wengen
Seehof
Schacky-Park
Kinderdorf
Schatzberg-alm
Schloss Mühlfeld
Rott
Ammer
E54
30
96
28
29
10
11
12
13
14
09
08
01
02
07
06
05
03
04

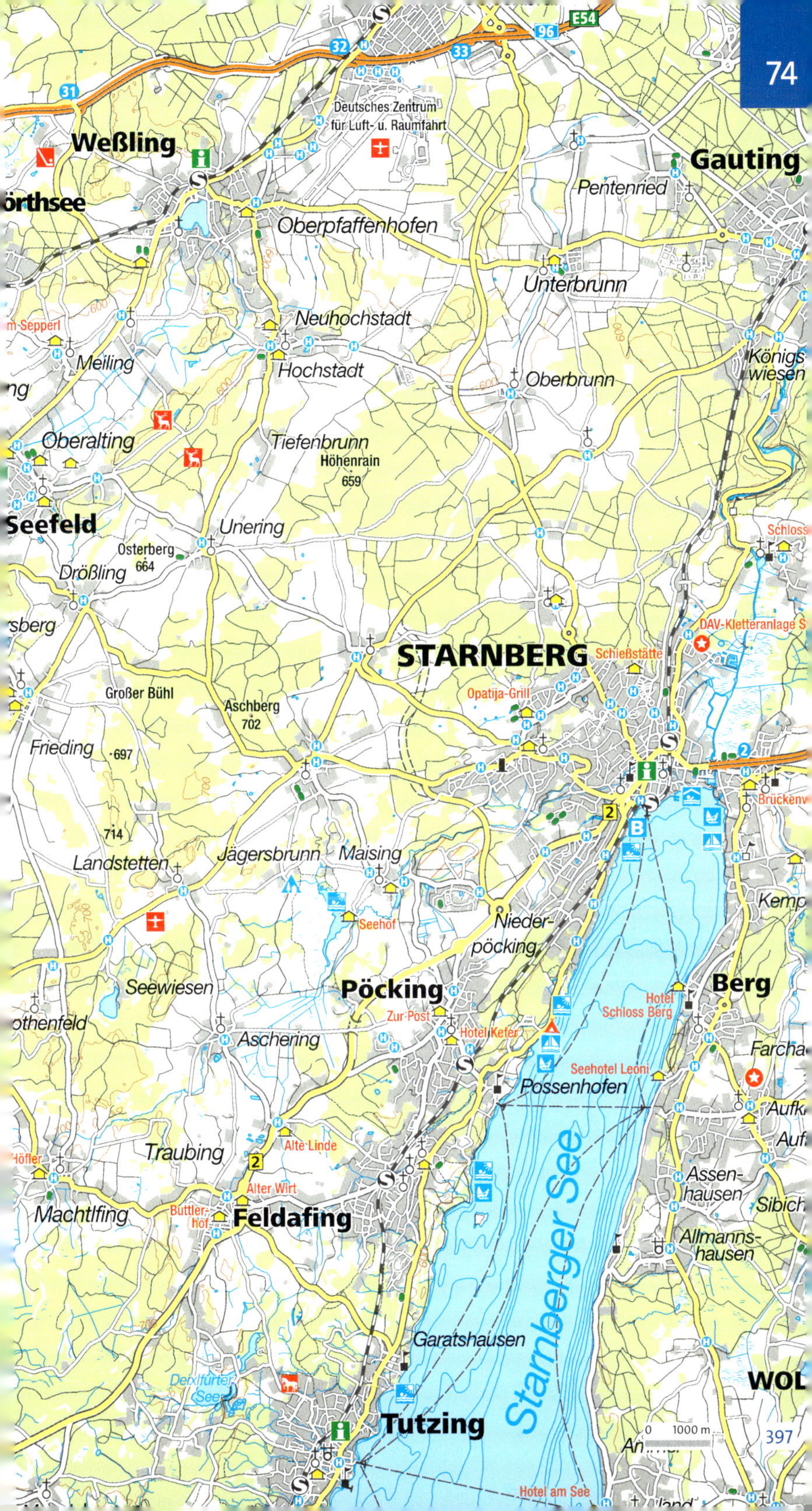

Weßling
Deutsches Zentrum für Luft- u. Raumfahrt
Gauting
Pentenried
Oberpfaffenhofen
Unterbrunn
Neuhochstadt
Hochstadt
Meiling
Oberbrunn
Königswiesen
Oberalting
Tiefenbrunn
Höhenrain 659
Seefeld
Unering
Osterberg 664
Drößling
STARNBERG
Schießstätte
DAV-Kletteranlage
Großer Bühl
Aschberg 702
Opatija-Grill
Frieding
697
714
Landstetten
Jägersbrunn
Maising
Seehof
Nieder-pöcking
Kemp
Seewiesen
Pöcking
Berg
Hotel Schloss Berg
Zur Post
Hotel Kefer
Aschering
Seehotel Leoni
Possenhofen
Alte Linde
Traubing
Alter Wirt
Machtlfing
Buttlerhof
Feldafing
Assenhausen
Allmannshausen
Starnberger See
Garatshausen
Deixlfurter See
Tutzing
Hotel am See
0 1000 m

WESSLING – ANDECHS – HERRSCHING – WESSLING

Zu den Mönchen nach Andechs

 36 km  2:30 Std.  164 hm  164 hm

STARTORT | Weßling
START/ZIEL | S-Bahnhof Weßling, S8, 591 m
[GPS: UTM Zone 32 x: 667.770 m y: 5.327.350 m]
CHARAKTER | Von Weßling radeln wir hinauf zum Kloster Andechs und bergab nach Weßling überwiegend auf Wegen mit losem Untergrund. Die wenigen Nebenstraßen sind asphaltiert.
VERKEHR | Verkehr ist auf dieser Radtour kaum zu erwarten.

TIPP: Bei einem Spaziergang in Herrsching auf der längsten Seepromenade am Ammersee kann man Segelbooten beim Kreuzen zusehen, eine schöne Unterbrechung der Radtour.

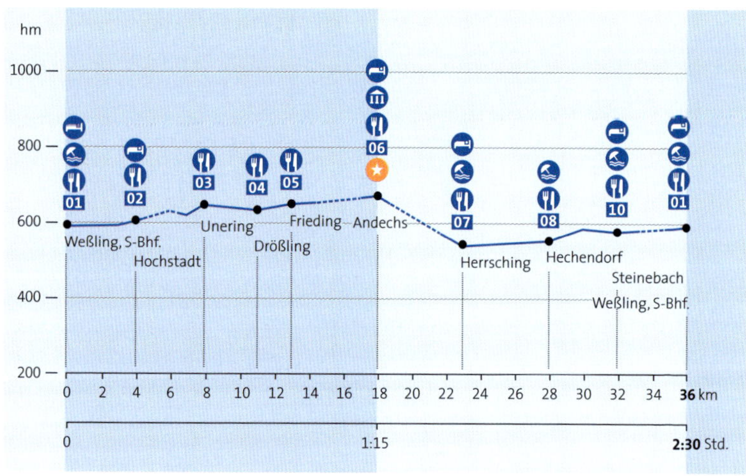

Weßling – Andechs / 18 km / 1:15 Std.

Start Die Radtour beginnt an der Bushaltestelle in der „Bahnhofstraße“ am **S-Bahnhof Weßling** 01. Wir fahren rechts zur „Hauptstraße“ hinunter, überqueren sie und radeln durch das „Mariengassl“ an den Weßlinger See. Jetzt geht es rechts weiter über „Seeweg“, „Uferweg“ und „Am Karpfenwinkel“ um den See herum, bis zu den Tennisplätzen. Dann fahren wir rechts die „Ettenhofer Straße“ hinauf und durch den Wald bis vor zur Straße nach Hochstadt. Hier wenden wir uns nach links durchs Ettenhofer Holz hinunter bis kurz vor **Hochstadt** 02. Rechts ab führt der Weg im **Krontal** durch den Wildpark „Altinger Buchet“ bis zum **Gewerbepark Espeplatz** bei Seefeld-Oberalting. Links nehmen wir die Straße nach **Unering** 03. Hier halten wir uns rechts zur Ortsmitte und radeln nach der Kirche rechts auf der „Andechser Straße“ nach **Drößling** 04 und dann geradeaus weiter nach **Frieding** 05. Hier biegen wir links ab in die „Hartstraße“. Nach der Kies-

Weßling – Kapelle Grünsink.

grube am Waldrand folgen wir dem Weg rechts nach Andechs. Wir erreichen Andechs im Zuge des Landeskulturellen Lehrpfades und stoßen auf den Parkplatz am „Birkenmoosäckerweg" neben der „Seestraße". Nun geht es zu Fuß bergauf zum **Kloster Andechs** 06 und zur Klosterbrauerei.

Andechs – Weßling / 18 km / 1:15 Std.

Um nach Herrsching zu kommen radeln wir links die „Andechser Straße" hinunter nach Erling. Am Rathaus zweigt die „Kientalstraße" ab, in die wir einbiegen. Jetzt geht es durch das wilde Kiental nach Herrsching. Wir erreichen die „Andechsstraße", folgen ihr nach links und dann rechts über den Steg zur „Mühlfelder Straße". An der Kreuzung halten wir uns links zum **S-Bahnhof Herrsching** 07. Hier wenden wir uns nach rechts in die „Ladestraße" und gelangen an den Bahnübergang. Schräg gegenüber setzen wir in der „Rieder Straße" unsere Tour entlang der Bahnlinie fort. Wir verlassen Herrsching und sehen bald den Pilsensee. Wir erreichen **Hechendorf** 08 auf der „Seestraße" am **Pilsensee.** Gegenüber liegt **Seefeld** 09 mit dem wunderschönen Barockschloss der Grafen von Toerring. An der „Seefelder Straße" radeln wir links durch die S-Bahn-Unterführung bergauf, bis rechts die „Günteringer Straße" abzweigt. Hier biegen wir ein und nehmen dann links den „Steinebacher Weg" nach **Wörthsee-Steinebach.** Gleich nach den ersten Häusern kommt von rechts die „Kiebitzstraße", in die wir einbiegen. Wir stoßen auf die „Auinger Straße", folgen ihr nach rechts, überqueren die „Haupstraße" halb links zur „Bahnhofstraße" und fahren hinauf zum **S-Bahnhof Steinebach** 10. Bald gelangen wir an die „Weßlinger Straße", halten uns rechts und biegen an der Brücke über die Bahnlinie rechts ab. Am Waldrand wenden wir uns nach links, radeln durch den Wald und erreichen den „Steinebacher Weg" in **Weßling.** Vor der Straßenbrücke folgen wir links dem „Meilinger Weg" zur „Walchstadter Straße", fahren links, gleich wieder rechts in die „Schulstraße" und weiter bis zur „Bahnhofstraße" und zum **S-Bahnhof Weßling** 01 **Ziel**.

Kottgeisering
Bauernhof-museum
Amper
471
Mauern
Kuchelschlag
615
Zankenhausen
Bitterberg
565
Zum Alten Wirt
31
30
E54
96
Inning
am Ammersee
Walchstadt
Weßling
01
Start/Ziel
Wörthsee
Bachern
Wörth-
see
Café Waldeck
Buch
10
Zum Sepperl
Meiling
Güntering
Schlagen-
hofen
Oberalting
Breitbrunn
08
Seefeld
Hechendorf
09
Uncring
Osterberg
664
03
Pilsen-
see
Drößling
04
Widdersberg
Rausch
Stiefelwirt
Großer Bühl
Aschberg
702
Ried
Oberer Wirt
05
Frieding
697
Ammersee
Herrsching
am Ammersee
07
714
Landstetten
Jägersbru
06
Andechs
Seewiesen
Wartaweil
Erling
Rothenfeld
Klasberg
718
Traubing
Höfler
Aidenried
Machtlfing
Alter Wirt
Buttlerhof
Feld
Mitterfischen

GERMERING
Gräfelfing
Gilching
Argelsried
Martinsried
Krailling
Planegg
Geisenbrunn
Stockdorf
Zentrum
Raumfahrt
Gauting
Pentenried
Unterbrunn
Oberbrunn
Königs-
wiesen
Schlossgaststätte
DAV-Kletteranlage Starnberg
STARNBERG
Schießstätte
Opatija-Grill
Brückenwirt
Neufahrn
Jägerwirt
Hohenscha
Kempfenhausen
Schäftlarn
Zell
Nieder-
pöcking
See
Berg
Hotel
Schloss Berg
Post
Hotel Kefer
Mörlbach
Farchach
Seehotel Leoni
Possenhofen
Grimaldi's
Ristorante
Aufkirchen
Bachhausen
Aufhausen
Starnberger
Assen-
hausen
Walchstadt
Icking
Sibichhausen
Allmanns-
hausen
Höhenrain
E54
E533
0 1000 m

TUTZING – PÄHL – ANDECHS – LANDSTETTEN – TUTZING

Auf königlich-bayerischen Radwegen

 36 km  2:30 Std.  304 hm  304 hm

STARTORT | Tutzing
START/ZIEL | S-Bahnhof Tutzing, S6, 614 m
[GPS: UTM Zone 32 x: 669.900 m y: 5.308.540 m]
CHARAKTER | Hinauf radeln wir nach Kerschlach, an der Pähler Schlucht vorbei steil hinunter nach Pähl, hinauf zum Hochschloss und bergab nach Tutzing. Wir radeln überwiegend durch Wald auf Wegen mit losem Untergrund.
VERKEHR | Auf dieser Tour gibt es so gut wie keinen Verkehr, dafür Natur pur.

TIPP: Vom Hirschberg haben Sie einen fantastischen Blick auf die Alpen und zur Erdfunkstation Raisting. Der Platz lädt zum Verweilen ein.

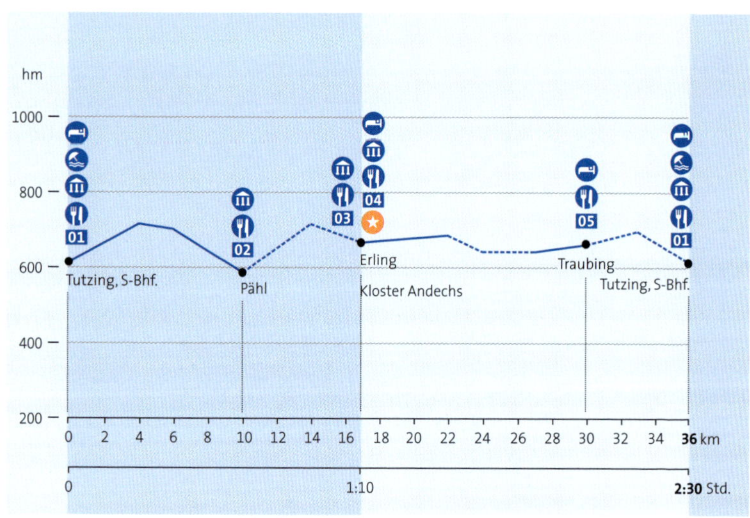

Tutzing – Erling/Andechs / 17 km / 1:10 Std.

Start Den **S-Bahnhof Tutzing** 01 verlassen wir zum „Beringer Weg" hin, auf der dem See abgewandten Seite. Wir radeln links entlang der Bahn und erreichen an der Bahnbrücke die „Lindemannstraße". Hier biegen wir rechts ab und nach wenigen Metern bergauf wieder rechts, nun in die „Monatshauser Straße". Kräftig bergauf geht es in den Wald hinein und an der **Ilkahöhe bei Oberzeismering** (1 km langer Abstecher, herrliche Aussicht zum Starnberger See) vorbei in Richtung Monatshausen. Wir stoßen auf die Straße, die links nach **Monatshausen** führt. Hier radeln wir rechts Richtung B 2 und nach ein paar Metern links in den Waldweg hinein. Nun fahren wir auf die B 2 zu, überqueren sie und setzen die Tour nach Kerschlach fort. Wir fahren links durch **Kerschlach,** an der Kapelle St. Ulrich vorbei Richtung **Kerschlacher Weiher** und weiter zur B 2. Halbrechts gegenüber radeln wir auf den Hirschberg nach **Ober-**

Hochschloss Pähl

hirschberg. Bei den Häusern des Weilers ist der Hirschberg erklommen und uns tut sich ein herrlicher Blick Richtung Alpen auf. Wir halten uns rechts hinunter zur Bundesstraße und radeln durch die Unterführung nach **Pähl** 02 hinein. Die „Sternstraße" führt uns links zur „Hesselloher Straße". Ihr folgen wir rechts zur Straße „Am Gasteig", biegen rechts ein und radeln zum **Hochschloss Pähl** steil bergauf. An der Straßenkehre mit dem Parkplatz am Golfplatz biegen wir links ab Richtung Andechs. Wir radeln am **Hochschlossweiher** vorbei und folgen dem Hauptweg. Am Abzweig zur Hartkapelle halten wir uns rechts, radeln im Bogen weiter, am Oberen Weiher und am Unteren Weiher vorbei nach **Andechs-Erling** 03, hinein zur Kirche an der „Starnberger Straße". Wer das **Kloster Andechs** 04. besichtigen möchte, fährt die „Andechser Straße" ca. 800 m hinauf.

Erling/Andechs – Tutzing / 19 km / 1:20 Std.

Wir radeln aber nach rechts in die „Starnberger Straße". Am Ortsausgang biegen wir links ab und radeln auf dem Radweg entlang der Straße nach **Landstetten** mit dem Segelflugplatz. Kurz hinter den letzten Häusern biegen wir rechts ab in den Waldweg Richtung Maising. An der Wegekreuzung mit der Siedlung **Jägersbrunn** radeln wir rechts über das Auwinger Moos nach **Aschering** hinein. Vom „Maisinger Seeweg" biegen wir rechts in den „Pöckinger Weg" ein, der uns vor zur „St.-Sebastian-Straße" bringt. Hier radeln wir links und biegen am Ortsende rechts in den Weg nach Traubing ein. Wir erreichen **Traubing** 05 auf der „Ascheringer Straße", die uns zur „Andechser Straße" führt. Wir radeln links zur Ortsmitte und biegen an der Kirche rechts in die „Weilheimer Straße" und hinter der Kirche links in die „Tutzinger Straße" ein. Wir unterfahren die B 2 und radeln weiter Richtung Tutzing an den „Langer Weiher". Am Parkplatz geht es rechts ab zum Deixlfurter See. Am Teich vor dem **Deixlfurter See** halten wir uns links und folgen dem Weg bis zur „Kustermannstraße" neben den Häusern. Hier biegen wir links ab und radeln steil bergab bis zum „Beringer Weg" vor der Bahnbrücke. Hier noch einmal rechts und wir sind zurück am **S-Bahnhof Tutzing** 10 **Ziel**.

Museumsschiff Tutzings

Hechendorf
Seefeld
Unering
Osterberg
664
Drößling
Pilsensee
Widdersberg
Rausch
STA
Ried
Stiefelwirt
Oberer Wirt
Großer Bühl
Aschberg
702
Herrsching
am Ammersee
Frieding
697
714
Landstetten
Jägersbrunn
Maising
Seehof
Andechs
04
Seewiesen
Pöcking
Zur Post
Erling
Rothenfeld
03
Aschering
Klasberg
718
Feldafing
Alte Linde
Höfler
2
Alter Wirt
Aidenried
Machtlfing
Buttlerhof
Traubing
05
Mitterfischen
Vorderfischen
Garats
Kerschlach
Deixlfurter See
Tutzi
Pähl
02
01
2
Start/Ziel
Neue Post
Monatshausen
Forsthaus
Museumsschiff
Diemendorf
Unterzeismering
Kampberg
Grünbach Stüb'n
lenbach
Wilzhofen
Beim Dorfwirt
Buchheim Museum
Gugge-moos
Haunshofen
Am Hardt
Hälterlein
Auweiher
Höhenried
Drei R
Galla-weiher
Hapberg
Bauerbach
Bernried
2
Steidl
Dietlhofener See
Adelsried
WEILHEIM
in Oberbayern
Nußberger Weiher

Schlossgaststätte
DAV-Kletteranlage Starnberg
Schießstätte
Brückenwirt
Neufahrn
Jägerwirt
Hohenschäftlarn
Baier
Post
Kempfenhausen
Schäftlarn
Zell
Kloster Schäftlarn
Ebenhausen
Hotel Schloss Berg
Berg
Mörlbach
Farchach
Seehotel Leoni
Grimaldi's Ristorante
Bachhausen
Aufkirchen
Leoni
Aufhausen
Icking
Isar
Assen-hausen
Walchstadt
Sibichhausen
Allmanns-hausen
Höhenrain
Dorfen
Ergertsha
WOLFRATSHAUSEN
Neufah
Ammer-land
Siedlung Farchet
Altwirt
Münsing
Achmühle
Asch
Café
Holzhausen
Degerndorf
Loisach
Ambach
Berg
Eurasburg
GERETSRIED
Baierlach
0 1000 m

STARNBERG – BERG – SEESHAUPT – TUTZING – STARNBERG

Rund um den Starnberger See

 49 km 4:00 Std.  71 hm 71 hm

STARTORT | Starnberg
START/ZIEL | S-Bahnhof Starnberg, S6, 586 m
[GPS: UTM Zone 32 x: 674.820 m y: 5.318.560 m]
CHARAKTER | Der Weg führt am Ufer entlang auf losem Untergrund, aber auch auf längeren asphaltierten Abschnitten. Eine lange Tour, jedoch ohne Steigung.
VERKEHR | Im Bereich des östlichen Seeufers haben wir es mit teilweise regem Verkehr zu tun. Am westlichen Ufer weniger. Dafür liegen dort die größeren Orte. Insgesamt ist mit hohem Ausflugsverkehr zu rechnen.

TIPP: In Tutzing liegt das Museumsschiff Tutzing seit 1995 im südlichen Bereich des Kustermannparks vertäut. An Deck befindet sich ein Café mit Bistro, in dem Kuchen und Brotzeiten serviert werden.

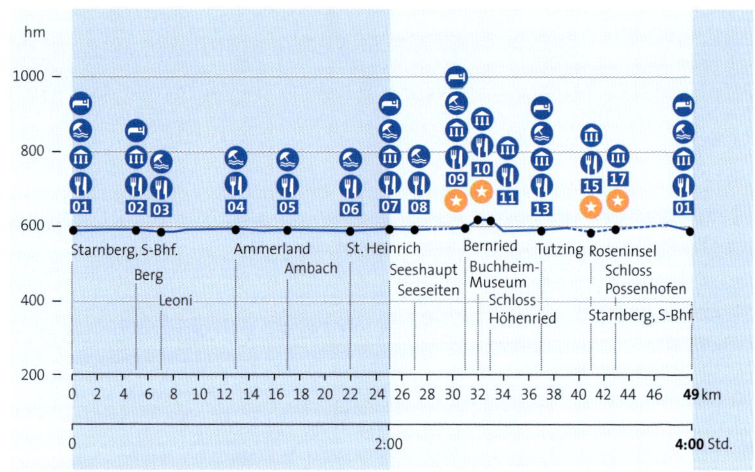

Starnberg – Seeshaupt / 25 km / 2:00 Std.

Start Wir starten am **S-Bahnhof Starnberg** 01, radeln am „Bahnhofsplatz“ rechts weg und fahren links zur „Kaiser-Wilhelm-Straße“, der wir bis zur „Ludwigstraße“ folgen. Hier biegen wir rechts ab, durch die Bahnbrücke in den „Nepomukweg“. Auf ihm gelangen wir über die Brücke der Würm nach **Percha** an den „Schiffbauerweg“. Nach rechts folgen wir ihm und radeln am Parkplatz rechts hinunter zum „Uferweg“ am See. Wir fahren auf dem „Uferweg“ bis zur „Seestraße“ in **Kempfenhausen,** biegen in sie rechts ein und gelangen nach **Berg** 02 zum Schlosshotel. In der Kurve hinter dem Tor liegt Schloss Berg, das aber nicht zugänglich ist. Bergauf erreichen wir die „Wittelsbacher Straße“, schwenken nach rechts ein in den Weg „Am Hofgarten“ und fahren durch das Wäldchen. Die **Votivkapelle** liegt etwas unterhalb unseres Weges. Wir erreichen

Restaurant Fischerrosl in St. Heinrich

den Ortsteil **Leoni** 03 im „Parkweg“, der zur „Assenbucher Straße“ führt. Wir bleiben auf der „Assenbucher Straße“ und erreichen über **Seeleiten,** an **Allmannshausen** vorbei, **Seeburg** mit der Kirche. Ab hier heißt die Straße „Nördliche Seestraße“, die uns nach **Ammerland** 04 bringt. Wir halten uns rechts an der Kirche vorbei bis zur Kurve, in der wir rechts in die „Südliche Seestraße“ abbiegen. Auf der „Seeleiten“ radeln wir durch **Seeheim** nach **Ambach** 05 Hier führt uns die „Seeuferstraße“ durch den Ort zur Staatsstraße. Ihr folgen wir rechts, biegen aber gleich wieder rechts ab in den Weg „Am Schwaiblbach“, um zum See zu kommen. Wir radeln durch das **Ambacher Erholungsgebiet** und gelangen zur Staatsstraße. Ihr folgen wir mal direkt daneben, mal etwas entfernt nach **St. Heinrich** 06. Die Straße zur Linken, den See zur Rechten, radeln wir bis zum Campingplatz. Hier wechseln wir auf die Straße und fahren nach **Seeshaupt** 07 hinein.

Seeshaupt-Anlegestelle

Feldafing – Roseninsel mit Fähre

Seeshaupt – Starnberg / 24 km / 2:00 Std.

Wir radeln durch Seeshaupt und halten uns an den letzten Häusern rechts zur „Tutzinger Straße" und zum Seeufer. Wir radeln an **Anried** vorbei auf dem „Andreas-Seitz-Weg" nach **Seeseiten** 08.
Hinter den Häusern von Seeseiten in der Linkskurve biegen wir rechts ab, und fahren am Schlösschen vorbei durch den Wald immer auf dem Hauptweg nach Bernried. Auf dem „Reitweg" gelangen wir in die Ortsmitte von **Bernried** 09 und zum **Kloster**. Geradeaus radeln wir auf der „Dorfstraße" zur Staatsstraße. Hier schwenken wir am Parkplatz nach rechts ab auf den Radweg entlang der Straße zum **Buchheim-Museum der Phantasie** 10, das rechts unten am See liegt. Unsere Tour führt weiter entlang der Straße, dann zu den Parkplätzen nach rechts auf den „Höhenrieder Weg". Das **Schloss Höhenried** 11 liegt rechts am See. Wir radeln geradeaus an der Rehaklinik vorbei nach **Unterzeismering** 12 und folgen der Ortsdurchfahrt bis zur „Erlenstraße", die rechts abzweigt. Wir biegen ein und folgen ihr links zur „Lindenallee", die uns geradewegs zu den Tennisplätzen führt. Wir queren die „Seestraße" und radeln nun im „Georg-Roth-Weg" zum **Kustermannpark.** Hier gelangen wir an die „Hauptstraße" und fahren nach rechts durch **Tutzing** 13.

Das **Schloss Tutzing** mit der Evangelischen Akademie liegt rechter Hand. Wir biegen an der „Schlossstraße" rechts ab, folgen ihr nach links und radeln auf dem „Brahmsweg" am Nordbad vorbei nach **Garatshausen** 14 zum Schloss. Am Schloss fahren wir geradeaus in den „Seeuferweg" hinein, der uns an den See führt.
Wir radeln nun immer am Ufer entlang und erreichen bald die **Roseninsel** 15 an der Anlegestelle. Wer etwas Zeit hat, sollte sich übersetzen lassen und sich das Schloss ansehen. Unsere Tour führt weiterhin am Ufer entlang zu den Strandbädern und dem Sportboothafen von **Feldafing.** Wir verbleiben auf dem „Seeuferweg" und erreichen den Yachthafen von **Possenhofen** 16. Geradeaus, an der Dampferanlegestelle vorbei, gelangen wir zum **Schloss Possenhofen** 17. An der „Karl-Theodor-Straße" biegen wir rechts ab, radeln an der **Jugendherberge** entlang, biegen rechts ab Richtung See und am Ufer nach links zur Staatsstraße. Gegenüber radeln wir auf den Parkplatz und fahren an der ersten Straße nach links geradeaus in den Wald hinein. Hier halten wir uns rechts, dann links und gelangen an den Hauptweg, der uns rechts nach **Niederpöcking** bringt. Im Ort führt uns der „Moritz-von-Schwind-Weg" in den „Oberen Seeweg". Hier schwenken wir links ab über die Bahnbrücke bis zum „Wilhelmshöhenweg". Ihm folgen wir nach rechts und gelangen in die „Possenhofener Straße" in **Starnberg.**

Maria Himmelfahrt in Münsing

Wir halten uns links und radeln auf dem parallel geführten Weg zur Einmündung auf die „Possenhofener Straße“. Weiter fahren wir nun direkt auf der „Possenhofener Straße“ zur „Bahnhofstraße“, biegen rechts ab, und sind wieder am **S-Bahnhof Starnberg** 01 zurück **Ziel**.

„Sissi“-Schloss Possenhofen

STARNBERG
Start/Ziel
Starnberger See
Pöcking
Feldafing
Tutzing
Bernried
Seeshaupt
Berg
Possenhofen
Garatshausen
Unterzeismering
Ammerland
Ambach
Sankt Heinrich
Schloss Roseninsel
Buchheim Museum
Museumsschiff
Hotel Schloss Berg
Seehotel Leoni
Hotel am See
Buchscharner Seewirt
Drei Rosen
Hotel Kefer
Zur Post
Alte Linde
Alter Wirt
Forsthaus
Leoni
Assenhausen
Allmannshausen
Höhenried
Hapberg
Seeseiten
Adelsried
Jenhausen
Magnetsried
Ulrichsau
Holzhausen
Kempfenhausen
Farchach
Niederpöcking
Maising
Jägersbrunn
Landstetten
Aschering
Traubing
Machtlfing
Monatshausen
Kampberg
Diemendorf
Haunshofen
Bauerbach
Dröβling
Aschberg
Großer Bühl
Frieding
Seewiesen
Rothenfeld
Hirschberg

Hohenschäftlarn
Schäftlarn
Zell
Kloster Schäftlarn
Ebenhausen
Straßlach
Alpenblick
Hailafing
Straßlach-Dingharting
Großdingharting
Icking
Walchstadt
Zur Linde
Café Feichtmair
Holzhausen
Deining
Café Angerstüberl
Nebelberg 680
Jägerwirt
Aufhofen
Kaminstüberl
Ergertshausen
Egling
Oehnböck
Neufahrn
Dorfen
Siedlung Farchet
Moosham
Ascholding
Isar
Loisach
Eurasburg
GERETSRIED
Dietramsz
Beuerberg
Zur Mühle
Osterhofen
Niederham
Königsdorf
Posthotel
Zellwies
0 1110 m

WOLFRATSHAUSEN – MÜNCHEN

Das Münchner Kindl und die Biergärten

 36 km  2:30 Std.  71 hm 131 hm

STARTORT | Wolfratshausen, 576 m
START | Wolfratshausen, Altstadt, 576 m
[GPS: UTM Zone 32 x: 680.620 m y: 5.309.400 m]
ZIEL | München, Marienplatz, 516 m
CHARAKTER | Entlang der Isar und des Isarwerkkanales fester, zum Gasthaus Mühlthal mal fester, mal loser Untergrund. Nach steilem Anstieg über den Isarhang wieder auf losem Untergrund nach Grünwald. Am Isarufer wieder loser Untergrund bis zur Marienklausenbrücke in München, danach wieder fester Weg.
VERKEHR | In Grünwald und München; Radwege mit Kreuzungsverkehr und Ampelregelung.

TIPP: Rückkehr per Bahn.
Die wunderschöne Münchner Altstadt rund um den Marienplatz fasziniert durch Baukunst und kulinarische Genüsse.

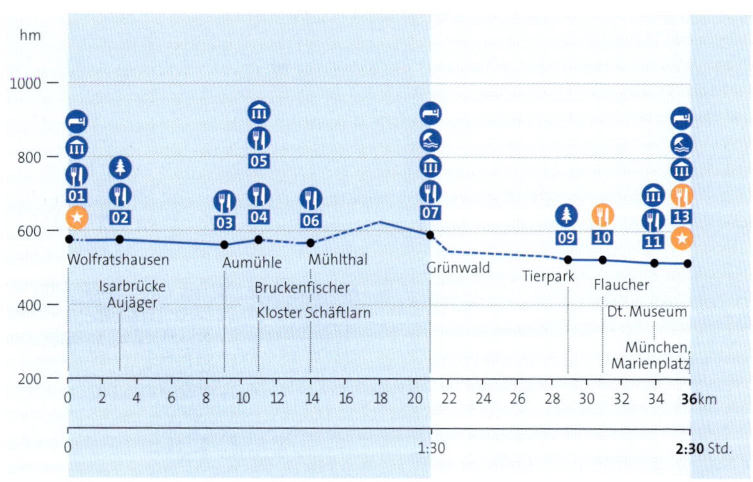

Wolfratshausen – Grünwald / 21 km / 1:30 Std.

Start Wir starten in der Altstadt von **Wolfratshausen** 01 am „Obermarkt" und radeln auf der „Sauerlacher Straße" zur Isarbrücke von Wolfratshausen zum **Gasthaus Aujäger** 02. Es ist das Tor zur Pupplinger Au. An der Weggabelung gleich hinter dem Aujäger halten wir uns links und gelangen an den Isarkanal. Entlang seinem Ufer kommen wir am **Gasthaus Aumühle** 03 vorbei zum **Gasthaus Bruckenfischer** 04. Hier an der Straßenbrücke führt die Straße links zum **Kloster Schäftlarn** 05. Nach 1,5 km liegt es vor uns. Am Bruckenfischer radeln wir über die Straße und weiter den Isarkanal entlang zum **Gasthaus Mühlthal** 06 mit seiner Floßrutsche und dem Wasserkraftwerk. An der Kapelle kurz vor dem Gasthaus radeln wir rechts den Hang hinauf und nach

Das Gasthaus Bruckenfischer

500 m links auf den Weg in den Wald. Wir folgen dem Weg bis an das T-Stück, biegen rechts ab und folgen dem Weg steil hinauf zur Ortslage **Frundsbergerhöhe.** An den Häusern vorbei in den Wald hinein, dann auf dem „Mühlweg" nach **Grünwald** 07, das wir am Waldfriedhof erreichen. Auf der Hauptstraße links zur Ortsmitte. Hier links ab in die „Emil-Geis-Straße", dann rechts in die „Dr.-Max-Straße" und am Rathaus links in die „Rathausstraße" zur Burg Grünwald. Ab hier folgen wir der „Zeillerstraße" zum Biergarten und schieben unser Rad links hinunter auf den Talboden der Isar.

Grünwald – München / 15 km / 1:00 Std.

Nun radeln wir entlang der Isar an Grünwald vorbei nach München hinein. Bald erreichen wir die **Marienklausenbrücke** an der Südspitze des Tierparks Hellabrunn, gegenüber der Floßlände und des Campingplatzes. Weiterhin am Ufer, radeln wir immer geradeaus, queren die **Thalkirchner Brücke** 08 (auf der anderen Uferseite stehen die Gasthäuser Floßlände und Asam Schlössle) am Eingang zum **Tierpark** 09,radeln nach wenigen Metern am **Flaucher** 10 vorbei, bis an die Museumsinsel mit dem **Deutschen Museum** 11. Die vor uns liegende „Ludwigsbrücke" unterfahren wir und radeln zur „Maximiliansbrücke", auf deren Rückseite wir hinaufgelangen. Oben angekommen, sehen wir zur Linken das **Maximilianeum** 12, den bayerischen Landtag und zur Rechten die Praterinsel. Über die „Maximilianstraße", der Prachtstraße von München, erreichen wir die Altstadt. Am Nationaltheater biegen wir links ab in die „Dienerstraße", die uns direkt auf den „Marienplatz" zum Neuen Rathaus bringt. Links am Platz steht das Alte Rathaus, dahinter beginnt der Viktualienmarkt. Wir radeln rechts am Rathaus entlang zur „Weinstraße" und biegen rechts ein. Die „Sporerstraße" links führt uns zur Frauenkirche mit dem Dom, unser Etappenende mitten in **München** 13 **Ziel**.

Die Theatinerkirche in München

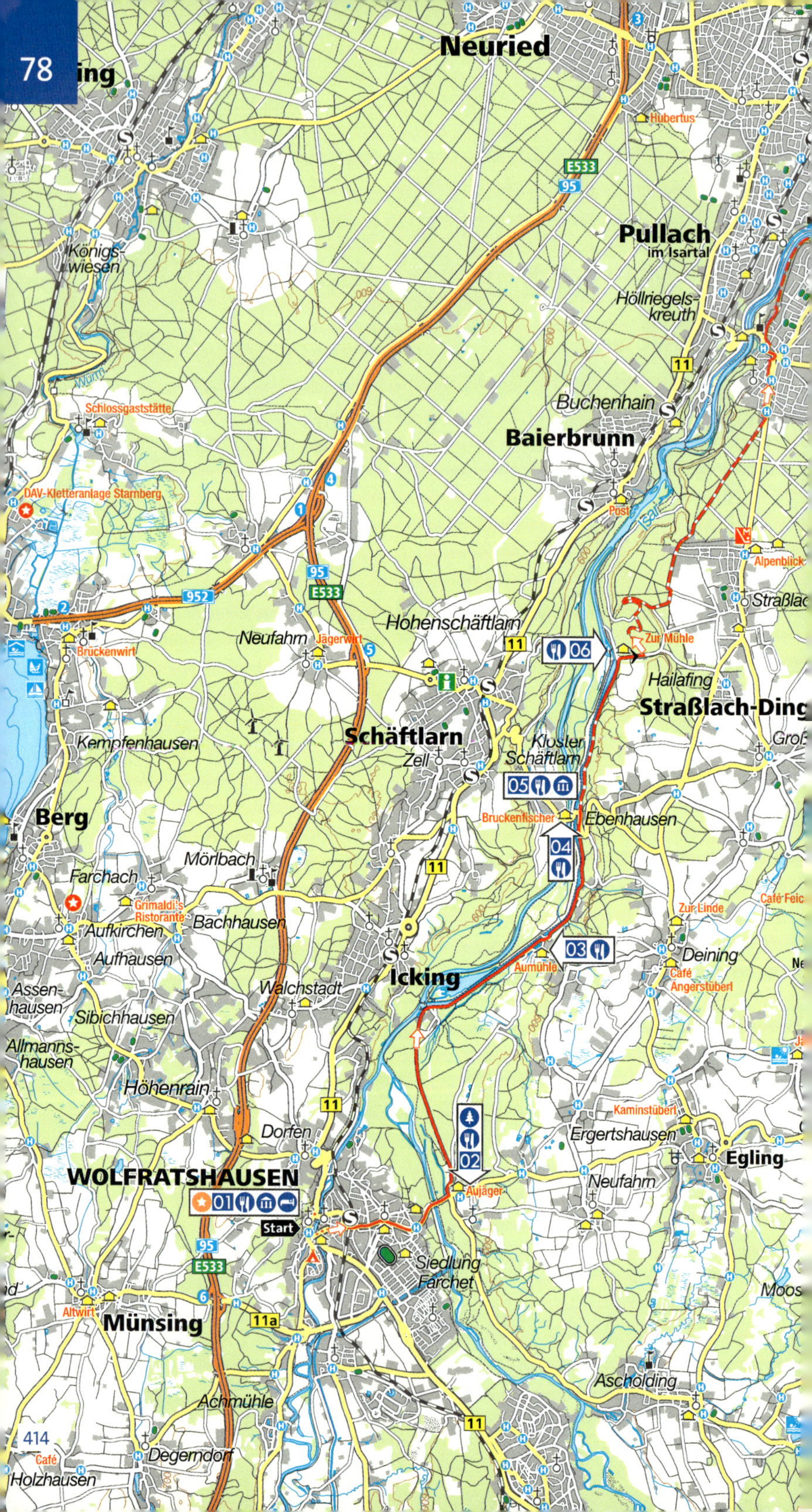
Neuried
Pullach
im Isartal
Höllriegelskreuth
Buchenhain
Baierbrunn
Königswiesen
Würm
Schlossgaststätte
DAV-Kletteranlage Starnberg
Post
Alpenblick
Hohenschäftlarn
Neufahrn
Jägerwirt
06
Zur Mühle
Hailafing
Straßlach-Ding
Brückenwirt
Kempfenhausen
Schäftlarn
Zell
Kloster Schäftlarn
05
Bruckenfischer
Ebenhausen
Berg
Mörlbach
04
Farchach
Grimaldi's Ristorante
Aufkirchen
Aufhausen
Bachhausen
Zur Linde
Café Feic
03
Aumühle
Deining
Café Angerstüberl
Icking
Walchstadt
Assenhausen
Sibichhausen
Allmannshausen
Höhenrain
Kaminstüberl
Ergertshausen
Egling
Dorfen
02
WOLFRATSHAUSEN
01
Aujäger
Neufahrn
Start
Siedlung Farchet
Altwirt
Münsing
Moos
Ascholding
Achmühle
Café
Holzhausen
Degerndorf
Hubertus
E533
95
952
11
11a

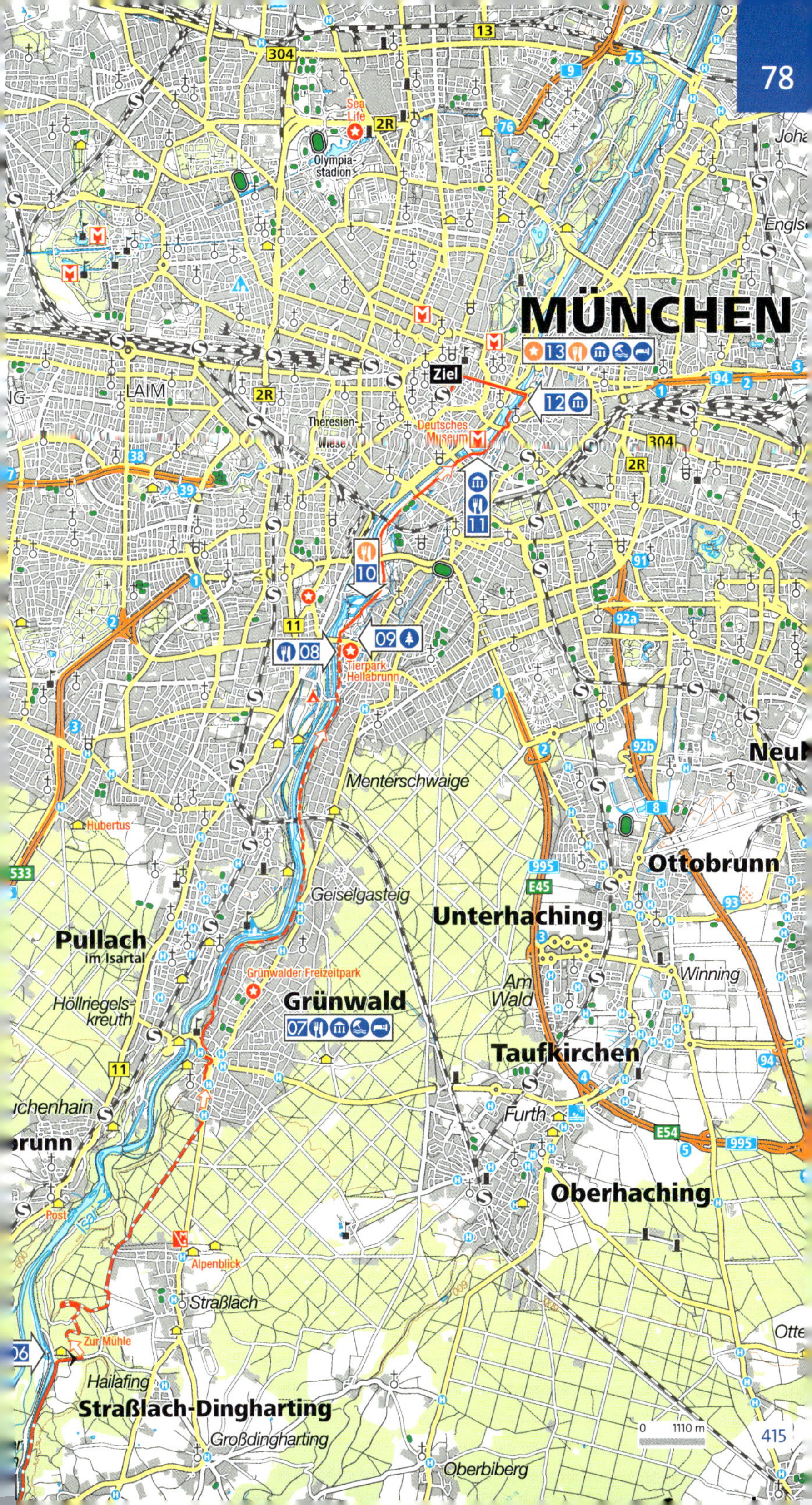
MÜNCHEN
Ziel
Deutsches Museum
Theresien-Wiese
Olympia-stadion
Sea Life
LAIM
Tierpark Hellabrunn
Menterschwaige
Geiselgasteig
Unterhaching
Pullach im Isartal
Höllriegelskreuth
Grünwalder Freizeitpark
Grünwald
Am Wald
Taufkirchen
Furth
Oberhaching
Ottobrunn
Winning
Hubertus
Post
Alpenblick
Straßlach
Zur Mühle
Hailafing
Straßlach-Dinghartinq
Großdingharting
Oberbiberg
0 1110 m

MITTENWALD – ISAR-URSPRUNG – KASTENALM – MITTENWALD

Hinauf ins Hinterautal zum Isar-Ursprung

 44 km  4:00 Std.  355 hm   355 hm

STARTORT | Mittenwald, 914 m
START/ZIEL | Mittenwald, Bahnhof, 914 m
[GPS: UTM Zone 32 x: 670.800 m y: 5.256.600 m]
CHARAKTER | Asphaltwege in Mittenwald und Scharnitz, Schotter von Mittenwald nach Scharnitz. Ebenso ab dem Gasthaus Wiesenhof über die Isarquelle bis zur Kastenalm. Vorsicht an den Geröllstrichen aus den Seitentälern. Der steilste Anstieg ist im Hinterautal zum Wiesenhof hinauf, später braucht man für das ständige Auf und Ab Kondition.
VERKEHR | Geringes Verkehrsaufkommen in den Ortsgebieten, außerhalb kein Verkehr.

TIPP: Wer den Isar-Ursprung gesehen hat, sollte weiter bis zur Kastenalm radeln. Hier gibt es selbstgebackenen Kuchen, erfrischende Getränke und deftige Brotzeiten.

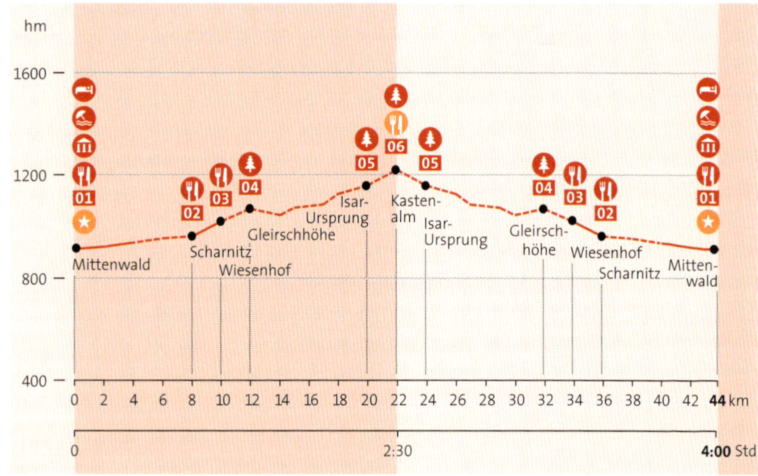

Auf geht's der Isar entgegen zu ihrer Quelle ins Hinterautal.

Mittenwald – Kastenalm / 22 km / 2:30 Std.

Start Wir starten am „Bahnhofplatz" in **Mittenwald** 01. Wer noch kein gutes Mountainbike hat, sollte sich hier beim Radverleih eines leihen. Ohne gute Bremsanlage kommen Sie zwar hinauf, aber nicht ohne Risiko zurück. Wir halten uns nach links zur „Arnspitzstraße", der wir zur „Albert-Schott-Straße" folgen. Wieder links stoßen wir auf die Straße „Zur Kreidemühle", auf der wir die „Innsbrucker Straße" erreichen. Ihr folgen wir links über die Leutaschbrücke und biegen rechts ab in die „Riedkopfstraße". Später halten wir uns links zu den **Sportanlagen** und verlassen Mittenwald. Wir bleiben auf dem

Die Fußgängerzone in Mittenwald

bergseitigen Weg, der uns in einem Bogen zur Isar an die **Grenze** zu Österreich führt. Ohne den Grenzübertritt zu merken, radeln wir über die Isar nach **Scharnitz** 02, gleich rechts in den „Schanzweg", dann wieder über die Isar und folgen der „Porta-Claudia-Straße" zur Kirche an der Hauptstraße. Gegenüber beginnt die „Hinterautalstraße", die uns hinauf in den Alpenpark Karwendel führt. Unter der Bahnbrücke hindurch folgen wir den Wegweisern über die Isar hinweg und steil bergauf zum **Gasthof Wiesenhof** 03. Ab hier radeln wir auf einem festen, geschotterten Weg immer stetig bergauf, durchsetzt von kurzen flachen und steilen Wegstücken. An der **Gleirschhöhe** 04 zwängt sich die Isar tief unten durch die Schlucht. Später sind wir auf der Höhe des Flußbettes, das nun mit Gries durchsetzt ist. Der **Isarursprung** 05 wird uns durch einen Stein mit Inschrift links des Weges angezeigt. Da hier keine schöne Rastmöglichkeit gegeben ist, radeln wir weiter bis zur **Kastenalm** 06 unterhalb des „Kleinen Heissenkopfs".
Die letzten Meter zum Haus müssen wir aber zu Fuß gehen. Eine zünftige Brotzeit oder Kuchen lassen uns die Anstrengung schnell vergessen.

Kastenalm – Mittenwald / 22 km / 1:30 Std.

Die Rückfahrt geht wesentlich schneller. Bei flottem Tempo sollten wir jedoch auf den Weg achten, da einige Passagen mit sehr lockerem Schotter vor uns liegen. Steile Wegstücke zwischendurch und besonders in Höhe des Wiesenhofs erfordern eine gute Bremsanlage. So gelangen wir wieder hinunter nach **Scharnitz** 02 an die Kirche und nehmen denselben Weg wie auf der Herfahrt zurück nach Mittenwald. Wir erreichen **Mittenwald** 01 an den Sportplätzen, radeln vor zur Leutaschbrücke und fahren auf der „Innsbrucker Straße" zum „Obermarkt", der Fußgängerzone mit den wunderschönen Hausfassaden. An der Kirche geradeaus gelangen wir in die „Ballenhausgasse" zum Geigenbaumuseum. Von hier aus machen wir uns auf den Weg zum Bahnhof, dem Ziel unserer Isartour **Ziel**.

Die Kastenalm am Wegende

Hoher Kranzberg
Mittenwald
Start/Ziel
Westliche Karwendelspitze
Kreuzwand
Riedberg
Gr. Arnspitze (Gr. Ahrnspitze)
Scharnitz
Gießenbach
Seefelder Joch
Seefelder Spitze
Mittenwalder Hütte 1518
Brunnsteinköpfl 1179
Brunnensteinspitze 2180
Wiesenhof
Scharnitzer Alm
Zäunlkopf 1746
Karlspitze 2174
Oberbrunnalm 1523
Eppzirler Alm
Sattelklamm

Kampenleitenkopf 1689
Wechselkopf 1835
Steinkarspitze 2016
Torkopf 2014
Nördliche Karwendelkette
Hochkarspitze 2482
Raffelspitze 2323
Vordere- Schlichtenkarspitze 2356 2473
Hintere- 2522
Östl. Karwendelspitze
Baralpisattel 1820
Grabenkarspitze 2471
2416 Lackenkarkopf
Karwendelhaus 1771
Wendelbach
Hochalmkreuz 2192
Neunerkarkopf 1987
Angerkopf 2232
Marxenkar
Schlauchkar
Schlauchkarkopf 2500
Kl. Riedlkar
Gr. Riedlkar
Larchetkar
Kl. Riedlkarspitze 2244
Bockkarlspitze 2435
Westl.- 2712
Mittl.- 2745
Östliche- 2739
2749
Ödkarspitze
Birkkarspitze
Gr. Riedlkarspitze 2585
senspitze 2569
Kleine- 2613
Marxenkarspitze 2636
Breitgrieskarspitze 2590
Seekarspitze
Große- 2677
Anton-Gaugg-Eisschacht
Kaltwasserk 2733
Oberer- 2502
Spitzhüttenkopf
Unterer- 2390
Gr. Heissenkopf 2437
Tratenköpfl 2126
Birkkarklamm
Kl. Heissenkopf 2038
05
06
Kotwaldsee
Isar
Isar-Ursprung
1220 Kastenalm
1987
chönfleck 2200
Hoher Gleirsch 2492
Hirschkopf 1828
Zeigerkopf 1959
Gumpenkopf 1960
Hinterödkopf 2453
Ob. Sagkopf 2154
Gleirsch-Halltal-Kette
Östliche- 2638
Jägerkarlspitze 2470
Praxmarerkarspitze
Westliche- 2641
Kaskarspitze 2580
Kleiner- Großer- 2531 Katzenkopf
Sonntagkarspitze 2575
Laf
Sagkopf 1652
2663
Vordere- Bachofenspitze
Roßkopf 2670
Gleirschbach
0 700 m
Pfeishütte 1922
Gleirschtaler Brandjoch

KUFSTEIN – ROSENHEIM

Vom Gebirge ins Voralpenland

 42 km  3:20 Std.  5 hm  50 hm

STARTORT | Kufstein, 485 m
START | Innpromenade, an der Innbrücke unterhalb der Festung
[GPS: UTM Zone 32 x: 287.020 m y:5.273.830 m]
ZIEL | Rosenheim, 448 m
CHARAKTER | Gekieste, geschotterte und asphaltierte Passagen wechseln sich mit kurzen verkehrsarmen Nebensträßchen ab, insgesamt gut zu fahren; nur kurze Steigungen im Dammbereich. Auf Radwege-Umleitungen ist zu achten!
VERKEHR | Beim Überqueren von Vorfahrtsstraßen und Brücken ist mit mehr Verkehr zu rechnen!

TIPP: Rückkehr per Bahn.
Auch wenn man auf der linken Innseite unterwegs ist, sollte man bei Kirchdorf auf den kurzen Abstecher nach Neubeuern nicht verzichten. Das ehemals schönste Dorf Deutschlands ist einen Besuch wert.

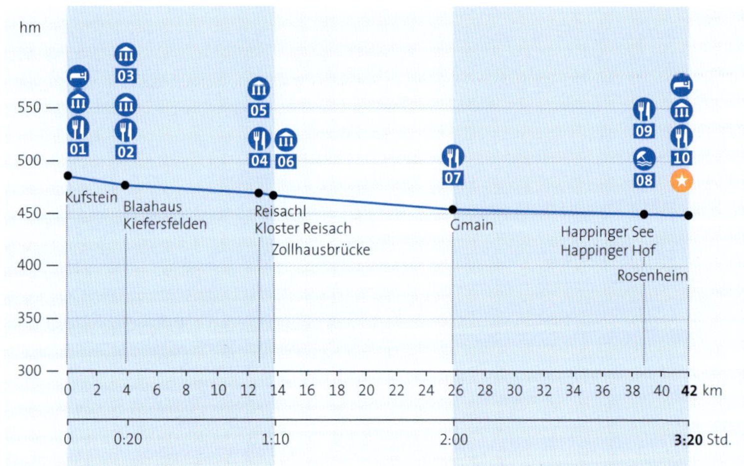

Von Kufstein aus kann man sowohl links als auch rechts vom Inn nach Rosenheim radeln.

Kufstein – Zollbrücke (Erl) / 14 km / 1:10 Std.

Start Unser Hauptweg führt links vom Inn weiter: Wir überqueren in **Kufstein** 01 die Innbrücke, halten uns dann rechts und radeln auf Asphalt direkt am Ufer entlang. Wir unterqueren die Autobahn und fahren neben den Bahngleisen Richtung Kiefersfelden, dabei übertreten wir auch die deutsch-österreichische Grenze. Am Wegesrand ist ein Grenzstein zu sehen.
Wir folgen rechts dem Flusslauf auf einem geschotterten Weg, fahren bis zur Autobahnbrücke vor, davor halten wir uns links und gelangen – wieder auf Asphalt – auf der Innstraße nach **Kiefersfelden** 02 und zum Museum im **Blaahaus** 03. Vor dem Museum rechts durch Häuser, über eine Bachbrücke und scharf rechts. Wir unterqueren

Das Blaahaus in Kiefersfelden ist nicht nur Museum, sondern besitzt auch einen ansehnlichen Kräutergarten

die Autobahn auf dem Lohweg, radeln durch die Häuser und halten uns dann wieder links, aufs freie Feld hinaus und folgen dem Kiesweg, der unterhalb des Deiches parallel verläuft. Wenig später kurz rechts hoch, dem Innradwegschild nach und auf dem Deichweg direkt neben dem Inn entlang. Nun geht es rund 3,5 km auf dem Deich schön dahin. Wir kommen zu einer Schiffsanlegestelle und sehen nicht weit vor uns eine Staustufe im Inn. Bevor wir sie erreichen auf einer asphaltierten Rampe ein kurzes, steiles Stück links hinab. Wir folgen dem asphaltierten Sträßchen nach rechts, dann halten wir uns links und überqueren die Autobahn.

Danach wieder rechts halten und über freies Feld bis zur Vorfahrtsstraße, die links nach Oberaudorf wegführt. Wir überqueren die Fahrstraße und radeln auf dem neben der Straße verlaufenden Radweg nach links, um bereits nach rund 100 m wieder links (beim Ortsschild Oberaudorf) zu den Häusern abzubiegen. Wir fahren durch zwei Häuseransammlungen hindurch, bis wir wieder freies Gelände erreichen und gelangen in mehreren Schlenkern, zuletzt auf Naturboden in ein Waldstück. Die Autobahn verläuft direkt rechter Hand. Über eine Holzbrücke überqueren wir einen Bach, erreichen **Reisach** 04 und folgen der Zollhausstraße, die am

Die holzüberdachte Zollhausbrücke bei Erl

Der Innradweg führt auch durch das Gelände der Landesgartenschau von 2010

Schluss scharf rechts abbiegt und unter der Autobahn hindurchführt. Bevor wir die Autobahn unterqueren ist ein Abstecher zum **Kloster Reisach** 05 möglich.

Zollhausbrücke (Erl) – Gmain / 12 km / 0:50 Std.

Wir sind jetzt auf Höhe der alten Zollhausbrücke 06 die nach Erl hinüberführt und die Grenze zwischen Bayern und Tirol markiert. Gut 7 km radelt man nun auf einem herrlich zu fahrenden Deichweg. Vorbei am Gletscherschliff, kurz vor der Abzweigung nach Fischbach, und weiter kerzengerade, flach und direkt am Fluss entlang, bis wir eine breite, gepflasterte Anlegefläche erreichen. Auch am anderen Flussufer ist eine solche Anlage zu erkennen. Ein Uferweg führt am anderen Ende der Anlage zwar weiter, ist aber nicht ausgeschildert und außerdem als militärischer Bereich gekennzeichnet.

Wir folgen dem Innradschild links hinab, zuerst über einen etwas geschotterten Weg, der dann in Asphalt übergeht und uns auf einer breiten Straße unterhalb des Deiches (hier ist auch der Mozart-Radweg ausgeschildert) zum Tiefenbacher Weg bringt. Wir passieren das Betriebsgelände einer Spedition (ab hier ist die Straße erst für den Autoverkehr frei) rechter Hand und erreichen eine Vorfahrtsstraße. Zuerst auf dem Radweg neben der Straße links und nach ein paar Metern rechts hinein zu den Häusern und auf der Nußdorfer Straße, zunächst einen Bach überquerend, dann über freies Feld, in den kleinen Ort Schwaig. Wir radeln weiter, auf die Autobahnbrücke zu, halten uns aber vorher rechts und erreichen zunächst Steg, dann **Gmain am Inn** 07. Der Weg ist teilweise eine richtige Betonpiste, sehr schön zu fahren, immer wieder an Häusern vorbei (viele Schilder „Zimmer frei“).

Gmain – Rosenheim / 16 km / 1:20 Std.

Wir erreichen das Ortsschild von Reischenhart, fahren kurz links, dann wieder rechts und folgen der Radmarkierung in einem Rechtsschwenk nach Thalreit. Zwischen den Häusern hindurch, stets auf dem asphaltierten Sträßchen verlassen wir den Ort und gelangen zur Verbindungsstraße, die links nach Kirchdorf führt.

Wir halten uns rechts, radeln an der Straße entlang, über eine Bachbrücke in Richtung Innbrücke. Kurz vorher biegen wir links ab und fahren auf dem asphaltierten Weg wieder zu einer Brücke, überqueren sie und halten uns dann wieder am Inn entlang, zunächst an Häusern entlang, anfangs ist der

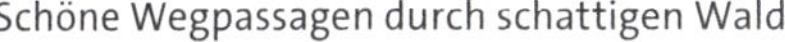
Schöne Wegpassagen durch schattigen Wald

Dammweg etwas grasig, später gut fahrbarer Naturboden.
Wir unterqueren die Autobahnbrücke und haben nun wieder einen schönen, flachen Teil vor uns. Hier können wir am **Happinger See** 08 eine Baderast einlegen. Mit einem kleinen Abstecher ist auch der **Landgasthof Happinger Hof** 09 erreichbar.
Kurz vor der Staustufe Rosenheim biegen wir links ab, halten uns bei einer Schranke rechts und radeln weiter durch den schattigen Wald. Wir passieren auf einem breiteren, asphaltierten Weg das Gelände vom Verein der Deutschen Schäferhunde und gelangen wieder zu einer Brücke. Dort halten wir uns rechts und folgen dem schmalen, asphaltierten Weg zwischen den Bäumen hindurch, bis wir auf die Vorfahrtsstraße treffen (Radwegeverzweigung Ziegelberg/Inntal). Nach links erreichen wir das Stadtzentrum von **Rosenheim** 10 **Ziel**.

Die imposante Schlossanlage über Neubeuern

annenburg
Nußdorf am Inn
12
Steg
Eiblwies
Weidach
Gmain
Degerndorf
Milbing
Sankt Margarethen
Flintsbach am Inn
Inn
58
93
E45
E60
Scheiben
Erl
Weidau
11
Niederaudorf
05
Gde. Nie
06
04
Oberaudorf
172
59
307
Mühlbach
Kiefersfelden
02
Schöffau
60
03
A12
175
Gde. Thiersee
Vorderthiersee
Hinterthiersee
Mitterland
Start
KUFSTEIN
01

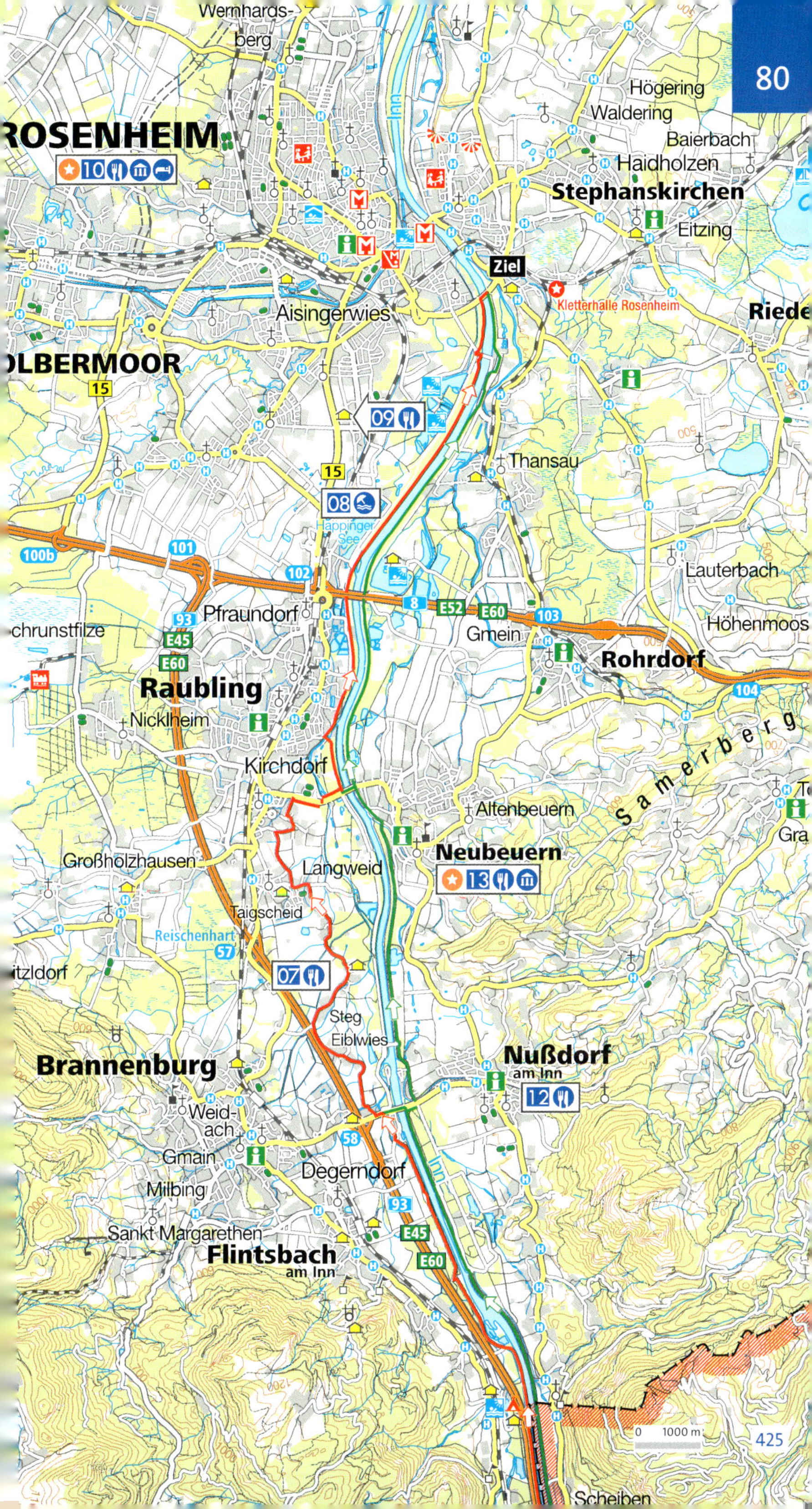
Wernhards-
berg
ROSENHEIM
10
Inn
Högering
Waldering
Baierbach
Haidholzen
Stephanskirchen
Eitzing
Ziel
Kletterhalle Rosenheim
Aisingerwies
Riede
OLBERMOOR
15
09
Thansau
15
08
Happinger
See
Lauterbach
100b
101
102
8
E52
E60
103
Pfraundorf
Gmein
Höhenmoos
chrunstfilze
93
E45
E60
Rohrdorf
104
Raubling
Nicklheim
Samerberg
Kirchdorf
Altenbeuern
Neubeuern
13
Großholzhausen
Langweid
Taigscheid
Reischenhart
57
itzldorf
07
Steg
Eiblwies
Brannenburg
Nußdorf
am Inn
12
Weid-
ach
58
Gmain
Degerndorf
Milbing
93
Sankt Margarethen
E45
Flintsbach
am Inn
E60
0 1000 m
Scheiben

MÜHLDORF – SIMBACH/BRAUNAU

Durchs Pilger- und Papstland der Inn-Salzach-Region

 49 km 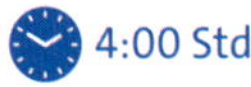 4:00 Std.  20 hm  60 hm

STARTORT | Mühldorf, 380 m
START | Innbrücke
[GPS: UTM Zone 32 x: 316.510 m y: 5.345.770 m]
ZIEL | Simbach, 339 m; (alternativ: Braunau, 354 m)
CHARAKTER | Flussnahe Wegführung auf meist gut befahrbarem Naturboden und verkehrsarmen Nebensträßchen, kaum Steigungen, die erste Hälfte bietet viel Schatten, die zweite Hälfte ist weitgehend schattenlos.
VERKEHR | Keine verkehrsbelasteten Abschnitte.

TIPP: Rückkehr per Bahn.
Unbedingt Badesachen mitnehmen, denn vier Badeseen laden unterwegs zum Rast machen ein!

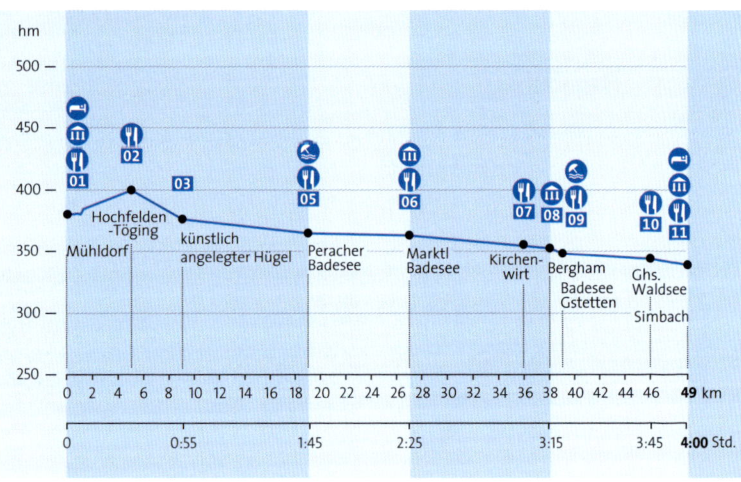

Wir fahren auf der Trasse des Innradwegs – auf der wir bis Simbach bleiben - entlang der Friedhofstraße nach Norden. Auf Höhe der Einmündung Krankenhausstraße rechts ab auf einen Naturweg, der direkt am Flussufer entlang führt.

Start Wir starten in **Mühldorf** 01 unter der Innbrücke, beim Brücken-Einweihungsschild von 1851.

Mühldorf – Peracher See / 19 km / 1:45 Std.

Direkt nach der Brücke, vor der Fahrstraße rechts ab auf einen unbefestigten Weg, anfangs etwas steil und kiesig. Dann nach links auf einen breiteren Naturweg, der direkt am Flussufer entlangführt. Etwa einen Kilometer später verlassen wir den gekiesten Uferweg scharf nach links (Schild) und radeln bzw. schieben recht steil nach oben. Dort rechts weiter auf Teerstraße (für Autofahrer ist Töging mit 4 km ausgeschildert). Wir gelangen nach Aham, es geht wieder ein kurzes Stück auf der Asphaltstraße hoch. Am Ortsende von Aham überqueren wir die Bahn und halten uns direkt nach der Bahn – bei einem Schild – scharf rechts (Töging

Die letzte existierende seilgebundene Innfähre

für Radler mit 2 km ausgeschildert). Einen halben Kilometer später, nach einer S-Kurve, verlassen wir die asphaltierte Straße und biegen links in einen Feldweg ein, der jedoch sehr schön zu fahren ist. Wir erreichen wieder Häuser, der Weg ist hier asphaltiert und ziemlich flach. Zwischen den Häusern hindurch gelangen wir zu einer größeren, asphaltierten Straße und folgen ihr nach rechts. Immer dem Radschild nach stoßen wir auf die Mühldorfer Straße und erreichen nach wenigen Metern das Ortsschild von **Höchfelden-Töging** **02**. Wir überqueren die Straße, auf der anderen Seite führt ein Geh-/Radweg weiter. Bei einem Radschild wechseln wir wieder die Straßenseite. Unser Weiterweg führt leicht bergab und wir folgen ihm nach rechts, dann nach links (Schild) auf einen unbefestigten Weg, an Feldern vorbei. 500 m später erreichen wir wieder eine Asphaltstraße, die aber nur für landwirtschaftlichen Verkehr freigegeben ist.

Ziemlich schlecht asphaltiert bringt uns dieses Sträßchen zum Fluss bzw. zum Innkanal, und an ihm entlang erreichen wir das Stauwehr des Jettenbach-Töginger Kanalkraftwerks (mit Infotafel). Schon nach ca. 200 m hört der asphaltierte Weg auf und wir radeln auf einem breiten, gekiesten Naturweg am Kanal entlang. Nach etwa 1 km überqueren wir auf Höhe eines **künstlich angelegten Hügels** **03** den Kanal, um am anderen Ufer nach wenigen Metern rechts weiterzufahren. Nach etwa 250 m biegen wir rechts und nach gut 50 m wieder links ab entlang des Innkanals. Nach ca. 1 km erreichen wir wieder das Ufer des Hauptflusses.

Nach einem kleinen Schlenker vom Fluss weg nach links geht es durch Gehölz. Zwei Steigungen folgen, zunächst eine kurze, dann eine etwas längere, der Inn ist rechts nur noch entfernt durch die Bäume zu sehen. Wir halten uns nochmals etwas links, es geht kurz bergab und wir stoßen auf eine von links kommende Asphaltstraße, die hier endet (die Autobahn ist links zu sehen und vor allem nicht zu überhören). Wir bleiben rechts und fahren wieder zum unbefestigten Dammweg hoch. Neben diesem schön zu fahrenden Naturweg sind an den Tümpel und Nebenarmen des Inns sehr viele Angler zu sehen. Wir nähern uns wieder dem Hauptfluss und erreichen die große Innbrücke, über die die B 299 verläuft. An der Brücke ist ein Schild angebracht, das darauf hinweist, dass der folgende Abschnitt des Innradwegs von Radfahrern und Reitern gemeinsam benutzt wird – und da das recht häufig der Fall ist, sollte man darauf vorbereitet sein. Es geht kurz links abwärts, unter der Brücke hindurch und auf der anderen Seite wieder hoch (auf einem Schild ist Passau mit 104 km und Rosenheim mit 90 km ausgeschildert). Wir radeln auf dem Deichweg weiter, der uns nach ein paar Hundert Metern in einem Linksschwenk Richtung Autobahn bringt. Unter der Autobahnbrücke hindurch und auf dem Deichweg weiter bis zur Straße vor. Dort rechts, über die Isen, einen Zufluss zum Inn,

Eine idyllische und erfrischende Raststation – der Peracher Badesee

am Brückengeländer entlang und nach der Brücke wieder rechts abbiegen. Weiter an der Isen entlang, wieder unter der Autobahnbrücke hindurch und weiter am Innufer entlang. Kurz bevor wir zur Innbrücke gelangen, die nach **Neuötting** hinüberführt und über die wir auch in den nahe gelegenen Wallfahrtsort **Altötting** 04 gelangen, wenden wir uns nach links, etwas abwärts und verlassen den Deichweg auf einen schmalen Naturweg. Wir folgen dem Innradschild, passieren die Autobahneinschleifung, unterqueren die Autobahnbrücke und fahren im Wald weiter auf Naturweg. Wir stoßen auf die Radwegeverzweigung Rottal-Inn und Innradweg, bleiben aber am Flussufer weiter geradeaus. Es folgt ein sehr schönes Wegstück, das ganz flach und gut zu fahren ist und uns viele Kilometer schattig am Innufer entlangführt.

Peracher See – Marktl / 8 km / 0:40 Std.

Wir passieren den einladenden **Peracher Badesee** 05, das Innkraftwerk Perach und bleiben stets am Ufer, radeln zwischen Inn und Innarmen bis wir kurz vor Marktl nach einem kurzen, steileren Schlussanstieg auf die Autostraße stoßen. Dort halten wir uns rechts und folgen dem Weg neben der Straße, um kurz darauf wieder nach rechts zu schwenken und auf einem Asphaltsträßchen an Häusern vorbei zu radeln. Auch dieses Sträßchen verlassen wir bald darauf wieder nach rechts und bleiben auf dem Deichweg am Flussufer entlang bis wir die Innbrücke erreichen, über die die B 20 Richtung Burghausen verläuft. Von hier lässt sich eine kurzer Abstecher nach **Marktl zum Badesee** 06 und zum Geburtshaus von Papst Benedikt XVI. machen.

Marktl – Bergham / 11 km / 0:50 Std.

Die Weiterfahrt führt uns bei der Brücke kurz nach links, dann nach rechts in einer Schleife die Griesstraße hinab und zwischen Häusern hindurch. Vor dem letzten Haus geht es rechts auf einen unbefestigten Naturweg hinein und Richtung Inn. Kurz die Uferböschung hoch und weiter auf dem Deichweg am Inn entlang. Wenn wir die Staustufe erreichen (links Infotafel zum Innradweg) radeln wir links abwärts und fahren bis zu einem Asphaltsträßchen vor. Dort links und weiter vorfahren bis zur Straße nach **Stammham,** der wir nach rechts folgen.
Am Rande von Stammham entlang bis zum Feuerwehrhaus, dahinter scharf rechts ab. In einer S-Kurve geht es leicht bergab, asphaltiert, bis zu einer Autobrücke. Wir bleiben unterhalb der Brücke, halten uns nach links und gelangen zur Abzweigung des Salzhandelsweges nach Burghausen. Dieser führt hier scharf rechts hoch über die Autobrücke und den Inn. Wir fahren jedoch geradeaus weiter,

Papst-Geburtshaus und Benediktsäule in Marktl

unterqueren die Bundesstraße kurz darauf, radeln links weiter, über einen kleinen Kanal und wieder leicht ansteigend. (Hier ist die Landkreisgrenze Rottal-Inn markiert). Bei den nächsten Häusern aufpassen!

Der Innradweg biegt in Deindorf scharf rechts ab. Der nächste Ort, Seibersdorf ist links oben schon sichtbar, man hält sich bei der nächsten Straße links und fährt etwas ansteigend zu den Häusern hoch und immer Richtung gut sichtbarer Kirche. Vorbei an der einladenden Gaststätte **Zum Kirchenwirt** 07 und wieder leicht bergab nach rechts, immer asphaltiert. Nach einer rechts am Weg gelegenen Wassermühle stoßen wir auf das **Dock Bergham** 08, wo mehrere große Lastschiffe zu sehen sind.

Bergham – Simbach / 11 km / 0:45 Std.

Kurz darauf endet der Asphalt und wir radeln auf Naturboden weiter, bis wir uns wieder links haltend auf ein weiteres Asphaltsträßchen stoßen. Wir folgen beim Ortsschild von Bergham dem Wegweiser nach Ramerding (3 km). Rechts taucht der **Badesee Gstetten** 09 mit Strandbad und Kiosk auf, anschließend geht es wieder rechts hinein, weiter auf Asphalt. Bald stoßen wir auf Kiesbänke rechter Hand, die wir in einem Linksbogen umfahren. Dann halten wir uns rechts, der Weg ist nun wieder Naturboden und führt mehrere Kilometer fast schnurgerade am Innufer entlang. Rund 6 km nach den Sandbänken erreichen wir die Staustufe Braunau-Simbach und den Waldsee. Es geht links leicht abwärts, zum **Gasthaus Waldsee** 10 hinab. Am Zaun entlang, über den Parkplatz des Waldsees (wieder asphaltiert) und geradeaus weiter, vom Inn weg. Wir kreuzen eine weitere Straße, halten uns links, unterqueren die B 12 (Simbach ist hier für Radler mit 2 km ausgeschildert). Kurz darauf erreichen wir Ach, überqueren die Vorfahrtsstraße und folgen gleich anschließend dem Innradschild nach rechts. Es folgt ein nicht asphaltierter, schottriger Wegabschnitt Richtung Inn, bis wir bei einer Linkskurve (Tennisclub) wieder auf Asphalt treffen. Nach der BayWa stoßen wir links auf die Bahngleise und auf eine Verzweigung des Innradwegs.

Hier kann man links Richtung Innenstadt Simbach, geradeaus Richtung Inn weiter radeln. Wir folgen den Gleisen geradeaus, passieren den Bahnhof von Simbach, halten uns dort rechts und radeln direkt zum Inn.

Am Inn entlang bis zur Innbrücke mit der nicht zu übersehenden Fischgottskulptur, dem neuen Wahrzeichen von Simbach, das regional für einiges Aufsehen und Diskussionsstoff sorgte. Nach links erreicht man die Stadtmitte von **Simbach** 11 **Ziel**, rechts über die Brücke gelangt man hinüber nach **Braunau** 12.

Niederbergkirchen
Pleiskirchen
Gumattenkirchen
Wald
Rockers
Kirchhaunberg
Kainrading
Vorberg
Erharting
Aufham
Winhöring
Frixing
Maxing
Lochheim
TÖGING a. Inn
Harthausen
Steinhöring
Eisenfelden
Kronberg
Unterau
MÜHLDORF am Inn
Hart
Höchfelden
Eichfeld
Thal
Start
Inn
INN
Unter-
-holzhausen
Ober-
Weiding
Dietlham
Marienfeld
Ehring
Teising
Anna-brunn
Moos
Tüßling
Polling
Heiligenstatt
Ebing
Oberflossing
Grünbach
Neue Heimat
Frauen-dorf
Mörmoosen
Rockersbach
Zeilarn
Babing
Kirchhaunberg
Reischach
Gumpers-dorf
Winhöring
Perach
Steinhöring
Eisenfelden
Marktl
Kronberg
Unterau
NEUÖTTING
ALTÖTTING
Niederg
Daxenthal
Unteremmerting
Emmerting
Salzach
Kastl
Oberemmerting
Überack
Öd
Mehring
Burgkirchen an der Alz
BURGHAUSEN
Alz

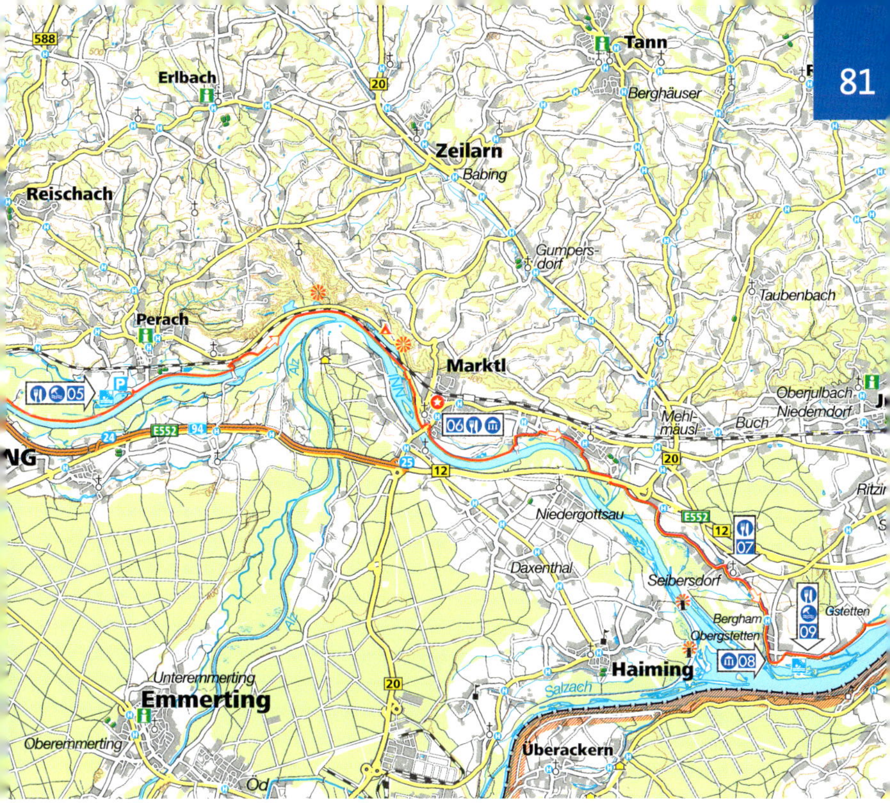

588
Erlbach
Tann
Berghäuser
20
Zeilarn
Babing
Reischach
Gumpersdorf
Taubenbach
Perach
05
Marktl
06
Oberjulbach
Niederndorf
Mehlmäusl
Buch
E552
94
24
25
12
20
Niedergottsau
Ritzing
12
07
Daxenthal
Seibersdorf
Bergham
Obergstetten
Gstetten
09
08
Haiming
Salzach
Unteremmerting
Emmerting
Oberemmerting
Überackern
Od

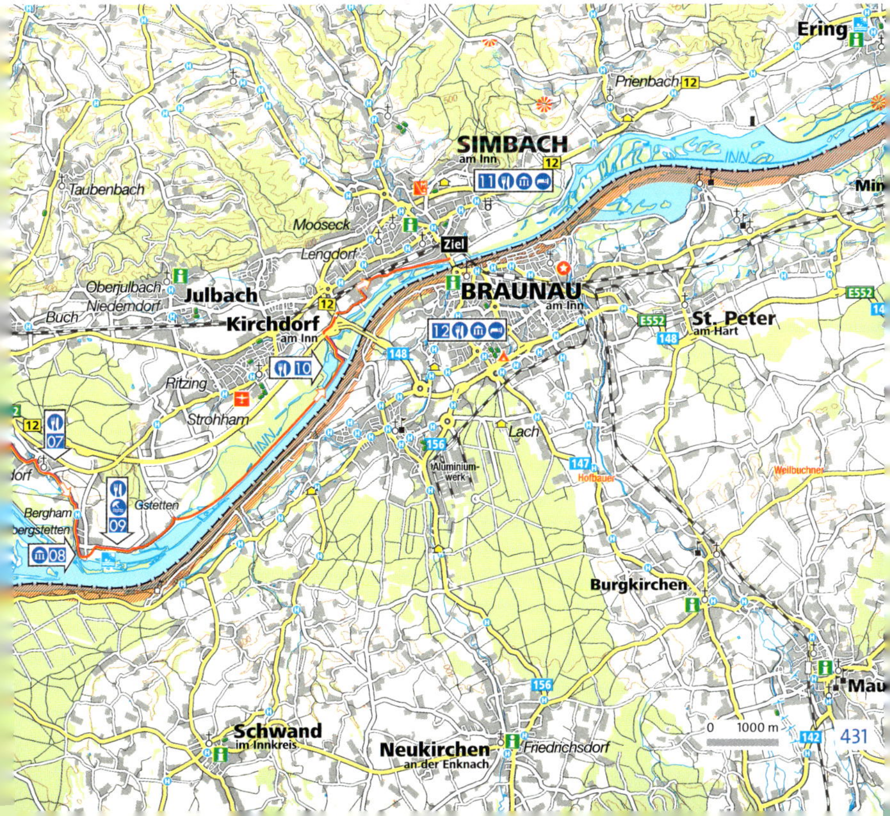

Ering
Prienbach
12
Taubenbach
SIMBACH
am Inn
11
Mooseck
Lengdorf
Ziel
Oberjulbach
Julbach
Niederndorf
Buch
Kirchdorf
am Inn
12
BRAUNAU
am Inn
E552
St. Peter
am Hart
148
10
Ritzing
Strohham
12
07
Lach
156
Aluminiumwerk
147
Hofbauer
Weilbuchner
Bergham
Obergstetten
Gstetten
09
08
Burgkirchen
156
Schwand
im Innkreis
Neukirchen
an der Enknach
Friedrichsdorf
0 1000 m
142
Mau

SIMBACH/BRAUNAU – NEUHAUS/SCHÄRDING

Unterwegs im Europareservat Unterer Inn

 52 km 4:15 Std.  10 hm 40 hm

STARTORT | Simbach, 339 m; alternativ Braunau, 354 m
START | Innbrücke zwischen Simbach und Braunau
[GPS: UTM Zone 32 x: 354.100 m y: 5.347.200 m]
ZIEL | Neuhaus, 306 m; alternativ Schärding, 318 m
CHARAKTER | Die flache linke Innseite ist überwiegend gut befahrbarer Naturboden, nur anfangs und zum Schluss asphaltierte Nebensträßchen. Die rechte Innseite ist meist asphaltiert und mit einigem Auf und Ab, darunter einer 15-%-Steigung bei Reichersberg.
VERKEHR | Innbrücke bei Simbach sowie ein radwegloses kurzes Stück nach Obernberg.

TIPP: Rückkehr per Bahn.
Fotoausrüstung und Fernglas nicht vergessen. Der Auenwald links und rechts des Inns beherbergt einen der artenreichsten Lebensräume für Wasservögel im mitteleuropäischen Binnenland.

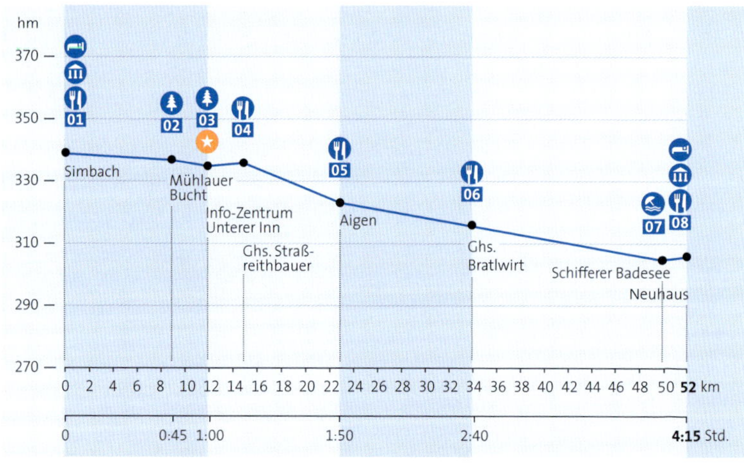

Simbach und Braunau sind zwei Städtchen, die der Innradler nicht unbesehen links liegen lassen sollte, egal auf welcher Seite er übernachtet und welche Seite er für seine Weiterfahrt benutzt.

An der Innbrücke zwischen Simbach und Braunau können wir uns beim Flussgottdenkmal entscheiden, ob wir die linke oder rechte Innseite zur Weiterfahrt nehmen. Wir können allerdings die Entscheidung auch vertagen, denn bei den Innbrücken bei Ering und Obernberg haben wir die Möglichkeit, das Flussufer zu wechseln. Die rechte Variante bietet mehr Einkehrmöglichkeiten, weist mehr Asphaltpassagen auf, besitzt allerdings auch mehr Anstiege, darunter eine schweißtreibende 15-prozentige Steigung vor dem Stift Reichersberg. Die linke Flussvariante ist geprägt durch eine kilometerlange Deichpassage, die flach aber schattenlos am Innufer dahinführt.

Beobachtungsturm in der Mühlauer Bucht direkt am Weg

Simbach – Europareservat / 12 km / 1:00 Std.

Start Unser Hauptweg verläuft am linken Innufer, auf deutscher Seite entlang. Wir starten in **Simbach** **01** an der Brücke und folgen der Innradmarkierung auf einem asphaltierten Sträßchen (Richtung Ering 11,5 km). Kurz darauf unterqueren wir die imposante Stahlbrücke, die die Eisenbahn über den Inn leitet. Weiter auf dem jetzt unbefestigten Dammweg, der uns nach links langsam vom Innufer wegführt. Wir passieren eine Vielzahl von Tümpeln, vom Inn ist nun nichts mehr zu sehen. Nach gut drei Kilometer kommt ein kurzer, steiler Anstieg, oben geht es dann ein Stück geschottert nach rechts weiter. Wir halten uns nochmals rechts und wenig später bei Bäumen wieder links und radeln auf Naturboden weiter entlang der Nebenarme. Der gut zu fahrende Feldweg führt etwas erhöht am Wasser entlang. Nach einem guten Kilometer machen wir einen kurzen Linksschwenk, fahren über eine Brücke zur Straße runter und an ihr entlang auf einem asphaltierten Radweg. Achtung! Nach 200 m rechts abbiegen auf einen nicht asphaltierten Naturweg, bis zu den Bäumen vorfahren und dann wieder links halten. Nach 1,5 km entfernen wir uns wieder vom Waldrand und radeln links zur Straße vor. Dort geht es asphaltiert nach rechts weiter Richtung Ering (Schild). Der Flussnebenarm ist rechter Hand wieder in Sichtweite. Bei einem Haus, nach rund 500 m, machen wir auf dem nicht von Autos befahrenen Nebensträßchen einen leichten Rechtsschwenk und erreichen kurz darauf die **Mühlauer Bucht** **02** einen Ausläufer des Inns (Bademöglichkeit). Direkt nach dem Beobachtungsturm halten wir uns wieder rechts, radeln weiter auf dem unbefestigten

Biotoplandschaft Europarservat Unterer Inn

Als alpiner Fluss führt der Inn gewaltige Schwebstoffmengen (zerriebenes Gestein) mit sich. Dieses Material lagert in Stauräumen ab, bildet Flachwasserzonen und Schlickbänke. Viele Wasservögel nutzen diese Flächen. Für Zugvögel sind das lebenswichtige Rast- und Überwinterungsplätze. Innerhalb weniger Jahre entstand auf diesen Inseln ein Auwald, der Lebensraum für Frösche, Ringelnattern, Insekten, Singvögel und Biber ist. Diese Auwälder gehören heute zu den ganz wenigen echten Urwäldern in Europa. Mehr als 800 Schmetterlingsarten und 312 verschiedene Vogelarten wurden schon nachgewiesen. Der Nachtreiher hat hier eines seiner letzten Brutgebiete in Europa – seine Seltenheit machte ihn auch zum Wappentier des Europareservates Unterer Inn.

Infos zum Römerradweg, den wir bei Ering kreuzen

Dammweg am Wasser entlang. Auf dem Damm ist das Info-Zentrum mit 4 km ausgeschildert. Wir folgen nun über 3 km dem schnurgeraden, gekiesten, aber gut zu fahrenden Dammweg, der direkt am Wasser entlangführt, bis wir etwas runterradeln, um ein Wehr herum und auf der anderen Seite wieder zum Deichweg hochfahren. Hier ist der Innradweg nach links ausgeschildert Richtung Infozentrum. Auch der Römerradweg (Passau-Inn-Attersee) ist hier markiert. Wir folgen der Bezeichnung nach links und fahren auf dem asphaltierten Sträßchen weg vom Inn. Nach rund 500 m stoßen wir auf das Bayerisch-Österreichische **Infocenter Europareservat Unterer Inn** 03. Auch außerhalb des Gebäudes stehen eine Vielzahl von Informationstafeln, u. a. auch zum Römerradweg, auf den wir hier treffen.

Europareservat – Aigen / 11 km / 0:50 Std.

Wir radeln am Info-Haus vorbei bis zur Passauer Straße vor (am Ortsschild von Ering) und folgen dem markierten Innradweg nach rechts. Gott sei Dank ist diese Asphaltstraße wenig befahren. Beim deutlich ausgeschilderten **Straßreithbauer** 04, nach rund 1,5 km, geht es rechts ab (Schild); hier ist neben der Einkehr auch eine Fahrradreparatur möglich. Das asphaltierte Sträßchen bringt uns wieder in Richtung Inn, den man in letzter Zeit überhaupt nicht mehr gesehen hat. Wir schwenken nochmals nach links, radeln an der Böschung und einem tiefer liegenden Bach entlang. Noch ist der Inn nicht zu sehen. Wir fahren durch Urfar (Gemeinde Malching) und sind nun wieder direkt neben einem Nebenflussarm. Am Ortsende von Urfar ist Biberg mit 1 km angegeben, das wir kurz darauf durchfahren und weiter dem Sträßchen Richtung Aigen folgen. Nach gut 2 km, bei einem einzelnstehenden Baum, kurz rechts (Schild), auf Häuser zu. Bei der Vorfahrtsstraße und den ersten Häusern rechts, nach Aufhausen hinein und in der Ortsmitte dem Innradschild nach links folgen (nicht geradeaus Richtung Inn fahren!). Vor dem Ortsende biegen wir rechts auf einen unbefestigten Feldweg ein, der wirklich ein Feldweg ist, bis wir nach ungefähr 1,5 km wieder auf Asphalt treffen und wenig später **Aigen** 05 erreichen.

Aigen – Ghs. Bratlwirt / 11 km / 0:50 Std.

Wer keinen Einkehrschwung nach Aigen hinein machen will, hält sich sofort am Ortsanfang rechts (Schild „INN"). Wir erreichen den Waldrand, der Weg ist erst geschottert und geht dann in Naturboden über. Wir fahren wieder zum Damm hoch und bleiben wieder mehrere Kilometer auf dem schnurgeraden Deichweg, der uns zunächst an Nebenarmen und dann am wieder vereinten Inn entlang führt. Jenseits des Flusses ist schön die Kirche von Obernberg zu sehen. Nach rund 4 km gelangen wir zum Kraftwerk Obernberg, verlassen den

Kurz vor dem Stauwehr Obernberg

Dammweg nach links und radeln auf einem asphaltierten Sträßchen rechts um das Wehr herum. Auf Naturboden weiter um das Kraftwerk herum, unter einer Brücke hindurch und gleich anschließend wieder rechts hoch zum Innradweg Richtung Würding. Nach links bietet sich ein markierter Rad-/Fußweg an, der uns bei Bedarf nach Bad Füssing leitet. Wir radeln aber weiter rund 3 km eben auf dem leicht erhöhten Deichweg dahin, vorbei an der Verzweigung nach Würding. Der Inn fließt ca. zwei- bis dreihundert Meter rechts von uns. Wir passieren die Abzweigungsmöglichkeit links runter zum **Gasthaus Bratlwirt** 06 (ca. 1 km entfernt in der Ortschaft Gögging) sowie ein paar Kilometer später zum Toyota-Museum (in der Ortschaft Hartkirchen, gute 3 km entfernt) und bleiben auf unserem sehr schön zu fahrenden Weg, der uns langsam immer näher an den Fluss bringt.

Ghs. Bratlwirt – Neuhaus / 18 km / 1:35 Std.

Wer Lust und genügend Zeit mitgebracht hat, kann (unmittelbar neben dem Radweg direkt am Innufer) bei einer Aussichtsplattform für Vogel-Beobachter Pause machen. Schließlich erreichen wir die mächtige Autobahnbrücke, die bei Suben über den Inn führt. Wir unterqueren sie, mit einem schönem Ausblick auf die gegenüberliegende Klosteranlage Suben. Knapp 3 km nach der Autobahnbrücke verlassen wir den Deichweg nach links, vor einem Wehr, und entfernen uns vom Inn auf einem asphaltierten Sträßchen. Wir stoßen auf einen weiteren Asphaltweg, folgen diesem links, dem Innradschild nach. Wir passieren linker Hand einen kleinen See, überqueren auf einer Brücke einen Bach und stoßen erneut auf eine Vorfahrtsstraße. Nun geht es rechts über eine überdachte Holzbrücke über die Rott in den Ort Weihmörting. Links in Sichtweite lädt der **Schifferer Badesee** 07 zu einem erfrischenden Besuch ein. Bei der nächsten Straßenkreuzung folgen wir dem Schild nach rechts, verlassen den Asphalt und radeln auf Naturboden durch Ackerland auf eine Kirche und Häuser zu. 500 Meter später haben wir die Straßenbrücke in **Neuhaus am Inn** 08 erreicht **Ziel**.

Variante am rechten Innufer, auf österreichischer Seite:

Braunau – Schloss Frauenstein / 13 km / 1:10 Std.

Wir überqueren in Simbach die Innbrücke hinüber nach **Braunau** 09 und halten uns sofort links direkt am Fluss entlang. Wir unterqueren auf nicht asphaltiertem Weg die Eisenbahn-Stahlbrücke und radeln auf Betonplatten direkt am Wasser entlang. Es folgt ein kurzer, steiler Anstieg, der uns auf Asphalt bringt, an einem Sportplatz vorbeiführt und uns zum Ortsschild von Braunau leitet. Wir radeln der Bezeichnung R3 folgend zunächst auf dem

Schloss Neuhaus

Dammweg weiter, Über eine Brücke hinüber, dann haben wir die Wahl entweder weiter auf dem aussichtsreicheren Dammweg zu bleiben oder dem Innradschild zu folgen, das uns zunächst in einem Linksschwenk auf einen gekiesten Weg unterhalb des Damms hinabführt. Nach zwei Kilometer geht es gemeinsam auf dem Dammweg weiter, der nach 700 Meter in Asphalt übergeht und sich vom Inn-Nebenarm wegdreht. Wir gelangen nach Hagenau, durchqueren den Ort in einer Links-Rechts-Kombination und verlassen ihn auf Asphalt. Allerdings nicht ohne vorher dem schön gelegenen **Schloss Hagenau** 10 einen Besuch abzustatten. Zurück auf dem Radweg bleiben wir am Dorfende bei der nächsten Kreuzung links, passieren eine Gärtnerei und folgen weiter dem jetzt nicht mehr asphaltierten Fahrweg Richtung Inn. Wir können nun wieder wählen, ob wir oben auf dem Dammweg bleiben, oder ein kurzes Stück hinunterradeln und unterhalb auf dem Kiesweg, der später in Asphalt übergeht, entlang des Damms fahren. In beiden Fällen gelangen wir zu einem Kraftwerk und zum **Schloss Frauenstein** 11.

Schloss Frauenstein – Kirchdorf / 12 km / 1:00 Std.

Wir fahren rechts um das Schlossgebäude herum und folgen weiter der Straße und den Radwegemarkierungen leicht ansteigend an Häusern vorbei bis zur Kreuzung hoch. Dort biegen wir links ab (Schild), durchqueren Frauenstein, passieren ein markiertes **Naturdenkmal** 12 (dabei handelt es sich um eine 400 Jahre alte Stieleiche), radeln durch Untersunzing und folgen dem Sträßchen bis zur nächsten Kreuzung, wo wir uns, kurz vor dem Ort Mamling, links halten (Schild). Auf dem Geh-/Radweg folgen wir der Straße, überqueren die Mühlheimer Ache und halten uns nach der Brücke sofort wieder links. Kurz darauf geht der Asphalt wieder in Naturboden über und wir radeln schnurgerade auf dem leicht erhöhten Dammweg direkt am Wasser entlang dahin. Wir verlassen den Dammweg und den Inn, halten uns links auf einem Asphaltsträßchen und erreichen nach einem Fußballplatz linker Hand die Vorfahrtsstraße. Wir folgen ihr ein Stück, ohne Radweg, und kommen nach **Kirchdorf.** Auf der Hauptstraße weiter, an der Kirche vorbei, fällt der Weg aus dem Ort hinaus etwas ab.

Kirchdorf – Reichersberg / 12 km / 1:10 Std.

Kurz nach Kirchdorf, wieder etwas näher beim Inn, ist links am Ufer ein hölzerner Aussichtsturm für Vogelbeobachter zu sehen. Der asphaltierte Weg führt zwischen Häuser hindurch und erreicht wieder unmittelbar das Innufer. (Hier haben wir die Möglichkeit nach rechts

einen Abstecher zum Schloss Katzenberg mit interessantem **Gebetsbuchmuseum** 13 zu machen.) Nach einem kurzen Schwenk weg vom Ufer, führt der nun nicht mehr asphaltierte Weg wieder direkt am Fluss, fast in Wasserhöhe am Ufer entlang. Erst bei einem großen, im Freien ausgestellten Turbinenlaufwerk verlassen wir den Dammweg und folgen der Beschilderung nach **Obernberg** 14 hinein. Der Weg ist jetzt wieder asphaltiert und führt uns etwas steiler bergauf zum Marktplatz und durch die beiden Stadttore hindurch. Wir verlassen Obernberg ohne Radweg entlang der Fahrstraße, bis wir bei Häuser nach links abbiegen (Schild). Zunächst auf Asphalt bis zu einer Verzweigung; hier zweigt ein Naturweg für Wanderer auf den Damm ab. Der Weiterweg ist nun nicht mehr asphaltiert, verläuft direkt am Inn und bringt uns zu einer langen schmalen Holzbrücke, die durch das Schilf führt. Wir erreichen einen kleinen, idyllisch gelegenen Naturhafen der Gemeinde **Reichersberg**, in dem etliche Boote liegen. Zunächst geht es kurvenreich und leicht ansteigend weiter, bis wir eine sehr steile Passage erreichen; 15 % Steigung sind angeschrieben und zu überwinden, bis wir oben das **Stift Reichersberg** 15 erreichen. Wir umfahren es in einem Rechtsbogen und halten uns dann wieder scharf links.

Reichersberg – Schärding / 12 km / 1:00 Std.

Nach den letzten Häusern hört der Asphalt auf, bis wir Minnaberg erreichen, wo mit den ersten Häusern wieder Asphalt einsetzt. Im Ort stoßen wir auf eine Radwegverzweigung (Innweg/ Anthiesenweg) und kurz darauf müssen wir der Innradwegbeschilderung nach links folgen, die uns auf Naturboden und über Ackerland in einigen Schlenkern wieder zum Inn und seinen Nebenarmen zurückbringt. Wir passieren die **Bründlkapelle** 16, die den kleinen Abstieg lohnt, und bleiben auf dem Naturweg, der zum Schluss leicht abfällt und uns zu einer Vorfahrtsstraße bringt. Dieser folgen wir nach links neben der Straße ein kurzes Stück auf Naturboden, biegen dann links ab und folgen dem nicht asphaltierten Radweg links über die Autobrücke. Nun geht es auf Asphalt recht steil bergauf und wir stoßen auf eine Holzbrücke. Links verläuft der Inn, rechts die Autobahn und unser Dammweg weist hier eine etwas löchrige Asphaltierung auf. Knapp zwei Kilometer weiter erreichen wir die nächste Holzbrücke, die uns über Stufen zu einer Schiebeeinlage zwingt. Der asphaltierte Weiterweg führt nun ansteigend hoch zur **1000-jährigen Linde** 17 mit angeschlossener Einkehrstätte. Wir umfahren die Autobahnraststätte und radeln auf dem Asphaltsträßchen abwärts, unter der Autobahnbrücke hindurch zum Innufer hinab. Wieder etwas aufwärts, und auf schmalem Asphaltsträßchen am Friedhof vorbei. Links haltend folgen wir der R3-Beschilderung, fahren wieder bergab, über eine Brücke, in eine Senke hinab und wieder hinauf nach **Suben.** Linker Hand passieren wir die Klosteranlagen und radeln in leichtem Auf und Ab auf einem Rad-/ Gehweg parallel zur Straße aus dem Ort hinaus. An markierter Stelle verlassen wir die Fahrstraße nach links auf einem asphaltierten Radweg Richtung Inn. Leicht erhöht und parallel zum Fluss, mit rund 100 m Abstand zum Ufer, erreichen wir Badhöring. Wir folgen weiter der Markierung R3, bleiben vor der Vorfahrtsstraße links und umfahren das Kraftwerk bei der Staustufe auf dem asphaltierten Radweg. Wenn wir wieder auf die Vorfahrtsstraße treffen halten wir uns links; ab hier gibt es zwei Möglichkeiten nach Schärding zu gelangen. Entweder dem Schild Innradweg oberhalb der Uferpromenade folgen oder hinab zur Uferpromenade und auf dem schmalen Weg direkt am Fluss entlangradeln. Wegen des schmalen Weges und den vielen Spaziergängern ist für Radler auf jeden Fall erhöhte Rücksichtnahme angesagt! Vorbei am Koloss von Schärding, der am Innufer im Wasser steht, erreichen wir schließlich **Schärding** 18. Die letzten Meter verlassen wir die Uferpromenade und radeln die Kurhausstraße am Kurhaus vorbei hoch und dann die Innbrückenstraße wieder links hinunter zur Innbrücke, die das österreichische Schärding mit dem deutschen **Neuhaus am Inn** 08 verbindet **Ziel**.

Stubenberg
Ering
03
Prienbach
02
SIMBACH
am Inn
01
INN
10
Mining
Start
BRAUNAU
am Inn
09
E552
148
St. Peter
am Hart
Pattenham
Rotthalmünster
Tutting
Kirchham
Eggl
Irching
Malching
04
Aigen
05
03
11
12
Mühlheim
am Inn
Kirchdorf
am Inn

Neuhaus
am Inn
Sulzbach
Eholfing
Ziel
Neuhauser
See
SCHÄRDING
Ruhstorf
an der Rott
St. Florian
am Inn
Suben
Etzelshofen
Sankt
Marienkirchen
bei Schärding
Gögging
Würding
Füssing
Antiesenhofen
Reichersberg
Obernberg
am Inn
Mühlberg
Hart
Ort
im Innkreis
Egg
Mörschwang
St. Martin
im Innkreis
St. Georgen
bei Obernberg
am Inn
Weilbach
0 1000 m

NEUHAUS/SCHÄRDING – PASSAU

Genussreiche Schlussetappe in die Dreiflüssestadt

 18 km  1:30 Std.  30 hm  40 hm

STARTORT | Neuhaus am Inn, 306 m; alternativ Schärding, 318 m
START | Innbrücke zwischen Neuhaus und Schärding
[GPS: UTM Zone 32 x: 3834.650 m y: 5.386.185 m]
ZIEL | Passau, 298 m
CHARAKTER | Anfangs verkehrsarmes, asphaltiertes Nebensträßchen, dann Wald- und Naturboden mit zwei spürbaren Steigungen und einem steileren Abfahrtsstück (Warnschild) zwischen Vornbach und dem Mariensteg.
VERKEHR | Lediglich in Schärding ist man stärker dem Verkehr ausgesetzt.

TIPP: Rückkehr per Bahn.
Kurz vor dem Mariensteg stehen direkt am Radweg mehrere Kletterfelsen mit markierten Routen in verschiedenen Schwierigkeitsgraden. Intereressant zuzuschauen – und wer es selbst ausprobieren will, sollte die entsprechende Ausrüstung mitnehmen.

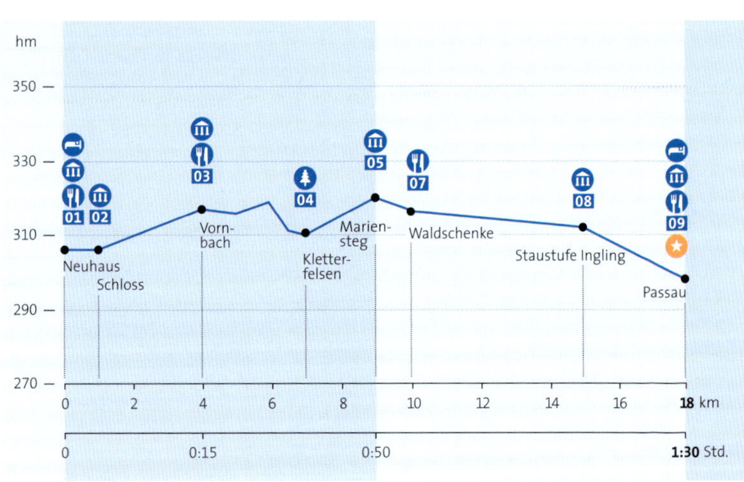

Auch wenn wir auf der deutschen Seite des Inns übernachten, sollten wir nicht auf einen Besuch in Schärding verzichten, denn das österreichische Städtchen bietet eine Vielzahl von Sehenswürdigkeiten.

Neuhaus – Mariensteg / 9 km / 0:50 Std.

Start Unser Hauptweg verläuft weiter links des Inns. Wir starten direkt an der Innbrücke in **Neuhaus** 01 und radeln auf der deutschen Seite weiter. Unmittelbar bei der Brücke folgen wir dem asphaltierten Uferweg und fahren an Neuhaus vorbei in nördlicher Richtung. Von hier aus hat man einen sehr schönen Blick hinüber nach Schärding und seiner Burganlage. Wir radeln auf Asphalt nach wenigen Hundert Metern an einem schönen alten **Schlossgebäude** 02 vorbei, der heutigen Realschule von Neuhaus, und passieren dabei auch eine Kajakstrecke, die auf einem Nebenarm des Inns ausgestangelt

Der Mariensteg mit Burg Wernstein im Hintergrund

ist. Nach 500 m, bei einem Radschild, verlassen wir das asphaltierte Sträßchen nach rechts, ebenfalls auf einem Asphaltweg. Es wird kurzzeitig schattig, und nach wenigen Hundert Metern geht der Asphalt in einen Kiesweg über. Nach einem Kilometer verlassen wir den Kiesweg nach links, wenden uns auch vom Fluss weg und stoßen wieder auf ein asphaltiertes Sträßchen, dem wir – bei ein paar Häuser – nach rechts folgen. Kurz darauf hört der Asphalt wieder auf und wir radeln auf einem gut zu fahrenden Kiesweg weiter. Der Weg steigt zunächst etwas an, um dann bald wieder leicht abzufallen. Wir lassen das Rad schön bergablaufen, in Richtung auf die vor uns liegenden Häuser – und auch wieder in Richtung Wasser. Es folgt ein relativ kurzer Stich aufwärts, wieder asphaltiert, und wir erreichen den Ort **Vornbach** 03, wo wir uns zur Ortsmitte, mit dem riesigen Maibaum, orientieren. Von hier können wir einen kurzen Abstecher zur schönen, doppeltürmigen Kirche und zum ehemaligen Benediktinerkloster machen. 300 m weiter, am Ortsende, biegen wir auf einen nicht asphaltierten Sandweg nach rechts ab (Schild). Von hier aus hat man ebenfalls einen schönen Rückblick auf die eindrucksvollen Zwillingstürme der Vornbacher Kirche. Nun geht es über freies Gelände, sehr sonnig, flach dahin, alles auf Naturboden, bis wir nach einem Kilometer schattigen Wald erreichen. Rechts durch die Bäume können wir jetzt den Inn sehen. Am Waldanfang steigt der Weg zunächst leicht, dann zunehmend steiler an, um nach rund 500 m wieder abzufallen. Bei einem Felsen linker Hand weist uns ein Schild auf ein starkes Gefälle hin. Die Abfahrt ist flott, aber sehr schön zu fahren. Links und rechts des Weges säumen immer wieder eindrucksvolle Felsblöcke unseren Radweg, rechts fließt der Inn in Sichtweite. Neben dem Weg tauchen in regelmäßigen Abständen Tafeln auf, die uns Infos über Alfred Kubin und Fritz von Herzmanowski-Orlando liefern. Kurz darauf kommen wir an mehreren **Kletterfelsen** 04 vorbei, die links direkt am Weg liegen, mit Routennamen und Schwierigkeitsgraden markiert sind – und auch recht häufig von Kletterern benutzt werden. Man kann hier eine Pause einschieben und die Vertikalkünstler bei ihrem Tun bewundern. Ein paar Hundert Meter weiter können wir bereits die Hängeseilbrücke über den Inn sehen, die wir bald darauf auch erreichen. Der **Mariensteg** 05 ist eine Fuß- und Radlerbrücke, die Neuburg mit Wernstein verbindet und es so ermöglicht, an das andere, das österreichische Ufer zu wechseln. Direkt beim Steg ist auch wieder eine Informationstafel mit Auszügen aus Briefen der beiden Künstler angebracht.

Mariensteg – Passau / 9 km / 0:40 Std.

Die Abzweigung nach **Neuburg** 06 ist rund 500 m nach der Brücke nach links ausgeschildert, kurzzeitig stoßen

Der Mariensteg

wir wieder auf ein Asphaltsträßchen, bis wir links auf die **Waldschenke** 07 treffen, mit einem sehr schön mit Blumen geschmückten Biergarten – eine hervorragende Einkehrmöglichkeit. Anschließend hört der Asphalt auf, der Weiterweg ist für den Autoverkehr gesperrt und wir radeln wieder auf Kies weiter. Der Inn fließt rechter Hand direkt neben uns. Nach rund 3 km die zunächst flach dahingehen, steigt der Forstweg im schattigen Wald etwas an und wir erreichen wenig später einen Parkplatz. Ab hier radeln wir auch wieder auf Asphalt. Passau-Stadtmitte ist mit 4 km, die Staustufe Ingling mit 1 km angeschrieben. Bei der **Staustufe Ingling** 08 ist der Innradweg nach rechts ausgeschildert, führt über die Brücke hinüber ans österreichische Ufer. Geradeaus, weiter auf der deutschen Seite ist der Weiterweg als Apfel-Radweg bezeichnet und führt uns direkt nach Passau weiter. Bleiben wir geradeaus, auf dem Apfel-Radweg, hört der asphaltierte Weg kurze Zeit später auf und wir radeln auf Naturboden an Häuser vorbei direkt am Inn entlang. Bald haben wir wieder betonierten Boden unter den Rädern – nur einmal kurz durch ein nichtbetoniertes Stück unterbrochen – und radeln, uns immer rechts haltend weiter direkt am Ufer entlang. Wir treffen auf eine schmale Stahlbrücke (der sogenannte Fünferlsteg), über die wie wiederum den Inn überqueren können und wo nach links eine Abzweigung Richtung Innenstadt ausgeschildert ist. Wir bleiben aber weiter geradeaus, passieren linker Hand das Universitätsgelände und erreichen die Innpromenade, der wir folgen, bis der Radweg endet und die Promenade nur noch für Fußgänger gestattet ist. Kurz zuvor ist nach links noch der Anschluss des Innradwegs an den Donau-Radweg ausgeschildert. Am Ende des Radwegs kurz links hoch und weiter Richtung **Passau-Innenstadt** 09. Halten wir uns rechts, stoßen wir nach wenigen Metern auf die große Innbrücke **Ziel**.

Variante am rechten Innufer:

Schärding – Wernstein / 9 km / 0:50 Std.

An der Innbrücke in **Schärding** 10 folgen wir der Straße, vorbei an der Römeranlage in Richtung Stadtmitte. Wir passieren linker Hand das niedere Tor und radeln leicht ansteigend ins Zentrum. An markierter Stelle leitet uns der Innradweg nach links hinab zur Uferpromenade. Wir halten uns rechts, überqueren einen Parkplatz und radeln auf einem stark gekiesten Weg direkt am Innufer entlang weiter. Zunächst durch ein Waldstück, dann – weiter auf

Sandboden – über freies Feld und in einem Rechtsbogen am Innzufluss entlang. Wir überqueren diesen Zufluss, die Pram, über eine auffällig blau gestrichene Brücke. Nach der Brücke müssen wir das Rad kurz über ein paar Stufen hinabschieben, um dann auf Naturboden wieder Richtung Inn weiterzuradeln. Am Wegesrand treffen wir auf die ersten Kubin-Infotafeln. Bei einer Radwegeverzweigung, auf die wir kurz darauf stoßen, müssen wir uns nach rechts wenden, den Uferweg verlassen. Hier ist ein Schild angebracht, dass der Uferweg nur als Wanderweg zugelassen und die Durchfahrt nach 190 m gesperrt ist. Wir halten uns rechts, es geht kurz steil hoch, unter der Straße hindurch und dann entlang der Gott sei Dank wenig befahrenen Fahrstraße. Wir radeln durch die Bräusiedlung (Gem. Brunnenthal) und folgen weiter der Autostraße. Nach einem Kilometer ist links eine Abzweigung über die Bahn – allerdings steht auch hier ein Schild Radweg gesperrt. Wir bleiben rechts von der zweigleisigen Bahn. Auf einer kleinen Insel, in Ufernähe, können wir kurz darauf eine Statue bewundern, leider nur aus der Ferne, da wir die Bahngleise hier nicht überqueren können. Den im Bau befindlichen Radweg, der rechts von den Gleisen am Innufer entlangführt, können wir von der Straße aus ebenfalls gut einsehen und uns für die zukünftigen Innradler freuen, die dadurch eine

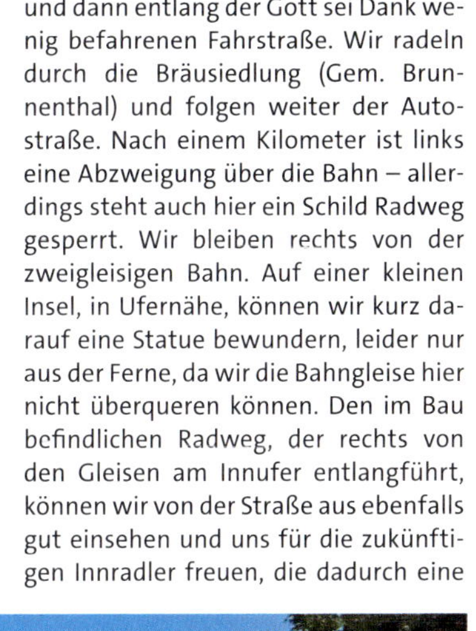

Kirche in Vornbach

wesentlich schönere Streckenführung genießen können. Wir folgen weiter der Autostraße, überqueren die Bahn und erreichen **Wernstein** 11. Kurz bevor wir zum Mariensteg gelangen passieren wir linker Hand die Burg Wernstein mit einem auffälligen Denkmal am Innufer. Direkt beim Steg laden Gasthäuser die Radler zur Einkehr ein. Gegenüber thront weit oben die mächtige Burganlage von Neuburg.

Wernstein – Passau / 9 km / 0:40 Std.

Wir verlassen Wernstein zunächst auf der Asphaltstraße, um dann linkshaltend auf unbefestigtem Radweg am Flussufer weiterzufahren. Zweimal passieren wir rechts eine Abzweigung, die uns zu einem Mostausschank weist, bleiben aber links von der Bahn, auf dem zunehmend schattigeren Weg durch den Uferwald. Knapp 4 km nach Wernstein stoßen wir wieder auf Asphalt und nach weiteren 1,5 km erreichen wir die Inglinger Staubrücke. Hier bietet sich die Möglichkeit über die Brücke hinüber direkt ins Zentrum von Passau zu radeln. Wir bleiben rechts vom Inn, entfernen uns etwas vom Fluss und radeln auf Asphalt in leichtem Auf und Ab in den Ort Ingling hinein. Beim Ortsschild am Ortsende überqueren wir die Bahn nach links und radeln ein kurzes Stück abwärts. Zunächst auf einem breiteren Sträßchen, dann auf einem schmalen, asphaltierten Weg können wir eine – allernding nur kurze – autofreie Variante nach Passau wählen, alternativ bleiben wir auf der Autostraße und radeln leicht abwärts links von der Bahn weiter. Beide Wege treffen sich kurz vor der Severinkirche. Hier ist links die schmale Stahlbrücke zu sehen (Fünferlsteg), über die wir wieder direkt zur Stadtmitte gelangen können. Wir radeln an der Severinkirche vorbei und folgen der Radweg-Beschilderung. Auf Kopfsteinpflaster passieren wir das Römische Kastell (mit Museum) und gelangen schließlich zur Marienbrücke, über die wir hinüber in die **Passauer Innenstadt** 09 gelangen **Ziel**.

Kletterfelsen direkt am Radweg

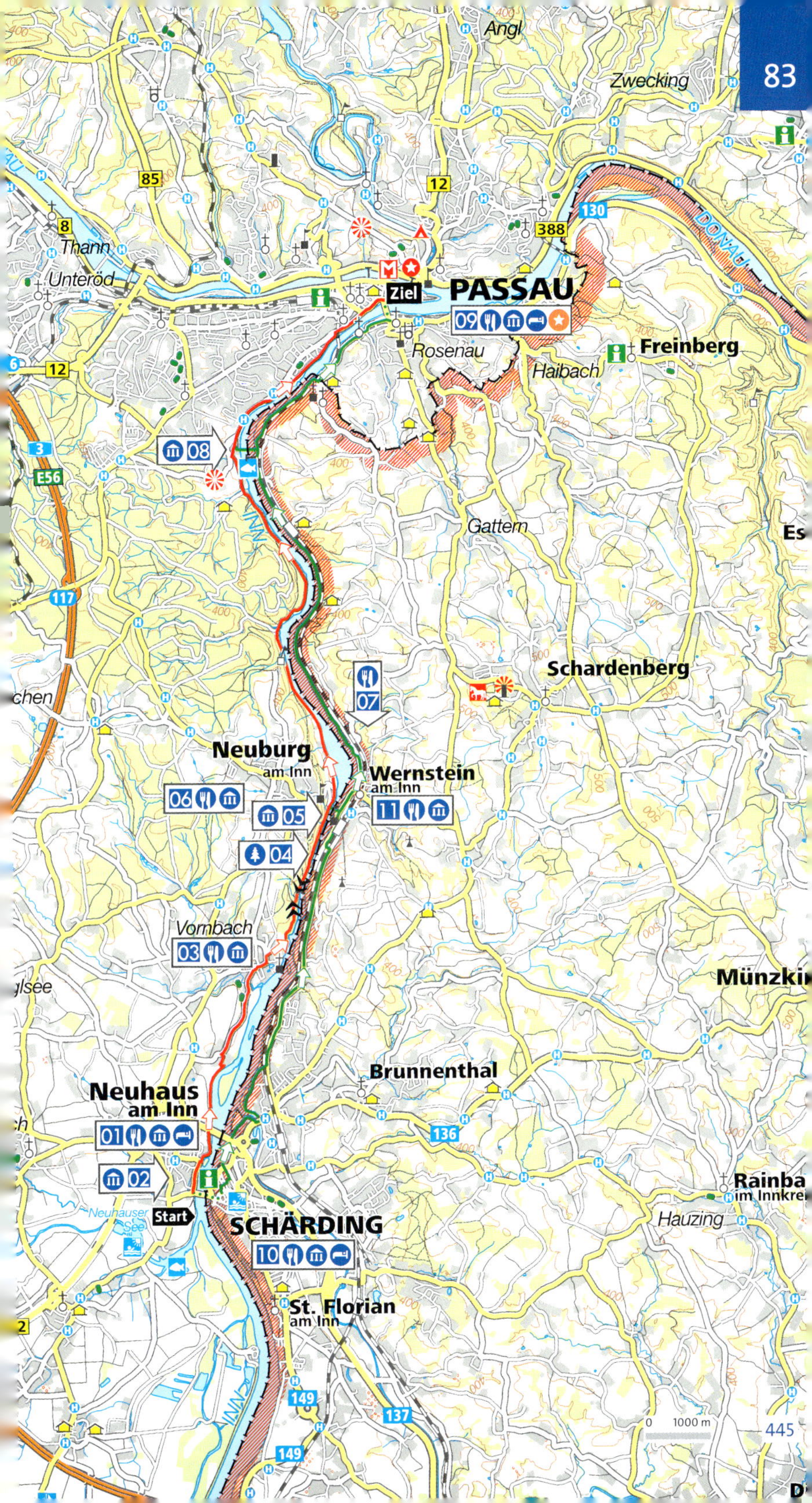

Angl
Zweckung
Thann
Unteröd
PASSAU
Ziel
09
Rosenau
Haibach
Freinberg
DONAU
08
Gattern
Schardenberg
07
Neuburg am Inn
06
Wernstein am Inn
11
05
04
Vornbach
03
Brunnenthal
Neuhaus am Inn
01
02
Start
SCHÄRDING
10
St. Florian am Inn
Rainbach im Innkreis
Hauzing
Münzkirchen
INN
0 1000 m

RUND UM DEN TACHINGER UND DEN WAGINGER SEE

Der geteilte See

 30 km  2:00 Std.  109 hm  109 hm

STARTORT | Waging am See, 465 m
START/ZIEL | Waging, Pfarrkirche, Parkmöglichkeiten, 465 m
[GPS: UTM Zone 32 x: 330.820 m y: 5.311.500 m]
CHARAKTER | Für die Umrundung der Seen fahren wir meist auf guten Teer- und Sandstraßen. Es gibt aber auch einige schwierigere Stücke. Insgesamt etwas anstrengend, aber lohnend.
VERKEHR | Verkehrsreiche Straßen werden durchweg von Radwegen begleitet. So gibt es kaum verkehrsbedingte Behinderungen.

TIPP: Das Bajuwarenmuseum Waging lohnt einen Besuch, denn es bietet interessante Einblicke in das Leben vor 1500 Jahren.

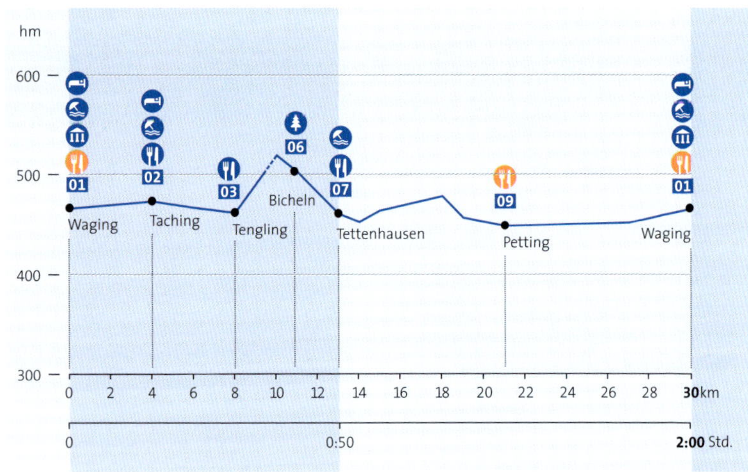

Waging – Tettenhausen / 13 km / 0:50 Std.

Start Wir beginnen unsere Rundfahrt an der Pfarrkirche in **Waging** **01**. Hier nehmen wir die Seestraße und folgen ihr geradeaus bergab in Richtung See. Wir biegen links in den Radweg Richtung **Taching** **02** ein. Dort fahren wir die Hauptstraße entlang geradeaus durch den Ort. Weiter geht's an **Mauerham** vorbei bis nach **Tengling** **03**. Wir biegen von der Hauptstraße nach rechts ab und folgen dem Weg in Richtung **Seebad** **04**. Linker Hand auf einer Anhöhe taucht die Kirche **St. Coloman** **05** auf; aussichtsreich über dem Nordende des Waginger Sees gelegen. Der Blick über den See nach Süden zeigt eine Landschaft, die an die oberitalienischen Seen erinnert. Das Seebad lassen wir rechts liegen und strampeln die Anhöhe hinauf. Bei der Abzweigung nach **Gessenhausen** fahren wir geradeaus weiter hinauf auf eine bewaldete Moräne des Salzachgletschers. Für den etwas anstrengenden Aufstieg werden wir bei **Bicheln** **06** mit einem wundervollen Ausblick über den Waginger See und die Alpenkette

Über dem Tachinger See

belohnt. Die folgende Abfahrt bringt uns nach **Tettenhausen** 07.

Tettenhausen – Waging / 17 km / 1:10 Std.

(Variante: Radfahrer, die sich die Umrundung des Waginger Sees ersparen wollen, können von hier auf einem Radweg über die Wespentaille zwischen den beiden Seen fahren und treffen nach knapp 2 km wieder auf die Route nach Waging.) Für die Waginger Runde weiter nach **Gut Horn,** dort links abzweigen und man erreicht schließlirch über **Wolkersdorf** die Straße nach **Lampoding** 08. Der weitere Weg bietet immer wieder sehr schöne Ausblicke auf den tiefer liegenden See. Über **Kühnhausen** erreichen wir **Petting** 09 und folgen dem Seewegzeichen nach rechts. Der Weg bringt uns ans Westufer des Sees und weiter auf die Hauptstraße Richtung Waging. Wir folgen dem Radweg nach **Gaden** 10 und weiter nach **Waging** 01 **Ziel**.

St. Coloman über dem nördlichen Ufer des Tachinger Sees

Am Ende des Sommers kehrt Ruhe ein

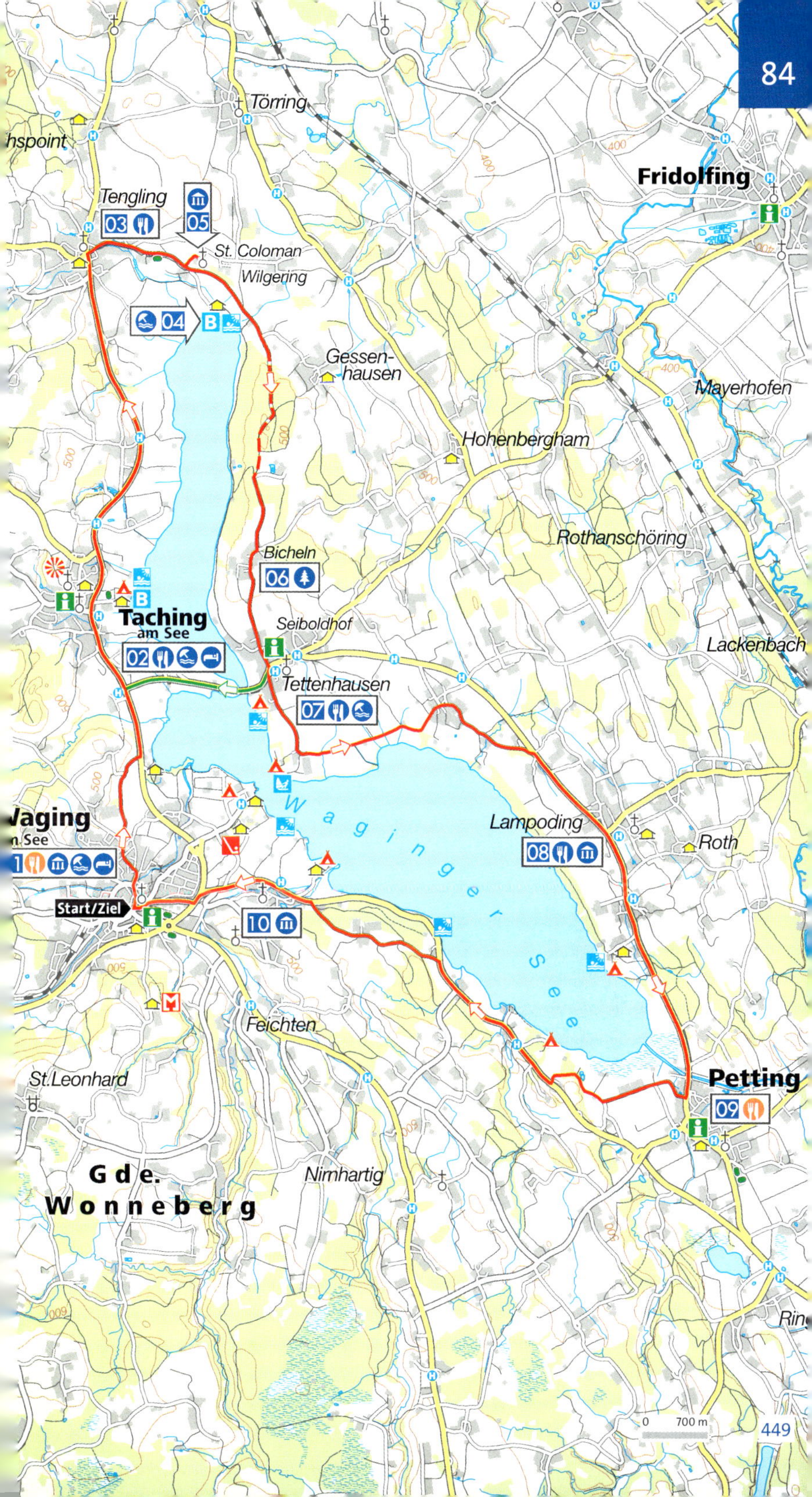

Törring
Fridolfing
Tengling
03
05
St. Coloman
Wilgering
04
Gessen-
hausen
Mayerhofen
Hohenbergham
Rothanschöring
Bicheln
06
Taching
am See
02
Seiboldhof
Lackenbach
Tettenhausen
07
Waginger See
Waging
am See
Lampoding
08
Roth
Start/Ziel
10
Feichten
Petting
09
St.Leonhard
Nirnhartig
Gde. Wonneberg
0 700 m

ISING – ALTENMARKT

Klöster, Burgen und Schlösser im nördlichen Chiemgau

STARTORT | Ising, 558 m
START/ZIEL | Isinger Kirche, Parkplatz, 558 m
[GPS: UTM Zone 32 313.630 m y: 5.310.880 m]
CHARAKTER | Eine schöne, abwechslungsreiche Tour durchs Chiemgauer Land auf Teer-, Beton- und Sandstraßen. Manche Feldwege sind etwas ungepflegt und ruppig.
VERKEHR | Erhöhtes Verkehrsaufkommen gibt es bei Matzing und in Altenmarkt an der B 304. Auch die Ortsdurchfahrt in Offling erfordert unsere Aufmerksamkeit.

TIPP: Die Route führt an einige geschichtlich interessante Orte, für deren Besichtigung man etwas Zeit einplanen sollte. Dazu gehören die Felsenburg Stein an der Traun, Kloster Baumburg und die Kirche St. Wolfgang.

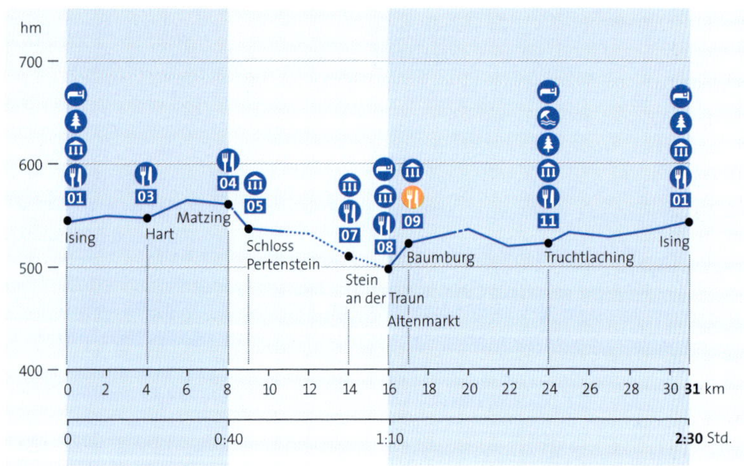

Ising – Matzing / 8 km / 0:40 Std.

Start Wir beginnen unsere Radtour in **Ising** 01 auf dem abschüssigen Weg am Hotel „Goldener Pflug“ vorbei. Der Weg nach Fehling wird durch einen Wegweiser angekündigt und führt durch eine Allee mitten durch den Golfplatz. An der Weggabelung rechts halten. Bei **Fehling** 02 erreichen wir die Straße, die von Chieming kommt. Hier wenden wir uns nach links. Am Ende des Radwegs überqueren wir die Straße und folgen dem Wegweiser nach Hart. In **Hart** 03 folgen wir dem Radweg Traunreut–Chiemsee. Nach einem Waldstück überqueren wir eine Straße und radeln gegenüber an dem Weiler Hilleck vorbei. Es folgt eine Fahrt durch abwechslungsreichen Mischwald bis **Matzing** 04.

Matzing – Altenmarkt / 8 km / 0:30 Std.

Am Bahnhof in Matzing überqueren wir die Bahnstrecke und treffen auf die

verkehrsreiche Straße nach Traunstein. Gegenüber führt ein Radweg hinunter ins Tal der Traun. Unmittelbar vor der Brücke biegen wir links in die Allee aus Eichen und Ahornbäumen ein. Das **Schloss Pertenstein** 05 scheint bereits durch das Blätterdach.
Links führt uns die Straße am Schloss vorbei, weiter geradeaus, dann kurz links, kommen wir an einen Wegweiser Richtung Gewerbegebiet. Ihm folgen wir. Auf gewundener Straße geht's wieder abwärts. Bei der überdachten Fußgänger- und Radlerbrücke halten wir uns links. (Radweg Traun-Alz). Vor den Toren eines Gewerbebetriebes folgen wir dem Weg nach rechts. Die Fahrt durch lichten **Auenwald** 06, immer an der Traun entlang, kann man in die Kategorie genussvolles Radfahren einordnen.
Bei **Hörpolding** müssen wir leider etwas von der Traun abrücken und halten uns bei der folgenden Weggabelung rechts. Kurz vor **St. Georgen** erreichen wir den Radweg an der Straße Traunstein–Trostberg. Ihm folgen wir nun bis **Stein an der Traun** 07.
Wir setzen unseren Weg auf dem Bürgersteig entlang der Straße TS 304 fort. Nach ein paar Hundert Metern biegen wir nach rechts in eine für Autofahrer gesperrte Straße ein. Ihr folgen wir durch ein Wohngebiet bis nach **Altenmarkt** 08 hinein. Gegenüber des Alz-Metall-Werks führt eine Straße nach links zur Hauptstraße; wir wenden uns kurz nach rechts und biegen dann links zum **Kloster Baumburg** 09 ab.
Nach der steilen Auffahrt finden wir gegenüber dem Tor zur Klosteranlage hölzerne Wegweiser, die den Weg nach Kreidlburg weisen.

Altenmarkt – Ising / 15 km / 1:20 Std.

Auf einer Teerstraße verlassen wir das Klostergelände und radeln hoch über dem Tal der Traun nach Osten. Unter uns stehen die Häuser von Altenmarkt mit der Kirche. Die verkehrsreiche Straße nach Offling überqueren wir und folgen der gegenüberliegenden Straße ca. 100 m weit. Hier zweigt ein Feldweg leicht schräg nach rechts ab. Wir folgen ihm, bis ein niedriger Stem-

Kloster Baumburg über Altenmarkt

pen mit einem grünen Pfeil nach rechts weist. Dieser Feldweg bringt uns nach **Offling.** An der Hauptstraße wenden wir uns für ca. 100 m nach links und biegen gleich wieder nach rechts Richtung Niesgau ein. Wir rollen die Teerstraße hinunter ins Alztal. In **Niesgau** 10 halten wir uns links. Mit dem Weg, der ab hier aus Betonplatten besteht, schneiden wir eine Alzschleife ab und radeln dann am Hang entlang und wieder mit Aussicht auf die Alz weiter. Wir erreichen die Straße nach **Truchtlaching** 11, folgen ihr ein paar Meter nach rechts, bis wir sie am Wegweiser nach Ebering überqueren. Auf einem Waldweg geht's bergauf bis zu einer weiteren Querstraße. Gegenüber, auf dem Betonplattenweg, fahren wir weiter nach **Ebering** 12, wo die Straße scharf nach rechts abbiegt. Bald führt uns der Weg durch einen Wald und an die Straße von Truchtlaching nach Tabing. Wir biegen nach links ab, rollen aus dem Wald hinaus und nehmen die Abzweigung rechts nach **Wald.**
Wir folgen der kurvigen Straße und sehen rechts auf der Anhöhe die Häuser von Castrum und darunter den Castrumer See. Schon wenn wir den Luginger See passieren, taucht vor uns der Turm der Isinger Kirche auf. Wir erreichen die Straße nach Tauernhausen. Beim Ortsausgang folgen wir dann dem Wegweiser zurück nach **Ising** 01 **Ziel**.

Rabenden
304
09
Alz
Gras
10
Kloster Seeon
Seeon-
Roitham
Truchtlaching
11
12
Alz
-Seebruck
Ising
01
Start/Ziel
Fehling
02
Chiem-
see
Stöttham
Chieming
452
tadt
hiemsee

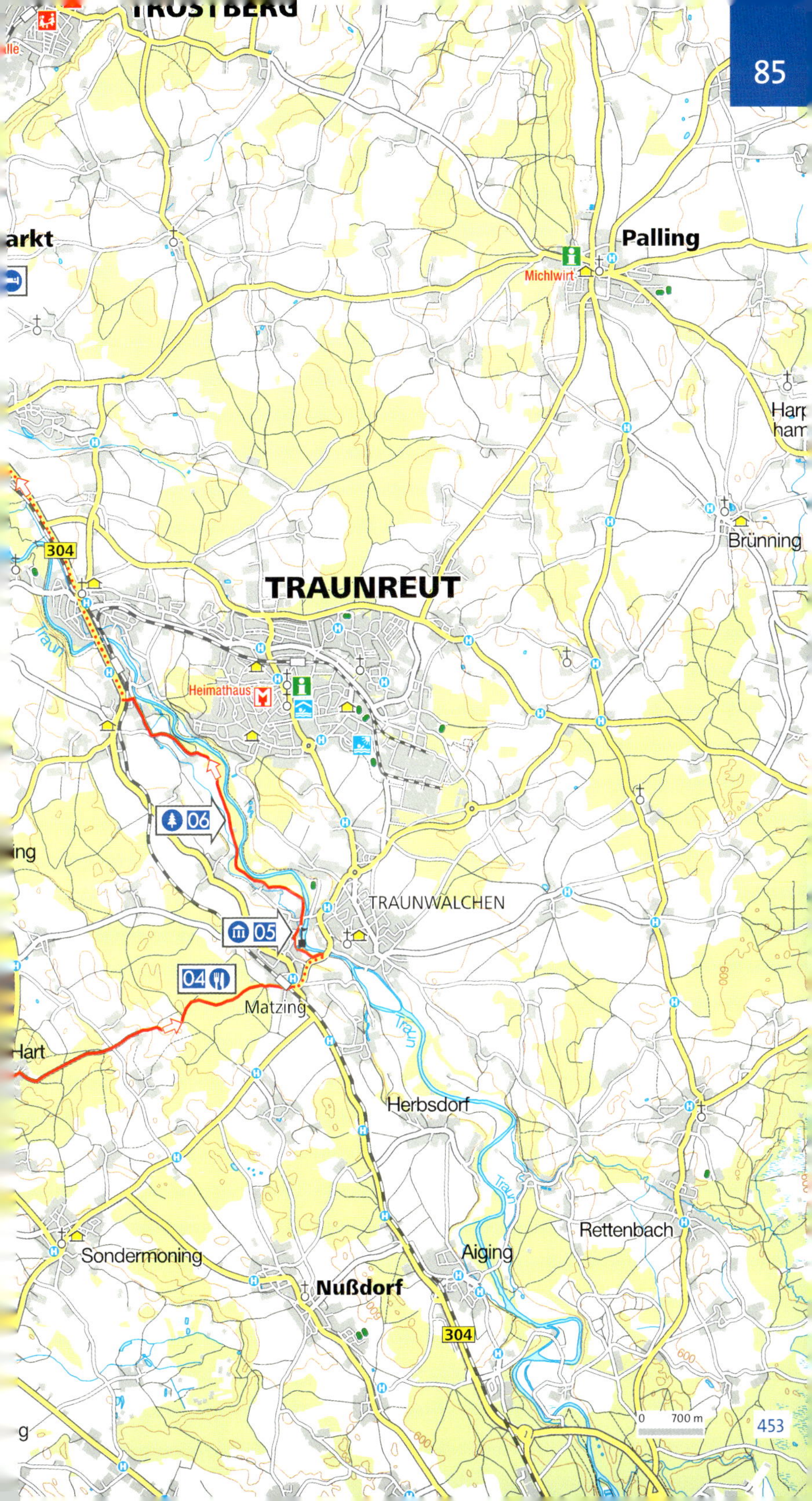

TROSTBERG
arkt
Palling
Michlwirt
Harp
ham
Brünning
304
TRAUNREUT
Heimathaus
06
TRAUNWALCHEN
05
04
Matzing
Hart
Herbsdorf
Rettenbach
Sondermoning
Aiging
Nußdorf
304
0 700 m

VOM CHIEMSEE INS TAL DER TIROLER ACHEN

„Wasserlandschaften“

 40 km  2:40 Std.  110 hm  110 hm

STARTORT | Übersee, 526 m
START/ZIEL | Übersee am Bahnhof, 526 m, Parkmöglichkeiten am Bahnhof und beim Friedhof.
[GPS: UTM Zone 32 x: 466.850 m y: 5.639.980 m]
CHARAKTER | Leichte Radtour, teils auf Sandstraßen, teils auf Teerstraßen, entlang der Tiroler Achen, durchs Egerndacher Filz und die Kendlmühlfilzen. Etwas Geschicklichkeit ist auf den Moorpfaden gefragt.
VERKEHR | Mit Ausnahme einiger kurzer Strecken in Marquartstein, Unterwössen und Übersee verläuft die Radtour durchwegs auf verkehrsarmen Straßen und Wegen.

TIPP: Der Moorlehrpfad bei Staudach-Egerndach ist besonders für Kinder ein Erlebnis. Anhand von Stationen wie „die Lausch-Ecke“, „ein Baum-Telefon“ oder auch „Ameisen-Pfad“ werden Flora und Fauna des Moores erklärt. Info-Faltblatt am Startplatz.

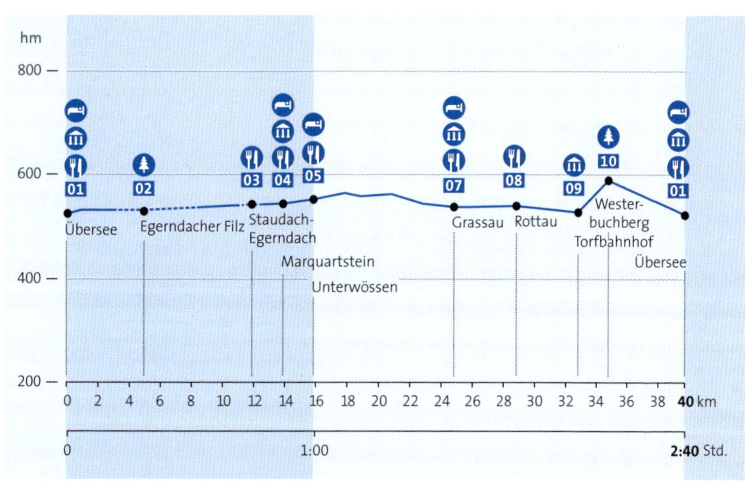

Übersee – Unterwössen / 16 km / 1:00 Std.

Start Wir starten am Bahnhof in **Übersee** 01 und wenden uns in Richtung Osten zur Straße von Grabenstätt nach Grassau. An der Straße wenden wir uns für ca. 200 m nach links und biegen dann rechts in den Weg nach **Obermoosen** ein. Wir folgen dem Weg vor dem letzten Hof nach rechts und lassen zwei Klärgewässer links liegen. Dem Achental-Radwegweiser nach links folgend erreichen wir den Dammweg, der an der Tiroler Achen entlangführt. Weiter geht's nach Süden. An der Brücke überqueren wir die Tiroler Achen. Dann geht's auf der Sandstraße nach rechts in Richtung Staudach. Bald weist ein Wegweiser auf den großen und kleinen Moorrundweg im **Egerndacher Filz** 02 hin. Ihm folgen wir nach links. Ein hier angelegter Naturer-

Übersee

lebnispfad weist auf die Besonderheiten der Moore südlich des Chiemsees hin. Auf schmalen Wegen gleiten wir durch die stille Landschaft des Filzes. Wir folgen den Wegweisern Richtung **Staudach-Egerndach** 03 und bald tauchen auch schon die Häuser der Gemeinde vor uns auf. Im Ort treffen wir auf die Straße von Bergen nach Grassau und biegen nach rechts ab. Vor der Straßenbrücke über die Achen wenden wir uns nach links und radeln auf dem Dammweg weiter bis **Marquartstein** 04.

Dort auf die Straße wechseln und an der folgenden Kreuzung links haltend auf der Hauptstraße durch den Ort. Nach ca. 1 km kurz vor der B 305 rechts auf einem Feldweg unter der Bundesstraße hindurch, weiter an der Achen entlang. Nach ca. 500 m über ein kleines Brückchen nach links weiter nach **Unterwössen** 05.

Unterwössen – Übersee / 24 km / 1:40 Std.

Gegenüber der Kirche biegen wir in die Straße zur Segelflugschule ein und fahren nach **Raiten.** An der Hauptstraße kurz rechts und dann links dem Grenzenloswanderweg nach **Süssen** folgen. Hier rechts in die Nebenstraße und kurz nach einer Kapelle links auf einen schmalen Weg. Durch das **Naturschutzgebiet „Lanzinger Moos“** 06 geradeaus zur Teerstraße in **Vogllug.** Auf ihr rechts bis zu einer scharfen Rechtskurve. Jetzt geradeaus in einen Waldweg. Hier folgen wir dem Hauptweg erst steil bergan und dann abfallend bis **Piesenhausen.** Hier folgen wir wieder den Radwegweisern Achental und erreichen auf Asphalt die B 305 am Ortseingang von **Grassau** 07. Wir schwenken links und gleich darauf überqueren wir die Straße, nehmen den Weg nach **Hinding.** Wir folgen dem Achentalradweg bis nach **Rottau** 08. Hier wenden wir uns nach rechts und verlassen nach Norden das Dorf auf einem Teersträßchen in Richtung **Torfbahnhof** 09. Hier geht's nach rechts zum **Westerbuchberg** 10. Nach ca. einem Kilometer halten wir uns an der Weggabelung rechts und erklimmen in steilen Kurven die Anhöhe. An der **Kirche St. Peter und Paul** 11 ist die Aussicht fantastisch. Wir fahren den Weg, den wir gekommen sind, wieder zurück und rollen den Berg hinab. In einer Rechtskurve kommen wir an einige Wegweiser. Über Hocherlach gelangen wir schließlich zurück zu unserem Ausgangspunkt in **Übersee** 01 **Ziel**.

Herren-
insel
Chiemsee
Ernsdorf
Eichet
Irschen
Bernau
am Chiemsee
Torfbahnhof
Rottau
Moor- u.
Torfmuseum
Alpenhof
Rottau
Grießenbach
Museum
Salz&Moor
Grassau
Reifi
Moieralm
Hefteralm
Rachlalm
Staffn-Alm
Märchen-
Erlebnispark
Piesen-
hausen
Hofkapelle
NSG
Lanzinger
Moos
Lanzing
Unterwössen
Raiten
Zellerwand
Mühlau
Mettenham
Tiroler Achen
Hotel Astrid

Marwang
Grabenstätt
Seethal
Sonnenhof
108
Rothgraben
Winkl
Feldwies
Holzhausen
Übersee
109
8
E52
E60
Tiroler Achen
01
P
Gassen
Moosen
Bernh
ocherlach
Almau
529
Weißachen
Bergen
etenkam
02
Avenhausen
Straßberg
Dillsperg
Kitzbichl
udach-
03
-Egerndach
Hochfelln
uartstein
Staudacheralm
Hinteralm
Hochgern
Hochgernhaus
Enzian-Hütte
Große Rechenbergalm
0
700 m

VON ÜBERSEE IN DEN SÜDEN DES CHIEMSEES

Urgestein, Moore und Schwemmland

STARTORT | Übersee, 526 m
START/ZIEL | Übersee am Bahnhof, 526 m, Parkmöglichkeiten am Bahnhof und beim Friedhof
[GPS: UTM Zone 32 x: 311.930 m y: 5.299.550 m]
CHARAKTER | Leichte Radtour auf Teer-, Feld- und Moorwegen mit schönen Ausblicken auf die Chiemgauer Moorlandschaften und weit in die Chiemgauer Berge hinein.
VERKEHR | Von Staudach-Egerndach bis zum Ortsende von Grassau und in Übersee fährt man auf der lebhaften Straße. Ansonsten verläuft die Route auf ruhigen Nebenstraßen.

TIPP: Für Ihre Abendgestaltung ist die Staudacher Musikbühne ein heißer Tipp. Informationen und Kartenbestellungen: info@staudachermusikbuehne.de

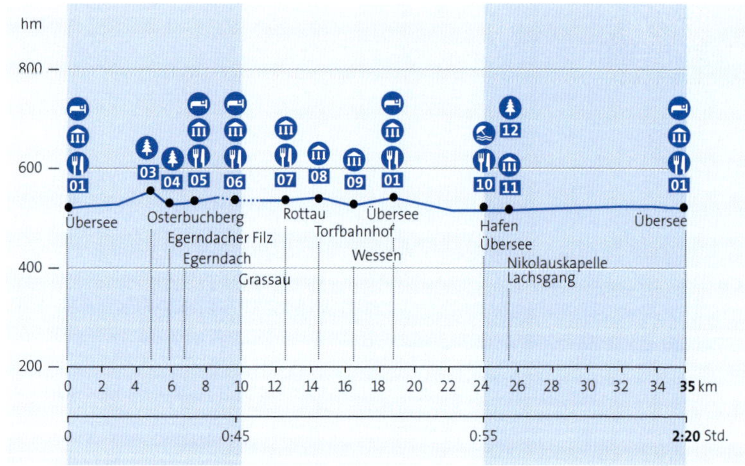

Übersee – Grassau / 10 km / 0:45 Std.

Start Wir starten unsere Radtour am Bahnhof von **Übersee** 01. Wir wenden uns nach links und fahren auf dem Radweg vorbei am Gewerbegebiet Moosen, folgen der Staatsstraße B 305 ein kurzes Wegstück nach rechts und biegen dann nach links in Richtung Obermoosen ein. Bald erreichen wir einen Feldweg und wenden uns nach rechts. Nach den Teichen führt unser Weg auf den Achendamm. Ihm folgen wir bis zur Brücke bei **Almau** 02 und überqueren die Tiroler Achen. Weiter geht's auf einem Betonplattenweg. An der folgenden Abzweigung fahren wir geradeaus weiter und erreichen bald den Fuß des Osterbuchbergs. Wir folgen der Teerstraße nach links und erklimmen auf dem sanft ansteigenden Weg den **Osterbuchberg** 03. Nach dem ersten Anstieg treffen wir auf eine Straße und wenden uns nach rechts. Wir folgen der Straße an stattlichen Höfen vorbei. Immer noch geht es leicht berg-

Egerndach

auf, bis sich die Straße am letzten Hof nach Norden wendet und nach unten ins Tal führt. An der folgenden Weggabelung entscheiden wir uns für den Weg nach Staudach-Egerndach. Immer am Hang fahrend eröffnen sich uns schöne Ausblicke ins **Egerndacher Filz** 04. Bald verlassen wir den Osterbuchberg und fahren schnurgerade durchs Filz den Bergen entgegen. Von Weitem schon sehen wir die Verbindungsstraße zwischen Bergen und Staudach-Egerndach, der wir nach rechts auf dem Radweg folgen. Für eine kurze Strecke fahren wir an der Autostraße entlang, bis nach dem Ortsschild **Egerndach** 05 der Radweg nach rechts abzweigt. Die Hinweisschilder für den Salzradweg geleiten uns bis zur Brücke über die Tiroler Achen. Am Kreisverkehr nehmen wir die Straße nach **Grassau** 06.

Grassau – Hafen / 14 km / 0:55 Std.

Der B 305 folgend fahren wir durch Grassau führt hindurch in Richtung Bernau. Aufgrund des reichhaltigen Angebots an Lokalen bietet sich hier eine Pause an.

Im Egerndacher Filz

Auf dem Osterbuchberg

Der Postwirt im Zentrum liegt dabei direkt auf unserem Weg oder auch das Café Vergissmeinnicht am Ortsende von Grassau vor der großen Tankstelle. Wir nehmen den Weg Richtung Hindling, fahren bis zum Parkplatz und folgen dann den Wegweisern „Grenzenloswanderweg" bis zur Kirche in **Rottau** 07. Hier biegen wir nach rechts zum **Moor- und Torfbahnhof** 08 ab. Vor dem großen Holzgebäude fahren wir weiter, nach rechts Richtung Westerbuchberg. Bei der nächsten Weggabelung halten wir uns links zum Westerbuchberg, dann gleich wieder links nach Wessen. Ein kleines Stück geht's nochmals den Berg hinauf. Vor uns das **Gut Wessen** 09, das von der Justizvollzugsanstalt Bernau betrieben wird. Rechts oben sehen wir die Kapelle „Maria Trost". Sie wurde 1948 aus Nagelfluh
gebaut. Wir radeln zwischen Hof und Kapelle hindurch und fahren auf der Nordseite des Berges hinunter nach Angerling und weiter nach **Übersee** 01. Dort treffen wir auf eine Querstraße und wenden uns nach links, an der Kirche vorbei, nach Norden. Wir folgen dem Achentalwegweiser und überqueren die Bahnlinie mit Hilfe einer Brücke. Anschließend passieren wir Heißanger/Luft und treffen kurz nach Erreichen des Überseer Bachs auf den Mühlenweg. Hier biegen wir nach rechts ab und fahren bis zum Seeweg. Ihm folgen wir nach links. Nach ein paar hundert Metern erreichen wir die Autobahnunterführung. Auf der anderen Seite liegt der **Hafen Übersee** 10.

Hafen Übersee – Übersee / 11 km / 0:40 Std.

Auf unserem Weg kommen wir am Seewirtshaus vorbei, dann am Chiemgauhof und am Seebad. Ab jetzt geht's immer nah am Ufer entlang mit Ausblicken auf die Inseln. Bereits auf der Ostseite erreichen wir die **Nikolauskapelle** 11 mit einer sehr schönen Aussicht auf das Naturschutzgebiet Achendelta. Ein kleines Stück weiter kommen wir zum Hinweisschild Aussichtsplattform. Der **Naturbeobachtungsturm „Lachsgang"** 12 ist mit einem sehr guten Fernglas ausgestattet, mit dem die vielen verschiedenen Vogelarten beobachtet werden können. Wir fahren weiter, jetzt bereits in Richtung Süden, und folgen den Radwegschildern zum Chiemseerundweg. Wir erreichen Seethal und bleiben auf unserer Straße Richtung Süden. Bald teilt sich der Radweg. Wir halten uns links und fahren nun an der Autobahn München–Salzburg entlang bis zur Tiroler Achen. Dort biegen wir nach rechts in den Achentalradweg ein und

Auf der Halbinsel Lachsgang

erreichen nach der Unterquerung der Autobahn den Achendammweg. Ihm folgen wir bis zur Straßenbrücke. Wir überqueren sie, fahren abwärts und lenken unser Rad nach rechts. Auf dem Radweg radeln wir gemütlich zu unserem Ausgangspunkt nach **Übersee** 01 zurück **Ziel**.

St. Peter und Paul auf dem Westerbuchberg

Wolfsberg
Breitbrunn
am Chiemsee
Mühln
Gstadt
am Chiemsee
Gde. Chiemsee
Herren-insel
Stock
Chiemsee
Nikolauskapell
10
107
Eichet
08
Torfbahnhof Rottau
Damberg
Irschen
Bernau
am Chiemsee
Hocherlach
09
Hinterbichl
Filze
305
Rottau
07
Grafing
Grassau
06
Reifing
Reit
Piesen-hausen

Chieming
Pfaffing
Wolkers
Erlstätt
Marwang
Grabenstätt
Vach
Winkl
b.Grabenstätt
Holzhausen
Rothgraben
Tiroler Achen
109
8
E52
E60
110
Bernhaup
Moosen
Oster-
buchberg
02
03
04
Weißachen
Bergen
Avenhausen
Straßberg
Dillsperg
Hochfelln
0 700 m

VON RIMSTING INS TAL DER URPRIEN

Zurück in die Eiszeit

 33 km  2:15 Std.  149 hm  149 hm

STARTORT | Rimsting, 559 m
START/ZIEL | Rimsting, Seebad, 519 m, kostenpflichtiger Parkplatz [GPS: UTM Zone 32 x: 400.870 m y: 5.580.100 m]
CHARAKTER | Eine sehr abwechslungsreiche Tour auf Straßen, Wegen und Pfaden. Hinauf auf aussichtsreiche Höhen, durch das bewaldete Seengebiet und ins Urstromtal.
VERKEHR | Nur in Rimsting gibt es etwas mehr Verkehr. Andererseits treffen wir auf viele Wanderwege, deren Benutzung unbedingt Rücksicht auf die Fußgänger verlangt.

TIPP: Badezeug mitnehmen! Ein erfrischendes Bad im Rimstinger Seebad am Ende der anstrengenden Tour verschafft Erfrischung und Erholung.

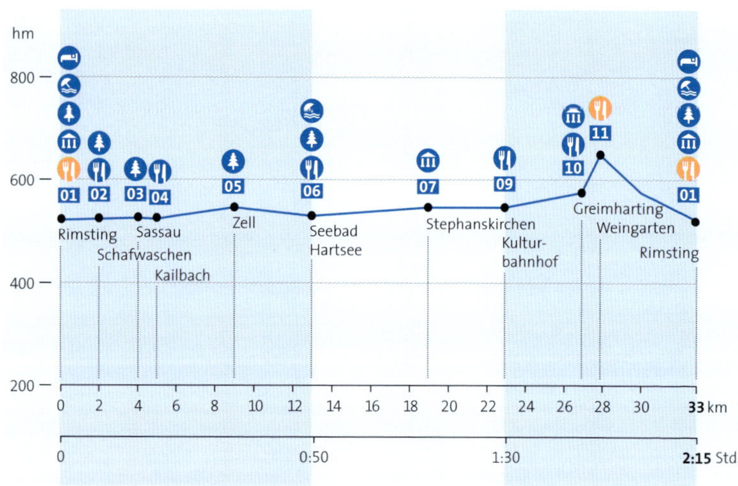

Rimsting – Seebad Hartsee / 13 km / 0:50 Std.

Start Wir starten am Seebadeplatz in **Rimsting** 01 und treffen auch gleich auf den Steinlehrpfad. Die hier aufgestellten Findlinge stammen zum Teil aus einer Kiesgrube südlich von Greimharting. Weiter geht's nach **Schafwaschen** 02. Dem Ufer-weg folgen wir nach Aiterbach, durch einen Schilfgürtel unterhalb von Hochstätt, an der **Halbinsel Sassau** 03 vorbei bis zum kleinen Hafen **Kailbach** 04. Hier empfiehlt es sich, rechtzeitig zurückzuschalten, denn jetzt geht's links steil nach **Wolfsberg** hinauf. An der Querstraße nach links Richtung Hauptstraße. Hier erneut links fahren und unweit die Straße rechts nach Oberkitzing nehmen. Nach **Zell** 05 folgen wir auf dem Radweg der Hauptstraße in Richtung Eggstätt. Nun liegt links von uns Westerhausen, von wo man einen schönen Blick auf den **Langbürgner See** hat. Wir befinden uns hier auf einer Wall-

Hartsee bei Eggstätt

moräne. Vor Straß biegen wir nach links in die Römerstraße ein. Sie führt direkt in die Seenplatte. An der zweiten Abzweigung in den Hartsee-Rundweg einbiegen. Entlang dem **Hartsee** radeln wir bis zum **Seebad** 06.

Seebad Hartsee – Kulturbahnhof / 10 km / 0:40 Std.

An der Hauptstraße wenden wir uns nach links und fahren an der Abzweigung Maisham vorbei. Links führt ein schmaler Weg wieder ins Seengebiet; jetzt befinden wir uns zwischen dem **Pelhamer See** und dem **Hartsee**. Bei einer Abzweigung halten wir uns links weiter nach Süden. Bald treffen wir wieder auf die Römerstraße. Ihr folgen wir nach rechts in Richtung **Stephanskirchen** 07. Wir fahren zur Kirche hinauf und genießen die schöne Aussicht über die Seenplatte und hinüber zum **Schloss Hartmannsberg.** Dann machen wir uns auf den Weiter-

Kailbacher Winkel

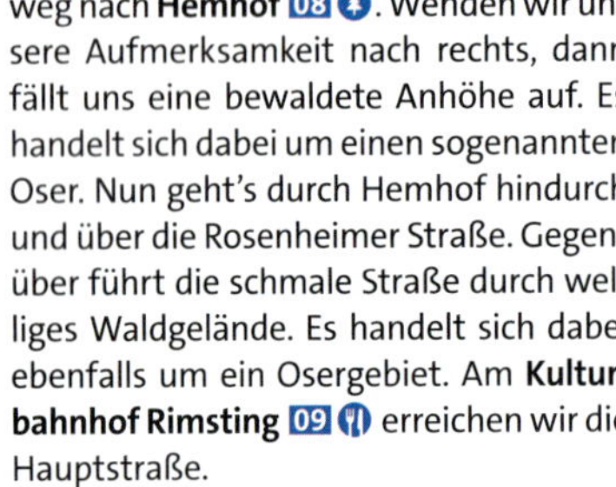

weg nach **Hemhof** 08. Wenden wir unsere Aufmerksamkeit nach rechts, dann fällt uns eine bewaldete Anhöhe auf. Es handelt sich dabei um einen sogenannten Oser. Nun geht's durch Hemhof hindurch und über die Rosenheimer Straße. Gegenüber führt die schmale Straße durch welliges Waldgelände. Es handelt sich dabei ebenfalls um ein Osergebiet. Am **Kulturbahnhof Rimsting** 09 erreichen wir die Hauptstraße.

Kulturbahnhof – Rimsting / 10 km / 0:45

Auf der Hauptstraße halten wir uns nach rechts und radeln über die Eisenbahnbrücke. Kurz danach biegen wir in die Kalkgruber Straße ein. Das Gewerbegebiet von Rimsting liegt auf einer Schotterebene. Unsere Straße mündet im spitzen Winkel in die Straße von Bad Endorf nach Rimsting. Wir wenden uns kurz nach rechts und biegen gleich links in die Straße nach Gmein, Finsterbach und Huben ein. Bei **Finsterleiten** durchfahren wir das Urpriental, das durch abfließende Schmelzwässer der Gletscher entstanden ist. Bald darauf erreichen wir **Greimharting** 10. Ein Abstecher hinauf nach **Weingarten** 11 lohnt sich allemal, denn hier lässt sich bei einem köstlichen Imbiss die wundervolle Aussicht über den ins Alpenvorland eingebetteten Chiemsee und die Alpenkette genießen. Andernfalls wenden wir uns nach links und gleich anschließend nochmals nach links. Die Straße führt am Rand des Urprientals entlang. Es muss schon einiges an Wasser hier abgeflossen sein, bis dieses Tal seine heutige Form erreicht hatte. Bald kommen wir nach **Rimsting** 01 und unseren Ausgangspunkt am Seebad **Ziel**

Das Urpriental bei Rimsting

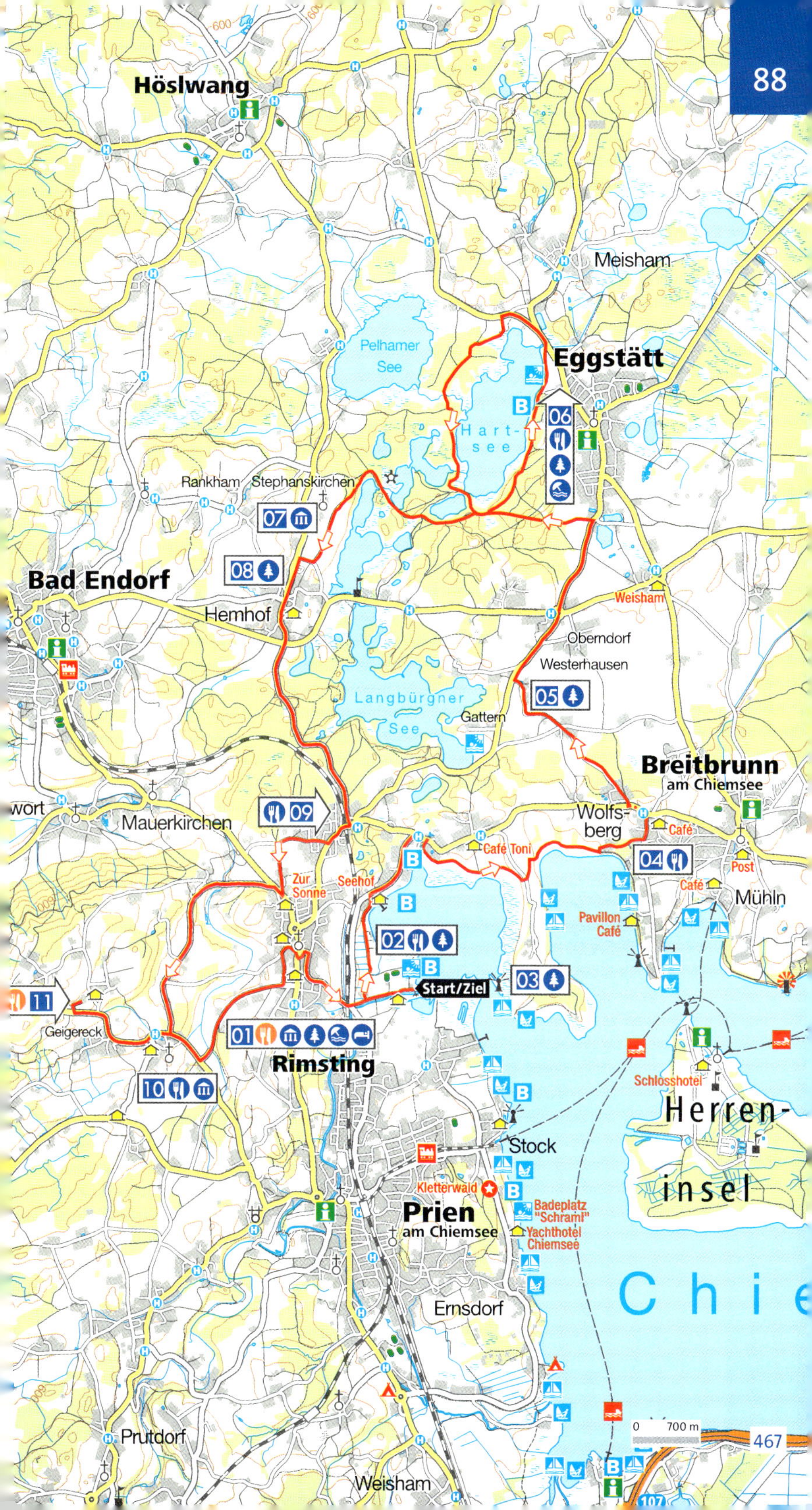
Höslwang
Meisham
Pelhamer See
Eggstätt
Hart-see
06
Rankham
Stephanskirchen
07
08
Bad Endorf
Hemhof
Weisham
Oberndorf
Westerhausen
05
Langbürgner See
Gattern
Breitbrunn
am Chiemsee
wort
Mauerkirchen
09
Wolfs-berg
Café
Café Toni
Zur Sonne
Seehof
04
Post
Café
Mühln
Pavillon Café
02
Start/Ziel
03
11
Geigereck
01
Rimsting
10
Schlosshotel
Herren-insel
Stock
Kletterwald
Prien
am Chiemsee
Badeplatz "Schraml"
Yachthotel Chiemsee
Chie
Ernsdorf
0 700 m
Prutdorf
Weisham
600

SCHONGAU – LANDSBERG AM LECH

Auf römischen Wegen entlang des Lech

 34 km  3:30 Std.  168 hm  265 hm

STARTORT | Schongau, 631 m
START | Bahnhof in Schongau
[GPS: UTM Zone 32 x: 642.400 m y: 5.297.220 m]
ZIEL | Landsberg am Lech, 584 m
CHARAKTER | Auf dieser Etappe radeln wir ständig bergauf und bergab. Große Steigungen führen zweimal aus dem Lechtal hinauf, gleich hinter Schongau und ein zweites Mal hinter Mundraching. Die Wege sind durchgehend asphaltiert.
VERKEHR | In Schongau und Landsberg radeln wir stellenweise auf Straßen mit regem Autoverkehr, sonst auf Straßen mit wenig Verkehr oder auf straßenbegleitenden Radwegen.

TIPP: Rückkehr per Bahn.
In Landsberg direkt am Lech liegt das Inselfreibad mit besonders schönem Blick auf die Altstadt.

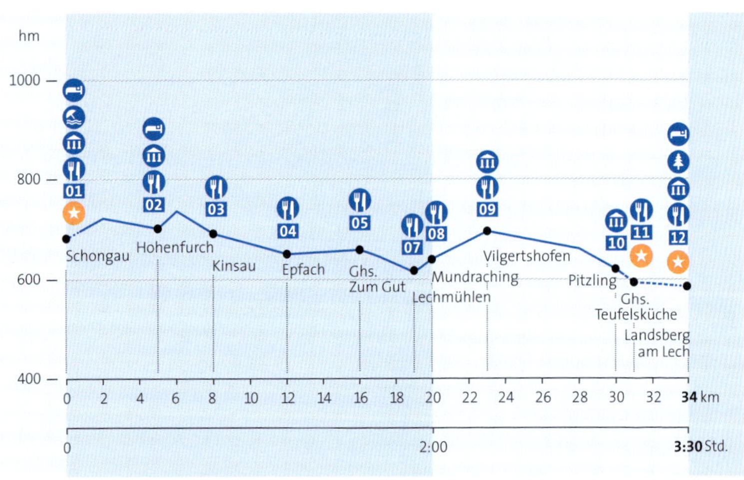

Eine familienfreundliche Tour – und abgesehen von den Anstiegen aus dem Lechtal hinauf bei Schongau und nach Mundraching ohne markante Steigungen.

Schongau – Mundraching / 20 km / 2:00 Std.

Start Vom Bahnhof in **Schongau** 01. Erst folgen wir der „Bahnhofstraße“ und verlassen diese rechts zur „Sonnenstraße“. Am Krankenhaus vorbei und über die Bahnbrücke radeln wir dann Richtung Hohenfurch. Im weiteren Verlauf wechseln wir auf den rechtsseitigen Radweg bis zur Einmündung in die Bundesstraße. Hier halten wir uns rechts nach **Hohenfurch** 02 hinein. Von der „Holzstraße“ an der Schönachbrücke radeln wir halbrechts zur „Kinsauer Straße“ und ver-

Epfach – Blick zum Lech

lassen Hohenfurch Richtung **Kinsau** 03. In der Ortsmitte, an der Durchgangsstraße, biegen wir erst links und dann gleich wieder rechts ab in die „Epfacher Straße" und radeln auf der ehemaligen Römerstraße nach **Epfach** 04. An der Landesstraße rechts durchqueren wir Epfach. Geradeaus verlassen wir den Ort Richtung Sportplatz und **Schwabmühle** entlang des Lech. An der Bundesstraße stoßen wir auf das **Gasthaus „Zum Gut"** 05. Rechts nehmen wir den begleitenden Radweg, am **Gasthaus Lechblick** 06 vorbei, bis zur Abzweigung auf der rechten Seite nach **Lechmühlen** 07 und **Mundraching** 08. Die Lechbrücke gewährt uns einen schönen Blick auf den Lech.

Mundraching – Landsberg am Lech / 14 km / 1:30 Std.

In Mundraching radeln wir nun nach der Kirche links im „Sperberweg" nach Stadl hinein zur Kirche. Wer sich die Wallfahrtskirche in Vilgertshofen ansehen möchte, biegt hier rechts ab in die „Johann-Baader-Straße", die uns über die Landesstraße hinweg direkt zur **Wallfahrtskirche nach Vilgertshofen** 09 führt. Die direkte Tour lässt uns links in die „Stoffener Straße" nach Stoffen abbiegen. Wer an dieser Stelle zurückblickt, hat einen herrlichen Blick in die Berge. Von der Durchgangsstraße schwenken wir nach links in die „Pitzlinger Straße" nach **Pitzling** 10 ein. Wir radeln hinunter bis zur Kirche und dann rechts in die „Seestraße" Richtung Lech-ufer. Wer sich die **Schlosskirche Pöring** ansehen möchte, hält sich rechts. Zurück zur „Seestraße" schwenken wir rechts ab zum Lechufer hinunter. Bald kommen wir am **Gasthaus „Teufelsküche"** 11 vorbei, das bereits im „Lechpark Pössinger Au" liegt. Wir halten uns weiterhin am Lechufer und erreichen auf dem „Wildparkweg" **Landsberg am Lech** 12. Durch den Wildpark radeln wir auf die Lechbrücke („Karolinenbrücke") zu. An ihr halten wir uns rechts und erreichen die Altstadt. Das Rathaus und die Stadtpfarrkirche am Hauptplatz liegen auf unserem Weg **Ziel**.

Wir haben jetzt aureichend Zeit, uns die wunderschöne Altstadt anzusehen und gemütlich im Café den Tag ausklingen zu lassen.

Oberdießen
Seestall
Stadl
Issing
Römerkessel
Mundraching
07
08
09
Staustufe 12
Gde. Fuchstal
Lechmühle
Vilgertshofen
Hohenwart
Asch
Weißenberg
06
Leeder
Lechblick
Lech
05
Moto-cross
Reichling
Strauß
Denklingen
ehem.röm. Abodiacum
Pessen
Epfach
Menhofen
04
Apfeldorf-hausen
Guttenstall
Römermuseum
Lustberg
17
Römerau
Rauhen-lechsberg
Unter-apfeldorf
Histor. Pfarrhof
Ober-
Dienhausen
Apfeldorf
Stoßberg
745
Kinsau
03
Reischberg
786
Spuren der Römerstraße (Via Claudia)
Birkland
Hohenfurch
Auf der
02
Fahrenberg
830
Pfarrbühel
826
Schwabniederhofen
Kutschenmuseum
Schwabsoien
17
Altenstadt
Pröbstl
wabbruck
Pfannenschmied
SCHONGAU
01
Start
Märchenwald und Tierpark
Hausen
472
Birket
Peiting
Spuren der Römerstraße (Via Claudia)
17
472
Bühlach
Lech
472
Villa Rustica
470
Burggen
Kreut
Kurzenried
23

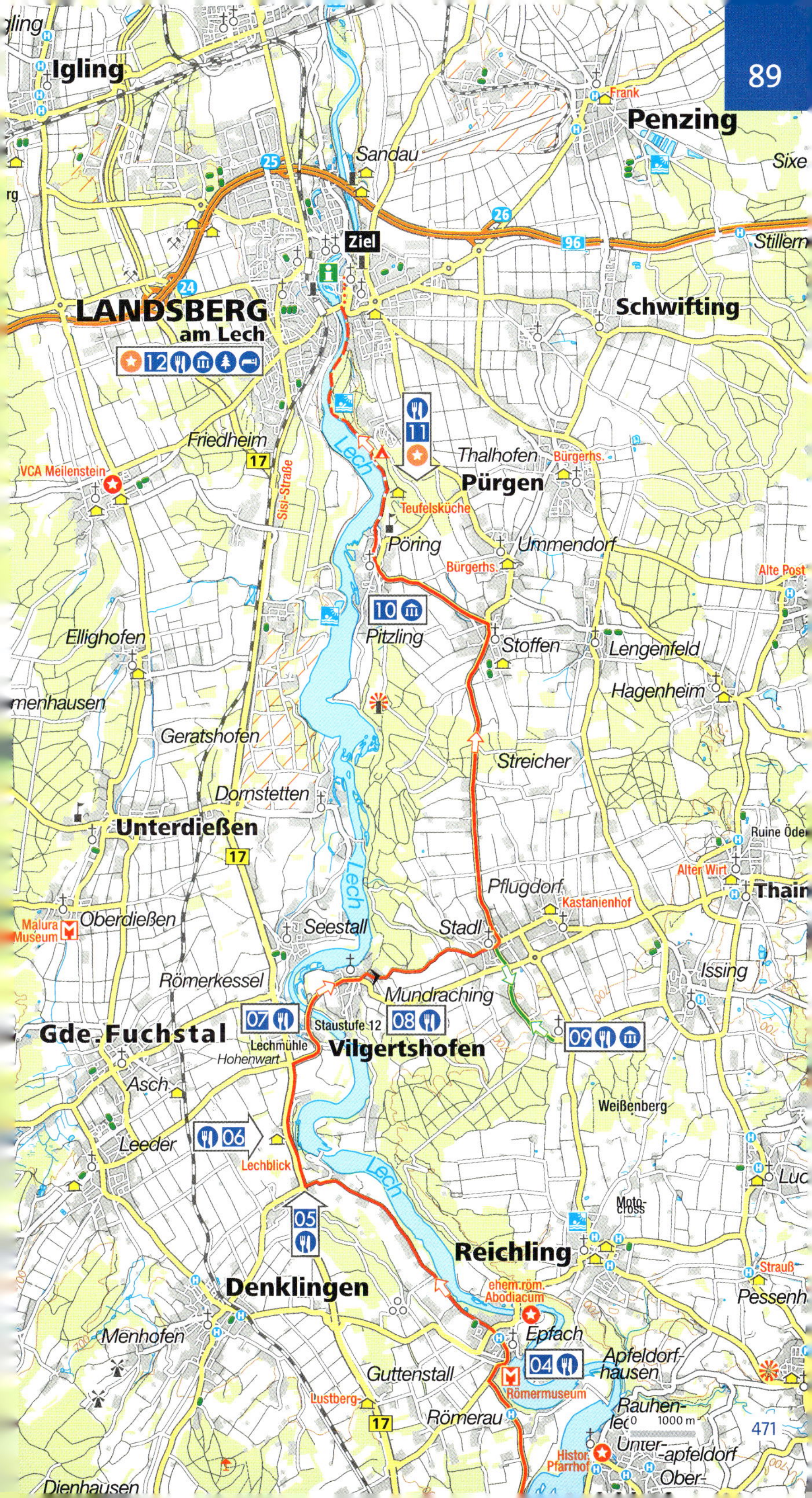
Igling
Penzing
Sandau
Ziel
LANDSBERG am Lech
Schwifting
Friedheim
VCA Meilenstein
Thalhofen
Pürgen
Teufelsküche
Pöring
Ummendorf
Bürgerhs.
Pitzling
Stoffen
Lengenfeld
Elllighofen
Hagenheim
Geratshofen
Streicher
Dornstetten
Unterdießen
Pflugdorf
Kastanienhof
Alter Wirt
Thain
Oberdießen
Malura Museum
Seestall
Stadl
Issing
Römerkessel
Mundraching
Staustufe 12
Gde. Fuchstal
Lechmühle
Hohenwart
Vilgertshofen
Asch
Weißenberg
Leeder
Lechblick
Lech
Reichling
Denklingen
ehem. röm. Abodiacum
Epfach
Menhofen
Guttenstall
Apfeldorfhausen
Römermuseum
Lustberg
Römerau
Histor. Pfarrhof
Unter-apfeldorf
Sisi-Straße
1000 m

LANDSBERG AM LECH – AUGSBURG

Zur Stadt des Geldes, der Macht und der Kunst

 43 km  4:00 Std.  10 hm  110 hm

STARTORT | Landsberg am Lech, 584 m
START | Hauptplatz in Landsberg am Lech
[GPS: UTM Zone 32 x: 639.900 m y: 5.323.530 m]
ZIEL | Augsburg, 484 m
CHARAKTER | Flussabwärts ohne erwähnenswerte Steigung. Der Radweg ist auf den Deichen und in den Talauen des Lech unbefestigt, aber gut zu befahren.
VERKEHR | In Augsburg ist mit teilweise starkem Verkehr zu rechnen, es gibt nicht überall Radwege. Die Radwege in der Talaue und in den Auwäldern sind autofrei.

TIPP: Rückkehr per Bahn.

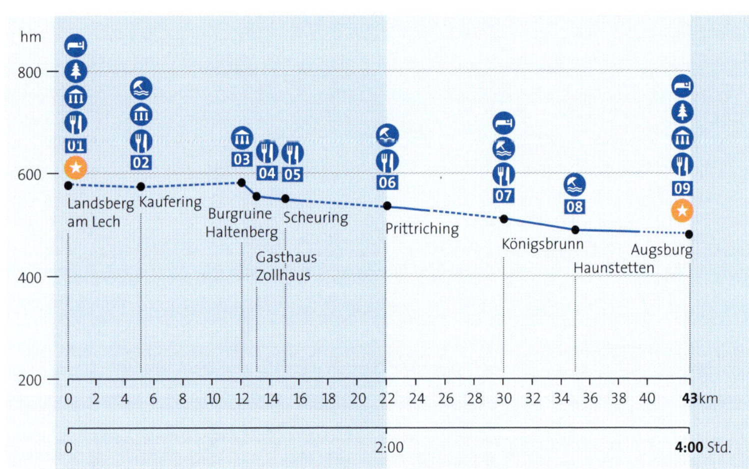

Die Tour ist familienfreundlich, bei der Fahrt durch Augsburg sollte man sich als Radfahrer an die Verkehrsregeln halten.

Landsberg am Lech – Prittriching / 22 km / 2:00 Std.

Start Die Tour beginnt bei hoffentlich schönem Wetter am „Hauptplatz". Über die „Ludwigstraße" und durch das Sandauer Tor verlassen wir **Landsberg am Lech** 01 und biegen jenseits der Lechbrücke rechts auf den Uferweg ab und fahren unter der Autobahn hindurch nach **Kaufering** 02. Unterwegs verlassen wir kurzzeitig das Ufer nach links, das wir aber später an der **Eisenbahnbrücke** wieder erreichen. Wir folgen dem Uferweg bis zur Straßenbrücke am Sportgelände und fahren auf die andere Uferseite. Zur **St.-Leonhards-Kapelle** radeln wir geradeaus bis zur „Leonhardistraße", der wir rechts durch die Bahnbrücke bis zur Kapelle folgen. Ohne diesen Abstecher zur Kapelle biegen wir an der Brücke links in den „Brückenring" ein und radeln erneut links über den „Auenweg" an das Lechufer. Hier halten wir uns rechts entlang des Lech bis

Die St.-Leonhards-Kapelle

zur Staustufe. Wer sich die **Burgruine Haltenberg** 03 ansehen möchte, sollte hier den Hang hinauffahren und über das **Naturfreundehaus** zur Burgruine radeln. Am **Gasthaus Zollhaus** 04 neben der Landesstraße nach Klosterlechfeld vereinigen sich die Wege wieder. Der direkte Radweg führt aber weiter durch die Talaue. Vor der Staustufe biegen wir rechts ab und fahren den Talhang entlang zur Landesstraße und links hinunter zum **Gasthaus Zollhaus** an der Landesstraße. Hier fahren wir rechts ab zum Parkplatz hinunter. Der Weg führt uns weiter nach Scheuring. Die Straße am Kreisel in **Scheuring** 05 heißt „Lechstraße". Von ihr biegen wir links ab in die „Erlenstraße" und erreichen danach die „Birkenstraße". Linker Hand schwenken wir zum Lechufer und folgen dem Weg rechts zur Staustufe. Auf der anderen Uferseite halten wir uns rechts und radeln durch den Auwald bis zur nächsten Staustufe des Lech. Hier überqueren wir den Lech nach **Prittriching** 06.

Die Burgruine Haltenberg

Das Gasthaus Zollhaus

Pittriching – Augsburg / 21 km / 2:00 Std.

Am Parkplatz des Sportgeländes biegen wir links ab und fahren auf einem Weg, der wie mit dem Lineal gezogen erscheint, geradeaus zur nächsten Staustufe. Hier wechseln wir wieder die Uferseite, halten uns rechts entlang des Lochbaches durch den Auwald, bis wir das Ufer des **Mandichosees** bei **Königsbrunn** 07 erreichen. Hier bleiben wir auf dem Uferweg bis zur Staatsstraße. An dieser radeln wir scharf links, wechseln nach wenigen Metern die Straßenseite, um dann auf dem „Pürschgeräumt" durch das Naturschutzgebiet „Meringer Au" zu fahren. Wir halten uns auf dem Hauptweg und erreichen **Haunstetten** 08 am Waldrand mit Blick auf das Krankenhaus. Hier stoßen wir auf das „Gassengeräumt" und biegen links ab. In Höhe des Klinikums zweigt die „Siebenbrunner Straße" ab, der wir über **Siebenbrunn** entlang des Meringer Baches zum Augsburger **Stadtpark** am Augsburger **Zoo** folgen. Hier sto-

Dom und Peutingerhaus in Augsburg

Augsburg – Maximilianmuseum und Fugger-Denkmal

ßen wir auf die „Siebentischstraße“. Wir biegen kurz rechts und gleich wieder links in die „Professor-Steinbacher-Straße“ ein und radeln durch den Augsburger Stadtpark. Unter der Bahnbrücke hindurch erreichen wir links über den Steg der Bundesstraße die „Baumgartnerstraße“. Ihr folgen wir nach links und kreuzen die „Schülestraße“ zur „Rote-Torwall-Straße“. Dort angekommen, biegen wir links ein und folgen dem Straßenverlauf, der in die „Eserwallstraße“ übergeht, bis zum „Kitzenmarkt“, der rechts abzweigt. Wir biegen ein und radeln bis zur Straße „Weite Gasse“. Nun rechts herum und wir stehen vor der Basilika St. Ulrich und Afra am „Ulrichsplatz“. Hier halten wir uns links und radeln schon bald in die **„Maximilianstraße“,** das Zentrum von **Augsburg** 09 **Ziel**. Augsburg ist historisch außerordentlich interessant. In der Maximilianstraße finden sich einige namhafte Sehenswürdigkeiten der Stadt: Das Fuggerhaus (Fuggersche Stadtpalast), das Rathaus und St. Peter mit dem Perlachturm.

Das Fuggerhaus in Augsburg

Kleinaitingen
Lechfeld-Nord
17
Prittriching
06
VCA Meilenstein
Graben
Lagerlechfeld
Hotel Lechpark
Sportheim-gaststätte
Pizzeria Da Aldo
VCA Meilenstein
Pizzeria Bellmare
Zum Imhof Stadl
Unter-
Klosterlechfeld
Scheuring
05
Winkl
Wallfahrtskirche Maria Hilf
Da Ciro
04
Lichtenberg
Bürgerhaus
St.Mauritius
Schwabstadl
Ober-
-meitingen
Beuerbach
Haltenberg
03
Kolonie Hurlach
Hurlach
Rasthaus Müller
Ponyhof
Metzgerwirt
VCA Meilenstein
Weil
Schwabmühlhausen
17
Lech
Epfenhausen
Kaufering
02
Weißes Lamm
Unter-
mühlhausen
Großkitzighofen
Unterigling
Igling
Oberigling
Frank
Fischer's Restauration
Schloss-Stub'n
Sandau
Riedberg
640
25
26
96
24
Start
LANDSBERG
am Lech
01
E54
96

AUGSBURG
MAN-Museum
Mozarthaus
Ziel
Maximilianmus.
Römisches Museum
Augsburger Puppenkiste
300
Wasserskilift
HAUNSTETTEN-SIEBENBRUNN
08
INNINGEN
Waldwinkel
17
Neukissing
KÖNIGSBRUNN
07
Seeblick
Erholungsgebiet
OBINGEN
2
Sankt Afra
Trachtenheim
Königstherme
Schulmuseum
VCA Meilenstein
Mandichosee
Merching
Unterbergen
Lech
Römerstraße
Lechfeld-Nord
Schmiechen
Prittriching
06
Heinrichshofen
0 1000 m

BAD WÖRISHOFEN – MINDELHEIM – BAD WÖRISHOFEN

 45 km  3:00 Std.  198 hm  198 hm

STARTORT | Bad Wörishofen
START/ZIEL | Bad Wörishofen, Bahnhof 626 m
[GPS: UTM Zone 32 x: 619.150 m y: 5.318.170 m]
CHARAKTER | Wir radeln auf asphaltierten Straßen und Wegen ohne markante Steigung nach Mindelheim und durch das Tal der Mindel über den Bergrücken nach Bad Wörishofen.
VERKEHR | In Bad Wörishofen und in Mindelheim müssen wir auf der Straße radeln, mit mäßigem Verkehr.

TIPP: In Katzbrui liegen das Mühlenmuseum und ein Restaurant mit besonderem Flair in der alten Müllerstube. Die Katzbrui-Mühle ist die einzige erhaltene Getreidemühle in Bayern und einen Besuch wert.

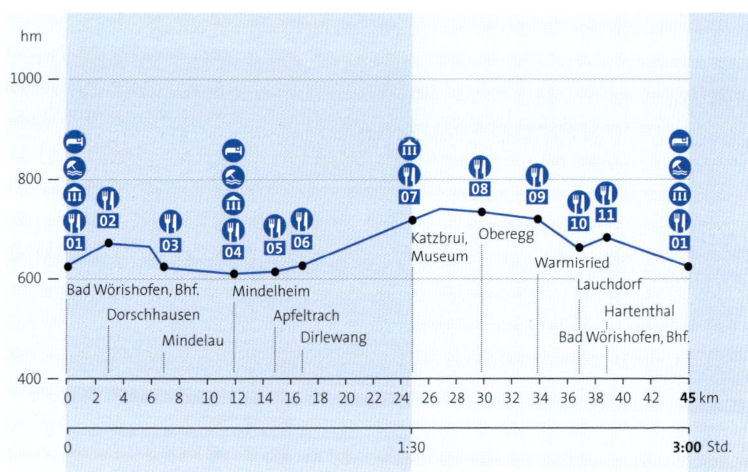

Bad Wörishofen – Katzbrui / 25 km / 1:30 Std.

Start Im Kneipp- und Thermalbad **Bad Wörishofen** 01 starten wir am **Bahnhof.** Am „Bahnhofplatz" halten wir uns links zur „Bahnhofstraße" und folgen ihr zur „Hauptstraße". Hier biegen wir rechts ein und gleich wieder links in die „Kathreinerstraße". Auf ihr radeln wir an die Einmündung mit der „Hahnenfeldstraße" und biegen hier rechts ab und sofort wieder links in die „Eichwaldstraße". Ihr folgen wir zum **Freibad Sonnenbüchl.** Dort stoßen wir auf die Straße nach **Dorschhausen** 02 und biegen nach rechts ein. Der „Wäldleweg" bringt uns an die „Schwabenstraße" zur Kirche. Nach rechts biegen wir ab und schwenken am „Eschleweg" links ab. Wir folgen ihm und halten uns am letzten Haus links Richtung Katzenhirn. Hinter dem Waldstück biegen wir links ein und radeln auf **Jägersruh** zu. Geradeaus erreichen wir **Mindelau** 03 uund folgen der Ortsdurchfahrt. Am Ortsausgang schwenken wir nach rechts ab zum Sportplatz und fahren auf dem Weg weiter über die Autobahn. Nach der Brücke biegen wir links ab und

Eingangstele in Bad Wörishofen

gelangen an die **Eichetkapelle** vor dem Gewerbegebiet. „Im Eichet" heißt hier die Straße, die uns an die Bundesstraße führt. Wir queren sie und radeln auf der „Industriestraße" zur Unterführung am **Bahnhof von Mindelheim.** Wir gehen auf die andere Bahnhofseite und erreichen die „Bahnhofstraße". Ihr folgen wir zum Kreisverkehr und halten uns hier nach rechts bis an die Kreuzung mit der „Landsberger Straße". Zur **Altstadt von Mindelheim** **04** biegen wir links ein in die „Maximilianstraße". Den Mittelpunkt der Altstadt bildet der „Marienplatz". Über ihn gelangen wir an die Jesuitenkirche. Wir verlassen die Altstadt durch das **Untere Tor** und biegen gleich links ab in die „Georgenstraße". Ihr folgen wir geradeaus und erreichen die Brücke über die **Mindel.** Nun radeln wir weiterhin in der „Georgenstraße" an der Mindel entlang zur Maristenkirche am **Maristenkolleg.** Hier biegen wir rechts ab weiter entlang der Mindel nach **Gernstall.** An der Straße schwenken wir kurz nach rechts, queren die Straße und radeln wieder auf dem Uferweg Richtung **Apfeltrach** **05**. Wir lassen Apfeltrach links liegen und fahren geradeaus nach **Dirlewang** **06**. Der „Römerweg" führt uns an den Sportanlagen vorbei an die „Saulengrainer Straße". Wir biegen rechts ein und am „Schießstattweg" links. Auf ihm fahren wir, uns rechts haltend, zur „Allgäuer Straße". Ihr folgen wir nach rechts und schwenken an der nächsten Straße links ab zum Waldgebiet am **Roßkopf.** Wir folgen dem Weg unterhalb des Waldes und radeln um den Berg herum nach **Eberscholl.** Den Ort lassen wir rechts liegen und erreichen **Köngetried.** Die Straße „Sägenberg" führt uns zur „Dorfstraße". An ihr biegen wir links ab und radeln aus dem Ort hinaus nach **Katzbrui** **07** zum **Mühlenmuseum** mit dem schönen Wirtshaus. Wer rasten möchte, biegt links ein zum Wirtshaus.

Katzbrui – Bad Wörishofen / 20 km / 1:30 Std.

Wir radeln weiter geradeaus auf der Straße nach **Hinterbuchenbrunn.** An der Kreisstraße schwenken wir nach links ein und folgen ihr nach **Oberegg** **08**. An der „Untere Hauptstraße" biegen wir links ein und gleich wieder rechts den Hang hinauf Richtung **Benkhofen**. An der Kurve fahren wir geradeaus durch das Mindeltal auf die **Salzstraßmühle** zu. An der Straße biegen wir rechts ab, passieren die Mühle und gelangen nach **Warmisried** **09**. Die „Salzstraße" führt uns durch den Ort an der Kirche vorbei zur Kreuzung mit der „Lauchdorfer Straße". Wir biegen nach rechts ein und folgen der Straße nach **Lauchdorf** **10**. In der Kurve am Ortsanfang fahren wir nach links in die Straße „An der Halde" und gelangen an die „Alpenstraße". Wir radeln nach links bis zur „Hartenthaler Straße", der wir nach rechts folgen. Bergauf erreichen wir **Hartenthal** **11**. Hier folgen wir der Straße zur **Waldmühle** und nach **Untergammenried.** Wir stoßen auf die Straße, die uns links nach Untergammenried hineinführt. Ihr folgen wir durch den Ort zum **Bad am Waldsee** und gelangen nach **Bad Wörishofen.** Auf der „Gammenrieder Straße" gelangen wir nach Bad Wörishofen hinein. Die Straße heißt ab der „Kellerstraße" „Hauptstraße" und führt uns ans **Kloster** und zum **Sebastian-Kneipp-Museum.** Bald erreichen wir die „Bahnhofstraße", biegen rechts ein und sind zurück am **Bahnhof von Bad Wörishofen** **01** **Ziel**.

Bergerhausen
Unterkammlach
UNTERAUERBACH
Kammlach
Josephskapelle
OBERAUERBACH
MINDELHEIM
Heimatmuseum
Turmuhrenmuseum
Krippenmuseum
Schloss Mindelburg
GERNSTALL
Unggenried
Stetten
Kirchstetten
Apfeltrach
Walchs
Wipfel
Erisried
Dirlewang
Hirschbräu
Zum Schatten
Gronau
Saulengrain
Mussenhausen
Lichtenau
Grünegg
Roßkopf
705
Köngetried
Eutenhausen
Mühlenmuseum
Unteregg
Warmisried
Lannenberg
Rettenbach
Hinterbuchenbrunn
Oberegg

Unterrammingen
Ludwigsberg
Rammingen
Türkheim
Sieben-Schwaben-Museum
Oberrammingen
KZ-Ehrenmal
Minicar-Gelände
Wald-frieden
Sankt Anna
Lerchen-hof
Allgäu Skyline Park
Unterirsingen
18
96
E54
20
EIMENEGG
NDELAU
Aero-Club
Irsingen
Jägersruh
03
DORSCHHAUSEN
Vital-Campingplatz
02
Kalte Quelle
Therme Bad Wörishofen
Aero Café
BAD WÖRISHOFEN
01
Altensteig
Tannenbaum
Schöneschach
Start/Ziel
Da Toni
STOCKHEIM
Seb.-Kneipp-Museum
Catrin
Zum Jagdhäusle
erlauchdorf
Zum Rehwinkel
Zum Adler
11
Alpenblick
FRANKEN-HOFEN
HARTENTHAL
Krößerhof
Jagdhof
Frankenhofener See
Lauchdorf
Pferde-rennbahn
Großried
Schlingener See
18-Loch-Golfplatz
Irpisdorf
Golfrest. Red
Rieden
Ingenried
Baisweil
16
Wertach
0
700 m
Schwarzer Adler
Pforzen

481

GÜNZACH – IRSEE – EGGENTHAL – OBERGÜNZBURG – GÜNZACH

Zum Kloster Irsee und seiner Klosterbrauerei

 44 km  3:00 Std.  244 hm  244 hm

STARTORT | Günzach
START/ZIEL | Günzach, Bahnhof 796 m
[GPS: UTM Zone 32 x: 607.770 m y: 5.297.260 m]
CHARAKTER | Eine Radtour auf asphaltierten Wegen und Straßen. Viele Radwege führen entlang der Hauptstraßen. Einige Steigungen müssen wir bewältigen.
VERKEHR | Auf dieser Radtour ist mit wenig Autoverkehr zu rechnen. In Obergünzburg und Günzach müssen wir auf den Ortsstraßen radeln.

TIPP: Am Kloster in Irsee liegt die Klosterbrauerei Irsee. Das Brauereimuseum bietet Führungen an und gewährt einen Blick in das Sudhaus. Es ist täglich von 9–19 Uhr geöffnet.

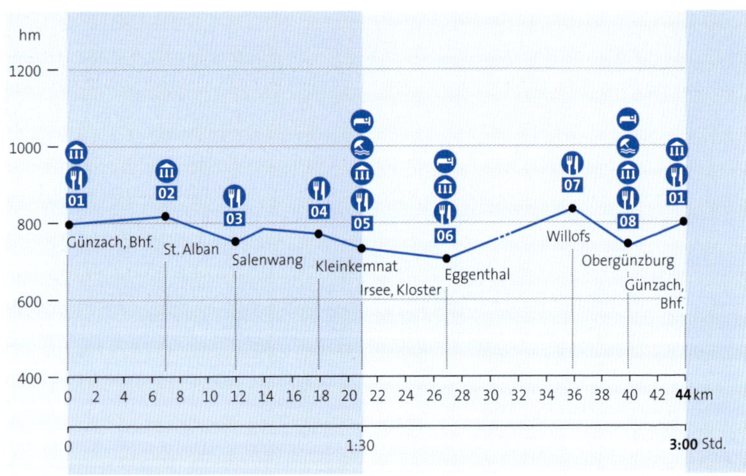

Günzach – Irsee / 21 km / 1:30 Std.

Start Wir beginnen unsere Radtour in **Günzach** 01 am **Bahnhof** an der Bahnlinie nach Marktoberdorf. Vom „Bahnhofplatz" radeln wir hinunter an die „Hauptstraße", halten uns rechts und biegen gleich nach links in die „Aitranger Straße" ein. Sie führt uns aus Günzach hinaus und bergauf nach **Binnings.** Die Häuser des Ortes lassen wir links liegen und sehen bereits rechter Hand die Kapelle St. Alban auf dem Hügel. Von der Straße biegen wir rechts ab nach **Görlwang** und halten uns rechts zur **Kapelle St. Alban** 02. Hier oben genießen wir den Ausblick Richtung Alpen. Wir radeln zurück zum Abzweig an der Kreisstraße und noch etwa 500 m auf unserem Weg zurück bis zur Straße nach **Münzenried**. Hier biegen wir ein, erreichen Münzenried und fahren durch den Ort hindurch. In der Rechtskurve nehmen wir den schmalen Weg nach **Umwangs** und stoßen auf die Kreisstraße. Geradeaus geht es

Irsee, Klosterbräu

nun weiter nach **Huttenwang.** Der Ort liegt etwas abseits links der Straße. Wir fahren geradeaus nach **Salenwang** 03. Am Ortsanfang passieren wir die Dreifaltigkeitskapelle und gelangen an den „Mühlweg". Nach rechts biegen wir ein und radeln in den Wald hinauf nach Aschthal. An den Häusern von **Aschthal** halten wir uns rechts und radeln vor der **Kapelle** nach links bergauf bis an die Staatsstraße. Hier biegen wir rechts ein, fahren ein kurzes Stück durch den Wald und halten uns hinter dem Wald nach links Richtung **Großkemnat.** Leicht bergab rollen wir auf den Ort zu und biegen dann links ab und bergauf nach **Kleinkemnat** 04. Im Ort halten wir uns links zur Kirche hin und fahren auf der Straße an **Bickenried** vorbei nach **Irsee** 05.

Irsee – Günzach / 23 km / 1:30 Std.

Die „Frühlingsstraße" führt uns in die Ortsmitte. Zum **Kloster** biegen wir an der „Marktstraße" rechts ab und sehen bereits die **Klosterkirche St. Peter und Paul** mit ihren beiden Kirchtürmen. Die **Brauerei** mit dem Brauereimuseum und dem Restaurant Klosterhof liegt am „Klosterring" noch vor dem Kloster. Ausgeruht setzen wir unsere Radltour fort und befahren die „Marktstraße" Richtung Eggenthal. Wir radeln auf der Straße bergauf und bergab über **Wielen** hinunter nach **Eggenthal** 06 in die Straße „Am Lugenbach". Wir stoßen auf die „Römerstraße", biegen nach links ein, folgen der Ortsdurchfahrt und schwenken vor der Bachbrücke nach links in die „Röhrwangstraße" ab. Sie führt uns in das Tal des Röhrwanger Mühlbachs nach Röhrwang. Der Weg hinauf nach **Röhrwang** wird schmal und bleibt es auch bis nach **Rager.** Am Weiler halten wir uns rechts und dann geradeaus zur Kreisstraße nach **Völken.** Hier folgen wir der Ortsdurchfahrt und schwenken bei **Beschaunen** nach links ab über **Rufen** nach **Heißen.** Im Ort halten wir uns rechts über **Wielands** nach **Willofs** 07. An der „Mindeltalstraße" in Willofs schwenken wir links ein, verlassen den Ort und erreichen jenseits des Bergrückens **Burg.** Wir folgen der Straße hinunter ins Tal nach **Obergünzburg** 08 und stoßen auf die Sportanlage. Nach rechts folgen wir der „Kaufbeurer Straße" und biegen am „Unterer Markt" links ein. Auf der Ortsdurchfahrt gelangen wir an die Kirche St. Martin und an das Rathaus. Wir bleiben auf der Ortsdurchfahrt der Straße „Oberer Markt" und radeln auf Günzach zu. An der **Wiesmühle** können wir ein Stück weit den parallelen Weg zur Straße benutzen. Auf dem Weg Richtung Bahnhof von Günzach, unserem Ziel, kommen wir noch an der **Kirche Maria Himmelfahrt** und dem Dorfmuseum vorbei. An der „Bahnhofstraße" biegen wir wieder rechts ein und sind zurück am **Bahnhof von Günzach** 01 **Ziel**.

Bayersried
Grub
Reichartsried
Neuenried
Ronsberg
Willofs
07
Köhlberg
798
Ebersbach
Obergünzburg
08
899
Neuenried
Upratsberg
Remmelsberg
Rohr
Immenthal
Steig
778
Mittelberg
02
Start/Ziel
Günzach
01
Waizenried
Albrechts
Römerbühl

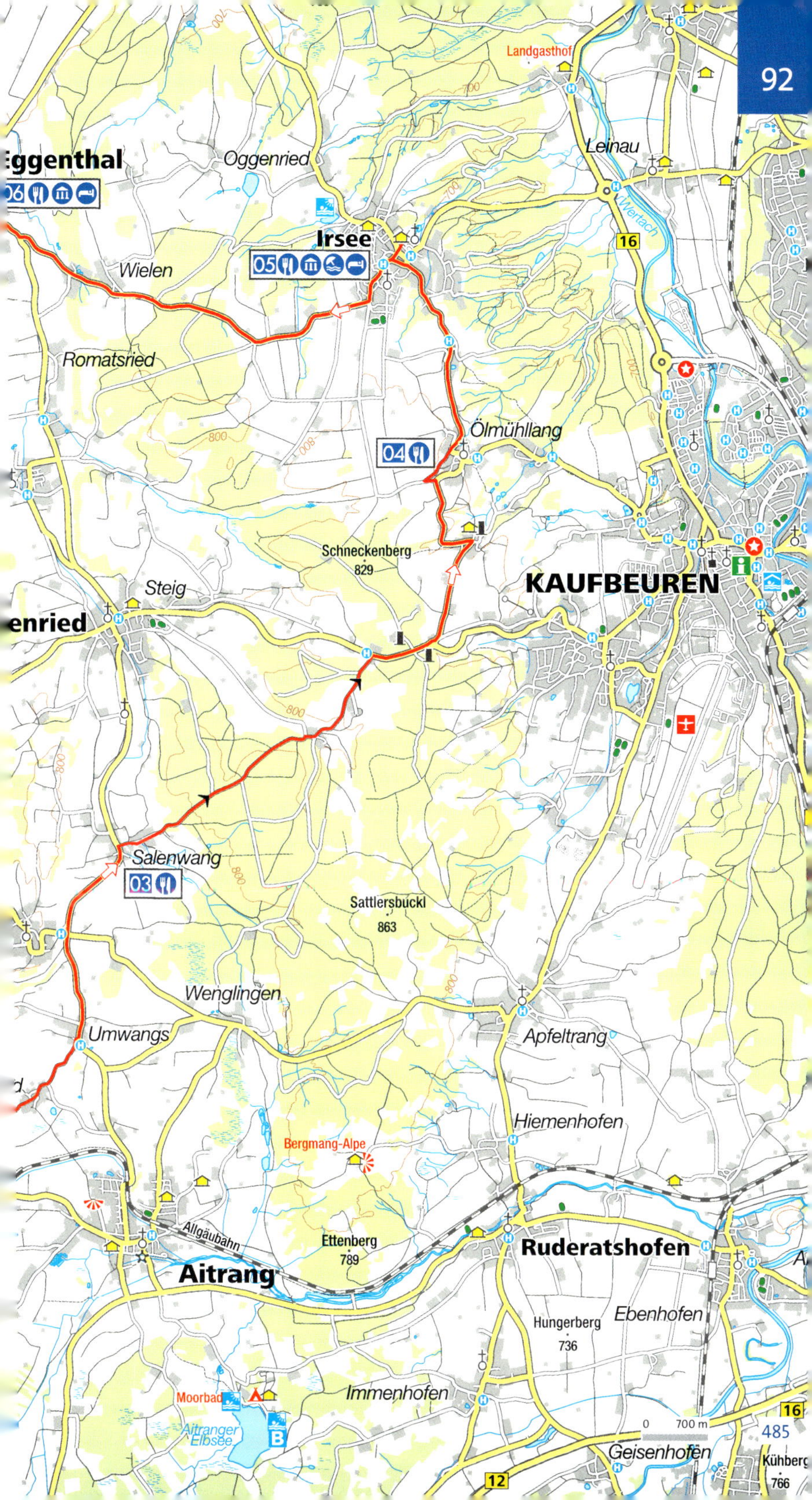

Eggenthal
Oggenried
Landgasthof
Leinau
Wertach
16
Irsee
Wielen
Romatsried
Ölmühllang
Schneckenberg
829
Steig
KAUFBEUREN
enried
Salenwang
Sattlersbuckl
863
Wenglingen
Umwangs
Apfeltrang
Hiemenhofen
Bergmang-Alpe
Allgäubahn
Ettenberg
789
Ruderatshofen
Aitrang
Hungerberg
736
Ebenhofen
Immenhofen
Moorbad
Aitranger
Elbsee
0
700 m
Geisenhofen
12
Kühberg
766

FÜSSEN – SCHWANGAU – ROSSHAUPTEN – RIEDEN – FÜSSEN

Die Drei-Seen-Radltour

 37 km  2:30 Std.  112 hm  112 hm

STARTORT | Füssen
START/ZIEL | Füssen, Bahnhof, 798 m
[GPS: UTM Zone 32 x: 627.730 m y: 5.269.920 m]
CHARAKTER | Eine landschaftlich wunderschöne Radtour ohne große Steigungen auf asphaltierten Wegen und Straßen im Uferbereich zwischen Bannwaldsee, Forggensee und Hopfensee.
VERKEHR | Mit Verkehr haben wir lediglich in Füssen zu rechnen. Entlang den Hauptstraßen radeln wir auf Radwegen. Sonst ist es ruhig.

TIPP: Wer das Panorama der Allgäuer Alpen vom Wasser des Forggensee aus genießen möchte, der kann mit der Forggenseeschifffahrt hinausfahren. Das Rad können Sie mit an Bord nehmen.

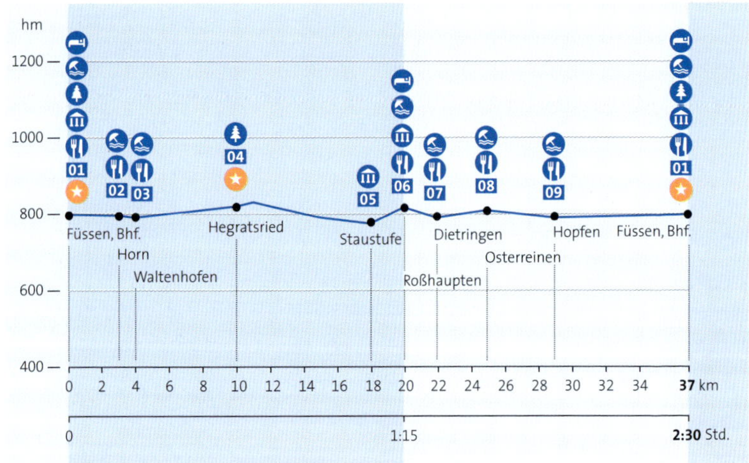

Füssen – Roßhaupten / 20 km / 1:15 Std.

Start Am **Bahnhof** in **Füssen** 01 steigen wir auf unser Rad und radeln auf der „Bahnhofstraße" zur **Altstadt** hinein. Am „Prinzregentenplatz" radeln wir geradeaus zum „Kaiser-Max-Platz" und weiter geradeaus auf der „Sebastianstraße", der B 16, hinunter zur **Lechbrücke.**

Abstecher
Wer die **Königsschlösser** besichtigen möchte, radelt ab hier den Abstecher zu den Schlössern und stößt bei Waltenhofen wieder auf die Seentour. Am „Lechsteg" radeln wir geradeaus unter der Bundesstraße hindurch und auf dem Radweg entlang der „Füssener Straße" nach **Alterschrofen.** An der „Parkstraße" biegen wir rechts ab und radeln auf dem Radweg entlang der Straße nach **Hohenschwangau** 10. An der Kreuzung fahren wir die „Alpseestraße" hinauf, an den Restaurants und Kiosken vorbei auf den Parkplatz zu. Rechts oben liegt nun das **Schloss Hohenschwangau**. Ein Blick zurück und

St. Urban am Forggensee

wir sehen zum **Schloss Neuschwanstein** hinauf. Am Ende der „Alpseestraße" erblicken wir den **Alpsee**. Wer beide Schlösser besichtigen möchte, sollte viel Zeit mitbringen. Zur Fortsetzung der Radl-tour fahren wir zurück zur Kreuzung. Schräg links gegenüber radeln wir nun auf dem Radweg an der „Schwangauer Straße" entlang nach **Schwangau** 11.
Wir treffen auf die „Münchener Straße", radeln nach rechts am Rathaus vorbei und biegen links in die Straße „Kröb" ein. Die Straße führt uns geradeaus nach **Waltenhofen.** Hier heißt sie „Kreuzweg". Am „Moarweg" biegen wir rechts ein und radeln wieder auf unserer Seentour.

Wir benutzen den Radweg rechts der Straße und gelangen unterhalb der B 16 an das Lechufer. Wir fahren unter der Brücke hindurch zum **Steg am Wehr** auf die andere Flussseite. Hier heißt unser Weg „Forchenweg", dem wir links folgen und geradeaus nach **Horn** 02 gelangen. Wir stoßen auf die „Forggenseestraße" und fahren nach links aus Horn hinaus an das Ufer des **Forggensees** nach **Waltenhofen** 03. Der „Moarweg" führt uns durch den Ort zur „Forggenseestraße", die uns halb rechts weiter nach **Brunnen** führt. Hier biegen wir rechts ein in die „Seestraße" und nach wenigen Metern links in den „Deutenhauser Weg". Auf

Kloster St. Mang, dahinter das Hohe Schloss

Schloss Hohenschwangau

ihm radeln wir nun auf dem schönen Landstreifen zwischen **Forggensee** und **Bannwaldsee** an den **Hegratsrieder See** nahe dem gleichnamigen Weiler. Zur **Kapelle** am Weiler **Hegratsried** 04 sollten wir unbedingt hochradeln, denn der Blick in die Berge ist wunderschön. Wir folgen dem Weg und erreichen **Greith.** Im Ort halten wir uns rechts und stoßen auf die Kreisstraße am **Kühmoossee.** Hier biegen wir links ab auf den Radweg links der Straße. Er führt uns nach **Rauhenbichl** und weiter nach **Kniebis.** Linker Hand haben wir das schöne Alpenpanorama mit dem Forggensee. Vor uns erstreckt sich bald der **Illasbergsee** mit dem Strandbad. Der Weg bringt uns hinunter an die **Staustufe** 05, an der der Lech zum Forggensee aufgestaut wird. Wir radeln hinüber und bergauf geht es am Kunstpark vorbei Richtung **Roßhaupten** 06.

Roßhaupten – Füssen / 17 km / 1:15 Std.

Vor der Auffahrt zur Bundesstraße biegen wir links ab auf den Weg, der parallel zur B 16 geführt wird. Am Forggenseezufluss fahren wir über den Steg und biegen einige Meter später vom Radweg links ab nach **Dietringen** 07. Im Ort halten wir uns rechts und folgen dem Weg bis zum **Tierheim**. Gleich dahinter schwenken wir links ab auf den Weg hinauf nach **Osterreinen** 08. Geradeaus fahren wir durch Osterreinen hindurch auf der „Forggenseestraße“ zum **Wirtshaus am Strandbad**. Am Strandbad biegen wir rechts ab hinauf nach **Sankt Urban** an die Bundesstraße. Hier halten wir uns zur **Kirche** hin, queren die Bundesstraße an der Kirche und radeln nach **Erkenbollingen**. Dort biegen wir rechts ein und fahren über **Heidelsbuch** nach **Hopfen am See** 09. In der „Riedener Straße“ erreichen wir Hopfen und radeln auf die **Kirche St. Peter und Paul** zu. Hier biegen wir links ab hinunter an den **Hopfensee**. Ab hier radeln wir auf dem Uferweg nach rechts an Hopfen vorbei entlang der Uferstraße zum **Sportplatz** und **Strandbad**. Wir fahren zum Strandbad und nehmen den einzigen Weg, der uns geradeaus weiter am Ufer entlang führt. Wir folgen dem Weg durch die herrliche Landschaft, bis er die Bahnlinie tangiert. Hier treffen wir auch auf eine Straße, der wir nach links folgen. Am Waldrand biegen wir rechts ab und treffen bald auf die Kreisstraße. Hier halten wir uns rechts und benutzen gleich die Parallelstraße zur Kreisstraße. An der Einmündung queren wir die Kreisstraße und radeln auf dem Weg nach links unter der Brücke hindurch entlang der Bahn an die „Froschensee-

Hopfen am Hopfensee

straße“. Hier radeln wir über die Bahn bis an die „Mariahilfer Straße“, biegen links ein und fahren entlang der Bahn auf die „Bahnhofstraße“ zu und sind zurück am **Bahnhof** **Füssen** 01 **Ziel**.

Schloss Neuschwanstein

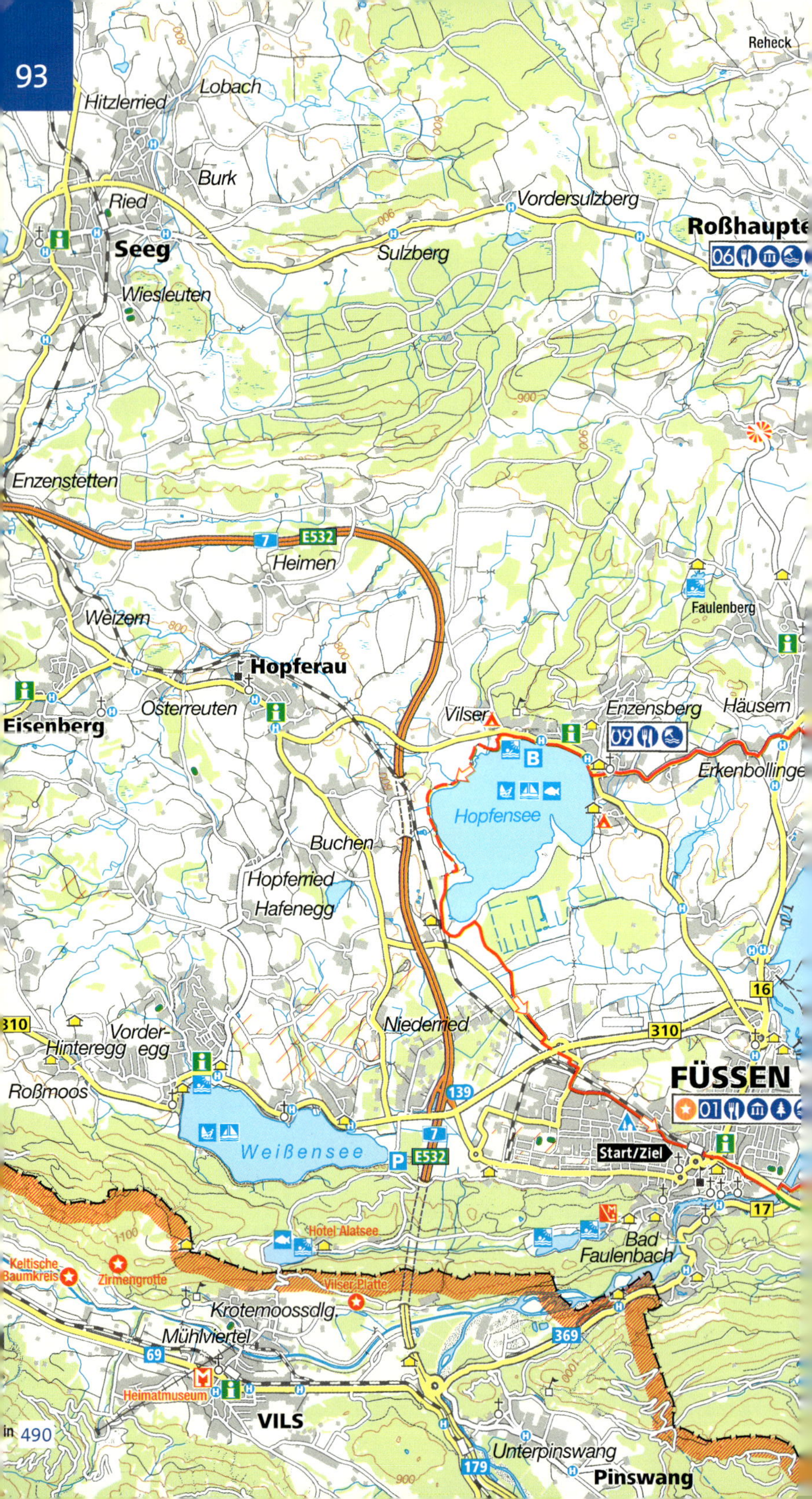
Reheck
Hitzlerried
Lobach
Burk
Ried
Seeg
Vordersulzberg
Roßhaupte
06
Sulzberg
Wiesleuten
Enzenstetten
7
E532
Heimen
Faulenberg
Weizern
Hopferau
Eisenberg
Osterreuten
Vilser
Enzensberg
Häusern
09
Erkenbollinge
B
Hopfensee
Buchen
Hopferried
Hafenegg
16
Niederried
310
Vorder-
Hinteregg egg
Roßmoos
139
FÜSSEN
01
Weißensee
P
E532
Start/Ziel
17
Hotel Alatsee
Bad
Faulenbach
Keltische
Baumkreis
Zirmengrotte
Vilser Platte
Krotemoossdlg.
Mühlviertel
369
69
Heimatmuseum
VILS
490
179
Unterpinswang
Pinswang

Schmutterweiher
Lechsee
Premer
Vogelbeobachtungsstation
Straßberg
827
05
Birnbaum
Eschenberg
17
Ach
Halblech
Illasbergsee
Dorfmuseum im Hölzler
Trauchg
Via Claudia Augusta Meilenstein
Schapfensee
07
Berghof
Halblech
Greith
Hotel Alpenblick Berghof
Hafenfeld
Bayerniederhofen
Forggensee
Rieden
am Forggensee
04
Hegratsrieder See
Buching
Cilli's Cafestüberl
Hotel Bannwaldsee
17
Bannwaldsee
Campingplatz Brunnen
Campingplatz Bannwaldsee
Brunnen
Waltenhofen
03
Schwangau
11
Jagdberg
1327
Zwirnkopf
1331
1486
Weißer Rißkopf
Pechkopf
1429
Drehhütte
1707
Schönleitenschrofen
Römische Ausgrabungen
Rohrkopfhütte
1359
Rahmenstein
1378
Spitzigschröfle
1657
Hohenschwangau
10
Geiselstein
1879
Panoramarestaurant
Gumpenkarspitze
1918
Tegelberghaus
1707
Branderschrofen
1879
Tegelberg
Ahornspitze
1784
Krähe
2012
Hochp
Hoher Straußberg
1933
0 700 m
Fritz-Putz-Hütte

PFRONTEN – EISENBERG – SEEG – NESSELWANG – PFRONTEN

Die Schlossbergrunde

 40 km  3:00 Std.  276 hm  276 hm

STARTORT | Pfronten-Ried
START/ZIEL | Pfronten-Ried, Bahnhof, 858 m
[GPS: UTM Zone 32 x: 617.360 m y: 5.271.260 m]
CHARAKTER | Eine Radltour, die den Hügeln des Allgäus folgt. Wir radeln auf asphaltierten Straßen und Wegen ohne nennenswerte Steigung. Wer den Abstecher zur Schlossbergalm und zu den Ruinen von Eisenberg wählt, muss kräftig bergaufradeln.
VERKEHR | Auf den Verkehr ist in Nesselwang und Pfronten zu achten, da es hier nicht immer Radwege gibt. Sonst ist kaum mit Verkehr zu rechnen.

TIPP: Die Geschichte der imposanten Burgruinen Eisenberg und Hohenfreyberg werden im Burgenmuseum in Eisenberg-Zell anschaulich erzählt. Viele Fundstücke aus den Burgen sind hier ausgestellt.

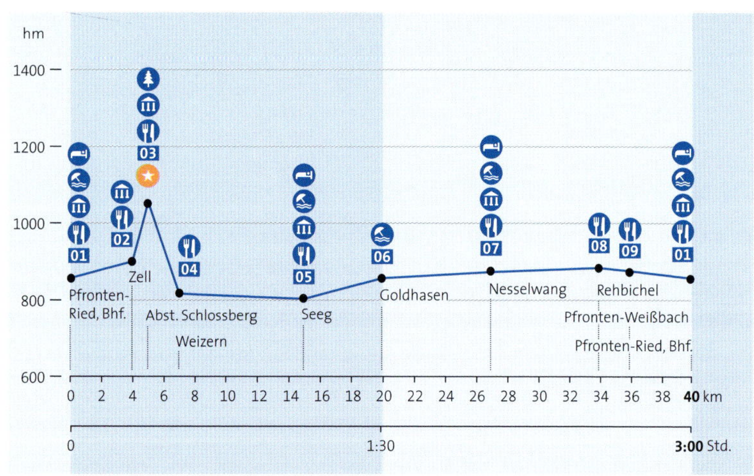

Pfronten – Goldhasen / 20 km / 1:30 Std.

Start Der **Bahnhof Pfronten-Ried** 01 ist Ausgangspunkt zur Schlossbergrunde. An der „Ladestraße" vor dem Bahnhof halten wir uns links zur „Bahnhofstraße" und geradeaus zur „Meilinger Straße". Wir folgen ihr nach links über den Bahnübergang aus Pfronten hinaus. Ab dem „Steinrumpelweg" benutzen wir den Radweg rechts der Straße und gelangen zum Kreisel mit der Bundesstraße. Wir nehmen die Unterführung rechts vom Kreisel und setzen gegenüber unsere Radtour fort, nun auf der Straße nach Zell. Am Abzweig nach Kreuzegg biegen wir links ein und radeln gleich rechts nach **Zell** 02. Wir stoßen auf die „Dorfstraße", halten uns ein Stück nach rechts und folgen dann dem „Burgweg" nach links hinauf zur **Schlossbergalpe** 03 unterhalb der **Burgruinen Hohenfreyberg**

und **Eisenberg**. Beide sind einen wenn auch anstrengenden Abstecher wert. Erfrischungen gibt es an der Alpe und zusätzlich ein tolles Bergpanorama. Zurück nach **Zell** biegen wir vor dem Ort am Marterl im spitzen Winkel links ab hinunter an die Kreisstraße und radeln auf dem Radweg nach Eisenberg. Wir fahren auf der Kreisstraße durch **Eisenberg** bis an die Einmündung mit der Staatsstraße. Hier queren wir die Straße und benutzen den Radweg links nach **Weizern** **04**. Die Bergkäserei Weizern liegt auf unserer Straßenseite und kann besichtigt werden. Hinter Weizern biegen wir links ab nach **Lieben** und fahren über **Baumgarten** und **Bach** nach **Enzenstetten.**

Zunächst radeln wir auf der Staatsstraße links in den Ort und biegen hier nach links ab Richtung **Anwanden.** An der Kreuzung vor dem Ort schwenken wir nach rechts, queren die Staatsstraße und radeln geradeaus über die Bahngleise. Wir erreichen eine Wegkreuzung, halten uns halblinks und gelangen an die **Sportanlage** von **Seeg.** An der Straße biegen wir links ein und radeln wieder über die Bahngleise, jetzt im „Senkeleweg" nach **Seeg** **05** hinein an die „Hauptstraße" zum Heimatmuseum. Hier biegen wir links ab und folgen der „Hauptstraße" zur Straße „Aufmberg". Wir biegen rechts ein und fahren auf dem Bergrücken über **Aufmberg** nach **Seeleuten** zum Wirtshaus. Weiter radeln wir hinunter an den **Schwaltenweiher**, halten uns hier links und fahren bis zum Abzweig nach Goldhasen. Wir schwenken rechts ein, erreichen bald den Weiler **Goldhasen** **06** und stoßen auf die Kreisstraße am **Seeufer.**

Goldhasen – Pfronten / 20 km / 1:30 Std.

Hier biegen wir links ein auf die Straße und fahren über **Guggenmoosen** unter der Autobahn hindurch nach **Lachen.** Ab der AB-Anschlussstelle radeln wir auf dem Radweg rechts der Straße nach Lachen und ab hier links der Straße über den Kreisverkehr nach **Nesselwang** **07** hinein. Zunächst radeln wir auf der „Marktoberdorfer Straße", die dann hinter der Bahn in die „Von-Lingg-Straße" übergeht, zur „Hauptstraße". Wir biegen links ein, kommen am Skimuseum und dem Heimatmuseum vorbei und gelangen an das Gewerbegebiet am „Hertinger Weg". Wir biegen nach links ab, fahren über die Gleise aus Nesselwang hinaus und bergauf nach **Hertingen.**

Ruine Eisenberg

Hinter dem Ort führt uns ein Weg links zum **Kögelweiher.** Zum Wirtshaus radeln wir ein Stück geradeaus und schwenken dann rechts ein. Wir biegen aber bereits am Kögelweiher rechts ab nach **Oberdolden, Hummel** und **Schweinegg.** Hier halten wir uns geradeaus nach **Rehbichel** **08**, fahren durch den Ort und erreichen bald **Pfronten-Weißbach** **09**. Durch das Gewerbegebiet führt uns der „Rehbichler Weg" an die „Füssener Straße". Ihr folgen wir rechts zur „Kemptener Straße" und überqueren sie zum „Röfleuter Weg". Er bringt uns nach **Röfleuten** hinein an die Kirche St. Johannes. Vor ihr biegen wir in die „Peter-Heel-Straße" ein, die uns am Krankenhaus vorüber nach **Pfronten-Ried** führt. Wir stoßen auf die „Vilstalstraße", biegen nach links ein und radeln in die Ortsmitte auf das Rathaus

zu. Hier biegen wir links ab in die „Allgäuer Straße", dann nach rechts in die „Meilinger Straße" und vor dem Bahnübergang links zum **Bahnhof** von **Pfronten-Ried** **01** und haben unser Ziel erreicht **Ziel**.

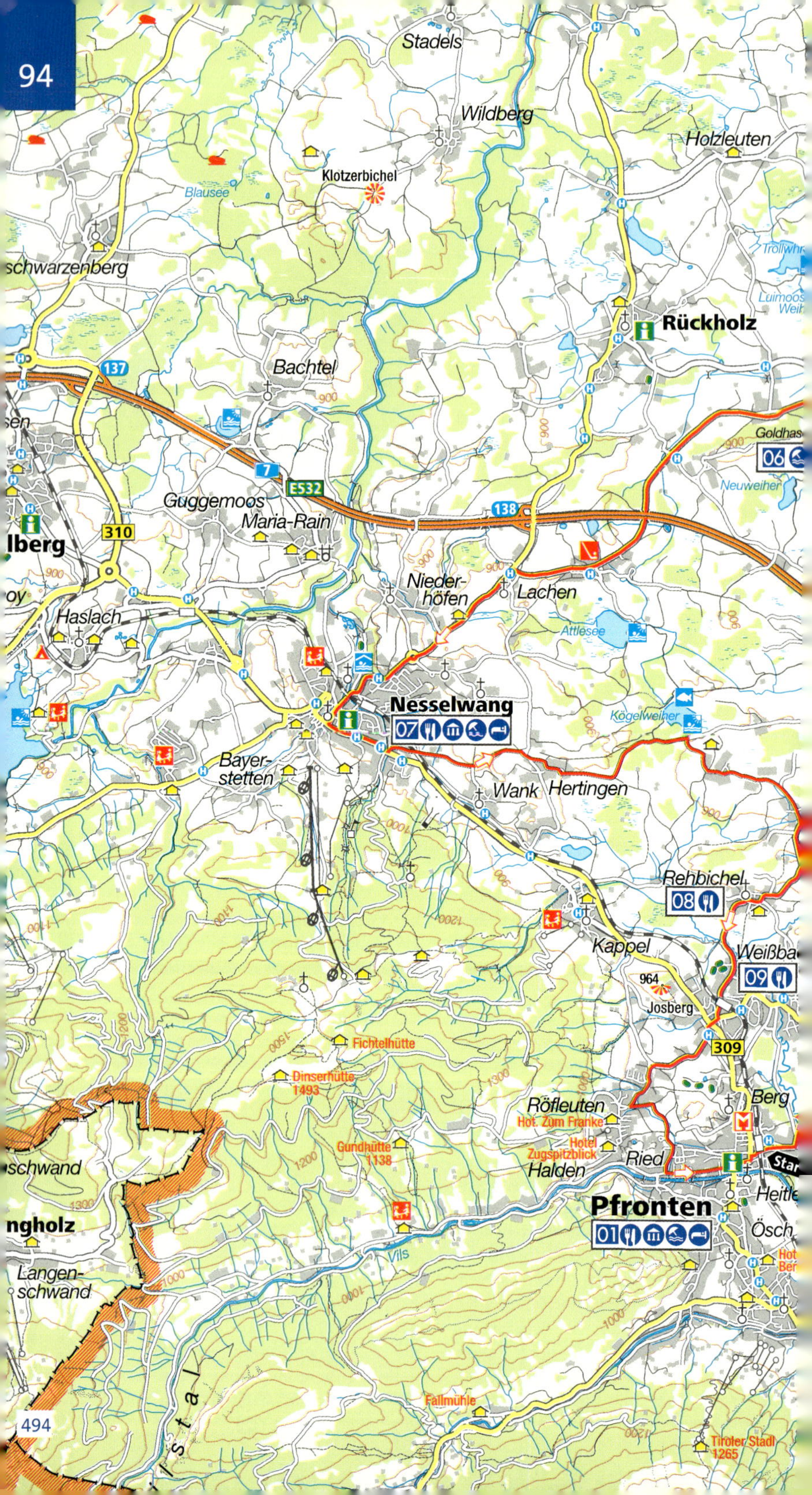

Stadels
Wildberg
Holzleuten
Klotzerbichel
Blausee
schwarzenberg
Rückholz
Bachtel
Goldhas
06
Neuweiher
Guggemoos
Maria-Rain
lberg
Nieder-höfen
Lachen
Haslach
Attlesee
Nesselwang
07
Kögelweiher
Bayer-stetten
Wank
Hertingen
Rehbichel
08
Kappel
Weißba
09
964
Josberg
Fichtelhütte
Dinserhütte 1493
Röfleuten
Hot. Zum Franke
Hotel Zugspitzblick
Halden
Ried
Gundhütte 1138
schwand
Pfronten
01
Heitle
ngholz
Ösch
Vils
Langen-schwand
Fallmühle
Tiroler Stadl 1265
Berg

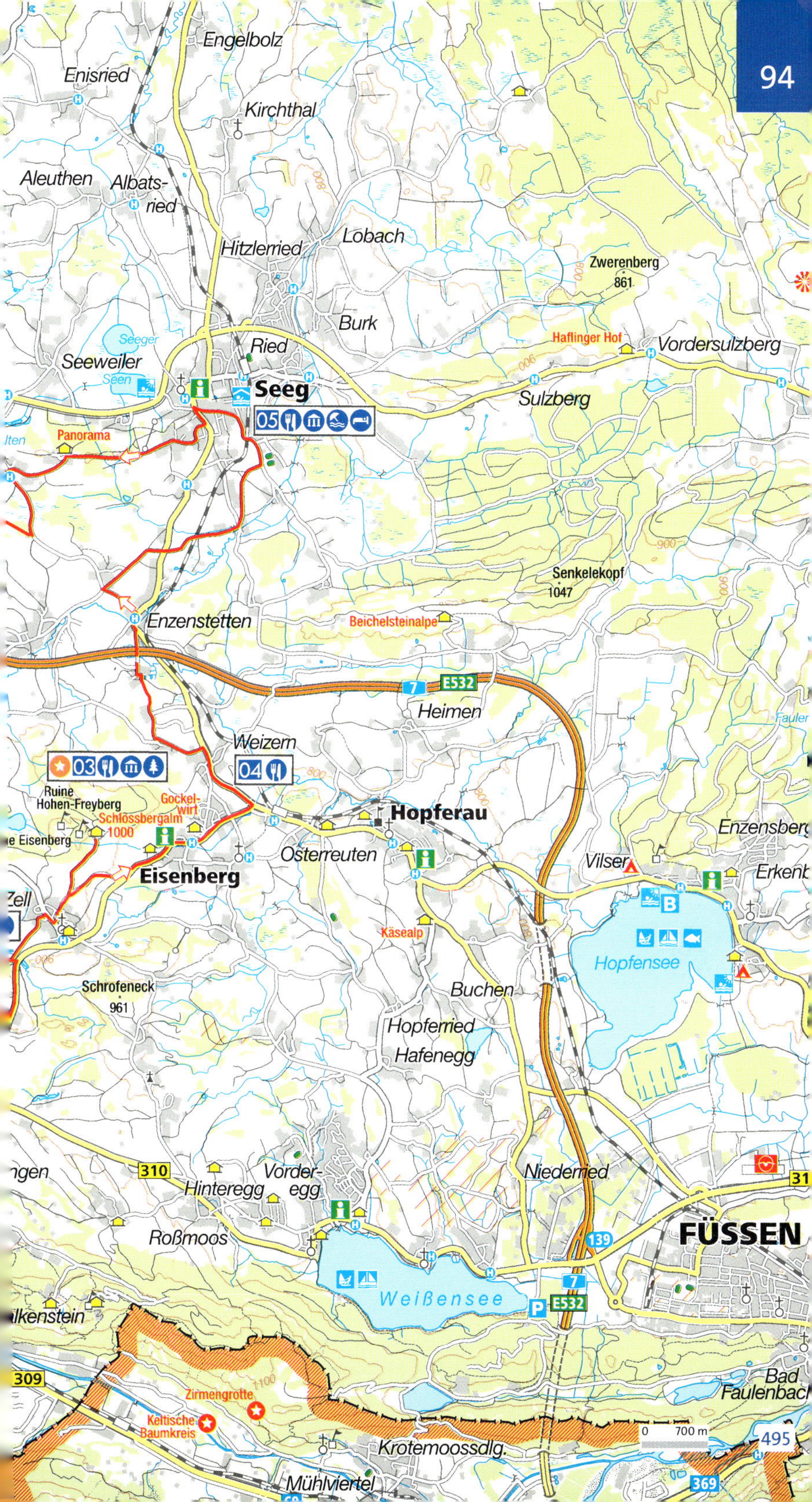

Engelbolz
Enisried
Kirchthal
Aleuthen
Albats-
ried
Hitzlerried
Lobach
Zwerenberg
861
Burk
Seeger
Seen
Seeweiler
Ried
Seeg
Haflinger Hof
Vordersulzberg
Sulzberg
Panorama
05
Senkelekopf
1047
Enzenstetten
Beichelsteinalpe
7
E532
Heimen
Weizern
03
04
Ruine
Hohen-Freyberg
Gockel-
wirt
Schlossbergalm
1000
Hopferau
Enzensberg
Eisenberg
Osterreuten
Vilser
Erkenb
Eisenberg
Zell
Käsealp
Hopfensee
B
Schrofeneck
961
Buchen
Hopferried
Hafenegg
310
Niederried
Vorder-
egg
Hinteregg
Roßmoos
139
FÜSSEN
Weißensee
7
P
E532
lkenstein
309
Zirmengrotte
Keltische
Baumkreis
Bad
Faulenbach
0
700 m
495
Krotemoossdlg.
Mühlviertel
369

OBERSTDORF – OYTAL – TRETTACHTAL – STILLACHTAL – OBERSTDORF

Die Oberstdorfer Tälerrunde

 45 km 4:00 Std.  603 hm  603 hm

STARTORT | Oberstdorf
START/ZIEL | Oberstdorf, Bahnhof, 807 m
[GPS: UTM Zone 32 x: 481.710 m y: 5.529.960 m]
CHARAKTER | Die Wege in die drei Täler sind zwar durchgehend asphaltiert, führen aber teils kräftig bergauf. Es ist einiges an Kondition erforderlich.
VERKEHR | Obwohl die Fahrwege in die Täler für den öffentlichen Verkehr zugänglich sind, ist im Allgemeinen mit wenig Verkehr zu rechnen.

TIPP: Für große und kleine Kinder ist die Sommerrodelbahn an der Talstation der Söllereckbahn ein großer Spaß. Sie liegt an der B 19 Richtung Kleinwalsertal.

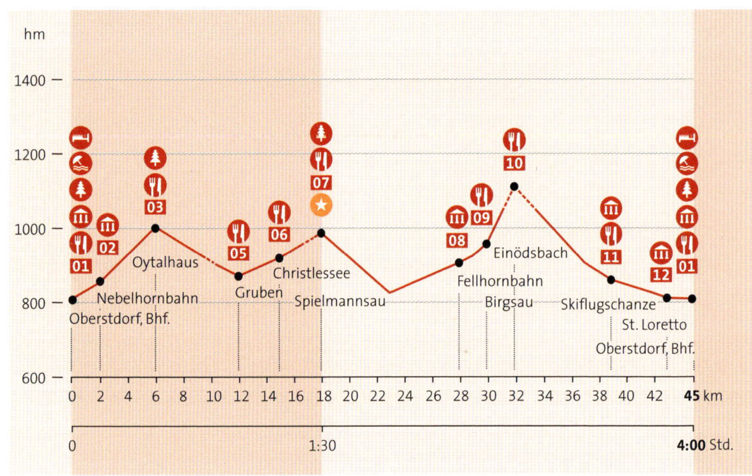

Oberstdorf – Spielmannsau / 18 km / 1:30 Std.

Start Wir starten vor dem **Bahnhof** von **Oberstdorf** 01 auf dem „Bahnhofplatz". Hier halten wir uns halb links zur Fußgängerzone in die „Hauptstraße". Nach wenigen Metern biegen wir links ab in die „Nebelhornstraße" und folgen der Straße zur **Talstation** der **Nebelhornbahn** 02. Geradeaus radeln wir über die Trettach zur Straße „Am Faltenbach" und biegen unterhalb der Skisprungschanzen nach rechts in die „Oytalstraße" ab. Wir kommen am Wirtshaus vorbei und radeln um den Kühberg herum in das **Oytal** hinauf zum **Wirtshaus Oytalhaus** 03. Hier haben wir einen tollen Ausblick zum Schattenberg und zum Höfats. Nach einer guten Brotzeit radeln wir hinunter bis zum Abzweig am **Gasthaus Kühberg** 04. Wir biegen links ab und halten uns links hinunter in das Tal der Trettach. An der Brücke über dem Oybach stoßen wir auf den „Grubenweg", halten uns geradeaus und erreichen **Gruben** 05 mit dem **Gasthaus**. Auch hier können wir noch einmal einkehren oder weiterhin gera-

An der Trettach bei Gruben

deaus radeln, bis wir auf die Straßenbrücke treffen. Hier biegen wir rechts ab und radeln hinauf an die Straße zur Spielmannsau. Nach links setzen wir unsere Radtour fort, verlassen bald die Straße und fahren auf den Weg oberhalb der Straße zum **Café am Christlessee** und zum **Christlessee** 06. Der See liegt wie eine Perle etwas unterhalb des Weges, auf dem wir die Radtour fortsetzen und auf die Straße zur Spielmannsau treffen. Auf einer kleinen Allee erreichen wir das Gasthaus in der **Spielmannsau** 07.

Spielmannsau – Oberstdorf / 27 km / 2:30 Std.

Bevor wir die Rückfahrt antreten, genießen wir noch eine Weile die herrliche Bergwelt. Wir radeln auf demselben Weg zurück bis zum **Parkplatz** an der **Stillach.** Besser gesagt, wir rollen hinunter und müssen ab dem Golfplatz bei der steilen Abfahrt aufpassen und eine gute Bremsanlage haben. Am Parkplatz folgen wir der Straße nach links in das **Tal der Stillach** und radeln auf dem Radweg rechts der Straße in

Spielmannsau

das Tal hinauf. Bald stoßen wir auf die **Lawinengalerien** an der Straße, radeln an ihnen entlang und kommen zur **Talstation** der **Fellhornbahn** in **Faistenoy** 08. Auf der Straße erreichen wir den Abzweig links nach **Anatswald** und Birksau. Hier schwenken wir ein und gelangen zum Gasthaus Birgsau 09 und zur Kirche des Weilers. Nach der Eschbachalpe erreichen wir eine Wegkreuzung. Hier müssen wir links hinauf zum **Gasthaus Einödsbach** 10. Der Weg hinauf ist steil und zieht sich etwa zwei Kilometer, bis wir endlich das Gasthaus sehen. Hier sollten Sie sich gut ausruhen. Die Abfahrt auf losem Untergrund ist steil und erfordert gute Bremsen an Ihrem Bike. Ab der Wegkreuzung im **Talgrund der Stillach** rollen wir dann ohne weitere Anstrengung auf der Straße Richtung Oberstdorf. Wer sich die **Heini-Klopfer-Skiflugschanze** 11 ansehen möchte, biegt nach der Lawinengalerie am Straßenabzweig links ab über die Brücke der Stillach. Die Schanze liegt dann rechter Hand. Auf der Straße radeln wir weiter Richtung Oberstdorf bis an die Abzweigung am Parkplatz. Hier biegen wir rechts ab und radeln auf der „Birgsauer Straße" nach St. Loretto 12 zu den Kapellen. Hier sollten Sie halten und die Kleinode von Oberstdorf besichtigen. Die „Lorettostraße" führt uns nun nach **Oberstdorf** hinein und geht in die „Prinzenstraße" über. Wir folgen der „Prinzenstraße" rechts zum „Marktplatz" mit der **Kirche** in der Altstadt, biegen hier nach links in die „Weststraße" ein und gleich nach rechts in die „Hauptstraße", auf der wir direkt auf den **Bahnhof** von **Oberstdorf** 01 zuradeln. Hier ist unser Ziel erreicht, nach einer anstrengenden, aber herrlichen Radltour **Ziel**.

Start/Ziel
Oberstdorf
Tiefenbach
Reute
Kornau
Explorer Hotel
WOMO-Platz
Bergkristall
Kletterwald
Freibergsee
Söllereck
1706
Söllerälpe
1522
Schwand
Nebelhornbahn
Rubihorn
1952
Gaisalphorn
1953
Hüttenkopf
1942
Schattenberg
1845
Seeköpfel
1919
Seealpsee
Oytalhaus
1010
Gruben
Hüttenkopf
1949
Waldhotel am Christlessee
Trettachtal
Fellhornbahn
Faistenoy
Anatswald
Vorderer Wildgundkopf
1935
Spielmannsau
Hinterer Wildgundkopf
1955
Oberau-Alpe
1004
Hintere Traufbergalpe
Traufberg
1604
Bettlerrücken
2053
Schmalhorn
1952
Fürschießerwände
Fürschießer
2271
Schartenkopf
1812
Krottenspitzen
2328
Spätengundkopf
1993
Mädelekopf
1910
Muttlerkopf
2366
Guggersee
Einödsbach
Berggasth. Einödsbach
Wildengundkopf
2238
Kemptner Hütte
1844
Breitengernalpe
1156
Trettachspitze
2595
Mädelegabel
2644
Enzianhütte
Mußkopf
Rappenseehütte
Bockkarkopf
2609
2428
0 700 m

LEUTKIRCH – LEGAU – AICHSTETTEN – SCHLOSS ZEIL – LEUTKIRCH

Barocke Wallfahrtskirchen und herrschaftliche Schlösser

 46 km  3:45 Std.  281 hm  281 hm

STARTORT | Leutkirch
START/ZIEL | Leutkirch, Bahnhof, 655 m
[GPS: UTM Zone 32 x: 576.110 m y: 5.297.470 m]
CHARAKTER | Von Leutkirch radeln wir über den Bergrücken ins Illertal. Ab Aichstetten fahren wir kräftig hinauf zum Schloss Zeil, bevor wir hinunter nach Leutkirch gelangen. Zwischen Rippoldshofen und Schloss Zeil ist unser Weg unbefestigt.
VERKEHR | Auf mäßigen Verkehr treffen wir in Leutkirch, Legau, Aichstetten und um Schloss Zeil. Sonst ist es eine eher ruhige Radtour.

TIPP: Die Parkanlage von Schloss Zeil und die Aussichtsterrasse mit herrschaftlichem Ausblick sollten Sie sich nicht entgehen lassen.

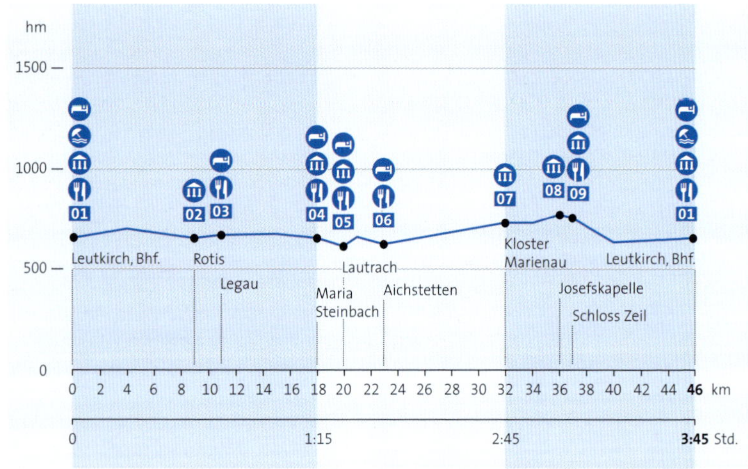

Leutkirch – Maria Steinbach / 18 km / 1:15 Std.

Start Am Rondell vor dem **Bahnhof** von **Leutkirch** 01 starten wir zur Radtour nach rechts und biegen gleich in die „Poststraße" rechts ein. Wir queren die Hauptstraße und radeln gegenüber in der „Lindenstraße" zur „Unteren Grabenstraße". Geradeaus fahren wir in die **Altstadt** von **Leutkirch.** An der Kirche halten wir uns halb links in die „Kornhausstraße" und erreichen das **Rathaus.** Hier biegen wir rechts in die „Marktstraße" ein und gelangen an die Hauptstraße, die „Obere Vorstadt". Wir folgen ihr nach links und verlassen Leutkirch. An der „Balterazhofer Straße" schwenken wir nach links ein und radeln zum **Friedhof.** Weiterhin radeln wir auf der „Balterazhofer Straße" bis nach **Balterazhofen.** Hier halten wir uns rechts, fahren bergauf und bergab nach **Geigers** und **Hasenberg** an die Kreisstraße am Wald-rand. Wir kreuzen die Kreisstraße zum Wald hinein und fahren hinunter nach **Rotis** 02 zur Brücke am Bach und wieder hinauf über die Anhöhe nach Legau. Im „Rotisweg" erreichen wir die Häuser von **Legau** 03 und stoßen auf den „Triebweg". Nach rechts biegen wir ein und an der nächsten Straße links zur „Hauptstraße". Hier schwenken wir nach links ein und am Marktplatz nach rechts. An der Kreuzung radeln wir gegenüber weiter, jetzt in der „Lehenbühlstraße" durch **Lehenbühl** zum Abzweig nach **Haid.** Nach links schwenken wir ein und radeln geradeaus bis an die Kreuzung. Hier biegen wir links ab nach **Hub** und **Kaltbronn.** Durch den Weiler radeln wir hindurch und halten uns an der Verzweigung links in den Wald hinein an das **Ufer** der **Iller. Maria Steinbach** 04 heißt der nächste Ort mit der imposanten **Wallfahrtskirche.**

Maria Steinbach – Kloster Marienau / 14 km / 1:30 Std.

Wir stoßen auf die „Dorfstraße" unterhalb der Kirche, biegen nach rechts ab und fahren immer weiter auf der Dorfstraße Richtung Lautrach an die Staatsstraße. Gegenüber radeln wir weiter auf dem Weg bis zur Wegekreuzung. Nach rechts biegen wir ein und radeln nach **Lautrach** 05. In der „Dr.-Anschütz-Straße" gelangen wir an die „Einsteinstraße". Ihr folgen wir nach halbrechts gegenüber in die Straße und erreichen das **Schloss Lautrach** nach der Überquerung der „Deybachstraße". Zur Weiterfahrt biegen wir nach links in die „Deybachstraße" ein und folgen ihr bis an die „Bergstraße", die uns rechts nach **Schrofen** führt. Hier halten wir uns geradeaus in die „Aichstetter Straße", den Bergrücken hinauf durch den Wald nach **Aichstetten** 06. Aichstetten erreichen wir am Bahnübergang, fahren hinüber und folgen der „Hochstraße" bis an die „Schulstraße". Hier biegen wir rechts ein, radeln an der Kreuzung geradeaus und folgen hier kurz der „Hauptstraße" bis an die Einmündung. Wir halten uns nach schräg links, wo die „Eschacher Straße" rechts abzweigt, in die wir einbiegen. Hinter der Aitrachbrücke halten wir uns rechts und gelangen über **Butscher** nach **Eschach.** An der Einmündung mit der Kreisstraße schwenken wir rechts ein und folgen ihr durch das Rappenbachtal hinauf nach **Langensteig**. An der Kapelle halten wir uns links nach **Häberlings** und geradeaus nach **Talacker.** Zum **Kloster Marienau** 07 biegen wir an den ersten Häusern von Talacker rechts ab, zum Kloster fährt man noch 1 km.

Kloster Marienau – Leutkirch / 14 km / 1:00 Std.

Wer in Talacker gleich weiter zum Schloss Zeil möchte, der hält sich in Talacker links nach **Rippoldshofen** und hier geradeaus Richtung Sebastianssaul. Auf dem schmalen Weg an der Kreuzung setzen wir die Radtour fort und gelangen nach **Sebastianssaul** am Weiher. Wir queren den Hauptweg und radeln weiter zur **Josefskapelle** 08. Hier biegen wir nach rechts ab und fahren auf dem Kreuzweg direkt auf das **Schloss Zeil** 09 zu. Über die Landesstraße hinweg gelangen wir zum Schlosspark und der Aussichtsplattform mit Blick nach **Unterzeil** und Leutkirch. Das Schloss selber ist nicht zu besichtigen. Zur Weiterfahrt müssen wir zurück an die Landesstraße und auf ihr rechts die Serpentinen hinunter nach Unterzeil fahren. An der Kreuzung im Tal radeln wir geradeaus, an der Kirche von Unterzeil vorüber, über die Autobahn nach Mailand. In **Mailand** biegen wir rechts ab und fahren über die Bahnlinie nach **Bernhard** und geradeaus im „Hoher Asterweg" an das Gewerbegebiet. Hier zweigt rechts die Straße „Im Herrach" ab, wir biegen ein und folgen an die „Zeppelinstraße". Gegenüber fahren wir auf der „Sudetenstraße" bis an die „Wurzacher Straße". Nach links schwenken wir ein und gelangen an den Bahnübergang. Wir folgen der „Wurzacher Straße" nach rechts und an der Kreuzung wieder nach rechts zur „Bahnhofstraße". Noch ein Stück geradeaus und wir sind zurück am Bahnhof von **Leutkirch** 01 **Ziel**.

Das Schloss in Lautrach

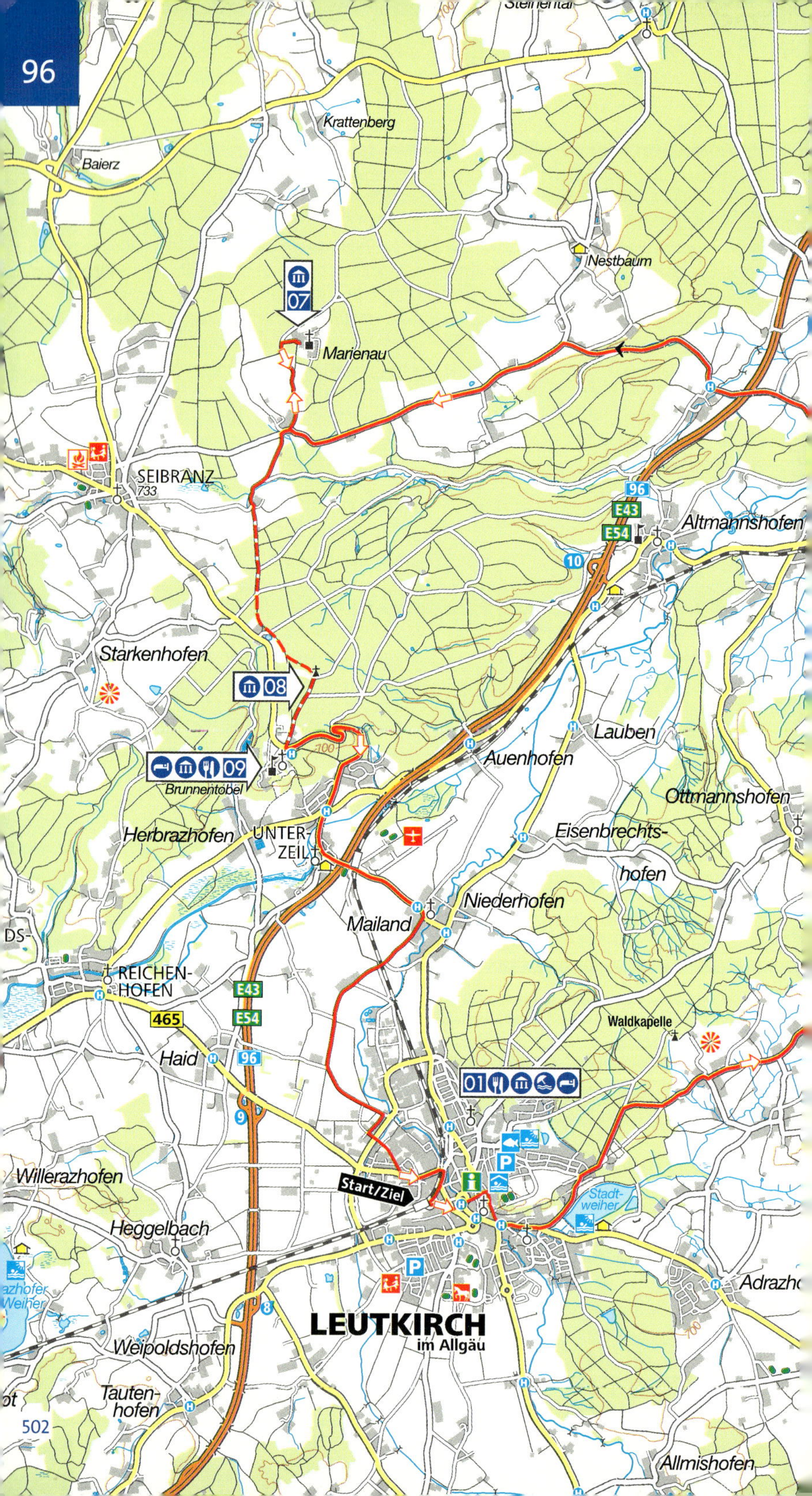
Krattenberg
Baierz
Nestbaum
07
Marienau
SEIBRANZ
733
96
E43
E54
Altmannshofen
10
Starkenhofen
08
Lauben
09
Brunnentobel
Auenhofen
Ottmannshofen
Herbrazhofen
UNTER-
ZEIL
Eisenbrechts-
hofen
Niederhofen
Mailand
REICHEN-
HOFEN
465
Haid
Waldkapelle
01
Willerazhofen
Start/Ziel
Stadt-
weiher
Heggelbach
Adrazho
LEUTKIRCH
im Allgäu
Weipoldshofen
Tauten-
hofen
Allmishofen

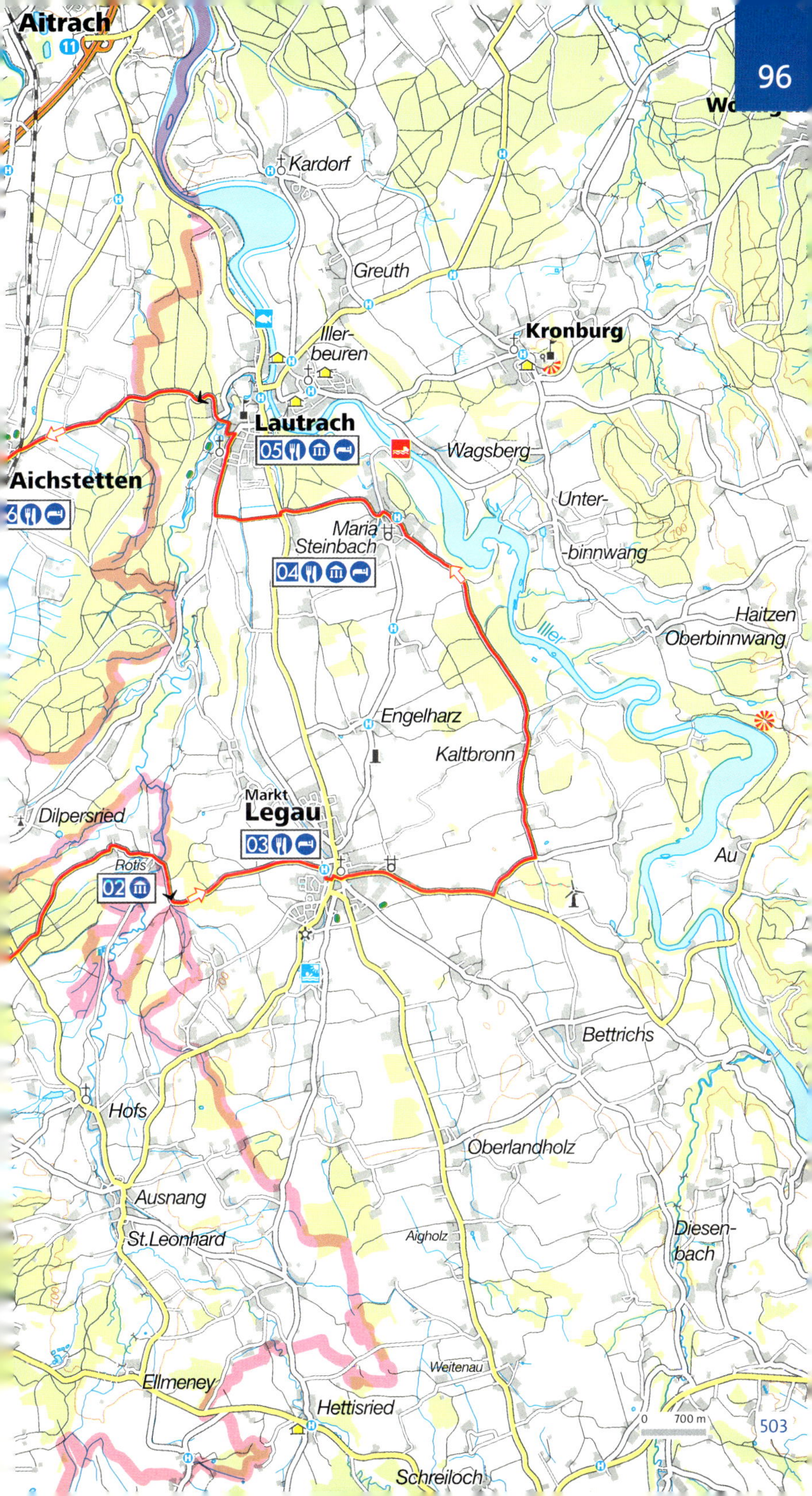
Aitrach
Kardorf
Greuth
Iller-
beuren
Kronburg
Lautrach
05
Wagsberg
Aichstetten
Unter-
-binnwang
Maria
Steinbach
04
Haitzen
Oberbinnwang
Iller
Engelharz
Kaltbronn
Markt
Legau
03
Dilpersried
Rotis
02
Au
Bettrichs
Hofs
Oberlandholz
Ausnang
St.Leonhard
Aigholz
Diesen-
bach
Weitenau
Ellmeney
Hettisried
Schreiloch
0 700 m

RAVENSBURG – TETTNANG – LIEBENAU – RAVENSBURG

Über das hügelige Hopfenland von Tettnang

 52 km  4:30 Std.  252 hm  252 hm

STARTORT | Ravensburg
START/ZIEL | Ravensburg, Bahnhof, 431 m
[GPS: UTM Zone 32 x: 545.420 m y: 5.292.470 m]
CHARAKTER | Wir radeln auf asphaltierten Wegen und Straßen mit einigen deftigen Steigungen zwischen Tettnang und Ravensburg.
VERKEHR | In Ravensburg und Tettnang radeln wir abschnittsweise im Straßenverkehr. Sonst ist mit wenig Autoverkehr zu rechnen.

TIPP: Steigen Sie 212 Stufen hoch auf den Blaserturm in Ravensburg und Sie haben einen grandiosen Rundblick über die historische Altstadt.

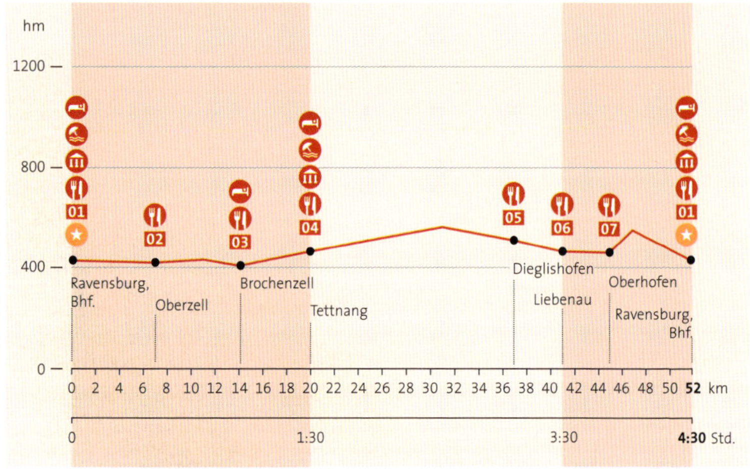

Ravensburg – Tettnang / 20 km / 1:30 Std.

Start Startpunkt ist der Bahnhofsplatz am Bahnhof von **Ravensburg** 01. Vom Bahnhofsgebäude radeln wir direkt geradeaus in die „Eisenbahnstraße" und folgen ihr in die **Altstadt** zum „Marienplatz". Hier biegen wir nach rechts ein und kommen am **Blaserturm** und am **Rathaus** vorbei. Wir queren den „Hirschgraben" und fahren gegenüber in der „Seestraße" zum „Goetheplatz". Halb rechts setzen wir die Radtour fort in der „Hindenburgstraße" bis zur „Weißenauer Straße", die an der Grünanlage rechts abzweigt. Wir stoßen auf die Bundesstraße, müssen diese überqueren und radeln jetzt in der „Ravensburger Straße" zum **Klinikpark Weißenau.** Wir folgen dem Straßenverlauf nach rechts in die „Bahnhofstraße" zum „Torplatz". Hier biegen wir links ab in die „Abteistraße" und gelangen nach **Mariatal.** Nach der Sportschießanlage halten wir uns rechts zum Umspannwerk und fahren auf **Weiherstobel** zu. Über **Aichhof** gelangen wir an die Kreisstraße. Wir halten uns rechts nach **Oberzell** 02 und benutzen auf der anderen Straßenseite den Weg parallel zur Straße über die Schussenbrücke nach Oberzell. Wir fahren am **Bahnhof Oberzell** vorbei bis zur „Bavendorfer Straße". Hier biegen wir nach links ein und gelangen zur „Schulstraße", in die wir einbiegen. Die Schule lassen wir links liegen und gelangen nach **Klöcken.** Hier halten wir uns geradeaus nach **Unterklöcken**. Wir folgen der Straße in den Wald hinauf an die Kreisstraße. Richtung Brochenzell biegen wir ein und radeln über **Hungersberg** und **Reuter** nach **Brochenzell** 03 hinein. Hier folgen wir der Kreisstraße, die „Andreas-Hofer-Straße" heißt, bis zur Kurve, in der die „Kehlener Straße" geradeaus führt und die Durchfahrtsstraße ab hier „Inselstraße" genannt wird. Wir biegen in die „Kehlener Straße" ein, verlassen Brochenzell und fahren über **Sammletshofen** nach **Kehlen.** Hier stoßen wir auf die „Hirschlatter Straße", biegen nach rechts ein und radeln über die Schussen nach **Reute.** Gleich hinter der Schule biegen wir nach links in die „Hügelstraße" ab und folgen ihr zum „Büfangweg". Wir halten uns nach rechts und überqueren die Hauptstraße zur „Moosstraße". Sie führt uns durch Reute nach **Tettnang** 04.

Tettnang – Liebenau / 21 km / 2:00 Std.

Bis zur Bundesstraßenbrücke benutzen wir den Weg rechts entlang der Kreisstraße. Wir folgen der „Moosstraße" bis an die „Kirchstraße". Hier biegen wir nach rechts ein und gelangen an den „Bärenplatz". Rechts zweigt die „Montfortstraße" ab, der wir zum **Schloss** und

Ravensburg – Blaserturm und Rathaus

Ravensburg – Grüner Turm

zum **Rathaus** folgen. Auf der „Schlossstraße" gelangen wir an den Kreisverkehr. Gegenüber in der „Loretostraße" radeln wir weiter. In der Linkskurve biegen wir nach rechts ab und bleiben in der „Loretostraße" bis zur „Lindauer Straße". Hier überqueren wir die Landesstraße und biegen nach rechts ab auf den Weg entlang der Straße. An der „Oberhofer Straße" schwenken wir nach links ein und folgen ihr bis zum Abzweig nach **Neuhäusle.** Hier in der Kurve am Waldrand folgen wir der Straße rechts nach Neuhäusle. Wir halten uns am Waldrand entlang, biegen am Wegekreuz rechts ab und gleich wieder links auf den Weg nach Iglerberg. Wir radeln durch den Weiler bis zum Hopfenfeld an der ehemaligen Ringburg. Hier biegen wir im spitzen Winkel nach links ab und erreichen die Kreisstraße bei **Wiesertsweiler.** Wir halten uns nach links zum Ort und biegen nach rechts ab durch den Ort. In der Linkskurve am Ortsende nehmen wir die zweite Straße, es ist die Kreisstraße, biegen rechts ein und fahren hinauf nach **Baldensweiler.** Am Anfang des Weilers schwenken wir auf die Straße nach **Alberweiler** ein, passieren die Häuser und stoßen auf die Kreisstraße. Ihr folgen wir links nach **Notzenhaus.** Am linken Abzweig im Ort

Neues Schloss in Tettnang

biegen wir ein nach **Flockenbach,** kommen am Hopfenfeld an einer Kapelle vorüber und gelangen über **Enzisweiler** nach **Obereisenbach.** Wir halten uns geradeaus durch den Ort auf der Kreisstraße bis zur Kapelle am Abzweig nach **Herrgoltsweiler** und **Brünnensweiler.** Inmitten von Hopfenfeldern liegt der Flecken, von dem aus wir nach **Dieglishofen** 05 und nach **Irrmannsberg** radeln. In Irrmannsberg biegen wir rechts ab nach **Blumenrain** und hier rechts nach Feurenmoos. In **Feurenmoos** nehmen wir die zweite Straße links, biegen ein und gelangen nach **Mühlebach** in **Liebenau** 06.

Liebenau – Ravensburg / 11 km / 1:00 Std.

Vor uns liegen eine Kirche und das Krankenhaus. Wir schwenken auf die Kreisstraße nach rechts ein und biegen in der Kurve links ab nach **Straß.** Hier halten wir uns geradeaus nach **Furt** an die Brücke mit der Schwarzach. Hinter der Brücke folgen wir der Straße links nach **Obereschach.** In der „Furter Straße" radeln wir in den Ort an die „Gornhofener Straße". An der Einmündung schwenken wir nach links ein und halten auf die Kirche zu. An der „Kehlstraße" vor der Kirche biegen wir ein und radeln geradeaus am Friedhof vorüber nach **Oberhofen** 07. Hier stoßen wir auf die „Martinistraße", der wir zur Ortsmitte an die Ortsdurchfahrt folgen. Hier heißt es kurz nach links und gleich wieder rechts in die „Waldenhofener Straße" einbiegen. Sie bringt uns hinauf nach **Lauterach** und **Weidenhofen.** Hier radeln wir nach links durch den Weiler und hinter ihm an der Querstraße rechts nach **Fidazhofen.** Im Weiler halten wir uns links und folgen der Straße auf den Bergrücken über **Molldiete, Hochweiher** nach **St. Christina.** Wir passieren das Sportgelände, die Schule und die Kirche mit Blick zur **Veitsburg.** An der Kreuzung geht es geradeaus zur Veitsburg, wir biegen aber nach rechts ab und rollen auf der „Veitsburgstraße" hinunter in die **Altstadt** von **Ravensburg.** Auf der „Marktstraße" gelangen wir an den Blaserturm am „Marienplatz". Hier halten wir uns rechts bis zur „Eisenbahnstraße". Wir biegen nach links ein und radeln auf ihr direkt auf den **Bahnhof** von **Ravensburg** 01 zu. Wir haben unser Ziel erreicht **Ziel**.

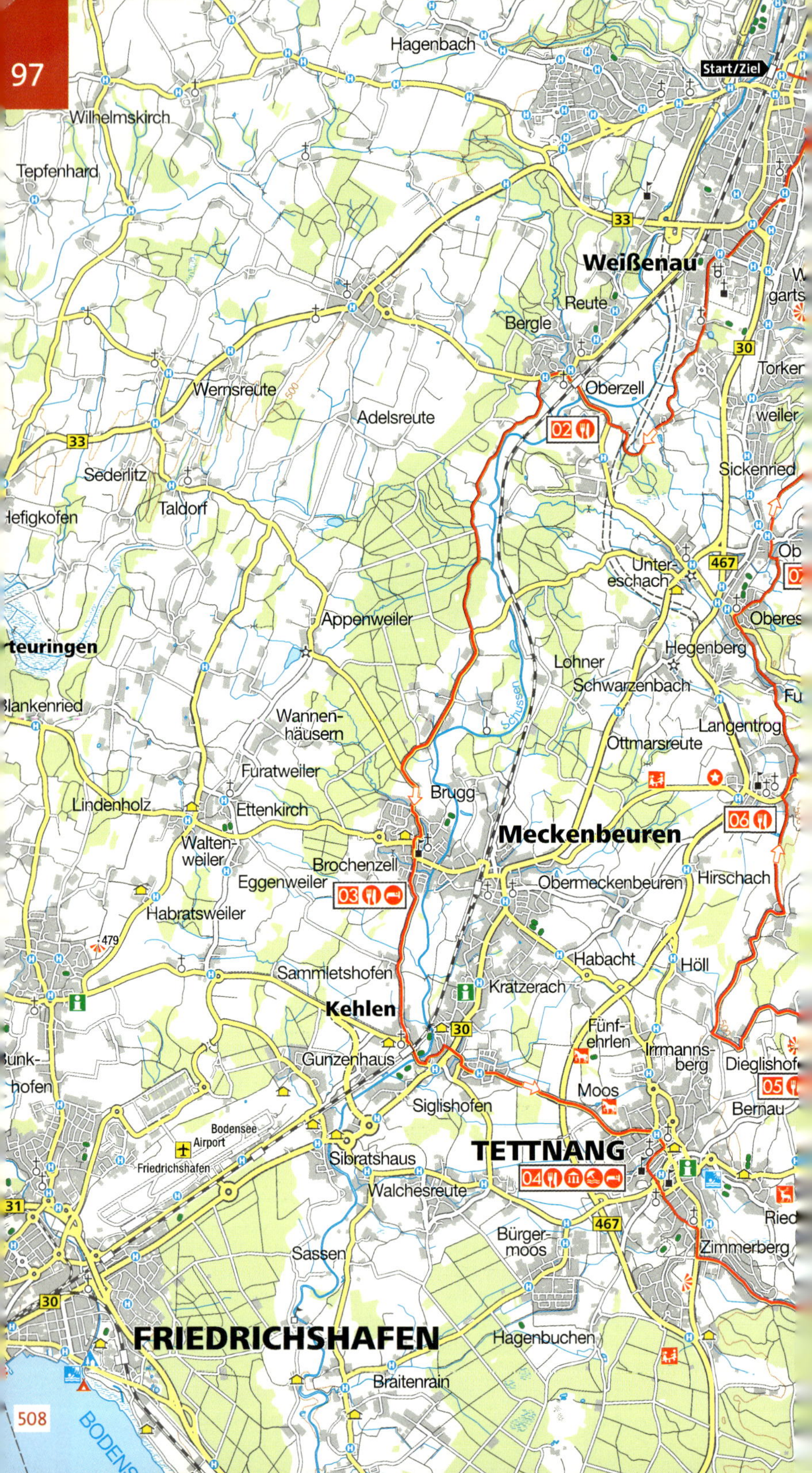
Start/Ziel
Hagenbach
Wilhelmskirch
Tepfenhard
33
Weißenau
Reute
Bergle
Oberzell
02
Wernsreute
Adelsreute
Sederlitz
Taldorf
Sickenried
Unter-
eschach
467
Appenweiler
Hegenberg
Lohner
Schwarzenbach
Wannen-
häusern
Langentrog
Ottmarsreute
Furatweiler
Brugg
06
Lindenholz
Ettenkirch
Walten-
weiler
Meckenbeuren
Brochenzell
Hirschach
Eggenweiler
03
Obermeckenbeuren
Habratsweiler
479
Habacht
Höll
Sammletshofen
Kratzerach
Kehlen
30
Fünf-
ehrlen
Irrmanns-
berg
Gunzenhaus
Moos
05
Siglishofen
Bernau
Bodensee
Airport
Friedrichshafen
Sibratshaus
TETTNANG
04
Walchesreute
31
Bürger-
moos
Sassen
Zimmerberg
FRIEDRICHSHAFEN
Hagenbuchen
Braitenrain
Schussen

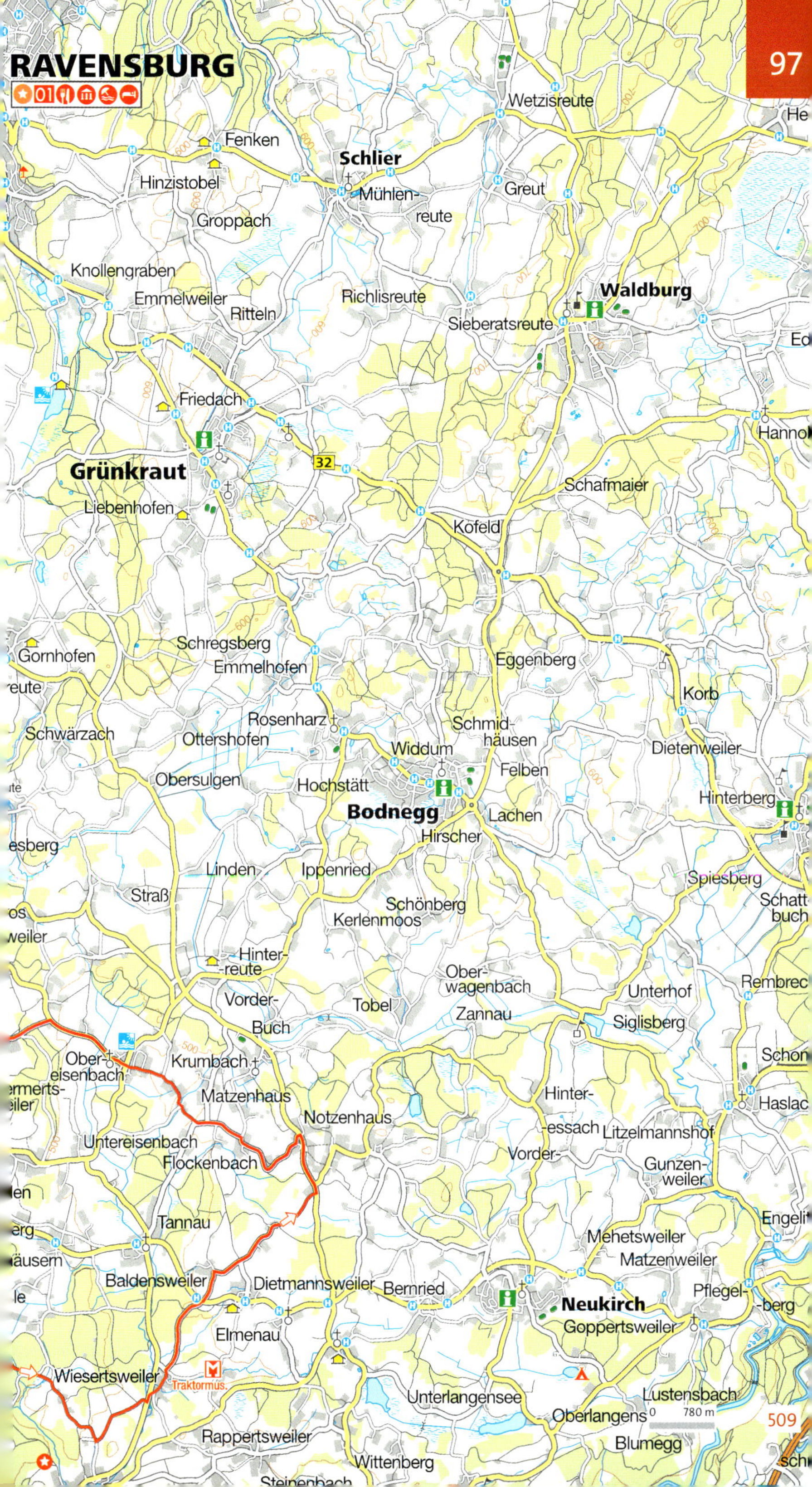

RAVENSBURG
01
Fenken
Schlier
Wetzisreute
Hinzistobel
Mühlen-
reute
Greut
Groppach
Knollengraben
Emmelweiler
Ritteln
Richlisreute
Waldburg
Sieberatsreute
Friedach
Grünkraut
32
Liebenhofen
Schafmaier
Kofeld
Gornhofen
Schregsberg
Emmelhofen
Eggenberg
Korb
Rosenharz
Schwärzach
Ottershofen
Schmid-
häusen
Widdum
Dietenweiler
Felben
Obersulgen
Hochstätt
Hinterberg
Bodnegg
Lachen
Hirscher
Linden
Ippenried
Spiesberg
Straß
Schönberg
Kerlenmoos
Hinter-
-reute
Ober-
wagenbach
Unterhof
Vorder-
Tobel
Zannau
Siglisberg
Buch
Ober-
eisenbach
Krumbach
Matzenhaus
Notzenhaus
Hinter-
-essach
Litzelmannshof
Untereisenbach
Flockenbach
Vorder-
Gunzen-
weiler
Tannau
Mehetsweiler
Matzenweiler
Baldensweiler
Dietmannsweiler
Bernried
Neukirch
Pflegel-
-berg
Goppertsweiler
Elmenau
Wiesertsweiler
Traktormus.
Unterlangensee
Lustensbach
Oberlangensee
0 780 m
Rappertsweiler
Blumegg
Wittenberg
Steinenbach

LANGENARGEN – FRIEDRICHSHAFEN – TETTNANG – LANGENARGEN

Auf der Tettnanger Hopfenroute

 42 km 3:30 Std.  157 hm  157 hm

STARTORT | Langenargen
START/ZIEL | Langenargen, Bahnhof, 402 m
[GPS: UTM Zone 32 x: 541.050 m y: 5.271.89 m]
CHARAKTER | Meist radeln wir auf asphaltierten Wegen und Straßen. Einige Wegstücke entlang des Bodensees und der Argen führen auf losem Untergrund. Um Tettnang herum haben wir so manche Steigung zu bewältigen. Sonst geht es flach dahin.
VERKEHR | In Friedrichshafen und Tettnang haben wir teilweise mit regem Autoverkehr zu rechnen. Auf der übrigen Route sind die Straßen und Wege eher ruhig.

TIPP: Im Hopfenmuseum in Siggenweiler können Sie alles über den Hopfen erfahren – vom Anbau bis zum Bier. Die Museumsgaststätte heißt natürlich „Bierstängel".

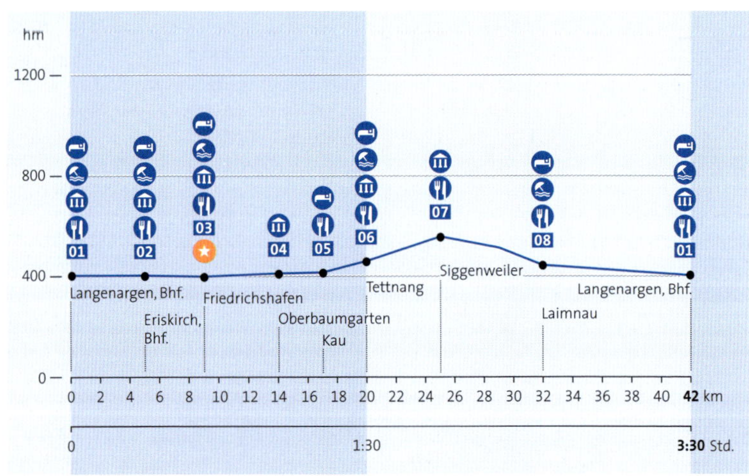

Langenargen – Tettnang / 20 km / 1:30 Std.

Start Wir starten am Parkplatz vor dem Bahnhof **Langenargen** 01. Auf der „Amthausstraße" radeln wir zum **Ufer** des **Bodensees.** Hier stoßen wir auf die „Obere Seestraße" und folgen ihr nach rechts zum Rathaus und zum **Schloss Lagenargen.** Ab dem Schloss radeln wir auf der „Unteren Seestraße" zum **Freibad.** Weiterhin folgen wir der Straße und gelangen an die Kapelle vor **Schwedi.** Kurz danach biegen wir rechts ab in den „Schussenweg" und vor den Gewächshäusern nach links zur **Mündung** der Schussen in den Bodensee. Der Weg führt uns am Ufer entlang an die Kläranlage, hinter der wir rechts zur Bahnlinie radeln. Vor der Bahnlinie nehmen wir den Weg nach links, fahren über die Schussenbrücke

Friedrichshafen – Fährhafen

bis an die „Riedstraße“ von **Eriskirch** 02. Hier halten wir uns links zur **Kapelle,** biegen dort rechts ab und folgen dem Weg entlang der Bahnlinie bis nach Friedrichshafen. Wir erreichen die Siedlung am „Kretzerweg“, radeln an ihr vorbei und stoßen auf die „Seewiesenstraße“. Ihr folgen wir rechts und biegen vor der Straßenbrücke nach links ab zum Campingplatz. Am Parkplatz wechseln wir auf die „Lindauer Straße“ und radeln über die **Rotach.** Ab hier heißt die Straße „Eckener Straße“. Ein Stück weit radeln wir auf ihr. Nach der Einmündung der „Achstraße“ auf der linken Straßenseite biegen wir auf den schmalen Weg zum **Bodenseeufer** hin ab. Wir folgen dem Weg rechts entlang des Ufers über den Steg und erreichen die Parkplätze am Bahnhof **Friedrichshafen-Hafen** 03. Wir halten uns links zur „Seestraße“ am Ufer des Hafens entlang. Wer sich die historische **Altstadt** ansehen möchte, radelt die „Seestraße“ geradeaus am **Zeppelin-Museum** und dem Medienhaus vorbei bis zur Mole mit dem Aussichtsturm. Die Altstadt liegt dann rechter Hand. Zur Fortsetzung der Radtour fahren wir vor dem Zeppelin-Museum rechts über den Busbahnhof zur „Eckener Straße“. Wir queren die Straße zur „Montfortstraße“ und biegen gleich nach rechts ab in die „Moltkestraße“. Ihr folgen wir über den Kreisverkehr und der Brücke über die Rotach an die Bahnlinie. An der Bahnunterführung vor dem Sportgelände biegen wir links ab und stoßen auf eine Siedlungsstraße. Hier biegen wir rechts ab und fahren entlang der Bundesstraße an die Straßenbrücke am Waldrand. Wir folgen der Straße durch den Wald nach **Oberbaumgarten** 04. Hier beginnt das Hopfenland. In Oberbaumgarten radeln wir geradeaus über die Schussen an die Kreisstraße. Wir biegen links ein und benutzen den Weg rechts parallel zur Straße nach **Schuppenwies.** Nach rechts schwenken wir ein und radeln auf dem Weg zwischen den Häusern und Hopfenstangen zur Straße am Wald. Hier halten wir uns links nach **Kau** 05 und stoßen an einer Kurve auf die „Hopfenstraße“. Nach rechts folgen wir ihr bis an die „Tettnanger Straße“. Die Radtour setzen wir nach rechts fort und radeln auf dem Radweg über die Bundesstraße nach **Tettnang** 06.

Langenargen – Schloss Montfort

Tettnang – Langenargen / 23 km / 2:00 Std.

Entlang der „Seestraße" erreichen wir den Schlosspark am Kreisverkehr. Wir radeln nach links in die „Schlossstraße" zum Schloss und zum **Rathaus.** Hier biegen wir rechts ab in die „Montfortstraße" zum „Bärenplatz". Gegenüber radeln wir kurz in der „Lindauer Straße", biegen links in die „Storchenstraße" ein und stoßen auf die „Bahnhofstraße". Nach links biegen wir ein und schwenken nach wenigen Metern rechts ab in den „Meistersteig". Er führt uns aus Tettnang hinaus über **Irrmannsberg** nach **Dieglishofen.** Wir folgen der Ortsdurchfahrt bis an den Abzweig der Straße Richtung **Siggenweiler** 07. Am Hopfenfeld biegen wir links ab, radeln

Friedrichshafen – Zeppelinmuseum

um den kleinen Moossee herum an die Kreisstraße. Hier schwenken wir nach rechts ein. Am Abzweig nach **Brünnensweiler** radeln wir vorbei und schwenken danach rechts ab nach Bernau. Wir bleiben auf der Hauptstraße, fahren am Waldrand entlang und halten uns am Ende des Waldstückes links hinauf an die Landesstraße. Wir queren die Straße und radeln über **Baumgarten, Waldhub** nach **Neuhäusle.** Hier fahren wir halb links durch den Weiler nach **Iglerberg** und weiter nach **Laimnau** 08. Dort stoßen wir auf die „Argentalstraße", in die wir nach rechts einbiegen. Sie führt uns durch Laimnau und über die **Argen** an die Kreisstraße. An der Einmündung mit der Kreisstraße biegen wir rechts ab und benutzen den Radweg bis nach **Apflau.** Mitten im Ort, am „Weidachweg", biegen wir nach rechts ein und gleich wieder links durch das Hopfenfeld zur Argen hinunter. Wir stoßen auf die Kreisstraße an der **Argenbrücke,** halten uns rechts und vor der Brücke links auf den Weg entlang des Ufers. Bald radeln wir unter einer Straßenbrücke hindurch und halten uns rechts direkt zum Ufer der Argen. Zwischen Damm und dem Fluss fahren wir unter der nächsten Straßenbrücke hindurch und lassen die **Kochermühle** links liegen. Bald sehen wir eine Eisenbahnbrücke, unterfahren sie und gelangen an die historische Hängebrücke über der Argen. Wir radeln rechts über die Argen und hoch an die „Lindauer Straße". Geradeaus radeln wir auf **Langenargen** zu und folgen weiterhin der „Lindauer Straße" Richtung Bahnhof bis zur „Amthausstraße". Hier biegen wir rechts ein und sind zurück am Bahnhof von **Langenargen** 01 **Ziel**.

Friedrichshafen – Kirche St. Nikolaus und Rathaus

Lindenholz
Ettenkirch
Walten-
weiler
Brochenzell
Eggenweiler
Habratsweiler
479
Unterraderach
Sammletshofen
Kehlen
Bunk-
hofen
Gunzenhaus
Buchholz
Bodensee
Airport
Friedrichshafen
Sibratshaus
Neu-
häuser
Walchesr
31
Sassen
04
30
Braitenra
FRIEDRICHSHAFEN
03
Schussen
31
E54
Mariabru
Eriskirch
02
Gmünd
Moos
BODENSEE
Langenargen
01

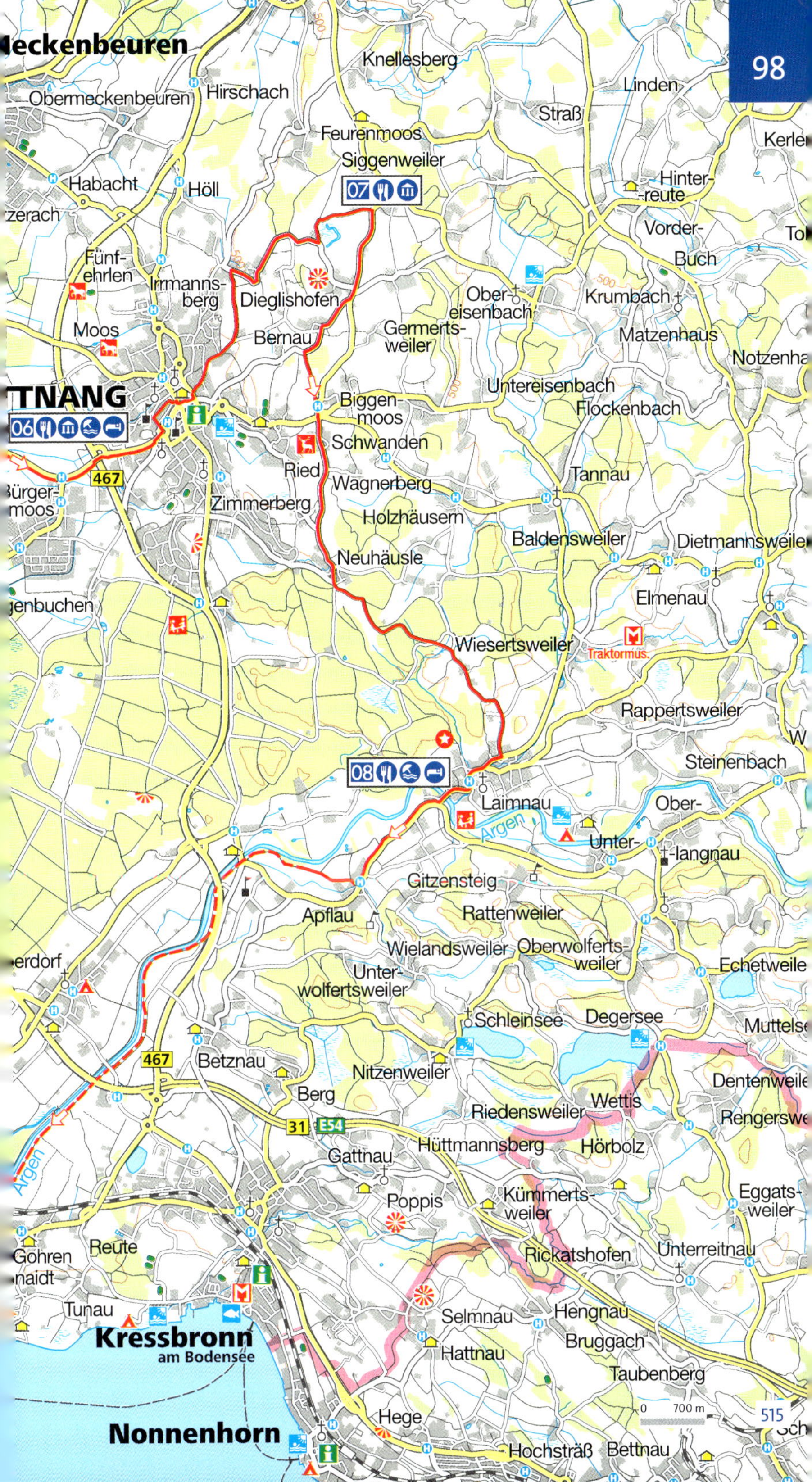

Meckenbeuren
Obermeckenbeuren
Hirschach
Knellesberg
Linden
Straß
Feurenmoos
Siggenweiler
Kerler
Habacht
Höll
Hinter-reute
Vorder-
Buch
Fünf-ehrlen
Irrmanns-berg
Dieglishofen
Ober-eisenbach
Krumbach
Moos
Bernau
Germerts-weiler
Matzenhaus
Notzenha
TNANG
Untereisenbach
Flockenbach
Biggen-moos
Schwanden
Ried
Tannau
467
Bürger-moos
Wagnerberg
Zimmerberg
Holzhäusern
Baldensweiler
Dietmannsweiler
Neuhäusle
Elmenau
Wiesertsweiler
Traktormus.
Rappertsweiler
Steinenbach
Laimnau
Ober-
Argen
Unter-
-langnau
Gitzensteig
Apflau
Rattenweiler
Wielandsweiler
Oberwolferts-weiler
Echetweile
Unter-wolfertsweiler
Schleinsee
Degersee
Muttelse
Betznau
467
Nitzenweiler
Dentenweile
Berg
Wettis
Riedensweiler
Rengerswe
31
E54
Gattnau
Hüttmannsberg
Hörbolz
Poppis
Kümmerts-weiler
Eggats-weiler
Reute
Rickatshofen
Unterreitnau
Gohren
Tunau
Selmnau
Hengnau
Kressbronn
am Bodensee
Hattnau
Bruggach
Taubenberg
Nonnenhorn
Hege
0 700 m
Hochsträß
Bettnau

LINDAU – SIGMARSZELL – LAIMNAU – KRESSBRONN – LINDAU

Am Bodensee mit Start und Ziel in Lindau

 53 km  4:30 Std.  142 hm  142 hm

STARTORT | Lindau
START/ZIEL | Lindau, Großparkplatz am Inselbahnhof, 399 m
[GPS: UTM Zone 32 x: 545.420 m y: 5.292.470 m]
CHARAKTER | Vom Bodensee aus radeln wir hinauf ins Bergland an das Ufer der Argen. Für diese Tour benötigen Sie gute Kondition. Straßen und Wege sind in der Regel asphaltiert. An der Argen und am Bodenseeufer sind die Wege zum Teil unbefestigt.
VERKEHR | Am Ufer des Bodensees haben wir durch den Ausflugsverkehr auf Straßen und Wegen wie auch auf den Radwegen mit Verkehr zu rechnen. Sonst ist der Autoverkehr gering.

TIPP: Von Schloss Wasserburg auf der Halbinsel von Wasserburg haben Sie einen herrlichen Blick auf den Bodensee mit südlichem Flair.

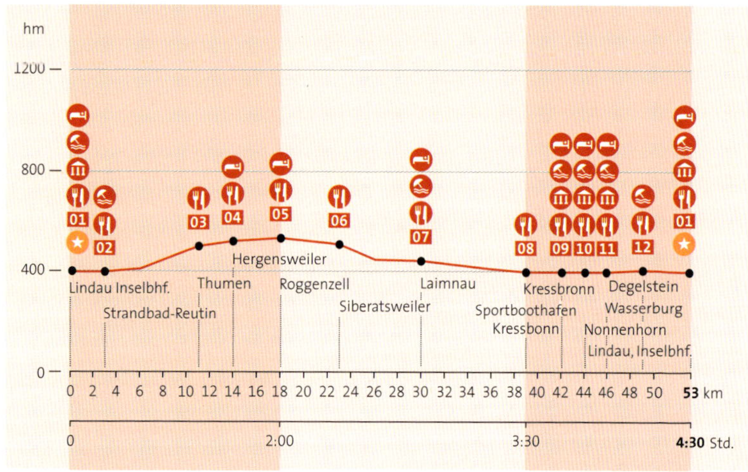

Lindau – Roggenzell / 18 km / 2:00 Std.

Start Der Großparkplatz auf der **Insel Lindau** 01 ist unser Startpunkt. Wir halten uns Richtung Ausfahrt auf der „Thierschstraße" und radeln über die Bahnbrücke zur **Altstadt.** An der „Zeppelinstraße" biegen wir rechts ab, radeln bis zur „Bahnhofstraße" und folgen ihr zum Bahnhof. Wir radeln auf der Straße geradeaus und erreichen den Hafen am „Hafenplatz". Gegenüber liegt die Mole mit dem Leuchtturm und dem Bayerischen Löwen. Wir halten uns links zur Fußgängerzone entlang des Hafens und biegen am Ende links ein in die „Kronengasse". Ihr folgen wir bis zur „Ludwigstraße", schwenken hier nach rechts ab und radeln über den „Barfüßerplatz" in die „Fischergasse". Sie bringt uns an den Kreisel vor der Spielbank. Gegenüber auf der „Chelles-Allee" verlassen wir die Insel und erreichen den „Europaplatz" auf dem **Festland.** Wir halten uns rechts und folgen der „Bregenzer Straße“ bis zur „Ladestraße“. Vor dem Bahnübergang biegen wir rechts ab und radeln am Güterbahnhof entlang an die „Eichwaldstraße“. Nach rechts setzen wir unsere Tour fort, kommen am **Strandbad** in **Reutin** 02 vorbei, queren die Bahngleise und stoßen auf die Bundesstraße, die „Bregenzer Straße“. Nach links radeln wir ein Stück zurück bis zum Fußweg, der am Ende des Sportgeländes rechts von der Straße abzweigt. Er geht in den „Max-Halbe-Weg“ über. An der Kreuzung fahren wir gegenüber weiter, jetzt in der „Gerhard-Hauptmann-Straße“. Sie führt uns nach links über die Autobahn nach **Oberhochsteg** am Grenzübergang nach Hörbranz. Unser Weg führt uns kurz links, dann rechts an das Ufer der Leiblach. Über **Hangnach, Hubers** und **Laiblachsberg** radeln wir ins Bergland hinauf. Wir erreichen **Thumen** 03 an der „Leibachstraße“. An der „Alte Landstraße“ biegen wir rechts ab und folgen ihr zur „Zeller Straße“. Links halten wir uns zur Bundesstraße und nehmen den Weg vor der Straße rechts entlang bis zum Abzweig links nach **Altis**. Die Häuser von Altis lassen wir rechts liegen und radeln Richtung Hagers. Dazu folgen wir dem Weg am Ende des Wäldchens links und dann rechts nach **Hagers.** Geradeaus erreichen wir **Hergensweiler** 04. Am Ortsanfang biegen wir links ab in die „Bahnhofstraße“ und fahren auf ihr über die Bahngleise an die Bundesstraße. Hier queren wir die Straße und radeln nach rechts zum Kreisel. Ab hier benutzen wir den Radweg nach **Rupolz.** Die „Rupolzer Straße“ führt uns durch den Ort über **Dabetsweiler** nach **Roggenzell** 05.

Roggenzell – Bodenseeufer / 21 km / 1:30 Std.

Wir stoßen auf die Ortsdurchfahrt von Roggenzell, biegen nach rechts ein und

Wasserburg – Kirche St. Georg und Malhaus

Lindau Hafeneinfahrt – Löwe und Leuchtturm

radeln hinauf auf dem parallelen Radweg zum **Neuravensburger Weiher.** Jetzt haben wir den „Gipfel" unserer Radtour erklommen. Am Ufer biegen wir links ab auf die Landesstraße nach Baind. Nach der Autobahnbrücke lassen wir Baind links liegen und erreichen **Isigatweiler.** Hier biegen wir rechts ab und gelangen über **Duznau** nach **Siberatsweiler** 06. Wir folgen der Kreisstraße durch den Ort und erst am Hopfenfeld biegen wir rechts ab. Flott rollen wir hinunter an das Ufer der **Argen** und folgen dem Weg nach links. Auf dem Talboden fahren wir entlang der Argen zur Straßenbrücke bei **Oberlangnau.** Hier wechseln wir die Uferseite und schwenken auf den Weg **Richtung Rappertsweiler** ein. Am nächsten Fahrweg, der nach links zum Freibad abzweigt, biegen wir ein. Wir radeln am **Freibad** und am Campingplatz vorbei und stoßen in **Laimnau** 07 auf die „Ritterstraße". Wir halten uns links und fahren in die Ortsmitte von Laimnau. An der „Argentalstraße" schwenken wir nach links und folgen ihr über die **Straßenbrücke** mit der **Argen.** An der Einmündung mit der Kreisstraße biegen wir rechts ab und benutzen den Radweg bis nach **Apflau.** Mitten im Ort, am „Weidachweg", biegen wir nach rechts ein und gleich wieder links durch das Hopfenfeld zur Argen hinunter. Wir stoßen auf die Kreisstraße an der **Argenbrücke,** halten uns rechts und vor der Brücke links auf dem Weg entlang des Ufers. Bald radeln wir unter der kommenden Straßenbrücke hindurch und halten uns rechts direkt zum Ufer der Argen. Zwischen Damm und Fluss fahren wir unter der nächsten Straßenbrücke hindurch und lassen die **Kochermühle** links liegen. Die Eisenbahnbrücke, die historische Hängebrücke und die Straßenbrücke bei Langenargen sind bald in Sichtweite. Wir unterfahren beide und gelangen an den Bodensee zum **Sportboothafen Kressbronn** 08.

Bodenseeufer – Lindau / 14 km / 1:00 Std.

Am Ufer biegen wir links ab und radeln durch den Campingplatz nach **Schnaidt.** Hier halten wir uns rechts nach **Tunau.** Mitten im Ort schwenken wir nach rechts und an der Kapelle halten wir uns halblinks nach **Kressbronn**

Hafenpanorama in Lindau

09. Wir fahren an der Werft vorbei auf der „Bodanstraße“, dann im „Uferweg“ zum **Schiffsanleger.** Hier folgen wir der Straße nach links und biegen an der „Nonnenhorner Straße“ rechts ab. Ihr folgen wir bis nach **Nonnenhorn** 10. In Nonnenhorn heißt die Straße „Uferstraße“. Wir stoßen auf die „Seestraße“ und folgen ihr nach rechts zum Freibad und zum Campingplatz. Nach der Linkskurve gelangen wir an die Einmündung der „Conrad-Forster-Straße“ und biegen nach rechts ein. An der „Wasserburger Straße“ schwenken wir nach rechts und radeln nach **Wasserburg** 11. Unsere Straße geht am Naturschutzgebiet in einen unbefestigten Weg über, auf dem wir zur „Mooslachenstraße“ gelangen. An der „Halbinselstraße“ biegen wir links ein, radeln bis zur „Uferstraße“ und biegen hier rechts ab. Wir folgen der Straße und bald dem Weg über die Wiese zum Campingplatz und dem **Freizeitzentrum Wasserburg.** Am Parkplatz stoßen wir auf die „Reutener Straße“ und folgen ihr nach rechts bis **Reutenen.** Am Ortsanfang zweigt die „Uli-Wieland-Staße“ rechts ab. Wir folgen ihr nach **Degelstein** 12 in die „Alwindstraße“. Hier zweigt der „Lindenhofweg“ rechts ab Richtung **Lindenhofbad.** Am Parkplatz folgen wir der Linkskurve und radeln nach **Bad Schachen.** Wir treffen auf den „Oeschländerweg“. Rechter Hand liegen das Freibad und der Aussichtsturm am **Schiffsanleger.** Geradeaus fahren wir weiter bis zur Einmündung. Hier halten wir uns links und gelangen an die „Schachener Straße“. Nach rechts biegen wir ein, radeln an **Giebelbach** vorbei an die „Giebelbachstraße“. Wir biegen Richtung Sportgelände ein und wechseln an der Linkskurve auf den unbefestigten Weg, dem „Lotzbeckweg“. Hinter der Bahnanlage zweigt unser Radweg nach rechts ab und bringt uns über den Damm auf die **Insel Lindau.** Am anderen Ufer fahren wir hoch auf die Brücke der „Thierschstraße“. Nach rechts biegen wir ein, über die Brücke und sind zurück am Großparkplatz auf der **Insel Lindau** 01. Hier endet unsere Radtour. Wer sich die Zeit nehmen möchte, sollte noch einmal durch die Altstadt schlendern und das Flair des Hafens genießen **Ziel**.

Bürger-moos
Zimmerberg
Wagnerberg
Holzhäusern
Baldensweiler
Neuhäusle
Hagenbuchen
Elmenau
Wiesertsweiler
Traktormus.
Laimnau
07
Rappertsweil
Ober-
Unter-
Argen
riabrunn
Gitzensteig
Apflau
Rattenweiler
Wielandsweiler
Oberwolferts-weiler
Oberdorf
Unter-wolfertsweiler
Schleinsee
Degersee
Tuniswald
467
Betznau
Nitzenweiler
Berg
Riedensweiler
Wettis
31
E54
Hüttmannsberg
Hörbolz
Gattnau
Argen
Poppis
Kümmerts-weiler
Gohren
Reute
Rickatshofen
08
Schnaidt
Tunau
Kressbronn
am Bodensee
Selmnau
Hengnau
Hattnau
Bruggach
09
Taubenberg
Hege
Nonnenhorn
Hochsträß
Bettnau
10
Bodolz
Wasserburg
(Bodensee)
11
Ebnet
Reutenen
12
B O D E N S E E

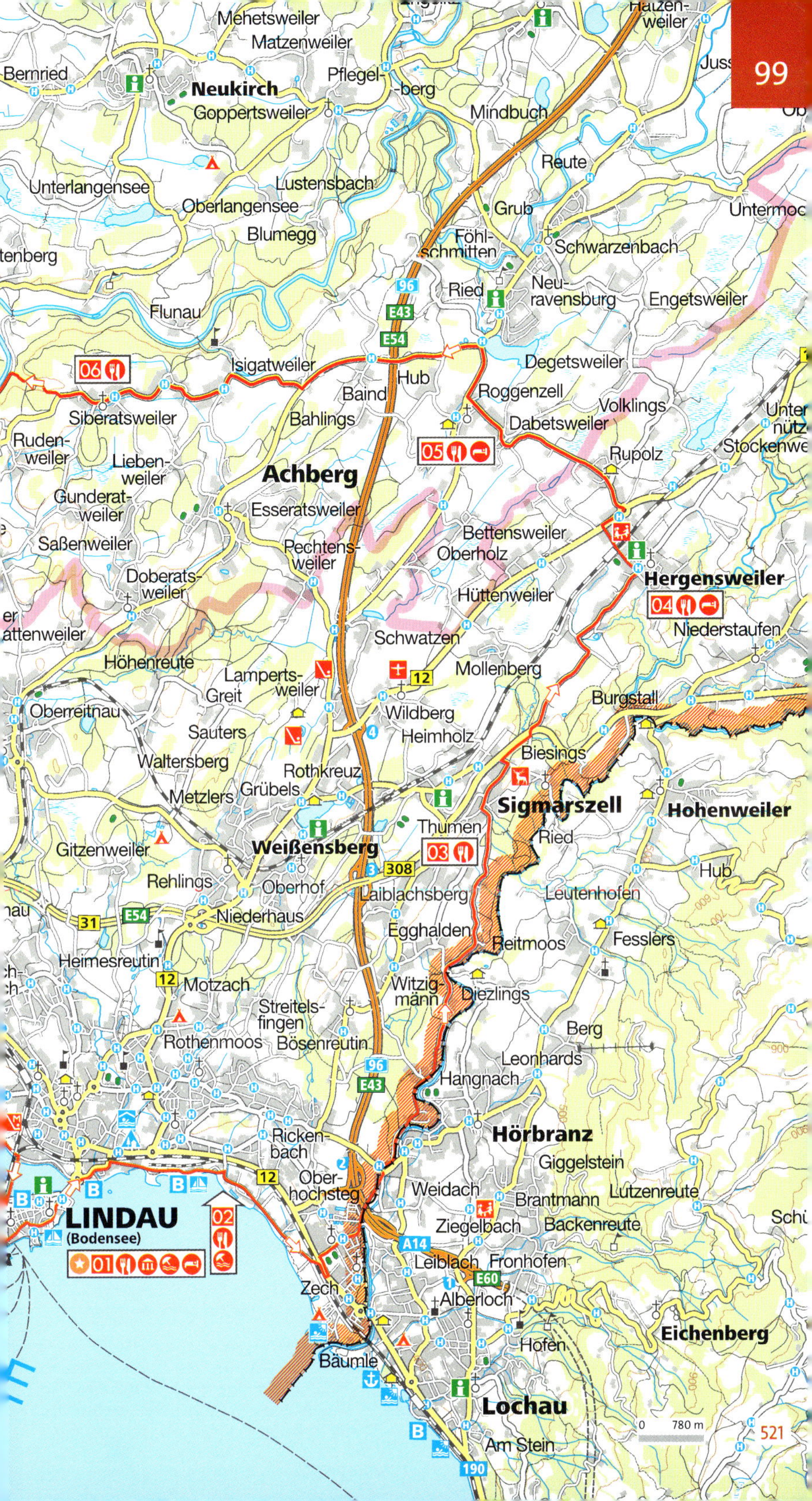
Mehetsweiler
Matzenweiler
Bernried
Neukirch
Goppertsweiler
Pflegel-berg
Mindbuch
Reute
Unterlangensee
Lustensbach
Oberlangensee
Blumegg
Grub
Untermoos
Föhl-schmitten
Schwarzenbach
Ried
Neu-ravensburg
Engetsweiler
Flunau
Isigatweiler
Hub
Degetsweiler
Baind
Roggenzell
Siberatsweiler
Bahlings
Dabetsweiler
Volklings
Ruden-weiler
Lieben-weiler
Rupolz
Achberg
Gunderat-weiler
Esseratsweiler
Saßenweiler
Pechtens-weiler
Bettensweiler
Oberholz
Hergensweiler
Doberats-weiler
Hüttenweiler
Niederstaufen
Schwatzen
Höhenreute
Mollenberg
Lamperts-weiler
Greit
Wildberg
Burgstall
Oberreitnau
Heimholz
Sauters
Biesings
Waltersberg
Rothkreuz
Sigmarszell
Hohenweiler
Metzlers
Grübels
Thumen
Gitzenweiler
Weißensberg
Ried
Hub
Rehlings
Oberhof
Laiblachsberg
Leutenhofen
Niederhaus
Egghalden
Fesslers
Reitmoos
Heimesreutin
Motzach
Witzig-männ
Diezlings
Streitels-fingen
Berg
Rothenmoos
Bösenreutin
Leonhards
Hangnach
Hörbranz
Ricken-bach
Giggelstein
Ober-hochsteg
Weidach
Lutzenreute
Brantmann
LINDAU
(Bodensee)
Ziegelbach
Backenreute
Leiblach
Fronhofen
Zech
Alberloch
Eichenberg
Hofen
Bäumle
Lochau
Am Stein
0 780 m

KONSTANZ – BODMAN – ÜBERLINGEN

Bodanrück, Insel Mainau, Überlinger See

 50 km  4:15 Std.  165 hm  165 hm

STARTORT | Konstanz, 403 m
START | Bahnhof Konstanz, Bahnhofplatz 43, zwischen Hafen und Altstadt [GPS: UTM Zone 32 x: 541.050 m y: 5.271.89 m]
ZIEL | Überlingen, Landungsplatz, 403 m
CHARAKTER | Überwiegend leichte Asphaltwege, nur im Bereich des Bodanrück spürbare Anstiege.
VERKEHR | Im Stadtgebiet von Konstanz straßenbegleitende Radwege, am Überlinger See Wechsel aus naturgebundenen bzw. asphaltierten Uferradwegen und straßenbegleitenden, meist von den Straßen abgesetzten Radwegen

TIPP: Rückkehr per Bahn.
Die auch Fahrräder transportierende Bodenseefähre „Seestern" pendelt stündlich bzw. alle 2 Stunden zwischen Wallhausen und Überlingen.
Info: Tel. +49(0)7533/5261, www.bodensee-personenschifffahrt.de

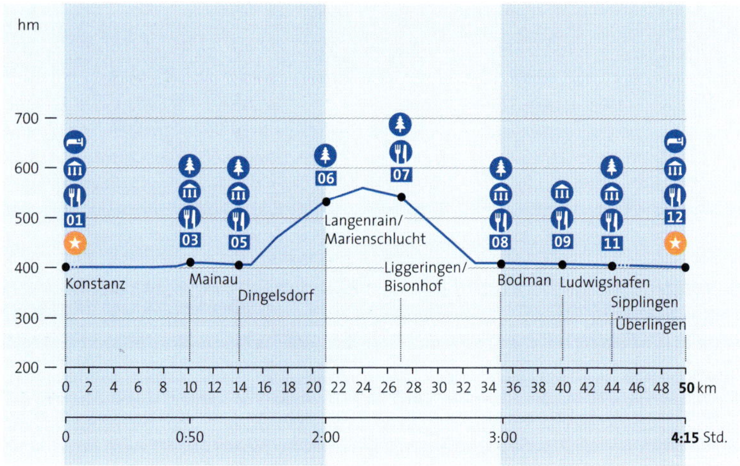

Der Überlinger See ist das von den meisten Natursehenswürdigkeiten gerahmte nordwestliche Zweigbecken des Bodensees: Hödinger Tobel und Marienschlucht sind die berühmtesten Schluchten, der Uferabschnitt zwischen Bodman und Wallhausen ist der längste straßenfreie und unverbaute am gesamten Bodensee, hier wird der Bodenseeradweg über den Bodanrück geführt, der immer wieder einzigartige Ausblicke auf den See und zu den Alpen bietet. Am Überlinger See liegt der Ort, nach dem Bodensee benannt ist: Bodman. Ziel ist die Namensgeberin des Überlinger Sees: Die ehemalige Reichsstadt Überlingen am Nordufer mit einem der schönsten Altstadtbilder am Bodensee.

Konstanz – Marienschlucht / 21 km / 2 Std.

Start Nach einem Rundgang durch die sehenswerte Altstadt von **Konstanz** 01 geht es zurück zum Bahn-

hof, hinter dem sich der **Konstanzer Hafen** erstreckt. Vom Hafen leiten die Routenschilder des Bodenseeradwegs in Richtung „Meersburg" am Stadtgarten vorbei zum ehemaligen Dominikanerkloster auf der Insel und wechseln hier links versetzt auf die Konzilstraße, die den Ausfluss des Seerheins vom Ober- in den Untersee überquert. An der Verzweigung hinter der Brücke in **Petershausen** gibt es zwei Möglichkeiten: Die kürzeste Route folgt der Bundesstraße geradeaus zum Fähranleger; die attraktivere Route folgt rechts dem Seeufer auf der Seestraße zum Yachthafen und wechselt hier in die Eichhornstraße in Richtung des **Strandbads Horn** und der **Bodensee-Therme Konstanz.** Das „Hörnle" im Freizeit- und Erholungsgebiet Horn-Lorettowald ist mit 52.000 m² Liege- und Sportfläche sowie einer Strandlänge von 600 m das größte Strandbad in der Umgebung von Konstanz; es bietet einen schönen Blick hinaus auf den See. Wegen seiner Nähe zur Universität wird es von einer großen Anzahl Studenten besucht. Vom Bäderzentrum führt die Jakobstraße nordwärts, dann geht's rechts über die Lindauer Straße zum Anleger der rund um die Uhr verkehrenden Autofähre in **Staad** 02. (Die 4,2 km lange Überfahrt dauert rund 20 Minuten.) Oberhalb des Fähranlegers in Staad zweigt der Bodenseeradweg in die Hoheneggstraße ab und folgt ihr aussichtsreich am kleinen Ort Egg vorbei zum Landungssteg der Blumeninsel **Mainau** 03.
Immer in Ufernähe geht es weiter zum Freibad von **Litzelstetten** 04, zum Schiffsanleger in **Dingelsdorf** 05 und über den Klausenhorn-Landvorsprung – auch hier ein Strandbad – zum Yachthafen von Wallhausen, wo die Möglichkeit besteht, mit dem Schiff nach Überlingen überzusetzen. In Wallhausen beginnt nun der erste Abschnitt der Bergetappe über den Bodanrück. Der Radweg folgt der Landstraße aussichtsreich hinauf zum Friedhof am Ortsrand des Kirchdorfs **Dettingen,** zweigt rechts ab und wechselt auf die Landstraße, die am Rohnhauserhof vorbei in das Kirchdorf **Langenrain** mit dem bodmanschen Barockschloss oberhalb der **Marienschlucht** 06 führt.

Konstanzer Hafen

Marienschlucht – Bodman / 14 km / 1 Std.

Weiter ansteigend folgt der Radweg der Straße an der Rebkapelle vorbei, passiert den Weiler **Röhrnang** und senkt sich in das Kirchdorf **Liggeringen,** wo man rechts abbiegt, dem Bodenwaldweg folgt und wo – vorbei an der Abzweigung zum **Bisonhof** 07 – die rasante Abfahrt durchs Dettelbachtal nach **Bodman** 08 mit Yachthafen und Strandbad beginnt. – Alternativ radelt man von Liggeringen nach **Güttingen** und dort entlang der B 34 an **Stahringen** vorbei, bis man auf der Bodmanstraße rechts abbiegt und ebenfalls nach Bodman gelangt.

Bodman – Überlingen / 15 km / 1:15 Std.

In **Bodman** führt die Straße „Im Weiler" zum Tennisplatz am nördlichen Ortsrand, dahinter zweigt ein Schotterweg durch die Auen an der Mündung der Stockacher Aach ab und führt uns weiter zum Campingplatz von Ludwigshafen. Hier halten wir uns rechts und bleiben durchgehend in etwa parallel zur Bahnlinie bis **Ludwigshafen** 09. Wir erreichen entlang der Bahn und der alten B 31, unterhalb des Höhengasthauses **„Haldenhof"** 10, das hübsche Fachwerkdorf **Sipplingen** 11 und gelangen schließlich – den **Bahnhof Überlingen-Therme** passierend – zum Landungsplatz von **Überlingen** 12, der namensgebenden Stadt des Überlinger Sees **Ziel**.

Ludwigshafen
Bodman-
Sipplingen
Stättelberg
599
Bonndorf
Wahlwies
Ruine Altbodman
Frauenberg
ehem. Bodenburg
Böhlerberg
649
526
567
Liggeringen
Möggingen
425
Röhrnang
555
Langenrain
Kargegg
Marienschl.
Mindelsee
Gemeinmerk
Freudental
Reute
Kaltbrunn
Radolfzell
am Bodensee
Mettnau
Schlafbach
Allensbach
Hegne
Zeller See
Gnadensee
Niederzell
Mittelzell
Waldsiedlung
Oberzell
Reichenau
Weiler
Gundholzen
Horn
Hornstaad
Gaienhofen
Berlingen
Eschlibach
Mannenbach
Stad
Ermatin
Nööchsthorn
Steckborn
Sandegg
-salenstein
Salenstein
Ober-
Ulmbärg
Obermüli
Höfli
Unt.-
Ob.-
-Fruthwilen
Reutenen
Tägerw
Büren
Saas-
seloo
Uuwiile
Helsig-
hausen

Billafingen
Unterbach
Owingen
Ernatsreute
Wacken-hausen
LIPPERTSREUTE
Bruckfelden
Frick-ingen
Altheim
Geiswinkel
Ricken-wiesen
Leu-stetten
Lampach
Rickenbach
Brachenreute
HÖDINGEN
Aufkirch
Andelshofen
Oberried
Tüfingen
Forst
Stefansfeld
Salem
Mimmen-hausen
DEISENDORF
Altbirnau
NUSSDORF
Ziel
Überlinger See
Oberhof
Uhldingen-
-Mühlhofen
Fließhorn
Oberdorf
Ober-
-uhldingen
In der Kün
Grasbeure
SCHIGGEN
Schlossberg
Daisendo
Ergeten
LITZELSTETTEN
Mainau
WOLLMATINGEN
EGG
MEERSBURG
ALLMANNSDORF
Seeheim
KONSTANZ
Start
KREUZLINGEN
EMMISHOFEN
Bernrain
0 1000 m

PRAKTISCHE HINWEISE

Wettervorhersage

Deutscher Wetterdienst
www.dwd.de
Wetter im Internet
www.wetteronline.de
www.wetter24.de
www.tagesschau.de/wetter
www.wetter.tv

Notruf

Über die kostenlose Telefonnummer 112 erreichen Sie in ganz Deutschland automatisch die nächstgelegene Rettungsleitstelle und können dort Unfälle, medizinische Notfälle oder Feuer melden – sowohl aus dem Fest- als auch aus jedem Mobilfunknetz. Wenn Sie die 112 wählen, ist für die Rettungskräfte sehr wichtig, dass Sie den Unfall knapp und präzise beschreiben. Dabei können Ihnen die sogenannten W-Fragen helfen:

- Wo ist der Notfall/Unfall passiert?
- Was ist geschehen?
- Wie viele Verletzte gibt es?
- Welche Art der Verletzung?
- Warten Sie auf Rückfragen!

TOURISMUS-INFORMATIONEN

Deutschen Zentrale für Tourismus
Beethovenstraße 69
D-60325 Frankfurt/Main
Tel. +49 69 974640
www.germany.travel

Tourismus-Agentur Schleswig-Holstein
Wall 55
D-24103 Kiel
Tel. +49 431 600 58-3
www.sh-tourismus.de

Hamburg Tourismus
Wexstraße 7
D-20355 Hamburg
Tel. +49 40 30051701
www.hamburg-tourism.de

Bremer Touristik Zentrale
Findorffstraße 105
D-28215 Bremen
Tel. +49 421 3080010
www.bremen-tourismus.de

Tourismus Marketing Niedersachsen
Essener Straße 1
D-30173 Hannover
Tel. +49 511 2704880
www.reiseland-niedersachsen.de

Tourismusverband Mecklenburg-Vorpommern
Konrad-Zuse-Straße 2
D-18057 Rostock
Tel. +49 381 4030500
www.auf-nach-mv.de

Berlin Tourismus & Kongress
Schöneberger Straße 15
D-10963 Berlin
Tel. +49 30 25002333
www.visitberlin.de

Tourismus-Marketing Brandenburg
Babelsberger Straße 26
D-14473 Potsdam
Tel. +49 331 2004747
www.reiseland-brandenburg.de

Marketinggesellschaft Sachsen-Anhalt
Am Alten Theater 6
D-39104 Magdeburg
Tel. +49 391 5689988
sachsen-anhalt-tourismus.de

Tourismus Marketing Sachsen
Bautzner Straße 45/47
D-01099 Dresden
Tel. +49 351 491700
www.sachsen-tourismus.de

Tourismus Nordrhein Westfalen
Völklinger Straße 4
D-40219 Düsseldorf
Tel. +49 211 91320500
www.nrw-tourismus.de

Rheinland-Pfalz Tourismus
Löhrstraße 103–105
D-56068 Koblenz
Tel. +49 261 91520-0
www.rlp-tourismus.com

Tourismus Zentrale Saarland
Trierer Str. 10
D-66111 Saarbrücken
Tel. +49 681 927200
www.urlaub.saarland

HA Hessen Agentur GmbH
Mainzer Straße 118
D-65189 Wiesbaden
Tel. +49 611 950178191
www.hessen-tourismus.de

Tourist Information Thüringen
Willy-Brandt-Platz 1
D-99084 Erfurt
Tel. +49 361 37420
www.thueringen-entdecken.de

Tourismus Baden-Württemberg
Esslinger Straße 8
D-70182 Stuttgart
Tel. +49 711 238580
www.tourismus-bw.de

Bayern Tourismus
Arabellastraße 17
D-81925 München
Tel. +49 89 212397-0
www.bayern.by

DEUTSCHE FAHRRAD-ORGANISATIONEN

ADFC – Allgemeiner Deutscher Fahrrad-Club e. V.
Bundesgeschäftsstelle
Mohrenstraße 69
D-10117 Berlin
Tel. +49 30 2091498-0
www.adfc.de

ADFC-Landesverbände

Baden-Württemberg
Reinsburgstraße 97
D-70197 Stuttgart
Tel. +49 711 50479410
www.bw.adfc.de

Bayern
Kardinal-Döpfner-Straße 8
D-80333 München
Tel. +49 89 9090025-0
www.bayern.adfc.de

Berlin
Yorckstraße 25
10965 Berlin
Tel. +49 30 4484724
berlin.adfc.de

Brandenburg
Gutenbergstraße 76
D-14467 Potsdam
Tel. +49 331 2800595
brandenburg.adfc.de

Bremen
Grünenstraße 35
D-28199 Bremen
Tel. +49 421 51778820
bremen.adfc.de

Hamburg
Koppel 34–36
D-20099 Hamburg
Tel. +49 40 393933
hamburg.adfc.de

Hessen
Löwengasse 27 A
D-60315 Frankfurt a. M.
Tel. +49 69 9563460-40
www.adfc-hessen.de

Mecklenburg-Vorpommern
Münzstraße 1
D-19055 Schwerin
Tel. +39 385 55597712
mv.adfc.de

Niedersachsen
Hinüberstraße 2
D-30175 Hannover
Tel. +49 511 282557
www.niedersachsen.adfc.de

Nordrhein-Westfalen
Karlstraße 88
D-40210 Düsseldorf
Tel. +49 211 687080
nrw.adfc.de

Rheinland-Pfalz
Zitadelle 1 F
D-55131 Mainz
Tel. +49 6131 371108
rlp.adfc.de

Saarland
Evangelisch-Kirch-Straße 8
D-66111 Saarbrücken
Tel. +49 681 45098
saarland.adfc.de

Sachsen-Anhalt
Breiter Weg 11a
D-39104 Magdeburg
Tel. +49 391 7316645
www.adfc-sachsenanhalt.de

Schleswig-Holstein
Herzog-Friedrich-Str. 65
D-24103 Kiel
Tel. +49 431 63190
www.sh.adfc.de

Thüringen
Bahnhofstraße 22
D-99084 Erfurt
Tel. +49 361 2251734
www.adfc-thueringen.de

Rad-Infos
www.radnetz-deutschland.de
www.radtouren.net

DEUTSCHE NATURSCHUTZ-ORGANISATIONEN

Bund für Umwelt und Naturschutz Deutschland e.V. (BUND)
Bundesgeschäftsstelle
Kaiserin-Augusta-Allee 5
D-10553 Berlin
Tel. +49 30 275 86-40
www.bund.net

Naturschutzbund Deutschland e.V. (NABU)
Charitéstraße 3
D-10117 Berlin
Tel. +49 30 284984-0
www.nabu.de

World Wide Fund For Nature (WWF) Deutschland
Reinhardtstraße 18
D-10117 Berlin
Tel. +49 30 311777-70
www.wwf.de

Internationale Alpenschutzkommission CIPRA Deutschland
c/o Bund Naturschutz
Pettenkoferstraße 10a
D-80336 München
Tel. +49 89 24 41 03 77
www.cipra.org

Mountain Wilderness Deutschland e.V.
Waldstr. 31a
D-82237 Wörthsee-Steinebach
Tel. +49 8153 889795
www.mountainwilderness.de

Naturparks in Deutschland

Verband Deutscher Naturparke e.V.
Holbeinstraße 12
D-53175 Bonn
Tel. +49 228 921286-0
www.naturparke.de

Nationalparks in Deutschland
(in Klammern das Jahr der Ausweisung)

Bayerischer Wald (1970)
Berchtesgaden (1978)
Eifel (2004)
Hainich (1997)
Hamburgisches Wattenmeer (1990)
Harz (1990/1994)
Hunsrück-Hochwald (2015)
Jasmund (1990)
Kellerwald-Edersee (2004)
Müritz (1990)
Niedersächsisches Wattenmeer (1986)
Sächsische Schweiz (1990)
Schleswig-Holsteinisches Wattenmeer (1985)
Schwarzwald (2014)
Unteres Odertal (1995)
Vorpommersche Boddenlandschaft (1990)

www.bmu.bund.de

IMPRESSUM

© KOMPASS-Karten, A-6020 Innsbruck (24.02)
2. Auflage 2024 Verlagsnummer 6000 ISBN 978-3-99154-199-8

Text und Fotos:
Ralf Enke, Dr. Wolfgang Frey, Monika Göbl, Karin Hornberg, Peter Ibrügger, Wolfgang Neumann, Christian Nowak, Bernhard Pollmann (†), Günther Rieger, Heinz-Egon Rösch, Walter Theil, Kay Tschersich, Hans-Peter Vogt, Wolfgang Heitzmann, KOMPASS-Redaktion

Titelbild: Wochenend-Ausflug (© Syda Productions - stock.adobe.com)

Bildnachweis:
s. 2: © Alex from the Rock - stock.adobe.com; s. 11: © tarasov_vl - Fotolia; s. 10: © Hansi_Heckmair; s. 16: © WARREN GOLDSWAIN - Fotolia; s. 16: © goodluz - Fotolia; s. 17: © Otmar Smit - Fotolia; s. 31, 35, 39 © Tourismuszentrale Rügen ; s. 51 © TSK GmbH ; s. 52, 53: © Tassilo Wengel; s. 63: © gabi hamann_pixelio.de; s. 64: © M. Großmann_pixelio.de; s. 65: © Gerd Pfaff_pixelio.de; s. 77: © mondputzer_pixelio.de; s. 77: © Rolf Handke_pixelio.de; s. 81: © Rolf Handke_pixelio.de; s. 85: © mujamero_pixelio.de; s. 139: © bildpixel_pixelio.de; s. 139: © A.Kern_pixelio.de; s. 140, 141, 141: © c. muench; s. 147: © heiko ledwoch_pixelio.de; s. 148: © Jerzy Sawluk_pixelio.de; s. 148: © folgenmatt_pixelio.de; s. 160: © Turisede; s. 207: © shutterstock; s. 206: © Alexander Rochau - Fotolia; s. 277, 281, 285: © Bernhard Ršsch; s. 215: © DSC_7020 Wetz; s. 297: © V.Thoermer - Fotolia; s. 321 © Eva Augustiniak ; s. 331, 335: © Karin Straßer; s. 361: © Elena Elisseeva - Fotolia; s. 360: © Alina Isakovich - Fotolia; s. 427: © Tourismusverband Inn-Salzach Photographer: © www.adrian-greiter

Grafische Herstellung und Kartenausschnitte: © KOMPASS-Karten GmbH
Kartengrundlage für Gebietsübersichtskarte S. 12 - 15:
© MairDumont, D-73751 Ostfildern 4

Wir aktualisieren unsere Karten und Touren in regelmäßigen Abständen. Dies kann unter Umständen dazu führen, dass sich die Inhalte der digitalen Version einer freigeschalteten Wanderlust bzw. einer Karte, von dem erworbenen Printprodukt unterscheiden. Diese Aktualisierungen sind aus rechtlichen oder sicherheitsrelevanten Gründen erforderlich und ein kostenloser Service mit Mehrwert für alle Nutzer.

Alle Angaben und Routenbeschreibungen wurden nach bestem Wissen gemäß unserer derzeitigen Informationslage gemacht. Die Wanderungen wurden sehr sorgfältig ausgewählt und beschrieben, Schwierigkeiten werden im Text kurz angegeben. Es können jedoch Änderungen an Wegen und im aktuellen Naturzustand eintreten. Wanderer und alle Kartenbenützer müssen darauf achten, dass aufgrund ständiger Veränderungen die Wegzustände bezüglich Begehbarkeit sich nicht mit den Angaben in der Karte decken müssen. Bei der großen Fülle des bearbeiteten Materials sind daher vereinzelte Fehler und Unstimmigkeiten nicht vermeidbar. Die Verwendung dieses Führers erfolgt ausschließlich auf eigenes Risiko und auf eigene Gefahr, somit eigenverantwortlich. Eine Haftung für etwaige Unfälle oder Schäden jeder Art wird daher nicht übernommen. Für Berichtigungen und Verbesserungsvorschläge ist die Redaktion stets dankbar. Korrekturhinweise bitte an folgende Anschrift:

KOMPASS-Karten GmbH
Karl-Kapferer-Straße 5, A-6020 Innsbruck
www.kompass.de/service/kontakt